Der Anwendungsbereich der §§ 293a–293g Abs. 1, 2 S. 1, Abs. 3 AktG

Schriftenreihe zum Gesellschafts- und Kapitalmarktrecht

Herausgegeben von Lutz Michalski,
Axel Jäger und Klaus-Rudolf Wagner

Band 18

PETER LANG
Frankfurt am Main · Berlin · Bern · Bruxelles · New York · Oxford · Wien

Ines Tauscher

Der Anwendungsbereich der §§ 293a–293g Abs. 1, 2 S. 1, Abs. 3 AktG

In einstufigen vertraglichen Unternehmensverbindungen

PETER LANG
Europäischer Verlag der Wissenschaften

Bibliografische Information der Deutschen Nationalbibliothek
Die Deutsche Nationalbibliothek verzeichnet diese Publikation in der Deutschen Nationalbibliografie; detaillierte bibliografische Daten sind im Internet über <http://www.d-nb.de> abrufbar.

Zugl.: Bayreuth, Univ., Diss., 2006

D 703
ISSN 1619-117X
ISBN 978-3-631-56206-2

www.peterlang.de

Vorwort

Die vorliegende Arbeit wurde im April 2006 abgeschlossen und im Sommersemester 2006 von der Rechts- und Wirtschaftswissenschaftlichen Fakultät der Universität Bayreuth als Dissertation angenommen.

Besonders danke ich meinem verehrten Doktorvater, Herrn Professor Dr. Volker Emmerich, für die geduldige Betreuung dieser Arbeit.

Herrn Professor Dr. Lutz Michalski danke ich für die zügige Erstellung des Zweitgutachtens und die umgehende Aufnahme dieser Arbeit in die „Schriftenreihe zum Gesellschafts- und Kapitalmarktrecht".

Herzlichen Dank möchte ich meinen lieben Eltern, Monika und Hubert Tauscher, aussprechen. Sie haben meinen gesamten bisherigen Lebensweg unterstützt und mir stets uneingeschränkten Rückhalt gewährt. Nicht zuletzt haben sie mir den für die Erstellung dieser Arbeit erforderlichen finanziellen Freiraum geschenkt.

München, im September 2006 — Ines Tauscher

Inhaltsverzeichnis

Abkürzungsverzeichnis

Abs.	Absatz
Absch.	Abschnitt
AcP	Archiv für die civilistische Praxis
a. F.	alte Fassung
AG	Aktiengesellschaft
	Die Aktiengesellschaft (Zeitschrift)
AktG	Aktiengesetz
Alt.	Alternative
a. M.	andere Meinung
Anh.	Anhang
Anm.	Anmerkung
Art.	Artikel
BayOblG	Bayerisches Oberstes Landesgericht
BB	Der Betriebsberater (Zeitschrift)
Beg.	Begründung
BetrVG	Betriebsverfassungsgesetz
BFH	Bundesfinanzhof
BGB	Bürgerliches Gesetzbuch
BGBl	Bundesgesetzblatt
BGH	Bundesgerichtshof
BGHZ	Entscheidungen des Bundesgerichtshofes in Zivilsachen
BT-Drucks.	Bundestagsdrucksache
BVerfG	Bundesverfassungsgericht
bzw.	beziehungsweise
Darst.	Darstellung
DB	Der Betrieb (Zeitschrift)
d. h.	dass heißt
DNotZ	Deutsche Notar-Zeitschrift
Dr.	Doktor
DStR	Deutsches Steuerrecht (Zeitschrift)
DWiR	Deutsche Zeitschrift für Wirtschaftsrecht
eG	eingetragene Genossenschaft
Einf.	Einführung
Einl.	Einleitung

EuGH	Gerichtshof der Europäischen Gemeinschaften
eV	eingetragener Verein
f.	folgende/folgender
FamRZ	Zeitschrift für das gesamte Familienrecht
ff.	fortfolgende
Fn.	Fußnote
FR	Finanzrundschau (Zeitschrift)
FS	Festschrift
FV	Frankfurter Vorträge
GbR	Gesellschaft bürgerlichen Rechts
GenG	Genossenschaftsgesetz
GesR	Gesellschaftsrecht
GmbH	Gesellschaft mit beschränkter Haftung
GmbHG	Gesetz betreffend die Gesellschaften mit beschränkter Haftung
GmbHR	GmbH-Rundschau (Zeitschrift)
GS	Gedächtnisschrift
H.	Heft
h. c.	honoris causa
HGB	Handelsgesetzbuch
h. M.	herrschende Meinung
Hrsg.	Herausgeber
Hs.	Halbsatz
IdW	Institut der Wirtschaftsprüfer
InfR	Informationsrechte
IntGesR	internationales Gesellschaftsrecht
JuS	Juristische Schulung (Zeitschrift)
JZ	Juristenzeitung
Kap.	Kapitel
KapGesR	Kapitalgesellschaftsrecht
KG	Kammergericht Kommanditgesellschaft
KGaA	Kommanditgesellschaft auf Aktien
KK	Kölner Kommentar
KonzMitbest	Mitbestimmung im Konzern
KonzR	Konzernrecht
KUmwRT	Kölner Umwandlungsrechtstage
kV	konzessionierter Verein
LG	Landgericht
LStiftG	Landesstiftungsgesetze
MDR	Monatsschrift für Deutsches Recht

MHb	Münchener Handbuch
MitbestG	Mitbestimmungsgesetz
MittRhNotK	Mitteilungen der Rheinischen Notarkammer
MK	Münchener Kommentar
Nachw.	Nachweise
NJW	Neue Juristische Wochenzeitschrift
NotBZ	Zeitschrift für die notarielle Beratungs- und Beurkundungspraxis
Nr.	Nummer
NVwZ	Neue Zeitschrift für Verwaltungsrecht
NZG	Neue Zeitschrift für Gesellschaftsrecht
oHG	offene Handelsgesellschaft
OLG	Oberlandesgericht
PartGG	Partnerschaftsgesellschaftsgesetz
PG	Partnerschaftsgesellschaft
PublG	Publizitätsgesetz
RegE	Regierungsentwurf
Rn.	Randnummer
RöR	Rechtsträger des öffentlichen Rechts
RR	Rechtsprechungsreport
S.	Seite
SbR	Stiftung bürgerlichen Rechts
SpuRt	Zeitschrift für Sport und Recht
syst.	systematisch
T.	Teil
Tz.	Textziffer
u. a.	unter anderem
Überb.	Überblick
UmwBerG	Umwandlungsbereinigungsgesetz
UmwG	Umwandlungsgesetz
VAG	Versicherungsaufsichtsgesetz
VerbZ	Verbandszweck
VerschRiLiG	Verschmelzungsrichtliniengesetz
vgl.	vergleiche
Vorb.	Vorbemerkung
VVaG	Versicherungsverein auf Gegenseitigkeit
VW	Versicherungswesen Versicherungswirtschaft (Zeitschrift)
WiB	Wirtschaftsrechtliche Beratung (Zeitschrift)
WM	Wertpapiermitteilungen (Zeitschrift)

WPg	Die Wirtschaftsprüfung (Zeitschrift)
ZGR	Zeitschrift für Unternehmens- und Gesellschaftsrecht
ZHR	Zeitschrift für Handels- und Wirtschaftsrecht
ZIP	Zeitschrift für Wirtschaftsrecht
ZVersWiss	Zeitschrift für die gesamte Versicherungswissenschaft

Einleitung

Durch § 293 Abs. 3 S. 2 – 5, Abs. 4 AktG und § 340 Abs. 3 S. 1 – 4, Abs. 4 des AktG vom 06. September 1965[1] wurden für die Unternehmensvertragsbegründung von deutschen AG und KGaA sowie für die Verschmelzung von deutschen AG und KGaA besondere Informationsvorschriften erstmals normiert. So war ursprünglich geregelt, dass Abschriften des Unternehmens- bzw. Verschmelzungsvertrages vor und in der Hauptversammlung auszulegen sind, dass jedem Aktionär bzw. Kommanditaktionär auf Verlangen Abschriften des Unternehmens- bzw. Verschmelzungsvertrages zu erteilen sind, dass der Unternehmens- bzw. Verschmelzungsvertrag anfangs der Hauptversammlung zu erläutern ist und dass jedem Aktionär bzw. Kommanditaktionär auf Verlangen in der Hauptversammlung Auskünfte auch über alle für den Beherrschungs- und/oder Gewinnabführungsvertrag bzw. den Verschmelzungsvertrag wesentlichen Angelegenheiten der anderen Vertrags- bzw. Verschmelzungspartei zu geben sind. Durch § 295 Abs. 1 S. 2 des AktG vom 06. September 1965 wurden außerdem die für die Unternehmensvertragsbegründung geltenden §§ 293, 294 AktG einschließlich des § 293 Abs. 3 S. 2 – 5, Abs. 4 AktG auf die Unternehmensvertragsänderung erstreckt.

Gemäß Art. 1 Nr. 4 des VerschRiLiG vom 25. Oktober 1982[2] wurden die Informationsinstitute des Verschmelzungsberichtes und der Verschmelzungsprüfung in den §§ 340a, 340b AktG neu geschaffen sowie die Informationsvorschriften der § 340 Abs. 3 S. 1 – 4, Abs. 4 AktG a. F. durch die § 340d Abs. 2 – 5 S. 1, 2, Abs. 6 AktG ersetzt und erweitert. So wurden die Auslagepflicht und das Abschriftsrecht insbesondere auf die Jahresabschlüsse und Lageberichte der letzten drei Geschäftsjahre sowie die Verschmelzungsberichte und Verschmelzungsprüfberichte ausgedehnt. Gemäß Art. 1 des UmwBerG vom 28. Oktober 1994[3] wurden die Informationsvorschriften der §§ 340a, 340b, 340d Abs. 2 – 5 S. 1, 2, Abs. 6 AktG a. F. durch die §§ 8 – 12, 30 Abs. 2, §§ 60, 63, 64, 78 S. 1, 2 UmwG ersetzt.

Gemäß Art. 6 Nr. 5, 6 des UmwBerG vom 28. Oktober 1994, deren Motiv die Wiederangleichung der Informationsvorschriften für die Unternehmensvertragsbegründung und für die Verschmelzung wegen ihrer rechtlichen und wirtschaftli-

---

1 BGBl I 1965, S. 1089 (1171)
2 BGBl I 1982, S. 1425
3 BGBl I 1994, S. 3210 (3213f.,3221f.)

chen Vergleichbarkeit war[4], wurden erstens die Informationsinstitute des Vertragsberichtes und der Vertragsprüfung in den §§ 293a – 293e AktG neu eingeführt sowie die Informationsvorschriften der § 293 Abs. 3 S. 2 – 5, Abs. 4 AktG a. F. durch die §§ 293f, 293g Abs. 1, 2 S. 1, Abs. 3 AktG übernommen und ausgeweitet. Zum einen wurde die Auslagepflicht und das Abschriftsrecht auf die Jahresabschlüsse und Lageberichte der letzten drei Geschäftsjahre sowie die Vertragsberichte und Vertragsprüfberichte erstreckt. Zum anderen wurde die Beschränkung des erweiterten Auskunftsrechts auf alle für einen Beherrschungs- und/oder Gewinnabführungsvertrag wesentlichen Angelegenheiten der anderen Vertragspartei aufgegeben. Die Informationsvorschriften der §§ 293a – 293g Abs. 1, 2 S. 1, Abs. 3 AktG wurden den §§ 8 – 12, 30 Abs. 2, §§ 60, 63, 64, 78 S. 1, 2 UmwG nachgeformt. Gemäß Art. 6 Nr. 7 des UmwBerG vom 28. Oktober 1994 wurde außerdem in dem § 295 Abs. 1 S. 2 AktG das Komma durch das Wort „bis" ersetzt. Damit wurden auch die für die Unternehmensvertragsbegründung geltenden §§ 293a – 293g Abs. 1, 2 S. 1, Abs. 3 AktG auf die Unternehmensvertragsänderung erstreckt. Eine Vergleichbarkeit mit der Verschmelzung erscheint allerdings lediglich bei der Begründung eines Beherrschungs- und/oder Gewinnabführungsvertrags sowie bei der Änderung unternehmensvertraglicher Ausgleichs- und/oder Abfindungsregelungen weitgehend gegeben. Es ist daher zunächst fraglich, ob die Informationsvorschriften der §§ 293a – 293g Abs. 1, 2 S. 1, Abs. 3 AktG bei der Begründung eines anderen Unternehmensvertrags sowie bei der Änderung sonstiger unternehmensvertraglicher Regelungen anzuwenden sind.

Durch Art. 1 des UmwBerG vom 28. Oktober 1994, dessen Ziel die Zusammenfassung und Vereinheitlichung sämtlicher Vorschriften für die Verschmelzung war[5], wurden zweitens für die Verschmelzung von deutschen Rechtsträgern sonstiger Rechtsformen besondere Informationsvorschriften erstmals normiert bzw. erheblich ausgeweitet. Eine Zulässigkeit der Begründung eines Beherrschungs- und/oder Gewinnabführungsvertrags mit einem deutschen Unternehmensträger sonstiger Rechtsform erscheint außerdem nicht völlig ausgeschlossen. Es ist daher weiterhin fraglich, ob die Informationsvorschriften der §§ 293a – 293g Abs. 1, 2 S. 1, Abs. 3 AktG bei der Begründung eines Beherrschungs- und/oder Gewinnabführungsvertrags mit einem deutschen Unternehmensträger sonstiger Rechtsform anzuwenden sind.

---

4 Beg. zum RegE des UmwBerG in BT-Drucks. 12/6699, S. 178f.; Emmerich in Emmerich/Habersack AG-/GmbH-KonzR, § 293a Rn. 4

5 Beg. zum RegE des UmwBerG in BT-Drucks. 12/6699, S. 71ff.,78ff.; Lutter/Drygala in Lutter/Winter, Einl. Rn. 5–9, § 3 Rn. 1,2,4

Durch Art. 1 des UmwBerG vom 28. Oktober 1994 wurden drittens für die Spaltung besondere Informationsvorschriften in den §§ 125, 127 UmwG erstmals normiert. Eine Vergleichbarkeit mit der Spaltung erscheint außerdem zumindest bei der Aufhebung eines Beherrschungs- und/oder Gewinnabführungsvertrags nicht völlig ausgeschlossen. Es ist daher schließlich fraglich, ob die Informationsvorschriften der §§ 293a – 293g Abs. 1, 2 S. 1, Abs. 3 AktG bei der Aufhebung eines Beherrschungs- und/oder Gewinnabführungsvertrags anzuwenden sind.

Die Rechtsprechung hat sich mit diesen Fragen erst vereinzelt befasst. In der Rechtswissenschaft wurden diese Probleme ebenfalls noch nicht erschöpfend erörtert. So wird zwar inzwischen verstärkt darüber diskutiert, ob die §§ 293a – 293g Abs. 1, 2 S. 1, Abs. 3 AktG bei der Begründung eines Unternehmensvertrages mit einer deutschen GmbH anwendbar sind[6]. Es wird aber beispielsweise lediglich andeutungsweise darauf eingegangen, ob die §§ 293a – 293g Abs. 1, 2 S. 1, Abs. 3 AktG bei der Begründung eines Unternehmensvertrages mit einem deutschen Unternehmensträger sonstiger Rechtsform einschlägig sind[7]. Die vorliegende Arbeit greift das vorhandene Defizit auf und versucht eine umfassende Antwort auf die aufgeworfene Frage zu geben. Gegenstand der Untersuchung ist also, welchen Anwendungsbereich die §§ 293a – 293g Abs. 1, 2 S. 1, Abs. 3 AktG in einstufigen vertraglichen Unternehmensverbindungen haben.

Die Grundlagen der Untersuchung beinhaltet der erste Teil: Es wird vorab untersucht, welchen Zweck die §§ 293a – 293g Abs. 1, 2 S. 1, Abs. 3 AktG verfolgen und wann dieser Zweck erfüllt werden kann. Denn der Zweck des Gesetzes bildet ein Kriterium bei der Gesetzesauslegung[8] und bestimmt die Grenze für die Gesetzesvervollständigung[9]. Hierzu wird in fünf Kapiteln geprüft, welche Gegenstände von den §§ 293a – 293g Abs. 1, 2 S. 1, Abs. 3 AktG erfasst werden, welche Rechte durch die §§ 293a – 293g Abs. 1, 2 S. 1, Abs. 3 AktG verstärkt werden, welche Personen und Organe durch die §§ 293a – 293g Abs. 1, 2 S. 1, Abs. 3 AktG betroffen werden, welche Modalitäten bei den §§ 293a – 293g Abs. 1, 2 S. 1, Abs. 3 AktG gegeben sind und welche Verschmelzungs- und Spaltungsmerkmale für die §§ 8 – 12, 30 Abs. 2, §§ 60, 63, 64, 78 S. 1, 2 UmwG und

6 Vgl. Altmeppen in MK AktG, § 293a Rn. 12–21, ZIP 1998, S. 1853 (1857ff.); Bungert in DB 1995, S. 1449 (1452 ff.); Emmerich in Emmerich/Habersack AG-/GmbH-KonzR, § 293a Rn. 10–13,39, § 293g Rn. 2; Hüffer, § 293a Rn. 5; Humbeck in BB 1995, S. 1893 (1893f.); Koppensteiner in KK AktG, § 293a Rn. 8, § 293b Rn. 8; Neun, S. 232ff.

7 Vgl. Emmerich in Emmerich/Habersack AG-/GmbH-KonzR, § 293a Rn. 14, § 293g Rn. 2; Koppensteiner in KK AktG, § 293a Rn. 8, § 293b Rn. 8; Neun, S. 251ff.

8 Larenz, S. 324ff.

9 Larenz, S. 370ff.

die §§ 125, 127 UmwG maßgebend sind. Innerhalb der fünf Kapitel wird teilweise zwischen den einzelnen besonderen Informationsvorschriften unterschieden.

Die Durchführung der eigentlichen Untersuchung erfolgt im zweiten Teil: Es wird in vier Kapiteln untersucht, ob die §§ 293a – 293g Abs. 1, 2 S. 1, Abs. 3 AktG bei den möglichen Nationalitäten und Rechtsformen von Unternehmensvertragsparteien, den möglichen Typen von Unternehmensverträgen, den möglichen Phasen von Unternehmensvertragsverhältnissen sowie 100prozentigen Tochtergesellschaften und deren Muttergesellschaften als Unternehmensvertragsparteien anzuwenden sind.

- Einerseits wird jeweils geprüft, ob der Anwendungsbereich der §§ 293a – 293g Abs. 1, 2 S. 1, Abs. 3 AktG bei einem Unternehmensvertrag mit einer Partei der jeweiligen Nationalität und Rechtsform, von dem jeweiligen Typ, in der jeweiligen Phase bzw. mit einer Partei in unmittelbarem Alleinbesitz der anderen Partei nach einer Auslegung des Gesetzes eröffnet ist. Dabei ist insbesondere der Wortsinn des Gesetzes zu ermitteln. Denn der Wortsinn des Gesetzes bildet die Grenze für eine Gesetzesauslegung. Eine Gesetzesdeutung, die nicht mehr im Bereich des Wortsinns des Gesetzes liegt, ist schon eine Gesetzesvervollständigung[10]. Sollte der Wortsinn des Gesetzes nicht eindeutig sein, ist außerdem die Systematik und der Zweck des Gesetzes sowie anhand der Entstehungsgeschichte und der Gesetzesmaterialien die Regelungsabsicht des Gesetzgebers zu klären[11].
- Andererseits wird jeweils geprüft, ob der Anwendungsreich der §§ 293a – 293g Abs. 1, 2 S. 1, Abs. 3 AktG bei einen Unternehmensvertrag mit einer Partei der jeweiligen Nationalität und Rechtsform, von dem jeweiligen Typ, in der jeweiligen Phase bzw. mit einer Partei in unmittelbarem Alleinbesitz der anderen Partei durch eine Vervollständigung des Gesetzes infolge einer Reduktion eingeschränkt oder infolge einer Analogie ausgeweitet wird. Dabei ist erstens zu ermitteln, ob Informationsgegenstände, auf die sich die §§ 293a – 293g Abs. 1, 2 S. 1, Abs. 3 AktG inhaltlich erstrecken, vorliegen können. Zweitens ist zu klären, ob Mitgliedschaftsrechte, auf die sich die §§ 293a – 293g Abs. 1, S. 2 S. 1, Abs. 3 AktG funktional beziehen, bestehen können. Drittens ist zu ermitteln, ob andere Informationsvorschriften, die mit den §§ 293a – 293g Abs. 1, 2 S. 1, Abs. 3 AktG vergleichbar sind, gelten oder sonstige Informationsmöglichkeiten, die zu den §§ 293a – 293g Abs. 1, 2 S. 1, Abs. 3 AktG gleichwertig sind, existieren können. Viertens ist zu klären, ob die §§ 8 – 12, 30 Abs. 2, §§ 60, 63, 64, 78 S. 1, 2 UmwG, denen die §§ 293a – 293g Abs. 1, 2 S. 1, Abs. 3 AktG nachgebildet sind, oder ver-

10 Larenz, S. 320ff.,343ff.
11 Larenz, S. 324ff.,343ff.

gleichbare Informationsvorschriften bei einem Verschmelzungs- bzw. Spaltungsvertrag mit einer Partei der jeweiligen Nationalität und Rechtsform bzw. einer Partei in unmittelbarem Alleinbesitz der anderen Partei gelten und ob Merkmale, die mit den für die §§ 8 – 12, 30 Abs. 2, §§ 60, 63, 64, 78 S. 1, 2 UmwG oder die vergleichbaren Informationsvorschriften maßgeblichen Merkmalen vergleichbar sind, existieren können. Denn von der Beantwortung dieser Fragen ist es abhängig, ob über den Wortsinn des Gesetzes hinaus nach dem Zweck des Gesetzes eine Einschränkung bzw. Ausweitung des Gesetzes geboten ist und damit eine verdeckte bzw. offene Gesetzeslücke vorliegt. Eine bestehende Lücke des Gesetzes bildet aber die Grenze für eine Gesetzesvervollständigung. Durch eine Gesetzesvervollständigung darf nur eine Lücke des Gesetzes ausgefüllt, aber nicht ein Fehler des Gesetzes beseitigt werden. Eine Fehlerbeseitigung erfordert anders als eine Lückenausfüllung eine Gesetzeskorrektur[12]. Sollte eine verdeckte bzw. offene Gesetzeslücke gegeben sein, ist außerdem die Frage zu beantworten, ob ein vorrangiges Sicherheitsinteresse bzw. eine gesetzliche Vorschrift die strikte Einhaltung des Wortsinns des Gesetzes verlangt und damit ein Reduktions- bzw. Analogieverbot besteht[13].

Innerhalb der vier Kapitel wird teilweise zwischen den beiden Parteien des Unternehmensvertrags, also der vertragstypisch verpflichteten Vertragspartei[14] und der vertragstypisch berechtigten Vertragspartei[15], zwischen den verschiedenen Gruppen der Anteilsinhaber und deren Versammlungen, also allen Anteilsinhabern[16] und ihrer Versammlung sowie den außenstehenden Anteilsinhabern[17]

---

12 Larenz, S. 370ff.

13 Larenz, S. 381ff.

14 Dies ist bei einem Gewinngemeinschaftsvertrag jedes der beteiligten Unternehmen, bei einem Beherrschungsvertrag das beherrschte Unternehmen, bei einem Gewinnabführungs- bzw. Teilgewinnabführungsvertrag das abführende Unternehmen und bei einem Betriebspacht- bzw. sonstigen Betriebsüberlassungsvertrag das verpachtende bzw. überlassende Unternehmen. Bei einem Betriebsführungsvertrag steht ihm das besitzende Unternehmen gleich (Emmerich in Emmerich/Habersack AG-/GmbH-KonzR, § 293 Rn. 4,5).

15 Dies ist bei einem Gewinngemeinschaftsvertrag keines der beteiligten Unternehmen, bei einem Beherrschungsvertrag das herrschende Unternehmen, bei einem Gewinnabführungs- bzw. Teilgewinnabführungsvertrag das/die einnehmende Unternehmen bzw. Person und bei einem Betriebspacht- bzw. sonstigen Betriebsüberlassungsvertrag die pachtende bzw. übernehmende Person. Bei einem Betriebsführungsvertrag steht ihr die betreibende Person gleich (Emmerich in Emmerich/Habersack AG-/GmbH-KonzR, § 293 Rn. 4,5).

16 Der rechtsformneutrale Begriff „Anteilsinhaber“ ist in § 2 UmwG definiert. Anteilsinhaber sind danach die Aktionäre einer beteiligten KGaA oder AG, die Gesellschafter einer beteiligten KGaA, GmbH, KG oder oHG, die Partner einer beteiligten

und ihrer Sonderversammlung, sowie zwischen den einzelnen Informationsvorschriften der §§ 293a – 293g Abs. 1, 2 S. 1, Abs. 3 AktG unterschieden.

PG, die Genossen einer beteiligten eG oder die Mitglieder eines beteiligten VVaG, kV oder eV (Lutter/Drygala in Lutter/Winter, § 2 Rn. 4).

17 Zwar nicht der rechtsformneutrale Begriff „außenstehende Anteilsinhaber", aber der rechtsformspezifische Begriff „außenstehende Aktionäre" wird in den § 295 Abs. 2, § 296 Abs. 2, § 297 Abs. 2 AktG und den §§ 304, 305 AktG verwendet. Außenstehende Anteilsinhaber im Sinn der § 295 Abs. 2, § 296 Abs. 2, § 297 Abs. 2 AktG sind alle Anteilsinhaber eines verpflichteten Unternehmensträgers, die nicht mit dem berechtigten Unternehmensträger identisch oder von diesem abhängig sind. Außenstehende Anteilsinhaber im Sinn der §§ 304, 305 AktG sind alle Anteilsinhaber eines verpflichteten Unternehmensträgers, die nicht mit dem berechtigten Unternehmensträger identisch oder mit diesem aufgrund einer 100prozentigen Beteiligung, eines Beherrschungs- und/oder Gewinnabführungsvertrags bzw. eines Eingliederungsbeschlusses verbunden sind (Emmerich in Emmerich/Habersack AG-/GmbH-KonzR, § 295 Rn. 28–30, § 304 Rn. 16–20).

I. Teil. Zweck der §§ 293a – 293g Abs. 1, 2 S. 1, Abs. 3 AktG

Die §§ 293a – 293g Abs. 1, 2 S. 1, Abs. 3 AktG bezwecken zum einen (nur) den Schutz von Anteilsinhabern der an einem Unternehmensvertrag beteiligten Unternehmensträger und nicht (auch) den Schutz von Begünstigten, Gläubigern, Arbeitnehmern oder Aufsichtsbehörden. Die Anteilsinhaber sollen dadurch geschützt werden, dass ihre Information über die relevanten Umstände einer Unternehmensvertragsbegründung nach dem Vorbild ihrer Information über die maßgeblichen Faktoren einer Verschmelzung verbessert wird und diese so befähigt werden, ihre anlässlich der Unternehmensvertragsbegründung erforderliche Entscheidung sinnvoll zu treffen[18]. Dies ergibt sich aus dem Wortsinn des Gesetzes und aus der Regelungsabsicht des Gesetzgebers. So haben die *Aktionäre* gemäß § 293a Abs. 3, § 293b Abs. 3, § 293e Abs. 3 AktG und § 293f Abs. 2, § 293g Abs. 3 AktG die Möglichkeit, auf die Einhaltung dieser besonderen Informationsvorschriften teilweise zu verzichten[19] bzw. diese teilweise nicht zu verlangen[20]. Auch wurden diese besonderen Informationsvorschriften entsprechend ihrer Regierungsbegründung nach dem Vorbild der §§ 8 – 12, 30 Abs. 2, §§ 60, 63, 64, 78 S. 1, 2 UmwG gestaltet[21]. Jene besonderen Informationsvorschriften bezwecken wiederum entsprechend ihrer Regierungsbegründung[22] und der Regierungsbegründung ihres Vorbilds der §§ 340a, 340b, 340d Abs. 2 – 5 S. 1, 2, Abs. 6 AktG a. F.[23] (nur) den Schutz von Anteilsinhabern der an einem Verschmelzungsvertrag beteiligten Rechtsträger und nicht (auch) den Schutz von Begünstigten, Gläubigern, Arbeitnehmern oder Aufsichtsbehörden. Die Anteilsinhaber sollen dadurch geschützt werden, dass sie über die relevanten Umstände einer Verschmelzung umfassend und frühzeitig informiert werden und somit ihre

18 Altmeppen in MK AktG, § 293a Rn. 1,2,4, § 293b Rn. 1, § 293e Rn. 1, § 293f Rn. 1, § 293g Rn. 1,2; Emmerich in Emmerich/Habersack AG-/GmbH-KonzR, § 293a Rn. 5, § 293b Rn. 7, § 293e Rn. 4, § 293f Rn. 1,9; Hüffer AktG, § 293a Rn. 1, § 293f Rn. 1, § 293g Rn. 1; Koppensteiner in KK AktG, § 293a Rn. 3–5, § 293b Rn. 3,4, § 293e Rn. 2, § 293f Rn. 2, § 293g Rn. 2

19 Emmerich in Emmerich/Habersack AG-/GmbH-KonzR, § 293a Rn. 34, § 293b Rn. 13, § 293e Rn. 21; Hüffer, § 293a Rn. 21, § 293b Rn. 10, § 293e Rn. 10

20 Emmerich in Emmerich/Habersack AG-/GmbH-KonzR, § 293f Rn. 10, § 293g Rn. 9; Hüffer, § 293f Rn. 5, § 293g Rn. 3

21 Vgl. Einleitung

22 BT-Drucks. 12/6699, S. 83ff.,102f.

23 BT-Drucks. 9/1065, S. 14ff.

anlässlich der Verschmelzung erforderliche Entscheidung sinnvoll treffen können[24]. Dementsprechend haben die *Anteilsinhaber* bzw. die *Aktionäre* gemäß § 8 Abs. 3, § 9 Abs. 3, § 12 Abs. 3, § 30 Abs. 2 S. 1, 2 UmwG und § 63 Abs. 3, § 64 Abs. 2 UmwG die Möglichkeit, auf die Einhaltung jener besonderen Informationsvorschriften teilweise zu verzichten[25] bzw. diese teilweise nicht zu verlangen[26]. Außerdem sind die Umwandlungsunterlagen zwar möglicherweise nach dem öffentlichen Aufsichtsrecht (vgl. § 169 S. 2 UmwG)[27], aber grundsätzlich nicht nach dem UmwG (vgl. 169 S. 1 UmwG)[28] den Aufsichtsbehörden zu übermitteln, selbst wenn diese der Umwandlung nach dem öffentlichen Aufsichtsrecht (z. B. § 14a VAG) zustimmen müssen[29]. Gemäß § 162 UmwG ist die Erstellung und Übermittlung eines Ausgliederungsberichts zwar erforderlich[30], wenn die Ausgliederung aus einer deutschen SbR nach der Satzung oder dem LStiftG der Zustimmung der lebenden Stifter oder der aufsichtsführenden Behörden bedarf[31]. Dies stellt aber eine Ausnahmeregelung im UmwG dar.

---

24 BGH in NJW 1989, S. 2689, ZIP 1990, S. 168; OLG Düsseldorf in ZIP 1999, S. 793, NZG 2000, S. 1079, AG 2001, S. 533; OLG Frankfurt/Main in ZIP 2000, S. 1928; OLG Hamm in ZIP 1999, S. 798; LG Essen in AG 1999, S. 329; LG Frankenthal in AG 1990, S. 549; LG Frankfurt/Main in NZG 2002, S. 395; Bork in ZGR 1993, S. 343 (350); Dörrie in WiB 1995, S. 1 (5); Ganske in WM 1993, S. 1117 (1122); Gehling in Semler/Stengel, § 8 Rn. 1, § 9 Rn. 2; Grunewald in Geßler/Hefermehl/Eckardt/Kropff, § 340a Rn. 2, § 340b Rn. 2; Hommelhoff in ZGR 1993, S. 453 (463); Kraft in KK AktG², § 340a Rn. 2, § 340b Rn. 2; Lutter/Drygala in Lutter/Winter, § 8 Rn. 5, § 9 Rn. 4; Marsch-Barner in Kallmeyer, § 8 Rn. 1; Mertens in AG 1990, S. 20 (22); Müller in Kallmeyer, § 9 Rn. 2; Schmidt in ZGR 1993, S. 366 (374f.); Stratz in Schmitt/Hörtnagl/Stratz, § 8 UmwG Rn. 4; Westermann in FS Semler, S. 651 (654)

25 Grunewald in Lutter/Winter, § 30 Rn. 8–11; Lutter/Drygala in Lutter/Winter, § 8 Rn. 48–51, § 9 Rn. 17, § 12 Rn. 14 – 16

26 Grunewald in Lutter/Winter, § 63 Rn. 8, § 64 Rn. 6

27 Rawert in Lutter/Winter, § 162 Rn. 3,13; Schmidt in Lutter/Winter, Vorb. § 168 Rn. 11, § 169 Rn. 5; Perlitt in Semler/Stengel, § 168 Rn. 60, § 169 Rn.4; Stengel in Semler/Stengel, § 162 Rn. 11

28 Perlitt in Semler/Stengel, § 169 Rn. 1,3; Schmidt in Lutter/Winter, Vorb. § 168 Rn. 11,12, § 169 Rn. 1,5

29 Vgl. Hübner in Lutter/Winter, § 109 Rn. 11; Schmidt in Lutter/Winter, § 169 Rn. 8; Koerfer in Semler/Stengel, § 109 Rn. 39, Anh. § 119 Rn. 84–97; Perlitt in Semler/Stengel, § 169 Rn. 10; Steuck in NJW 1995, S. 2887 (2890); Suppliet in NotBZ 1997, S. 37 (39)

30 Rawert in Lutter/Winter, § 161 Rn. 30, § 162 Rn. 3-6,10; Stengel in Semler/Stengel, § 162 Rn. 1,2,6–9

31 Vgl. Rawert in Lutter/Winter, § 164 Rn. 3–13; Stengel in Semler/Stengel, § 164 Rn. 2–4

Die §§ 293a – 293g Abs. 1, 2 S. 1, Abs. 3 AktG bezwecken zum anderen (nur) den Schutz der Anteilsinhaber von an einem Unternehmensvertrag beteiligten deutschen[32] Unternehmensträgern und nicht (auch) den Schutz der Anteilsinhaber von nichtdeutschen Unternehmensträgern[33]. Dies ergibt sich zwar nicht aus dem Wortsinn des Gesetzes, aber aus der Regelungsabsicht des Gesetzgebers. So spricht der Erste Teil des Dritten Buchs des AktG einschließlich dieser besonderen Informationsvorschriften schlechthin von an einem Unternehmensvertrag beteiligten *Aktiengesellschaften oder Kommanditgesellschaften auf Aktien*. Der Schutz der Anteilsinhaber von Unternehmensträgern mit Sitz im Ausland ist allerdings nicht Aufgabe des inländischen nationalen Rechts. Dieser obliegt vielmehr dem ausländischen nationalen Recht[34]. Auch wurden diese besonderen Informationsvorschriften entsprechend ihrer Regierungsbegründung nach dem Vorbild der §§ 8 – 12, 30 Abs. 2, §§ 60, 63, 64, 78 S. 1, 2 UmwG gestaltet. Das UmwG einschließlich jener besonderen Informationsvorschriften gilt jedoch entsprechend der ausdrücklichen Regelung des § 1 Abs. 1 UmwG lediglich für an einem Umwandlungsvertrag beteiligte Rechtsträger *mit Sitz im Inland*[35].

I. Kapitel. Erfasste Gegenstände einer Informationserteilung nach den §§ 293a – 293g Abs. 1, 2 S. 1, Abs. 3 AktG

Die §§ 293a – 293g Abs. 1, 2 S.1, Abs. 3 AktG gewähren ein besonderes Informationsrecht[36]. Denn die besonderen Informationsvorschriften dienen entspre-

---

32 Die Nationalität von Gesellschaften wird von EuGH und BGH jetzt nach der Gründungstheorie und nicht mehr nach der Sitztheorie beurteilt. Damit kommt es für die Charakterisierung einer Gesellschaft als ausländisch oder inländisch grundsätzlich auf ihren statuarischen Gründungsort und nicht auf ihren tatsächlichen Verwaltungssitz an (EuGH in NZG 1999, S. 298, NJW 2002, S. 3614; BGH in NJW 2003, S. 1461, NZG 2004, S. 1001; Emmerich in Emmerich/Habersack AG-/GmbH-KonzR, § 291 Rn. 33; Lutter/Drygala in Lutter/Winter, § 1 Rn. 7).

33 Emmerich in Emmerich/Habersack AG-/GmbH-KonzR, § 293a Rn. 9

34 OLG Hamburg in MDR 1976, S. 402; Altmeppen in MK AktG, § 291 Rn. 15, § 293 Rn. 119; Bärwaldt/Schabacker in AG 1998, S. 182 (186ff.); Einsele in ZGR 1996, S. 40 (49f.); Emmerich in Emmerich/Habersack AG-/GmbH-KonzR, § 291 Rn. 34,36, § 293 Rn. 5,6; Hüffer, § 291 Rn. 5, § 293 Rn. 18; Koppensteiner in KK AktG, Vorb. § 291 Rn. 83, § 293 Rn. 38

35 Kallmeyer in Kallmeyer, § 1 Rn. 10–13; Lutter/Drygala in Lutter/Winter, § 1 Rn. 6–8, § 2 Rn. 34–36; Semler in Semler/Stengel, § 1 Rn. 41,42; Stratz in Schmitt/Hörtnagl/Stratz, § 1 UmwG Rn. 3,4

36 Die §§ 293a – 293g Abs. 1, 2 S. 1, Abs. 3 AktG gewähren nicht mehrere getrennte Informationsrechte, die von unterschiedlicher Rechtsnatur sind, sondern ein einheitliches Informationsrecht, das verschiedene Ausprägungen hat (für die allgemeinen

chend ihrer Regierungsbegründung[37] der umfangreichen und frühzeitigen Erteilung der bezüglich eines Unternehmensvertrags maßgeblichen Informationen[38]. Ihren Zweck können die §§ 293a – 293g Abs. 1, 2 S. 1, Abs. 3 AktG also nur dann erreichen, wenn bei einem Unternehmensvertrag mit einer Partei der jeweiligen Nationalität und Rechtsform, von dem jeweiligen Typ, in der jeweiligen Phase bzw. mit einer Partei in unmittelbarem Anleinbesitz der anderen Partei durch die Anwendung dieser besonderen Informationsvorschriften bedeutsame Informationen erworben werden können. In einem ersten Schritt ist daher vorab zu prüfen, auf welche Gegenstände sich eine Informationserteilung nach den §§ 293a – 293g Abs. 1, 2 S. 1, Abs. 3 AktG inhaltlich erstreckt. Dabei ist teilweise zwischen den einzelnen besonderen Informationsvorschriften zu unterscheiden.

Informationsrechte Schmidt GesR, S. 627, InfR, S. 38f.). Dies folg aus dem Sinnzusammenhang des Gesetzes (vgl. Emmerich in Emmerich/Habersack AG-/GmbH-KonzR, § 293a Rn. 1; Koppensteiner in KK AktG, § 293a Rn. 3). Zunächst hängen die §§ 293b – 293e, § 293f Abs. 1 Nr. 3, Abs. 2, § 293g Abs. 1 AktG einerseits und die §§ 293a, 293f Abs. 1 Nr. 3, Abs. 2, § 293g Abs. 1, 2 S. 1 AktG andererseits zusammen. Die Auslegung und die Erteilung einer Abschrift des Vertragsprüfberichtes bzw. einer Abschrift des Vertragsberichts dienen gemeinsam dessen Offenlegung (für den Verschmelzungsbericht Gehling in Semler/Stengel, § 8 Rn. 10; Lutter/Drygala in Lutter/Winter, § 8 Rn. 11). Dementsprechend regelt § 319 Abs. 3 S. 1 Nr. 3, S. 2 AktG mit der Pflicht zur Auslegung einer Abschrift des Eingliederungsberichts und dem Recht auf Erteilung einer Abschrift des Eingliederungsberichts zugleich die Pflicht zur Erstattung des Eingliederungsberichts (Habersack in Emmerich/Habersack AG-/GmbH-KonzR, § 319 Rn. 18). Das Halten, also die in einem Akt zusammenfallende Erstattung und Offenlegung des Vertragsvortrags dient der Aktualisierung und Präzisierung des Vertragsberichtes (Emmerich in Emmerich/Habersack AG-/GmbH-KonzR, § 293g Rn. 7,7a; Koppensteiner in KK AktG, § 293g Rn. 6–8). Fernerhin hängen die § 293f Abs. 1 Nr. 1, § 293g Abs. 1, § 293f Abs. 2 AktG einerseits und die § 293f Abs. 1 Nr. 2, § 293g Abs. 1, § 293f Abs. 2 AktG andererseits zusammen. Die Auslegung und die Erteilung einer Abschrift des Unternehmensvertrags bzw. von Abschriften der Jahresabschlüsse und Lageberichte dienen gemeinsam dessen bzw. deren Offenlegung. Schließlich hängen die §§ 293a – 293g Abs. 1, 2 S. 1 AktG und der § 293g Abs. 3 AktG zusammen. Die §§ 293a – 293g Abs. 1, 2 S. 1 AktG dienen der sinnvollen Nutzung des § 293g Abs. 3 AktG (Emmerich in Emmerich/Habersack AG-/GmbH-KonzR, § 293a Rn. 5; Koppensteiner in KK AktG, § 293a Rn. 3; für den Verschmelzungsbericht Keil, S. 23; für den Spaltungsbericht Schöne, S. 281).

37 BT-Drucks. 12/6699, S. 178f.

38 Altmeppen in MK AktG, § 293a Rn. 1,2,4, § 293b Rn. 1, § 293e Rn. 1, § 293f Rn. 1, § 293g Rn.1,2; Emmerich in Emmerich/Habersack AG-/GmbH-KonzR, § 293a Rn. 5, § 293b Rn. 7, § 293e Rn. 4, § 293f Rn. 1,9, § 293g Rn. 1; Hüffer, § 293a Rn. 1, § 293f Rn. 1, § 293g Rn. 1; Koppensteiner in KK AktG, § 293a Rn. 3–5, § 293b Rn. 3,4, § 293e Rn. 2, § 293f Rn. 2, § 293g Rn. 2

I. Abschnitt. Erfasste Gegenstände einer Informationserteilung nach den §§ 293b – 293e AktG

Die Prüfung gemäß § 293b – 293d AktG und der Prüfbericht gemäß § 293e AktG erstrecken sich auf dieselben Gegenstände. Dies folgt aus dem Wortsinn des Gesetzes und dem Sinnzusammenhang des Gesetzes, da gemäß § 293e Abs. 1 S. 1 AktG der zu erstattende Prüfbericht der Dokumentation zwar nicht der gesamten Einzelheiten, aber des abschließenden Ergebnisses der durchgeführten Prüfung dient[39].

- Gegenstand der Prüfung und des Prüfberichts ist vor allem die Angemessenheit der getroffenen Ausgleichs- und Abfindungsregelungen[40]. Dies ergibt sich aus dem Wortsinn des Gesetzes und der Regelungsabsicht des Gesetzgebers. Zunächst muss gemäß § 293e Abs. 1 S. 2, 3 AktG der Prüfbericht eine Schlusserklärung enthalten, in der sich die Prüfer zu der Angemessenheit der vereinbarten Ausgleichs- und Abfindungsleistungen äußern und die wesentlichen Grundlagen für dieses Angemessenheitsurteil mitteilen[41]. Zudem sollen nach der Regierungsbegründung des § 293b AktG[42] die vereinbarten Ausgleichs- und Abfindungsleistungen schon vorab einer Beurteilung durch unabhängige Sachverständige unterworfen werden, um dadurch ihre nachträgliche Überprüfung im gerichtlichen Spruchstellenverfahren möglichst überflüssig zu machen[43]. Zuletzt ist zum einen die Vertragsprüfung nach dem Vorbild der Verschmelzungsprüfung gestaltet[44] und bildet zum anderen die Feststellung der Angemessenheit der getroffenen Umtausch- und Abfindungsregelungen das Kernstück der Verschmelzungsprüfung[45]. Dementsprechend ist zu

---

39 Emmerich in Emmerich/Habersack AG-/GmbH-KonzR, § 293e Rn. 5; Hüffer, § 293e Rn. 6

40 Ebenso Altmeppen in MK AktG, § 293b Rn. 8; Bungert in DB 1995, S. 1384 (1391); Emmerich in Emmerich/Habersack AG-/GmbH-KonzR, § 293b Rn 5,17; Hüffer, § 293b Rn. 6; Koppensteiner in KK AktG, § 293b Rn. 11,17

41 Emmerich in Emmerich/Habersack AG-/GmbH-KonzR, § 293b Rn. 17, § 293e Rn. 6,9–15; Koppensteiner in KK AktG, § 293b Rn. 11, § 293e Rn. 12–17

42 BT-Drucks. 12/6699, S. 178f.

43 Emmerich in Emmerich/Habersack AG-/GmbH-KonzR, § 293b Rn. 7, § 293e Rn. 4; Koppensteiner in KK AktG, § 293b Rn. 3, § 293e Rn. 2

44 Emmerich in Emmerich/Habersack AG-/GmbH-KonzR, § 293b Rn 1; Koppensteiner in KK AktG, § 293b Rn. 1

45 BGH in NJW 1989, S. 2689, ZIP 1990, S. 168; Bayer in ZIP 1997, S. 1613 (1621); Ganske in WM 1993, S. 1117 (1122); Grunewald/Winter in Lutter KUmwRT, S. 19 (35); Kraft in KK AktG[2], § 340b Rn. 7; Lüttge in NJW 1995, S. 417 (419); Lutter/Drygala in Lutter/Winter, § 9 Rn. 10; Müller in Kallmeyer, § 9 Rn. 16,22; Streck/Mack/Schwedhelm in GmbHR 1995, S. 161 (165); Zeidler in Semler/Stengel, § 9 Rn. 25,30

prüfen und zu testieren, ob die für die zugrundeliegenden Unternehmensbewertungen herangezogenen Bewertungsmethoden angesichts der aufgetretenen Bewertungsschwierigkeiten angemessen gewesen sind und richtig angewandt wurden[46].

- Zu prüfen und zu testieren wäre an sich auch die Richtigkeit und Vollständigkeit des abgeschlossenen Unternehmensvertrags[47]. Dies folgt aus der Regelungsabsicht des Gesetzgebers, weil einerseits nach der Regierungsbegründung des § 293b AktG die Vertragsprüfung nach dem Vorbild der Verschmelzungsprüfung gestaltet ist und andererseits nach der Regierungsbegründung des § 340b AktG a. F.[48] die Feststellung der Richtigkeit und Vollständigkeit des abgeschlossenen Verschmelzungsvertrags von dem Pflichtenkreis der Verschmelzungsprüfer umfasst wird[49]. Für den Inhalt von Unternehmensverträgen gibt es allerdings anders als für den Inhalt von Verschmelzungsverträgen in den § 5 Abs. 1, 2, § 29 Abs. 1 S. 1 – 4, § 35 S. 1, § 40 Abs. 1, §§ 45b, 46, 80, 110 UmwG keinen einheitlichen und umfassenden Mindestkatalog. Neben den wesentlichen Vertragsbestandteile (vgl. § 291 Abs. 1, § 292 Abs. 1 AktG) existieren nur für den Inhalt von Beherrschungs- und/oder Gewinnabführungsverträge in den § 304 Abs. 1, 2, § 305 Abs. 1 – 4 AktG ganz wenige Mindestangaben[50]. Die Feststellung des Vorliegens der wesentlichen Vertragsbestandteile und damit die Feststellung des Typs des Unternehmensvertrags ist außerdem ausschließlich die Aufgabe von Richtern und nicht die von Wirtschaftsprüfern[51]. Denn zum einen muss der Typ des

---

46 OLG Düsseldorf in NZG 2000, S 1079, AG 2001, S. 533, NZG 2003, S. 588, NZG 2004, S. 622; OLG Stuttgart in AG 2004, S. 271; Emmerich in Emmerich/Habersack AG-/GmbH-KonzR, § 293b Rn. 17,18; Humbeck in BB 1995, S. 1893 (1896f.); Koppensteiner in KK AktG, § 293b Rn. 19–29; für die besondere Verschmelzungsprüfpflicht Bitzer, S. 33ff.; Dirrigl in WPg 1989, S. 413 (454); Hoffmann-Becking in FS Fleck, S. 105 (122); Lutter/Drygala in Lutter/Winter, § 9 Rn. 11; Müller in Kallmeyer, § 9 Rn. 22–36; Schmitz, S. 191ff.; Zeidler in Semler/Stengel, § 9 Rn. 30–48

47 Ebenso Altmeppen in MK AktG, § 293b Rn. 7; Bungert in DB 1995, S. 1383 (1391); Emmerich in Emmerich/Habersack AG-/GmbH-KonzR, § 293b Rn. 19, § 293e Rn. 19; Hüffer, § 293b Rn. 5; Koppensteiner in KK AktG, § 293b Rn. 12

48 BT-Drucks. 9/1065, S. 16

49 BGH in NJW 1989, S. 2689, ZIP 1990, S. 168; Bayer in ZIP 1997, S. 1613 (1621); Lutter/Drygala in Lutter/Winter, § 9 Rn. 9; Müller in Kallmeyer, § 9 Rn. 16–20; Zeidler in Semler/Stengel, § 9 Rn. 25–27

50 Altmeppen in MK AktG, § 293b Rn. 6; Emmerich in Emmerich/Habersack AG-/GmbH-KonzR, § 295b Rn. 5,6, 19

51 Koppensteiner in KK AktG, § 293b Rn. 12; a. M. Altmeppen in MK AktG, § 293b Rn. 7, § 293e Rn. 6,7; Emmerich in Emmerich/Habersack AG-/GmbH-KonzR, § 293b Rn. 19

Unternehmensvertrags in der Vertragsurkunde nicht ausdrücklich bezeichnet werden[52]. Zum anderen richtet sich der Typ des Unternehmensvertrags selbst bei einer in der Vertragsurkunde vorhandenen Bezeichnung nicht nach dieser, sondern ist vielmehr durch Auslegung zu ermitteln[53]. Diese kann aber insbesondere bei der Umgehung eines Beherrschungsvertrags durch einen Betriebspacht- oder Betriebsführungsvertrag[54] juristisches Fachwissen erfordern. Damit verbleibt den Wirtschaftsprüfern nur noch die Feststellung des Vorliegens von erforderlichen Ausgleichs- und Abfindungsregelungen[55].

- Kein Gegenstand der Prüfung und des Prüfberichts ist dagegen zuerst die Richtigkeit und Vollständigkeit des Vertragsberichts[56]. Die Bewertung, ob der Vertragsbericht die Anforderungen des § 293a AktG erfüllt, obliegt Richtern und nicht Wirtschaftsprüfern. Denn sie erfordert juristisches und nicht betriebswirtschaftliches Fachwissen[57]. Dies folgt aus dem Wortsinn des Gesetzes und der Regelungsabsicht des Gesetzgebers. So verlangt der § 293b Abs. 1 AktG eine Prüfung zwar des Unternehmensvertrags, aber nicht des Vertragsberichts[58]. Auch ist zum einen nach der Regierungsbegründung des § 293b AktG die Vertragsprüfung nach dem Vorbild der Verschmelzungsprüfung gestaltet und verlangt zum anderen der § 9 Abs. 1 UmwG bzw. der § 340b Abs. 1 AktG a. F. eine Prüfung zwar des Verschmelzungsvertrags, aber nicht des Verschmelzungsberichts[59].

---

52 KG in NZG 2000, S. 1132; LG Hamburg in WM 1991, S. 1081; Emmerich in Emmerich/Habersack AG-/GmbH-KonzR, § 291 Rn. 17, § 293 Rn. 17; Hüffer, § 291 Rn. 13,23, § 293 Rn. 14; a. M. Koppensteiner in KK AktG, § 291 Rn. 56, § 293 Rn. 14–16

53 KG in NZG 2000, S. 1132; Emmerich in Emmerich/Habersack AG-/GmbH-KonzR, § 291 Rn. 23

54 Vgl. Emmerich in Emmerich/Habersack AG-/GmbH-KonzR, § 292 Rn. 61,62; Koppensteiner in KK AktG, § 291 Rn. 36–40

55 Emmerich in Emmerich/Habersack AG-/GmbH-KonzR, § 293b Rn. 19; Koppensteiner in KK AktG, § 293b Rn. 12

56 Ebenso Bungert in DB 1995, S. 1384 (1390); Emmerich in Emmerich/Habersack AG-/GmbH-KonzR, § 293b Rn. 14,15, § 293e Rn. 18; Humbeck in BB 1995, S. 1893 (1896); Koppensteiner in KK AktG, § 293b Rn. 9; Krieger in MHb AG, § 70 Rn. 36; Neun, S. 167ff.; anders Altmeppen in MK AktG, § 293b Rn. 9–11; Hüffer, § 293b Rn. 3; für die besondere Eingliederungsprüfpflicht LG Berlin in AG 1996, S. 230

57 Für die besondere Verschmelzungsprüfpflicht Lutter/Drygala in Lutter/Winter, § 9 Rn. 12

58 Emmerich in Emmerich/Habersack AG-/GmbH-KonzR, § 293b Rn. 14; Koppensteiner in KK AktG, § 293b Rn. 9

59 Bitzer, S. 18; Grunewald in Geßler/Hefermehl/Eckardt/Kropff, § 340b Rn. 10; Kraft in KK AktG[2], § 340b Rn. 5; Lutter/Drygala in Lutter/Winter, § 9 Rn. 12; Mertens in AG 1990, S. 20 (31); Müller in Kallmeyer, § 9 Rn. 10; Schedlbauer in WPg 1984,

- Nicht zu prüfen und zu testieren ist ebenso die rechtliche Zulässigkeit und wirtschaftliche Zweckmäßigkeit der Unternehmensvertragsbegründung[60]. Die Beurteilung, ob der Unternehmensvertragsabschluss die allgemeinen Vorschriften der §§ 116 ff. BGB und die besonderen Regelungen der §§ 291 ff. AktG wahrt, obliegt ebenfalls Richtern und nicht Wirtschaftsprüfern. Denn auch sie ist erfordert juristisches und nicht betriebswirtschaftliches Spezialwissen[61]. Die Entscheidung, ob sich der Vertragsabschluss nach Abwägung aller dafür und dagegen sprechenden Gründe als das beste Mittel zur Verfolgung des Unternehmenszwecks darstellt[62], dürfen nicht die Wirtschaftsprüfer, sondern müssen die Anteilsinhaber treffen. Denn die Prüfung soll eine sachgerechte Entscheidung der Anteilsinhaber zwar erleichtern, aber nicht ersetzen[63]. Dies ist der Regelungsabsicht des Gesetzgebers zu entnehmen, da zum einen nach der Regierungsbegründung des § 293b AktG die Vertragsprüfung nach dem Vorbild der Verschmelzungsprüfung gestaltet ist und zum anderen nach der Regierungsbegründung des § 340b AktG a. F. die Kontrolle der wirtschaftlichen Zweckmäßigkeit der Verschmelzung nicht zu dem Pflichtenkreis der Verschmelzungsprüfer gehört[64].
- Kein Gegenstand der Prüfung und des Prüfberichts ist außerdem das Risiko einer Verlustausgleichsbedürftigkeit oder Verlustausgleichsfähigkeit[65]. Dies

---

S. 33 (42); Stratz in Schmitt/Hörtnagl/Stratz, § 9 UmwG Rn. 4; Zeidler in Semler/Stengel, § 9 Rn. 18; a. M: Bayer in ZIP 1997, S. 1613 (1621); Becker in AG 1988, S. 223 (225); Dirrigl in WPg 1989, S. 413 (414ff.); Hoffmann-Becking in FS Fleck, S. 105 (122); Ganske in DB 1981, S. 1551 (1553); Priester in ZGR 1990, S. 420 (430)

60 Ebenso Altmeppen in MK AktG, § 293b Rn. 3,7, § 293e Rn. 15; Bungert in DB 1995, S. 1384 (1390f.); Emmerich/Habersack AG-/GmbH-KonzR, § 293b Rn. 19, § 293e Rn. 19; Hüffer, § 293b Rn. 4; Humbeck in BB 1995, S. 1893 (1896); Koppensteiner in KK AktG, § 293b Rn. 13,14; Neun, S. 165ff.

61 Altmeppen in MK AktG, § 293b Rn. 7; Bungert in DB 1995, S 1384 (1391); Emmerich in Emmerich/Habersack AG-/GmbH-KonzR, § 293b Rn. 19; Koppensteiner in KK AktG, § 293b Rn. 13

62 Für die Zweckmäßigkeit der Verschmelzung Lutter/Drygala in Lutter/Winter, § 9 Rn. 12

63 Altmeppen in MK AktG, § 293b Rn. 3, § 293e Rn. 15; Bungert in DB 1995, S. 1384 (1390); Hüffer, § 293b Rn. 4; für die besondere Verschmelzungsprüfpflicht Lutter/Drygala in Lutter/Winter, § 9 Rn. 12; Stratz in Schmitt/Hörtnagl/Stratz, § 9 UmwG Rn. 5

64 Bayer in AG 1988, S. 323 (328), ZIP 1997, S. 1613 (1621); Bitzer, S. 31; Grunewald in Geßler/Hefermehl/Eckardt/Kropff, § 340b Rn. 10; Hoffmann-Becking in FS Fleck, S. 105 (122); Kraft in KK AktG[2], § 340b Rn. 7; Lutter/Drygala in Lutter Winter, § 9 Rn. 12; Müller in Kallmeyer, § 9 Rn. 18,20; Stratz in Schmitt/Hörtnagl/Stratz, § 9 UmwG Rn. 5; Zeidler in Semler/Stengel, § 9 Rn. 16

65 Ebenso Bungert in DB 1995, S. 1449 (1454)

folgt schon aus dem soeben Gesagten. Denn das Risiko der Verlustausgleichsbedürftigkeit bzw. Verlustausgleichsfähigkeit bildet einen Grund, der die Unternehmensvertragsbegründung zusammen mit anderen Gründen als zweckmäßig bzw. unzweckmäßig erscheinen lässt. Dies wird darüber hinaus durch den Wortsinn und dem Sinnzusammenhang des Gesetzes sowie durch die Regelungsabsicht des Gesetzgebers bestätigt. So enthält der Gesetzestext der §§ 293b, 293e AktG kein Anzeichen dafür, dass das Risiko der Verlustausgleichsbedürftigkeit und Verlustausgleichsfähigkeit vorab von unabhängigen Sachverständigen einzuschätzen ist. Wenn sich alle Anteile des verpflichteten Unternehmensträgers in der Hand des berechtigten Unternehmensträgers befinden, der verpflichtete Unternehmensträger also keine außenstehenden Anteilsinhaber hat, entfällt außerdem die Prüfungs- und Prüfberichtspflicht (vgl. § 293b Abs. 1 Hs. 2 AktG)[66] zusammen mit der Ausgleichs- und Abfindungspflicht (vgl. § 304 Abs. 1 S. 3, § 305 Abs. 1 AktG)[67], während die Verlustausgleichspflicht fortbesteht. Auch kann die nach der Regierungsbegründung des § 293b AktG bezweckte Entlastung des gerichtlichen Spruchstellenverfahrens durch eine sachverständige Vorabeinschätzung des Risikos der Verlustausgleichsbedürftigkeit oder der Verlustausgleichsfähigkeit nicht erreicht werden.

- Nicht zu prüfen und zu testieren ist zuletzt bei anderen Unternehmensverträgen die Angemessenheit der Vertragsbedingungen, insbesondere die Angemessenheit der vereinbarten Gewinnaufteilung oder Gegenleistung[68]. Betrachtet man die Vertragsbedingungen als angemessen, wenn sich keine der Vertragsparteien durch den Vertragsabschluss schlechter stellt als sie ohne den Vertragsabschluss stünde[69], so folgt das bereits aus dem oben Gesagten. Denn diese Definition der Angemessenheit der Vertragsbedingungen entspricht einem Teilbereich der wirtschaftlichen Zweckmäßigkeit der Unternehmensvertragsbegründung. Die Vertragsbedingungen sind angemessen, wenn sich der Vertragsabschluss gegenüber der Unterlassungsalternative nach Abwägung aller dafür und dagegen sprechenden Gründe als das bessere Mittel zur Ver-

---

66 Emmerich in Emmerich/Habersack AG-/GmbH-KonzR, § 293b Rn. 12, § 293e Rn. 20; Hüffer, § 293b Rn. 9

67 Emmerich in Emmerich/Habersack AG-/GmbH-KonzR, § 304 Rn. 10,16–18, § 305 Rn. 9; Hüffer, § 304 Rn. 2,7, § 305 Rn. 5

68 Ebenso Altmeppen in MK AktG, § 293a Rn. 7, § 293b Rn. 7, § 293e Rn. 17; Emmerich in Emmerich/Habersack AG-/GmbH-KonzR, § 293b Rn. 6; Hüffer, § 293b Rn. 6; Koppensteiner in KK AktG, § 293b Rn. 6; Neun, S. 30; anders Jung, S. 149f.,155f.; Krieger in MHb AG, § 70 Rn. 56

69 So Jung, S. 180,183,185

folgung des Unternehmenszwecks darstellt[70]. Definiert man die vereinbarte Gewinnaufteilung oder Gegenleistung als angemessen, wenn sie nicht hinter der marktüblichen Gegenleistung zurückbleibt bzw. wenn sie dem objektiven Wert der Leistung entspricht[71], so folgt das Gleiche aus dem Wortsinn des Gesetzes und der Regelungsabsicht des Gesetzgebers. So findet sich im Gesetzestext der §§ 293b – 293e AktG gleichfalls kein Anhaltspunkt dafür, dass die Angemessenheit der vereinbarten Gewinnaufteilung oder Gegenleistung vorab von unabhängigen Sachverständigen festzustellen ist[72]. Auch kann die nach der Regierungsbegründung des § 293b AktG bezweckte Entlastung des gerichtlichen Spruchstellenverfahrens durch eine sachverständige Vorabfeststellung der Angemessenheit der vereinbarten Gewinnaufteilung oder Gegenleistung ebenfalls nicht erreicht werden.

II. Abschnitt. Erfasste Gegenstände einer Informationserteilung nach den §§ 293a, 293g Abs. 2 S. 1 AktG

Der Bericht gemäß § 293a AktG und der Vortrag gemäß § 293g Abs. 2 S. 1 AktG erstrecken sich auf dieselben Gegenstände. Dies folgt aus dem Sinnzusammenhang des Gesetzes, da der Vortrag den Charakter einer in der Hauptversammlung durchzuführenden mündlichen Präzisierung und Aktualisierung des vor der Hauptversammlung erstatteten schriftlichen Berichts hat[73].

- Zu erläutern ist zuerst gemäß § 293a Abs. 1 S. 1 Hs. 1 AktG die Art und Höhe der getroffenen Ausgleichs- und Abfindungsregelungen. Zu diesem ersten Gegenstand des Berichts und des Vortrags[74] gehören Angaben bezüglich der durchgeführten Unternehmensbewertungen, insbesondere die Bezeichnung der angewendeten Bewertungsmethoden und gemäß § 293a Abs. 1 S. 2 AktG der Hinweis auf aufgetretene Bewertungsschwierigkeiten[75].

---

70 Koppensteiner in KK AktG, § 293b Rn. 6; Neun, S. 25ff.

71 So Emmerich in Emmerich/Habersack AG-/GmbH-KonzR, § 292 Rn. 18,27,49

72 Altmeppen in MK AktG, § 293a Rn. 7, § 293e Rn. 17; Emmerich in Emmerich/Habersack AG-/GmbH-KonzR, § 293b Rn. 6

73 Emmerich in Emmerich/Habersack AG/GmbH-KonzR, § 293g Rn. 7,7a; Koppensteiner in KK AktG, § 293g Rn. 6–8; für die besondere Verschmelzungsvortragspflicht Grunewald in Lutter/Winter, § 64 Rn. 3,4; Marsch-Barner in Kallmeyer, § 64 Rn. 3,4

74 Ebenso Altmeppen in MK AktG, § 293a Rn. 35,42; Bungert in DB 1995, S. 1384 (1387f.); Emmerich in Emmerich/Habersack AG-/GmbH-KonzR, § 293a Rn. 24; Hüffer, § 293a Rn. 14; Koppensteiner in KK AktG, § 293a Rn. 30

75 BGH in NJW 1989, S. 2689, ZIP 1990, S. 168; OLG Düsseldorf in ZIP 1999, S. 793, AG 2002, S. 398, NZG 2004, S. 429; OLG Hamm in ZIP 1999, S. 798; LG

- Zu erläutern ist außerdem gemäß § 293a Abs. 1 S. 1 Hs. 1 AktG der Unternehmensvertrag im Einzelnen. Den zweiten Gegenstand des Berichts und des Vortrags bildet also der Inhalt des abgeschlossenen Unternehmensvertrags[76]. Dazu zählen die Bezeichnung des vorliegenden Vertragstyps und der Hinweis auf außergewöhnliche Vertragsregelungen wie beispielsweise zusätzliche Beendigungsgründe[77].
- Zu erläutern ist zuletzt gemäß § 293a Abs. 1 S. 1 Hs. 1 AktG der Abschluss des Unternehmensvertrags. Hinter dieser Formulierung verbirgt sich nach der Normvorstellung des Gesetzgebers als dritter Gegenstand des Berichts und des Vortrags die Zweckmäßigkeit der Unternehmensvertragsbegründung[78]. Denn nach der Regierungsbegründung des § 293a AktG[79] wurde der Vertragsbericht nach dem Vorbild des Verschmelzungsberichts geschaffen[80], der wiederum nach der Regierungsbegründung des § 8 UmwG[81] darlegen soll, welche rechtlichen und wirtschaftlichen Gründe die Verschmelzung als das geeignete Mittel zur Verfolgung des Unternehmenszwecks erscheinen lassen[82]. Dementsprechend sind in einem ersten Schritt die rechtlichen und wirt-

---

Essen in AG 1999, S. 329; LG Mainz in AG 2002, S. 247; LG München I in AG 2000, S. 86,87; Altmeppen in MK AktG, § 293a Rn. 43,44; Bungert in DB 1995, S. 1384 (1387f.); Emmerich in Emmerich/Habersack AG-/GmbH-KonzR, § 293a Rn. 25–28; Hüffer, § 293a Rn. 15,16; Koppensteiner in KK AktG, § 293a Rn. 31–34; Neun, S. 146f.; für die besondere Verschmelzungsberichtspflicht Bayer in AG 1988, S. 323 (327ff.); Gehling in Semler/Stengel, § 8 Rn. 22–51; Grunewald/Winter in Lutter KUmwRT, S. 19 (29 f.); Keil, S. 51ff.; Lutter/Drygala in Lutter/Winter, § 8 Rn. 20–29; Marsch-Barner in Kallmeyer, § 8 Rn. 11–24; Möller, S. 119ff.; Stratz in Schmitt/Hörtnagl/Stratz, § 8 UmwG Rn. 10,15–20

76 Ebenso Altmeppen in MK AktG, § 293a Rn. 35,40; Bungert in DB 1995, S. 1384 (1387f.); Emmerich in Emmerich/Habersack AG-/GmbH-KonzR, § 293a Rn. 21; Hüffer, § 293a Rn. 13; Koppensteiner in KK AktG, § 293a Rn. 29

77 Altmeppen in MK AktG, § 293a Rn. 41; Bungert in DB 1995, S. 1384 (1388); Emmerich in Emmerich/Habersack AG-/GmbH-KonzR, § 293a Rn. 22; Hüffer, § 293a Rn. 13; Koppensteiner in KK AktG, § 293a Rn. 29; Neun, S. 60 ff.; für die besondere Verschmelzungsberichtspflicht Gehling in Semler/Stengel, § 8 Rn. 21; Lutter/Drygala in Lutter/Winter, § 8 Rn. 19; Marsch-Barner in Kallmeyer, § 8 Rn. 9; Stratz in Schmitt/Hörtnagl/Stratz, § 8 UmwG Rn. 12,13

78 Ebenso Altmeppen in MK AktG, § 293a Rn. 35,38; Bungert in DB 1995, S. 1384 (1387f.); Emmerich in Emmerich/Habersack AG-/GmbH-KonzR, § 293a Rn. 19; Hüffer, § 293a Rn. 12; Koppensteiner in KK AktG, § 293a Rn. 28

79 BT-Drucks. 12/6699, S. 178f.

80 Emmerich in Emmerich/Habersack AG-/GmbH-KonzR, § 293a Rn. 2; Koppensteiner in KK AktG, § 293a Rn. 1

81 BT-Drucks. 12/6699, S. 83f.

82 LG Mainz in AG 2002, S. 247; LG München I in AG 2000, S. 86,87; Bayer in ZIP 1997, S. 1613 (1619); Bork in ZGR 1993, S. 343 (349); Gehling in Semler/Stengel,

schaftlichen Ausgangssituationen beider Vertragsparteien darzulegen. Dafür müssen vor allem Angaben über die Vermögens- und Ertragslagen sowie über die Vermögens- und Ertragsaussichten gemacht werden. Darüber hinaus können Angaben über die Tätigkeitsbereiche und die Gesellschafterstrukturen erwartet werden[83]. In einem weiteren Schritt sind die rechtlichen und wirtschaftlichen Auswirkungen des Vertragsabschlusses zu erörtern. Dies gilt sowohl für die zu erhoffenden Vorteile als auch für die zu befürchtenden Nachteile[84]. Bei Beherrschungs- und/oder Gewinnabführungsverträgen muss beispielsweise gemäß § 293a Abs. 1 S. 2 AktG auf die Folgen, d. h die Chancen und Risiken des Weisungs- und/oder Gewinnbezugrechts und vor allem der Verlustausgleichspflicht für die Beteiligungen hingewiesen werden[85]. Zum einen zählen zu den Folgen für die Beteiligungen nämlich nicht nur Änderungen, insbesondere Verringerungen der Beteiligungsquote, sondern auch Änderungen, insbesondere Verwässerungen des Beteiligungswerts. Zum anderen wurde nach der Regierungsbegründung des § 319 Abs. 3 S. 1 Nr. 3 AktG[86] auch der Eingliederungsbericht nach dem Vorbild des Verschmelzungsberichts geschaffen[87], dessen Inhalt sich unter anderem an der Haftpflicht nach § 322 AktG und der Verlustausgleichspflicht nach § 324 Abs. 3 AktG ausrichten muss[88]. Dementsprechend muss für den Inhalt des Vertrags-

§ 8 Rn. 17; Grunewald in Geßler/Hefermehl/Eckardt/ Kropff, § 340a Rn. 6; Kraft in KK AktG², § 340a Rn. 14; Lutter/Drygala in Lutter/Winter, § 8 Rn. 15; Marsch-Barner in Kallmeyer, § 8 Rn. 7; Stratz in Schmitt/Hörtnagl/Stratz, § 8 UmwG Rn. 11; Streck/Mack/Schwedhelm in GmbHR 1995, S. 161 (165)

83 Altmeppen in MK AktG, § 293a Rn. 39; Emmerich in Emmerich/Habersack AG-/GmbH-KonzR, § 293a Rn. 21; Koppensteiner in KK AktG, § 293a Rn. 26; Neun, S. 54; für die besondere Verschmelzungsberichtspflicht Gehling in Semler/Stengel, § 8 Rn. 16,17; Lutter/Drygala in Lutter/Winter, § 8 Rn. 16

84 OLG Düsseldorf in ZIP 1999, S. 793; OLG Hamm in ZIP 1999, S. 798; LG Essen in AG 1999, S. 329; Altmeppen in MK AktG, § 293a Rn. 41; Emmerich in Emmerich/Habersack AG-/GmbH-KonzR, § 293a Rn. 19,21,22; Hüffer, § 293a Rn. 12; Koppensteiner in KK AktG, § 293a Rn. 27; für die besondere Verschmelzungsberichtspflicht Gehling in Semler/Stengel, § 8 Rn. 17,20; Lutter/Drygala in Lutter/Winter, § 8 Rn. 17; Marsch-Barner in Kallmeyer, § 8 Rn. 7; Stratz in Schmitt/Hörtnagl/Stratz, § 8 UmwG Rn. 11

85 Emmerich in Emmerich/Habersack AG-/GmbH-KonzR, § 293a Rn. 29; Koppensteiner in KK AktG, § 293a Rn. 27; Neun, S. 59; a. M. Altmeppen in MK AktG, § 293a Rn. 45,46; Hüffer, § 293a Rn. 17

86 BT-Drucks. 12/6699, S. 179f.

87 Grunewald in MK AktG, § 319 Rn. 14; Habersack in Emmerich/Habersack AG-/GmbH-KonzR, § 319 Rn. 18

88 Grunewald in MK AktG, § 319 Rn. 14 Fn. 34; Habersack in Emmerich/Habersack AG-/GmbH-KonzR, § 319 Rn. 20; Hüffer, § 319 Rn. 11; Koppensteiner in KK AktG, § 319 Rn. 12

berichts die Verlustausgleichspflicht nach § 302 Abs. 1 AktG mitbestimmend sein. Bei anderen Unternehmensverträgen muss insbesondere das Verhältnis von Leistung und Gegenleistung dargestellt werden[89]. In einem letzten Schritt sind die möglichen Alternativen zu dem Vertragsabschluss einschließlich deren Vor- und Nachteile zu diskutieren. Hierbei kann auf die Unterlassungsalternative, einen anderen Vertragsabschluss oder eine Umwandlung einzugehen sein[90].

III. Abschnitt. Erfasste Gegenstände einer Informationserteilung nach dem § 293g Abs. 3 AktG

Auskunft ist gemäß § 293g Abs. 3 AktG auch über *alle* für den Vertragsabschluss wesentlichen Angelegenheiten des *anderen* Vertragsteils zu geben. Gegenstand der erweiterten Auskunftserteilung sind also sämtliche Angelegenheiten jeder anderen Vertragspartei, die für die Angemessenheit der getroffenen Ausgleichs- und Abfindungsregelungen, den Inhalt des abgeschlossenen Unternehmensvertrags oder die Zweckmäßigkeit der Unternehmensvertragsbegründung bedeutsam sind[91]. Dazu zählen insbesondere die Gesellschafterstruktur, der Tätigkeitsbereich, die Unternehmenspolitik sowie die Vermögens- und Ertragsverhältnisse der anderen Vertragspartei. Als Beispiele werden außerdem der Plan von Kapitalerhöhungen, die Bewertung von Sacheinlagen und die Beziehungen zu Dritten genannt[92].

---

89 Emmerich in Emmerich/Habersack AG/GmbH-KonzR, § 293g Rn. 7; Koppensteiner in KK AktG, § 293a Rn. 37, § 293g Rn. 8; für die besondere Vertragsvortragspflicht Altmeppen in MK AktG, § 293g Rn. 6; a. M. für die besondere Vertragsberichtspflicht Altmeppen in MK AktG, § 293a Rn. 42

90 OLG Hamburg in WM 2002, S. 696; LG München I in AG 2000, S. 86,87; Altmeppen in MK AktG, § 293a Rn. 38; Emmerich in Emmerich/Habersack AG-/GmbH-KonzR, § 293a Rn. 19; Hüffer, § 293a Rn. 12; Koppensteiner in KK AktG, § 293a Rn. 28; für die besondere Verschmelzungsberichtspflicht Gehling in Semler/Stengel, § 8 Rn. 18; Lutter/Drygala in Lutter/Winter, § 8 Rn. 18; Marsch-Barner in Kallmeyer, § 8 Rn. 7; Stratz in Schmitt/Hörtnagl/Stratz, § 8 UmwG Rn. 11

91 Ebenso Altmeppen in MK AktG, § 293g Rn. 15,16; Emmerich in Emmerich/Habersack AG-/GmbH-KonzR, § 293g Rn. 19–22; Hüffer, § 293g Rn. 3; Koppensteiner in KK AktG, § 293g Rn. 21; für das besondere Verschmelzungsauskunftsrecht Diekmann in Semler/Stengel, § 64 Rn. 15; Grunewald in Lutter/Winter, § 64 Rn. 6; Marsch-Barner in Kallmeyer, § 64 Rn. 6; Stratz in Schmitt/Hörtnagl/Stratz, § 64 UmwG Rn. 5,6

92 BGH in NJW 1992, S. 2760, NJW 1993, S. 1976, AG 2003, S. 625; KG in NZG 2002, S. 818; OLG Hamburg in NZG 2003, S. 539; OLG Karlsruhe in AG 1991, S. 144; OLG Koblenz in ZIP 2001, S. 1093,1095; LG Frankfurt/Main in ZIP 1989,

IV. Abschnitt. Erfasste Gegenstände einer Informationserteilung nach den §§ 293f, 293g Abs. 1 AktG

Die Auslegung und die Abschriftserteilung erstrecken sich auf dieselben Gegenstände. Dies folgt aus dem Wortsinn des Gesetzes, da der § 293f Abs. 2 AktG ausdrücklich auf die in § 293f Abs. 1 AktG bezeichneten Unterlagen verweist[93]. Außerdem sind nicht nur im Rahmen des § 293f Abs. 2 AktG, sondern auch im Rahmen der § 293f Abs. 1, § 293g Abs. 1 AktG Abschriften der bezeichneten Unterlagen ausreichend[94].

- Auszulegen und zu erteilen ist zuerst gemäß § 293f Abs. 1 Nr. 3 AktG jeweils eine Abschrift der von den Prüfern beider Vertragsparteien schriftlich (vgl. § 293e Abs. 1 S. 1 AktG) erstatteten Prüfberichte und der von den Geschäftsführungsorganen beider Vertragsparteien schriftlich (vgl. § 293a Abs. 1 S. 1 Hs. 1 AktG) erstatteten Berichte. Zum ersten Gegenstand der Auslegung und Abschriftserteilung gehören also nicht nur der Prüfbericht und der Bericht für die eigene Vertragspartei, sondern auch der Prüfbericht und der Bericht für die andere Vertragspartei[95]. Erforderlich ist allerdings, dass für beide Vertragsparteien Prüfberichte und Berichte erstattet worden sind[96].
- Auszulegen und zu erteilen ist außerdem gemäß § 293f Abs. 1 Nr. 2 AktG jeweils eine Abschrift der von den Geschäftsführungsorganen beider Vertragsparteien in den letzten drei Geschäftsjahren schriftlich erstellten Jahresabschlüsse und Lageberichte. Zum zweiten Gegenstand der Auslegung und der Abschriftserteilung zählen also nicht nur die Jahresabschlüsse und Lageberichte der eigenen Vertragspartei, sondern auch die Jahresabschlüsse und Lageberichte der anderen Vertragspartei[97]. Erforderlich ist allerdings, dass für

---

S. 1062; LG Hanau in AG 1996, S. 185; Altmeppen in MK AktG, § 293g Rn. 16; Emmerich in Emmerich/Habersack AG-/GmbH-KonzR, § 293g Rn. 21,22; Hüffer, § 293g Rn. 3; Koppensteiner in KK AktG, § 293g Rn. 21

93 Emmerich in Emmerich/Habersack AG-/GmbH-KonzR, § 293f Rn. 10; Hüffer, § 293f Rn. 5

94 Hüffer AktG, § 293f Rn. 3; für die besondere Verschmelzungsauslagepflicht Marsch-Barner in Kallmeyer, § 64 Rn. 1

95 Ebenso Emmerich in Emmerich/Habersack AG-/GmbH-KonzR, § 293f Rn. 9; Hüffer, § 293f Rn. 3; Koppensteiner in KK AktG, § 293f Rn. 8; für die besondere Verschmelzungsauslagepflicht Diekmann in Semler/Stengel, § 63 Rn. 12; Grunewald in Lutter/Winter, § 63 Rn. 2; Marsch-Barner in Kallmeyer, § 63 Rn. 3

96 Altmeppen in MK AktG, § 293f Rn. 7; Emmerich in Emmerich/Habersack AG-/GmbH-KonzR, § 293f Rn. 9, § 293g Rn. 1; Koppensteiner in KK AktG, § 293f Rn. 8; für die besondere Verschmelzungsauslagepflicht Grunewald in Lutter/Winter, § 63 Rn. 2

97 Ebenso Emmerich in Emmerich/Habersack AG-/GmbH-KonzR, § 293f Rn. 7; Hüffer, § 293f Rn. 3; Koppensteiner in KK AktG, § 293f Rn. 6; für die besondere Ver-

beide Vertragsparteien in den letzten drei Geschäftsjahren Jahresabschlüsse und Lageberichte erstellt worden sind. Soweit Jahresabschlüsse und/oder Lageberichte weder pflichtgemäß noch freiwillig schriftlich erstellt wurden, beispielsweise weil die andere Vertragspartei ein Idealverein oder eine Idealstiftung ist, soweit sind entsprechende Abschriften auch nicht auszulegen und zu erteilen. Denn der § 293f Abs. 1 Nr. 2 AktG begründet keine Pflicht zur Erstellung von Jahresabschlüssen und Lageberichten. Er knüpft vielmehr lediglich an eine solche nach handels- oder publizitätsrechtlichen Vorschriften bestehende Pflicht an[98]. Um ihre anlässlich des Unternehmensvertragsabschlusses erforderliche Entscheidung sinnvoll treffen zu können, bedürfen die Anteilsinhaber allerdings auch dann einer umfassenden und frühzeitigen Information über die Vermögens- und Ertragsverhältnisse beider Vertragsparteien, wenn für diese in den letzten drei Geschäftsjahren Jahresabschlüsse und/oder Lageberichte überhaupt oder teilweise nicht erstellt wurden. In solchen Fällen ist daher stattdessen jeweils eine Abschrift der von den Geschäftsführungsorganen beider Vertragsparteien in den letzten drei Geschäftsjahre schriftlich geführten sonstigen Rechnungslegungsunterlagen, beispielsweise schriftlich erstellten Rechenschaftsberichten, Überschussrechnungen oder Vermögensverzeichnissen auszulegen und zu erteilen[99].

- Auszulegen und zu erteilen ist zuletzt gemäß § 293f Abs. 1 Nr. 1 AktG eine Abschrift des von den Vertretungsorganen beider Vertragsparteien schriftlich (vgl. § 293 Abs. 3 AktG) abgeschlossenen Unternehmensvertrags. Dritter Gegenstand der Auslegung und der Abschriftserteilung sind also sämtliche Abreden beider Vertragsparteien, aus denen sich nach deren Willen der Unternehmensvertrag zusammensetzen soll[100].

---

schmelzungsauslagepflicht Diekmann in Semler/Stengel, § 63 Rn. 11; Grunewald in Lutter/Winter, § 63 Rn. 2; Marsch-Barner in Kallmeyer, § 63 Rn. 3

98 Emmerich in Emmerich/Habersack AG-/GmbH-KonzR, § 293f Rn. 7; Krieger in MHb AG, § 70 Rn. 40; für die besondere Verschmelzungsauslagepflicht Diekmann in Semler/Stengel, § 63 Rn. 11; Grunewald in Lutter/Winter, § 63 Rn. 2; Marsch-Barner in Kallmeyer, § 63 Rn. 3; J. Vetter in NZG 1999, S. 925 (928)

99 Für die besondere Verschmelzungsauslagepflicht nach § 101 Abs. 1, § 102 S. 1 UmwG Hadding/Hennrichs in FS Boujong, S. 203 (223), Lutter/Winter, §§ 101,102 Rn. 5; Katschinski, S. 140, in Semler/Stengel, §§ 101,102 Rn. 6; Neumayer/Schulz in DStR 1996, S. 872 (873); Reuter in MK BGB, § 41 Rn. 39

100 Ebenso Emmerich in Emmerich/Habersack AG-/GmbH-KonzR, § 293f Rn. 7, § 293g Rn. 1,2; Hüffer, § 293f Rn. 3; Koppensteiner in KK AktG, § 293f Rn. 5; für die besondere Verschmelzungsauslagepflicht Diekmann in Semler/Stengel, § 63 Rn. 10; Grunewald in Lutter/Winter, § 63 Rn. 3; Marsch-Barner in Kallmeyer, § 63 Rn. 3

II. Kapitel. Verstärkte Rechte einer Informationserteilung nach den §§ 293a – 293g Abs. 1, 2 S. 1, Abs. 3 AktG

Die §§ 293a – 293g Abs. 1, 2 S. 1, Abs. 3 AktG gewähren nicht ein selbständiges Informationsrecht, sondern ein helfendes Informationsrecht[101]. Denn die besonderen Informationsvorschriften dienen entsprechend ihrer Regierungsbegründung[102] der sachgerechten Ausübung angesichts eines Unternehmensvertrags bestehender sonstiger Rechte[103]. Ihren Zweck können die §§ 293a – 293g Abs. 1, 2 S. 1, Abs. 3 AktG zweitens also nur dann erreichen, wenn bei einem Unternehmensvertrag mit einer Partei der jeweiligen Nationalität und Rechtsform, von dem jeweiligen Typ, in der jeweiligen Phase bzw. mit einer Partei in unmittelbarem Anleinbesitz der anderen Partei die durch die Normierung dieser besonderen Informationsvorschriften verstärkten Rechte erworben werden können. In einem zweiten Schritt ist daher vorab zu untersuchen, auf welche Rechte sich eine Informationserteilung nach den §§ 293a – 293g Abs. 1, 2 S. 1, Abs. 3 AktG funktional bezieht. Dabei sind alle besonderen Informationsvorschriften gemeinsam zu betrachten.

- Einerseits dienen die §§ 293a – 293g Abs. 1, 2 S. 1, Abs. 3 AktG der sinnvollen Ausübung der Stimmrechte der Aktionäre bzw. Kommanditaktionäre einer beteiligten deutschen AG oder KGaA gemäß § 12 Abs. 1 S. 1, § 134 Abs. 2 S. 1, § 278 Abs. 3 AktG angesichts einer Beschlussfassung der Hauptversammlung über die Zustimmung zu dem Unternehmensvertrag. Ebenso dienen die §§ 293a – 293g Abs. 1, 2 S. 1, Abs. 3 AktG der sinnvollen Wahrnehmung der Anfechtungsbefugnisse der Aktionäre bzw. Kommanditaktionäre einer beteiligten deutschen AG oder KGaA gemäß § 245 Abs. 1 – 3, § 278 Abs. 3 AktG bezüglich eines gefassten Beschlusses der Hauptversammlung über die Zustimmung zu dem Unternehmensvertrag[104]. Dies folgt aus dem

---

101 Für die allgemeinen Informationsrechte Schmidt GesR, S. 627, InfR, S. 23f.

102 BT-Drucks. 12/6699, S. 178f.

103 Emmerich in Emmerich/Habersack AG-/GmbH-KonzR, § 293a Rn. 5, § 293b Rn. 7, § 293e Rn. 1,4, § 293f Rn. 1,9, § 293g Rn 1,10; Hüffer, § 293 Rn. 1, § 293f Rn. 1, § 293g Rn. 1; Koppensteiner in KK AktG, § 293a Rn. 3,5, § 293b Rn. 3,4, § 293e Rn. 2, § 293f Rn. 2, § 293g Rn. 2

104 Vgl. BGH in NJW 1992, S. 2760; KG in NZG 2002, S. 818; Emmerich in Emmerich/Habersack AG-/GmbH-KonzR, § 293a Rn. 5, § 293b Rn. 7, § 293e Rn. 1,4, § 293f Rn. 1,9, § 293g Rn. 1,10; Hüffer, § 293 Rn. 1, § 293f Rn. 1, § 293g Rn. 1; Koppensteiner in KK AktG, § 293a Rn. 3,15, § 293b Rn. 4, § 293e Rn. 2, § 293f Rn. 2, § 293g Rn. 2; Dies gilt insbesondere für die §§ 293b – 293e AktG seitens einer berechtigten deutschen AG oder KGaA (Koppensteiner in KK AktG, § 293a Rn. 3, § 293b Rn. 3; a. M. Neun, S. 195). Deren Aktionäre bzw. Kommanditaktionäre sind bei einer unangemessen hohen Bestimmung der Ausgleichs- und Abfin-

Wortsinn des Gesetzes, dem Sinnzusammenhang des Gesetzes sowie der Regelungsabsicht des Gesetzgebers. Zunächst sind die §§ 293a, 293f, 293g AktG ausdrücklich nur vor und in der Hauptversammlung, die über die Zustimmung zu einem Unternehmensvertrag beschließen soll, anzuwenden[105]. Gleiches gilt für die §§ 293b – 293e AktG aufgrund ihres Bezugs zu den § 293f Abs. 1 Nr. 3, Abs. 2, § 293g Abs. 1 AktG[106]. Denn die Auslegung und die Erteilung einer Abschrift des Vertragsprüfberichts dienen gemeinsam dessen Offenlegung. Ohne die Offenlegung des Vertragsprüfberichts vor und in der Hauptversammlung, die über die Zustimmung zu einem Unternehmensvertrag beschließen soll, wäre die Durchführung der Vertragsprüfung sinnlos. Umgekehrt wäre ohne die Durchführung der Vertragsprüfung vor der Hauptversammlung, die über die Zustimmung zu einem Unternehmensvertrag beschließen soll, die Offenlegung des Vertragsprüfberichts unmöglich[107]. Weiterhin folgen die §§ 293a – 293g Abs. 1, 2 S. 1, Abs. 3 AktG unmittelbar dem § 293 Abs. 1, 2 AktG, der das Zustimmungserfordernis für die Hauptversammlung einer beteiligten deutschen AG oder KGaA bei einem Unternehmensvertragsabschluss normiert, nach. Schließlich wurden die §§ 293a – 293g Abs. 1, 2 S. 1, Abs. 3 AktG entsprechend ihrer Regierungsbegründung[108] nach dem Vorbild der §§ 8 – 12, 30 Abs. 2, §§ 60, 63, 64, 78 S. 1, 2 UmwG geschaffen[109]. Durch jene besonderen Informationsvorschriften sollen wiederum entsprechend ihrer Regierungsbegründung[110] und der Regierungsbegründung ihres Vorbilds der §§ 340a, 340b, 340d Abs. 2 – 5 S. 1, 2, Abs. 6 AktG a. F.[111] die Anteilsinhaber umfassend und frühzeitig über die relevanten Umständen der Verschmelzung vor der Beschlussfassung ihrer Versammlung

---

dungsleistungen zwar nicht antragsbefugt gemäß § 304 Abs. 4 S. 1, § 305 Abs. 5 S. 4 AktG, aber anfechtungsbefugt gemäß § 278 Abs. 3, § 245 Abs. 1 – 3 AktG (Emmerich in Emmerich/Habersack AG-/GmbH-KonzR, § 304 Rn. 82b).

105 Emmerich in Emmerich/Habersack AG-/GmbH-KonzR, § 293a Rn. 8, § 293f Rn. 1, § 293g Rn. 1; Koppensteiner in KK AktG, § 293a Rn. 7, § 293f Rn. 3

106 Emmerich in Emmerich/Habersack AG-/GmbH-KonzR, § 293b Rn. 9,10; Koppensteiner in KK AktG, § 293b Rn. 8

107 Emmerich in Emmerich/Habersack AG-/GmbH-KonzR, § 293f Rn. 9; Koppensteiner in KK AktG, § 293f Rn. 8

108 BT-Drucks. 12/6699, S. 178f.

109 Emmerich in Emmerich/Habersack AG-/GmbH-KonzR, § 293a Rn. 2, § 293b Rn. 1, § 293c Rn. 2, § 293d Rn. 1, § 293e Rn. 3, § 293f Rn. 1, § 293g Rn. 2; Koppensteiner in KK AktG, § 293a Rn. 1, § 293b Rn. 1, § 293c Rn. 1, § 293d Rn. 1, § 293e Rn. 1, § 293f Rn. 1, § 293g Rn. 1

110 BT-Drucks. 12/6699, S. 83ff.,102f.

111 BT-Drucks. 9/1065, S. 14ff.

über die Zustimmung zu dem Verschmelzungsvertrag informiert und so befähigt werden, sachgerecht zu entscheiden[112].

- Andererseits unterstützen die §§ 293a – 293g Abs. 1, 2 S. 1, Abs. 3 AktG die sinnvolle Wahrnehmung der Antragsbefugnisse der außenstehenden Aktionäre bzw. Kommanditaktionäre einer verpflichteten deutschen AG oder KGaA gemäß § 304 Abs. 4 S. 1, § 305 Abs. 5 S. 4 AktG bezüglich der Bestimmung der angemessenen Ausgleichs- und Abfindungsleistungen im Spruchstellenverfahren. Genauso unterstützen die §§ 293a – 293g Abs. 1, 2 S. 1, Abs. 3 AktG die sinnvolle Ausübung der Wahl- und Optionsrechte der außenstehenden Aktionäre bzw. Kommanditaktionäre einer verpflichteten deutschen AG oder KGaA hinsichtlich der Annahme der im Unternehmensvertrag vereinbarten bzw. im Spruchstellenverfahren bestimmten Ausgleichs- oder Abfindungsleistungen[113]. Dies folgt aus der Regelungsabsicht des Gesetzgebers. So sollen die §§ 293a – 293g Abs. 1, 2 S. 1, Abs. 3 AktG nach ihrer Regierungsbegründung[114] das Spruchstellenverfahren entlasten[115]. Insbesondere durch die Vorabprüfung der Angemessenheit der vereinbarten Ausgleichs- und Abfindungsregelungen durch unabhängige Sachverständigen sollen also einerseits der Vorstand bzw. die vertretende Gesellschaftergesamtheit der verpflichteten deutschen AG oder KGaA und das Vertretungsorgan der berechtigten Vertragspartei dazu angehalten werden, auch ohne das gerichtliche Spruchstellenverfahren angemessene Ausgleichs- und Abfindungsregelungen zu vereinbaren, und andererseits die außenstehenden Aktionäre bzw. Kommanditaktionäre der verpflichteten deutschen AG oder KGaA davon abgehalten werden, in dem gerichtlichen Spruchstellenverfahren angemessene Aus-

112 BGH in NJW 1989, S. 2689, ZIP 1990, S. 168; OLG Düsseldorf in ZIP 1999, S. 793, NZG 2000, S. 1079, AG 2001, S. 533; OLG Frankfurt/Main in ZIP 2000, S. 1928; OLG Hamm in ZIP 1999, S. 798; LG Essen in AG 1999, S. 329; LG Frankenthal in AG 1990, S. 549; LG Frankfurt/Main in NZG 2002, S. 395; Bork in ZGR 1993, S. 343 (350); Dörrie in WiB 1995, S. 1 (5); Gehling in Semler/Stengel, § 8 Rn. 2, § 9 Rn. 2; Grunewald in Geßler/Hefermehl/Eckardt/Kropff, § 340a Rn. 2; § 340b Rn. 2; Hommelhoff in ZGR 1993, S. 452 (455); Kraft in KK AktG², § 340a Rn. 2, § 340b Rn. 2; Lutter/Drygala in Lutter/Winter, § 8 Rn. 5, § 9 Rn. 4; Marsch-Barner in Kallmeyer, § 8 Rn. 1; Mertens in AG 1990, S. 20 (22); Müller in Kallmeyer, § 9 Rn. 2; Stratz in Schmitt/Hörtnagl/Stratz, § 8 UmwG Rn. 4; Westermann in FS Semler, S. 651 (654)

113 Vgl. Emmerich in Emmerich/Habersack AG-/GmbH-KonzR, § 293b Rn. 7, § 293e Rn. 4; Koppensteiner in KK AktG, § 293a Rn. 3,5, § 293b Rn. 3, § 293e Rn. 2

114 BT-Drucks. 12/6699, S. 178f.

115 LG Ingolstadt in AG 1997, S. 273; Emmerich in Emmerich/Habersack AG-/GmbH-KonzR, § 293a Rn. 5, § 293b Rn. 7, § 293e Rn. 4; Koppensteiner in KK AktG, § 293a Rn. 5, § 293b Rn. 3, § 293e Rn. 2

gleichs- und Abfindungsregelungen bestimmen zu lassen[116]. Auch sollen die §§ 293a – 293g Abs. 1, 2 S. 1, Abs. 3 AktG nach ihrer Regierungsbegründung[117] die außenstehenden Aktionäre bzw. Kommanditaktionäre der verpflichteten deutschen AG oder KGaA über ihre Rechte informieren[118]. Die außenstehenden Aktionäre bzw. Kommanditaktionäre sollen also darüber unterrichtet werden, dass sie wahlweise dazu berechtigt sind, in der verpflichteten deutschen AG oder KGaA bei einem Ausgleich zu verbleiben oder aus der verpflichteten deutschen AG oder KGaA gegen eine Abfindung auszuscheiden und bei Wahl der zweiten Möglichkeit den von dem berechtigten Unternehmensträger angebotenen Kauf- bzw. Tauschvertrag durch seine Annahme abzuschließen[119]. Allerdings erscheint die Unterstützung dieser speziellen Mitgliedschaftsrechte nachrangig. Dies folgt aus dem Wortsinn des Gesetzes und dem Sinnzusammenhang des Gesetzes. So machen die §§ 293a – 293g Abs. 1, 2 S. 1, Abs. 3 AktG ihre Anwendbarkeit zwar teilweise ausdrücklich von dem Erfordernis, dass die Hauptversammlung dem Unternehmensvertrag zustimmen muss, aber nicht von der Notwendigkeit, dass eine Ausgleichs- und Abfindungsregelung in dem Unternehmensvertrag vereinbart sein muss, abhängig. Auch folgen die §§ 293a – 293g Abs. 1, 2 S. 1, Abs. 3 AktG zwar unmittelbar dem § 293 Abs. 1, 2 AktG, der das Zustimmungserfordernis für die Hauptversammlung einer beteiligten deutschen AG oder KGaA bei einem Unternehmensvertragsabschluss normiert, aber nicht den § 304 Abs. 1, 2, § 305 Abs. 1 – 3 AktG, die das Ausgleichs- und Abfindungserfordernis für die außenstehenden Aktionäre bzw. Kommanditaktionäre einer verpflichteten deutschen AG oder KGaA bei einem Unternehmensvertragsabschluss normieren, nach.

Hauptfunktion einer Informationserteilung nach den §§ 293a – 293g Abs. 1, 2 S. 1, Abs. 3 AktG ist damit die Verstärkung der speziellen Stimmrechte und Anfechtungsbefugnisse der Aktionäre bzw. Kommanditaktionäre einer beteiligten deutschen AG oder KGaA und nicht die Verstärkung der speziellen Antragsbefugnisse und Wahlrechte der außenstehenden Aktionäre bzw. Kommanditaktionäre einer verpflichteten deutschen AG oder KGaA.

---

116 Emmerich in Emmerich/Habersack AG-/GmbH-KonzR, § 293e Rn. 4; Koppensteiner in KK AktG, § 293a Rn. 5, § 293b Rn. 3

117 BT-Drucks. 12/6699, S. 178f.

118 Altmeppen in MK AktG, § 293a Rn. 2

119 Vgl. zu den Wahl- und Optionsrechten Emmerich in Emmerich/Habersack AG-/GmbH-KonzR, § 304 Rn. 1, § 305 Rn. 5

III. Kapitel. Betroffene Personen und Organe einer Informationserteilung nach den §§ 293a – 293g Abs. 1, 2 S. 1, Abs. 3 AktG

Die §§ 293a – 293g Abs. 1, 2 S. 1, Abs. 3 AktG gewähren ein gegenüber anderen Informationsrechten und sonstigen Informationsmöglichkeiten erweitertes Informationsrecht[120]. Denn die besonderen Informationsvorschriften dienen entsprechend ihrer Regierungsbegründung[121] der maßgeblichen Verbesserung der bezüglich eines Unternehmensvertrags vorhandenen und erreichbaren Informationen[122]. Ihren Zweck können die §§ 293a – 293g Abs. 1, 2 S. 1, Abs. 3 AktG also nur dann erreichen, wenn bei einem Unternehmensvertrag mit einer Partei der jeweiligen Nationalität und Rechtsform, von dem jeweiligen Typ, in der jeweiligen Phase bzw. mit einer Partei in unmittelbarem Anleinbesitz der anderen Partei die durch die Anwendung dieser besonderen Informationsvorschriften erworbenen Informationen nicht ebenso effektiv anderweitig, d. h. durch die Anwendung anderer Informationsvorschriften oder die Wahrnehmung sonstiger Informationsmöglichkeiten, erlangt werden können. Dabei ist eine anderweitige Informationserteilung bzw. Informationsgewinnung nur dann ebenso effektiv, wenn sie ähnliche Personen und Organe betrifft, ähnliche Gegenstände erfasst und ähnlichen Modalitäten unterliegt. Nachdem bereits vorab geklärt wurde, welche Gegenstände von einer Informationserteilung nach den §§ 293a – 293g Abs. 1, 2 S. 1, Abs. 3 AktG erfasst werden, ist daher in einem dritten Schritt vorab zu prüfen, welche Personen und Organe von einer Informationserteilung nach den §§ 293a – 293g Abs. 1, 2 S. 1, Abs. 3 AktG betroffen werden. Dabei sind alle besonderen Informationsvorschriften gemeinsam zu betrachten.

- Keine Bedeutung bezüglich der Einordnung der §§ 293a – 293g Abs. 1, 2 S. 1, Abs. 3 AktG als ein kollektives oder individuelles Informationsrecht kommt zunächst dem Wortsinn der § 293a Abs. 1 S. 1 Hs. 1, § 293c Abs. 1 S. 1, § 293g Abs. 2 S. 1 AktG[123] zu. Denn gemäß diesen gesetzlichen Vorschriften hat zwar der *Vorstand* den Vertragsbericht zu erstatten, die Vertragsprüferbestellung zu beantragen und den Vertragsvortrag zu halten. Wie

---

120 Für das besondere Vertragsauskunftsrecht Altmeppen in MK AktG, § 293g Rn. 10; Emmerich in Emmerich/Habersack AG-/GmbH-KonzR, § 293g Rn. 1,11,19; Hüffer, § 293g Rn. 3; Koppensteiner in KK AktG, § 293g Rn. 11

121 BT-Drucks. 12/6699, S. 178f.

122 Altmeppen in MK AktG, § 293a Rn. 1; Emmerich in Emmerich/Habersack AG-/GmbH-KonzR, § 293a Rn. 1,4; Hüffer, § 293a Rn. 2; Koppensteiner in KK AktG, § 293a Rn. 1

123 Diese besonderen Informationsvorschriften sprechen zwar von AG und KGaA, aber missglückt nur vom Vorstand. Soweit es um die KGaA geht, tritt daher analog § 283 AktG an dessen Stelle die geschäftsführende bzw. vertretende Gesellschaftergesamtheit (Hüffer, § 293a Rn. 8).

ein Vergleich mit dem Wortsinn des § 90 Abs. 1 S. 1, Abs. 3 S. 1 AktG einerseits und dem Wortsinn des § 131 Abs. 1 S. 1 AktG andererseits zeigt, kann dies aber nicht nur bedeuten, dass der Vorstand zur Erteilung von Informationen selbst als Schuldner verpflichtet ist[124], sondern auch meinen, dass der Vorstand zur Erteilung von Informationen innerhalb der verpflichteten deutschen AG als Organ zuständig ist[125].

- Ein Hinweis auf die Einordnung der §§ 293a – 293g Abs. 1, 2 S. 1, Abs. 3 AktG als ein individuelles Informationsrecht folgt allerdings aus dem Wortsinn der § 293a Abs. 3, § 293b Abs. 2, § 293e Abs. 2 AktG und dem Wortsinn der § 293f Abs. 2 AktG § 293g Abs. 3 AktG[126]. Denn gemäß dieser gesetzlichen Vorschriften ist zum einen die Erstattung eines Vertragsberichtes, die Durchführung einer Vertragsprüfung und die Erstattung eines Vertragsprüfberichtes für die AG nur entbehrlich, wenn *alle* Aktionäre durch öffentlich beglaubigte Erklärungen darauf verzichten[127]. Zum anderen ist *jedem* Aktionär eine Abschrift und eine Auskunft zu erteilen, wenn er sie verlangt[128]. Damit kann die Hauptversammlung weder für den Verzicht auf Informationen, noch für das Verlangen von Informationen innerhalb der berechtigten deutschen AG als Organ zuständig sein.
- Das Hauptargument für die Einordnung der §§ 293a – 293g Abs. 1, 2 S. 1, Abs. 3 AktG als ein individuelles Informationsrecht bildet schließlich der Sinnzusammenhang dieser besonderen Informationsvorschriften mit den allgemeinen Informationsvorschriften. Die §§ 293a – 293g Abs. 1, 2 S. 1, Abs. 3 AktG bilden keine Ausweitung der §§ 90, 111 Abs. 2 S. 1, 2, § 278 Abs. 3, § 283 Nr. 4 AktG, die nach allgemeiner Meinung ein kollektives Informationsrecht einräumen[129], sondern eine Erweiterung der § 131 Abs. 1 S. 1, 2, Abs. 2, 3, § 278 Abs. 3 AktG, die nach einhelliger Ansicht ein individuelles Informationsrecht gewähren[130]. Durch das besondere Auskunftsrecht wird das allgemeine Auskunftsrecht bezüglich der Gegenstände der Informa-

124 Vgl. Hefermehl/Spindler in MK AktG, § 90 Rn. 5; Hüffer, § 90 Rn. 1
125 Vgl. Hüffer, § 131 Rn. 5; Kübis in MK AktG, § 131 Rn. 16
126 Diese besonderen Informationsvorschriften sprechen zwar von AG und KGaA, aber missglückt nur von Aktionären. Soweit es um die KGaA geht, treten daher analog § 278 Abs. 3 AktG an deren Stelle die Kommanditaktionäre.
127 Emmerich in Emmerich/Habersack AG-/GmbH-KonzR, § 293a Rn. 34, § 293b Rn. 13, § 293e Rn. 21; Hüffer, § 293a Rn. 21, § 293b Rn. 10, § 293e Rn. 10
128 Emmerich in Emmerich/Habersack AG-/GmbH-KonzR, § 293f Rn. 10, § 293g Rn. 13; Hüffer, § 293f Rn. 5, § 293g Rn. 3
129 Vgl. II. T. I. Kap. I. Absch. 2.1.1.3.1.
130 Vgl. II. T. I. Kap. I. Absch. 2.1.1.3.1.

tionserteilung erweitert[131]. Während das Auskunftsrecht nach § 131 Abs. 1 S. 1, 2, Abs. 2, 3, § 278 Abs. 3 AktG *nur* alle Angelegenheiten der eigenen deutschen AG oder KGaA erfasst[132], erstreckt sich das Auskunftsrecht nach § 293g Abs. 3 AktG *auch* auf alle Angelegenheiten der anderen Vertragspartei[133]. Durch die besondere Berichts-, Prüf-, Auslage- und Vortragspflicht sowie das besondere Abschriftsrecht wird das erweiterte Auskunftsrecht wiederum bezüglich der Modalitäten der Informationserteilung ausgeweitet[134]. Während die Informationserteilung nach § 131 Abs. 1 S. 1, 2, Abs. 2, 3, § 278 Abs. 3, § 293g Abs. 3 AktG *nur* auf ein Verlangen, innerhalb der Hauptversammlung, in mündlicher Form und durch den Vorstand bzw. die geschäftsführende Gesellschaftergesamtheit stattfindet[135], erfolgt die Informationserteilung nach §§ 293a – 293g Abs. 1, 2 S. 1 AktG *auch* ohne eine Aufforderung, außerhalb der Hauptversammlung, in schriftlicher Form bzw. durch einzusehende Unterlagen und durch unabhängige Sachverständige[136].
Auf eine Erweiterung der § 131 Abs. 1 S. 1, 2, Abs. 2, 3, § 278 Abs. 3 AktG durch die §§ 293a – 293g Abs. 1, 2 S. 1, Abs. 3 AktG weisen schon die Parallelen zwischen den Schranken der Informationserteilung hin[137]. Einerseits dürfen gemäß § 131 Abs. 3 S. 1 Nr. 1 AktG Auskünfte verweigert werden, soweit deren Erteilung geeignet ist, der Gesellschaft oder einem der verbundenen Unternehmen einen nicht unerheblichen Nachteil zuzufügen[138]. Andererseits brauchen gemäß bzw. analog § 293a Abs. 2 S. 1 AktG Tatsachen nicht in den Vertragsprüfbericht, den Vertragsbericht, den Vertragsvortrag bzw. die Vertragsauskunft[139] aufgenommen werden, soweit deren Offenle-

---

131 Altmeppen in MK AktG, § 293g Rn. 13–16; Emmerich in Emmerich/Habersack AG-/GmbH-KonzR, § 293g Rn. 1,11,19; Hüffer, § 293g Rn. 3; Koppensteiner in KK AktG, § 293g Rn. 10; für das besondere Verschmelzungsauskunftsrecht Diekmann in Semler/Stengel, § 64 Rn. 15; Grunewald in Lutter/Winter, § 64 Rn. 6,8; für das besondere Verschmelzungsauskunftsrecht nach § 49 Abs. 3 UmwG hinsichtlich des allgemeinen Auskunftsrecht nach § 51a GmbHG Reichert in Semler/Stengel, § 49 Rn. 13; Winter in Lutter/Winter, § 49 Rn. 11

132 Vgl. II. T. I. Kap. I. Absch. 2.1.1.3.1.

133 Vgl. I. T. I. Kap. III. Absch.

134 Für die besondere Spaltungsberichtspflicht hinsichtlich des besonderen Spaltungsauskunftsrechts nach §§ 125,49 Abs. 3 UmwG und des allgemeinen Auskunftsrechts nach § 51a GmbHG Schöne, S. 287f.

135 Vgl. II. T. I. Kap. I. Absch. 2.1.1.3.1.

136 Vgl. I. T. IV. Kap. I. Absch. – III. Absch., V. Absch. – VII. Absch.

137 Für die besondere Spaltungsberichtspflicht hinsichtlich des besonderen Spaltungsauskunftsrechts nach §§ 125, 49 Abs. 3 UmwG und des allgemeinen Auskunftsrechts nach § 51a GmbHG Schöne, S. 288 Fn. 97

138 Hüffer, § 131 Rn. 24–27; Kubis in MK AktG, § 131 Rn. 99–102

139 Vgl. I. T. IV. Kap. I. Absch. – IV. Absch.

gung geeignet ist, einem der vertragsschließenden Unternehmen oder einem der verbundenen Unternehmen einen nicht unerheblichen Nachteil zuzufügen. Damit ist *insoweit* die Geheimhaltung bei den § 131 Abs. 1 S. 1, 2, Abs. 2, 3, § 278 Abs. 3 AktG und den §§ 293a – 293g Abs. 1, 2 S. 1, Abs. 3 AktG sachlich übereinstimmend geregelt. Dies folgt aus der Entstehungsgeschichte des § 293a Abs. 2 S. 1 AktG. Denn diese Vorschrift wurde dem § 8 Abs. 2 S. 1 UmwG nachgebildet[140], mit dem wiederum an den § 131 Abs. 3 S. 1 Nr. 1 AktG angeknüpft wurde[141]. Dies entsprach der damaligen Rechtslage, da der § 131 Abs. 3 S. 1 Nr. 1 AktG auf den Verschmelzungsbericht nach § 340a AktG a. F. entsprechend allgemeiner Meinung analoge Anwendung fand[142]. Demgegenüber dürfen im Rahmen der §§ 90, 111 Abs. 2 S. 1, 2, § 278 Abs. 3, § 283 Nr. 4 AktG Informationen nicht zurückgehalten oder verweigert werden[143].

Für eine Erweiterung der § 131 Abs. 1 S. 1, 2, Abs. 2, 3, § 278 Abs. 3 AktG durch die §§ 293a – 293g Abs. 1, 2 S. 1, Abs. 3 AktG spricht aber hauptsächlich die Übereinstimmung zwischen den Funktionen der Informationserteilung[144]. Die §§ 293a – 293g Abs. 1, 2 S. 1, Abs. 3 AktG dienen wie die § 131 Abs. 1 S. 1, 2, Abs. 2, 3, § 278 Abs. 3 AktG[145] der sinnvollen Ausübung von Mitgliedschaftsrechten der Aktionäre bzw. Kommanditaktionäre, nämlich der speziellen Mitgliedschaftsrechte, die anlässlich des Abschlusses des Unternehmensvertrags entstehen[146]. Die §§ 293a – 293g Abs. 1, 2 S. 1, Abs. 3 AktG dienen dagegen nicht wie die §§ 90, 111 Abs. 2 S. 1, 2, § 278 Abs. 3, § 283 Nr. 4 AktG[147] der sachgerechten Überwachung der Geschäftsführung des Vorstands bzw. der geschäftsführenden und/oder vertretenden Gesellschaftergesamtheit, insbesondere nicht des speziellen Geschäftsführungsaktes, der in dem Entwurf und/oder Abschluss des Unternehmensvertrags besteht.

Dass eine Erweiterung der § 131 Abs. 1 S. 1, 2, Abs. 2, 3, § 278 Abs. 3 AktG durch die §§ 293a – 293g Abs. 1, 2 S. 1, Abs. 3 AktG erfolgt, wird außerdem durch die Regelungsabsicht des Gesetzgebers bestätigt. Nach der Regierungs-

---

140 Beg. zum RegE des UmwBerG in BT-Drucks. 12/6699, S. 178

141 Beg. zum RegE des UmwBerG in BT-Drucks. 12/6699, S. 84

142 Grunewald in Geßler/Hefermehl/Eckardt/Kropff, § 340a Rn. 4,7,12; Keil, S. 85ff.; Kraft in KK AktG², § 340a Rn. 16; Mertens in AG 1990, S. 20 (27)

143 Hefermehl/Spindler in MK AktG, § 90 Rn. 51; Hüffer, § 90 Rn. 3

144 Für die besondere Spaltungsberichtspflicht hinsichtlich des besonderen Spaltungsauskunftsrechts nach §§ 125, 49 Abs. 3 UmwG und des allgemeinen Auskunftsrechts nach § 51a GmbHG Schöne, S. 286f.

145 Vgl. II. T. I. Kap. I. Absch. 2.1.1.3.1.

146 Vgl. I. T. II. Kap.

147 Vgl. II. T. I. Kap. I. Absch. 2.1.1.3.1.

begründung der §§ 42, 47, 82, 83 UmwG[148] konkretisieren bzw. verstärken die besondere Übersendepflicht bzw. die besondere Auslagepflicht und das besondere Abschriftsrecht, die besondere Vortragspflicht und das besondere Auskunftsrecht bei einer Verschmelzung das allgemeine Kontrollrecht der oHG-Gesellschafter[149], das allgemeine Auskunfts- und Einsichtsrecht der GmbH-Gesellschafter[150] und das allgemeine Auskunftsrecht der Genossen[151]. Da dies nach der Regierungsbegründung der §§ 82, 83 UmwG[152] der für die Aktionäre geltenden Regelung entspricht[153], kann angenommen werden, dass der Gesetzgeber die besondere Auslagepflicht, das besondere Abschriftsrecht, die besondere Vortragspflicht und das besondere Auskunftsrecht bei einer Verschmelzung ebenso als Konkretisierung bzw. Verstärkung des allgemeinen Auskunftsrechts der Aktionäre betrachtet. Nach der Regierungsbegründung des § 8 UmwG[154] hat außerdem die besondere Berichtspflicht einen größeren Wert als die allgemeinen Unterrichtungs- und Einsichtsrechte[155]. Da die besondere Berichtspflicht mit der besonderen Auslagepflicht, dem besonderen Abschriftsrecht und der besonderen Vortragspflicht zusammenhängt[156], kann vermutet werden, dass der Gesetzgeber mit den allgemeinen Unterrichtungs- und Einsichtsrechten auch das allgemeine Auskunftsrecht der Aktionäre meint und damit die besondere Berichtspflicht bei einer Verschmelzung genauso als Konkretisierung bzw. Verstärkung des allgemeinen Auskunftsrechts der Aktionäre betrachtet. Weil nach der Regierungsbegründung der § 293a, 293f, 293g AktG[157] diese Vorschriften den §§ 8, 63, 64, 78 S. 1, 2 UmwG nachgebildet wurden[158], kann außerdem davon ausgegangen werden, dass der Gesetzgeber die besondere Berichtspflicht, die besondere Auslagepflicht, das besondere Abschriftrecht, die besondere Vortragspflicht und das besondere Auskunftsrecht bei einer Unternehmensvertragsbegründung eben-

148 BT-Drucks. 12/6699, S. 98f.,107

149 Ihrig in Semler/Stengel, § 42 Rn. 1; Schmidt in Lutter/Winter, § 42 Rn. 2

150 Reichert in Semler/Stengel, § 47 Rn. 2; Winter in Lutter/Winter, § 47 Rn 2

151 Bayer in Lutter/Winter, § 82 Rn. 1, § 83 Rn. 2; Scholderer in Semler/Stengel, § 82 Rn. 2, § 83 Rn. 1

152 BT-Drucks. 12/6699, S. 107

153 Bayer in Lutter/Winter, § 82 Rn. 1,2, § 83 Rn. 1,2; Scholderer in Semler/Stengel, § 82 Rn. 3, § 83 Rn. 2

154 BT-Drucks. 12/6699, S. 83f.

155 Lutter/Drygala in Lutter/Winter, § 8 Rn. 6

156 Nachw. oben in Fn. 36

157 BT-Drucks. 12/6699, S. 178f.

158 Emmerich in Emmerich/Habersack AG-/GmbH-KonzR, § 293a Rn. 2, § 293f Rn. 1, § 293g Rn. 1; Koppensteiner in KK AktG, § 293a Rn. 1, § 293f Rn. 1, § 293g Rn. 1

falls als Konkretisierung bzw. Verstärkung des allgemeinen Auskunftsrechts der Aktionäre ansieht.

Gläubiger einer Informationserteilung nach den §§ 293a – 293g Abs. 1, 2 S. 1, Abs. 3 AktG ist damit jeder Aktionär bzw. Kommanditaktionär und nicht die deutsche AG oder KGaA, die durch die Hauptversammlung bei dem Verlangen und dem Empfang der Informationen vertreten würde[159]. Schuldner einer Informationserteilung nach den §§ 293a – 293g Abs. 1, 2 S. 1, Abs. 3 AktG ist die deutsche AG oder KGaA, die durch den Vorstand bzw. die geschäftsführende und/oder vertretende Gesellschaftergesamtheit bei der Erteilung der Informationen vertreten wird, und nicht der Vorstand bzw. die geschäftsführende und/oder Gesellschaftergesamtheit. Dieser bzw. diese ist lediglich das für die Erteilung der Informationen innerhalb der verpflichteten deutschen AG oder KGaA zuständige Organ[160].

IV. Kapitel. Gegebene Modalitäten einer Informationserteilung nach den §§ 293a – 293g Abs. 1, 2 S. 1, Abs. 3 AktG

Die §§ 293a – 293g Abs. 1, 2 S. 1, Abs. 3 AktG gewähren ein gegenüber anderen Informationsrechten und sonstigen Informationsmöglichkeiten erweitertes Informationsrecht[161]. Denn die besonderen Informationsvorschriften dienen entsprechend ihrer Regierungsbegründung[162] der maßgeblichen Verbesserung der bezüglich eines Unternehmensvertrags vorhandenen und erreichbaren Informatio-

---

159 Für das besondere Vertragsabschriftsrecht und das besondere Vertragsauskunftsrecht ebenso Emmerich in Emmerich/Habersack AG-/GmbH-KonzR, § 293f Rn. 10, § 293g Rn. 13; Hüffer, § 175 Rn. 6, § 293f Rn. 5, § 131 Rn. 3, § 293g Rn. 3; Koppensteiner in KK AktG, § 293f Rn. 13, § 293g Rn. 20

160 Für die besondere Spaltungsberichtspflicht ebenso Hommelhoff in Lutter/Winter, § 127 Rn. 9–12; Schöne, S. 284ff.; für die besondere Vertragsauslagepflicht und das besondere Vertragsabschriftsrecht zwar ebenso, insbesondere für die besondere Vertragsberichtspflicht und das besondere Vertragsauskunftsrecht aber unklar oder anders Altmeppen in MK AktG, § 293f Rn. 4,8, § 293a Rn. 28, § 293g Rn. 17; Emmerich in Emmerich/Habersack AG-/GmbH-KonzR, § 293f Rn. 6, § 293a Rn. 16, § 293g Rn. 14; Hüffer, § 175 Rn. 5, § 293f Rn. 5, § 293a Rn. 8, § 176 Rn. 3, § 293g Rn. 2,4; Koppensteiner in KK AktG, § 293f Rn. 9, § 293a Rn. 17, § 293g Rn. 20

161 Für das besondere Vertragsauskunftsrecht Altmeppen in MK AktG, § 293g Rn. 10; Emmerich in Emmerich/Habersack AG-/GmbH-KonzR, § 293g Rn. 1,11,19; Hüffer, § 293g Rn. 3; Koppensteiner in KK AktG, § 293g Rn. 11

162 BT-Drucks. 12/6699, S. 178f.

nen[163]. Ihren Zweck können die §§ 293a – 293g Abs. 1, 2 S. 1, Abs. 3 AktG also nur dann erreichen, wenn bei einem Unternehmensvertrag mit einer Partei der jeweiligen Nationalität und Rechtsform, von dem jeweiligen Typ, in der jeweiligen Phase bzw. mit einer Partei in unmittelbarem Anleinbesitz der anderen Partei die durch die Anwendung dieser besonderen Informationsvorschriften erworbenen Informationen nicht ebenso effektiv anderweitig, d. h. durch die Anwendung anderer Informationsvorschriften oder die Wahrnehmung sonstiger Informationsmöglichkeiten erlangt werden können. Dabei ist eine anderweitige Informationserteilung bzw. Informationsgewinnung aufgrund sonstiger Gelegenheiten nur dann ebenso effektiv, wenn sie ähnliche Personen und Organe betrifft, ähnliche Gegenstände erfasst und ähnlichen Modalitäten unterliegt. Nachdem bereits vorab geklärt wurde, welche Gegenstände von einer Informationserteilung nach den §§ 293a – 293g Abs. 1, 2 S. 1, Abs. 3 AktG erfasst und welche Personen und Organe von einer Informationserteilung nach den §§ 293a – 293g Abs. 1, 2 S. 1, Abs. 3 AktG betroffen werden, ist daher in einem vierten Schritt vorab zu prüfen, welche Modalitäten bei einer Informationserteilung nach den §§ 293a – 293g Abs. 1, 2 S. 1, Abs. 3 AktG gegeben sind. Dabei ist teilweise zwischen den einzelnen besonderen Informationsvorschriften zu unterscheiden.

I. Abschnitt. Gegebene Modalitäten einer Informationserteilung nach den §§ 293b – 293e AktG

Gemäß §§ 293c, 293d Abs. 1 S. 1 AktG, § 319 Abs. 1 – 3 HGB muss der Vorstand bzw. die vertretende Gesellschaftergesamtheit einer vertragsschließenden deutschen AG oder KGaA ohne Aufforderung von sich aus und auf Kosten der eigenen deutschen AG oder KGaA vor der Einberufung der Hauptversammlung, die über die Zustimmung zu dem Unternehmensvertrag entscheiden soll, die gerichtliche Auswahl und Bestellung von einem bzw. mehreren Wirtschaftsprüfern, also unabhängigen Sachverständigen, zu Vertragsprüfern beantragen[164]. Allerdings ist es nicht erforderlich, dass die gerichtliche Bestellung eigener Vertragsprüfer beantragt wird. Ebenso kann zusammen mit dem Vertretungsorgan der anderen Vertragspartei die gerichtliche Auswahl und Bestellung gemeinsamer Ver-

163 Altmeppen in MK AktG, § 293a Rn. 1; Emmerich in Emmerich/Habersack AG-/GmbH-KonzR, § 293a Rn. 1,4; Hüffer, § 293a Rn. 2; Koppensteiner in KK AktG, § 293a Rn. 1

164 Altmeppen in MK AktG, § 293c Rn. 15–17, § 293d Rn. 2; Emmerich in Emmerich/Habersack AG-/GmbH-KonzR, § 293c Rn. 6–10, § 293d Rn. 3–5

tragsprüfer beantragt werden (vgl. § 293c Abs. 1 S. 2 AktG)[165]. Gemäß §§ 293b, 293d AktG, § 320 Abs. 1 S. 2, Abs. 2, S. 1, 2 HGB muss jeder Vertragsprüfer vor der Einberufung der Hauptversammlung, die über die Zustimmung zu dem Unternehmensvertrag entscheiden soll, eine Prüfung durchführen, also Bücher und Schriften der beantragenden deutschen AG oder KGaA und der anderen Vertragspartei einsehen, positive und negativen Vermögensgegenstände der beantragenden deutschen AG oder KGaA und der anderen Vertragspartei kontrollieren sowie Auskünfte und Nachweise von dem Vorstand bzw. der vertretenden Gesellschaftergesamtheit der beantragenden deutschen AG oder KGaA, dem Vertretungsorgan der anderen Vertragspartei und den Vertretungsorganen der verbundenen Unternehmen einholen[166]. Gemäß § 293e AktG muss jeder Vertragsprüfer außerdem vor der Einberufung der Hauptversammlung, die über die Zustimmung zu dem Unternehmensvertrag entscheiden soll, in schriftlicher Form einen Prüfbericht erstatten, also eine Prüfungserläuterung, eine Prüfungsbegründung und ein Prüfungstestat abgegeben, und dem Vorstand bzw. der vertretenden Gesellschaftergesamtheit der beantragenden deutschen AG oder KGaA vorlegen[167]. Zunächst ist es weder ausreichend noch erforderlich, dass jeder Vertragsprüfer anfangs der Hauptversammlung, die über die Zustimmung zu dem Unternehmensvertrag entscheiden soll, (bzw. deren Verhandlung über diesen Tagesordnungspunkt) in mündlicher Form einen Prüfvortrag hält[168]. Weiterhin ist es nicht erforderlich, dass jeder Vertragsprüfer den Prüfbericht auch dem Vertretungsorgan der anderen Vertragspartei zuleitet[169]. Schließlich ist es nicht notwendig, dass jeder Vertragsprüfer einen eigenen Prüfbericht erstattet. Mehrere Vertragsprüfer können ebenso einen gemeinsamen Prüfbericht erstatten[170]. In den Prüfbericht brauchen Tatsachen nicht aufgenommen werden, deren Offenlegung geeig-

---

165 Altmeppen in MK AktG, § 293c Rn. 17; Emmerich in Emmerich/Habersack AG-/GmbH-KonzR, § 293c Rn. 10

166 Altmeppen in MK AktG, § 293d Rn. 11–15; Emmerich in Emmerich/Habersack AG-/GmbH-KonzR, § 293d Rn. 7–10; für die besondere Verschmelzungsprüfpflicht Lutter/Drygala in Lutter/Winter, § 11 Rn. 7,8; Zeidler in Semler/Stengel, § 11 Rn. 8–12

167 Altmeppen in MK AktG, § 293e Rn. 3,4; Emmerich in Emmerich/Habersack AG-/GmbH-KonzR, § 293e Rn. 7, 22

168 Altmeppen in MK AktG, § 293e Rn. 21; Emmerich in Emmerich/Habersack AG-/GmbH-KonzR, § 293e Rn. 7; für die besondere Verschmelzungsprüfberichtspflicht Lutter/Drygala in Lutter/Winter, § 12 Rn. 5; Zeidler in Semler/Stengel, § 12 Rn. 5

169 Emmerich in Emmerich/Habersack AG-/GmbH-KonzR, § 293e Rn. 7; Hüffer, § 293e Rn. 2; Koppensteiner in KK AktG, § 293e Rn. 6; a. M. Altmeppen in MK AktG, § 293e Rn. 4

170 § 12 Abs. 1 S. 2 UmwG ist auf die besondere Vertragsprüfberichtspflicht analog anzuwenden (Altmeppen in MK AktG, § 293e Rn. 3; Emmerich in Emmerich/Habersack AG/GmbH-KonzR, § 293e Rn. 7).

net ist, einem der vertragsschließenden Unternehmen oder einem der verbundenen Unternehmen einen nicht unerheblichen Nachteil zuzufügen, wenn dies im Prüfbericht gekennzeichnet und begründet wird[171].

II. Abschnitt. Gegebene Modalitäten einer Informationserteilung nach dem § 293a AktG

Gemäß § 293a AktG muss der Vorstand bzw. die geschäftsführende Gesellschaftergesamtheit einer vertragsschließenden deutschen AG oder KGaA ohne Aufforderung von sich aus und auf Kosten der eigenen deutschen AG oder KGaA vor der Einberufung der Hauptversammlung, die über die Zustimmung zu dem Unternehmensvertrag entscheiden soll, in schriftlicher Form einen Bericht erstatten, also eine Erläuterung und Begründung abgeben[172]. Allerdings ist es nicht erforderlich, dass ein eigener Bericht erstattet wird. Ebenso kann zusammen mit dem Geschäftsführungsorgan der anderen Vertragspartei ein gemeinsamer Bericht erstattet werden (vgl. § 293a Abs. 1 S. 1 Hs. 2 AktG)[173]. In den Bericht brauchen Tatsachen nicht aufgenommen werden, deren Offenlegung geeignet ist, einem der vertragsschließenden Unternehmen oder einem der verbundenen Unternehmen einen nicht unerheblichen Nachteil zuzufügen, wenn dies im Bericht gekennzeichnet und begründet wird (vgl. § 293a Abs. 2 AktG)[174].

---

171 § 293a Abs. 2 S. 1 AktG ist auf die besondere Vertragsprüfberichtspflicht entsprechend anzuwenden, da der § 293e Abs. 2 AktG auf den § 293a Abs. 2 AktG verweist (Altmeppen in MK AktG, § 293e Rn. 20; Emmerich in Emmerich/Habersack AG-/GmbH-KonzR, § 293e Rn. 22; für die besondere Verschmelzungsprüfberichtspflicht Lutter/Drygala in Lutter/Winter, § 12 Rn. 13; Zeidler in Semler/Stengel, § 12 Rn. 12).

172 Altmeppen in MK AktG, § 293a Rn. 28,29,32–35; Emmerich in Emmerich/Habersack AG-/GmbH-KonzR, § 293a Rn. 15–18a,30–33

173 Altmeppen in MK AktG, § 293a Rn. 30; Emmerich in Emmerich/Habersack AG-/GmbH-KonzR, § 293a Rn. 17; für die besondere Verschmelzungsberichtspflicht Gehling in Semler/Stengel, § 8 Rn. 6; Lutter/Drygala in Lutter/ Winter, § 8 Rn. 10

174 Altmeppen in MK AktG, § 293a Rn. 59–61; Emmerich in Emmerich/Habersack AG-/GmbH-KonzR, § 293a Rn. 30–33; für die besondere Verschmelzungsberichtspflicht Gehling in Semler/Stengel, § 8 Rn. 65–67; Lutter/Drygala in Lutter/Winter, § 8 Rn. 45–47

III. Abschnitt. Gegebene Modalitäten einer Informationserteilung nach dem § 293g Abs. 2 S. 1 AktG

Gemäß § 293g Abs. 2 S. 1 AktG muss der Vorstand bzw. die geschäftsführende Gesellschaftergesamtheit einer vertragsschließenden deutschen AG oder KGaA ohne Aufforderung von sich aus und auf Kosten der eigenen deutschen AG oder KGaA anfangs der Hauptversammlung, die über die Zustimmung zu dem Unternehmensvertrag entscheiden soll, (bzw. deren Verhandlung über diesen Tagesordnungspunkt) in mündlicher Form einen Vortrag halten, also eine Erläuterung und Begründung abgeben[175]. In den Vortrag brauchen Tatsachen nicht aufgenommen werden, deren Offenlegung geeignet ist, einem der vertragsschließenden Unternehmen oder einem der verbundenen Unternehmen einen nicht unerheblichen Nachteil zuzufügen, wenn dies im Vortrag gekennzeichnet und begründet wird[176].

IV. Abschnitt. Gegebene Modalitäten einer Informationserteilung nach dem § 293g Abs. 3 AktG

Gemäß § 293g Abs. 3 AktG muss der Vorstand bzw. die geschäftsführende Gesellschaftergesamtheit einer vertragsschließenden deutschen AG oder KGaA auf Verlangen jedes Aktionärs bzw. Kommanditaktionärs und auf Kosten der eigenen deutschen AG oder KGaA während der Hauptversammlung, die über die Zustimmung zu dem Unternehmensvertrag entscheiden soll, (bzw. deren Verhandlung über diesen Tagesordnungspunkt) in mündlicher Form Auskünfte erteilen, also beschaffen und geben[177]. Allerdings ist es nicht erforderlich, dass das Geschäftsführungsorgan der anderen Vertragspartei Auskünfte erteilt[178]. Durch die Auskünfte brauchen Tatsachen nicht offenbart werden, deren Bekanntmachung geeignet ist, einem der vertragsschließenden Unternehmen oder einem der ver-

175 Altmeppen in MK AktG, § 293g Rn. 5,6; Emmerich in Emmerich/Habersack AG-/GmbH-KonzR, § 293g Rn. 6–8

176 § 293a Abs. 2 S. 1 AktG ist auf die besondere Vertragsvortragspflicht analog anzuwenden, da es sich bei dem Vertragsvortrag um nichts anderes als eine in der Hauptversammlung durchzuführende mündliche Präzisierung und Aktualisierung des vor der Hauptversammlung erstatteten schriftlichen Vertragsberichts nach § 293a AktG handelt (Altmeppen in MK AktG, § 293g Rn. 27; Emmerich in Emmerich/Habersack AG-/GmbH-KonzR, § 293g Rn. 7,7a).

177 Altmeppen in MK AktG, § 293g Rn. 9,17,18; Emmerich in Emmerich/Habersack AG-/GmbH-KonzR, § 293g Rn. 11–18a,23,24

178 Emmerich in Emmerich/Habersack AG-/GmbH-KonzR, § 293g Rn. 14; Koppensteiner in KK AktG, § 293g Rn. 20

bundenen Unternehmen einen nicht unerheblichen Nachteil zuzufügen, wenn die Auskunftsverweigerung begründet wird[179].

V. Abschnitt. Gegebene Modalitäten einer Informationserteilung nach dem § 293f Abs. 1 AktG

Gemäß § 293f Abs. 1 AktG muss der Vorstand bzw. die geschäftsführende Gesellschaftergesamtheit einer vertragsschließenden deutschen AG oder KGaA ohne Aufforderung von sich aus ab der Einberufung der Hauptversammlung, die über die Zustimmung zu dem Unternehmensvertrag entscheiden soll, in einem Geschäftsraum am statuarischen Gesellschaftssitz während der üblichen Geschäftszeit einfache Abschriften auslegen, also erstellen und zugänglich machen[180]. Einerseits ist es nicht erforderlich, dass Originale oder beglaubigte Abschriften ausgelegt werden[181]. Andererseits ist es nicht ausreichend, dass einfache Abschriften am tatsächlichen Verwaltungssitz ausgelegt[182] oder einfache Abschriften verwahrt und erst auf Verlangen jedes Aktionärs bzw. Kommanditaktionärs zugänglich gemacht werden[183].

---

179 § 293a Abs. 2 S. 1 AktG ist auf das besondere Vertragsauskunftsrecht analog anzuwenden, da der § 293g Abs. 3 AktG keine Bezugnahme auf den § 131 Abs. 3 AktG enthält (BGH in NJW 1992, S. 2760; OLG München in AG 1996, S. 327; Altmeppen in MK AktG, § 293g Rn. 21; Decher in ZHR 1994, S. 473 (492); Emmerich in Emmerich/Habersack AG-/GmbH-KonzR, § 293g Rn. 23; Hüffer, § 293g Rn. 4; Koppensteiner in KK AktG, § 293g Rn. 22; a. M. LG Frankfurt/Main in WM 1989, S. 683; Bungert in DB 1995, S. 1449 (1451); Krieger in MHb AG, § 70 Rn. 43; für das besondere Verschmelzungsauskunftsrecht Grunewald in Lutter/Winter, § 64 Rn. 8; Diekmann in Semler/Stengel, § 64 Rn. 21; Marsch-Barner in Kallmeyer, § 64 Rn. 6; Spitze/Diekmann in ZHR 1994, S. 447 (450f.)).

180 Altmeppen in MK AktG, § 293f Rn. 3; Emmerich in Emmerich/Habersack AG-/GmbH-KonzR, § 293f Rn. 4

181 Hüffer, § 293f Rn. 3; für die besondere Verschmelzungsauslagepflicht Marsch-Barner in Kallmeyer, § 63 Rn. 2

182 Emmerich in Emmerich/Habersack AG-/GmbH-KonzR, § 293f Rn. 4; für die besondere Verschmelzungsauslagepflicht Diekmann in Semler/Stengel, § 63 Rn. 9; a. M. Altmeppen in MK AktG, § 293f Rn. 3; Koppensteiner in KK AktG, § 293f Rn. 12; für die besondere Verschmelzungsauslagepflicht Grunewald in Lutter/Winter, § 63 Rn. 2; Marsch-Barner in Kallmeyer, § 63 Rn. 2

183 Altmeppen in MK AktG, § 293f Rn. 3; Emmerich in Emmerich/Habersack AG-/GmbH-KonzR, § 293f Rn. 4

VI. Abschnitt. Gegebene Modalitäten einer Informationserteilung nach dem § 293g Abs. 1 AktG

Gemäß § 293g Abs. 1 AktG muss der Vorstand bzw. die geschäftsführende Gesellschaftergesamtheit einer vertragsschließenden deutschen AG oder KGaA ohne Aufforderung von sich aus während der Hauptversammlung, die über die Zustimmung zu dem Unternehmensvertrag entscheiden soll[184], (bzw. deren Verhandlung über diesen Tagesordnungspunkt)[185] in dem Veranstaltungsraum der Hauptversammlung einfache Abschriften in ausreichender Stückzahl auslegen, also erstellen und zugänglich machen[186]. Einerseits ist es nicht erforderlich, dass Originale oder beglaubigte Abschriften ausgelegt werden[187]. Andererseits ist es nicht ausreichend, dass einfache Abschriften in unzureichender Stückzahl ausgelegt oder einfache Abschriften verwahrt und erst auf Verlangen jedes Aktionärs bzw. Kommanditaktionärs zugänglich gemacht werden[188].

VII. Abschnitt. Gegebene Modalitäten einer Informationserteilung nach dem § 293f Abs. 2 AktG

Gemäß § 293f Abs. 2 AktG muss der Vorstand bzw. die geschäftsführende Gesellschaftergesamtheit einer vertragsschließenden deutschen AG oder KGaA auf Verlangen jedes Aktionärs bzw. Kommanditaktionärs und auf Kosten[189] der eigenen deutschen AG oder KGaA von der Einberufung der Hauptversammlung, die über die Zustimmung zu dem Unternehmensvertrag entscheiden soll, bis zur Beendigung dieser Hauptversammlung (bzw. deren Verhandlung über diesen Ta-

184 So jedenfalls Emmerich in Emmerich/Habersack AG-/GmbH-KonzR, § 293g Rn. 5; für die besondere Verschmelzungsauslagepflicht Diekmann in Semler/Stengel, § 64 Rn. 4

185 So gegebenenfalls Altmeppen in MK AktG, § 293g Rn. 4; für die besondere Verschmelzungsauslagepflicht Grunewald in Lutter/Winter, § 64 Rn. 2

186 Altmeppen in MK AktG, § 293g Rn. 3,4; Emmerich in Emmerich/Habersack AG-/GmbH-KonzR, § 293g Rn. 5

187 Emmerich in Emmerich/Habersack AG-/GmbH-KonzR, § 293g Rn. 5; für die besondere Verschmelzungsauslagepflicht Marsch-Barner in Kallmeyer, § 64 Rn. 1

188 Altmeppen in MK AktG, § 293g Rn. 3; Emmerich in Emmerich/Habersack AG-/GmbH-KonzR, § 293g Rn. 5

189 Dies gilt für die Vervielfältigungs- und die Versendungskosten (vgl. Altmeppen in MK AktG, § 293f Rn. 9; Emmerich in Emmerich/Habersack AG-/GmbH-KonzR, § 293f Rn. 10; Leuering in ZIP 2000, S. 2053 (2056f.); für das besondere Verschmelzungsabschriftsrecht Diekmann in Semler/Stengel, § 63 Rn. 24; Grunewald in Lutter/Winter, § 63 Rn. 8)

gesordnungspunkt) einfache Abschriften unverzüglich, also ohne schuldhaftes Zögern (vgl. § 121 Abs. 1 S. 1 BGB) erteilen, also erstellen und übersenden bzw. übergeben[190]. Einerseits ist es nicht ausreichend, dass die Erstellung und Mitnahme von einfachen Abschriften durch jeden Aktionär bzw. Kommanditaktionär geduldet wird[191]. Anderseits ist es nicht erforderlich, dass ohne Aufforderung von sich aus die Erstellung und Übersendung bzw. Übergabe von einfachen oder gar beglaubigten Abschriften an jeden Aktionär bzw. Kommanditaktionär vorgenommen wird[192].

V. Kapitel. Maßgebende Merkmale einer Informationserteilung nach den §§ 8 – 12, 30 Abs. 2, §§ 60, 63, 64, 78 S. 1, 2 UmwG

Die §§ 293a – 293g Abs. 1, 2 S. 1, Abs. 3 AktG gewähren ein dem durch die §§ 8 – 12, 30 Abs. 2, §§ 60, 63, 64, 78 S. 1, 2 UmwG eingeräumten Informationsrecht entsprechendes Informationsrecht. Denn die besonderen Informationsvorschriften dienen entsprechend ihrer Regierungsbegründung[193] der erforderlichen Wiederanpassung an die bezüglich eines Verschmelzungsvertrags vorhandenen und erreichbaren Informationen[194]. Teilweise wurden die §§ 293a – 293g Abs. 1, 2 S. 1, Abs. 3 AktG zwar nur sprachlich dem Vorbild der §§ 8 – 12, 30 Abs. 2, §§ 60, 63, 64, 78 S. 1, 2 UmwG angepasst. So sind die § 293f Abs. 1 Nr. 1, Abs. 2, § 293g Abs. 1, 2 S. 1 AktG inhaltlich unverändert an die Stelle des § 293 Abs. 3 S. 2 – 5, Abs. 4 AktG a. F. getreten[195], dessen Schaffung entsprechend seiner Regierungsbegründung[196] durch die erhebliche Bedeutung der Unternehmensvertragsbegründung motiviert war[197]. Weitgehend wurden die §§ 293a – 293g Abs. 1, 2 S. 1, Abs. 3 AktG aber auch inhaltlich dem Vorbild der

190 Altmeppen in MK AktG, § 293f Rn. 8,9, § 293g Rn. 3; Emmerich in Emmerich/Habersack AG-/GmbH-KonzR, § 293f Rn. 6,10; § 293g Rn. 5

191 Claussen/Korth in KK AktG, § 175 Rn. 11; Leuering in ZIP 2000, S. 2053 (2055f.)

192 Emmerich in Emmerich/Habersack AG-/GmbH-KonzR, § 293f Rn. 10; Leuering in ZIP 2000, S. 2053 (2054f.)

193 BT-Drucks. 12/6699, S. 178f.

194 Altmeppen in MK AktG, § 293a Rn. 1, ZIP 1998, S. 1853 (1853); Bungert in DB 1995, S. 1384 (1385); Emmerich in Emmerich/Habersack AG-/GmbH-KonzR, § 293a Rn. 1,4; Hüffer, § 293a Rn. 2; Humbeck in BB, S. 1893 (1893); Koppensteiner in KK AktG, § 293a Rn. 1

195 Altmeppen in MK AktG, § 293f Rn. 1,2,8 § 293g Rn. 1,5,9, ZIP 1998, S. 1853 (1853); Emmerich in Emmerich/Habersack AG-/GmbH-KonzR, § 293f Rn. 1, § 293g Rn. 2,3,6

196 BT-Drucks. 4/171, S. 218

197 Koppensteiner in KK zum AktG^{2}, § 293 Rn. 18

§§ 8 – 12, 30 Abs. 2, §§ 60, 63, 64, 78 S. 1, 2 UmwG angepasst[198]. Dies war entsprechend ihrer Regierungsbegründung[199] dadurch motiviert, dass man die Unternehmensvertragsbegründung und die Verschmelzung als rechtlich und wirtschaftlich vergleichbare Rechtsinstitute betrachtete[200]. Außerdem wurden die §§ 125, 127 UmwG geschaffen, die der Regelung der §§ 8 – 12, 30 Abs. 2, §§ 60, 63, 64, 78 S. 1, 2 UmwG entsprechen bzw. auf diese verweisen[201]. Dies war entsprechend ihrer Regierungsbegründung[202] dadurch motiviert, dass die Spaltung und die Verschmelzung als spiegelbildliche Rechtsinstitute gelten[203]. Da ebenso die Unternehmensvertragsaufhebung und der Unternehmensvertragsbegründung spiegelbildliche Rechtsinstitute darstellen, könnte man genauso die Unternehmensvertragsaufhebung und die Spaltung als rechtlich und wirtschaftlich vergleichbare Rechtsinstitute betrachten[204]. Ihren Zweck können die §§ 293a – 293g Abs. 1, 2 S. 1, Abs. 3 AktG also nur bzw. auch dann erreichen, wenn bei einem Unternehmensvertrag mit einer Partei der jeweiligen Nationalität und Rechtsform, von dem jeweiligen Typ, in der jeweiligen Phase bzw. mit einer Partei in unmittelbarem Anleinbesitz der anderen Partei die durch die Normierung dieser besonderen Informationsvorschriften verstärkten Rechte nicht ebenso sinnvoll unabhängig, d. h. ohne die Anwendung dieser besonderen Informationsvorschriften, ausgeübt werden können. Dabei ist eine von einer Informationserteilung nach den § 293f Abs. 1 Nr. 1, Abs. 2, § 293g Abs. 1, 2 S. 1 AktG unabhängige Rechtsausübung nie ebenso sinnvoll. Denn eine erhebliche Bedeutung ist stets gegeben. Dagegen ist eine von einer Informationserteilung nach den §§ 293a – 293f Abs. 1 Nr. 2, 3, Abs. 2, § 293g Abs. 1, 3 AktG unabhängige Rechtsausübung nur dann nicht ebenso sinnvoll, wenn bei einer Verschmelzung bzw. Spaltung mit einer Partei der jeweiligen Nationalität und Rechtsform bzw.

---

198 Altmeppen in MK AktG, § 293a Rn. 1,2,4, § 293b Rn. 1, § 293c Rn. 1,2, § 293d Rn. 1, § 293e Rn. 1, § 293f Rn. 1, § 293g Rn. 1, ZIP 1998, S. 1853 (1853); Emmerich in Emmerich/Habersack AG-/GmbH-KonzR, § 293a Rn. 2, § 293b Rn. 1, § 293c Rn. 1, § 293d Rn. 1, § 293e Rn. 3; § 293f Rn. 1, § 293g Rn. 2,3,9

199 BT-Drucks. 12/6699, S. 178f.

200 Altmeppen in MK AktG, § 293a Rn. 1,5, ZIP 1998, S. 1853 (1853); Bungert in DB 1995, S. 1384 (1384f.); Emmerich in Emmerich/Habersack AG-/GmbH-KonzR, § 293a Rn. 4; Hüffer, § 293a Rn. 2; Humbeck in BB 1995, S. 1893 (1893); Koppensteiner in KK AktG, § 293a Rn. 4

201 Gehling in Semler/Stengel, § 127 Rn. 2; Stengel/Schwanna in Semler/Stengel, § 125 Rn. 1–4,12; Teichmann in Lutter/Winter, § 123 Rn. 17, § 125 Rn. 1,5,12

202 BT-Drucks. 12/6699, S. 117,119

203 Hörtnagl in Schmitt/Hörtnagl/Stratz, § 123 UmwG Rn. 3,4; Kallmeyer in Kallmeyer, § 125 Rn. 3, ZIP 1994, S. 1746 (1748); Stengel/Schwanna in Semler/Stengel, § 125 Rn. 1; Teichmann in Lutter/Winter, § 123 Rn. 18

204 Bungert in DB 1995, S. 1449 (1451)

mit einer Partei in unmittelbaren Alleinbesitz der anderen Partei die Informationsvorschriften der §§ 8 – 12, 30 Abs. 2, §§ 60, 63, 64, 78 S. 1, 2 UmwG oder vergleichbare Informationsvorschriften gelten können und bei einem Unternehmensvertrag mit einer Partei der jeweiligen Nationalität und Rechtsform, von dem jeweiligen Typ, in der jeweiligen Phase bzw. mit einer Partei in unmittelbarem Anleinbesitz der anderen Partei die für diese Informationsvorschriften maßgebenden Merkmale oder vergleichbare Merkmale existieren können. In einem fünften Schritt ist daher vorab zu prüfen, welche Merkmale für eine Informationserteilung nach den §§ 8 – 12, 30 Abs. 2, §§ 60, 63, 64, 78 S. 1, 2 UmwG maßgebend sind. Dabei ist teilweise zwischen den einzelnen besonderen Informationsvorschriften zu unterscheiden.

I. Abschnitt. Maßgebende Merkmale einer Informationserteilung nach den §§ 10 – 12, 30 Abs. 2 UmwG

Die Durchführung der Prüfung und die Erstattung des Prüfberichtes nach §§ 10 – 12, 30 Abs. 2 UmwG dienen weder der Kontrolle der Zweckmäßigkeit der Verschmelzung bzw. Spaltung einschließlich der Einschätzung der Risiken infolge der stattfindenden Vermögens- und Verbindlichkeitsvereinigung bzw. Vermögens- und Verbindlichkeitsaufteilung sowie Haftpflichtbegründung[205] noch der Kontrolle der Vollständigkeit und Richtigkeit des abgeschlossenen Verschmelzungs- bzw. Spaltungsvertrages einschließlich der Kontrolle des Vorliegens und der Angemessenheit einer getroffenen Anteilsumtauschregelung[206]. Die Durchführung der Prüfung und die Erstattung des Prüfberichtes nach §§ 10 – 12, 30 Abs. 2 UmwG dienen vielmehr der Kontrolle des Vorliegens und der Angemessenheit einer getroffenen Barabfindungsregelung[207]. Demnach sind diese besonderen Informationsvorschriften, auf die der § 125 UmwG verweist und denen die §§ 293b – 293e AktG einerseits entsprechen, ausschließlich durch die bei der Verschmelzung, Aufspaltung bzw. Abspaltung eventuell anzubietenden Barab-

---

205 Lutter/Drygala in Lutter/Winter, § 9 Rn. 12; Müller in Kallmeyer, § 9 Rn. 10; Stratz in Schmitt/Hörtnagl/Stratz, § 9 UmwG Rn. 5; Zeidler in Semler/Stengel, § 9 Rn. 16

206 Dies folgt aus dem Sinnzusammenhang des Gesetzes. Denn dem dient die Durchführung der Prüfung und die Erstattung des Prüfberichts nach §§ 9 – 12, 60, 78 S. 1, 2 UmwG (vgl. I. T. V. Kap. II. Absch.).

207 Grunewald in Lutter/Winter, § 30 Rn. 5; Müller in Kallmeyer, § 9 Rn. 13,16, § 30 Rn. 13; Stratz in Schmitt/Hörtnagl/Stratz, § 30 UmwG Rn. 4; Zeidler in Semler/Stengel, § 30 Rn. 26; Allerdings müssen beide Kontrollen nicht isoliert erfolgen. Ebenso können sie gemeinsam erfolgen (Grunewald in Lutter/Winter, § 30 Rn. 5; Zeidler in Semler/Stengel, § 30 Rn. 27).

findung motiviert. Dies folgt aus dem Wortsinn des Gesetzes. Denn diese besondere Prüfung und dieser besondere Prüfbericht sind nach dem § 30 Abs. 2 S. 1 UmwG ausdrücklich nur bei einer Verschmelzung, Aufspaltung bzw. Abspaltung, bei der gemäß §§ 29 Abs. 1 S. 1, 2, Abs. 2, 125 S. 1 UmwG eine Barabfindung anzubieten ist[208], erforderlich[209].

II. Abschnitt. Maßgebende Merkmale einer Informationserteilung nach den §§ 9 – 12, 60, 78 S. 1, 2 UmwG

Die Durchführung der Prüfung und die Erstattung des Prüfberichtes nach §§ 9 – 12, 60, 78 S. 1, 2 UmwG dienen weder der Kontrolle der Zweckmäßigkeit der Verschmelzung bzw. Spaltung einschließlich der Einschätzung der Risiken infolge der stattfindenden Vermögens- und Verbindlichkeitsvereinigung bzw. Vermögens- und Verbindlichkeitsaufteilung sowie Haftpflichtbegründung[210] noch der Kontrolle des Vorliegens und der Angemessenheit einer getroffenen Barabfindungsregelung[211]. Die Durchführung der Prüfung und die Erstattung des Prüfberichtes nach §§ 9 – 12, 60, 78 S. 1, 2 UmwG dienen vielmehr der Kontrolle der Vollständigkeit und Richtigkeit des abgeschlossenen Verschmelzungs- bzw. Spaltungsvertrages einschließlich der Kontrolle des Vorliegens und der Angemessenheit einer getroffenen Anteilsumtauschs- bzw. Anteilsabfindungsregelung[212]. Dabei sind diese besonderen Informationsvorschriften, auf die der § 125 UmwG verweist und denen die §§ 293b – 293e AktG andererseits entsprechen, vorrangig durch den bei der Verschmelzung bzw. Aufspaltung eventuell stattfindenden Anteilsumtausch bzw. die bei der Abspaltung eventuell stattfindenden Anteilsabfindung motiviert. Dies folgt aus dem Sinnzusammenhang des Gesetzes. Denn diese besondere Prüfung und dieser besondere Prüfbericht sind gemäß § 9

---

208 Vgl. Grunewald in Lutter/Winter, § 29 Rn. 2–19; Teichmann in Lutter/Winter, § 125 Rn. 5,6,8; Kalss in Semler/Stengel, § 29 Rn. 2,6–15,20,21; Stengel/Schwanna in Semler/Stengel, § 125 Rn. 5,7

209 Müller in Kallmeyer, § 9 Rn. 16, § 30 Rn. 13

210 Lutter/Drygala in Lutter/Winter, § 9 Rn. 12; Müller in Kallmeyer, § 9 Rn. 10; Stratz in Schmitt/Hörtnagl/Stratz, § 9 UmwG Rn. 5; Zeidler in Semler/Stengel, § 9 Rn. 16

211 Dies folgt aus dem Sinnzusammenhang des Gesetzes. Denn dem dient die Durchführung der Prüfung und die Erstattung des Prüfberichts nach §§ 10 – 12, 30 Abs. 2 UmwG (vgl. I. T. V. Kap. I. Absch.).

212 Lutter/Drygala in Lutter/Winter, § 9 Rn. 9–11; Müller in Kallmeyer, § 9 Rn. 11,12, 16; Stratz in Schmitt/Hört- nagl/Stratz, § 9 UmwG Rn. 5; Zeidler in Semler/Stengel, § 9 Rn. 25; Allerdings müssen beide Kontrollen nicht isoliert erfolgen. Ebenso können sie gemeinsam erfolgen (Grunewald in Lutter/Winter, § 30 Rn. 5; Zeidler in Semler/Stengel, § 30 Rn. 27).

Abs. 2 UmwG bei der Verschmelzung einer 100prozentigen Tochtergesellschaft auf ihre Muttergesellschaft und gemäß § 125 S. 2 UmwG bei der Ausgliederung entbehrlich[213], da es bei diesen Umwandlungen gemäß § 20 Abs. 1 Nr. 3 S. 1 Hs. 2, § 131 Abs. 1 Nr. 3 S. 3 UmwG zu keinem Anteilsumtausch bzw. keiner Anteilsabfindung kommen kann[214]. Das Interesse an der Überprüfung des Vorliegens und der Angemessenheit einer getroffenen Anteilsumtausch- bzw. Anteilsabfindungsregelung entfällt. Das fortbestehende Interesse an der Überprüfung der sonstigen Vollständigkeit und Richtigkeit des abgeschlossenen Verschmelzungs- bzw. Spaltungsvertrags muss nicht durch eine wirtschaftssachverständige Prüfung vor der Beschlussfassung über den Verschmelzungs- bzw. Spaltungsvertrag, sondern kann ebenso durch die registergerichtliche Kontrolle bei der Eintragung des Verschmelzungs- bzw. Spaltungsvertrages befriedigt werden[215]. Daher wird auch die Ausnahme des § 9 Abs. 2 UmwG von der Verweisung des § 125 S. 1 UmwG[216] für verfehlt gehalten und eine Reduktion des § 125 S. 1 und damit eine Analogie zu dem § 9 Abs. 2 UmwG bei der Abspaltung einer 100prozentigen Tochtergesellschaft auf ihre Muttergesellschaft, bei der es gemäß § 131 Abs. 1 Nr. 3 S. 1 Hs. 2 UmwG ebenfalls zu keinem Anteilsumtausch bzw. keiner Anteilsabfindung kommen kann[217], erwogen[218].

III. Abschnitt. Maßgebende Merkmale einer Informationserteilung nach den §§ 8, 63, 64, 78 S. 1, 2 UmwG

Die Offenlegung der Prüfberichte nach § 63 Abs. 1 Nr. 5, Abs. 3, § 64 Abs. 1 S. 1, § 78 S. 1, 2 UmwG dient der Kontrolle der Vollständigkeit und Richtigkeit

---

213 Für die Verschmelzung einer 100prozentigen Tochtergesellschaft auf ihre Muttergesellschaft Diekmann in Semler/Stengel, § 60 Rn. 4; Zeidler in Semler/Stengel, § 9 Rn. 49; Grunewald in Lutter/Winter, § 60 Rn. 2; Lutter/ Drygala in Lutter/Winter, § 9 Rn. 15; für die Ausgliederung Stengel/Schwanna in Semler/Stengel, § 125 Rn. 9; Teichmann in Lutter/Winter, § 125 Rn. 10

214 Vgl. für die Verschmelzung einer 100prozentigen Tochtergesellschaft auf ihre Muttergesellschaft Grunewald in Lutter/Winter, § 20 Rn. 57; Lutter/Drygala in Lutter/Winter, § 9 Rn. 15; Kübler in Semler/Stengel, § 20 Rn. 76; für die Ausgliederung Simon/Kübler in Semler/Stengel, § 131 Rn. 26; Teichmann in Lutter/Winter, § 131 Rn. 9

215 Lutter/Drygala in Lutter/Winter, § 9 Rn. 15; Schöne, S. 400 Fn. 449; Stratz in Schmitt/Hörtnagl/Stratz, § 9 UmwG Rn. 7

216 Stengel/Schwanna in Semler/Stengel, § 125 Rn. 5,7; Teichmann in Lutter/Winter, § 125 Rn. 6,8

217 Vgl. Simon/Kübler in Semler/Stengel, § 131 Rn. 27; Teichmann in Lutter/Winter, § 131 Rn. 9 Fn. 15

218 Sagasser/Sickinger in Sagasser/Bula/Brünger, S. 450; Schöne, S. 398ff.

des abgeschlossenen Verschmelzungs- bzw. Spaltungsvertrages einschließlich der Kontrolle des Vorliegens und der Angemessenheit einer getroffenen Umtauschsregelung bzw. einer getroffenen Abfindungsregelung[219]. Die Erstattung des Berichts nach § 8 UmwG und die Offenlegung der Berichte nach § 63 Abs. 1 Nr. 4, Abs. 3, § 64 Abs. 1 S. 1, § 78 S. 1, 2 UmwG sowie das Halten des Vortrags nach § 64 Abs. 1 S. 2, § 78 S. 1, 2 UmwG dienen der Erläuterung des Inhalts des abgeschlossenen Verschmelzungs- bzw. Spaltungsvertrags einschließlich der Erläuterung der Bestimmung des vereinbarten Umtauschverhältnisses bzw. der vereinbarten Abfindungshöhe und der Erläuterung der Zweckmäßigkeit der Verschmelzung bzw. Spaltung einschließlich der Einschätzung der bestehenden Haftungsnotwendigkeit bzw. Haftungsfähigkeit[220]. Die Erteilung von Auskünften nach § 64 Abs. 2, § 78 S. 1, 2 UmwG dient der Unterrichtung über alle Angelegenheiten jeder anderen Verschmelzungs- bzw. Spaltungspartei, die für die Beurteilung des Inhalts des abgeschlossenen Verschmelzungs- bzw. Spaltungsvertrags einschließlich die Bestimmung des vereinbarten Umtauschverhältnisses bzw. der vereinbarten Abfindungshöhe und die Beurteilung der Zweckmäßigkeit der Verschmelzung bzw. Spaltung, einschließlich der Einschätzung der bestehenden Haftungsnotwendigkeit bzw. Haftungsfähigkeit bedeutsam sind[221]. Die Offenlegung des Verschmelzungs- bzw. Spaltungsvertrags nach § 63 Abs. 1

---

219 Dies folgt aus dem Sinnzusammenhang des Gesetzes. Denn dem dient die Durchführung der Prüfungen und die Erstattung der Prüfberichte nach §§ 10 – 12, 30 Abs. 2 UmwG und nach §§ 9 – 12, 60, 78 S. 1, 2 UmwG (vgl. I. T. V. Kap. I. Absch., II. Absch.). Ohne die Offenlegung der Prüfberichte wären deren Erstattung und die Durchführung der Prüfungen bedeutungslos. Umgekehrt ist ohne die Durchführung der Prüfungen und die Erstattung der Prüfberichte deren Offenlegung unmöglich (Grunewald in Lutter/Winter, § 63 Rn. 3).

220 Für die besondere Verschmelzungs- bzw. Spaltungsberichtspflicht und die besondere Verschmelzungsvortragspflicht Diekmann in Semler/Stengel, § 64 Rn. 9; Gehling in Semler/Stengel, § 8 Rn. 15,21,22,49; Grunewald in Lutter/Winter, § 64 Rn. 3,4; Lutter/Drygala in Lutter/Winter, § 8 Rn. 15,19,20; Marsch-Barner in Kallmeyer, § 8 Rn. 6,7,9,10,22, § 64 Rn. 3,4; Stratz in Schmitt/Hörtnagl/Stratz, § 8 UmwG Rn. 8,11,12,15,19, § 64 UmwG Rn. 3,4; Gehling in Semler/Stengel, § 127 Rn. 14,23,24,37; Hommelhoff in Lutter/Winter, § 127 Rn. 17,20,26,27; Hörtnagl in Schmitt/Hörtnagl/Stratz, § 127 UmwG Rn. 4,10; Kallmeyer in Kallmeyer, § 127 Rn. 5–7; Für die besondere Verschmelzungsauslagepflicht und das besondere Verschmelzungsabschriftsrecht folgt dies aus dem Sinnzusammenhang des Gesetzes. Denn ohne die Offenlegung der Berichte wäre deren Erstattung bedeutungslos. Umgekehrt ist ohne die Erstattung der Berichte deren Offenlegung unmöglich (Grunewald in Lutter/Winter, § 63 Rn. 3).

221 Diekmann in Semler/Stengel, § 64 Rn. 15; Grunewald in Lutter/Winter, § 64 Rn. 6; Marsch-Barner in Kallmeyer, § 64 Rn. 6; Stratz in Schmitt/Hörtnagl/Stratz, § 64 UmwG Rn. 5; für das besondere Verschmelzungsauskunftsrecht nach § 49 Abs. 3 UmwG Winter in Lutter/Winter, § 49 Rn. 11

Nr. 1, Abs. 3, § 64 Abs.1 S. 1, § 78 S. 1, 2 UmwG dient der Unterrichtung über den Inhalt des abgeschlossenen Verschmelzungs- bzw. Spaltungsvertrags. Die Offenlegung der Rechnungslegungsunterlagen nach § 63 Abs. 1 Nr. 2, Abs. 3, § 64 Abs. 1 S. 1, § 78 S. 1, 2 UmwG dient der Unterrichtung über die Vermögens- und Ertragslagen sowie die Vermögens- und Ertragsaussichten beider Verschmelzungs- bzw. Spaltungsparteien. Diese Vermögens- und Ertragsverhältnisse beider Verschmelzungs- bzw. Spaltungsparteien sind wiederum bedeutsam für die Bestimmung des vereinbarten Umtauschverhältnisses bzw. der vereinbarten Abfindungshöhe und die Einschätzung der bestehenden Haftungsnotwendigkeit bzw. Haftungsfähigkeit[222]. Demnach sind diese besonderen Informationsvorschriften, denen der § 127 UmwG entspricht bzw. auf die der § 125 UmwG verweist und denen die §§ 293a, 293f, 293g Abs. 1, 2 S. 1, Abs. 3 AktG entsprechen, nicht nur durch den bei der Verschmelzung bzw. Aufspaltung eventuell stattfindenden Anteilsumtausch, der bei der Abspaltung eventuell stattfindenden Anteilsabfindung oder der bei der Verschmelzung, Aufspaltung bzw. Abspaltung eventuell angebotenen Barabfindung, sondern auch durch die aus der Verschmelzung infolge der stets stattfindenden Vermögens- und Verbindlichkeitsvereinigung bzw. der Spaltung infolge der stets stattfindenden Vermögens- und Verbindlichkeitsaufteilung sowie Haftpflichtbegründung resultierenden Haftungsrisiken motiviert. Dies folgt aus dem Sinnzusammenhang des Gesetzes. Zwar ist der besondere Bericht gemäß § 8 Abs. 3 S. 1 Alt. 2 UmwG bei der Verschmelzung bzw. Abspaltung einer 100prozentigen Tochtergesellschaft auf ihre Muttergesellschaft entbehrlich[223]. Dies beruht allerdings nicht darauf, dass es bei diesen Umwandlungen gemäß § 20 Abs. 1 Nr. 3 S. 1 Hs. 2, § 131 Abs. 1 Nr. 3 S. 1 Hs. 2 UmwG zu keinem Anteilsumtausch bzw. keiner Anteilsabfindung und zu keiner Barabfindung kommen kann[224], eine Information hierüber also ausscheidet. Dies gründet sich vielmehr darauf, dass bei diesen Umwandlungen der einzige Anteilsinhaber des übertragenden Rechtsträgers als übernehmender Rechtsträger an dem Verschmelzungs- bzw. Spaltungsvertrag unmittelbar beteiligt ist, sich als Vertragspartner also selbst informiert[225]. Daher wird auch die Erfassung des übernehmenden Rechtsträgers, deren Anteilsinhaber an dem Verschmelzungs- bzw. Spaltungsvertrag nicht unmittelbar beteiligt sind, von der Regelung des § 8

222 Für die besondere Verschmelzungsauslagepflicht nach § 49 Abs. 2 UmwG Winter in Lutter/Winter, § 49 Rn. 7

223 Gehling in Semler/Stengel, § 8 Rn. 73, § 127 Rn. 50; Hommelhoff in Lutter/Winter, § 127 Rn. 51; Lutter/Drygala in Lutter/Winter, § 8 Rn. 52

224 Vgl. für den Anteilsumtausch bzw. die Anteilsabfindung Nachw. oben in Fn. 214, 217; für die Barabfindung Grunewald in Lutter/Winter, § 29 Rn. 19; Marsch-Barner in Kallmeyer, § 29 Rn. 17; Schaub in NZG 1998, S. 626 (628)

225 Krieger in ZGR 1990, S. 517 (521); Schöne, S. 366f.

Abs. 3 S. 1 Alt. 2 UmwG anders als diejenige des übertragenden Rechtsträgers für verfehlt gehalten und eine entsprechende Reduktion dieser Vorschrift erwogen[226]. Dementsprechend ist der besondere Bericht bei der Ausgliederung und sind der besondere Vortrag, die besonderen Auskünfte und die besonderen Unterlagen bei der Verschmelzung bzw. Abspaltung einer 100prozentigen Tochtergesellschaft auf ihre Muttergesellschaft und der Ausgliederung nicht entbehrlich[227], obwohl es bei diesen Umwandlungen gemäß § 20 Abs. 1 Nr. 3 S. 1 Hs. 2, § 131 Abs. 1 Nr. 3 S. 1 Hs. 2, S. 3 UmwG zu keinem Anteilsumtausch bzw. keiner Anteilsabfindung und keiner Barabfindung kommen kann[228]. Das Interesse an der Erläuterung der Festlegung des vereinbarten Umtauschverhältnisses bzw. der vereinbarten Abfindungshöhe und der Information über die Grundlagen für diese Festlegung und damit ein wesentlicher Berichts- bzw. Vortragskomplex entfällt zwar. Das fortbestehende Interesse an der Bekanntmachung und Erläuterung des Inhalts des abgeschlossenen Verschmelzungs- bzw. Spaltungsvertrags, der Erläuterung der Prognose der bestehenden Haftungsnotwendigkeit bzw. Haftungsfähigkeit und der Information über die Grundlagen für diese Prognose muss aber weiterhin durch einen verkürzten Bericht, einen verkürzten Vortrag, die erweiterten Auskünfte und die bezeichneten Unterlagen befriedigt werden. Der Berichts- bzw. Vortragsinhalt muss sich an der Vermögens- und Verbindlichkeitsvereinigung nach § 20 Abs. 1 Nr. 1 UmwG bzw. der Vermögens- und Verbindlichkeitsaufteilung nach § 131 Abs. 1 Nr. 1 UmwG sowie der Haftpflichtbegründung nach §§ 133, 135 Abs. 1 UmwG ausrichten[229].

---

226 Hommelhoff in Lutter/Winter, § 127 Rn. 52; Krieger in ZGR 1990, S. 517 (521); Schöne, S. 366f.

227 Für die besondere Ausgliederungsberichtspflicht Gehling in Semler/Stengel, § 127 Rn. 2; Hommelhoff in Lutter/Winter, § 127 Rn. 1; Dies folgt aus dem Sinnzusammenhang des Gesetzes. Zum einen enthält der § 127 UmwG keine dem § 125 S. 2 UmwG entsprechende oder auf diesen verweisende Vorschrift. Zum anderen enthalten die §§ 63, 64, 78 S. 1, 2 UmwG keine den § 8 Abs. 3 S. 1 Alt. 2, § 9 Abs. 2 UmwG entsprechende oder auf diese verweisende Vorschrift.

228 Vgl. hinsichtlich der Ausgliederung für den Anteilsumtausch bzw. die Anteilsabfindung Nachw. oben in Fn. 217; für die Barabfindung Kallmeyer in Kallmeyer, § 125 Rn. 36; Teichmann in Lutter/Winter, § 125 Rn. 10

229 Hommelhoff in Lutter/Winter, § 127 Rn. 52; Schöne, S. 366f.; a. M. Gehling in Semler/Stengel, § 8 Rn. 73, § 127 Rn. 50; Marsch-Barner in Kallmeyer, § 8 Rn. 39

II. Teil. Anwendungsbereich der §§ 293a – 293g Abs. 1, 2 S. 1, Abs. 3 AktG

Die Anwendbarkeit der §§ 293a – 293g Abs. 1, 2 S. 1, Abs. 3 AktG in einstufigen vertraglichen Unternehmensverbindungen ist davon abhängig, welche Nationalität und Rechtsform die Unternehmensvertragsparteien haben, von welchem Typ der Unternehmensvertrag ist, in welcher Phase das Unternehmensvertragsverhältnis ist und ob eine 100prozentige Tochtergesellschaft und ihre Muttergesellschaft die Unternehmensvertragsparteien bilden.

I. Kapitel. Nationalitäten und Rechtsformen von Unternehmensvertragsparteien

Unternehmensverträge können zwischen unternehmenstragenden deutschen Aktiengesellschaften und Kommanditgesellschaften auf Aktien und/oder Unternehmensträgern sonstiger Nationalitäten und Rechtsformen abgeschlossen werden.

I. Abschnitt. Unternehmensverträge mit deutschen Aktiengesellschaften und Kommanditgesellschaften auf Aktien

Unternehmenstragende deutsche Aktiengesellschaften und Kommanditgesellschaften auf Aktien können sich als verpflichtete und/oder berechtigte Unternehmensträger an Unternehmensverträgen beteiligen.

- Insbesondere sind Beherrschungs- und/oder Gewinnabführungsverträge mit verpflichteten deutschen AG und KGaA gemäß § 291 Abs. 1 AktG zulässig. Es ist unerheblich, ob der berechtigte Unternehmensträger eine deutsche AG bzw. KGaA ist oder eine sonstige Nationalität bzw. Rechtsform hat[230]. Dies gilt selbst dann, wenn die Durchsetzung einer Verlustausgleichspflicht, einer

230 Ebenso BGH in NJW 1992, S. 2760, NJW 1998, S. 1866; Altmeppen in MK AktG, Einl. §§ 291 ff. Rn. 46–50, § 291 Rn. 21,22,24,136,164; Bärwaldt/Schabacker in AG 1998, S. 182 (184ff.); Bayer, S. 96ff., in ZGR 1993, S. 599 (612f.); Einsele in ZGR 1996, S. 40 (47ff.); Emmerich in Emmerich/Habersack AG-/GmbH-KonzR, § 291 Rn. 7–9,37,52; Großfeld in Staudinger, IntGesR Rn. 567–574; Hüffer, § 291 Rn. 8,23; Koppensteiner in KK AktG, Vorb. § 291 Rn. 194,195, § 291 Rn. 10; Selzner/Sustmann in Konzern 2003, S. 85 (96)

Sicherungsleistungspflicht sowie einer Ausgleichs- und Abfindungspflicht des berechtigten Unternehmensträgers gegenüber der verpflichteten deutschen AG oder KGaA, ihren Gläubigern sowie ihren außenstehenden Aktionären bzw. Kommanditaktionären durch das nationalitäts- bzw. rechtformbedingte Fehlen einer Kapitalaufbringungs- und Kapitalerhaltungspflicht des berechtigten Unternehmensträgers oder einer unbeschränkten Haftpflicht seiner Anteilsinhaber und das nationalitäts- bzw. rechtsformbedingte Fehlen einer unbeschränkten Bilanzierungspflicht des berechtigten Unternehmensträgers erschwert, die Eintragung des Namens des berechtigten Unternehmensträgers in das Handelsregister der verpflichteten deutschen AG oder KGaA durch das nationalitäts- bzw. rechtsformbedingte Fehlen einer Registerpublizität des berechtigten Unternehmensträgers entwertet[231] oder die Entwertung eines Mitbestimmungsrechtes der Arbeitnehmer in der verpflichteten deutschen AG oder KGaA aufgrund des nationalitäts- bzw. rechtsformbedingten Fehlens eines Mitbestimmungsrechtes der Arbeitnehmer in dem berechtigten Unternehmensträger nicht kompensiert[232] wird.

- Gleichfalls sind Beherrschungs- und/oder Gewinnabführungsverträge mit berechtigten deutschen AG und KGaA zulässig. Es ist unerheblich, ob der verpflichtete Unternehmensträger eine deutsche AG bzw. KGaA ist oder eine andere Nationalität bzw. Rechtsform hat. Auch ist unerheblich, ob die berechtigte deutsche AG bzw. KGaA und der verpflichtete Unternehmensträger gleiche oder verschiedene Geschäfte betreiben. Dies gilt selbst dann, wenn der verpflichtete Unternehmensträger der berechtigten deutschen AG oder KGaA rechtsform- oder erlaubnisbedingt verschlossene Geschäfte[233] betreibt[234].

---

231 Vgl. Altmeppen in MK AktG, § 291 Rn. 109–119, § 294 Rn. 20; Koppensteiner in KK AktG, § 291 Rn. 58–60, § 294 Rn. 10; Allerdings wird als Kompensation der mangelnden Registerpublizität einer berechtigten deutschen GbR die Eintragung der Namen aller ihrer Gesellschafter in das Register der verpflichteten deutschen AG oder KGaA gefordert.

232 Vgl. Altmeppen in MK AktG, Einl. §§ 291 ff. Rn. 46,47; Großfeld in Staudinger, IntGesR Rn. 573,574; Emmerich in Emmerich/Habersack AG-/GmbH-KonzR, § 308 Rn. 70–72; Lutter KonzMitbest, S. 64; Sonnenschein in ZGR 1981, S. 429 (448); Als Kompensation der bestehenden Mitbestimmungsfreiheit eines herrschenden Unternehmens ist eine Einschränkung seines Weisungsrechts durch einen unüberwindbaren Zustimmungsvorbehalt des Aufsichtsrates des beherrschten Unternehmens nicht erforderlich.

233 Vgl. Heider in MK AktG, § 3 Rn. 25; Kraft in KK AktG[2], § 3 Rn. 13

234 Allgemein für berechtigte inländische Nichtversicherungsunternehmen Dreher in DB 1992, S. 2605 (2611); Miederhoff in WM 2001, S. 2041 (2047f.); Präve in Prölss, § 5 Rn. 59,65, § 7 Rn. 22; für berechtigte inländische Versicherungsunter-

- Die §§ 293a – 293g Abs. 1, 2 S. 1, Abs. 3 AktG sprechen zwar schlechthin von *einem Unternehmensvertrag* und ausdrücklich von *jeder beteiligten Aktiengesellschaft oder Kommanditgesellschaft auf Aktien*[235]. Die § 291 Abs. 1, § 292 Abs. 1 AktG bezeichnen aber lediglich einen Vertrag, durch den sich *eine Aktiengesellschaft oder Kommanditgesellschaft auf Aktien* zur Erbringung der vertragstypischen Leistung gegenüber einem anderen Unternehmens- bzw. Rechtsträger *verpflichtet,* als Unternehmensvertrag[236]. Dabei meinen diese ausschließlich eine AG oder KGaA, die ihren Sitz im Inland hat, da der Schutz einer beteiligten AG oder KGaA mit Sitz im Ausland und deren Aktionäre bzw. Kommanditaktionäre nicht dem deutschen Recht obliegt[237]. Dagegen fordern diese nicht, dass der andere Unternehmens- bzw. Rechtsträger eine bestimmte Nationalität und Rechtsform hat, da der Schutz einer beteiligten AG oder KGaA mit Sitz im Inland und deren Aktionäre bzw. Kommanditaktionäre stets den aktienspezifischen Vorschriften des deutschen Rechts obliegt[238]. Die Definition der § 291 Abs. 1, § 292 Abs. 1 AktG gilt auch für den Begriff der §§ 293a – 293g Abs. 1, 2 S. 1, Abs. 3 AktG, da der vorangestellte erste Abschnitt des ersten Teils des dritten Buchs des AktG einen Allgemeinen Teil bildet[239] und damit die für alle nachfolgenden Abschnitte des ersten Teils des dritten Buchs des AktG geltenden Regeln enthält[240].
- Anders als deutsche AG gemäß §§ 1, 2 AktG haben deutsche KGaA gemäß § 278 Abs. 1 AktG zwar nicht nur Gesellschafter, die an dem den Gläubigern haftenden Grundkapital beteiligt sind, sondern auch Gesellschafter, die den Gläubigern persönlich haften[241]. Auch erfordert ein Unternehmensvertrag mit

---

nehmen Dreher in DB 1992, S. 2605 (2612); Leuering, S. 110ff.; Präve in Prölss, § 5 Rn. 58,65, § 7 Rn. 22; a. M. Miederhoff in WM 2001, S. 2041 (2047f.)

235 Vgl. Emmerich in Emmerich/Habersack AG-/GmbH-KonzR, § 293a Rn. 8,9, § 293b Rn. 10,11, § 293f Rn. 2,3, § 293g Rn. 1,3,9

236 Emmerich in Emmerich Habersack AG-/GmbH-KonzR, § 291 Rn. 7,8,10,47,52, § 292 Rn. 8,10,41; Hüffer, § 291 Rn. 5,23, § 292 Rn. 3

237 Emmerich in Emmerich Habersack AG-/GmbH-KonzR, § 291 Rn. 7,8,10,47,52, § 292 Rn. 8,10,41; Hüffer, § 291 Rn. 5,23,34, § 292 Rn. 3

238 Emmerich in Emmerich/Habersack AG-/GmbH-KonzR, § 291 Rn. 7–9,47,52, § 292 Rn. 8,10,41; Hüffer, § 291 Rn. 8,23,35,36, § 292 Rn. 3

239 Emmerich in Emmerich/Habersack AG-/GmbH-KonzR, § 291 Rn. 1; Hüffer, § 291 Rn. 3

240 Entsprechend für das BGB Heinrichs in Palandt, Einl. Rn. 6; Säcker in MK BGB, Einl. Rn. 21

241 Hüffer, § 278 Rn. 4; Semler/Perlitt in MK AktG, § 278 Rn. 7

einer deutschen KGaA, dem gemäß § 293 Abs. 1 AktG bzw. § 293 Abs. 2 AktG die Kommanditaktionäre der beteiligten deutschen KGaA zustimmen müssen, gemäß § 285 Abs. 2 S. 1 AktG, § 161 Abs. 2, § 105 Abs. 2 HGB, § 705 BGB bzw. § 116 Abs. 2 HGB auch der Zustimmung der Komplementäre der beteiligten deutschen KGaA[242]. Die §§ 293a, 293f, 293g Abs. 1, 2 S. 1, Abs. 3 AktG regeln aber ausdrücklich lediglich die Vorbereitung und Durchführung *der Hauptversammlung*, die über eine *nach § 293 AktG* erforderliche Zustimmung zu dem Unternehmensvertrag beschließen soll[243]. Gleiches gilt für die §§ 293b – 293e AktG aufgrund des ausdrücklichen Bezuges des § 293f Abs. 1 Nr. 3 AktG zu dem § 293e AktG[244]. Bei der Hauptversammlung handelt es sich gemäß § 278 Abs. §, § 118 Abs. 1, § 285 Abs. 1 S. 1 AktG um eine Versammlung (nur) der Kommanditaktionäre und nicht um eine Versammlung (auch) der Komplementäre[245]. Auch knüpfen die Informationserfordernisse der §§ 293a – 293g Abs. 1, 2 S. 1, Abs. 3 AktG an dem Zustimmungserfordernis des § 293 Abs. 1 AktG bzw. des § 293 Abs. 2 AktG und nicht an dem Zustimmungserfordernis des § 285 Abs. 2 S. 1 AktG an[246].

- Weder enthalten die §§ 293b – 293e AktG eine den §§ 44, 43 Abs. 2, § 45e S. 2, § 45d Abs. 2 UmwG entsprechende Regelung, noch enthalten die §§ 293a, 293f, 293g Abs. 1, 2 S. 1, Abs. 3 AktG eine den §§ 41, 42, 45c UmwG entsprechende Regelung.

Bei einem nationalen und rechtsformeinheitlichen Unternehmensvertrag zwischen zwei beteiligten deutschen AG oder KGaA sowie bei einem internationalen oder rechtsformgemischten Unternehmensvertrag mit einer verpflichteten deutschen AG oder KGaA ist deshalb die Eröffnung des Anwendungsbereichs der §§ 293a – 293g Abs. 1, 2 S. 1, Abs. 3 AktG seitens jeder beteiligten deutschen AG oder KGaA bzw. seitens der verpflichteten deutschen AG oder KGaA bezüglich einer Versammlung der Aktionäre bzw. Kommanditaktionäre ebenso wie die mangelnde Eröffnung des Anwendungsbereichs der §§ 293a – 293g Abs. 1, 2 S. 1, Abs. 3 AktG seitens jeder beteiligten deutschen AG oder KGaA bzw. seitens der verpflichteten deutschen AG oder KGaA bezüglich einer Versammlung

242 Vgl. II. T. I. Kap. I. Absch. 2.3.1.2.

243 Emmerich in Emmerich/Habersack AG-/GmbH-KonzR, § 293a Rn. 8, § 293f Rn. 1,3,6, § 293g Rn. 1,3,9; Hüffer, § 293a Rn. 1,7, § 293f Rn. 1,2, § 293g Rn. 1,3

244 Emmerich in Emmerich/Habersack AG-/GmbH-KonzR, § 293b Rn. 10,10a; Hüffer, § 293b Rn. 7

245 Hüffer, § 118 Rn. 2,3, § 119 Rn. 7; § 278 Rn. 17, § 285 Rn. 1; Kubis in MK AktG, § 118 Rn. 1,8,9, § 119 Rn. 14; Semler/Perlitt in MK AktG, § 278 Rn. 119, § 285 Rn. 2,9

246 Hüffer AktG, § 293b Rn. 7; Koppensteiner in KK AktG, § 293b Rn. 13, § 293f Rn. 3

der Komplementäre aus dem Wortsinn des Gesetzes und dem Sinnzusammenhang des Gesetzes zu folgern. Bei einem internationalen oder rechtsformgemischten Unternehmensvertrag mit einer berechtigten deutschen AG oder KGaA ist die mangelnde Eröffnung des Anwendungsbereichs der §§ 293a – 293g Abs. 1, 2 S. 1, Abs. 3 AktG seitens der berechtigten deutschen AG oder KGaA bezüglich einer Versammlung der Aktionäre bzw. Kommanditaktionäre ebenso wie bezüglich einer Versammlung der Komplementäre aus dem Wortsinn des Gesetzes und dem Sinnzusammenhang des Gesetzes zu folgern. Bei einem nationalen und rechtsformeinheitlichen Unternehmensvertrag zwischen zwei beteiligten deutschen AG oder KGaA sowie bei einem internationalen oder rechtsformgemischten Unternehmensvertrag mit einer verpflichteten deutschen AG oder KGaA ist dementsprechend – das Vorliegen der sonstigen Anwendungsvoraussetzungen unterstellt – der Anwendungsbereich der §§ 293a – 293g Abs. 1, 2 S. 1, Abs. 3 AktG seitens jeder beteiligten deutschen AG oder KGaA bzw. seitens der verpflichteten deutschen AG oder KGaA zwar bezüglich einer Versammlung der Aktionäre bzw. Kommanditaktionäre, aber nicht bezüglich einer Versammlung der Komplementäre nach einer Auslegung des Gesetzes eröffnet. Bei einem internationalen oder rechtsformgemischten Unternehmensvertrag mit einer berechtigten deutschen AG oder KGaA ist demgegenüber der Anwendungsbereich der §§ 293a – 293g Abs. 1, 2 S. 1, Abs. 3 AktG seitens der berechtigten deutschen AG oder KGaA weder bezüglich einer Versammlung der Aktionäre bzw. Kommanditaktionäre, noch bezüglich einer Versammlung der Komplementäre nach einer Auslegung des Gesetzes eröffnet. Dies gilt gleichgültig, ob die Zustimmung einzelner Aktionäre bzw. Kommanditaktionäre und Komplementäre zu dem Unternehmensvertrag entbehrlich oder die Vertragszustimmung aller Aktionäre bzw. Kommanditaktionäre und Komplementäre erforderlich ist und ob einzelne Aktionäre bzw. Kommanditaktionäre und Komplementäre von der Führung der Geschäfte ausgeschlossen oder alle Aktionäre bzw. Kommanditaktionäre und Komplementäre an der Geschäftsführung beteiligt sind.

2. *Vervollständigung des Gesetzes*

2.1. *Reduktion der §§ 293a – 293g Abs. 1, 2 S. 1, Abs. 3 AktG bezüglich einer Versammlung der Aktionäre bzw. Kommanditaktionäre*

2.1.1. *Bejahen einer Gesetzeslücke*

2.1.1.1. *Erwerb von bedeutsamen Informationen*

- Durch einen Abschluss eines Beherrschungs- und/oder Gewinnabführungsvertrags mit einer verpflichteten deutschen AG oder KGaA muss grundsätzlich gemäß § 304 Abs. 1, 2, § 305 Abs. 1 – 3 AktG eine angemessene Ausgleichs- und Abfindungspflicht des berechtigten Unternehmensträgers gegenüber außenstehenden Aktionären bzw. Kommanditaktionären der verpflichteten deutschen AG oder KGaA begründet werden[247]. Die Nationalität und Rechtsform des durch den Unternehmensvertrag berechtigten Unternehmensträgers ist insoweit ohne Belang[248].
  Spezielle Informationen zum Inhalt und zur Angemessenheit einer getroffenen Ausgleichs- und Abfindungsregelung sind außerdem für die (außenstehenden) Aktionäre bzw. Kommanditaktionäre jeder beteiligten deutschen AG oder KGaA bzw. der verpflichteten deutschen AG oder KGaA bedeutsam[249], da sie selbst zur Forderung von Ausgleichs- und Abfindungsleistungen berechtigt werden[250] oder der Wert bzw. die Quote ihrer Beteiligung an dem zur Erbringung von Ausgleichs- und Abfindungsleistungen verpflichteten Unternehmensträger verringert wird[251].

---

247 Emmerich in Emmerich/Habersack AG-/GmbH-KonzR, § 304 Rn. 8,15–55, § 305 Rn. 9–33c,36–77; Hüffer, § 304 Rn. 2–16, § 305 Rn. 2–27

248 Ebenso Emmerich in Emmerich/Habersack AG-/GmbH-KonzR, § 304 Rn. 8, § 305 Rn. 10; Koppensteiner in KK AktG, § 304 Rn. 27, § 305 Rn. 34; für berechtigte deutsche GmbH Zeidler in Michalski, Syst. Darst. 4 Rn. 79

249 Vgl. Emmerich in Emmerich/Habersack AG-/GmbH-KonzR, § 293 Rn. 2, § 293a Rn. 29

250 Altmeppen in MK AktG, § 304 Rn. 16–30, § 305 Rn. 31,32; Emmerich in Emmerich/Habersack AG-/GmbH-KonzR, § 304 Rn. 15–21, § 305 Rn. 19–21; Hüffer, § 304 Rn. 2,3, § 305 Rn. 5; Koppensteiner in KK AktG, § 304 Rn. 17–19, § 305 Rn. 31–33

251 Vgl. Altmeppen in MK AktG, § 304 Rn. 31–34, § 305 Rn. 33,34; Emmerich in Emmerich/Habersack AG-/GmbH-KonzR, § 304 Rn. 22,23, § 305 Rn. 22–24; Hüffer, § 304 Rn. 4, § 305 Rn. 5; Koppensteiner in KK AktG, § 304 Rn. 20–30, § 305 Rn. 34

- Durch einen Abschluss eines Beherrschungs- und/oder Gewinnabführungsvertrags mit einer verpflichteten deutschen AG oder KGaA wird gemäß § 302 Abs. 1 AktG eine unbeschränkte Verlustausgleichspflicht des berechtigten Unternehmensträgers gegenüber der verpflichteten deutschen AG oder KGaA begründet[252]. Die Nationalität und Rechtsform des durch den Unternehmensvertrag berechtigten Unternehmensträgers ist insoweit ohne Belang[253]. Spezielle Informationen zum Inhalt und zur Chance bzw. zum Risiko einer bestehenden Verlustausgleichsregelung sind für die Aktionäre bzw. Kommanditaktionäre jeder beteiligten deutschen AG oder KGaA bzw. der verpflichteten deutschen AG oder KGaA bedeutsam[254], da der Wert ihrer Beteiligung an dem zur Forderung von Verlustausgleichsleistungen berechtigten Unternehmensträger (eingeschränkt) gesichert[255] oder der Wert ihrer Beteiligung an dem zur Erbringung von Verlustausgleichsleistungen verpflichteten Unternehmensträger (erheblich) gefährdet[256] wird. Allgemeine Informationen zum Inhalt des abgeschlossenen Unternehmensvertrags sowie zur Zweckmäßigkeit des Unternehmensvertragsabschlusses sind ohnehin für die Aktionäre bzw. Kommanditaktionäre jeder beteiligten deutschen AG oder KGaA bzw. der verpflichteten deutschen AG oder KGaA bedeutsam, da ihre Rechtsstel-

---

252 Emmerich in Emmerich/Habersack AG-/GmbH-KonzR, § 302 Rn. 18–20,27–44; Hüffer, § 302 Rn. 10–21

253 Ebenso Altmeppen in MK AktG, § 302 Rn. 79; Emmerich in Emmerich/Habersack AG-/GmbH-KonzR, § 302 Rn. 18; Hüffer, § 302 Rn. 21; Koppensteiner in KK AktG, § 302 Rn. 43; für berechtigte deutsche eG Emmerich/Habersack KonzR, S. 471; Holtkamp, S. 99f., 102f.; Müller, Anh. § 64c Rn. 19,26; Reul, S. 99; für berechtigte deutsche VVaG Müller-Wiedenhorn, S. 152f.; Weigel in Prölss, Vorb. § 15 Rn. 92,93; für berechtigte deutsche rechtsfähige Vereine Emmerich/Habersack KonzR, S. 480f.; Sprengel, S. 117ff.,127f.,149; für berechtigte deutsche GmbH Emmerich/Habersack KonzR, S. 442; Koppensteiner in Rowedder/Schmidt-Leithoff, Anh. § 52 Rn. 65; für berechtigte deutsche Personengesellschaften Emmerich/Habersack KonzR, S. 468; Mülbert in MK HGB, KonzR Rn. 85

254 Vgl. Emmerich in Emmerich/Habersack AG-/GmbH-KonzR, § 293 Rn. 2, § 293a Rn. 29

255 Eine Zahlungsunfähigkeit des verpflichteten Unternehmensträgers während der Vertragsdauer ist weitgehend ausgeschlossen (Altmeppen in DB 1999, S. 2453 (2455f.), DB 2002, S. 879 (879ff.), MK AktG, Vorb. § 300 Rn. 4, § 302 Rn. 36,37, § 303 Rn. 1; Eichholz, S. 95ff.; Emmerich in Emmerich/Habersack AG-/GmbH-KonzR, § 300 Rn. 1, § 302 Rn. 28,30,41; Jula/Breitbarth in AG 1997, S. 256 (261f.); Kleindiek, S. 162ff., in ZGR 2001, S. 479 (492ff.); U. Schneider in ZGR 1984, S. 497 (534f.); teilweise a. M. BGH in NJW 1988, S. 3143; OLG Hamburg in WM 1987, S. 1163; Koppensteiner in KK AktG, Vorb. § 300 Rn. 1, § 302 Rn. 18,57; Krieger in MHb AG, § 70 Rn. 60; Lwowski/Groeschke in WM 1994, S. 613 (615); Samer, S. 64).

256 Vgl. II. T. I. Kap. I. Absch. 2.1.1.4.2.

lung in dem verpflichteten Unternehmensträger oder ihre Rechtsstellung in dem berechtigten Unternehmensträger betroffen wird.

- Bei einem Abschluss eines Beherrschungs- und/oder Gewinnabführungsvertrags mit einer verpflichteten deutschen AG oder KGaA kann folglich entweder gemäß oder analog §§ 293e, 293a AktG für die verpflichtete deutsche AG oder KGaA und einen berechtigten deutschen Verein bzw. eine berechtigte deutsche Genossenschaft oder Gesellschaft grundsätzlich ein Vertragsprüfbericht und ein Vertragsbericht oder zumindest ein Vertragsbericht schriftlich[257] erstattet werden. Ein berechtigter Unternehmensträger anderer Nationalität oder Rechtsform ist weder gemäß, noch analog diesen Vorschriften prüfberichts- und/oder berichtspflichtig[258]. Für einen solchen kann lediglich aus den Regelungen des ausländischen Konzernrechts bzw. den Regelungen des öffentlichen Aufsichtsrechts ausnahmsweise eine vergleichbare Prüfberichts- und/oder Berichtspflicht folgen.

  Die Prüfberichts- und Berichtskopien informieren gemeinsam speziell über den Inhalt und die Angemessenheit einer getroffenen Ausgleichs- und Abfindungsregelung. Die Berichtskopien informieren außerdem isoliert speziell über den Inhalt und die Chance bzw. das Risiko einer bestehenden Verlustausgleichsregelung sowie allgemein über den Inhalt des abgeschlossenen Unternehmensvertrags und die Zweckmäßigkeit des Unternehmensvertragsabschlusses. Sie sind daher für die betroffenen Aktionäre bzw. Kommanditaktionäre jeder beteiligten deutschen AG oder KGaA bzw. der verpflichteten deutschen AG oder KGaA bedeutsam.
- Ein Beherrschungs- und/oder Gewinnabführungsvertrag mit einer verpflichteten deutschen AG oder KGaA muss gemäß § 293 Abs. 3 AktG schriftlich abgeschlossen werden[259]. Die Nationalität und Rechtsform des durch den Unternehmensvertrag berechtigten Unternehmensträgers ist insoweit ohne Belang.

---

257 Emmerich in Emmerich/Habersack AG-/GmbH-KonzR, § 293a Rn. 18,18a, § 293e Rn. 7; Hüffer, § 293a Rn. 10, § 293e Rn. 2; Die Ersetzung der schriftlichen Form durch die elektronische Form gemäß § 126 Abs. 3 BGB scheidet aus. Denn die Schriftform ist Grundlage für eine Auslegung gemäß § 293f Abs. 1 Nr. 3, § 293g Abs. 1 AktG (Emmerich in Emmerich/Habersack AG-/GmbH-KonzR, § 293a Rn. 18a, § 293e Rn. 7).

258 Vgl. II. T. I. Kap. II. Absch. – V. Absch.

259 Emmerich in Emmerich/Habersack AG-/GmbH-KonzR, § 293 Rn. 2,13,21,22; Hüffer, § 293 Rn. 1,22,26; Die Ersetzung der schriftlichen Form durch die elektronische Form gemäß § 126 Abs. 3 BGB scheidet aus. Denn die Schriftform ist Grundlage für eine Auslegung gemäß § 293f Abs. 1 Nr. 1, § 293g Abs. 1 AktG (Emmerich in Emmerich/Habersack AG-/GmbH-KonzR, § 293 Rn. 21).

Die Vertragskopien informieren allgemein über den Inhalt des abgeschlossenen Unternehmensvertrags. Sie sind daher für die betroffenen Aktionäre bzw. Kommanditaktionäre jeder beteiligten deutschen AG oder KGaA bzw. der verpflichteten deutschen AG oder KGaA bedeutsam.

- Vor einem Abschluss eines Beherrschungs- und/oder Gewinnabführungsvertrags mit einer verpflichteten deutschen AG oder KGaA muss nach dem Dritten Buch des HGB oder dem PublG für die verpflichtete deutsche AG oder KGaA und einen deutschen großen Wirtschaftsverein oder Versicherungsverein bzw. eine deutsche Genossenschaft, Kapitalgesellschaft, Personenhandelsgesellschaft, große Wirtschaftsgebietskörperschaft, große Wirtschaftsanstalt oder große Wirtschaftsstiftung jedes Geschäftsjahr ein Jahresabschluss und ein Lagebericht oder zumindest ein Jahresabschluss schriftlich[260] erstellt werden[261]. Ein berechtigter Unternehmensträger anderer Nationalität, Größe oder Rechtsform ist nach diesen Vorschriften weder erweitert, noch eingeschränkt bilanzierungspflichtig. Für einen solchen wird allerdings nach den Regelungen des ausländischen nationalen Handels- oder Publizitätsrechts bzw. gemäß § 1 Abs. 4 PartGG, § 713, § 27 Abs. 3, §§ 666, 259, 260 BGB grundsätzlich zumindest eine beschränkte Rechnungslegungspflicht bestehen[262].

  Die Rechnungslegungsunterlagen informieren speziell über die Vermögens- und Ertragsverhältnisse beider beteiligten Unternehmensträger, die für die Angemessenheit einer getroffenen Ausgleichs- und Abfindungsregelung ebenso wie für die Chance bzw. das Risiko einer bestehenden Verlustausgleichsregelung wesentlich sind[263]. Sie sind daher für die betroffenen Aktionäre bzw. Kommanditaktionäre jeder beteiligten deutschen AG oder KGaA bzw. der verpflichteten deutschen AG oder KGaA bedeutsam.

Erstens ist damit festzustellen, dass bei einem Abschluss eines Beherrschungs- und/oder Gewinnabführungsvertrags mit einer verpflichteten deutschen AG oder KGaA seitens jeder beteiligten deutschen AG oder KGaA bzw. seitens der verpflichteten deutschen AG oder KGaA vor und in einer Versammlung der

---

260 Vgl. BGH in NJW 1982, S. 573, NJW 1985, S. 2699; OLG Saarbrücken in NJW-RR 2000, S. 229; OLG München in FamRZ 1995, S. 737; Heinrichs in Palandt, §§ 259–261 Rn. 20–23, § 666 Rn. 2–4, § 713 Rn. 6; Krüger in MK BGB, § 259 Rn. 23, § 260 Rn. 41,42; Ulmer in MK BGB, § 713 Rn. 11

261 Merkt in Baumbach/Hopt, § 6 Rn. 1,2, Einl. § 238 Rn. 19,38,46, § 238 Rn. 7, § 242 Rn. 1, § 263 Rn. 1, § 264 Rn. 1, § 336 Rn. 1, § 341 Rn. 1

262 Vgl. Heinrichs in Palandt, § 27 Rn. 4, §§ 259–261 Rn. 5,17, § 713 Rn. 1,4; Krüger in MK BGB, § 259 Rn. 4, § 260 Rn. 8; Reuter in MK BGB, § 27 Rn. 39; Ulmer in MK BGB, § 713 Rn. 1,2,9,10, § 1 PartGG Rn. 88

263 Bungert in DB 1995, S. 1449 (1453ff.)

Aktionäre bzw. Kommanditaktionäre Informationsgegenstände, auf die sich die Informationsvorschriften der §§ 293a – 293g Abs. 1, 2 S. 1, Abs. 3 AktG inhaltlich erstrecken, vorhanden sein können. Bei einem nationalen und rechtsformeinheitlichen Unternehmensvertrag zwischen zwei beteiligten deutschen AG oder KGaA sowie bei einem internationalen oder rechtsformgemischten Unternehmensvertrag mit einer verpflichteten deutschen AG oder KGaA sind daher zweckgemäß seitens jeder beteiligten deutschen AG oder KGaA bzw. seitens der verpflichteten deutschen AG oder KGaA vor und in einer Versammlung der Aktionäre bzw. Kommanditaktionäre durch die Anwendung der Informationsvorschriften der §§ 293a – 293g Abs. 1, 2 S. 1, Abs. 3 AktG bedeutsame Informationen zu erwerben.

2.1.1.2. Erwerb von verstärkten Rechten

- Einem Abschluss eines Beherrschungs- und/oder Gewinnabführungsvertrags mit einer verpflichteten deutschen AG oder KGaA müssen einerseits gemäß § 293 Abs. 1 S. 1 AktG die Aktionäre bzw. Kommanditaktionäre der verpflichteten deutschen AG oder KGaA zustimmen[264]. Die Nationalität und Rechtsform des durch den Unternehmensvertrag berechtigten Unternehmensträgers ist insoweit ohne Belang[265].
  Einem Abschluss eines Beherrschungs- und/oder Gewinnabführungsvertrags mit einer verpflichteten deutschen AG oder KGaA müssen andererseits gemäß § 293 Abs. 2 S. 1 AktG die Aktionäre bzw. Kommanditaktionäre einer berechtigten deutschen AG oder KGaA zustimmen[266].
- Die Entscheidung über die Zustimmung zu dem Unternehmensvertrag treffen die Aktionäre bzw. Kommanditaktionäre jeder beteiligten deutschen AG oder KGaA bzw. der verpflichteten deutschen AG oder KGaA gemäß § 119 Abs. 1, § 278 Abs. 3, § 293 Abs. 1 S. 1, Abs. 2 S. 1 AktG in einer einzuberufenden Versammlung[267] und gemäß § 278 Abs. 3, § 293 Abs. 1 S. 2, Abs. 2 S. 2 AktG durch einen zu fassenden Beschluss[268]. Bei der Beschlussfassung

264 Altmeppen in MK AktG, § 293 Rn. 1,30,31,91–93; Emmerich in Emmerich/Habersack AG-/GmbH-KonzR, § 293 Rn. 1,4–6,23,36; Hüffer, § 293 Rn. 1–3,17,18; Koppensteiner in KK AktG, § 293 Rn. 2,9,28,42

265 Altmeppen in MK AktG, § 293 Rn. 30

266 Altmeppen in MK AktG, § 293 Rn. 1,30,31,91–93; Emmerich in Emmerich/Habersack AG-/GmbH-KonzR, § 293 Rn. 1,4–6,23,36; Hüffer, § 293 Rn. 1–3,17,18; Koppensteiner in KK AktG, § 293 Rn. 2,9,28,42

267 Altmeppen in MK AktG, § 293 Rn. 30,91; Kubis in MK AktG, § 118 Rn. 1,8,9, § 119 Rn. 14; Hüffer, § 118 Rn. 2,3, § 119 Rn. 7, § 293 Rn. 2,17

268 Altmeppen in MK AktG, § 293 Rn. 37,96; Kubis in MK AktG, § 119 Rn. 3; Hüffer, § 119 Rn. 2, § 293 Rn. 8,21

der Hauptversammlung sind gemäß § 12 Abs. 1 S. 1, § 118 Abs. 1, § 12 Abs. 1 S. 1, § 134 Abs. 2 S. 1, § 278 Abs. 3 AktG grundsätzlich alle Aktionäre bzw. Kommanditaktionäre der eigenen beteiligten deutschen AG oder KGaA stimmberechtigt[269]. Bezüglich des gefassten Beschlusses der Hauptversammlung können gemäß § 245 Nr. 1 – 3, § 278 Abs. 3 AktG grundsätzlich alle Aktionäre bzw. Kommanditaktionäre der eigenen beteiligten deutschen AG oder KGaA anfechtungsberechtigt sein[270].

Zweitens ist damit festzustellen, dass bei einem Abschluss eines Beherrschungs- und/oder Gewinnabführungsvertrags mit einer verpflichteten deutschen AG oder KGaA seitens jeder beteiligten deutschen AG oder KGaA bzw. seitens der verpflichteten deutschen AG oder KGaA in und nach einer Versammlung der Aktionäre bzw. Kommanditaktionäre Mitgliedschaftsrechte, auf die sich die Informationsvorschriften der §§ 293a – 293g Abs. 1, 2 S. 1, Abs. 3 AktG funktional beziehen, vorhanden sein können. Bei einem nationalen und rechtsformeinheitlichen Unternehmensvertrag zwischen zwei beteiligten deutschen AG oder KGaA sowie bei einem internationalen oder rechtsformgemischten Unternehmensvertrag mit einer verpflichteten deutschen AG oder KGaA sind daher zweckgemäß seitens jeder beteiligten deutschen AG oder KGaA bzw. seitens der verpflichteten deutschen AG oder KGaA in und nach einer Versammlung der Aktionäre bzw. Kommanditaktionäre durch die Normierung der Informationsvorschriften der §§ 293a – 293g Abs. 1, 2 S. 1, Abs. 3 AktG verstärkte Rechte zu erwerben.

2.1.1.3. Anderweitige Erlangung der bedeutsamen Informationen

2.1.1.3.1. Geltung anderer vergleichbarer Informationsvorschriften

- Die §§ 90, 111 Abs. 2 S. 1, 2, § 278 Abs. 3, § 283 Nr. 4 AktG billigen ein Informationsrecht zu, das der sachgerechten Überwachung der gesamten Ge-

---

269 Heider in MK AktG, § 12 Rn. 4,5,7; Kubis in MK AktG, § 118 Rn. 33,34,42; Volhard in MK AktG, § 134 Rn. 1, 4–6; Hüffer, § 12 Rn. 1,2,4, § 118 Rn. 6,7, § 133 Rn. 16,17, § 134 Rn. 1,2,16, § 293 Rn. 9; Insbesondere ist seitens der verpflichteten deutschen AG oder KGaA auch der berechtigte Unternehmensträger stimmberechtigt, wenn er Aktionär bzw. Kommanditaktionär der verpflichteten deutschen AG oder KGaA ist. Denn weder sieht § 293 Abs. 1 AktG einen besonderen Stimmrechtsausschluss vor, noch greift insoweit der allgemeine Stimmrechtsausschluss des § 136 Abs. 1 AktG ein (Altmeppen in MK AktG, § 293 Rn. 41; Emmerich in Emmerich/Habersack AG-/GmbH-KonzR, § 293 Rn. 30; Hüffer, § 293 Rn. 9; Koppensteiner in KK AktG, § 293 Rn. 30).

270 Hüffer, § 118 Rn. 6,8, § 245 Rn. 1–3,5,7, § 293 Rn. 16; Hüffer in MK AktG, § 245 Rn. 1–5,17–19,23; Kubis in MK AktG, § 118 Rn. 33,46,49

schäftsführung des Vorstands bzw. der geschäftsführenden Gesellschaftergesamtheit einer deutschen AG oder KGaA dient. Es handelt sich also um ein allgemeines Informationsrecht[271]. Diese Informationsvorschriften erfassen demzufolge auch den speziellen Geschäftsführungsakt des Vorstands bzw. der vertretenden Gesellschaftergesamtheit jeder beteiligten deutschen AG oder KGaA, der in einem Abschluss eines Beherrschungs- und/oder Gewinnabführungsvertrags mit einer verpflichteten deutschen AG oder KGaA besteht. Die Stellung der an dem Unternehmensvertrag beteiligten deutschen AG oder KGaA sowie die Nationalität und Rechtsform des durch den Unternehmensvertrag berechtigten Unternehmensträgers sind insoweit ohne Belang.

Die §§ 90, 111 Abs. 2 S. 1, 2, § 278 Abs. 3, § 283 Nr. 4 AktG billigen allerdings ein Informationsrecht zu, das einer deutschen AG oder KGaA, die durch den Aufsichtsrat bei dem Empfang der Informationen vertreten wird, gegenüber dem Vorstand bzw. der geschäftsführenden Gesellschaftergesamtheit zusteht. Es handelt sich also um ein kollektives Informationsrecht[272]. Diese Informationsvorschriften betreffen demzufolge nicht dieselben Personen und Organe wie die Informationsvorschriften der §§ 293a – 293g Abs. 1, 2 S. 1, Abs. 3 AktG.

- Die § 131 Abs. 1 S. 1, 2, Abs. 2, 3, § 278 Abs. 3 AktG räumen ein Informationsrecht ein, das der sachgerechten Ausübung aller Mitgliedschaftsrechte der Aktionäre bzw. Kommanditaktionäre einer deutschen AG oder KGaA dient. Es handelt sich also um ein allgemeines Informationsrecht[273]. Diese Informationsvorschriften unterstützen demzufolge auch die speziellen Mitgliedschaftsrechte der Aktionäre bzw. Kommanditaktionäre jeder beteiligten deutschen AG oder KGaA, die bei einem Abschluss eines Beherrschungs- und/oder Gewinnabführungsvertrags mit einer verpflichteten deutschen AG oder KGaA bestehen. Die Stellung der an dem Unternehmensvertrag beteiligten deutschen AG oder KGaA sowie die Nationalität und Rechtsform des durch den Unternehmensvertrag berechtigten Unternehmensträgers sind insoweit ohne Belang.

  Die § 131 Abs. 1 S. 1, 2, Abs. 2, 3, § 278 Abs. 3 AktG räumen außerdem ein Informationsrecht ein, das jedem Aktionär bzw. Kommanditaktionär gegenüber einer deutschen AG oder KGaA, die durch den Vorstand bzw. die geschäftsführende Gesellschaftergesamtheit bei der Erteilung der Informationen vertreten wird, zusteht. Es handelt sich also um ein individuelles Informati-

---

271 Hefermehl/Spindler in MK AktG, § 90 Rn. 1,31,32; Semler in MK AktG, § 111 Rn. 1,4,5,153,278–280; Hüffer, § 90 Rn. 1,11, § 111 Rn. 1,2,8,11

272 Hefermehl/Spindler in MK AktG, § 90 Rn. 5, § 111 Rn. 270,272,284,291,298; Hüffer, § 90 Rn. 1, § 111 Rn. 2, 11; Schmidt InfR, S. 15ff.

273 Hüffer, § 131 Rn. 1,11; Kubis in MK AktG, § 131 Rn. 1,33–35

onsrecht[274]. Diese Informationsvorschriften betreffen demzufolge dieselben Personen und Organe wie die Informationsvorschriften der §§ 293a – 293g Abs. 1, 2 S. 1, Abs. 3 AktG.
Einzige Ausprägung des Informationsrechts nach § 131 Abs. 1 S. 1, 2, Abs. 2, 3, § 278 Abs. 3 AktG ist ein grundsätzlich beschränktes Auskunftsrecht[275]. Weitere Ausprägungen existieren nicht[276]. Deshalb sind einerseits Informationen gemäß § 278 Abs. 3, § 131 Abs. 1 S. 1, 2, Abs. 2, 3 AktG ausschließlich über alle Angelegenheiten der eigenen beteiligten deutschen AG oder KGaA zu erteilen, die für die sachgemäße Beurteilung des behandelten Tagesordnungspunktes, also die sachgemäße Entscheidung über die Zustimmung zu dem Unternehmensvertrag erforderlich sind[277]. Unter den Angelegenheiten der eigenen deutschen AG oder KGaA werden alle Umstände verstanden, die die Lage oder die Beziehungen der eigenen deutschen AG oder KGaA tatsächlich oder rechtlich betreffen[278]. Dies schließt Umstände, die die Lage oder die Beziehungen eines Dritten rechtlich oder tatsächlich betreffen, nur ein, wenn der Dritte ein verbundenes Unternehmen ist und soweit die Umstände auch tatsächliche oder rechtliche Auswirkungen auf die Lage oder die Beziehungen der eigenen deutschen AG oder KGaA haben[279]. Zu den Gegenständen der Informationserteilung gehören also nur alle für den Inhalt des abgeschlossenen Unternehmensvertrags und die Zweckmäßigkeit des Unternehmensvertragsabschlusses wesentlichen Angelegenheiten der eigenen beteiligten deutschen AG oder KGaA einschließlich der hierfür wesentlichen An-

---

274 Hüffer, § 131 Rn. 2,3,5; Kubis in MK AktG, § 131 Rn. 3,9,16; Schmidt InfR, S. 21ff.,48ff.

275 Hüffer, § 131 Rn. 1; Kubis in MK AktG, § 131 Rn. 1

276 Kort in ZGR 1987, S. 46 (48ff.); Schmidt InfR, S. 48ff.

277 Altmeppen in MK AktG, § 293g Rn. 10–12; Kubis in MK AktG, § 131 Rn. 33,36–43; Hüffer, § 131 Rn. 11,12, § 293g Rn. 3

278 Hüffer, § 131 Rn. 11; Kubis in MK AktG, § 131 Rn. 33–35

279 BGH in WM 2003, S. 345; BayOblG in ZIP 1996, S. 1743, NZG 1999, S. 1218, NZG 2001, S. 608; OLG Düsseldorf in NJW 1988, S. 1033; OLG Köln in AG 2002, S. 89; Hüffer, § 131 Rn. 13,16; Kubis in MK AktG, § 131 Rn. 62,66; Die Beziehungen zu einem verbundenen Unternehmen zählen notwendig zu den Angelegenheiten der eigenen Gesellschaft. Die Angelegenheiten eines verbundenen Unternehmens dagegen können zwar, müssen aber nicht zu den Angelegenheiten der eigenen Gesellschaft gehören. Denn der § 131 Abs. 1 S. 2 AktG enthält weder eine Erweiterung noch eine Beschränkung, sondern nur einen Spezialfall des § 131 Abs. 1 S. 1 AktG (LG Berlin in WM 1990, S. 978; LG München I in NZG 1999, S. 674; Ebenroth/Wilken in BB 1993, S. 1818 (1819); Hüffer, § 131 Rn. 13–16; Kort in ZGR 1987, S. 46 (51ff.); Kubis in MK AktG, § 131 Rn. 62,64–67; Lutter in AG 1985, S. 117 (120); Spitze/Diekmann in ZHR 1994, S. 447 (449ff.); Zöllner in KK AktG, § 131 Rn. 27–30).

gelegenheiten des anderen beteiligten Unternehmensträgers, wenn dieser ein verbundenes Unternehmen der eigenen beteiligen deutschen AG oder KGaA ist und soweit seine Angelegenheiten auch Angelegenheiten der eigenen beteiligten deutschen AG oder KGaA sind. Hierzu zählen nicht auch *alle* hierfür wesentlichen Angelegenheiten *jedes* anderen beteiligten Unternehmensträgers. Andererseits sind Informationen gemäß § 278 Abs. 3, § 131 Abs. 1 S. 1, 2, Abs. 2, 3 AktG ausschließlich von dem Vorstand bzw. der geschäftsführenden Gesellschaftergesamtheit auf Verlangen jedes Aktionärs bzw. Kommanditaktionärs innerhalb der Hauptversammlung während ihrer Verhandlung über die Zustimmung zu dem Unternehmensvertrag in mündlicher Form zu erteilen[280]. Antworten auf Fragen müssen dabei ausschließlich den Grundsätzen einer gewissenhaften und getreuen Rechenschaft entsprechen. Sie müssen also lediglich vollständig und richtig sein[281]. Sie müssen keine weitergehenden formalisierten Anforderungen erfüllen. Es ist nicht notwendig, dass der Vorstand bzw. die geschäftsführende Gesellschaftergesamtheit ohne Aufforderung von sich aus[282], außerhalb der Hauptversammlung[283] bzw. vor und nach ihre Verhandlung über die Zustimmung zu dem Unternehmensvertrag und/oder in schriftlicher Form[284] bzw. durch einzusehende Unterlagen[285] Informationen übermittelt. Ebenso ist es nicht erforderlich, dass andere Personen oder Organe, insbesondere ein von der eigenen deutschen AG oder KGaA beauftragter Sachverständiger bzw. beschäftigter Arbeitnehmer oder

280 Hüffer, § 131 Rn. 6,8,22; Kubis in MK AktG, § 131 Rn. 17,22,77,81

281 OLG München in NZG 2002, S. 1113; Hüffer, § 131 Rn. 21; Kubis in MK AktG, § 131 Rn. 73; Meilicke/Heidel in DStR 1992, S. 72 (75); Zöllner in KK AktG, § 131 Rn. 31,82

282 Ebenroth, S. 24f.; Hüffer, § 131 Rn. 8; Kubis in MK AktG, § 131 Rn. 22; a. M. LG Berlin in AG 1997, S. 183

283 Brandes in WM 1994, S. 2177 (2184); Hüffer, § 131 Rn. 22; Kubis in MK AktG, § 131 Rn. 81; Meilicke/Heidel in DStR 1992, S. 72 (75); Zöllner in KK AktG, § 131 Rn. 81

284 BGH in NJW 1993, S. 1976, NJW 1997, S. 1985; OLG Düsseldorf in WM 1991, S. 2148; OLG Dresden in AG 1999, S. 274; LG Heidelberg in AG 1996, S. 523; Brandes in WM 1994, S. 2177 (2184); Ebenroth, S. 129f.; Hüffer, § 131 Rn. 22; Kubis in MK AktG, § 131 Rn. 77; Marsch-Barner in WM 1984, S. 41 (42); Meilicke/Heidel in DStR 1992, S. 72 (74); Semler in MHb AG, § 37 Rn. 27; Zöllner in KK AktG, § 131 Rn. 81

285 BGH in NJW 1993, S. 1976, NJW 1997, S. 1985; LG Karlsruhe in NZG 1998, S. 393; Ebenroth, S. 129f.; Hüffer, § 131 Rn. 22; Kubis in MK AktG, § 131 Rn. 78; Marsch-Barner in WM 1984, S. 41 (42); Semler in MHb AG, § 37 Rn. 27; Zöllner in KK AktG, § 131 Rn. 83; a. M. Meilicke/Heidel in DStR 1992, S. 72 (75)

der Aufsichtsrat Informationen geben[286]. Ein Fragerecht kann jedoch sinnvoller genutzt werden, wenn der Fragesteller bereits mit dem Entscheidungsgegenstand vertraut ist und sich daher auf Zusatzfragen konzentrieren kann[287]. Die erforderliche Genauigkeit der Antworten hängt außerdem von der gegebenen Genauigkeit der Fragen ab[288]. Diese Informationsvorschriften erfassen demzufolge weder dieselben Gegenstände wie die Informationsvorschriften der §§ 293a – 293g Abs. 1, 2 S. 1, Abs. 3 AktG noch unterliegen sie denselben Modalitäten wie jene Informationsvorschriften.

- Sonstige Vorschriften des deutschen Aktienrechts, die bei einem Abschluss eines Beherrschungs- und/oder Gewinnabführungsvertrags mit einer verpflichteten deutschen AG oder KGaA ein seitens jeder beteiligten deutschen AG oder KGaA vor und in der Versammlung der Aktionäre bzw. Kommanditaktionäre anwendbares besonderes Informationsrecht gewähren, existieren nicht. Auch Vorschriften des ausländischen nationalen bzw. sonstigen rechtsformspezifischen Gesellschaftsrechts, die ein solches gewähren, werden regelmäßig fehlen[289]. Denn der Schutz einer beteiligten deutschen AG oder KGaA und ihrer betroffenen Aktionäre bzw. Kommanditaktionäre obliegt nicht dem ausländischen nationalen bzw. sonstigen rechtsformspezifischen Gesellschaftsrecht[290]. Die Stellung der an dem Unternehmensvertrag beteiligten deutschen AG oder KGaA sowie die Nationalität und Rechtsform des durch den Unternehmensvertrag berechtigten Unternehmensträgers sind insoweit ohne Belang.

Drittens ist einerseits damit festzustellen, dass bei einem Abschluss eines Beherrschungs- und/oder Gewinnabführungsvertrags mit einer verpflichteten deutschen AG oder KGaA seitens jeder beteiligten deutschen AG oder KGaA bzw. seitens der verpflichteten deutschen AG oder KGaA vor und in einer Versammlung der Aktionäre bzw. Kommanditaktionäre keine anderen Informationsvorschriften, die mit den Informationsvorschriften der §§ 293a – 293g Abs. 1, 2 S. 1, Abs. 3 AktG vergleichbar sind, anwendbar sein können.

---

286 BVerfG in NJW 2000, S. 349; OLG Stuttgart in WM 1995, S. 617; Hüffer, § 131 Rn. 6; Groß in AG 1997, S. 97 (99); Kubis in MK AktG, § 131 Rn. 20,21; Semler in MHb AG, § 37 Rn. 5; Zöllner in KK AktG, § 131 Rn. 14; a. M. Trescher in DB 1990, S. 515 (515ff.)

287 Emmerich in Emmerich/Habersack AG-/GmbH-KonzR, § 293a Rn. 5; Keil, S. 23; Lutter/Drygala in Lutter/Winter, § 8 Rn. 6; Schöne, S. 281

288 BayObLG in WM 1989, S. 371; LG Braunschweig in AG 1991, S. 36; Hüffer, § 131 Rn. 21; Kubis in MK AktG, § 131 Rn. 73; Semler in MHb AG, § 37 Rn. 27

289 Entsprechend für Zustimmungsvorbehalte Altmeppen in MK AktG, § 293 Rn. 121

290 Altmeppen in MK AktG, § 293 Rn. 121

2.1.1.3.2. Existenz sonstiger vergleichbarer Informationsmöglichkeiten

- Der bei einem Abschluss eines Beherrschungs- und/oder Gewinnabführungsvertrags mit einer verpflichteten deutschen AG oder KGaA erforderliche Zustimmungsbeschluss der Hauptversammlung jeder beteiligten deutschen AG oder KGaA[291] bedarf grundsätzlich gemäß § 133 Abs. 1 Hs. 1, § 278 Abs. 3 AktG einer einfachen Stimmenmehrheit und gemäß § 293 Abs. 1 S. 2, Abs. 2 S. 2 AktG einer qualifizierten Kapitalmehrheit[292]. Eine statuarische Erschwerung dieser Mehrheitserfordernisse ist jedoch zulässig, da die gesetzlichen Regelungen gemäß § 133 Abs. 1 Hs. 2, § 278 Abs. 3 AktG und gemäß § 293 Abs. 1 S. 3, Abs. 2 S. 2 AktG insoweit dispositiv sind. Eine entsprechende Regelung in der Satzung kann ausnahmsweise sogar die Einstimmigkeit verlangen[293]. Die Stellung der an dem Unternehmensvertrag beteiligten deutschen AG oder KGaA sowie die Nationalität und Rechtsform des durch den Unternehmensvertrag berechtigten Unternehmensträgers sind insoweit ohne Belang.
  Die Mitglieder der Sperrminorität der eigenen beteiligten deutschen AG oder KGaA besitzen grundsätzlich nicht die Befähigung zum Wirtschafsprüfer. Deshalb kann ein Aktionär bzw. Kommanditaktionär gleichgültig, ob seine Vertragszustimmung erforderlich oder diese entbehrlich ist, die Angemessenheit einer gemäß § 304 Abs. 1, 2, § 305 Abs. 1 – 3 AktG getroffenen Ausgleichs- und Abfindungsregelung nicht notwendig selbst, d. h. aufgrund eigener Spezialkenntnisse prüfen und testieren. Die bloße eigene Zustimmungspflichtigkeit bewahrt einen Aktionär bzw. Kommanditaktionär eben nicht davor, falschen Angemessenheitsvorstellungen zu erliegen[294]. Die Mitglieder der Sperrminorität der eigenen beteiligten deutschen AG oder KGaA verfügen grundsätzlich auch nicht über eine Befugnis zur Geschäftsführung. Deshalb kann ein Aktionär bzw. Kommanditaktionär gleichgültig, ob seine Vertragszustimmung erforderlich oder diese entbehrlich ist, für die Prüfung und

---

291 Vgl. II. T. I. Kap. I. Absch. 2.1.1.2.

292 Altmeppen in MK AktG, § 293 Rn. 37,96; Volhard in MK AktG, § 133 Rn. 30,34,37–39,42; Emmerich in Emmerich/Habersack AG-/GmbH-KonzR, § 293 Rn. 30,36; Hüffer, § 133 Rn. 11,13, § 293 Rn. 8,21; Koppensteiner in KK AktG, § 293 Rn. 28,50

293 Altmeppen in MK AktG, § 293 Rn. 38,39,96; Volhard in MK AktG, § 133 Rn. 34,49–51,53; Emmerich in Emmerich/Habersack AG-/GmbH-KonzR, § 293 Rn. 33,36; Hüffer, § 133 Rn. 15, § 293 Rn. 8,21; Koppensteiner in KK AktG, § 293 Rn. 28,50; Eine entsprechende Regelung in der Satzung kann nur keine einfache Mehrheit ausreichen lassen.

294 Für einen zustimmungspflichtigen Gesellschafter einer beteiligten deutschen GmbH Altmeppen in MK AktG, § 293a Rn. 15, ZIP 1998, S. 1853 (1857f.)

das Testat der Angemessenheit einer gemäß §§ 304 Abs. 1, 2, § 305 Abs. 1 – 3 AktG getroffenen Ausgleichs- und Abfindungsregelung nicht zwingend allein, d. h. ohne die Mitwirkung und gegen den Widerspruch des Geschäftsführungsorgan, einen Wirtschaftsprüfer im Namen der eigenen beteiligten deutschen AG oder KGaA gerichtlich bestellen lassen[295]. Ebenso wenig kann sich ein Aktionär bzw. Kommanditaktionär gleichgültig, ob seine Vertragszustimmung erforderlich oder diese entbehrlich ist, über den Inhalt des abgeschlossenen Unternehmensvertrags und die Zweckmäßigkeit des Unternehmensvertragsabschlusses sowie die hierfür wesentlichen Angelegenheiten beider beteiligten Unternehmensträger selbständig unterrichten. Er kann Abschriften bzw. Urschriften des abgeschlossenen Unternehmensvertrags, der für den anderen beteiligten Unternehmensträger erstatteten Vertragsprüfberichte und Vertragsberichte sowie der für beide beteiligte Unternehmensträger in den letzten drei Geschäftsjahren erstellten Jahresabschlüsse und Lageberichte auch nicht selbständig einsehen. Die Mitglieder der Sperrminorität der eigenen beteiligten deutschen AG oder KGaA besitzen allerdings die Macht, das Geschäftsführungsorgan der eigenen beteiligten deutschen AG oder KGaA über die Erfüllung des allgemeinen Informationsrechts hinaus zur Erteilung von Informationen zu zwingen und so eigene Irrtümer zu vermeiden. Die Mitglieder der Sperrminorität der eigenen beteiligten deutschen AG oder KGaA haben eben nicht nur die Möglichkeit, dem abgeschlossenen Unternehmensvertrag entweder sofort zuzustimmen oder ihn sofort abzulehnen. Sie können ihre endgültige Entscheidung vielmehr auch von der Erteilung verbesserter Informationen abhängig machen. Deshalb kann ein zustimmungspflichtiger Aktionär bzw. Kommanditaktionär anders als ein sonstiger Aktionär bzw. Kommanditaktionär von dem Geschäftsführungsorgan der eigenen beteiligten deutschen AG oder KGaA verlangen, für die Prüfung und das Testat der Angemessenheit einer gemäß §§ 304 Abs. 1, 2, § 305 Abs. 1 – 3 AktG getroffenen Ausgleichs- und Abfindungsregelung einen Wirtschaftsprüfer gerichtlich bestellen zu lassen. Ebenso kann ein zustimmungspflichtiger Aktionär bzw. Kommanditaktionär anders als ein sonstiger Aktionär bzw. Kommanditaktionär von dem Geschäftsführungsorgan der eigenen beteiligten

295 Ein Aktionär bzw. Kommanditaktionär könnte mit der Prüfung und dem Testat der Angemessenheit einer gemäß §§ 304 Abs. 1, 2, § 305 Abs. 1 – 4 AktG getroffenen Ausgleichs- und Abfindungsregelung allein einen Wirtschaftsprüfer zwar im eigenen Namen beauftragen. Ein solcher Vertragsprüfer hätte dann aber einerseits einen Auslagenerstattungs- und Vergütungsanspruch gegen den Aktionär bzw. Kommanditaktionär selbst und andererseits kein Prüf- und Auskunftsrechts (vgl. § 293d Abs. 1 S. 1, 2 AktG, § 320 Abs. 1 S. 2, Abs. 2 S. 1, 2 HGB) gegenüber beiden beteiligten Unternehmensträgern.

deutschen AG oder KGaA verlangen, den Inhalt des abgeschlossenen Unternehmensvertrags und die Zweckmäßigkeit des Unternehmensvertragsabschlusses schriftlich und mündlich zu erläutern sowie Auskünfte über die hierfür wesentlichen Angelegenheiten beider beteiligten Unternehmensträger zu erteilen. Er kann anders als jener von dem Geschäftsführungsorgan der eigenen beteiligten deutschen AG oder KGaA auch verlangen, Abschriften des abgeschlossenen Unternehmensvertrags, der für beide beteiligte Unternehmensträger erstatteten Vertragsprüfberichte und Vertragsberichte sowie der für beide beteiligte Unternehmensträger in den letzten drei Geschäftsjahren aufgestellten Jahresabschlüsse und Lageberichte auszulegen und zu erteilen[296]. Die Mitglieder der Sperrminorität der eigenen beteiligten deutschen AG oder KGaA müssen jedoch auch die Initiative ergreifen, damit durch das Geschäftsführungsorgan der eigenen beteiligten deutschen AG oder KGaA verbesserte Informationen erteilt werden. Das Geschäftsführungsorgan der eigenen beteiligten deutschen AG oder KGaA wird nicht ohne Aufforderung von sich aus einen Wirtschaftsprüfer für die Durchführung einer Vertragsprüfung und die Erstattung eines Vertragsprüfberichts bestellen lassen, selbst einen Vertragsbericht erstatten und einen Vertragsvortrag halten sowie Abschriften der genannten Vertragsunterlagen auslegen[297]. Ein Nichtmitglied der Sperrminorität besitzt demzufolge grundsätzlich überhaupt keine sonstigen Informationsmöglichkeiten. Die Informationsmöglichkeiten als Mitglied der Sperrminorität sind außerdem weder mit den aus den §§ 293b – 293e AktG folgenden Informationsmöglichkeiten, noch mit den aus den §§ 293a, 293f, 293g Abs. 1, 2 S. 1, Abs. 3 AktG folgenden Informationsmöglichkeiten vergleichbar. Dafür spricht insbesondere[298], dass die Aktionäre bzw. Kommanditaktionäre zu ihrem eigenen Schutz gemäß § 293b Abs. 2, § 293e Abs. 2, § 293a Abs. 3 AktG auf die Durchführung einer Vertragsprüfung, die Erstattung eines Vertragsprüfberichts und/oder die Erstattung eines Vertragsberichts nur wirksam verzichten können, wenn sie grundlegend informiert sind

---

296 Für die Durchführung einer Verschmelzungsprüfung Hadding/Hennrichs in Lutter/Winter, § 100 Rn. 4,12; Schmidt in Lutter/Winter, § 44 Rn. 4; Ihrig in Semler/Stengel, § 44 Rn. 1; für einen zustimmungspflichtigen Gesellschafter einer beteiligten deutschen GmbH Bungert in DB 1995, S. 1449 (1455); Hommelhoff/Freytag in DStR 1996, S. 1409 (1413); Hüffer, § 293a Rn. 5; Koppensteiner in KK AktG, § 293a Rn. 8 Fn. 18; Zeidler in NZG 1999, S. 692 (694); Zöllner in Baumbach/Hueck, Schlussanh. I Rn. 43; a. M. Humbeck in BB 1995, S. 1893 (1893f.)

297 Für die Durchführung einer Verschmelzungsprüfung Katschinski in Semler/Stengel, § 100 Rn. 6; für einen Gesellschafter einer deutschen GmbH Lutter/Hommelhoff in Lutter/Hommelhoff, Anh. § 13 Rn. 41; Priester in ZGR 1986, S. 151 (177)

298 Katschinski, S. 127f., in Semler/Stengel, § 100 Rn. 6, der eine Reduktion des § 100 S. 1 UmwG unter Hinweis auf § 9 Abs. 3, § 12 Abs. 3 UmwG ablehnt

und ihre Verzichtserklärungen öffentlich beglaubigt werden[299]. Diese Ansicht wird außerdem durch die Rechtslage bei Verschmelzungen unter Beteiligung von deutschen GmbH gestützt. Seitens einer beteiligten deutschen GmbH ist gemäß §§ 8, 47, 49 Abs. 2 UmwG von der Geschäftsführergesamtheit ohne Aufforderung von sich aus ein Verschmelzungsbericht zu erstatten, Abschriften bestimmter Verschmelzungsunterlagen zu übersenden und Abschriften anderer Verschmelzungsunterlangen auszulegen[300], obwohl die Gesellschafter bereits gemäß § 51 Abs. 1 GmbHG über ein jederzeitiges und umfassendes allgemeines Auskunfts- und Einsichtsrecht verfügen[301]. Hierdurch soll den Gesellschaftern vorrangig die Initiative erspart werden[302]

- Bei jeder an einem Abschluss eines Beherrschungs- und/oder Gewinnabführungsvertrags mit einer verpflichteten deutschen AG oder KGaA beteiligten deutschen AG obliegt die Geschäftsführung gemäß § 76 Abs. 1, § 77 Abs. 1 AktG dem Vorstand[303]. Die Bestellung von Dritten und/oder einzelnen Aktionären zu Vorstandsmitgliedern ist zulässig, da die Vorstandsmitglieder gemäß § 76 Abs. 3 S. 1 AktG keine Aktionäre sein müssen und der Vorstand nach § 76 Abs. 2 S. 1 AktG nur aus einer oder wenigen Personen bestehen muss[304]. Grundsätzlich, insbesondere bei Publikumsgesellschaften und großen Gesellschaften ist die Bestellung von Dritten und/oder einzelnen Aktionären zu Vorstandsmitgliedern auch üblich. Die Bestellung von allen Aktionären zu Vorstandsmitgliedern ist jedoch ebenso zulässig, da die Vorstandsmitglieder gemäß § 76 Abs. 3 S. 1 AktG Aktionäre sein dürfen und der Vorstand nach § 76 Abs. 2 S. 1 AktG aus einer unbeschränkten Zahl von Personen bestehen darf[305]. Ausnahmsweise, insbesondere bei Einmanngesellschaften und kleinen Gesellschaften ist die Bestellung von allen Aktionären zu Vorstandsmitgliedern auch praktikabel. Die Stellung der an dem Unternehmensvertrag beteiligten deutschen AG sowie die Nationalität und Rechtsform des durch den Unternehmensvertrag berechtigten Unternehmensträgers sind insoweit

---

299 Emmerich in Emmerich/Habersack AG-/GmbH-KonzR, § 293a Rn. 34,37, § 293b Rn. 13, § 293e Rn. 21; Hüffer, § 293a Rn. 21, § 293b Rn. 10, § 293e Rn. 10

300 Gehling in Semler/Stengel, § 8 Rn. 1; Reichert in Semler/Stengel, § 47 Rn. 1, § 49 Rn. 1; Lutter/Drygala in Lutter/Winter, § 8 Rn. 6; Winter in Lutter/Winter, § 47 Rn. 2, § 49 Rn. 2

301 Lutter/Hommelhoff in Lutter/Hommelhoff, § 51a Rn. 1,7,8,18,21; Zöllner in Baumbach/Hueck, § 51a Rn. 1,4,15

302 Lutter/Drygala in Lutter/Winter, § 8 Rn. 6; Winter in Lutter/Winter, § 47 Rn. 2; Reichert in Semler/Stengel, § 47 Rn. 2

303 Hefermehl/Spindler in MK AktG, § 76 Rn. 7–10,15, § 77 Rn. 1; Hüffer, § 76 Rn. 5,7, § 77 Rn. 1,5

304 Hefermehl/Spindler in MK AktG, § 76 Rn. 79,80,88; Hüffer, § 76 Rn. 22,25

305 Hefermehl/Spindler in MK AktG, § 76 Rn. 79,80,88; Hüffer, § 76 Rn. 22,25

ohne Belang. Bei jeder an einem Abschluss eines Beherrschungs- und/oder Gewinnabführungsvertrags mit einer verpflichteten deutschen AG oder KGaA beteiligten deutschen KGaA sind grundsätzlich gemäß § 278 Abs. 2 AktG, § 164 S. 1 Hs. 1 HGB alle Kommanditaktionäre von der Geschäftsführung ausgeschlossen[306]. Eine statuarische Erteilung einer Geschäftsführungsbefugnis ist jedoch zulässig, da die Regelung des § 164 S. 1 Hs. 1 HGB gemäß § 163 HGB dispositiv ist und sich die Verweisung des § 278 Abs. 2 AktG auch auf den § 163 HGB erstreckt[307]. Eine entsprechende Regelung in der Satzung kann ausnahmsweise sogar alle Kommanditaktionäre an der Geschäftsführung beteiligten[308]. Die Stellung der an dem Unternehmensvertrag beteiligten deutschen KGaA sowie die Nationalität und Rechtsform des durch den Unternehmensvertrag berechtigten Unternehmensträgers sind insoweit ohne Belang.

Die Mitglieder des Geschäftsführungsorgans der eigenen beteiligten deutschen AG oder KGaA besitzen regelmäßig nicht die Befähigung zum Wirtschafsprüfer. Deshalb kann ein Aktionär bzw. Kommanditaktionär gleichgültig, ob er an der Geschäftsführung beteiligt oder von dieser ausgeschlossen ist, die Angemessenheit einer gemäß § 304 Abs. 1, 2, § 305 Abs. 1 – 3 AktG getroffenen Ausgleichs- und Abfindungsregelung nicht notwendig selbst, d. h. aufgrund eigener Spezialkenntnisse prüfen und testieren. Die bloße eigene Geschäftsführungsbefugnis bewahrt einen Aktionär bzw. Kommanditaktionär nicht davor, falschen Angemessenheitsvorstellungen zu erliegen. Die Mitglieder des Geschäftsführungsorgans der eigenen beteiligten deutschen AG oder KGaA verfügen grundsätzlich auch nicht über eine Einzelgeschäftsführungsbefugnis, die durch ein Widerspruchsrecht der anderen Mitglieder des Geschäftsführungsorgans nicht beschränkt ist[309]. Deshalb kann ein Aktionär bzw. Kommanditaktionär gleichgültig, ob er an der Geschäftsführung beteiligt oder von dieser ausgeschlossen ist, für die Prüfung und das Testat der Angemessenheit einer gemäß §§ 304 Abs. 1, 2, § 305 Abs. 1 – 3 AktG getroffenen Ausgleichs- und Abfindungsregelung nicht zwingend allein, d. h. ohne die Mitwirkung und gegen den Widerspruch der anderen Mitglieder des Geschäftsführungsorgans einen Wirtschaftsprüfer im Namen der eigenen beteiligten deutschen AG oder KGaA bestellen lassen. Der andere beteiligte Unternehmensträger wird den Mitgliedern des Geschäftsführungsorgans der eigene beteiligten deutschen AG oder KGaA allerdings regelmäßig Auskünfte

---

306 Hüffer, § 278 Rn. 11; Semler/Perlitt in MK AktG, § 278 Rn. 167,171,198
307 Hüffer, § 278 Rn. 6,18; Semler/Perlitt in MK AktG, § 278 Rn. 167–169
308 Hüffer, § 278 Rn. 19; Semler/Perlitt in MK AktG, § 278 Rn. 219,220,231,232
309 Hefermehl/Spindler in MK AktG, § 77 Rn. 4; Semler/Perlitt in MK AktG, § 278 Rn. 174 ; Hüffer, § 77 Rn. 6, § 278 Rn. 11

über seine für den Inhalt des abgeschlossenen Unternehmensvertrags und die Zweckmäßigkeit des Unternehmensvertragsabschlusses wesentlichen Angelegenheiten geben. Der andere beteiligte Unternehmensträger wird den Mitgliedern des Geschäftsführungsorgans der eigenen beteiligten deutschen AG oder KGaA grundsätzlich auch Abschriften der für ihn erstatteten Vertragsprüfberichte und Vertragsberichte sowie der für ihn in den letzten drei Geschäftsjahren erstellten Jahresabschlüsse und Lageberichte verschaffen. Anderenfalls könnte das Geschäftsführungsorgan der eigenen beteiligten deutschen AG oder KGaA deren Aktionären bzw. Kommanditaktionären die entsprechenden Auskünfte und Abschriften nicht erteilen und damit die erforderliche Zustimmung zu dem Unternehmensvertrag nicht vorschlagen[310]. Die Mitglieder des Geschäftsführungsorgans der eigenen beteiligten deutschen AG oder KGaA haben außerdem ohnedies Kenntnis von deren für den Inhalt des abgeschlossenen Unternehmensvertrags und die Zweckmäßigkeit des Unternehmensvertragsabschlusses wesentlichen Angelegenheiten. Die Mitglieder des Geschäftsführungsorgans der eigenen beteiligten deutschen AG oder KGaA sind ohnehin auch im Besitz von Urschriften des abgeschlossenen Unternehmensvertrags, der für diese erstatteten Vertragsprüfberichte sowie der für diese in den letzten drei Geschäftsjahren erstellten Jahresabschlüsse und Lageberichte. Deshalb kann sich ein geschäftsführungsbefugter Aktionär bzw. Kommanditaktionär anders als ein sonstiger Aktionär bzw. Kommanditaktionär über den Inhalt des abgeschlossenen Unternehmensvertrags und die Zweckmäßigkeit des Unternehmensvertragsabschlusses sowie die hierfür wesentlichen Angelegenheiten beider beteiligten Unternehmensträger selbständig unterrichten. Ebenso kann ein geschäftsführungsbefugter Kommanditaktionär bzw. Aktionär anders als ein sonstiger Aktionär bzw. Kommanditaktionär Urschriften bzw. Abschriften des abgeschlossenen Unternehmensvertrags, der für beide beteiligte Unternehmensträger erstatteten Vertragsprüfberichte, des für den anderen beteiligten Unternehmensträger erstatteten Vertragsberichts sowie der für beide beteiligte Unternehmensträger in den letzten drei Geschäftsjahren erstellten Jahresabschlüsse und Lageberichte selbständig einsehen[311]. Ein Nichtmitglied des Geschäftsführungsorgans besitzt demzufolge grundsätzlich überhaupt keine sonstigen Informationsmöglichkeiten. Die Informationsmöglichkeiten als Mitglied des Geschäftsführungsorgans sind dagegen zwar nicht mit den aus den §§ 293b – 293e AktG folgenden Informationsmöglichkeiten,

310 Emmerich in Emmerich/Habersack AG-/GmbH-KonzR, § 293g Rn. 18a; Hüffer, § 293g Rn. 4

311 Für die Erstattung und Übersendung des Verschmelzungsberichts Ihrig in Semler/ Stengel, § 41 Rn. 1; Lutter/ Drygala in Lutter/Winter, § 8 Rn. 53; Schmidt in Lutter/ Winter, § 41 Rn. 2, § 42 Rn. 2

aber mit den aus den §§ 293a, 293f, 293g Abs. 1, 2 S. 1, Abs. 3 AktG folgenden Informationsmöglichkeiten vergleichbar.

Drittens ist andererseits damit festzustellen, dass bei einem Abschluss eines Beherrschungs- und/oder Gewinnabführungsvertrags mit einer verpflichteten deutschen AG oder KGaA seitens jeder beteiligten deutschen AG oder KGaA bzw. seitens der verpflichteten deutschen AG oder KGaA vor und in einer Versammlung der Aktionäre bzw. Kommanditaktionäre zwar keine sonstigen Informationsmöglichkeiten, die mit den aus den §§ 293b – 293e AktG folgenden Informationsmöglichkeiten vergleichbar sind, selbst wenn alle Aktionäre bzw. Kommanditaktionäre zustimmungspflichtig sind, aber sonstige Informationsmöglichkeiten, die mit den aus den §§ 293a, 293f, 293g Abs. 1, 2 S. 1, Abs. 3 AktG folgenden Informationsmöglichkeiten vergleichbar sind, dann wenn alle Aktionäre bzw. Kommanditaktionäre geschäftsführungsbefugt sind, vorhanden sein können.

Bei einem nationalen und rechtsformeinheitlichen Unternehmensvertrag zwischen zwei beteiligten deutschen AG oder KGaA sowie bei einem internationalen oder rechtsformgemischten Unternehmensvertrag mit einer verpflichteten deutschen AG oder KGaA sind die durch die Anwendung der Informationsvorschriften der §§ 293b – 293e AktG erworbenen Informationen daher zweckgemäß seitens jeder beteiligten deutschen AG oder KGaA bzw. seitens der verpflichteten deutschen AG oder KGaA vor und in einer Versammlung der Aktionäre bzw. Kommanditaktionäre ebenso effektiv weder regelmäßig, noch wenn alle Aktionäre bzw. Kommanditaktionäre zustimmungspflichtig sind, durch die Anwendung anderer Informationsvorschriften oder durch die Wahrnehmung sonstiger Informationsmöglichkeiten zu erlangen. Die durch die Anwendung der Informationsvorschriften der §§ 293a, 293f, 293g Abs. 1, 2 S. 1, Abs. 3 AktG erworbenen Informationen sind dagegen zweckwidrig ebenso effektiv zwar nicht regelmäßig, aber wenn alle Aktionäre bzw. Kommanditaktionäre geschäftsführungsbefugt sind, anderweitig zu erlangen.

2.1.1.4. Unabhängige Ausübung der verstärkten Rechte

2.1.1.4.1. Geltung von zumindest mit den vorbildgebenden Informationsvorschriften vergleichbaren Informationsvorschriften

- Bei einem Abschluss eines Verschmelzungsvertrags mit einer übertragenden deutschen AG oder KGaA sind einerseits die Informationsvorschriften der §§ 10 – 12, 30 Abs. 2 UmwG grundsätzlich seitens der übertragenden deutschen AG oder KGA vor einer Versammlung der Aktionäre bzw. Kommanditaktionäre anwendbar[312]. Die Nationalität und Rechtsform des durch den Verschmelzungsvertrag übernehmenden Rechtsträgers ist insoweit ohne Belang[313]. Bei einem Abschluss eines Verschmelzungsvertrags mit einer übertragenden deutschen AG oder KGaA sind andererseits die Informationsvorschriften der §§ 10 – 12, 30 Abs. 2 UmwG seitens einer übernehmenden deutschen AG oder KGA vor einer Versammlung der Aktionäre bzw. Kommanditaktionäre nicht anwendbar. Denn zunächst gehört der § 30 Abs. 2 UmwG, der auf die §§ 10 – 12 UmwG verweist[314], zu den allgemeinen Vorschriften für Verschmelzungen[315], die entsprechend der allgemeinen Vorschriften des § 1 Abs. 1 UmwG für Umwandlungen und der allgemeinen Vorschriften des § 3 Abs. 1, 2 UmwG für Verschmelzungen für beteiligte Rechtsträger *mit Sitz im Inland* bei Wahl jeder zulässigen Rechtsform gültig sind[316]. Außerdem besteht gemäß § 29 Abs. 1 S. 1, 2 UmwG das Barabfindungsrecht bestimmter Anteilsinhaber des übertragenden Rechtsträgers ausdrücklich nicht nur, wenn der übernehmende Rechtsträger eine andere Nationalität oder Rechtsform als der übertragende Rechtsträger hat, sondern auch, wenn die Anteile des übernehmenden Rechtsträgers anderen Verfügungsbeschränkungen als die Anteile des übertragenden Rechtsträgers unterliegen[317]. Weiterhin ist nach dem § 30 Abs. 2 UmwG die Prüfung und/oder das Testat des Vorliegens und der Angemessenheit einer getroffenen Barabfindungsregelung bei einem Verzicht aller *Berechtigten* entbehrlich[318]. Nach § 29 UmwG sind allerdings barabfindungsberechtigt zwar bestimmte *Anteilsinhaber des übertragenden Rechtsträgers,* aber keine Anteilsinhaber des übernehmenden Rechtsträgers[319]. Demnach dient der § 30 Abs. 2 UmwG dem Schutz der Anteilsinhaber des übertragenden Rechtsträgers. Dies ist sachgerecht, da deren Beteiligung an

---

312 Grunewald in Lutter/Winter, § 30 Rn. 6; Lutter/Drygala in Lutter/Winter, § 9 Rn. 7; Zeidler in Semler/Stengel UmwG, § 30 Rn. 29

313 Lutter/Drygala in Lutter/Winter, § 3 Rn. 6,28; Stengel in Semler/Stengel, § 3 Rn. 34,54

314 Vgl. Grunewald in Lutter/Winter, § 30 Rn. 6,7; Zeidler in Semler/Stengel, § 30 Rn. 27

315 Vgl. Lutter/Drygala in Lutter/Winter, § 3 Rn. 6; Stengel in Semler/Stengel, § 3 Rn. 34

316 Kallmeyer in Kallmeyer, § 1 Rn. 10–13; Marsch-Barner in Kallmeyer, § 3 Rn. 1–14; Lutter/Drygala in Lutter/Winter, § 1 Rn. 6–8, § 2 Rn. 34–36, § 3 Rn. 2–6; Semler in Semler/Stengel, § 1 Rn. 17–22,41,42; Stengel in Semler/Stengel, § 3 Rn. 2–10,14–17

317 Grunewald in Lutter/Winter, § 29 Rn. 2,3; Klass in Semler/Stengel, § 29 Rn. 6,7

318 Grunewald in Lutter/Winter, § 30 Rn. 8,9; Lutter/Drygala in Lutter/Winter, § 9 Rn. 7; Zeidler in Semler/Stengel, § 30 Rn. 28,29

319 Grunewald in Lutter/Winter, § 30 Rn. 1,8,9; Lutter/Drygala in Lutter/Winter, § 9 Rn. 7; Zeidler in Semler/Stengel, § 30 Rn. 1,3,28,29

dem übertragenden Rechtsträger durch die Annahme einer angebotenen Barabfindung beendet wird[320]. Dagegen dient der § 30 Abs. 2 UmwG nicht dem Schutz der Anteilsinhaber des übernehmenden Rechtsträgers. Dies ist gleichfalls sachgerecht, da deren Beteiligung an dem übernehmenden Rechtsträger durch die Abwicklung einer überhöhten Barabfindung zwar ebenso wie durch die Leistung anderer überhöhter Zahlungen entwertet[321], aber anders als durch die Abwicklung eines ungünstigen Anteilsumtauschs nicht verringert wird[322]. Der § 30 Abs. 2 UmwG betrifft also sinngemäß nur einen durch einen Verschmelzungsvertrag übertragenden Rechtsträger und nicht jeden an einem Verschmelzungsvertrag beteiligten Rechtsträger. Schließlich regeln die §§ 63, 64, 78 S. 1, 2 UmwG ausdrücklich die Vorbereitung und Durchführung *der Hauptversammlung,* die über die gemäß § 13 Abs. 1 UmwG erforderliche Zustimmung zu dem Verschmelzungsvertrag beschließen soll[323]. Gleiches gilt für den § 30 Abs. 2 UmwG aufgrund des ausdrücklichen Bezuges des § 63 Abs. 1 Nr. 5 UmwG zu dem *§ 12* UmwG[324]. Außerdem müssen sich die Anteilsinhaber eines übertragenden Rechtsträgers bis zur Beschlussfassung einer solchen Versammlung der Anteilsinhaber festlegen, ob sie gegen den Verschmelzungsvertrag stimmen, und bis zur Beendigung einer solchen Versammlung der Anteilsinhaber entscheiden, ob sie einem Verschmelzungsbeschluss widersprechen. Anderenfalls sind sie nämlich gemäß § 29 Abs. 1 S. 1 Hs. 1 UmwG überhaupt nicht barabfindungsberechtigt[325].

Die §§ 10 – 12, 30 Abs. 2 UmwG gelten mangels einer analogen Anwendbarkeit der § 44 S. 1, § 43 Abs. 2, § 45e S. 2, § 45d Abs. 2 UmwG gleichgültig, ob die Zustimmung einzelner Aktionäre bzw. Kommanditaktionäre der eigenen übertragenden deutschen AG bzw. KGaA zu dem Verschmelzungsvertrag entbehrlich oder ausnahmsweise die Verschmelzungszustimmung aller Aktionäre bzw. Kommanditaktionäre erforderlich ist. Bei Verschmelzungen unter Beteiligung einer deutschen KG, oHG oder PG, deren Gesellschafter alle zustimmungspflichtig sind, ist für diese gemäß § 44 S. 1, § 43 Abs. 2, § 45e S. 2, § 45d Abs. 2 UmwG die Durchführung einer Verschmelzungsprüfung

320 Grunewald in Lutter/Winter, § 30 Rn. 8; Lutter/Drygala in Lutter/Winter, § 9 Rn. 7; Zeidler in Semler/Stengel, § 30 Rn. 26

321 Gehling in Semler/Stengel, § 32 Rn. 7; Grunewald in Lutter/Winter, § 32 Rn. 2

322 Grunewald in Lutter/Winter, § 30 Rn. 8; Zeidler in Semler/Stengel, § 30 Rn. 28

323 Diekmann in Semler/Stengel, § 63 Rn. 1, § 64 Rn. 1; Grunewald in Lutter/Winter, § 63 Rn. 2, § 64 Rn. 2,3,6

324 Vgl. Diekmann in Semler/Stengel, § 63 Rn. 12; Zeidler in Semler/Stengel, § 12 Rn. 2; Grunewald in Lutter/Winter, § 63 Rn. 3; Lutter/Drygala in Lutter/Winter, § 12 Rn. 12

325 Grunewald in Lutter/Winter, § 29 Rn. 10–12, § 30 Rn. 6,7; Klass in Semler/Stengel, § 29 Rn. 20,21; Zeidler in Semler/Stengel, § 30 Rn. 28,29

und die Erstattung eines Verschmelzungsprüfberichts entbehrlich[326]. Die Regierungsbegründung der § 44 S. 1, § 43 Abs. 2, § 45e S. 2, § 45d Abs. 2 UmwG[327], dass zustimmungspflichtige Anteilsinhaber nicht durch das Gesetz geschützt werden müssen, da sie sich aufgrund ihrer Sperrminoritätsstellung selbst entsprechend schützen können[328], trifft aber schon bei beteiligten deutschen KG, oHG und PG und damit erst recht bei beteiligten deutschen AG und KGaA nicht auf die Durchführung einer Barabfindungsprüfung und die Erstattung eines Barabfindungsprüfberichts zu. Denn die Barabfindungsprüfung ist bei beteiligten deutschen Rechtsträgern beliebiger Rechtsform anders als die Verschmelzungsprüfung bei beteiligten deutschen KG, oHG und PG eine Pflichtprüfung. Sie ist auch ohne Verlangen eines Anteilsinhabers durchzuführen, es sei denn, dass alle Anteilsinhaber durch notariell beurkundete Erklärungen hierauf verzichten[329], so dass den Anteilsinhabern die Initiative gerade erspart wird. Daher liegt aufgrund der Normierung einer Prüfungspflicht für beteiligte Rechtsträger, deren Anteilsinhaber alle zustimmungspflichtig sind, keine offene Lücke des Gesetzes vor, die durch eine analoge Anwendung der § 44 S. 1, § 43 Abs. 2, § 45e S. 2, § 45d Abs. 2 UmwG geschlossen werden kann. Für die Geltung dieser besonderen Informationsvorschriften ist außerdem gleichgültig, ob einzelne Aktionäre bzw. Kommanditaktionäre der eigenen übertragenden deutschen AG bzw. KGaA von der Führung der Geschäfte ausgeschlossen oder ausnahmsweise alle Aktionäre bzw. Kommanditaktionäre an der Geschäftsführung beteiligt sind.

- Bei einem Abschluss eines Verschmelzungsvertrags mit einer übertragenden deutschen AG oder KGaA sind die Informationsvorschriften der §§ 9 – 12, 60 UmwG (aufgrund der Verweisungsvorschriften des § 78 S. 1, 2 UmwG) grundsätzlich seitens jeder beteiligten deutschen AG oder KGaA vor einer Versammlung der Aktionäre bzw. Kommanditaktionäre anwendbar. Die Stellung der an dem Verschmelzungsvertrag beteiligten deutschen AG oder KGaA sowie die Nationalität und Rechtsform des durch den Verschmelzungsvertrag übernehmenden Rechtsträgers sind insoweit ohne Belang[330].

---

326 Ihrig in Semler/Stengel, § 44 Rn. 1,7–9, § 45e Rn. 2,9; Zeidler in Semler/Stengel, § 9 Rn. 7; Lutter/Drygala in Lutter/Winter, § 9 Rn. 6; Schmidt in Lutter/Winter, § 44 Rn. 2,4, § 45e Rn. 1,4

327 BT-Drucks. 12/6699, S. 98

328 Ihring in Semler/Stengel, § 44 Rn. 1; Schmidt in Lutter/Winter, § 44 Rn. 2

329 Grunewald in Lutter/Winter, § 30 Rn. 5,8,9; Lutter/Drygala in Lutter/Winter, § 9 Rn. 7; Schmidt in Lutter/Winter, § 44 Rn. 11; Ihrig in Semler/Stengel, § 44 Rn. 24; Zeidler in Semler/Stengel, § 9 Rn. 9, § 30 Rn. 2,26,28,30

330 Diekmann in Semler/Stengel, § 60 Rn. 3; Perlitt in Semler/Stengel, § 78 Rn. 1; Stengel in Semler/Stengel, § 3 Rn. 20,21,54; Zeidler in Semler/Stengel, § 9 Rn. 10;

Denn zunächst gehören der § 60 UmwG, der auf die §§ 9 – 2 UmwG verweist[331], und der auf diesen verweisende § 78 S. 1, 2 UmwG[332] zu den besonderen Vorschriften für Verschmelzungen unter Beteiligung von *Aktiengesellschaften* und *Kommanditgesellschaften auf Aktien*[333], womit entsprechend der allgemeinen Vorschriften des § 1 Abs. 1 UmwG für Umwandlungen Aktiengesellschaften und Kommanditgesellschaften auf Aktien *mit Sitz im Inland* gemeint sind. Weiterhin betrifft der § 60 UmwG ausdrücklich *jede* an einem Verschmelzungsvertrag beteiligte deutsche *Aktiengesellschaft*[334]. Schließlich regeln die §§ 63, 64, 78 S. 1, 2 UmwG ausdrücklich die Vorbereitung und Durchführung *der Hauptversammlung,* die über die gemäß § 13 Abs. 1 UmwG erforderliche Zustimmung zu dem Verschmelzungsvertrag beschließen soll. Gleiches gilt für den § 60 UmwG aufgrund des ausdrücklichen Bezuges des § 63 Abs. 1 Nr. 5 UmwG zu dem *§ 12* UmwG.
Die §§ 9 – 12, 60, 78 S. 1, 2 UmwG gelten mangels einer analogen Anwendbarkeit der § 44 S. 1, § 43 Abs. 2, § 45e S. 2, § 45d Abs. 2 UmwG gleichgültig, ob die Zustimmung einzelner Aktionäre bzw. Kommanditaktionäre der eigenen beteiligten deutschen AG bzw. KGaA zu dem Verschmelzungsvertrag entbehrlich oder die Verschmelzungszustimmung aller Aktionäre bzw. Kommanditaktionäre erforderlich ist. Bei Verschmelzungen unter Beteiligung einer deutschen KG, oHG oder PG, deren Gesellschafter alle zustimmungspflichtig sind, ist für diese gemäß § 44 S. 1, § 43 Abs. 2, § 45e S. 2, § 45d Abs. 2 UmwG die Durchführung einer Verschmelzungsprüfung und die Erstattung eines Verschmelzungsprüfberichts entbehrlich. Die Regierungsbegründung der § 44 S. 1, § 43 Abs. 2, § 45e S. 2, § 45d Abs. 2 UmwG, dass zustimmungspflichtige Anteilsinhaber nicht durch das Gesetz geschützt werden müssen, da sie sich aufgrund ihrer Sperrminoritätsstellung selbst entsprechend schützen können, trifft zwar nicht nur bei beteiligten deutschen KG, oHG und PG, sondern auch bei beteiligten deutschen GmbH und eV zu[335]. Dies ist aber gleichwohl kein von der Rechtsform der beteiligten deutschen Rechtsträger unabhängiger Rechtsgedanke. Denn die Verschmelzungsprüfung

---

Grunewald in Lutter/Winter, Vorb. § 60, § 60 Rn. 2, § 78 Rn. 2; Lutter/Drygala in Lutter/Winter, § 3 Rn. 8,28

331 Vgl. Diekmann in Semler/Stengel, § 60 Rn. 1; Lutter/Drygala in Lutter/Winter, § 9 Rn. 5

332 Grunewald in Lutter/Winter, § 78 Rn. 1; Perlitt in Semler/Stengel, § 78 Rn. 1,6,7

333 Vgl. Grunewald in Lutter/Winter, Vorb. § 60, § 78 Rn. 2; Lutter/Drygalla in Lutter/Winter, § 3 Rn. 8; Perlitt in Semler/Stengel, § 78 Rn. 1; Stengel in Semler/Stengel, § 3 Rn. 20,21

334 Diekmann in Semler/Stengel, § 60 Rn. 3; Grunewald in Lutter/Winter, § 60 Rn. 2

335 Für beteiligte deutsche eV Hadding/Hennrichs in Lutter/Winter, § 100 Rn. 4,5 Fn. 1

ist bei beteiligten deutschen AG und KGaA anders als bei beteiligten deutschen KG, oHG und PG eine Pflichtprüfung. Sie ist auch ohne Verlangen eines Aktionärs bzw. Kommanditaktionärs durchzuführen, es sei denn, dass alle Aktionäre bzw. Kommanditaktionäre durch notariell beurkundete Erklärungen hierauf verzichten[336], so dass den Aktionären bzw. Kommanditaktionären die Initiative gerade erspart wird. Daher liegt aufgrund der Normierung einer Prüfpflicht für beteiligte deutsche AG und KGaA, deren Aktionäre bzw. Kommanditaktionäre alle zustimmungspflichtig sind, keine offene Lücke des Gesetzes vor, die durch eine analoge Anwendung der § 44 S. 1, § 43 Abs. 2, § 45e S. 2, § 45d Abs. 2 UmwG geschlossen werden kann. Für die Geltung dieser besonderen Informationsvorschriften ist außerdem gleichgültig, ob einzelne Aktionäre bzw. Kommanditaktionäre der eigenen beteiligten deutschen AG bzw. KGaA von der Führung der Geschäfte ausgeschlossen oder alle Aktionäre bzw. Kommanditaktionäre an der Geschäftsführung beteiligt sind.

- Bei einem Abschluss eines Verschmelzungsvertrags mit einer übertragenden deutschen AG oder KGaA sind die Informationsvorschriften der §§ 8, 63, 64 UmwG (aufgrund der Verweisungsvorschriften des § 78 S. 1, 2 UmwG) grundsätzlich seitens jeder beteiligten deutschen AG oder KGaA vor einer Versammlung der Aktionäre bzw. Kommanditaktionäre anwendbar. Die Stellung der an dem Verschmelzungsvertrag beteiligten deutschen AG oder KGaA sowie die Nationalität und Rechtsform des durch den Verschmelzungsvertrag übernehmenden Rechtsträgers sind insoweit ohne Belang[337]. Denn zunächst gehört der § 8 UmwG zu den allgemeinen Vorschriften für Verschmelzungen, die entsprechend der allgemeinen Vorschriften des § 1 Abs. 1 UmwG für Umwandlungen und der allgemeinen Vorschriften des § 3 Abs. 1, 2 UmwG für Verschmelzungen für beteiligte Rechtsträger *mit Sitz im Inland* bei Wahl jeder zulässigen Rechtsform gültig sind. Die §§ 63, 64 UmwG sowie der auf diese verweisende § 78 S. 1, 2 UmwG gehören zu den besonderen Vorschriften für Verschmelzungen unter Beteiligung von *Aktiengesellschaften* und *Kommanditgesellschaften auf Aktien*, womit entsprechend der allgemeinen Vorschriften des § 1 Abs. 1 UmwG für Umwandlungen Aktiengesellschaften und Kommanditgesellschaften auf Aktien *mit Sitz im Inland* gemeint sind. Weiterhin betrifft der § 8 UmwG ausdrücklich *jeden* an einem

336 Diekmann in Semler/Stengel, § 60 Rn. 2,5; Zeidler in Semler/Stengel, § 9 Rn. 9,51; Grunewald in Lutter/Winter, § 60 Rn. 2; Lutter/Drygala in Lutter/Winter, § 9 Rn. 6,17

337 Diekmann in Semler/Stengel, § 63 Rn. 3, § 64 Rn. 3; Perlitt in Semler/Stengel, § 78 Rn. 1; Stengel in Semler/Stengel, § 3 Rn. 34,54; Grunewald in Lutter/Winter, Vorb. § 60, § 78 Rn. 2; Lutter/Drygala in Lutter/Winter, § 3 Rn. 6,28

Verschmelzungsvertrag beteiligten *Rechtsträger*[338]. Entsprechendes gilt für die §§ 63, 64, 78 S. 1, 2 UmwG, aufgrund des ausdrücklichen Bezuges des § 63 Abs. 1 Nr. 5 UmwG zu dem *§ 12* UmwG und des § 63 Abs. 1 Nr. 4 zu dem *§ 8* UmwG[339]. Schließlich regeln die §§ 63, 64, 78 S. 1, 2 UmwG ausdrücklich die Vorbereitung und Durchführung *der Hauptversammlung*, die über die gemäß § 13 Abs. 1 UmwG erforderliche Zustimmung zu dem Verschmelzungsvertrag beschließen soll. Entsprechendes gilt für den § 8 UmwG aufgrund des ausdrücklichen Bezuges des § 63 Abs. 1 Nr. 4 UmwG zu dem *§ 8* UmwG.

Für die Geltung der §§ 8, 63, 64, 78 S. 1, 2 UmwG ist gleichgültig, ob die Zustimmung einzelner Aktionäre bzw. Kommanditaktionäre der eigenen beteiligten deutschen AG bzw. KGaA zu dem Verschmelzungsvertrag entbehrlich oder die Verschmelzungszustimmung aller Aktionäre bzw. Kommanditaktionäre erforderlich ist. Diese besonderen Informationsvorschriften gelten allerdings aufgrund einer analogen Anwendbarkeit der §§ 41, 42, 45c UmwG nur, wenn einzelne Aktionäre bzw. Kommanditaktionäre der eigenen beteiligten deutschen AG oder KGaA von der Führung der Geschäfte ausgeschlossen sind, und nicht auch, wenn alle Aktionäre bzw. Kommanditaktionäre an der Geschäftsführung beteiligt sind[340]. Bei Verschmelzungen unter Beteiligung einer deutschen KG, oHG oder PG, deren Gesellschafter alle geschäftsführungsbefugt sind, ist seitens dieser gemäß §§ 41, 42, 45c UmwG die Erstattung eines Berichts und die Übersendung von Abschriften zwar entbehrlich[341]. Die Regierungsbegründung der §§ 41, 42, 45c UmwG[342], dass geschäftsführungsbefugte Anteilsinhaber nicht durch das Geschäftsführungsorgan informiert werden müssen, da sie sich aufgrund ihrer Geschäftsführerstel-

338 Dementsprechend kann von den Vertretungsorganen beider beteiligten Rechtsträger der Verschmelzungsbericht gemäß § 8 Abs. 1 S. 1 Hs. 2 UmwG gemeinsam erstattet werden (vgl. Gehling in Semler/Stengel, § 8 Rn. 6,68; Lutter/Drygala in Lutter/Winter, § 8 Rn. 10,48).

339 Vgl. Diekmann in Semler/Stengel, § 63 Rn. 12; Gehling in Semler/Stengel, § 8 Rn. 10; Grunewald in Lutter/Winter, § 63 Rn. 3; Lutter/Drygala in Lutter/Winter, § 8 Rn. 11

340 Ebenso Gehling in Semler/Stengel, § 8 Rn. 75; Lutter/Drygala in Lutter/Winter, § 8 Rn. 53; anders Bayer in ZIP 1997, S. 1613 (1620); Ihrig in Semler/Stengel, § 41 Rn. 3; Schmidt in Lutter/Winter, § 41 Rn. 3

341 Gehling in Semler/Stengel, § 8 Rn. 75; Ihrig in Semler/Stengel, § 41 Rn. 1,2,8, § 42 Rn. 1,2,8, § 45c Rn. 1,2,8; Lutter/Drygala in Lutter/Winter, § 8 Rn. 53; Schmidt in Lutter/Winter, § 41 Rn. 2,3,5, § 42 Rn. 2,6, § 45c Rn. 1, 3,5

342 BT-Drucks. 12/6699, S. 98

lung selbst unterrichten können[343], trifft aber nicht nur bei beteiligten deutschen KG, oHG und PG zu. Dies ist vielmehr ein von der Rechtsform der beteiligten deutschen Rechtsträger unabhängiger Rechtsgedanke[344]. Außerdem ist es nicht nur bei beteiligten deutschen KG, oHG und PG, sondern auch bei beteiligten deutschen Rechtsträgern anderer Rechtsformen möglich, dass alle Anteilsinhaber an der Geschäftsführung beteiligt sind. Dies gilt insbesondere für personalistische deutsche GmbH, aber beispielsweise auch für kleine deutsche AG und KGaA[345]. Daher liegt aufgrund der Normierung einer Berichts-, Vortrags- und Auslagepflicht sowie eines Auskunfts- und Abschriftsrechts für beteiligte deutsche AG und KGaA, deren Aktionäre bzw. Kommanditaktionäre alle geschäftsführungsbefugt sind, eine offene Lücke des Gesetzes vor, die durch eine analoge Anwendung der §§ 41, 42, 45c UmwG geschlossen werden kann. In den Gesetzesmaterialien werden keine Gründe für eine unterschiedliche Behandlung der Aktionäre bzw. Kommanditaktionäre von beteiligten deutschen AG und KGaA sowie der Gesellschafter von beteiligten deutschen KG, oHG und PG in diesem Punkt genannt. Die Schaffung des UmwG sollte vielmehr gerade der Vereinheitlichung des zuvor stark rechtsformabhängigen Verschmelzungsrechts dienen[346]. Daher stellt die Normierung einer Berichts-, Vortrags- und Auslagepflicht sowie eines Auskunfts- und Abschriftsrechts für beteiligte deutsche AG und KGaA, deren Aktionäre bzw. Kommanditaktionäre alle geschäftsführungsbefugt sind, ein redaktionelles Versehen des Gesetzgebers dar, das durch eine analoge Anwendung der §§ 41, 42, 45c UmwG beseitigt werden darf. Der analogen Anwendung der § 41, 42, 45c UmwG kann nicht § 1 Abs. 3 S. 1 UmwG entgegen gehalten werden, da dieser den zwingenden und nicht den abschließenden Charakter der Vorschriften des UmwG normiert[347].

Viertens ist einerseits damit festzustellen, dass bei einem Abschluss eines Verschmelzungsvertrags mit einer übertragenden deutschen AG oder KGaA seitens jeder beteiligten deutschen AG oder KGaA bzw. seitens der übertragenden deutschen AG oder KGaA vor und in einer Versammlung der Aktionäre bzw. Kommanditaktionäre zwar Informationsvorschriften der §§ 10 – 12, 30 Abs. 2 UmwG und/oder der §§ 9 – 12, 60, 78 S. 1, 2 UmwG, die für die Informationsvorschriften der §§ 293b – 293e AktG vorbildgebend waren, selbst wenn alle Ak-

343 Ihrig in Semler/Stengel, § 41 Rn. 1; Lutter/Drygala in Lutter/Winter, § 8 Rn. 53; Schmidt in Lutter/Winter, § 41 Rn. 2, § 42 Rn. 2

344 Gehling in Semler/Stengel, § 8 Rn. 75; Lutter/Drygala in Lutter/Winter, § 8 Rn. 53

345 Vgl. II. T. I. Kap. I. Absch. 2.1.1.3.2.

346 Vgl. Einleitung

347 Vgl. Lutter/Drygala in Lutter/Winter, § 1 Rn. 25–28; Semler in Semler/Stengel, § 1 Rn. 92–97

tionäre bzw. Kommanditaktionäre zustimmungspflichtig sind, aber keine Informationsvorschriften der §§ 8, 63, 64, 78 S. 1, 2 UmwG, die für die Informationsvorschriften der §§ 293a, 293f, 293g Abs. 1, 2 S. 1, Abs. 3 AktG vorbildgebend waren, dann wenn alle Aktionäre bzw. Kommanditaktionäre geschäftsführungsbefugt sind, anwendbar sein können.

2.1.1.4.2. Existenz von zumindest mit den maßgebenden Verschmelzungsmerkmalen vergleichbaren Konzernierungsmerkmalen

- Durch einen Abschluss eines Beherrschungs- und/oder Gewinnabführungsvertrags mit einer verpflichteten deutschen AG oder KGaA muss gemäß § 305 Abs. 1, 2 Nr. 3 Abs. 3 S. 3 AktG keine angemessene Barabfindungspflicht einer berechtigten unabhängigen deutschen (bzw. europäischen) AG oder KGaA gegenüber außenstehenden Aktionären bzw. Kommanditaktionären der verpflichteten deutschen KGaA oder AG begründet werden. Denn diese subsidiären Vorschriften erfassen nicht entsprechend des § 291 Abs. 1 AktG schlechthin alle Beherrschungs- und/oder Gewinnabführungsverträge mit einer verpflichteten deutschen AG oder KGaA, sondern lediglich die von § 305 Abs. 1, 2 Nr. 1, 2, Abs. 3 S. 1 AktG ausdrücklich nicht erfassten internationalen (bzw. mitgliedsstaatsüberschreitenden) oder rechtsformgemischten Beherrschungs- und/oder Gewinnabführungsverträge mit einer verpflichteten deutschen AG oder KGaA[348]. Durch einen Abschluss eines Beherrschungs- und/oder Gewinnabführungsvertrags mit einer verpflichteten deutschen AG oder KGaA muss dagegen grundsätzlich gemäß § 305 Abs. 1, 2 Nr. 3 Abs. 3 S. 3 AktG eine angemessene Barabfindungspflicht eines berechtigten Unternehmensträgers sonstiger Nationalität oder Rechtsform gegenüber außenstehenden Aktionären bzw. Kommanditaktionären der verpflichteten deutschen AG oder KGaA begründet werden[349].

  Die Abwicklung einer aufgrund eines Unternehmensvertrags anzubietenden Barabfindung gestaltet sich zwar anders als die Abwicklung einer aufgrund eines Verschmelzungsvertrags anzubietenden Barabfindung (vgl. §§ 29, 30

348 Bilda in MK AktG, § 305 Rn. 36,52; Emmerich in Emmerich/Habersack AG-/GmbH-KonzR, § 305 Rn. 11,17; Hüffer, § 305 Rn. 6,16; Koppensteiner in KK AktG, § 305 Rn. 35,47

349 Altmeppen in MK AktG, § 305 Rn. 52–55; Emmerich in Emmerich/Habersack AG-/GmbH-KonzR, § 305 Rn. 17,18; Hüffer, § 305 Rn. 12,16; Koppensteiner in KK AktG, § 305 Rn. 43,47

Abs. 1, § 31 UmwG)[350], da der verpflichtete Unternehmensträger durch die Eintragung des Unternehmensvertrags anders als der übertragende Rechtsträger durch die Eintragung des Verschmelzungsvertrags (vgl. § 20 Abs. 1 Nr. 2 UmwG)[351] seine Rechtspersönlichkeit nicht verliert. So kommt es bei einem Unternehmensvertrag infolge der Annahme des unterbreiteten Barabfindungsangebots und der Erfüllung des dadurch abgeschlossenen Kaufvertrags zu der Übertragung von Anteilen des verpflichteten Unternehmensträgers gegen die Zahlung von Geld[352]. Demgegenüber kommt es bei einem Verschmelzungsvertrag infolge der Annahme des unterbreiteten Barabfindungsangebots und der Erfüllung des dadurch abgeschlossenen Kaufvertrags nicht zu der Übertragung von Anteilen des übertragenden Rechtsträgers, sondern zu der Übertragung von Anteilen des übernehmenden Rechtsträger gegen die Zahlung von Geld[353]. Die Angemessenheit einer unternehmensvertraglichen Barabfindungsregelung bestimmt sich aber ebenso wie die Angemessenheit einer verschmelzungsvertraglichen Barabfindungsregelung. So ist bei einem Unternehmensvertrag für die Angemessenheit einer Barabfindung der Unternehmenswert des verpflichteten Unternehmensträgers maßgeblich[354]. Dementsprechend ist bei einem Verschmelzungsvertrag für die Angemessenheit einer Barabfindung nicht der Unternehmenswert des übernehmenden Rechtsträgers, sondern der Unternehmenswert des übertragenden Rechtsträgers entscheidend[355].

- Durch einen Abschluss eines Beherrschungs- und/oder Gewinnabführungsvertrags mit einer verpflichteten deutschen AG oder KGaA muss gemäß § 305 Abs. 1, 2 Nr. 1 Abs. 3 S. 1 AktG keine angemessene Anteilsabfindungspflicht eines berechtigten Unternehmensträgers sonstiger Nationalität oder Rechtsform gegenüber außenstehenden Aktionären bzw. Kommanditak-

---

350 Grunewald in Lutter/Winter, § 29 Rn 2–23, § 30 Rn 2–4, § 31 Rn 2–9; Klass in Semler/Stengel, § 29 Rn. 2,6–15, 20–28,30,31, § 31 Rn. 2,4–9; Stengel in Semler/Stengel, § 2 Rn. 41; Zeidler in Semler/Stengel, § 30 Rn. 1,3–19

351 Grunewald in Lutter/Winter, § 20 Rn 54–56; Lutter/Drygala in Lutter/Winter, § 2 Rn 23; Kübler in Semler/Stengel, § 20 Rn. 73; Stengel in Semler/Stengel, § 2 Rn. 37–39

352 Emmerich in Emmerich/Habersack AG-/GmbH-KonzR, § 305 Rn. 5,25,29,30; Hüffer, § 305 Rn. 3,7,8

353 Grunewald in Lutter/Winter, § 29 Rn. 23, § 31 Rn. 9; Kalss in Semler/Stengel, § 29 Rn. 27,31, § 31 Rn. 6,8

354 Emmerich in Emmerich/Habersack AG-/GmbH-KonzR, § 305 Rn. 4,36,37,51; Hüffer, § 305 Rn. 6,17,18,26

355 Grunewald in Lutter/Winter, § 30 Rn. 2; Zeidler in Semler/Stengel, § 30 Rn. 4, 18,19

tionären der verpflichteten deutschen AG oder KGaA begründet werden[356]. Denn diese Vorschriften erfassen nicht entsprechend des § 291 Abs. 1 AktG schlechthin alle Beherrschungs- und/oder Gewinnabführungsverträge mit einer verpflichteten deutschen AG oder KGaA, sondern ausdrücklich lediglich nationale (bzw. mitgliedsstaatliche) und rechtsformeinheitliche Beherrschungs- und/oder Gewinnabführungsverträge mit einer verpflichteten deutschen AG oder KGaA[357]. Durch einen Abschluss eines Beherrschungs- und/oder Gewinnabführungsvertrags mit einer verpflichteten deutschen AG oder KGaA muss dagegen grundsätzlich gemäß § 305 Abs. 1, 2 Nr. 1 Abs. 3 S. 1 AktG eine angemessene Anteilsabfindungspflicht einer berechtigten unabhängigen deutschen (bzw. europäischen) AG oder KGaA gegenüber außenstehenden Aktionären bzw. Kommanditaktionären der verpflichteten deutschen AG oder KGaA begründet werden[358].

Die Abwicklung einer aufgrund eines Unternehmensvertrags anzubietenden Anteilsabfindung gestaltet sich zwar anders als die Abwicklung eines aufgrund eines Verschmelzungsvertrags stattfindenden Anteilsumtauschs (vgl. § 20 Abs. 1 Nr. 3 UmwG)[359], da der verpflichtete Unternehmensträger durch die Eintragung des Unternehmensvertrags anders als der übertragende Rechtsträger durch die Eintragung des Verschmelzungsvertrags (vgl. § 20 Abs. 1 Nr. 2 UmwG) seine Rechtspersönlichkeit nicht verliert. So kommt es bei einem Unternehmensvertrag infolge der Annahme des unterbreiteten Anteilsabfindungsangebots und der Erfüllung des dadurch abgeschlossenen Tauschvertrags zu der Übertragung von Anteilen des verpflichteten Unternehmensträgers gegen die Übertragung von Anteilen des berechtigten Unternehmensträgers[360]. Demgegenüber tritt bei einem Verschmelzungsvertrag bereits infolge der Eintragung des Verschmelzungsvertrags in das Handelsregister automatisch der Verlust von Anteilen des übertragenden Rechtsträgers und der Er-

---

356 Ebenso für berechtigte deutsche eG v. Detten, S. 125f.; für berechtigte deutsche VVaG Müller-Wiedenhorn, S. 154

357 Bilda in MK AktG, § 305 Rn. 36–39; Emmerich in Emmerich/Habersack AG-/GmbH-KonzR, § 305 Rn. 10–12; Hüffer, § 305 Rn. 6,9,10; Koppensteiner in KK AktG, § 305 Rn. 35–38

358 Altmeppen in MK AktG, § 305 Rn. 9–11; Emmerich in Emmerich/Habersack AG-/GmbH-KonzR, § 305 Rn. 12, 13; Hüffer, § 305 Rn. 9–11; Koppensteiner in KK AktG, § 305 Rn. 36–42

359 Grunewald in Lutter/Winter, § 20 Rn 55,56; Lutter/Drygala in Lutter/Winter, § 2 Rn 22; Kübler in Semler/Stengel, § 20 Rn. 74,75; Stengel in Semler/Stengel, § 2 Rn. 40–42

360 Emmerich in Emmerich/Habersack AG-/GmbH-KonzR, § 305 Rn. 5,25,29,30; Hüffer, § 305 Rn. 3,7,8

werb von Anteilen des übernehmenden Rechtsträgers ein[361]. Die Angemessenheit einer unternehmensvertraglichen Anteilsabfindungsregelung bestimmt sich aber ebenso wie die Angemessenheit einer verschmelzungsvertraglichen Anteilsumtauschregelung. So ist bei einem Unternehmensvertrag für die Angemessenheit einer Anteilsabfindung das Verhältnis des Unternehmenswerts des verpflichteten Unternehmensträgers zu dem Unternehmenswert des berechtigten Unternehmensträgers maßgeblich[362]. Dementsprechend ist bei einem Verschmelzungsvertrag für die Angemessenheit eines Anteilsumtauschs das Verhältnis des Unternehmenswerts des übertragenden Rechtsträgers zu dem Unternehmenswert des übernehmenden Rechtsträgers entscheidend[363].

- Durch einen Abschluss eines Beherrschungs- und/oder Gewinnabführungsvertrags mit einer verpflichteten deutschen AG oder KGaA wird einerseits gemäß § 291 Abs. 1, § 308 Abs. 1 AktG grundsätzlich ein unbeschränktes Weisungs- und/oder Gewinnbezugsrecht des berechtigten Unternehmensträgers gegenüber der verpflichteten deutschen AG oder KGaA begründet[364]. Die Nationalität und Rechtsform des durch den Unternehmensvertrag berechtigten Unternehmensträgers ist insoweit ohne Belang[365]. Durch einen Abschluss eines Beherrschungs- und/oder Gewinnabführungsvertrags mit einer verpflichteten deutschen AG oder KGaA wird andererseits gemäß § 302 Abs. 1 AktG eine unbeschränkte Verlustausgleichspflicht einer berechtigten deutschen AG oder KGaA gegenüber der verpflichteten deutschen AG oder KGaA begründet[366].

  Ein unbeschränktes Weisungs- und/oder Gewinnbezugsrecht sowie eine unbeschränkte Verlustausgleichspflicht führen anders als eine vollständige Vermögens- und Verbindlichkeitsvereinigung (vgl. § 20 Abs. 1 Nr. 1 UmwG)[367] zwar nicht zur endgültigen Aufgabe der juristischen Selbständig-

---

361 Grunewald in Lutter/Winter, § 20 Rn. 57; Kübler/Simon in Semler/Stengel, § 20 Rn. 74

362 Emmerich in Emmerich/Habersack AG-/GmbH-KonzR, § 305 Rn. 4,36,37,51; Hüffer, § 305 Rn. 6,17,18,26

363 Lutter/Drygala in Lutter/Winter, § 5 Rn. 19,22,36

364 Emmerich in Emmerich/Habersack AG-/GmbH-KonzR, § 291 Rn 3,7–15,47,52,54–55a,64,65, § 308 Rn. 1,4,11–69; Hüffer, § 291 Rn. 5,8–11,17,26, § 308 Rn. 2–22

365 Altmeppen in MK AktG, § 291 Rn. 21,22,24, § 308 Rn. 29,31; Emmerich in Emmerich/Habersack AG-/GmbH-KonzR, § 291 Rn. 7– 9,52, § 305 Rn. 11; Hüffer, § 291 Rn. 8,23, § 308 Rn. 3; Koppensteiner in KK AktG, § 291 Rn. 10, § 308 Rn. 5,8

366 Vgl. II. T. I. Kap. I. Absch. 2.1.1.1.

367 Grunewald in Lutter/Winter, § 20 Rn 7–12; Lutter/Drygala in Lutter/Winter, § 2 Rn. 20,21; Kübler in Semler/Stengel UmwG, § 20 Rn. 8–15; Stengel in Semler/Stengel, § 2 Rn. 35,36

keit, aber zur dauerhaften Aufgabe der wirtschaftlichen Selbständigkeit durch den verpflichteten Unternehmensträger zugunsten und zulasten des berechtigten Unternehmensträgers. So verliert der verpflichtete Unternehmensträger durch den Unternehmensvertrag anders als der übertragende Rechtsträger durch den Verschmelzungsvertrag (vgl. § 20 Abs. 1 Nr. 2 UmwG) zwar nicht seine Rechtspersönlichkeit. Ein Unternehmensvertrag gefährdet aber die Überlebensfähigkeit des verpflichteten Unternehmensträgers[368]. Denn der berechtigte Unternehmensträger kann aufgrund eines Unternehmensvertrags das gegenwärtige bzw. zukünftige Vermögen des verpflichteten Unternehmensträgers mindern und/oder den gegenwärtigen bzw. zukünftigen Ertrag des verpflichteten Unternehmensträgers schmälern, indem er diesem nachteilige Weisungen erteilt und/oder dessen erzielte Gewinne verdeckt (z. B. durch Konzernverrechnungspreise und Konzernumlagen) bzw. offen abführt. Insbesondere kann der berechtigte Unternehmensträger in die vorhandene Substanz des verpflichteten Unternehmensträgers eingreifen, indem er dessen stille Reserven mittelbar (z. B. durch Vermögensübertragungen zum Buchwert) bzw. unmittelbar auflöst und an ihn abführt, oder den Schutz des verpflichteten Unternehmensträgers vor kommenden Substanzeingriffen beeinträchtigen, indem er bei diesem freiwillige Rücklagen oder die notwendigen Erhaltungs- und Modernisierungsinvestitionen sowie die erforderlichen Aus- und Fortbildungsmaßnahmen mittelbar bzw. unmittelbar verhindert. Außerdem kann der berechtigte Unternehmensträger den vorhandenen Ertrag des verpflichteten Unternehmensträgers beeinträchtigten, indem er Produktionsbetriebe stilllegt oder Produktionszweige einstellt[369]. Auch folgt der berechtigte Unternehmensträger dem verpflichteten Unternehmensträger durch einen Unternehmensvertrag anders als der übernehmende Rechtsträger dem übertragenden Rechtsträger durch einen Verschmelzungsvertrag (vgl. § 20 Abs. 1 Nr. 1

---

368 Beg. zum RegE bei Kropff AktG, S. 393,397; BGH in NJW 1986, S. 188, NJW 1988, S. 3143; Altmeppen in MK AktG, Vorb. § 300 Rn. 5–7, § 303 Rn. 2; Emmerich in Emmerich/Habersack AG-/GmbH-KonzR, § 300 Rn. 3, § 303 Rn. 1; Grüner, S. 7ff.; Hüffer, § 303 Rn. 1; Kleindiek, S. 203ff.; Koppensteiner in KK AktG, Vorb. § 300 Rn. 6,7, § 303 Rn. 2; Schatz, S. 182ff.; v. Venrooy in BB 1981, S. 1003 (1003f.); teilweise a. M. Schmidt in BB 1985, S. 2074 (2079)

369 BVerfG in NJW 1999, S. 1699,1701; BFH in NZG 2003, S. 398; BGH in NJW 1988, S. 3143, NJW 1997, S. 2242; KG in NZG 2003, S. 644; OLG Düsseldorf in AG 1990, S. 490, ZIP 2004, S. 753; OLG Hamburg in WM 1987, S. 1163; Altmeppen in MK AktG, Vorb. § 300 Rn. 5, § 301 Rn. 32–35; Cahn/Simon in Konzern 2003, S. 1 (11ff.); Emmerich in Emmerich/Habersack AG-/GmbH-KonzR, § 300 Rn. 3, § 301 Rn. 19; Kleindiek, S. 162ff., 203ff.; Koppensteiner in KK AktG, § Vorb. § 300 Rn. 6, § 301 Rn. 22, § 302 Rn. 5,6; Müller in FS Goerdeler, S. 375 (389 ff.); Schatz, S. 61ff.,134ff.

UmwG) zwar nicht in sämtlichen positiven und insbesondere negativen Rechtspositionen nach. Infolge eines Unternehmensvertrags geht aber die unternehmerische Leitungsmacht, die unternehmerische Chance und insbesondere das unternehmerische Risiko von dem verpflichteten Unternehmensträger auf den berechtigten Unternehmensträger über[370]. Denn der berechtigte Unternehmensträger muss infolge eines Unternehmensvertrags möglicherweise das eigene Vermögen mindern und/oder den eigenen Ertrag schmälern, indem sie erlittene Verluste des verpflichteten Unternehmensträgers ausgleicht. Insbesondere muss der berechtigte Unternehmensträger eventuell auch dann das eigene Vermögen angreifen und/oder den eigenen Ertrag vermindern, wenn die bei dem verpflichteten Unternehmensträger aufgetretenen Verluste nicht durch die Erteilung von Weisungen oder die Abführung von Gewinnen verursacht wurden[371].

Viertens ist andererseits damit festzustellen, dass bei einem Abschluss eines Beherrschungs- und/oder Gewinnabführungsvertrags mit einer verpflichteten deutschen AG oder KGaA seitens jeder beteiligten deutschen AG oder KGaA bzw. seitens der verpflichteten deutschen AG oder KGaA in und nach einer Versammlung der Aktionäre bzw. Kommanditaktionäre Konzernierungsmerkmale, die mit den für die Informationsvorschriften der §§ 8 – 12, 30 Abs. 2, §§ 60, 63, 64, 78 S. 1, 2 UmwG maßgebenden Verschmelzungsmerkmalen vergleichbar sind, vorhanden sein können.

Bei einem nationalen und rechtsformeinheitlichen Unternehmensvertrag zwischen zwei beteiligten deutschen AG oder KGaA sowie bei einem internationalen oder rechtsformgemischten Unternehmensvertrag mit einer verpflichteten deutschen AG oder KGaA sind die durch die Normierung der Informationsvorschriften der §§ 293a – 293g Abs. 1, 2 S. 1, Abs. 3 AktG verstärkten Rechte daher zweckgemäß seitens jeder beteiligten deutschen AG oder KGaA bzw. seitens der verpflichteten deutschen AG oder KGaA in und nach einer Versammlung der Aktionäre bzw. Kommanditaktionäre ebenso sinnvoll weder regelmäßig, noch wenn alle Aktionäre bzw. Kommanditaktionäre zustimmungspflichtig sind, ohne die Anwendung der Informationsvorschriften der §§ 293b – 293e AktG auszuüben. Die durch die Normierung der Informationsvorschriften der §§ 293a – 293g Abs. 1, 2 S. 1, Abs. 3 AktG verstärkten Rechte sind dagegen zweckwidrig ebenso sinnvoll zwar nicht regelmäßig, aber wenn alle Aktionäre bzw. Kommanditaktio-

370 BGH in NJW 1992, S. 505; Altmeppen in MK AktG, § 302 Rn. 18, Emmerich in Emmerich/Habersack AG-/GmbH-KonzR, § 302 Rn. 30; Hüffer, § 302 Rn. 11; Koppensteiner in KK AktG, § 302 Rn. 18

371 Altmeppen in MK AktG, § 302 Rn. 18, Emmerich in Emmerich/Habersack AG-/GmbH-KonzR, § 302 Rn. 30; Hüffer, § 302 Rn. 11; Koppensteiner in KK AktG, § 302 Rn. 18

näre geschäftsführungsbefugt sind, ohne die Anwendung der Informationsvorschriften der §§ 293a, 293f, 293g Abs. 1, 2 S. 1, Abs. 3 AktG auszuüben.

Zusammenfassend bleibt deshalb folgendes festzuhalten: Bei einem nationalen und rechtsformeinheitlichen Unternehmensvertrag zwischen zwei beteiligten deutschen AG oder KGaA sowie bei einem internationalen oder rechtsformgemischten Unternehmensvertrag mit einer verpflichteten deutschen AG oder KGaA ist zwar keine Ausweitung des Anwendungsbereichs der §§ 44, 43 Abs. 2, § 45e S. 2, § 45d Abs. 2 UmwG und damit eine Einschränkung des Anwendungsbereichs der §§ 293b – 293e AktG, aber eine Ausweitung des Anwendungsbereichs der §§ 41, 42, 45c UmwG und damit eine Einschränkung des Anwendungsbereichs der §§ 293a, 293f, 293g Abs. 1, 2 S. 1, Abs. 3 AktG, wenn alle Aktionäre bzw. Kommanditaktionäre geschäftsführungsbefugt sind, seitens jeder beteiligten deutschen AG oder KGaA bzw. seitens der verpflichteten deutschen AG oder KGaA bezüglich einer Versammlung der Aktionäre bzw. Kommanditaktionäre durch den Zweck des Gesetzes einschließlich des Prinzips der Gleich- bzw. Ungleichbehandlung geboten. Insoweit ist eine Gesetzeslücke teilweise zu bejahen.

2.1.2. Verneinen eines Vervollständigungsverbots

- Die fehlende Normierung des Ausschlusses einzelner Aktionäre bzw. Kommanditaktionäre von der Geschäftsführung als Anwendungsvoraussetzung der §§ 293a, 293f, 293g Abs. 1, 2 S. 1, Abs. 3 AktG stellt ein redaktionelles Versehen und keine bewusste Entscheidung des Gesetzgebers dar. Denn die bei Unternehmensvertragsbegründungen unter Beteiligung von deutschen AG oder KGaA geltenden Informationsvorschriften der §§ 293a, 293f, 293g Abs. 1, 2 S. 1, Abs. 3 AktG wurden nach dem Vorbild der bei Verschmelzungen unter Beteiligung von deutschen AG oder KGaA geltenden Informationsvorschriften der §§ 8, 63, 64, 78 S. 1, 2 UmwG geschaffen. Entsprechend der Gesetzesmaterialien war dies dadurch motiviert, dass der Gesetzgeber die Unternehmensvertragsbegründung und die Verschmelzung als rechtlich und wirtschaftlich vergleichbare Rechtsinstitute betrachtete und daher die (Wieder-)Anpassung der für die Unternehmensvertragsbegründung geltenden Informationsvorschriften an die für die Verschmelzung geltenden Informationsvorschriften für erforderlich hielt[372]. Der Gesetzgeber hatte allerdings schon bei der Schaffung der bei Verschmelzungen unter Beteiligung von deutschen AG oder KGaA geltenden Informationsvorschriften schlicht vergessen, deren Anwendungsbereich bei einer Beteiligung aller Aktionäre bzw. Kommandit-

372 Vgl. Einleitung

aktionäre an der Geschäftsführung zu beschränken, und nicht hierauf bewusst verzichtet[373]. Deshalb ist davon auszugehen, dass der Gesetzgeber ebenso bei der Schaffung der bei Unternehmensvertragsbegründungen unter Beteiligung von deutschen AG oder KGaA geltenden Informationsvorschriften die Beschränkung ihres Anwendungsbereichs bei einer Beteiligung aller Aktionäre bzw. Kommanditaktionäre an der Geschäftsführung vergessen und nicht auf diese verzichtet hat.

- Würde der Ausschluss einzelner Aktionäre bzw. Kommanditaktionäre von der Geschäftsführung als eine Anwendungsvoraussetzung den §§ 293a, 293f, 293g Abs. 1, 2 S. 1, Abs. 3 AktG hinzugefügt, müsste von dem Vorstand bzw. der geschäftsführenden Gesellschaftergesamtheit jeder beteiligten deutschen AG oder KGaA bzw. der verpflichteten deutschen AG oder KGaA beurteilt werden, ob alle Aktionäre bzw. Kommanditaktionäre an der Geschäftsführung beteiligt sind oder nicht. Da diese Beurteilung eventuell falsch sein kann, würde eine gewisse Unsicherheit hinsichtlich der Wirksamkeit des Unternehmensvertrags hervorgerufen. Denn die Nichtdurchführung einer nach §§ 293a, 293f, 293g Abs. 1, 2 S. 1, Abs. 3 AktG erforderlichen Information begründet gemäß § 243 Abs. 1 AktG die Anfechtbarkeit des Zustimmungsbeschlusses der Hauptversammlung jeder beteiligten deutschen AG oder KGaA bzw. der verpflichteten deutschen AG oder KGaA[374] und kann damit gemäß § 293 Abs. 1 S. 1 AktG bzw. § 293 Abs. 2 S. 1 AktG die Unwirksamkeit des Unternehmensvertrags bewirken[375]. Die Wirksamkeit des Unternehmensvertrags würde aber nicht wesentlich unsicherer. Denn der Ausschluss einzelner Aktionäre bzw. Kommanditaktionäre von der Geschäftsführung ist ein formales Kriterium, das eine leichte Entscheidung an Hand der für jede beteiligte

373 Vgl. II. T. I. Kap. I. Absch. 2.1.1.4.1.

374 BGH in NJW 1993, S. 1976; OLG Koblenz in ZIP 2001, S. 1093,1095; OLG München in AG 1996, S. 327; LG Mainz in AG 2002, S. 247; LG Nürnberg-Fürth in AG 1995, S. 141; Altmeppen in MK AktG, § 293 Rn. 80, § 293a Rn. 65–71, § 293f Rn. 11, § 293g Rn. 22–24; Bilda in MK AktG, § 304 Rn. 199; Emmerich in Emmerich/Habersack AG-/GmbH-KonzR, § 293 Rn. 38b,38c, § 293a Rn. 40,41, § 293f Rn. 11, § 293g Rn. 5,26, § 304 Rn. 82, § 305 Rn. 83; a. M. BGH in NJW 2001, S. 1425,1428, der nunmehr bei einer Verletzung des Informationsrechts bezüglich der Ausgleichs- und Abfindungsregelung § 304 Abs. 3 S. 2, § 305 Abs. 5 S. 1 AktG analog anwenden will; OLG Köln in AG 2004, S. 39; LG Düsseldorf in ZIP 2004, S. 1755; Hirte in ZGR 1994, S. 644 (659f.), ZHR 2003, S. 8ff.; Koppensteiner in KK AktG, § 293 Rn. 53, § 293a Rn. 48,49, § 293f Rn. 16§ 293g Rn. 24, § 305 Rn. 138; Hüffer, § 243 Rn. 18a,18b, § 293 Rn. 16, § 293g Rn. 4, § 304 Rn. 21, § 305 Rn. 29

375 KG in NZG 1999, S. 1102; Emmerich in Emmerich/Habersack AG-/GmbH-KonzR, § 293 Rn. 2,15; Hüffer, § 293 Rn. 1,12,21,24

deutsche AG oder KGaA bzw. die verpflichtete deutsche AG oder KGaA geltenden gesetzlichen und statuarischen Regelungen ermöglicht[376].

Bei einem nationalen und rechtsformeinheitlichen Unternehmensvertrag zwischen zwei beteiligten deutschen AG oder KGaA sowie bei einem internationalen oder rechtsformgemischten Unternehmensvertrag mit einer verpflichteten deutschen AG oder KGaA ist deshalb eine Ausweitung des Anwendungsbereichs der §§ 41, 42, 45c UmwG und damit eine Einschränkung des Anwendungsbereichs der §§ 293a, 293f, 293g Abs. 1, 2 S. 1, Abs. 3 AktG seitens jeder beteiligten deutschen AG oder KGaA bzw. seitens der verpflichteten deutschen AG oder KGaA bezüglich einer Versammlung der Aktionäre bzw. Kommanditaktionäre nicht durch das Prinzip des Umkehrschlusses oder das Prinzip der Rechtssicherheit verboten. Insoweit ist ein Vervollständigungsverbot zu verneinen.

Bei einem nationalen und rechtsformeinheitlichen Unternehmensvertrag zwischen zwei beteiligten deutschen AG oder KGaA sowie bei einem internationalen oder rechtsformgemischten Unternehmensvertrag mit einer verpflichteten deutschen AG oder KGaA wird dementsprechend zwar – das Vorliegen der sonstigen Anwendungsvoraussetzungen unterstellt – nicht der Anwendungsbereich der §§ 293b – 293e AktG durch eine Vervollständigung des Gesetzes infolge einer Analogie zu der Ausnahmevorschrift der § 44 S. 1, § 43 Abs. 2, § 45e S. 2, § 45d Abs. 2 UmwG und somit einer Reduktion dieser Informationsvorschriften[377], aber der Anwendungsbereich der §§ 293a, 293f, 293g Abs. 1, 2 S. 1, Abs. 3 AktG durch eine Vervollständigung des Gesetzes infolge einer Analogie zu der Ausnahmevorschrift der §§ 42, 42, 45c UmwG und somit einer Reduktion dieser Informationsvorschriften, wenn alle Aktionäre bzw. Kommanditaktionäre geschäftsführungsbefugt sind, seitens jeder beteiligten deutschen AG oder KGaA bzw. seitens der verpflichteten deutschen AG oder KGaA bezüglich einer Versammlung der Aktionäre bzw. Kommanditaktionäre eingeschränkt. Dies gilt gleichgültig, ob die Zustimmung einzelner Aktionäre bzw. Kommanditaktionäre zu dem Unternehmensvertrag entbehrlich oder die Vertragszustimmung aller Aktionäre bzw. Kommanditaktionäre erforderlich ist.

---

376 Anders für den Ausschluss einzelner GmbH-Gesellschafter Ihrig in Semler/Stengel, § 41 Rn. 3

377 Die Ausdehnung der einschränkenden Norm im Wege der Analogie bedeutet die Einschränkung der einzuschränkenden Norm im Wege der Reduktion. Analogie und Reduktion ergänzen sich (vgl. Larenz, S. 381f.).

2.2. Analogie zu den §§ 293a – 293g Abs. 1, 2 S. 1, Abs. 3 AktG bezüglich einer Versammlung der Aktionäre bzw. Kommanditaktionäre

2.2.1. Bejahen einer Gesetzeslücke

2.2.1.1. Erwerb von bedeutsamen Informationen

- Durch einen Abschluss eines Beherrschungs- und/oder Gewinnabführungsvertrags mit einem verpflichteten Unternehmensträger sonstiger Nationalität oder Rechtsform muss zwar gemäß § 304 Abs. 1, 2, § 305 Abs. 1 – 3 AktG keine angemessene Ausgleichs- und Abfindungspflicht einer berechtigten deutschen AG oder KGaA gegenüber außenstehenden Anteilsinhabern des verpflichteten Unternehmensträgers sonstiger Nationalität oder Rechtsform begründet werden[378]. Denn diese Vorschriften erfassen entsprechend des § 291 Abs. 1 AktG[379] nicht alle Beherrschungs- und Gewinnabführungsverträge mit einer berechtigten deutschen AG oder KGaA, sondern nur nationale und rechtsformeinheitliche Beherrschungs- und Gewinnabführungsverträge mit einer berechtigten deutschen AG oder KGaA. Durch einen Abschluss eines Beherrschungs- und/oder Gewinnabführungsvertrags mit einem verpflichteten Unternehmensträger sonstiger Nationalität oder Rechtsform muss aber analog § 304 Abs. 1, 2, § 305 Abs. 1 – 3 AktG grundsätzlich eine angemessene Ausgleichs- und Abfindungspflicht einer berechtigten deutschen AG oder KGaA gegenüber außenstehenden Anteilsinhabern des verpflichteten Unternehmensträgers sonstiger Nationalität oder Rechtsform begründet werden, wenn dieser ein deutscher Verein[380] bzw. eine deutsche Genossenschaft[381], GmbH[382] oder Personengesellschaft[383] ist. Dies gilt zumindest dann, wenn

---

378 Emmerich in Emmerich/Habersack AG-/GmbH-KonzR, Vorb. § 291 Rn. 6, § 304 Rn. 8, § 305 Rn. 9; Hüffer, § 291 Rn. 5,23, § 304 Rn. 2,6, § 305 Rn. 2

379 Vgl. II. T. I. Kap. I. Absch. 1.

380 Ebenso für verpflichtete deutsche rechtsfähige Vereine Sprengel, S. 237ff.; anders für verpflichtete deutsche VVaG Müller-Wiedenhorn, S. 189

381 Ebenso Beuthien, § 1 Rn. 112; v. Detten, S. 122ff.; Koppensteiner in KK AktG, Vorb. § 291 Rn. 177; Reul, S. 229f.

382 Ebenso (zumindest bei einer eingreifenden statuarischen Mehrheitsklausel) Altmeppen in Roth/Altmeppen, Anh. § 13 Rn. 87–89; Emmerich in Emmerich/Habersack AG-/GmbH-KonzR, § 304 Rn. 11,12, Scholz, Anh. § 44 Rn. 143–147,158–162; Flume in DB 1989, S. 665 (666); Kleindiek in ZIP 1988, S. 613 (617f.); Körfer/Selzer in GmbHR 1997, S. 285 (290); Koppensteiner in KK AktG, Vorb. § 291 Rn. 172, Rowedder/Schmidt-Leithoff, Anh. § 52 Rn. 58,59; Kort, S. 149ff,157ff.; Lutter/Hommelhoff in Lutter/Hommelhoff, Anh. § 13 Rn. 53,55–57; Priester in ZGR 1986, S. 151 (177); Sonnenschein, S. 369ff.; Richter/Stengel in DB 1993,

nicht alle Anteilsinhaber des verpflichteten Unternehmensträgers zustimmungspflichtig sind. Denn durch einen Abschluss eines internationalen oder rechtsformgemischten Beherrschungs- und/oder Gewinnabführungsvertrags wird zunächst ebenso wie durch einen Abschluss eines nationalen und rechtsformeinheitlichen Beherrschungs- und/oder Gewinnabführungsvertrags in die Vermögens- und Verwaltungsrechte der außenstehenden Anteilsinhaber des verpflichteten Unternehmensträgers erheblich eingegriffen. Zum einen wird das Gewinnbezugsrecht der außenstehenden Anteilsinhaber des verpflichteten Unternehmensträgers durch das Weisungs- und/oder Gewinnbezugsrecht einer berechtigten deutschen AG oder KGaA beeinträchtigt bzw. ausgehöhlt. Zum anderen wird das Stimmrecht der außenstehenden Anteilsinhaber des verpflichteten Unternehmensträgers hinsichtlich der Geschäftsführung und/oder Gewinnverwendung durch das Weisungs- und/oder Gewinnbezugsrecht einer berechtigten deutschen AG oder KGaA beeinträchtigt bzw. ausgehöhlt[384]. Durch die Anwendung allgemeiner Rechtsschutzinstitute werden die außenstehenden Anteilsinhaber eines verpflichteten deutschen Unternehmensträgers genannter Rechtsform weiterhin ebenso unzureichend wie die außenstehenden Aktionäre bzw. Kommanditaktionäre einer verpflichteten deutschen AG oder KGaA für den erheblichen Eingriff in ihre Vermögens- und Verwaltungsrechte entschädigt. Zum einen haben die außenstehenden Anteilsinhaber eines verpflichteten deutschen Unternehmensträgers genannter Rechtsform lediglich ein allgemeines Austrittsrecht und kein allgemeines Ausgleichsrecht. Zum anderen haben die außenstehenden Anteilsinhaber allenfalls ein allgemeines Abfindungsrecht gegenüber einem verpflichteten deutschen Unternehmensträger genannter Rechtsform und kein allgemeines

---

S. 1861 (1862ff.); Timm in ZGR 1987, S. 403 (431); Zöllner in Baumbach/Hueck, Schlussanh. I Rn. 47; anders (wegen des angeblich stets geltenden gesetzlichen Einstimmigkeitsprinzips) BGH in NJW 1989, S. 295; Gutbrod in BB 1980, S. 288 (290f.); Ulmer in Hachenburg, Anh. § 77 Rn. 211–214,224; Zeidler in Michalski, Syst. Darst. 4 Rn. 77,78;

383 Ebenso Baumgartl, S. 123f.; Gekeler, S. 211; anders (wegen des angeblich stets geltenden gesetzlichen Einstimmigkeitsprinzips) Emmerich in Heymann, Anh. § 105 Rn. 23; Kleindiek, S. 219ff.; Lange in Ebenroth/Boujong/Joost, Anh. § 105 Rn. 45; Löffler, S. 116f.; Martens in Schlegelberger, Anh. § 105 Rn. 42; Mülbert in MK HGB, KonzR Rn. 274; Reuter in AG 1986, S. 130 (138); Ulmer in Staub, Anh. § 105 Rn. 77

384 Altmeppen in MK AktG, § 291 Rn. 25–28,226,228–230, § 308 Rn. 32,33; Emmerich in Emmerich/Habersack AG-/GmbH-KonzR, § 291 Rn. 25,26,75,76, § 308 Rn. 17; Hüffer, § 291 Rn. 2,17,36,37, § 308 Rn. 7; Veil, S. 184,200ff.

Abfindungsrecht gegenüber einer berechtigten deutschen AG oder KGaA[385]. Durch die Wahrnehmung sonstiger Selbstschutzmöglichkeiten können die außenstehenden Anteilsinhaber eines verpflichteten deutschen Unternehmensträgers genannter Rechtsform schließlich ebenso wie die außenstehenden Aktionäre bzw. Kommanditaktionäre einer verpflichteten deutschen AG oder KGaA für den erheblichen Eingriff in ihre Vermögens- und Verwaltungsrechte eine ausreichende Entschädigung zumindest dann nicht erzwingen, wenn einzelne Anteilsinhaber des verpflichteten Unternehmensträgers aufgrund einer eingreifenden statuarischen Mehrheitsklausel oder des geltenden gesetzlichen Mehrheitsprinzips nicht zustimmungspflichtig sind[386]. Gegenüber außenstehenden Anteilsinhabern eines verpflichteten nichtdeutschen Rechtsträgers bzw. einer deutschen Gebietskörperschaft, Anstalt oder Stiftung ist eine berechtigte deutsche AG oder KGaA auch analog § 304 Abs. 1, 2, § 305 Abs. 1 – 3 AktG nicht angemessen ausgleichs- und abfindungspflichtig[387]. Denn während der Schutz außenstehender Anteilsinhaber nichtdeutscher Rechtsträger nicht dem inländischen Konzernrecht obliegt[388], besitzen deutsche Gebietskörperschaften, Anstalten und Stiftungen überhaupt keine Anteilsinhaber und damit auch keine schutzbedürftigen außenstehenden Anteilsinhaber[389].

Eine vergleichbare Ausgleichs- und Abfindungspflicht einer berechtigten deutschen AG oder KGaA kann außerdem bzw. allerdings durch Regelungen

---

385 Vgl. für deutsche rechtsfähige Vereine Hadding in Soergel, § 39 Rn. 2,9; Heinrichs in Palandt, § 39 Rn. 1,4; für deutsche eG Beuthien, § 65 Rn. 2,11, § 73 Rn. 2,4–6; Müller, § 65 Rn. 15–19, § 73 Rn. 2,12,13; für deutsche GmbH OLG Hamm in GmbHR 1993, S. 656; OLG München in WM 1990, S. 556; Altmeppen in Roth/Altmeppen, Anh. § 13 Rn. 87; Hueck/Fastrich in Baumbach/Hueck, Anh. § 34 Rn. 15–19,21; Lutter/Hommelhoff in Lutter/Hommelhoff, Anh. § 13 Rn. 56, § 34 Rn. 43–45,49–51; für deutsche Personengesellschaften Hopt in Baumbach/Hopt § 131 Rn. 37,48,49,54, § 133 Rn. 1,2,5–11; Schmidt in MK HGB, § 131 Rn. 125–129, § 133 Rn. 1,3, 11–39; Sprau in Palandt, § 723 Rn. 1,3,4, § 738 Rn. 1,3–5; Ulmer in MK BGB, § 723 Rn. 1–4,18–25, § 738 Rn. 1,6,9–12, § 9 PartGG Rn. 5,8

386 Für verpflichtete deutsche GmbH Altmeppen in Roth/Altmeppen, Anh. § 13 Rn. 87; Emmerich in Emmerich/Habersack AG-/GmbH-KonzR, § 304 Rn. 11,12, Scholz, Anh. § 44 Rn. 143–147,158–162; Koppensteiner in Rowedder/Schmidt-Leithoff, Anh. § 52 Rn. 58,59; Lutter/Hommelhoff in Lutter/Hommelhoff, Anh. § 13 Rn. 53,55; Zöllner in Baumbach/Hueck, Schlussanh. I Rn. 47

387 Für verpflichtete nichtdeutsche Rechtsträger OLG Frankfurt/Main in AG 1988, S. 267; OLG Hamburg in MDR 1976, S. 402; Altmeppen in MK AktG, Einl. § 291 Rn. 40; § 293 Rn. 121; Emmerich in Emmerich/Habersack AG-/GmbH-KonzR, § 291 Rn. 34; Koppensteiner in KK AktG, Vorb. § 291 Rn. 183, § 293 Rn. 43

388 Vgl. II. T. I. Kap. V. Absch.

389 Vgl. II. T. I. Kap. IV. Absch.

des ausländischen Konzernrechts, die außenstehende Anteilsinhaber des verpflichteten Unternehmensträgers sonstiger Nationalität schützen sollen, oder Regelungen des Unternehmensvertrags, die außenstehende Anteilsinhaber des verpflichteten Unternehmensträgers sonstiger Nationalität oder Rechtsform erzwungen haben, begründet sein[390]. Dies gilt zumindest dann, wenn Anteile an dem verpflichteten Unternehmensträger ausgegeben sind und alle Anteilsinhaber des verpflichteten Unternehmensträgers zustimmungspflichtig sind.

- Durch einen Abschluss eines Beherrschungs- und/oder Gewinnabführungsvertrags mit einem verpflichteten Unternehmensträger sonstiger Nationalität oder Rechtsform wird zwar gemäß § 302 Abs. 1 AktG keine unbeschränkte Verlustausgleichspflicht einer berechtigten deutschen AG oder KGaA gegenüber dem verpflichteten Unternehmensträger sonstiger Nationalität oder Rechtsform begründet[391]. Denn diese Vorschrift erfasst entsprechend des § 291 Abs. 1 AktG nicht alle Beherrschungs- und Gewinnabführungsverträge mit einer berechtigten deutschen AG oder KGaA, sondern nur nationale und rechtsformeinheitliche Beherrschungs- und Gewinnabführungsverträge mit einer berechtigten deutschen AG oder KGaA.

  Durch einen Abschluss eines Beherrschungs- und/oder Gewinnabführungsvertrags mit einem verpflichteten Unternehmensträger sonstiger Nationalität oder Rechtsform wird aber analog § 302 Abs. 1 AktG eine unbeschränkte Verlustausgleichspflicht einer berechtigten deutschen AG oder KGaA gegenüber dem verpflichteten Unternehmensträger sonstiger Nationalität oder Rechtsform begründet, wenn dieser ein deutscher Verein[392] bzw. eine deutsche Genossenschaft[393], GmbH[394] oder Personengesellschaft[395] ist. Denn

---

390 Altmeppen in MK AktG, § 293 Rn. 121; Emmerich in Emmerich/Habersack AG-/GmbH-KonzR, § 293 Rn. 6a; Hüffer, § 293 Rn. 18; Koppensteiner in KK AktG, § 293 Rn. 43

391 Emmerich in Emmerich/Habersack AG-/GmbH-KonzR, Vorb. § 291 Rn. 6, § 302 Rn. 18; Hüffer, § 291 Rn. 5, 23, § 302 Rn. 10

392 Ebenso für verpflichtete deutsche VVaG Müller-Wiedenhorn, S. 187f.; für verpflichtete deutsche rechtsfähige Vereine Emmerich/Habersack KonzR, S. 479; Sprengel, S. 165ff.

393 Ebenso Beuthien, § 1 Rn. 111; v. Detten, S. 114ff.; Emmerich/Habersack KonzR, S. 475; Koppensteiner in KK AktG, Vorb. § 291 Rn. 177; Reul, S. 192ff.; anders Großfeld/Berndt in AG 1998, S. 116 (121f.)

394 Ebenso BGH in NJW 1986, S. 188, NJW 1988, S. 1326, NJW 1989, S. 295, NJW 1992, S. 505, GmbHR 1999, S. 1299, NJW 2002, S. 822; Altmeppen in Roth/Altmeppen, Anh. § 13 Rn. 72,73,75–78; Emmerich in Emmerich/Habersack AG-/GmbH-KonzR, § 302 Rn. 25, Scholz, Anh. § 44 Rn. 187,188,211; Hoffmann-Becking in WiB 1994, S. 57 (61f.); Hommelhoff in WM 1984, S. 1105 (1110); Koppensteiner in KK AktG, Vorb. § 291 Rn. 172, Rowedder/Schmidt-Leithoff, Anh. § 52 Rn. 112; Kort, S. 146ff.; Kurz, S. 65ff.; Lutter/Hommelhoff in Lutter/

durch einen Abschluss eines nationalen und rechtsformgemischten Beherrschungs- und/oder Gewinnabführungsvertrags wird zwar anders als durch einen Abschluss eines nationalen und rechtsformeinheitlichen Beherrschungs- und/oder Gewinnabführungsvertrags eine Vermögensbindung des verpflichteten Unternehmensträgers nicht zugunsten einer berechtigten deutschen AG oder KGaA gelockert, da bei einem verpflichteten deutschen Unternehmensträger genannter Rechtsform anders als bei einer verpflichteten deutschen AG oder KGaA Kapitalerhaltungsregeln entweder nicht vorhanden sind oder nicht überlagert werden. Während bei einer deutschen AG oder KGaA das Grundkapital gemäß §§ 57, 58 Abs. 4, 5 AktG erhalten werden muss[396], fehlen bei einem deutschen rechtsfähigen Verein wegen des Grundsatzes seiner Subsidiarität und bei einer deutschen Personengesellschaft wegen der Haftung ihrer Gesellschafter Vorschriften zur Kapitalerhaltung[397]. Solche bestehen zwar mit dem § 22 Abs. 4 S. 1 GenG bei einer deutschen eG, mit den § 22 Abs. 4 Hs. 1, § 48 Abs. 1 VAG bei einem deutschen VVaG und mit dem § 30 GmbHG bei einer deutschen GmbH[398]. Während bei einer deutschen AG oder KGaA den Leistungen aufgrund eines Beherrschungs- und/oder Gewinnabführungsvertrags gemäß § 291 Abs. 3 AktG die Kapitalerhaltungsvorschriften nicht entgegenstehen[399], gelten bei einer deutschen eG, einem deutschen VVaG und

---

Hommelhoff, Anh. § 13 Rn. 33; Timm in GmbHR 1987, S. 8 (12f.); Ulmer in Hachenburg, Anh. § 77 Rn. 208,222; Zeidler in Michalski, Syst. Darst. 4 Rn. 110–121; Zöllner in Baumbach/Hueck, Schlussanh. I Rn. 77, 78,102, ZGR 1992, S. 173 (192); anders Bitter, S. 386ff., in ZIP 2001, S. 265 (270ff.); Ehricke, S. 430ff.

395 Weitgehend ebenso BGH in NJW 1980, S. 231; Baumgartl, S. 113ff.; Emmerich in Emmerich/Habersack AG-/GmbH-KonzR, § 302 Rn. 25, Heymann, § 105 Rn. 120, Anh. § 105 Rn. 16,17,24; v. Gerkan in Röhricht/v. Westphalen, § 105 Rn. 117; Hopt in Baumbach/Hopt, § 105 Rn. 104,105; Kleindiek, S. 147ff,281ff.; Koppensteiner in KK AktG, Vorb. § 291 Rn. 175; Lange in Ebenroth/Boujong/Joost, Anh. § 105 Rn. 52ff.; Martens in Schlegelberger, Anh. § 105 Rn. 40,41; Mülbert in MK HGB, KonzR Rn. 173–179, 191–198; Reuter in ZHR 1982, S. 1 (21ff.), AG 1986, S. 130 (138); Ulmer in Staub, Anh. § 105 Rn. 71–76; teilweise anders Löffler, S. 97 ff.; U. Schneider in ZGR 1980, S. 511 (540ff.), BB 1981, S. 249 (258f.); Schießl, S. 85ff.

396 Vgl. Bungeroth in Geßler/Hefermehl/Eckardt/Kropff, § 57 Rn. 1,2, § 58 Rn. 115; Eckardt in Geßler/Hefermehl/Eckardt/Kropff, § 1 Rn. 38,39; Hüffer, § 1 Rn. 12, § 57 Rn. 1, § 58 Rn. 5

397 Vgl. BGH in NJW 2002, S. 3024, ZIP 2005, S. 250; Hadding in Soergel, §§ 21,22 Rn. 5,6,51–53; Heinrichs in Palandt, § 21 Rn. 1, § 22 Rn. 1

398 Vgl. Hueck/Fastrich in Baumbach/Hueck, § 30 Rn. 1–3; Lutter/Hommelhoff in Lutter/Hommelhoff, § 30 Rn. 1–3; Beuthien, § 22 Rn. 1,7; Müller, § 22 Rn. 33; Wiegel in Prölss, § 22 Rn. 1,25,26, § 48 Rn. 1,2

399 Altmeppen in MK AktG, § 291 Rn. 226–229; Hüffer, § 291 Rn. 36; Emmerich in Emmerich/Habersack AG-/ GmbH-KonzR, § 291 Rn. 75

einer deutschen GmbH die Kapitalerhaltungsvorschriften mangels analoger Anwendung des § 291 Abs. 3 AktG aber auch für Leistungen aufgrund eines Beherrschungs- und/oder Gewinnabführungsvertrags[400]. Durch einen Abschluss eines nationalen und rechtsformgemischten Beherrschungs- und/oder Gewinnabführungsvertrags wird aber ebenso wie durch einen Abschluss eines nationalen und rechtsformeinheitlichen Beherrschungs- und/oder Gewinnabführungsvertrag die Vermögenssubstanz des verpflichteten Unternehmensträgers zugunsten einer berechtigten deutschen AG oder KGaA gefährdet, da bei einem verpflichteten Unternehmensträger die Leitungsmacht bzw. Geschäftsführungsbefugnis des Geschäftsführungsorgans, ein Weisungsrecht der Gesellschafter- bzw. Mitgliedergesamtheit bezüglich der Geschäftsführung und/ oder die Zuständigkeit der Gesellschafter- bzw. Mitgliedergesamtheit bezüglich der Gewinnverwendung durch das Weisungs- und/oder das Gewinnbezugsrecht einer berechtigten deutschen AG oder KGaA überlagert wird[401]. Nicht nur bei einer verpflichteten deutschen AG oder KGaA, sondern auch bei einem verpflichteten Unternehmensträger sonstiger Nationalität oder Rechtsform kann also aufgrund eines Beherrschungs- und/oder Gewinnabführungsvertrags die Entstehung eines Gewinns verhindert, ein Gewinn verlagert, die Bildung einer freiwilligen Rücklage unterbunden, eine freiwillige Rücklage aufgelöst und auf sonstige Weise in die Substanz eingegriffen werden[402]. Dies ist für die Begründung einer unbeschränkten Verlustausgleichspflicht einer berechtigten deutschen AG oder KGaA in analoger Anwendung des § 302 Abs. 1 AktG ausreichend. Denn die gemäß § 302 Abs. 1 AktG begründete unbeschränkte Verlustausgleichspflicht einer berechtigten deutschen AG oder KGaA dient nicht nur als Ersatz für die gelockerte Vermögensbindung dem Schutz der Gläubiger einer verpflichteten deutschen AG oder KGaA[403]; sie unterstützt auch den Erhalt der gefährdeten Vermögenssubstanz im Interesse

400 Für verpflichtete deutsche GmbH Brandes in FS Kellermann, S. 25 (32f.); Emmerich in Scholz, Anh. § 44 Rn. 184; Sonnenschein, S. 345; Zöllner in Baumbach/Hueck, Schlussanh. I Rn. 77; a. M. Hommelhoff in WM 1984, S. 1105 (1112ff.)

401 Nachw. in Fn. 384

402 Vgl. II. T. I. Kap. I. Absch. 2.1.1.4.2.

403 Vgl. BGH in NJW 1988, S. 1326, NJW 1989, S. 1800, NJW 1991, S. 3142; Altmeppen in MK AktG, § 302 Rn. 8,9; Assmann in JZ 1986, S. 928 (935); Brandes in FS Kellermann, S. 25 (26f.); Emmerich in Emmerich/Habersack AG-/GmbH-KonzR, § 302 Rn. 17; Henze, Tz. 338f.; Hüffer, § 302 Rn. 2,3; Kleindiek, S. 141ff.; Koppensteiner in KK AktG, § 302 Rn. 9; Reuter in ZHR 1982, S. 1 (21), AG 1986, S. 130 (134); Sonnenschein/Holdorf in JZ 1992, S. 715 (718ff.); Stimpel in FS Goerdeler, S. 601 (614ff.,620), ZGR 1991, S. 144 (151ff.); Ulmer in AG 1986, S. 123 (126), NJW 1986, S. 1579 (1584)

der außenstehenden Aktionäre bzw. Kommanditaktionäre einer verpflichteten deutschen AG oder KGaA[404]. Es entspricht außerdem den §§ 670, 683 BGB, auf die der § 302 Abs. 1 AktG zurückgeht[405], und dem Billigkeitsgrundsatz[406], dass im Vertragskonzern die Obergesellschaft unabhängig von der Rechtsform der Untergesellschaft das unternehmerische Risiko trägt, da sie auch über die unternehmerische Leistungsmacht verfügt und die unternehmerische Chance besitzt. Dies gilt selbst dann, wenn das Weisungsrecht einer berechtigten deutschen AG oder KGaA aufgrund der Rechtsform des verpflichteten Unternehmensträgers durch dessen Ziele und Interessen beschränkt ist[407]. Denn auch eine Beschränkung des Weisungsrechts gemäß § 308 Abs. 1 S. 2 AktG durch die Ziele und Interessen einer verpflichteten deutschen AG oder KGaA ändert nichts an der Begründung der unbeschränkten Verlustausgleichspflicht gemäß § 302 Abs. 1 AktG[408]. Gegenüber einem verpflichteten nichtdeutschen Rechtsträger oder einer verpflichteten deutschen Gebietskörperschaft, Anstalt oder Stiftung ist eine berechtigte deutsche AG oder KGaA auch analog § 302 Abs. 1 AktG nicht unbeschränkt verlustausgleichspflichtig[409]. Denn während der Schutz nichtdeutscher Rechtsträger und damit ihrer außenstehenden Anteilsinhaber nicht dem inländischen Konzernrecht obliegt, besitzen deutsche Gebietskörperschaften, Anstalten und Stiftungen keine Anteilsinhaber und sind damit nicht schutzbedürftig.
Eine vergleichbare Verlustausgleichspflicht einer berechtigten deutschen AG oder KGaA kann außerdem bzw. allerdings durch Regelungen des ausländischen Konzernrechts, die den verpflichteten Unternehmensträger sonstiger Nationalität schützen sollen, oder Regelungen des Unternehmensvertrags, die

404 Vgl. Begr. zum RegE bei Kropff AktG, S. 391; BGH in NJW 1992, S. 505; Basten in GmbHR 1990, S. 442 (445 ff.); Baumgartl, S. 113ff.; Bitter, S. 386ff.; Altmeppen in MK AktG, § 302 Rn. 10,11; Drüke, S. 175ff.; Emmerich in Emmerich/Habersack AG-/GmbH-KonzR, § 302 Rn. 16; Hommelhoff in FS Goerdeler, S. 221 (226ff.); Hüffer, § 302 Rn. 2,3; Koppensteiner in KK AktG, § 302 Rn. 4–8; Limmer, S. 295ff.; Mülbert, S. 187f.; Müller in FS Rowedder, S. 277 (279ff.); Schmidt in ZGR 1983, S. 513 (515); Sonnenschein, S. 331

405 Altmeppen in MK AktG, § 302 Rn. 12; Emmerich in Emmerich/Habersack AG-/GmbH-KonzR, § 302 Rn. 17, GS Sonnenschein, S. 651 (654ff.); Wilhelm in DB 1986, S. 2113 (2116); a. M. Koppensteiner in KK AktG, § 302 Rn. 10; Wimmer-Leonhardt, S. 17ff.

406 Koppensteiner in KK AktG, § 302 Rn. 5,6

407 Für verpflichtete deutsche eG v. Detten, S. 114ff.; Reul, S. 192ff.

408 Koppensteiner in KK AktG, § 302 Rn. 9

409 Für verpflichtete nichtdeutsche Rechtsträger OLG Frankfurt/Main in AG 1988, S. 267; OLG Hamburg in MDR 1976, S. 402; Altmeppen in MK AktG, Einl. § 291 Rn. 40; § 293 Rn. 121; Emmerich in Emmerich/Habersack AG-/GmbH-KonzR, § 291 Rn. 34; Koppensteiner in KK AktG, Vorb. § 291 Rn. 183, § 293 Rn. 43

der verpflichtete Unternehmensträger sonstiger Nationalität oder Rechtsform erzwungen hat, begründet sein[410].

- Bei einem Abschluss eines Beherrschungs- und/oder Gewinnabführungsvertrags mit einem verpflichteten Unternehmensträger sonstiger Nationalität oder Rechtsform kann folglich zwar nicht gemäß, aber analog §§ 293e, 293a AktG für eine berechtigte deutsche AG oder KGaA und einen verpflichteten Unternehmensträger sonstiger Nationalität oder Rechtsform grundsätzlich ein Vertragsprüfbericht und ein Vertragsbericht oder zumindest ein Vertragsbericht schriftlich erstattet werden, wenn dieser ein deutscher Verein bzw. eine deutsche Genossenschaft, GmbH oder Personengesellschaft ist. Ein verpflichteter Unternehmensträger anderer Nationalität oder Rechtsform ist weder gemäß, noch analog diesen Vorschriften prüfberichts- und/oder berichtspflichtig. Für einen solchen kann lediglich aus den Regelungen des ausländischen Konzernrechts bzw. den Regelungen des öffentlichen Aufsichtsrechts ausnahmsweise eine vergleichbare Prüfberichts- und/oder Berichtspflicht folgen[411].
- Ein Beherrschungs- und/oder Gewinnabführungsvertrag mit einem verpflichteten Unternehmensträger sonstiger Nationalität oder Rechtsform muss zwar nicht gemäß § 293 Abs. 3 AktG schriftlich abgeschlossen werden. Denn diese Vorschrift erfasst entsprechend des § 291 Abs. 1 AktG nicht alle Beherrschungs- und Gewinnabführungsverträge mit einer berechtigten deutschen AG oder KGaA, sondern nur nationale und rechtsformeinheitliche Beherrschungs- und Gewinnabführungsverträge mit einer berechtigten deutschen AG oder KGaA.

  Ein Beherrschungs- und/oder Gewinnabführungsvertrag mit einem verpflichteten Unternehmensträger sonstiger Nationalität oder Rechtsform muss aber analog § 293 Abs. 3 AktG schriftlich abgeschlossen werden, wenn eine berechtigte deutsche AG oder KGaA zur angemessenen Anteilsabfindung gegenüber außenstehenden Anteilsinhabern des verpflichteten Unternehmensträgers sonstiger Nationalität bzw. Rechtsform und/oder zum unbeschränkten Verlustausgleich gegenüber dem verpflichteten Unternehmensträger sonstiger Nationalität bzw. Rechtsform verpflichtet wird[412]. Denn das Formerfordernis

---

410 Altmeppen in MK AktG, § 293 Rn. 121; Emmerich in Emmerich/Habersack AG-/GmbH-KonzR, § 293 Rn. 6a; Hüffer, § 293 Rn. 18; Koppensteiner in KK AktG, § 293 Rn. 43

411 Vgl. II. T. I. Kap. I. Absch. 2.1.1.1.

412 Dies gilt gleichgültig, ob die angemessene Anteilsabfindungs- und/oder unbeschränkte Verlustausgleichspflicht gesetzlich oder vertraglich begründet wird. Es ist auch unerheblich, ob die § 304 Abs. 1, 2, § 305 Abs. 1 – 3 AktG, § 302 Abs. 1 des deutschen AktG oder Regelungen des ausländischen Konzernrechts zur Anwendung kommen.

des § 293 Abs. 3 AktG folgt den Zustimmungserfordernissen des § 293 Abs. 1 AktG und des § 293 Abs. 2 AktG für die Hauptversammlungen beider beteiligten deutschen AG oder KGaA bei einem Abschluss eines nationalen und rechtsformeinheitlichen Beherrschungs- und/oder Gewinnabführungsvertrags nach[413]. Dementsprechend sind Abschriften eines abgeschlossenen nationalen und rechtsformeinheitlichen Beherrschungs- und/oder Gewinnabführungsvertrags gemäß § 293f Abs. 1 Nr. 1, § 293g Abs. 1 AktG in den Geschäfts- und Versammlungsräumen beider beteiligten deutschen AG oder KGaA auszulegen sowie gemäß § 293f Abs. 1 Nr. 1, Abs. 2 AktG den Aktionären bzw. Kommanditaktionären beider beteiligten deutschen AG oder KGaA zu erteilen[414]. Das Formerfordernis des § 293 Abs. 3 AktG dient also zunächst dem Schutz der Aktionäre bzw. Kommanditaktionäre einer berechtigten deutschen AG oder KGaA eventuell ebenso wie dem Schutz der Aktionäre bzw. Kommanditaktionäre einer verpflichteten deutschen AG oder KGaA. Auch müssen die Aktionäre bzw. Kommanditaktionäre einer berechtigten deutschen AG oder KGaA einem Abschluss eines internationalen oder rechtsformgemischten Beherrschungs- und/oder Gewinnabführungsvertrags, wenn die berechtigte deutsche AG oder KGaA zur angemessenen Anteilsabfindung gegenüber außenstehenden Anteilsinhabern des verpflichteten Unternehmensträgers sonstiger Nationalität bzw. Rechtsform und/oder zum unbeschränkten Verlustausgleich gegenüber dem verpflichteten Unternehmensträger sonstiger Nationalität bzw. Rechtsform verpflichtet wird, analog § 293 Abs. 2 AktG ebenso wie einem Abschluss eines nationalen und rechtsformeinheitlichen Beherrschungs- und/oder Gewinnabführungsvertrag gemäß § 293 Abs. 2 AktG zustimmen[415]. Die Aktionäre bzw. Kommanditaktionäre einer berechtigten deutschen AG oder KGaA bedürfen des Schutzes des Formerfordernisses des § 293 Abs. 3 AktG also zudem bei einem Abschluss eines internationalen oder rechtsformgemischten Beherrschungs- und/oder Gewinnabführungsvertrags eventuell ebenso wie bei einem Abschluss eines nationalen und rechtsformeinheitlichen Beherrschungs- und/oder Gewinnabführungsvertrags.

- Vor einem Abschluss eines Beherrschungs- und/oder Gewinnabführungsvertrags mit einem verpflichteten Unternehmensträger sonstiger Nationalität oder Rechtsform muss nach dem Dritten Buch des HGB und dem PublG für eine berechtigte deutsche AG oder KGaA und den verpflichteten Unternehmens-

413 Vgl. Emmerich in Emmerich/Habersack AG-/GmbH-KonzR, § 293 Rn. 4–6,23,36; Hüffer, § 293 Rn. 2,3,17,18

414 Vgl. Emmerich in Emmerich/Habersack AG-/GmbH-KonzR, § 293f Rn. 1,3, § 293g Rn. 1,3; Hüffer, § 293f Rn. 1,2, § 293g Rn. 1

415 Vgl. II. T. I. Kap. I. Absch. 2.2.1.2.

träger sonstiger Nationalität oder Rechtsform jedes Geschäftsjahr ein Jahresabschluss und ein Lagebericht oder zumindest ein Jahresabschluss schriftlich erstellt werden, wenn dieser ein deutscher großer Wirtschaftsverein oder Versicherungsverein bzw. eine deutsche Genossenschaft, Kapitalgesellschaft, Personenhandelsgesellschaft, große Wirtschaftsgebietskörperschaft, große Wirtschaftsanstalt oder große Wirtschaftsstiftung ist. Ein verpflichteter Unternehmensträger anderer Nationalität, Größe oder Rechtsform ist nach dem Dritten Buch des HGB und dem PublG weder erweitert, noch eingeschränkt bilanzierungspflichtig. Für einen solchen wird allerdings nach den Regelungen des ausländischen nationalen Handels- oder Publizitätsrechts bzw. gemäß § 1 Abs. 4 PartGG, § 713, § 27 Abs. 3, §§ 666, 259, 260 BGB grundsätzlich zumindest eine beschränkte Rechnungslegungspflicht bestehen[416].

Erstens ist damit festzustellen, dass bei einem Abschluss eines Beherrschungs- und/oder Gewinnabführungsvertrags mit einem verpflichteten Unternehmensträger sonstiger Nationalität oder Rechtsform, durch den eine berechtigte deutsche AG oder KGaA angemessen ausgleichs- und abfindungspflichtig wird, seitens der berechtigten deutschen AG oder KGaA vor und in einer Versammlung der Aktionäre bzw. Kommanditaktionäre Informationsgegenstände, auf die sich die Informationsvorschriften der §§ 293b – 293e AktG inhaltlich erstrecken, und Informationsgegenstände, auf die sich die Informationsvorschriften der §§ 293a, 293f, 293g Abs. 1, 2 S. 1, Abs. 3 AktG inhaltlich erstrecken, vorhanden sein können. Bei einem Abschluss eines sonstigen Beherrschungs- und/oder Gewinnabführungsvertrags mit einem verpflichteten Unternehmensträger sonstiger Nationalität oder Rechtsform können zwar überhaupt keine Informationsgegenstände, auf die sich die Informationsvorschriften der §§ 293b – 293e AktG inhaltlich erstrecken, aber zumindest einige Informationsgegenstände, auf die sich die Informationsvorschriften der §§ 293a, 293f, 293g Abs. 1, 2 S. 1, Abs. 3 AktG inhaltlich erstrecken, vorhanden sein. Bei einem internationalen oder rechtsformgemischten Unternehmensvertrag mit einer berechtigten deutschen AG oder KGaA, durch den diese angemessen ausgleichs- und abfindungspflichtig wird, sind daher zweckgemäß seitens der berechtigten deutschen AG oder KGaA vor und in einer Versammlung der Aktionäre bzw. Kommanditaktionäre durch die Anwendung der Informationsvorschriften der §§ 293b – 293e AktG und durch die Anwendung der Informationsvorschriften der §§ 293a, 293f, 293g Abs. 1, 2 S. 1, Abs. 3 AktG bedeutsame Informationen zu erwerben. Bei einem sonstigen internationalen oder rechtsformgemischten Unternehmensvertrag mit einer berechtigten deutschen AG oder KGaA sind ebenfalls zweckgemäß zwar nicht durch die Anwendung der Informationsvorschriften der §§ 293b – 293e AktG,

416 Vgl. II. T. I. Kap. I. Absch. 2.1.1.1.

aber durch die Anwendung der Informationsvorschriften der §§ 293a, 293f, 293g Abs. 1, 2 S. 1, Abs. 3 AktG bedeutsame Informationen zu erwerben.

2.2.1.2. Erwerb von verstärkten Rechten

- Einem Abschluss eines Beherrschungs- und/oder Gewinnabführungsvertrags mit einem verpflichteten Unternehmensträger sonstiger Nationalität oder Rechtsform müssen die Aktionäre bzw. Kommanditaktionäre einer berechtigten deutschen AG oder KGaA zwar nicht gemäß § 293 Abs. 2 S. 1 AktG zustimmen. Denn diese Vorschrift erfasst entsprechend des § 291 Abs. 1 AktG[417] nicht alle Beherrschungs- und/oder Gewinnabführungsverträge mit einer berechtigten deutschen AG oder KGaA, sondern nur nationale und rechtsformeinheitliche Beherrschungs- und/oder Gewinnabführungsverträge mit einer berechtigten deutschen AG oder KGaA.
- Einem Abschluss eines Beherrschungs- und/oder Gewinnabführungsvertrags mit einem verpflichteten Unternehmensträger sonstiger Nationalität oder Rechtsform müssen die Aktionäre bzw. Kommanditaktionäre einer berechtigten deutschen AG oder KGaA aber analog § 293 Abs. 2 S. 1 AktG zustimmen, wenn diese zur angemessenen Anteilsabfindung gegenüber außenstehenden Anteilsinhabern des verpflichteten Unternehmensträgers sonstiger Nationalität bzw. Rechtform und/oder zum unbeschränkten Verlustausgleich gegenüber dem verpflichteten Unternehmensträger sonstiger Nationalität bzw. Rechtsform verpflichtet wird[418]. Denn ein Abschluss eines solchen internatio-

---

417 Vgl. II. T. I. Kap. I. Absch. 1.

418 Dies gilt gleichgültig, ob die angemessene Anteilssabfindungs- und/oder unbeschränkte Verlustausgleichspflicht gesetzlich oder vertraglich begründet wird. Es ist auch unerheblich, ob die § 304 Abs. 1, 2, § 305 Abs. 1 – 3 AktG, § 302 Abs. 1 des deutschen AktG oder Regelungen des ausländischen Konzernrechts zur Anwendung kommen; für rechtsformgemischte Beherrschungs- und/oder Gewinnabführungsverträge mit einer verpflichteten deutschen GmbH ebenso BGH in NJW 1992, S. 1452; Emmerich in Emmerich/Habersack AG-/GmbH-KonzR, § 293 Rn. 46; Hoffmann-Becking in WiB 1994, S. 57 (60); Hüffer, § 293 Rn. 17; Koppensteiner in KK AktG, § 293 Rn. 42, Rowedder/Schmidt-Leithoff, Anh. § 52 Rn. 65; anders OLG Düsseldorf in WM 1991, S. 2103; Altmeppen in MK AktG, § 293 Rn. 98,100, ZIP 1998, S. 1853 (1858f.) der wohl lediglich eine angemessene Anteilsabfindungspflicht ausreichen lassen will; Gäbelein in GmbHR 1992, S. 786 (788); E. Vetter in AG 1993, S. 168 (169ff.); für sonstige rechtsformgemischte Beherrschungs- und/oder Gewinnabführungsverträge ebenso Koppensteiner in KK AktG, § 293 Rn. 42, Fn. 132; für internationale Beherrschungs- und/oder Gewinnabführungsverträge ebenso Hüffer, § 293 Rn. 18; Emmerich in Emmerich/Habersack AG-/GmbH-KonzR, § 293 Rn. 6a; Koppensteiner S. 268, in KK AktG, § 293 Rn. 43; Krieger in MHb AG, § 70 Rn. 22; Wiedemann GesR I, S. 807; anders Altmeppen in MK

nalen oder rechtsformgemischten Beherrschungs- und/oder Gewinnabführungsvertrags führt ebenso wie ein Abschluss eines nationalen und rechtsformeinheitlichen Beherrschungs- und/oder Gewinnabführungsvertrags zu einer Veränderung der Beteiligungsverhältnisse in der berechtigten deutschen AG bzw. KGaA und/oder zu einer erheblichen Gefährdung der Vermögenssubstanz der berechtigten deutschen AG bzw. KGaA[419]. Dieser zählt damit ebenso wie jener und die sonstige Begründung eines besonderen Risikos zumindest zu den außergewöhnlichen Geschäftsführungsmaßnahmen einer berechtigten deutschen AG oder KGaA. Außergewöhnliche Geschäftsführungsmaßnahmen obliegen zwar grundsätzlich nicht den Aktionären. Denn das AktG enthält keine entsprechende Beschränkung der Geschäftsführungsbefugnis des Vorstands. Die Begründung einer unbeschränkten Verlustausgleichspflicht genügt aber genauso wie die Begründung einer angemessenen Anteilsabfindungspflicht, um die Wirksamkeit eines internationalen oder rechtsformgemischten Beherrschungs- und/oder Gewinnabführungsvertrags genauso wie die Wirksamkeit eines nationalen und rechtsformeinheitlichen Beherrschungs- und/oder Gewinnabführungsvertrags von der Zustimmung der Hauptversammlung der berechtigten deutschen AG oder KGaA abhängig zu machen. Denn zunächst wird in der Begründung des Referentenentwurfs zu § 236 GmbHG 1969 und in der Begründung des Regierungsentwurfs zu § 232 GmbHG 1971 die durch § 305 Abs. 1 – 3 AktG begründete Verpflichtung der berechtigten deutschen AG oder KGaA, die außenstehenden Aktionäre bzw. Kommanditaktionäre der verpflichteten deutschen AG oder KGaA mit eigene Aktien abzufinden, zwar als einziges Motiv für die Regelung des § 293 Abs. 2 AktG angesehen. Sonstige Verpflichtungen, insbesondere die durch § 302 Abs. 1 AktG begründete Verpflichtung der berechtigten deutschen AG oder KGaA, die Verluste der verpflichteten deutschen AG oder KGaA ohne Beschränkung auszugleichen, werden nicht als zureichender Grund für die Regelung des § 293 Abs. 2 AktG anerkannt[420]. Dies stellt aber lediglich eine fehlerhafte Interpretation der Normvorstellung des Gesetzgebers dar[421]. Nach der Begründung des Regierungsentwurfs zu § 282 AktG a. F. beruht das Zustimmungserfordernis nämlich auf allen Belastungen, denen die berechtigte deutsche AG oder KGaA durch einen Beherrschungs- und/oder Gewinnabführungsvertrag unterworfen wird, also auf der Verlustausgleichspflicht ge-

---

AktG, § 293 Rn. 121, der lediglich eine angemessene Anteilsabfindungspflicht ausreichen lassen will

419 Vgl. II. T. I. Kap. I. Absch. 2.1.1.4.2.

420 BT-Drucks. 7/253, S. 211

421 Koppensteiner in KK AktG, § 293 Fn. 127; a. M. Altmeppen in MK AktG, § 293 Rn. 104, in ZIP 1998, S. 1853 (1858f.)

genüber der verpflichteten deutschen AG oder KGaA, der Sicherungsleistungspflicht gegenüber den Gläubigern der verpflichteten deutschen AG oder KGaA sowie der Ausgleichs- und Abfindungspflicht gegenüber den außenstehenden Aktionären bzw. Kommanditaktionären der verpflichteten deutschen AG oder KGaA[422]. Weiterhin wird die Wirksamkeit eines nationalen und rechtsformeinheitlichen Betriebspacht- oder Betriebsüberlassungsvertrag zwar nicht von der Zustimmung der Hauptversammlung der berechtigten deutschen AG oder KGaA abhängig gemacht[423], obwohl auch hier durch § 302 Abs. 2 AktG eine Verpflichtung der berechtigten deutschen AG oder KGaA begründet sein kann, die Verluste der verpflichteten deutschen AG oder KGaA auszugleichen[424]. Aus dem fehlenden Zustimmungserfordernis bei einem Betriebspacht- oder Betriebsüberlassungsvertrag trotz der möglichen Verlustausgleichspflicht nach § 302 Abs. 2 AktG kann aber nicht geschlossen werden, dass das bestehende Zustimmungserfordernis nach § 293 Abs. 2 AktG bei einem Beherrschungs- und/oder Gewinnabführungsvertrag nicht auf der gegebenen Verlustausgleichspflicht nach § 302 Abs. 1 AktG beruht[425]. Die aus den Verlustausgleichspflichten nach § 302 Abs. 1 und 2 AktG resultierenden Risiken für die berechtigte deutsche AG oder KGaA sind nämlich nicht vergleichbar, da die Verlustausgleichspflicht nach § 302 Abs. 1 AktG jedenfalls in voller Höhe des Verlustbetrags besteht, während die Verlustausgleichspflicht nach § 302 Abs. 2 AktG gegebenenfalls die Höhe des Differenzbetrags zwischen der angemessenen und der vereinbarten Gegenleistung begrenzt[426]. Schließlich hängt die Wirksamkeit eines nationalen und rechtsformeinheitlichen Beherrschungs- und/oder Gewinnabführungsvertrags auch dann von der Zustimmung der Hauptversammlung der berechtigten deutschen AG oder KGaA ab, wenn die berechtigte deutsche AG oder KGaA mangels außenstehender Aktionäre bzw. Kommanditaktionäre der verpflichteten deutschen AG oder KGaA nicht zur Anteilsabfindung verpflichtet ist[427]. Die verpflichtete deutsche AG oder KGaA verfügt dann nicht über außenstehende Aktionäre bzw. Kommanditaktionäre, wenn entweder alle Aktien der verpflichteten deutschen AG oder KGaA unmittelbar der berechtigten deut-

422 BT-Drucks. 4/171, S. 218
423 Vgl. II. T. II. Kap. II. Absch. 2.2.
424 Vgl. II. T. II. Kap. II. Absch. 2.1.1.1.
425 A. M. Rehbinder in ZGR 1977, S. 581 (612f.); Sonnenschein, S. 349f.
426 Emmerich in Emmerich/Habersack AG-/GmbH-KonzR, § 302 Rn. 47; Hüffer, § 302 Rn. 26
427 Altmeppen in MK AktG, § 293 Rn. 102; Emmerich in Emmerich/Habersack AG-/GmbH-KonzR, § 293 Rn. 8; Hüffer, § 293 Rn. 12; Koppensteiner in KK AktG, § 293 Rn. 40

schen AG oder KGaA gehören oder alle Aktionäre bzw. Kommanditaktionäre der verpflichteten deutschen AG oder KGaA mit der berechtigten deutschen AG oder KGaA unmittelbar oder mittelbar durch den Besitz aller Aktien oder durch einen Beherrschungs- und/oder Gewinnabführungsvertrag verbunden sind[428]. Unabhängig davon, ob diese Feststellung von dem Vorstand bzw. der geschäftsführenden Gesellschaftergesamtheit der berechtigten deutschen AG oder KGaA gegebenenfalls leicht zu treffen ist oder nicht, kann das Fortbestehen des Zustimmungserfordernisses nach § 293 Abs. 2 AktG trotz des Entfallens der Anteilsabfindungspflicht nach § 305 Abs. 1 – 3 AktG nicht mit einer im Interesse der Praktikabilität und der Rechtssicherheit vorgenommenen Pauschalierung, sondern nur mit der Verlustausgleichspflicht nach § 302 Abs. 1 AktG erklärt werden[429]. Dies zeigt ein Vergleich mit der Rechtslage bei der Eingliederung. Die Wirksamkeit eines Eingliederungsbeschlusses einer einzugliedernden deutschen AG oder KGaA hängt nämlich auch dann von der Zustimmung der Hauptversammlung der eingliedernden deutschen AG oder KGaA ab, wenn die eingliedernde deutsche AG oder KGaA mangels außenstehender Aktionäre bzw. Kommanditaktionäre der einzugliedernden deutschen AG oder KGaA nicht zur Anteilsabfindung verpflichtet ist[430]. Die einzugliedernde deutsche AG oder KGaA verfügt aber nur dann nicht über außenstehende Aktionäre bzw. Kommanditaktionäre, wenn alle Aktien der einzugliedernden deutschen AG oder KGaA unmittelbar der eingliedernden deutschen AG oder KGaA gehören[431]. Da diese Feststellung von dem Vorstand bzw. der geschäftsführenden Gesellschaftergesamtheit der eingliedernden deutschen AG oder KGaA jedenfalls leicht zu treffen ist, wird das fortbestehende Zustimmungserfordernis nach § 319 Abs. 2 AktG trotz der entfallenen Anteilsabfindungspflicht nicht mit einer im Interesse der Praktikabilität und der Rechtssicherheit durchgeführten Pauschalierung, sondern mit der Haftpflicht nach § 322 Abs. 1 AktG und der Verlustausgleichspflicht nach

428 Bilda in MK AktG, § 304 Rn. 17–24; Emmerich in Emmerich/Habersack AG-/GmbH-KonzR, § 304 Rn. 16–20; Hüffer, § 304 Rn. 2,3; Koppensteiner in KK AktG, § 304 Rn. 17, § 295 Rn. 40–46

429 BGH in NJW 1992, S. 1452; Hommelhoff, S. 295ff.; Koppensteiner in KK AktG, § 293 Rn. 40; a. M. Altmeppen in MK AktG, § 293 Rn. 103

430 Grunewald in MK AktG, § 319 Rn. 1,11; Habersack in Emmerich/Habersack AG-/GmbH-KonzR, § 319 Rn. 2,4, 13; Hüffer, § 319 Rn. 1,6; Koppensteiner in KK AktG, Vorb. § 319 Rn. 2,12,16, § 319 Rn. 1,5

431 Grunewald in MK AktG, § 319 Rn. 3; Habersack in Emmerich/Habersack AG-/GmbH-KonzR, § 319 Rn. 8; Hüffer, § 319 Rn. 4; Koppensteiner in KK AktG, Vorb. § 319 Rn. 13,14

§ 324 Abs. 3 AktG erklärt[432]. Das Zustimmungserfordernis des § 293 Abs. 2 AktG beruht also auf der Verlustausgleichspflicht nach § 302 Abs. 1 AktG ebenso wie auf der Anteilsabfindungspflicht nach § 305 Abs. 1 – 3 AktG[433].
Zweitens ist damit festzustellen, dass bei einem Abschluss eines Beherrschungs- und/oder Gewinnabführungsvertrags mit einem verpflichteten Unternehmensträger sonstiger Nationalität oder Rechtsform, durch den eine berechtigte deutsche AG oder KGaA angemessen anteilsabfindungs- und/oder unbeschränkt verlustausgleichspflichtig wird, seitens der berechtigten deutschen AG oder KGaA in und nach einer Versammlung der Aktionäre bzw. Kommanditaktionäre Mitgliedschaftsrechte, auf die sich die Informationsvorschriften der §§ 293a – 293g Abs. 1, 2 S. 1, Abs. 3 AktG funktional beziehen, vorhanden sein können. Bei einem Abschluss eines sonstigen Beherrschungs- und/oder Gewinnabführungsvertrags mit einem verpflichteten Unternehmensträger sonstiger Nationalität oder Rechtsform können keine Mitgliedschaftsrechte, auf die sich die Informationsvorschriften der §§ 293a – 293g Abs. 1, 2 S. 1, Abs. 3 AktG funktional beziehen, vorhanden sein. Bei einem internationalen oder rechtsformgemischten Unternehmensvertrag mit einer berechtigten deutschen AG oder KGaA, durch den diese angemessen anteilsabfindungs- und/oder unbeschränkt verlustausgleichspflichtig wird, sind daher zweckgemäß seitens der berechtigten deutschen AG oder KGaA in und nach einer Versammlung der Aktionäre bzw. Kommanditaktionäre durch die Normierung der Informationsvorschriften der §§ 293a – 293g Abs. 1, 2 S. 1, Abs. 3 AktG verstärkte Rechte zu erwerben. Bei einem sonstigen internationalen oder rechtsformgemischten Unternehmensvertrag mit einer berechtigten deutschen AG oder KGaA sind dagegen zweckwidrig durch die Normierung der Informationsvorschriften der §§ 293a – 293g Abs. 1, 2 S. 1, Abs. 3 AktG verstärkte Rechte nicht zu erwerben.

---

432 Grunewald in MK AktG, § 319 Rn. 2,11; Habersack in Emmerich/Habersack AG-/GmbH-KonzR, § 319 Rn. 13; Hüffer, § 319 Rn. 6; Koppensteiner in KK AktG, § 319 Rn. 5,6; Mülbert, S. 190

433 BGH in NJW 1989, S. 295, NJW 1992, S. 1452; LG Düsseldorf in DB 2004, S. 428; LG Mannheim in AG 1995, S. 142; Emmerich in Emmerich/Habersack AG-/GmbH-KonzR, § 293 Rn. 2; Hüffer, § 293 Rn. 17; Koppensteiner in KK AktG, § 293 Rn. 40; Krieger in MHb AG, § 70 Rn. 21; Kropff in ZGR 1984, S. 112 (120); Mülbert, S. 183ff.; Petz, S. 125ff.; Sailer, S. 54; a. M. Altmeppen in MK AktG, § 293 Rn. 102–105; ZIP 1998, S. 1853 (1859); Rehbinder in ZGR 1977, S. 581 (612f.); Sonnenschein, S. 349f.

2.2.1.3. Anderweitige Erlangung der bedeutsamen Informationen

Drittens ist folgendes festzustellen: Einerseits können bei einem Abschluss eines Beherrschungs- und/oder Gewinnabführungsvertrags mit einem verpflichteten Unternehmensträger sonstiger Nationalität oder Rechtsform seitens einer berechtigten deutschen AG oder KGaA vor und in einer Versammlung der Aktionäre bzw. Kommanditaktionäre keine anderen Informationsvorschriften, die mit den Informationsvorschriften der §§ 293a – 293g Abs. 1, 2 S. 1, Abs. 3 AktG vergleichbar sind, anwendbar sein[434]. Andererseits können bei einem Abschluss eines Beherrschungs- und/oder Gewinnabführungsvertrags mit einem verpflichteten Unternehmensträger sonstiger Nationalität oder Rechtsform seitens einer berechtigten deutschen AG oder KGaA vor und in einer Versammlung der Aktionäre bzw. Kommanditaktionäre keine sonstigen Informationsmöglichkeiten, die mit den aus den §§ 293b – 293e folgenden Informationsmöglichkeiten vergleichbar sind, selbst wenn alle Aktionäre bzw. Kommanditaktionäre zustimmungspflichtig sind, und keine sonstigen Informationsmöglichkeiten, die mit den aus den §§ 293a, 293f, 293g Abs. 1, 2 S. 1, Abs. 3 AktG folgenden Informationsmöglichkeiten vergleichbar sind, dann wenn nicht alle Aktionäre bzw. Kommanditaktionäre geschäftsführungsbefugt sind, vorhanden sein[435]. Bei einem internationalen oder rechtsformgemischten Unternehmensvertrag mit einer berechtigten deutschen AG oder KGaA sind die durch die Anwendung der Informationsvorschriften der §§ 293b – 293e AktG erworbenen Informationen daher zweckgemäß seitens der berechtigten deutschen AG oder KGaA vor und in einer Versammlung der Aktionäre bzw. Kommanditaktionäre ebenso effektiv weder wenn alle Aktionäre bzw. Kommanditaktionäre zustimmungspflichtig sind, noch regelmäßig durch die Anwendung anderer Informationsvorschriften oder durch die Wahrnehmung sonstiger Informationsmöglichkeiten zu erlangen. Die durch die Anwendung der Informationsvorschriften der §§ 293a, 293f, 293g Abs. 1, 2 S. 1, Abs. 3 AktG erworbenen Informationen sind ebenfalls zweckgemäß ebenso effektiv zwar wenn alle Aktionäre bzw. Kommanditaktionäre geschäftsführungsbefugt sind, aber nicht regelmäßig anderweitig zu erlangen.

434 Vgl. II. T. I. Kap. I. Absch. 2.1.1.3.1.
435 Vgl. II. T. I. Kap. I. Absch. 2.1.1.3.2.

2.2.1.4. Unabhängige Ausübung der verstärkten Rechte

2.2.1.4.1. Geltung von zumindest mit den vorbildgebenden Informationsvorschriften vergleichbaren Informationsvorschriften

Viertens ist einerseits festzustellen, dass bei einem Abschluss eines Verschmelzungsvertrags mit einem übertragenden Rechtsträger sonstiger Nationalität oder Rechtsform seitens einer übernehmenden deutschen AG oder KGaA vor und in einer Versammlung der Aktionäre bzw. Kommanditaktionäre zwar keine Informationsvorschriften der §§ 10 – 12, 30 Abs. 2 UmwG, die für die Informationsvorschriften der §§ 293b – 293e AktG einerseits vorbildgebend waren, aber Informationsvorschriften der §§ 9 – 12, 60, 78 S. 1, 2 UmwG, die für die Informationsvorschriften der §§ 293b – 293e AktG andererseits vorbildgebend waren, selbst wenn alle Aktionäre bzw. Kommanditaktionäre zustimmungspflichtig sind, und Informationsvorschriften der §§ 8, 63, 64, 78 S. 1, 2 UmwG, die für die Informationsvorschriften der §§ 293a, 293f, 293g Abs. 1, 2 S. 1, Abs. 3 AktG vorbildgebend waren, dann wenn nicht alle Aktionäre bzw. Kommanditaktionäre geschäftsführungsbefugt sind, anwendbar sein können[436].

2.2.1.4.2. Existenz von zumindest mit den maßgebenden Verschmelzungsmerkmalen vergleichbaren Konzernierungsmerkmalen

- Durch einen Abschluss eines Beherrschungs- und/oder Gewinnabführungsvertrags mit einem verpflichteten Unternehmensträger sonstiger Nationalität oder Rechtsform muss grundsätzlich zwar nicht gemäß, aber analog § 305 Abs. 1, 2 Nr. 1, Abs. 3 S. 1 AktG auch eine angemessene Anteilsabfindungspflicht einer berechtigten unabhängigen deutschen AG oder KGaA gegenüber außenstehenden Anteilsinhabern des verpflichteten Unternehmensträgers sonstiger Nationalität oder Rechtsform begründet werden, wenn dieser ein deutscher Verein bzw. eine deutsche Genossenschaft[437], GmbH[438] oder Personengesellschaft ist. Dies gilt zumindest dann, wenn nicht alle Anteilsinhaber des

---

436 Vgl. II. T. I. Kap. I. Absch. 2.1.1.4.1.

437 Ebenso v. Detten, S. 125f.

438 Ebenso BGH in NJW 1989, S. 295; OLG Hamburg in WM 1987, S. 1163; Altmeppen in Roth/Altmeppen, Anh. § 13 Rn. 88; Lutter in ZGR 1986, S. 192 (197ff.); Lutter/Hommelhoff in Lutter/Hommelhoff, Ahn. § 13 Rn. 57; Ulmer in Hachenburg, Anh. § 77 Rn. 212; anders Grauer, S. 203ff.; Gutbrod in BB 1980, S. 288 (289); Herrmann/Winter in FR 1982, S. 262 (267); Koppensteiner in Rowedder/Schmidt-Leithoff, Anh. § 52 Rn. 59; Kort, S. 130; Priester in ZGR 1986, S. 151 (178f.)

verpflichteten Unternehmensträgers zustimmungspflichtig sind. Denn durch die Aufnahme in eine berechtigte unabhängige deutsche AG oder KGaA wird die Beteiligung außenstehender Mitglieder, Genossen bzw. Gesellschafter eines/einer verpflichteten deutschen Vereins, Genossenschaft, GmbH oder Personengesellschaft zwar stärker als die Beteiligung außenstehender Aktionäre bzw. Kommanditaktionäre einer verpflichteten deutschen AG oder KGaA verändert, so dass die Begründung einer isolierten Anteilsabfindungspflicht nicht ausreichend ist[439]. Die Struktur einer berechtigten unabhängigen deutschen AG oder KGaA wird durch die Aufnahme außenstehender Mitglieder, Genossen bzw. Gesellschafter eines/einer verpflichteten deutschen Vereins, Genossenschaft, GmbH oder Personengesellschaft aber nicht stärker als durch die Aufnahme außenstehender Aktionäre bzw. Kommanditaktionäre einer verpflichteten deutschen AG oder KGaA belastet, so dass die Begründung einer kombinierten Anteilsabfindungspflicht nicht unverhältnismäßig ist[440]. Eine vergleichbare isolierte oder kombinierte Anteilsabfindungspflicht einer berechtigten deutschen AG oder KGaA kann außerdem durch Regelungen des ausländischen Konzernrechts, die außenstehende Anteilsinhaber des verpflichteten Unternehmensträgers sonstiger Nationalität schützen sollen, oder Regelungen des Unternehmensvertrags, die außenstehende Anteilsinhaber des verpflichteten Unternehmensträgers sonstiger Nationalität oder Rechtsform erzwungen haben, begründet sein. Dies gilt zumindest dann, wenn Anteile an dem verpflichteten Unternehmensträger ausgegeben und alle Anteilsinhaber des verpflichteten Unternehmensträgers zustimmungspflichtig sind[441].

- Durch einen Abschluss eines Beherrschungs- und/oder Gewinnabführungsvertrags mit einem verpflichteten Unternehmensträger sonstiger Nationalität oder Rechtsform wird zwar nicht gemäß, aber analog § 302 Abs. 1 AktG eine unbeschränkte Verlustausgleichspflicht einer berechtigten deutschen AG oder KGaA gegenüber dem verpflichteten Unternehmensträger sonstiger Nationalität oder Rechtsform begründet, wenn dieser ein deutscher Verein bzw. eine deutsche Genossenschaft, GmbH oder Personengesellschaft ist. Eine vergleichbare Verlustausgleichspflicht einer berechtigten deutschen AG oder KGaA kann außerdem durch Regelungen des ausländischen Konzernrechts, die den verpflichteten Unternehmensträger sonstiger Nationalität schützen sollen, oder Regelungen des Unternehmensvertrags, die der verpflichtete Un-

439 v. Detten, S. 125f.
440 v. Detten, S. 125f.
441 Vgl. II. T. I. Kap. I. Absch. 2.2.1.1.

ternehmensträger sonstiger Nationalität oder Rechtsform erzwungen hat, begründet sein[442].

Viertens ist andererseits damit festzustellen, dass bei einem Abschluss eines Beherrschungs- und/oder Gewinnabführungsvertrags mit einem verpflichteten Unternehmensträger sonstiger Nationalität oder Rechtsform, durch den eine berechtigte deutsche AG oder KGaA (auch) angemessen anteilsabfindungspflichtig wird, seitens der berechtigten deutschen AG oder KGaA in und nach einer Versammlung der Aktionäre bzw. Kommanditaktionäre Konzernierungsmerkmale, die mit den für die Informationsvorschriften der §§ 9 – 12, 60, 78 S. 1, 2 UmwG maßgebenden Verschmelzungsmerkmalen vergleichbar sind, und Konzernierungsmerkmale, die mit den für die Informationsvorschriften der §§ 8, 63, 64, 78 S. 1, 2 UmwG maßgebenden Verschmelzungsmerkmalen vergleichbar sind, vorhanden sein können. Bei einem Abschluss eines Beherrschungs- und/oder Gewinnabführungsvertrags mit einem verpflichteten Unternehmensträger sonstiger Nationalität oder Rechtsform, durch den eine berechtigte deutsche AG oder KGaA (nur) unbeschränkt verlustausgleichspflichtig wird, können zwar überhaupt keine Konzernierungsmerkmale, die mit den für die Informationsvorschriften der §§ 9 – 12, 60, 78 S. 1, 2 UmwG maßgebenden Verschmelzungsmerkmalen vergleichbar sind, aber zumindest einige Konzernierungsmerkmale, die mit den für die Informationsvorschriften der §§ 8, 63, 64, 78 S. 1, 2 UmwG maßgebenden Verschmelzungsmerkmalen vergleichbar sind, vorhanden sein. Bei einem Abschluss eines sonstigen Beherrschungs- und/oder Gewinnabführungsvertrags mit einem verpflichteten Unternehmensträger sonstigen Nationalität oder Rechtsform können keine Konzernierungsmerkmale, die mit den für die Informationsvorschriften der §§ 9 – 12, 60, 78 S. 1, 2 UmwG maßgebenden Verschmelzungsmerkmalen vergleichbar sind, und keine Konzernierungsmerkmale, die mit den für die Informationsvorschriften der §§ 8, 63, 64, 78 S. 1, 2 UmwG maßgebenden Verschmelzungsmerkmalen vergleichbar sind, vorhanden sein.

Bei einem internationalen oder rechtsformgemischten Unternehmensvertrag mit einer berechtigten deutschen AG oder KGaA, durch den diese (auch) angemessen anteilsabfindungspflichtig wird, sind die durch die Normierung der Informationsvorschriften der §§ 293a – 293g Abs. 1, 2 S. 1, Abs. 3 AktG verstärkten Rechte daher zweckgemäß seitens der berechtigten deutschen AG oder KGaA in und nach einer Versammlung der Kommanditaktionäre bzw. Aktionäre ebenso sinnvoll weder wenn alle Aktionäre bzw. Kommanditaktionäre zustimmungspflichtig sind, noch regelmäßig ohne die Anwendung der Informationsvorschriften der §§ 293b – 293e AktG und zwar wenn alle Aktionäre bzw. Kommanditaktionäre geschäftsführungsbefugt sind, aber nicht regelmäßig ohne die Anwendung

442 Vgl. II. T. I. Kap. I. Absch. 2.2.1.1.

der Informationsvorschriften der §§ 293a, 293f, 293g Abs. 1, 2 S. 1, Abs. 3 AktG auszuüben. Bei einem internationalen oder rechtsformgemischten Unternehmensvertrag mit einer berechtigten deutschen AG oder KGaA, durch den diese (nur) unbeschränkt verlustausgleichspflichtig wird, sind die durch die Normierung der Informationsvorschriften der §§ 293a – 293g Abs. 1, 2 S. 1, Abs. 3 AktG verstärkten Rechte ebenfalls zweckgemäß ebenso sinnvoll zwar stets ohne die Anwendung der Informationsvorschriften der §§ 293b – 293e AktG, aber regelmäßig nicht ohne die Anwendung der Informationsvorschriften der §§ 293a, 293f, 293g Abs. 1, 2 S. 1, Abs. 3 AktG auszuüben. Bei einem sonstigen internationalen oder rechtsformgemischten Unternehmensvertrag mit einer berechtigten deutschen AG oder KGaA sind die durch die Normierung der Informationsvorschriften der §§ 293a – 293g Abs. 1, 2 S. 1, Abs. 3 AktG verstärkten Rechte dagegen zweckwidrig ebenso sinnvoll unabhängig auszuüben.

Zusammenfassend bleibt deshalb folgendes festzuhalten: Bei einem internationalen oder rechtsformgemischten Unternehmensvertrag mit einer berechtigten deutschen AG oder KGaA, durch den diese (auch) angemessen anteilsabfindungspflichtig wird, ist eine Ausweitung des Anwendungsbereichs der §§ 293b – 293e AktG ebenso wie eine Ausweitung des Anwendungsbereichs der §§ 293a, 293f, 293g Abs. 1, 2 S. 1, Abs. 3 AktG, wenn nicht alle Aktionäre bzw. Kommanditaktionäre geschäftsführungsbefugt sind, seitens der berechtigten deutschen AG oder KGaA bezüglich einer Versammlung der Aktionäre bzw. Kommanditaktionäre durch den Zweck des Gesetzes einschließlich des Prinzips der Gleichbehandlung geboten. Bei einem internationalen oder rechtsformgemischten Unternehmensvertrag mit einer berechtigten deutschen AG oder KGaA, durch den diese (nur) unbeschränkt verlustausgleichspflichtig wird, ist zwar keine Ausweitung des Anwendungsbereichs der §§ 293b – 293e AktG, aber eine Ausweitung des Anwendungsbereichs der §§ 293a, 293f, 293g Abs. 1, 2 S. 1, Abs. 3 AktG, wenn nicht alle Aktionäre bzw. Kommanditaktionäre geschäftsführungsbefugt sind, seitens der berechtigten deutschen AG oder KGaA bezüglich einer Versammlung der Aktionäre bzw. Kommanditaktionäre durch den Zweck des Gesetzes einschließlich des Prinzips der Gleichbehandlung geboten. Bei einem sonstigen internationalen oder rechtsformgemischten Unternehmensvertrag mit einer berechtigten deutschen AG oder KGaA ist eine Ausweitung des Anwendungsbereichs der §§ 293b – 293e AktG ebenso wenig wie eine Ausweitung des Anwendungsbereichs der §§ 293a, 293f, 293g Abs. 1, 2 S. 1, Abs. 3 AktG seitens der berechtigten deutschen AG oder KGaA bezüglich einer Versammlung der Aktionäre bzw. Kommanditaktionäre durch den Zweck des Gesetzes einschließlich des Prinzips der Gleichbehandlung geboten. Insoweit ist eine Gesetzeslücke teilweise zu bejahen.

2.2.2. Verneinen eines Vervollständigungsverbots

Die fehlende Normierung von besonderen Informationsvorschriften für Versammlungen der Aktionäre bzw. Kommanditaktionäre der durch internationale oder rechtsformgemischte Unternehmensverträge berechtigten deutschen AG oder KGaA stellt ein redaktionelles Versehen und keine bewusste Entscheidung des Gesetzgebers dar. Denn die bei Unternehmensvertragsbegründungen unter Beteiligung von deutschen AG oder KGaA geltenden Informationsvorschriften der §§ 293a – 293g Abs. 1, 2 S. 1, Abs. 3 AktG wurden nach dem Vorbild der bei Verschmelzungen unter Beteiligung von deutschen AG oder KGaA geltenden Informationsvorschriften der §§ 8 – 12, 30 Abs. 2, §§ 60, 63, 64, 78 S. 1, 2 UmwG geschaffen und in das für beteiligte deutsche AG und KGaA schon existierende kodifizierte Vertragskonzernrecht eingefügt. Entsprechend der Gesetzesmaterialien war dies dadurch motiviert, dass der Gesetzgeber die Unternehmensvertragsbegründung und die Verschmelzung als rechtlich und wirtschaftlich vergleichbare Rechtsinstitute betrachtete und daher die (Wieder-)Anpassung der für die Unternehmensvertragsbegründung geltenden Informationsvorschriften an die für die Verschmelzung geltenden Informationsvorschriften für erforderlich hielt[443]. Die Regierungsbegründung des Art. 6 Nr. 5, 6 UmwBerG gilt allerdings nicht nur für nationale und rechtsformeinheitliche Unternehmensvertragsbegründungen und Verschmelzungen unter Beteiligung von deutschen AG oder KGaA. Sie enthält vielmehr einen auch für internationale oder rechtsformgemischte Unternehmensvertragsbegründungen und Verschmelzungen unter Beteiligung von deutschen AG oder KGaA gültigen Rechtsgedanken. Anders als für verpflichtete deutsche AG und KGaA existiert für berechtigte deutsche AG und KGaA jedoch nur dann ein kodifiziertes Vertragskonzernrecht, wenn der andere beteiligte Unternehmensträger ebenfalls eine deutsche AG oder KGaA ist. Wenn der andere beteiligte Unternehmensträger eine sonstige Nationalität oder Rechtsform hat, existiert für berechtigte deutsche AG und KGaA dagegen kein kodifiziertes Vertragskonzernrecht, in das den Informationsvorschriften des kodifizierten Verschmelzungsrechts nachgebildete Informationsvorschriften eingefügt werden könnten[444]. Außerdem erfolgte die Schaffung des UmwBerG unter erheblichen Zeitdruck und ohne besondere Beachtung des Art. 6 Nr. 5, 6 UmwBerG[445]. Deshalb ist davon auszugehen, dass der Gesetzgeber die Schaffung von bei internationalen oder rechtsformgemischten Unternehmensvertragsbegründungen unter

---

443 Vgl. Einleitung

444 Speziell für das nicht existente kodifizierte Vertragskonzernrecht bei verpflichteten deutschen GmbH Bungert in DB 1995, S. 1449 (1453); Humbeck in BB 1995, S. 1893 (1894)

445 Altmeppen in ZIP 1998, S. 1853 (1855)

Beteiligung von berechtigten deutschen AG oder KGaA für die Versammlungen der Aktionäre bzw. Kommanditaktionäre geltende Informationsvorschriften nach dem Vorbild der auch bei internationalen oder rechtsformgemischten Verschmelzungen unter Beteiligung von übernehmenden deutschen AG oder KGaA für die Versammlungen der Aktionäre bzw. Kommanditaktionäre geltenden Informationsvorschriften der §§ 8 – 12, 60, 63, 64, 78 S. 1, 2 UmwG vergessen und nicht auf diese verzichtet hat.

Bei einem internationalen oder rechtsformgemischten Unternehmensvertrag mit einer berechtigten deutschen AG oder KGaA ist deshalb eine Ausweitung des Anwendungsbereichs der §§ 293a – 293g Abs. 1, 2 S. 1, Abs. 3 AktG seitens der berechtigten deutschen AG oder KGaA bezüglich einer Versammlung der Aktionäre bzw. Kommanditaktionäre nicht durch das Prinzip des Umkehrschlusses verboten. Insoweit ist ein Vervollständigungsverbot zu verneinen.

Bei einem internationalen oder rechtsformgemischten Unternehmensvertrag mit einer berechtigten deutschen AG oder KGaA, durch den diese (auch) angemessen anteilsabfindungspflichtig wird, wird dementsprechend – das Vorliegen der sonstigen Anwendungsvoraussetzungen unterstellt – der Anwendungsbereich der §§ 293b – 293e AktG und der Anwendungsbereich der §§ 293a, 293f, 293g Abs. 1, 2 S. 1, Abs. 3 AktG, wenn nicht alle Aktionäre bzw. Kommanditaktionäre geschäftsführungsbefugt sind, seitens der berechtigten deutschen AG oder KGaA bezüglich einer Versammlung der Aktionäre bzw. Kommanditaktionäre durch eine Vervollständigung des Gesetzes infolge einer Analogie zu diesen Informationsvorschriften ausgeweitet. Bei einem internationalen oder rechtsformgemischten Unternehmensvertrag mit einer berechtigten deutschen AG oder KGaA, durch den diese (nur) unbeschränkt verlustausgleichspflichtig wird, wird zwar nicht der Anwendungsbereich der §§ 293b – 293e AktG, aber – das Vorliegen der sonstigen Anwendungsvoraussetzungen unterstellt – der Anwendungsbereich der §§ 293a, 293f, 293g Abs. 1, 2 S. 1, Abs. 3 AktG, wenn nicht alle Aktionäre bzw. Kommanditaktionäre geschäftsführungsbefugt sind, seitens der berechtigten deutschen AG oder KGaA bezüglich einer Versammlung der Aktionäre bzw. Kommanditaktionäre durch eine Vervollständigung des Gesetzes infolge einer Analogie zu diesen Informationsvorschriften ausgeweitet. Bei einem sonstigen internationalen oder rechtsformgemischten Unternehmensvertrag mit einer berechtigten deutschen AG oder KGaA wird demgegenüber der Anwendungsbereich der §§ 293b – 293e AktG und der Anwendungsbereich der §§ 293a, 293f, 293g Abs. 1, 2 S. 1, Abs. 3 AktG nicht seitens der berechtigten deutschen AG oder KGaA bezüglich einer Versammlung der Aktionäre bzw. Kommanditaktionäre durch eine Vervollständigung des Gesetzes infolge einer Analogie zu diesen Informationsvorschriften ausgeweitet[446]. Dies gilt gleichgültig, ob die Zustimmung einzelner Aktionäre bzw. Kommanditaktionäre zu dem Unternehmensvertrag entbehrlich oder die Vertragszustimmung aller Aktionäre bzw. Kommanditaktionäre erforderlich ist.

2.3. Analogie zu den §§ 293a – 293g Abs. 1, 2 S. 1, Abs. 3 AktG bezüglich einer Versammlung der Komplementäre

2.3.1. Bejahen einer Gesetzeslücke

2.3.1.1. Erwerb von bedeutsamen Informationen

- Durch einen Abschluss eines Beherrschungs- und/oder Gewinnabführungsvertrags mit einer beteiligten deutschen KGaA muss einerseits zwar gemäß § 304 Abs. 1, 2, § 305 Abs. 1 – 3 AktG keine angemessene Ausgleichs- und Abfindungspflicht des anderen beteiligten Unternehmensträgers gegenüber außenstehenden Komplementären der beteiligten deutschen KGaA begründet werden, wenn diese durch den Unternehmensvertrag verpflichtet wird[447]. Denn diese Vorschriften begünstigen nicht alle außenstehenden Gesellschafter einer verpflichteten deutschen KGaA, sondern ausdrücklich nur deren außenstehende Kommandit*aktionäre*[448]. Durch einen Abschluss eines Beherrschungs- und/oder Gewinnabführungsvertrags mit einer beteiligten deutschen KGaA muss aber analog § 304 Abs. 1, 2, § 305 Abs. 1 – 3 AktG grundsätzlich eine angemessene Ausgleichs- und Abfindungspflicht des anderen beteiligten Unternehmensträgers gegenüber außenstehenden Komplementären der

---

446 Dies gilt gleichgültig, ob die angemessene Anteilsabfindungs- und/oder unbeschränkten Verlustausgleichspflicht gesetzlich oder vertraglich begründet wird. Es ist auch unerheblich, ob die § 304 Abs. 1, 2, § 305 Abs. 1 – 3 AktG, § 302 Abs. 1 des deutschen AktG oder Regelungen des ausländischen Konzernrechts zur Anwendung kommen; anders für rechtsformgemischte Beherrschungs- und/oder Gewinnabführungsverträge zwischen einer berechtigten deutschen AG oder KGaA und einer verpflichteten deutschen GmbH Emmerich in Emmerich/Habersack AG-/GmbH-KonzR, § 293a Rn. 12; Hüffer, § 293a Rn. 5, § 293 Rn. 17; Koppensteiner in KK AktG, § 293a Rn. 7, § 293 Rn. 42, Krieger in MHb AG, § 70 Rn. 26; Zöllner in Baumbach/Hueck, Schlussanh. I Rn. 43, die aufgrund einer bestehenden Verlustausgleichspflicht die §§ 293a – 293e AktG analog anwenden wollen; Bungert in DB 1995, S. 1449 (1453ff.), der mangels einer bestehenden Anteilsabfindungspflicht und aufgrund einer bestehenden Verlustausgleichspflicht zwar nicht die §§ 293a – 293e AktG, aber den § 293f Abs. 1 AktG direkt anwenden will

447 Ebenso Fett in Schütz/Bürgers/Riotte, § 12 Rn. 15

448 Bilda in MK AktG, § 304 Rn. 16, § 305 Rn. 31; Hüffer, § 304 Rn. 2, § 305 Rn. 5

beteiligten deutschen KGaA begründet werden, wenn diese durch den Unternehmensvertrag verpflichtet wird[449]. Dies gilt zumindest dann, wenn nicht alle Komplementäre der verpflichteten deutschen KGaA zustimmungspflichtig sind. Die Nationalität und Rechtsform des durch den Unternehmensvertrag berechtigten Unternehmensträgers ist insoweit ohne Belang. Denn bei einem Abschluss eines Beherrschungs- und/oder Gewinnabführungsvertrags bedürfen außenstehende Komplementäre einer verpflichteten deutschen KGaA ebenso wie deren außenstehende Kommanditaktionäre grundsätzlich des Schutzes einer Ausgleichs- und Abfindungspflicht nach den § 304 Abs. 1, 2, § 305 Abs. 1 – 3 AktG, da dieser zu einem erheblichen Eingriff in ihre Verwaltungs- und Vermögensrechte führt und sie hierfür eine ausreichende Entschädigung zumindest dann nicht gleichermaßen anderweitig erlangen, wenn aufgrund einer eingreifenden statuarischen Mehrheitsklausel nicht alle Komplementäre der verpflichteten deutschen KGaA zustimmungspflichtig sind[450]. Eine vergleichbare Ausgleichs- und Abfindungspflicht gegenüber außenstehenden Komplementären einer verpflichteten deutschen KGaA kann außerdem durch Regelungen des Unternehmensvertrags, die außenstehende Komplementäre der verpflichteten deutschen KGaA erzwungen haben, begründet sein. Dies gilt zumindest dann, wenn alle Komplementäre der verpflichteten deutschen KGaA zustimmungspflichtig sind[451].
Durch einen Abschluss eines Beherrschungs- und/oder Gewinnabführungsvertrags mit einer beteiligten deutschen KGaA muss andererseits entweder gemäß oder analog § 304 Abs. 1, 2, § 305 Abs. 1 – 3 AktG grundsätzlich eine angemessene Ausgleichs- und Abfindungspflicht der beteiligten deutschen KGaA gegenüber außenstehenden Anteilsinhabern des anderen beteiligten Unternehmensträgers begründet werden, wenn jener durch den Unternehmensvertrag verpflichtet wird und ein deutscher Verein bzw. eine deutsche Genossenschaft oder Gesellschaft ist. Dies gilt zumindest dann, wenn nicht alle Anteilsinhaber des verpflichteten Unternehmensträgers zustimmungspflichtig sind. Gegenüber außenstehenden Anteilsinhabern eines verpflichteten Unternehmensträgers anderer Nationalität oder Rechtsform ist eine berechtigte deutsche KGaA weder gemäß, noch analog dieser Vorschriften ausgleichs- und abfindungspflichtig. Eine vergleichbare Ausgleichs- und Abfindungspflicht einer berechtigten deutschen KGaA kann außerdem bzw. allerdings durch Regelungen des ausländischen Konzernrechts, die außenstehende Anteilsinhaber des verpflichteten Unternehmensträgers sonstiger Nationalität

449 Anders Fett in Schütz/Bürgers/Riotte, § 12 Rn. 15
450 Vgl. II. T. I. Kap. I. Absch. 2.3.1.3.2.
451 Vgl. II. T. I. Kap. I. Absch. 2.2.1.1.

schützen sollen, oder Regelungen des Unternehmensvertrags, die außenstehenden Anteilsinhaber des verpflichtete Unternehmensträgers erzwungen haben, begründet sein. Dies gilt zumindest dann, wenn Anteile an dem verpflichteten Unternehmensträger ausgegeben und alle Anteilsinhaber des verpflichteten Unternehmensträgers zustimmungspflichtig sind[452].

Spezielle Informationen zum Inhalt und zur Angemessenheit einer getroffenen Ausgleichs- und Abfindungsregelung sind für die außenstehenden Komplementäre einer verpflichteten deutschen KGaA zumindest dann ebenso bedeutsam wie für deren außenstehende Kommanditaktionäre, wenn auch sie zur Forderung von Ausgleichs- und Abfindungsleistungen berechtigt werden.

Spezielle Informationen zum Inhalt und zur Angemessenheit einer getroffenen Ausgleichs- und Abfindungsregelung sind gleichfalls für die Komplementäre einer berechtigten deutschen KGaA ebenso bedeutsam wie für deren Kommanditaktionäre. Dies gilt gleichgültig, ob die Abfindungspflicht die Zahlung von Geldbeträgen, die Übertragung von Kommanditaktien oder die Übertragung von Komplementäranteile beinhaltet, da stets auch der Wert bzw. die Quote ihrer Beteiligung an der zur Erbringung von Ausgleich- und Abfindungsleistungen verpflichteten deutschen KGaA verringert wird.

- Durch einen Abschluss eines Beherrschungs- und/oder Gewinnabführungsvertrags mit einer beteiligten deutschen KGaA wird einerseits gemäß § 302 Abs. 1 AktG eine unbeschränkte Verlustausgleichspflicht des anderen beteiligten Unternehmensträgers gegenüber der beteiligten deutschen KGaA begründet, wenn diese durch den Unternehmensvertrag verpflichtet wird. Die Nationalität und Rechtsform des durch den Unternehmensvertrag berechtigten Unternehmensträgers ist insoweit ohne Belang[453].

  Durch einen Abschluss eines Beherrschungs- und/oder Gewinnabführungsvertrags mit einer beteiligten deutschen KGaA wird andererseits entweder gemäß oder analog § 302 Abs. 1 AktG eine unbeschränkte Verlustausgleichspflicht der beteiligten deutschen KGaA gegenüber dem anderen beteiligten Unternehmensträger begründet, wenn jener durch den Unternehmensvertrag verpflichtet wird und ein deutscher Verein bzw. eine deutsche Genossenschaft oder Gesellschaft ist. Gegenüber einem verpflichteten Unternehmensträger anderer Nationalität oder Rechtsform ist eine berechtigte deutsche KGaA weder gemäß, noch analog dieser Vorschrift verlustausgleichspflichtig. Eine vergleichbare Verlustausgleichspflicht einer berechtigten deutschen KGaA kann außerdem bzw. allerdings durch Regelungen des ausländischen Konzernrechts, die den verpflichteten Unternehmensträger sonstiger Nationalität

452 Vgl. II. T. I. Kap. I. Absch. 2.1.1.1., 2.2.1.1.
453 Vgl. II. T. I. Kap. I. Absch. 2.1.1.1.

schützen sollen, oder Regelungen des Unternehmensvertrags, die der verpflichtete Unternehmensträger erzwungen hat, begründet sein[454].

Spezielle Informationen zum Inhalt und zur Chance einer bestehenden Verlustausgleichsregelung sind für die Komplementäre einer verpflichteten deutschen KGaA noch bedeutsamer als für deren Kommanditaktionäre, da auch der Wert ihrer Beteiligung an der zur Forderung von Verlustausgleichsleistungen berechtigten deutschen KGaA (eingeschränkt) gesichert[455] und zusätzlich das Risiko ihrer Haftung[456] für deren Verbindlichkeiten gesenkt wird.

Spezielle Informationen zum Inhalt und zum Risiko einer bestehenden Verlustausgleichsregelung sind gleichfalls für die Komplementäre einer berechtigten deutschen KGaA noch bedeutsamer als für deren Kommanditaktionäre, da auch der Wert ihrer Beteiligung an der zur Erbringung von Verlustausgleichsleistungen verpflichteten deutschen KGaA (erheblich) gefährdet[457] und zusätzlich das Risiko ihrer Haftung für deren Verbindlichkeiten erhöht wird.

Allgemeine Informationen zum Inhalt des abgeschlossen Unternehmensvertrags sowie zur Zweckmäßigkeit des Unternehmensvertragsabschlusses sind ohnehin für die Komplementäre einer beteiligten deutschen KGaA ebenso bedeutsam wie für deren Kommanditaktionäre, da die Rechtsstellung aller Gesellschafter in der vertragstypisch verpflichteten deutschen KGaA oder die Rechtsstellung aller Gesellschafter in der vertragstypisch berechtigten deutschen KGaA betroffen wird.

- Bei einem Abschluss eines Beherrschungs- und/oder Gewinnabführungsvertrags mit einer beteiligten deutschen KGaA kann folglich entweder gemäß oder analog §§ 293e, 293a AktG grundsätzlich für die beteiligte deutsche KGaA und den anderen beteiligten Unternehmensträger ein Vertragsprüfbericht und ein Vertragsbericht oder zumindest ein Vertragsbericht schriftlich erstattet werden, wenn jener ein deutscher Verein bzw. eine deutsche Genossenschaft oder Gesellschaft ist. Ein anderer beteiligter Unternehmensträger anderer Nationalität oder Rechtsform ist weder gemäß, noch analog diesen Vorschriften prüfberichts- und/oder berichtspflichtig. Für einen solchen kann lediglich aus den Regelungen des ausländischen Konzernrechts bzw. den Regelungen des öffentlichen Aufsichtsrechts ausnahmsweise eine vergleichbare

454 Vgl. II. T. I. Kap. I. Absch. 2.1.1.1., 2.2.1.1.

455 Nachw. in Fn. 255

456 Die Komplementäre einer deutschen KGaA haften gemäß § 278 Abs. 2 AktG, § 161 Abs. 2, § 128 S. 1 HGB für deren Verbindlichkeiten mit ihrem eigenen Vermögen (Hüffer, § 278 Rn. 10; Semler/Perlitt in MK AktG, § 278 Rn. 40,160).

457 Vgl. II. T. I. Kap. I. Absch. 2.1.1.4.2.

Prüfberichts- und/oder Berichtspflicht folgen[458]. Die Stellung der an dem Unternehmensvertrag beteiligen deutschen KGaA ist insoweit ohne Belang.

- Ein Beherrschungs- und/oder Gewinnabführungsvertrag mit einer beteiligten deutschen KGaA muss einerseits gemäß § 293 Abs. 3 AktG schriftlich abgeschlossen werden, wenn diese durch den Unternehmensvertrag verpflichtet wird. Die Nationalität und Rechtsform des durch den Unternehmensvertrag berechtigten Unternehmensträgers ist insoweit ohne Belang[459].
  Ein Beherrschungs- und/oder Gewinnabführungsvertrag mit einer beteiligten deutschen KGaA muss andererseits entweder gemäß oder analog § 293 Abs. 3 AktG schriftlich abgeschlossen werden, wenn diese durch den Unternehmensvertrag berechtigt sowie zur angemessenen Anteilsabfindung gegenüber außenstehenden Anteilsinhabern des verpflichteten Unternehmensträgers und/oder zum unbeschränkten Verlustausgleich gegenüber dem verpflichteten Unternehmensträger verpflichtet wird. Die Nationalität und Rechtsform des durch den Unternehmensvertrag verpflichteten Unternehmensträgers ist insoweit ohne Belang[460].
- Vor einem Abschluss eines Beherrschungs- und/oder Gewinnabführungsvertrags mit einer beteiligten deutschen KGaA muss nach dem Dritten Buch des HGB und dem PublG für die beteiligte deutsche KGaA und den anderen beteiligten Unternehmensträger jedes Geschäftsjahr ein Jahresabschluss und ein Lagebericht oder zumindest ein Jahresabschluss schriftlich erstellt werden, wenn jener ein deutscher großer Wirtschaftsverein oder Versicherungsverein bzw. eine deutsche Genossenschaft, Kapitalgesellschaft, Personenhandelsgesellschaft, große Wirtschaftsgebietskörperschaft, große Wirtschaftsanstalt oder große Wirtschaftsstiftung ist. Ein anderer beteiligter Unternehmensträger anderer Nationalität, Größe oder Rechtsform ist nach dem Dritten Buch des HGB und dem PublG weder erweitert, noch eingeschränkt bilanzierungspflichtig. Für einen solchen wird allerdings nach den Regelungen des ausländischen nationalen Handels- oder Publizitätsrechts bzw. gemäß § 1 Abs. 4 PartGG, § 713, § 27 Abs. 3, §§ 666, 259, 260 BGB grundsätzlich zumindest eine beschränkte Rechnungslegungspflicht bestehen[461]. Die Stellung der an dem Unternehmensvertrag beteiligten deutschen KGaA ist insoweit ohne Belang.

Erstens ist damit festzustellen, dass bei einem Abschluss eines Beherrschungs- und/oder Gewinnabführungsvertrags mit einer beteiligten deutschen

---

458 Vgl. II. T. I. Kap. I. Absch. 2.1.1.1.
459 Vgl. II. T. I. Kap. I. Absch. 2.1.1.1.
460 Vgl. II. T. I. Kap. I. Absch. 2.1.1.1., 2.2.1.1.
461 Vgl. II. T. I. Kap. I. Absch. 2.1.1.1.

KGaA, durch den diese vertragstypisch verpflichtet wird sowie ihre außenstehenden Komplementäre angemessen ausgleichs- und abfindungsbefugt werden bzw. diese vertragstypisch berechtigt sowie angemessen ausgleichs- und abfindungspflichtig wird, seitens der beteiligten deutschen KGaA vor und in einer Versammlung der Komplementäre Informationsgegenstände, auf die sich die Informationsvorschriften der §§ 293b – 293e AktG inhaltlich erstrecken, und Informationsgegenstände, auf die sich die Informationsvorschriften der §§ 293a, 293f, 293g Abs. 1, 2 S. 1, Abs. 3 AktG inhaltlich erstrecken, vorhanden sein können. Bei einem Abschluss eines sonstigen Beherrschungs- und/oder Gewinnabführungsvertrags mit einer beteiligten deutschen KGaA können zwar überhaupt keine Informationsgegenstände, auf die sich die Informationsvorschriften der §§ 293b – 293e AktG inhaltlich erstrecken, aber zumindest einige Informationsgegenstände, auf die sich die Informationsvorschriften der §§ 293a, 293f, 293g Abs. 1, 2 S. 1, Abs. 3 AktG inhaltlich erstrecken, vorhanden sein. Bei einem Unternehmensvertrag mit einer beteiligten deutschen KGaA, durch den diese vertragstypisch verpflichtet wird sowie ihre außenstehenden Komplementäre angemessen ausgleichs- und abfindungsbefugt werden bzw. diese vertragstypisch berechtigt sowie angemessen ausgleichs- und abfindungspflichtig wird, sind daher zweckgemäß seitens der beteiligten deutschen KGaA vor und in einer Versammlung der Komplementäre durch die Anwendung der Informationsvorschriften der §§ 293b – 293e AktG und durch die Anwendung der Informationsvorschriften der §§ 293a, 293f, 293g Abs. 1, 2 S. 1, Abs. 3 AktG bedeutsame Informationen zu erwerben. Bei einem sonstigen Unternehmensvertrag mit einer beteiligten deutschen KGaA sind ebenfalls zweckgemäß zwar nicht durch die Anwendung der Informationsvorschriften der §§ 293b – 293e AktG, aber durch die Anwendung der Informationsvorschriften der §§ 293a, 293f, 293g Abs. 1, 2 S. 1, Abs. 3 AktG bedeutsame Informationen zu erwerben.

2.3.1.2. Erwerb von verstärkten Rechten

- Einem Abschluss eines Beherrschungs- und/oder Gewinnabführungsvertrags mit einer beteiligten deutschen KGaA müssen einerseits die Komplementäre der beteiligten deutschen KGaA zwar nicht gemäß § 293 Abs. 1 S. 1 AktG zustimmen, selbst wenn diese durch den Unternehmensvertrag verpflichtet wird. Denn diese Vorschrift normiert ausschließlich ein Zustimmungserfordernis für die *Hauptversammlung* einer verpflichteten deutschen KGaA[462]. Bei der Hauptversammlung einer deutschen KGaA handelt es sich gemäß

462 Emmerich in Emmerich/Habersack AG-/GmbH-KonzR, § 293 Rn. 4,5,23; Hüffer, § 293 Rn. 1–3

§ 278 Abs. 3, § 118 Abs. 1, § 285 Abs. 1 S. 1 AktG allerdings um eine Versammlung (nur) ihrer Kommanditaktionäre und nicht um eine Versammlung (auch) ihrer Komplementäre. Komplementäre haben in der Hauptversammlung einer deutschen KGaA nur ein Stimmrecht, wenn und soweit sie auch Kommanditaktionäre sind[463]. Einem Abschluss eines Beherrschungs- und/ oder Gewinnabführungsvertrags mit einer beteiligten deutschen KGaA müssen die Komplementäre der beteiligten deutschen KGaA aber gemäß § 285 Abs. 2 S. 1 AktG, § 161 Abs. 2, § 105 Abs. 2 HGB, § 705 BGB zustimmen, wenn diese durch den Unternehmensvertrag verpflichtet wird[464]. Denn ein Abschluss eines Beherrschungs- und/oder Gewinnabführungsvertrags führt stets zu einer dauerhaften Überlagerung der Satzung[465] und grundsätzlich zu einer dauerhaften Überlagerung des Zwecks[466] einer verpflichteten deutschen KGaA. Er zählt damit ebenso wie eine endgültige Änderung der Satzung und eine endgültige Änderung des Zwecks[467] zu den Grundlagengeschäften einer deutschen KGaA[468]. Grundlagengeschäfte obliegen bei einer deutschen KG jedoch den Kommanditisten und den Komplementären, also allen Gesell-

463 Nachw. in Fn. 245

464 Altmeppen in MK AktG, § 293 Rn. 32; Semler/Perlitt in MK AktG, § 278 Rn. 180, § 285 Rn. 38,42,43; Born, S. 141ff.,191f.; Emmerich in Emmerich/Habersack AG-/ GmbH-KonzR, § 293 Rn. 5,7; Fett in Schütz/Bürgers/Riotte, § 12 Rn. 13; Schütz/ Reger in Schütz/Bürgers/Riotte, § 5 Rn. 89,90; Hüffer, § 285 Abs. 2, § 293 Rn. 3; Koppensteiner in KK AktG, § 293 Rn. 29

465 Vgl. II. T. I. Kap. I. Absch. 2.2.1.1.

466 Vgl. Altmeppen in MK AktG, Vorb. § 291 Rn. 2; Emmerich in Emmerich/Habersack AG-/GmbH-KonzR, § 293 Rn. 42; Der verpflichtete Unternehmensträger wird dann für das Ziel und/oder im Interesse des berechtigten Unternehmensträgers tätig, wenn das Weisungsrecht des berechtigten Unternehmensträgers durch das Ziel und Interesse der verpflichteten deutschen KGaA nicht beschränkt und/oder eine dem Ziel und Interesse der verpflichteten deutschen KGaA entsprechende Leistungspflicht des berechtigten Unternehmensträgers nicht begründet ist.

467 Vgl. OLG Stuttgart in NZG 2003, S. 778; Hüffer, § 285 Rn. 2; Schütz/Reger in Schütz/Bürgers/Riotte, § 5 Rn. 90; Semler/Perlitt in MK AktG, § 278 Rn. 180; für deutsche Personengesellschaften; BGH in WM 1979, S. 71; Hopt in Baumbach/Hopt, § 114 Rn. 3; Rawert in MK HGB, § 114 Rn. 9; Schmidt in MK HGB, § 126 Rn. 10; Timm/Schöne in Bamberger/Roth, § 709 Rn. 17; Ulmer in MK BGB, § 709 Rn. 10,11, § 6 PartGG Rn. 37

468 Hüffer, § 285 Rn. 2; Fett in Schütz/Bürgers/Riotte, § 12 Rn. 13; Schütz/Reger in Schütz/Bürgers/Riotte, § 5 Rn. 90; Semler/Perlitt in MK AktG, § 278 Rn. 180; für verpflichtete deutsche Personengesellschaften Habersack in Staub, § 126 Rn. 18; Schilling in Staub, § 164 Rn. 5; Ulmer in Staub, § 116 Rn. 14; Hopt in Baumbach/Hopt, § 114 Rn. 3, § 126 Rn. 3; Jickeli in MK HGB, § 116 Rn. 18; Mülbert in MK HGB, KonzR Rn. 155; Rawert in MK HGB, § 114 Rn. 11; Schmidt in MK HGB, § 126 Rn. 12

schaftern[469]. Gleiches gilt daher bei einer deutschen KGaA[470]. Die Nationalität und Rechtsform des durch den Unternehmensvertrag berechtigten Unternehmensträgers ist insoweit ohne Belang.
Einem Abschluss eines Beherrschungs- und/oder Gewinnabführungsvertrags mit einer beteiligten deutschen KGaA müssen andererseits die Komplementäre der beteiligten deutschen KGaA zwar nicht gemäß § 293 Abs. 2 S. 1 AktG zustimmen, selbst wenn diese durch den Unternehmensvertrag berechtigt wird und der durch den Unternehmensvertrag verpflichtete Unternehmensträger ebenfalls eine deutsche KGaA oder zumindest eine deutsche AG ist. Denn diese Vorschrift normiert ausschließlich ein Zustimmungserfordernis für die *Hauptversammlung* einer berechtigten deutschen KGaA[471]. Bei der Hauptversammlung einer deutschen KGaA handelt es sich gemäß § 278 Abs. 3, § 118 Abs. 1, § 285 Abs. 1 S. 1 AktG allerdings um eine Versammlung (nur) ihrer Kommanditaktionäre und nicht um eine Versammlung (auch) ihrer Komplementäre. Komplementäre haben in einer Hauptversammlung einer deutschen KGaA nur ein Stimmrecht, wenn und soweit sie auch Kommanditaktionäre sind. Einem Abschluss eines Beherrschungs- und/oder Gewinnabführungsvertrags mit einer beteiligten deutschen KGaA müssen die Komplementäre der beteiligten deutschen KGaA aber gemäß § 285 Abs. 2 S. 1 AktG, § 161 Abs. 2, § 105 Abs. 2 HGB, § 705 BGB bzw. § 116 Abs. 2 HGB zustimmen, wenn diese durch den Unternehmensvertrag berechtigt sowie zur angemessenen Anteilsabfindung gegenüber außenstehenden Anteilsinhabern des verpflichteten Unternehmensträgers und/oder zum unbeschränkten Verlustausgleich gegenüber dem verpflichteten Unternehmensträger verpflichtet wird[472]. Denn ein Abschluss eines solchen Beherrschungs- und/oder Gewinnabführungsvertrags führt stets zu einer Veränderung der Beteiligungsverhältnisse in der berechtigten deutschen KGaA und/oder zu einer Gefährdung der Vermögenssubstanz der berechtigten deutschen KGaA[473]. Er zählt damit e-

469 Hopt in Baumbach/Hopt, § 164 Rn. 4, § 161 Rn. 15, § 116 Rn. 3, § 114 Rn. 3; Grunewald in MK HGB, § 164 Rn. 15, § 161 Rn. 43; Jickeli in MK HGB, § 116 Rn. 2; Rawert in MK HGB, § 114 Rn. 9; Mülbert in MK HGB, KonzR Rn. 72

470 Hüffer, § 285 Rn. 2; Schütz/Reger in Schütz/Bürgers/Riotte, § 5 Rn.80,89; Semler/Perlitt in MK AktG, § 278 Rn. 75,180, § 285 Rn. 38,43

471 Emmerich in Emmerich/Habersack AG-/GmbH-KonzR, § 293 Rn. 4,5,36; Hüffer, § 293 Rn. 17,18

472 Altmeppen in MK AktG, § 293 Rn. 32; Semler/Perlitt in MK AktG, § 278 Rn. 180, § 285 Rn. 38,42,43; Born, S. 141ff.,191f.; Emmerich in Emmerich/Habersack AG-/GmbH-KonzR, § 293 Rn. 5,7; Fett in Schütz/Bürgers/Riotte, § 12 Rn. 13; Schütz/Reger in Schütz/Bürgers/Riotte, § 5 Rn. 89,90; Hüffer, § 285 Abs. 2, § 293 Rn. 3; Koppensteiner in KK AktG, § 293 Rn. 29

473 Vgl. II. T. I. Kap. I. Absch. 2.1.1.4.2.

benso wie die sonstige Aufnahme eines neuen Gesellschafters[474] zu den Grundlagengeschäften oder ebenso wie die sonstige Begründung eines besonderen Risikos[475] zumindest zu den außergewöhnlichen Geschäftsführungsmaßnahmen einer deutschen KGaA[476]. Außergewöhnliche Geschäftsführungsmaßnahmen obliegen nicht anders als Grundlagengeschäfte bei einer deutschen KG jedoch grundsätzlich den Kommanditisten und den Komplementären, also allen Gesellschaftern[477]. Gleiches gilt daher bei einer deutschen KGaA[478]. Die Nationalität und Rechtsform des durch den Unternehmensvertrag verpflichteten Unternehmensträgers ist insoweit ohne Belang.

---

474 Vgl. Hüffer, § 285 Rn. 2; Schütz/Reger in Schütz/Bürgers/Riotte, § 5 Rn. 90; Semler/Perlitt in MK AktG, § 278 Rn. 180; für deutsche Personengesellschaften Hopt in Baumbach/Hopt, § 114 Rn. 3; Rawert in MK HGB, § 114 Rn. 9; Schmidt in MK HGB, § 126 Rn. 10; Timm/Schöne in Bamberger/Roth, § 709 Rn. 17; Ulmer in MK BGB, § 709 Rn. 24

475 Vgl. Schütz/Reger in Schütz/Bürgers/Riotte, § 5 Rn. 86; Semler/Perlitt in MK AktG, § 278 Rn. 177; für deutsche Personengesellschaften Hopt in Baumbach/Hopt, § 116 Rn. 2, § 164 Rn. 2; Jickeli in MK HGB, § 116 Rn. 13,17; Grunewald in MK HGB, § 164 Rn. 9; Ulmer in MK BGB, § 6 PartGG Rn. 20

476 Für berechtigte deutsche Personengesellschaften LG Mannheim in AG 1995, S. 142; Jickeli in MK HGB, § 116 Rn. 20; Mülbert in MK HGB, KonzR, Rn. 82; Ulmer in BB 1989, S. 10 (12), Staub, Anh. § 105 Rn. 83, § 116 Rn. 12; Habersack in Staub, § 126 Rn. 18; a. M: (stets Grundlagengeschäft) Hüffer, § 285 Rn. 2, Fett in Schütz/Bürgers/Riotte, § 12 Rn. 13; für berechtigte deutsche Personengesellschaften Hopt in Baumbach/Hopt, § 114 Rn. 3; Gekeler, S. 366; Rawert in MK HGB, § 114 Rn. 11; Schmidt in MK HGB, § 126 Rn. 12; Schilling in Staub, § 164 Rn. 5

477 Hopt in Baumbach/Hopt, § 164 Rn. 2, § 163 Rn. 1, § 161 Rn. 14,15, § 116 Rn. 5; Grunewald in MK HGB, § 164 Rn. 9, § 161 Rn. 43; Jickeli in MK HGB, § 116 Rn. 1,2; Mülbert in MK HGB, KonzR Rn. 72; Die Zuständigkeit aller Gesellschafter einer deutschen KG für außergewöhnliche Geschäftsführungsmaßnahmen ist zwar grundsätzlich gemäß §§ 163, 161 Abs. 2, § 109 HGB dispositiv (vgl. Enzinger in MK HGB, § 109 Rn. 1,2; Grunewald in MK HGB, § 161 Rn. 43, § 163 Rn. 1–3, § 164 Rn. 21,27; Jickeli in MK HGB, § 116 Rn. 5,60; Hopt in Baumbach/Hopt, § 109 Rn. 2, § 116 Rn. 11, § 161 Rn. 7, § 163 Rn. 1, § 164 Rn. 6,7). Dies gilt für Abschlüsse von beschriebenen Beherrschungs- und/oder Gewinnabführungsverträgen aber ausnahmsweise nicht. Wenn eine unbeschränkte Verlustausgleichspflicht schon ausreicht, um die Zuständigkeit der Hauptversammlung einer berechtigten deutschen KGaA gemäß § 278 Abs. 3, § 23 Abs. 5 S. 1 AktG zwingend (vgl. Hüffer, § 278 Rn. 20; Semler/Perlitt MK AktG, § 278 Rn. 95,164,267) auszulösen, muss sie erst recht genügen, um die Zuständigkeit der Gesellschaftergesamtheit oder Gesellschafterversammlung einer berechtigten deutschen KG zwingend zu begründen.

478 Hüffer, § 278 Rn. 13, § 285 Rn. 2; Schütz/Reger in Schütz/Bürgers/Riotte, § 5 Rn. 80,85; Semler/Perlitt in MK AktG, § 278 Rn. 75,176,177, § 285 Rn. 38,42

• Die Entscheidung über die Zustimmung zu dem Unternehmensvertrag treffen die Komplementäre der beteiligten deutschen KGaA gemäß § 278 Abs. 2 AktG § 161 Abs. 2, § 109 HGB – falls eine entsprechende Regelung in der Satzung eine Versammlung verlangt – in einer einzuberufenden Versammlung[479] und gemäß § 278 Abs. 2 AktG, § 161 Abs. 2, § 119 Abs. 1 HGB durch einen zu fassenden Beschluss[480]. Bei der Beschlussfassung der Komplementärgesamtheit oder Komplementärversammlung sind grundsätzlich alle Komplementäre der eigenen beteiligten deutschen KGaA stimmberechtigt[481]. Bezüglich des gefassten Beschlusses der Komplementärgesamtheit oder Komplementärversammlung können grundsätzlich alle Komplementäre der eignen beteiligten deutschen KGaA anfechtungs- bzw. feststellungsberechtigt sein[482].

Zweitens ist damit festzustellen, dass bei einem Abschluss eines Beherrschungs- und/oder Gewinnabführungsvertrags mit einer beteiligten deutschen KGaA, durch den diese vertragstypisch verpflichtet wird bzw. diese vertragstypisch berechtigt sowie angemessen anteilsabfindungs- und/oder unbeschränkt verlustausgleichspflichtig wird, seitens der beteiligten deutschen KGaA in und nach einer Versammlung der Komplementäre Mitgliedschaftsrechte, auf die sich die Informationsvorschriften der §§ 293a – 293g Abs. 1, 2 S. 1, Abs. 3 AktG

479 Enzinger in MK HGB, § 119 Rn. 40,43; Grunewald in MK HGB, § 161 Rn. 43; Hopt in Baumbach/Hopt, § 163 Rn. 1, § 161 Rn. 14, § 119 Rn. 27,29; Hüffer, § 278 Rn. 6,18; Schütz/Reger in Schütz/Bürgers/Riotte, § 5 Rn. 45,48; Semler/Perlitt in MK AktG, § 278 Rn. 72,88

480 Enzinger in MK HGB, § 119 Rn. 1,6,7; Grunewald in MK HGB, § 161 Rn. 43; Hopt in Baumbach/Hopt, § 119 Rn. 1,26, § 161 Rn. 14, § 163 Rn. 1; Hüffer, § 278 Rn. 6; Schütz/Reger in Schütz/Bürgers/Riotte, § 5 Rn. 45; Semler/Perlitt in MK AktG, § 278 Rn. 72,75

481 Enzinger in MK HGB, § 119 Rn. 13,17; Grunewald in MK HGB, § 161 Rn. 32; Hopt in Baumbach/Hopt, § 119 Rn. 5, § 161 Rn. 14, § 163 Rn. 1; Hüffer AktG, § 278 Rn. 6; Schütz/Reger in Schütz/Bürgers/Riotte, § 5 Rn. 43, 45; Semler/Perlitt in MK AktG, § 278 Rn. 72,88; Insbesondere ist auch der berechtigte Unternehmensträger stimmberechtigt, wenn er als Komplementär an einer verpflichteten deutschen KGaA beteiligt ist. Denn zum einen ist der Beherrschungs- und/oder Gewinnabführungsvertrag als gesellschaftsrechtlicher Organisationsvertrag und damit als innergesellschaftliche Angelegenheit zu charakterisieren (Enzinger in MK HGB, § 119 Rn. 32; Hopt in Baumbach/Hopt). Zum anderen hat der Gesetzgeber auf einen Ausschluss des Stimmrechts eines berechtigten Unternehmensträgers, der als Aktionär bzw. Kommanditaktionär an einer verpflichteten deutschen AG oder KGaA beteiligt ist, bewusst verzichtet.

482 Enzinger in MK HGB, § 119 Rn. 94,97,105,110; Grunewald in MK HGB, § 161 Rn. 34; Hopt in Baumbach/Hopt, § 119 Rn. 32, § 161 Rn. 14, § 163 Rn. 1; Hüffer AktG, § 278 Rn. 6; Reger in Schütz/Bürgers/Riotte, § 11 Rn. 652; Semler/Perlitt in MK AktG, § 278 Rn. 72

funktional beziehen, vorhanden sein können. Bei einem Abschluss eines sonstigen Beherrschungs- und/oder Gewinnabführungsvertrags mit einer beteiligten deutschen KGaA können keine Mitgliedschaftsrechte, auf die sich die Informationsvorschriften der §§ 293a – 293g Abs. 1, 2 S. 1, Abs. 3 AktG funktional beziehen, vorhanden sein. Bei einem Unternehmensvertrag mit einer beteiligten deutschen KGaA, durch den diese vertragstypisch verpflichtet wird bzw. diese vertragstypisch berechtigt sowie angemessen anteilsabfindungs- und/oder unbeschränkt verlustausgleichspflichtig wird, sind daher zweckgemäß seitens der beteiligten deutschen KGaA in und nach einer Versammlung der Komplementäre durch die Normierung der Informationsvorschriften der §§ 293a – 293g Abs. 1, 2 S. 1, Abs. 3 AktG verstärkte Rechte zu erwerben. Bei einem sonstigen Unternehmensvertrag mit einer beteiligten deutschen KGaA sind dagegen zweckwidrig durch die Normierung der Informationsvorschriften der §§ 293a – 293g Abs. 1, 2 S. 1, Abs. 3 AktG verstärkte Rechte nicht zu erwerben.

2.3.1.3. Anderweitige Erlangung der bedeutsamen Informationen

2.3.1.3.1. Geltung anderer vergleichbarer Informationsvorschriften

- Die § 278 Abs. 3, § 283 Nr. 4, §§ 90, 111 Abs. 2 S. 1, 2 AktG billigen ein Informationsrecht zu, das der sachgerechten Überwachung der gesamten Geschäftsführung nur durch den Aufsichtsrat und nicht auch durch die Komplementärgesamtheit einer deutschen KGaA dient. Die § 278 Abs. 2 AktG, § 161 Abs. 2, § 105 Abs. 3 HGB, § 713 Hs. 1, § 666 BGB billigen stattdessen ein Informationsrecht zu, das der sachgerechten Überwachung der gesamten Geschäftsführung durch die Komplementärgesamtheit einer deutschen KGaA dient. Es handelt sich also ebenfalls um ein allgemeines Informationsrecht[483]. Diese Informationsvorschriften erfassen demzufolge auch den speziellen Geschäftsführungsakt der vertretenden Gesellschaftergesamtheit der beteiligten deutschen KGaA, der in einem Abschluss eines Beherrschungs- und/oder Gewinnabführungsvertrags mit einer beteiligten deutschen KGaA besteht. Die Stellung der an dem Unternehmensvertrag beteiligten deutschen KGaA sowie die Nationalität und Rechtsform des anderen an dem Unternehmensvertrag beteiligten Unternehmensträgers sind insoweit ohne Belang.
  Die § 278 Abs. 2 AktG, § 161 Abs. 2, § 105 Abs. 3 HGB, § 713 Hs. 1, § 666

---

483 Enzinger in MK HGB, § 118 Rn. 4,11,12,14; Grunewald in MK HGB, § 161 Rn. 43,44, § 166 Rn. 46; Rawert in MK HGB, § 114 Rn. 51–53; Hopt in Baumbach/Hopt, § 114 Rn. 14, § 118 Rn. 12, § 161 Rn. 15, § 166 Rn. 12; Hüffer, § 278 Rn. 6,11; Semler/Perlitt in MK AktG, § 278 Rn. 72,167

BGB billigen allerdings ein Informationsrecht zu, das der deutschen KGaA, die durch die Komplementärgesamtheit bei dem Empfang der Informationen vertreten wird, gegenüber der geschäftsführenden Gesellschaftergesamtheit zusteht. Es handelt sich also gleichfalls um ein kollektives Informationsrecht[484]. Diese Informationsvorschriften betreffen demzufolge keine ähnlichen Personen und Organe wie die Informationsvorschriften der §§ 293a – 293g Abs. 1, 2 S. 1, Abs. 3 AktG.

- Die § 278 Abs. 3, § 131 Abs. 1 S. 1, 2, Abs. 2, 3 AktG räumen ein Informationsrecht ein, das der sachgerechten Ausübung aller Mitgliedschaftsrechte nur der Kommanditaktionäre und nicht auch der Komplementäre einer deutschen KGaA dient. Die § 278 Abs. 2 AktG, § 161 Abs. 2, § 118 Abs. 1 HGB räumen stattdessen ein Informationsrecht ein, das der sachgerechten Ausübung aller Mitgliedschaftsrechte der Komplementäre einer deutschen KGaA dient. Es handelt sich also ebenfalls um ein allgemeines Informationsrecht[485]. Diese Informationsvorschriften unterstützen demzufolge auch die speziellen Mitgliedschaftsrechte der Komplementäre der beteiligten deutschen KGaA, die bei einem Abschluss eines Beherrschungs- und/oder Gewinnabführungsvertrags mit einer beteiligten deutschen KGaA bestehen. Die Stellung der an dem Unternehmensvertrag beteiligten deutschen KGaA sowie die Nationalität und Rechtsform des anderen an dem Unternehmensvertrag beteiligten Unternehmensträgers sind insoweit ohne Belang.
  Die § 278 Abs. 2 AktG, § 161 Abs. 2, § 118 Abs. 1 HGB räumen außerdem ein Informationsrecht ein, das jedem (nichtgeschäftsführenden) Komplementär gegenüber der deutschen KGaA, die durch die geschäftsführende Gesellschaftergesamtheit bei der Erteilung der Informationen vertreten wird, zusteht. Es handelt sich also gleichfalls um ein individuelles Informationsrecht[486]. Diese Informationsvorschriften betreffen demzufolge ähnliche Personen und Organe wie die Informationsvorschriften der §§ 293a – 293g Abs. 1, 2 S. 1, Abs. 3 AktG.

---

484 Enzinger in MK HGB, § 118 Rn. 4,11,12,14; Grunewald in MK HGB, § 161 Rn. 43,44, § 166 Rn. 46; Rawert in MK HGB, § 114 Rn. 51–53; Hopt in Baumbach/Hopt, § 114 Rn. 14, § 118 Rn. 12, § 161 Rn. 15, § 166 Rn. 12; Hüffer, § 278 Rn. 6,11; Schmidt InfR, S. 15ff.; Semler/Perlitt in MK AktG, § 278 Rn. 72,167

485 Enzinger in MK HGB, § 118 Rn. 1,2,12; Grunewald in MK HGB, § 161 Rn. 43; Hopt in Baumbach/Hopt, § 118 Rn. 1, § 161 Rn. 15; Hüffer, § 278 Rn. 6,11; Semler/Perlitt in MK AktG, § 278 Rn. 72,167,209

486 Enzinger in MK HGB, § 118 Rn. 1,2,12,17,25; Grunewald in MK HGB, § 161 Rn. 43; Hopt in Baumbach/Hopt, § 161 Rn. 15, § 118 Rn. 1; Hüffer, § 278 Rn. 6,11; Schmidt InfR, S. 21ff.,61ff.; Semler/Perlitt in MK AktG, § 278 Rn. 72,167,209

Einzige Ausprägung des Informationsrechts nach § 278 Abs. 2 AktG, § 161 Abs. 2, § 118 Abs. 1 HGB ist grundsätzlich ein beschränktes Einsichts- und Abschriftsrecht[487]. Dieses wird lediglich ausnahmsweise durch ein beschränktes Auskunftsrecht ergänzt, wenn sich ein nichtgeschäftsführender Komplementär wegen der Lückenhaftigkeit und/oder Widersprüchlichkeit der Unterlagen der eigenen deutschen KGaA ohne eine Auskunft der geschäftsführenden Gesellschaftergesamtheit keine Klarheit über die Angelegenheiten der eigenen deutschen KGaA verschaffen kann[488]. Weitere Ausprägungen existieren nicht[489]. Deshalb sind einerseits Informationen gemäß § 278 Abs. 2 AktG, § 161 Abs. 2, § 118 Abs. 1 HGB ausschließlich über alle Angelegenheiten der eigenen beteiligten deutschen KGaA zu erteilen[490]. Unter den Angelegenheiten eigenen der deutschen KGaA werden alle Umstände verstanden, die die Lage oder die Beziehungen der eigenen deutschen KGaA tatsächlich oder rechtlich betreffen[491]. Dies schließt Umstände, die die Lage oder die Beziehungen eines Dritten rechtlich oder tatsächlich betreffen, nur ein, wenn der Dritte ein verbundenes Unternehmen ist und soweit die Umstände auch tatsächliche oder rechtliche Auswirkungen auf die Lage oder die Beziehungen der eigenen deutschen KGaA haben[492]. Zu den Gegenständen der Informationserteilung gehören also nur alle für den Inhalt des abgeschlossenen Unternehmensvertrags und die Zweckmäßigkeit des Unternehmensvertragsabschlusses wesentlichen Angelegenheiten der eigenen beteiligten deutschen KGaA einschließlich der hierfür wesentlichen Angelegenheiten des anderen beteiligten Unternehmensträgers, wenn dieser ein verbundenes Unternehmen der deutschen KGaA ist und soweit seine Angelegenheiten auch Angelegenheiten der deutschen KGaA sind. Hierzu zählen nicht auch *alle* hierfür wesentlichen Angelegenheiten *jedes* anderen beteiligten Unternehmensträgers. Dementsprechend sind Informationen gemäß § 278 Abs. 2 AktG, § 161 Abs. 2, § 118 Abs. 1 HGB ausschließlich durch alle Unterlagen der eigenen beteiligten deutschen KGaA zu erteilen[493]. Zu den Gegenständen der Informationserteilung gehören also nicht auch bestimmte Unterlagen des anderen beteiligten Unternehmensträgers. Andererseits sind Informationen gemäß

487 Enzinger in MK HGB, § 118 Rn. 7–9; Hopt in Baumbach/Hopt, § 118 Rn. 4–6

488 BGH in BB 1972, S. 1245, BB 1984, S. 1271; Enzinger in MK HGB, § 118 Rn. 11; Hopt in Baumbach/Hopt, § 118 Rn. 7; Wohlleben, S. 82

489 Schmidt InfR, S. 61ff.

490 Enzinger in MK HGB, § 118 Rn. 16; Hopt in Baumbach/Hopt, § 118 Rn. 3

491 Enzinger in MK HGB, § 118 Rn. 16; Hopt in Baumbach/Hopt, § 118 Rn. 3

492 BGH in BB 1984, S. 1273; Hopt in Baumbach/Hopt, § 118 Rn. 16; Mülbert in MK HGB, KonzR Rn. 284; Wohlleben, S. 105f.

493 Enzinger in MK HGB, § 118 Rn. 15; Hopt in Baumbach/Hopt, § 118 Rn. 4

§ 278 Abs. 2 AktG, § 161 Abs. 2, § 118 Abs. 1 HGB ausschließlich von der geschäftsführenden Gesellschaftergesamtheit auf Verlangen und Kosten jedes (nichtgeschäftsführenden) Komplementärs grundsätzlich durch in den Gesellschaftsräumen einzusehende Unterlagen und selbst anzufertigende Abschriften zu gestatten und ausnahmsweise in mündlicher Form zu erteilen[494]. Antworten auf Fragen müssen dabei ausschließlich den Grundsätzen einer gewissenhaften und getreuen Rechenschaft entsprechen. Sie müssen also lediglich vollständig und richtig sein. Sie müssen keine weitergehenden formalisierten Anforderungen erfüllen. Es ist nicht notwendig, dass die geschäftsführende Gesellschaftergesamtheit ohne Aufforderung von sich aus[495] auf Kosten der eigenen deutschen KGaA[496] durch übergebene oder übersandte Unterlagen[497], angefertigte Abschriften[498] oder in schriftlicher Form Informationen übermittelt. Ebenso ist es nicht erforderlich, dass andere Personen oder Organe, insbesondere von der eigenen deutschen KGaA beauftragte Sachverständige bzw. beschäftigte Arbeitnehmer oder andere Gesellschafter[499] Informationen geben. Ein Einsichts- und Abschriftsrecht kann jedoch leichter und umfassender genutzt werden, wenn die durch seine Erfüllung entstehenden Kosten nicht der Einsichts- bzw. Abschriftsverlangende tragen muss. Ein Fragerecht kann sinnvoller genutzt werden, wenn der Fragesteller bereits mit dem Entscheidungsgegenstand vertraut ist und sich daher auf Zusatzfragen konzentrieren kann. Die erforderliche Genauigkeit der Antworten hängt außerdem von der gegebenen Genauigkeit der Fragen ab[500]. Diese Informationsvorschriften erfassen demzufolge weder ähnliche Gegenstände wie die Informationsvorschriften der §§ 293b – 293e AktG und der §§ 293a, 293f, 293g Abs. 1, 2 S. 1, Abs. 3 AktG, noch unterliegen sie ähnlichen Modalitäten wie jene besonderen Informationsvorschriften.

- Vorschriften des ausländischen nationalen bzw. sonstigen rechtsformspezifischen Gesellschaftsrechts, die bei einem Abschluss eines Beherrschungs- und/oder Gewinnabführungsvertrags mit einer beteiligten deutschen KGaA ein seitens der beteiligten deutschen KGaA vor und in einer Versammlung der

494 Enzinger in MK HGB; § 118 Rn. 7–9,25–28; Hopt in Baumbach/Hopt, § 118 Rn. 1,4–6
495 Enzinger in MK HGB, § 118 Rn. 16
496 BGH in BB 1970, S. 187; Enzinger in MK HGB, § 118 Rn. 9,28; Hopt in Baumbach/Hopt, § 118 Rn. 5,6
497 BGH in WM 1984, S. 1273; OLG Celle in BB 1983, S. 1450; Enzinger in MK HGB, § 118 Rn. 9,26; Hopt in Baumbach/Hopt, § 118 Rn. 4; Wohlleben, S. 128
498 Enzinger in MK HGB, § 118 Rn. 9; Hopt in Baumbach/Hopt, § 118 Rn. 6
499 Enzinger in MK HGB, § 118 Rn. 8; Hopt in Baumbach/Hopt, § 118 Rn. 3
500 Vgl. II. T. I. Kap. I. Absch. 2.1.1.3.1.

Komplementäre anwendbares Informationsrecht gewähren, werden regelmäßig fehlen. Denn der Schutz einer deutschen KGaA und ihrer Komplementäre obliegt nicht dem ausländischen nationalen bzw. sonstigen rechtsformspezifischen Gesellschaftsrecht[501]. Die Stellung der an dem Unternehmensvertrag beteiligten deutschen KGaA sowie die Nationalität und Rechtsform des anderen an dem Unternehmensvertrag beteiligten Unternehmensträgers sind insoweit ohne Belang.

Drittens ist einerseits damit festzustellen, dass bei einem Abschluss eines Beherrschungs- und/oder Gewinnabführungsvertrags mit einer beteiligten deutschen KGaA seitens der beteiligten deutschen KGaA vor und in einer Versammlung der Komplementäre keine anderen Informationsvorschriften, die mit den Informationsvorschriften der §§ 293a – 293g Abs. 1, 2 S. 1, Abs. 3 AktG vergleichbar sind, anwendbar sein können.

2.3.1.3.2. Existenz sonstiger vergleichbarer Informationsmöglichkeiten

- Der bei einem Abschluss eines Beherrschungs- und/oder Gewinnabführungsvertrags erforderliche Zustimmungsbeschluss der Komplementärversammlung bzw. Komplementärgesamtheit einer beteiligten deutschen KGaA[502] bedarf grundsätzlich gemäß § 278 Abs. 2 AktG, § 161 Abs. 2, § 119 Abs. 1 HGB der Einstimmigkeit[503]. Eine statuarische Erleichterung des Einstimmigkeitserfordernisses ist jedoch zulässig, da die Regelung des § 161 Abs. 2, § 119 Abs. 1 HGB gemäß § 161 Abs. 2, § 109 HGB dispositiv ist und sich die Verweisung des § 278 Abs. 2 AktG auch auf die § 161 Abs. 2, § 109 HGB erstreckt[504]. Eine entsprechende Regelung in der Satzung kann also zwar analog § 293 Abs. 1 S. 2, Abs. 2 S. 2 AktG keine einfache Mehrheit[505], aber ausnahmsweise eine qualifizierte Mehrheit[506] ausreichen lassen. Hierin liegt keine sittenwidrige Selbstentmündigung. Dies gilt zumindest dann, wenn die Haftung der widersprechenden Komplementäre beschränkt wird[507], in jedem

501 Vgl. II. T. I. Kap. I. Absch. 2.1.1.3.1.
502 Vgl. II. T. I. Kap. I. Absch. 2.3.1.2.
503 Fett in Schütz/Bürgers/Riotte, § 12 Rn. 13
504 Hüffer, § 278 Rn. 6,18; Semler/Perlitt in MK AktG, § 278 Rn. 75, § 285 Rn. 57
505 Wenn die Vereinbarung einer statuarischen einfachen Mehrheitsklausel schon für den Zustimmungsbeschluss der Hauptversammlung ausgeschlossen ist, muss dies erst recht für den Zustimmungsbeschluss der Komplementärgesamtheit oder Komplementärversammlung gelten.
506 Anders Fett in Schütz/Bürgers/Riotte, § 12 Rn. 14
507 Entsprechendes gilt bei Abschlüssen von Verschmelzungsverträgen mit beteiligten deutschen KGaA analog § 43 Abs. 2 S. 3 UmwG (Ihrig in Semler/Stengel, § 43 Rn. 3, 35–42; Schmidt in Lutter/Winter, § 43 Rn. 2,15–17).

Fall für Publikumsgesellschaften und im Fall einer ausreichend bestimmten Regelung auch für sonstige Gesellschaften[508]. Die Vereinbarung einer qualifizierten Mehrheitsklausel ist nicht zwingend durch den Gleichbehandlungsgrundsatz ausgeschlossen. Zum einen wird durch den Beherrschungs- und/oder Gewinnabführungsvertrag zwar ein Weisungs- und/oder Gewinnbezugsrecht des berechtigten Unternehmensträgers begründet. Hierdurch werden aber keinem einzelnen Komplementär gesonderte Mitgliedschaftsrechte eingeräumt, da der berechtigte Unternehmensträger nicht an einer verpflichteten deutschen KGaA beteiligt sein muss und daher dieses Weisungs- und/oder Gewinnbezugsrecht keinesfalls auf einer Gesellschafterstellung des berechtigten Unternehmensträgers beruht. Zum anderen werden durch den Beherrschungs- und/oder Gewinnabführungsvertrag zwar Stimm- und/oder Gewinnbezugsrechte der Komplementäre einer verpflichteten deutschen KGaA beeinträchtigt. Diese Verkürzung allgemeiner Mitgliedschaftsrechte kann aber entweder alle Komplementäre gleichermaßen betreffen, wenn der berechtigte Unternehmensträger nicht an einer verpflichteten deutschen KGaA beteiligt ist, oder durch einen sachlichen Grund gerechtfertigt bzw. durch eine angemessene Ausgleichs- und Abfindungsregelung ausgeglichen sein, wenn der berechtigte Unternehmensträger Komplementär einer verpflichteten deutschen KGaA ist. In beiden Fällen liegt keine willkürliche Ungleichbehandlung vor, da der Gleichbehandlungsgrundsatz unmittelbar nur unter Komplementären gilt und diesen nicht notwendig gleiche allgemeine Mitgliedschaftsrechte zuweist[509]. Die Vereinbarung einer qualifizierten Mehrheitsklausel ist auch nicht zwingend durch die Kernbereichslehre ausgeschlossen. Zum einen werden durch den Beherrschungs- und/oder Gewinnabführungsvertrag Stimm- und/oder Gewinnbezugsrechte der Komplementäre einer verpflichteten deutschen KGaA nicht unmittelbar beschränkt, sondern nur mittelbar beeinträchtigt. Die Beeinträchtigung der Stimm- und/oder Gewinnbezugsrechte kann aber durch eine angemessene Abfindungs- und/oder Ausgleichsregelung kompensiert sein. Zum anderen werden durch die Aufnahme neuer Gesellschafter in eine berechtigte deutsche KGaA zwar die durch die Verwaltungsrechte vermittelte Einflussmöglichkeit und die durch die Vermögensrechte vermittelte Gewinnbeteiligung ihrer alten Komplementäre vermindert, aber die Verwaltungs- und Vermögensrechte ihrer alten Komplementäre nicht unmittelbar beschränkt. Auch infolge der Leistung von Geldzahlungen durch ei-

508 Allgemein für Abschlüsse von Grundlagengeschäften Schütz/Reger in Schütz/Bürgers/Riotte, § 5 Rn. 56–58; Semler/Perlitt in MK AktG, § 285 Rn. 60

509 Entsprechend bei beteiligten deutschen GmbH v. Falkenhausen, S. 31f.; Grauer, S. 185f.; Koppensteiner in Rowedder/Schmidt-Leithoff, Anh. 52 Rn. 55; Sonnenschein, S. 354; Tiebert, S. 176f.

ne berechtigte deutsche KGaA werden zwar die Beteiligungswerte ihrer Komplementäre vermindert, aber die Vermögensrechte ihrer Komplementäre nicht beschränkt[510]. Dafür spricht insbesondere, dass eine statuarische qualifizierte Mehrheitsklausel auch für andere grundlegende Geschäfte wie die Auflösung gemäß § 289 Abs. 1 AktG, § 161 Abs. 2, § 109 HGB[511] und die Verschmelzung der deutschen KGaA gemäß § 78 S. 3 Hs. 2 UmwG[512] stets vereinbart werden darf, obwohl diese die zum Kernbereich zählenden Verwaltungs- und Vermögensrechte der Komplementäre vergleichbar betreffen. Die Stellung der an dem Unternehmensvertrag beteiligten deutschen KGaA sowie die Nationalität und Rechtsform des anderen an dem Unternehmensvertrag beteiligten Unternehmensträgers sind insoweit ohne Belang.
Ein Nichtmitglied der Sperrminorität besitzt grundsätzlich überhaupt keine sonstigen Informationsmöglichkeiten. Die Informationsmöglichkeiten als Mitglied der Sperrminorität sind außerdem weder mit den aus den §§ 293a, 293f, 293g Abs. 1, 2 S. 1, Abs. 3 AktG folgenden Informationsmöglichkeiten noch mit den aus den §§ 293b – 293e AktG folgenden Informationsmöglichkeiten vergleichbar[513].

- Bei einer an einem Abschluss eines Beherrschungs- und/oder Gewinnabführungsvertrags beteiligten deutschen KGaA sind grundsätzlich gemäß § 278 Abs. 2 AktG, § 161 Abs. 2, § 114 Abs. 1 HGB alle Komplementäre an der Geschäftsführung beteiligt[514]. Eine statuarische Entziehung der Geschäftsführungsbefugnis ist jedoch zulässig, da die Regelung der § 161 Abs. 2, § 114 Abs. 1 HGB gemäß § 161 Abs. 2, § 109 HGB dispositiv ist und sich die Verweisung des § 278 Abs. 2 AktG auch auf die § 161 Abs. 2, § 109 HGB erstreckt[515]. Eine entsprechende Regelung in der Satzung kann also zwar nicht alle, aber ausnahmsweise einzelne Komplementäre von der Geschäftsführung ausschließen[516]. Die Stellung der an dem Unternehmensvertrag beteiligten deutschen KGaA sowie die Nationalität und Rechtsform des anderen an

510 Entsprechend bei beteiligten deutschen GmbH Grauer, S. 180ff.; bei beteiligten deutschen Personengesellschaften Ebenroth in FS Boujong, S. 99 (112ff.); anders Fett in Schütz/Bürgers/Riotte, § 12 Rn. 14; Heermann in ZGR 2000, S. 61 (66f.,84); Wichert in AG 2000, S. 268 (270)
511 Mertens in KK AktG, § 289 Rn. 11; Schulz in Schütz/Bürgers/Riotte, § 8 Rn. 13,14; Semler/Perlitt in MK AktG, § 289 Rn. 17
512 Grunewald in Lutter/Winter, § 78 Rn. 4,7; Perlitt in Semler/Stengel, § 78 Rn. 13–20; Schütz in Schütz/Bürgers/ Riotte, § 11 Rn. 203
513 Vgl. II. T. I. Kap. I. Absch. 2.1.1.3.2.
514 Hüffer, § 278 Rn. 6,11; Semler/Perlitt in MK AktG, § 278 Rn. 173,174
515 Hüffer, § 278 Rn. 6,18; Semler/Perlitt in MK AktG, § 278 Rn. 167–169
516 Hüffer, § 278 Rn. 19; Semler/Perlitt in MK AktG, § 278 Rn. 31,32

dem Unternehmensvertrag beteiligten Unternehmensträgers sind insoweit ohne Belang.

Ein Nichtmitglied des Geschäftsführungsorgans besitzt grundsätzlich überhaupt keine sonstigen Informationsmöglichkeiten. Die Informationsmöglichkeiten als Mitglied des Geschäftsführungsorgans sind außerdem zwar mit den aus den §§ 293a, 293f, 293g Abs. 1, 2 S. 1, Abs. 3 AktG folgenden Informationsmöglichkeiten, aber nicht mit den aus den §§ 293b – 293e AktG folgenden Informationsmöglichkeiten vergleichbar[517].

Drittens ist andererseits damit festzustellen, dass bei einem Abschluss eines Beherrschungs- und/oder Gewinnabführungsvertrags mit einer beteiligten deutschen KGaA seitens der beteiligten deutschen KGaA vor und in einer Versammlung der Komplementäre keine sonstigen Informationsmöglichkeiten, die mit den aus den §§ 293b – 293e folgenden Informationsmöglichkeiten vergleichbar sind, selbst wenn alle Komplementäre zustimmungspflichtig sind, und keine sonstigen Informationsmöglichkeiten, die mit den aus den §§ 293a, 293f, 293g Abs. 1, 2 S. 1, Abs. 3 AktG folgenden Informationsmöglichkeiten vergleichbar sind, dann wenn nicht alle Komplementäre geschäftsführungsbefugt sind, vorhanden sein können.

Bei einem Unternehmensvertrag mit einer beteiligten deutschen KGaA sind die durch die Anwendung der Informationsvorschriften der §§ 293b – 293e AktG erworbenen Informationen daher zweckgemäß seitens der beteiligten deutschen KGaA vor und in einer Versammlung der Komplementäre ebenso effektiv weder regelmäßig, noch wenn nicht alle Komplementäre zustimmungspflichtig sind, durch die Anwendung anderer Informationsvorschriften oder durch die Wahrnehmung sonstiger Informationsmöglichkeiten zu erlangen. Die durch die Anwendung der Informationsvorschriften der §§ 293a, 293f, 293g Abs. 1, 2 S. 1, Abs. 3 AktG erworbenen Informationen sind ebenfalls zweckgemäß ebenso effektiv zwar regelmäßig, aber nicht wenn nicht alle Komplementäre geschäftsführungsbefugt sind, anderweitig zu erlangen.

2.3.1.4. Unabhängige Ausübung der verstärkten Rechte

2.3.1.4.1. Geltung von zumindest mit den vorbildgebenden Informationsvorschriften vergleichbaren Informationsvorschriften

- Bei einem Abschluss eines Verschmelzungsvertrags mit einer beteiligten deutschen KGaA sind grundsätzlich seitens der beteiligten deutschen KGaA vor einer Versammlung der Komplementäre die Informationsvorschriften der

517 Vgl. II. T. I. Kap. I. Absch. 2.1.1.3.2.

§§ 10 – 12, 30 Abs. 2 UmwG anwendbar, wenn deren gesamtes Vermögen durch den Verschmelzungsvertrag übertragen wird. Denn zunächst muss nach dem § 29 Abs. 1 S. 1, 2 UmwG, der zu den allgemeinen Vorschriften für Verschmelzungen gehört[518], der übernehmende Rechtsträger *jedem Anteilsinhaber* des übertragenden Rechtsträgers, der bei der Beschlussfassung gegen den Verschmelzungsvertrag stimmt und bis zum Versammlungsende dem Verschmelzungsbeschluss widerspricht, eventuell eine Barabfindung anbieten[519]. Der § 2 UmwG, der gleichfalls zu den allgemeinen Vorschriften für Verschmelzungen gehört, definiert aber auch *Gesellschafter und* nicht nur *Aktionäre* von beteiligten Rechtsträgern als Anteilsinhaber[520]. Demnach können die Komplementäre einer übertragenden deutschen KGaA, die in diese Sondereinlagen erbracht haben und damit an deren Gesamtkapital beteiligt sind, ebenso wie deren am Grund- und damit am Gesamtkapital beteiligten Kommanditaktionäre und die Komplementäre einer übertragenden deutschen KG von dem übernehmenden Rechtsträger eventuell eine Barabfindung beanspruchen, wenn sie bei der Beschlussfassung gegen den Verschmelzungsvertrag stimmen und bis zum Versammlungsende einem Verschmelzungsbeschluss widersprechen. Sie sind dann nicht ausschließlich auf einen Abfindungsanspruch gegen den übernehmenden Rechtsträger gemäß § 278 Abs. 2 AktG, § 161 Abs. 2, § 105 Abs. 3 HGB, § 738 Abs. 1 S. 2 BGB, § 20 Abs. 1 Nr. 1 UmwG[521] angewiesen[522]. Zudem wird das zugunsten der Komplementäre einer deutschen KG normierte allgemeine Auskunfts-, Einsichts- und Abschriftsrecht durch die allgemeinen Verweisungsvorschriften des § 278 Abs. 2 AktG auf die Komplementäre einer deutschen KGaA erstreckt[523]. Daher ist die zugunsten der Komplementäre einer übertragenden deutschen KG normierte besondere Prüf- und Prüfberichtspflicht sachgerecht ebenfalls gegenüber den Komplementären einer übertragenden deutschen KGaA gegeben. Die Nationalität und Rechtsform des durch den Verschmelzungsvertrag übernehmenden Rechtsträgers ist insoweit ohne Belang.

Die §§ 10 – 12, 30 Abs. 2 UmwG normieren für eine übertragende deutsche KGaA bezüglich einer Versammlung der Komplementäre eine Prüf- und Prüfberichtspflicht, die ähnliche Personen und Organe betrifft, ähnliche Ge-

518 Nachw. in Fn. 315

519 Grunewald in Lutter/Winter, § 29 Rn. 2,3; Kalss in Semler/Stengel, § 29 Rn. 6,7

520 Nachw. in Fn. 16

521 Vgl. Grunewald in Lutter/Winter, § 78 Rn. 8; Marsch-Barner in Kallmeyer, § 78 Rn. 8; Schaumburg/Schulte, Rn. 192; Schütz in Schütz/Bürgers/Riotte, § 11 Rn. 108

522 A. M. Schütz in Schütz/Bürgers/Riotte, § 11 Rn. 108

523 Vgl. II. T. I. Kap. I. Absch. 2.3.1.3.1.

genstände erfasst und ähnlichen Modalitäten unterliegt wie die durch die §§ 10 – 12, 30 Abs. 2 UmwG für eine übertragende deutsche KGaA bezüglich einer Versammlung der Kommanditaktionäre statuierte Prüf- und Prüfberichtspflicht. Diese Prüf- und Prüfberichtspflicht stimmt insbesondere hinsichtlich der erforderlichen Initiative für eine Prüfungsdurchführung und eine Prüfberichtserstattung mit jener Prüf- und Prüfberichtspflicht überein.
Die §§ 10 – 12, 30 Abs. 2 UmwG gelten mangels einer analogen Anwendbarkeit der § 44 S. 1, § 43 Abs. 2 UmwG gleichgültig, ob die Zustimmung einzelner Komplementäre der eigenen übertragenden deutschen KGaA zu dem Verschmelzungsvertrag entbehrlich oder die Verschmelzungszustimmung aller Komplementäre erforderlich ist[524]. Für die Geltung dieser besonderen Informationsvorschriften ist außerdem gleichgültig, ob einzelne Komplementäre der eigenen übertragenden deutschen KGaA von der Führung der Geschäfte ausgeschlossen oder alle Komplementäre an der Geschäftsführung beteiligt sind.

- Bei einem Abschluss eines Verschmelzungsvertrags mit einer beteiligten deutschen KGaA sind seitens der beteiligten deutschen KGaA vor einer Versammlung der Komplementäre die Informationsvorschriften der §§ 9 – 12, 60 UmwG aufgrund der Verweisungsvorschriften des § 78 S. 1, 2 UmwG nicht anwendbar. Denn zunächst regeln die §§ 63, 64 UmwG ausdrücklich die Vorbereitung und Durchführung der *Hauptversammlung,* die gemäß § 13 Abs. 1 UmwG über die Zustimmung zu dem Verschmelzungsvertrag beschließen soll[525]. Gleiches gilt für den § 60 UmwG, der auf die §§ 9 – 12 UmwG verweist[526], aufgrund des ausdrücklichen Bezuges des § 63 Abs. 1 Nr. 5 UmwG zu dem *§ 12* UmwG[527]. Weiterhin gehen die Verweisungsvorschriften des § 78 S. 1, 2 UmwG dem Zustimmungserfordernis des § 78 S. 3 UmwG voraus. Sie folgen ihm nicht nach. Schließlich wird das zugunsten der Aktionäre einer deutschen AG normierte allgemeine Auskunftsrecht durch die allgemeinen Verweisungsvorschriften des § 278 Abs. 3 AktG nur auf die Kommanditaktionäre und nicht auch auf die Komplementäre einer deutschen KGaA erstreckt. Daher wird die zugunsten der Aktionäre einer beteiligten deutschen AG normierte besondere Prüf- und Prüfberichtspflicht durch die besonderen Verweisungsvorschriften des § 78 S. 1, 2 UmwG sachgerecht ebenfalls nur auf die Kommanditaktionäre und nicht auch auf die Komplementäre einer beteiligten deutschen KGaA erstreckt. Stattdessen sind grund-

524 Vgl. II. T. I. Kap. I. Absch. 2.1.1.4.1.
525 Nachw. in Fn. 323
526 Nachw. in Fn. 331
527 Nachw. in Fn. 324

sätzlich seitens der beteiligten deutschen KGaA vor einer Versammlung der Komplementäre die Informationsvorschriften der §§ 9 – 12, 44 UmwG analog anwendbar[528]. Denn zunächst sind einerseits nach dem § 20 Abs. 1 Nr. 3 S. 1 Hs. 1 UmwG, der zu den allgemeinen Vorschriften für Verschmelzungen gehört, *die Anteilsinhaber* eines übertragenden Rechtsträgers, die nicht mit dem übernehmenden Rechtsträger identisch sind oder für dessen Rechnung handeln, an dem Anteilsumtausch beteiligt[529]. Der § 2 UmwG, der gleichfalls zu den allgemeinen Vorschriften für Verschmelzungen gehört, definiert außerdem auch *Gesellschafter und* nicht nur *Aktionäre* von beteiligten Rechtsträgern als Anteilsinhaber. Demnach werden den Komplementären einer übertragenden deutschen KGaA, die in diese Sondereinlagen erbracht haben und damit am Gesamtkapital beteiligt sind, ebenso wie deren am Grund- und somit am Gesamtkapital beteiligten Kommanditaktionären und den Komplementären einer übertragenden deutschen KG Anteile des übernehmenden Rechtsträgers gewährt. Sie müssen nicht zwingend gegen eine Abfindung des übernehmenden Rechtsträgers gemäß § 278 Abs. 2 AktG, § 161 Abs. 2, § 105 Abs. 3 HGB, § 738 Abs. 1 S. 2 BGB, § 20 Abs. 1 Nr. 1 UmwG ausscheiden[530]. Andererseits sind alle Anteilsinhaber eines übernehmenden Rechtsträgers durch den Anteilsumtausch betroffen[531]. Demnach wird die Beteiligung der Komplementäre einer übernehmenden deutschen KGaA, die in diese Sondereinlagen erbracht haben, am Gesamtkapital ebenso wie die Beteiligung ihrer Kommanditaktionäre am Grund- und Gesamtkapital und die Beteiligung der Komplementäre einer übernehmenden deutschen KG durch die Gewährung von Anteilen an die Anteilsinhaber des übertragenden Rechtsträgers verringert. Hierfür ist unerheblich, ob den Anteilsinhabern des übertragenden Rechtsträgers Komplementäranteile oder Kommanditaktien gewährt werden. Weiterhin müssen gemäß § 13 Abs. 1 UmwG, der zu den allgemeinen Vorschriften für Verschmelzungen gehört, einem Verschmelzungsvertrag *die Anteilsinhaber* eines beteiligten Rechtsträgers in einer einzuberufenden Versammlung und durch einen zu fassenden Beschluss zustimmen[532]. Der § 2

528 Ähnlich Perlitt in Semler/Stengel, § 78 Rn. 10, der allerdings die §§ 9 – 12, 60 UmwG analog anwenden will; anders Grunewald in Lutter/Winter, § 78 Rn. 5,7 Fn. 1

529 Grunewald in Lutter/Winter, § 20 Rn. 57; Kübler/Simon in Semler/Stengel, § 20 Rn. 74

530 Perlitt in Semler/Stengel, § 78 Rn. 21–29; Rieger in Widmann, § 78 Rn. 21; a. M. Grunewald in Lutter/Winter, § 78 Rn. 8,9; Marsch-Barner in Kallmeyer, § 78 Rn. 8

531 Vgl. Bork in Lutter/Winter, § 14 Rn. 14; Gehling in Semler/Stengel, § 14 Rn. 13

532 Lutter/Drygala in Lutter/Winter, § 13 Rn. 7,9; Gehling in Semler/Stengel, § 13 Rn. 8,12,14,17

UmwG, der gleichfalls zu den allgemeinen Vorschriften für Verschmelzungen gehört, definiert außerdem auch *Gesellschafter und* nicht nur *Aktionäre* von beteiligten Rechtsträgern als Anteilsinhaber. Der § 78 S. 3 Hs. 1 UmwG, der zu den besonderen Vorschriften für Verschmelzungen unter Beteiligung einer deutschen KGaA gehört[533], normiert überdies ausdrücklich ein Zustimmungserfordernis für *die persönlich haftenden Gesellschafter* einer beteiligten deutschen KGaA[534]. Demnach müssen die Komplementäre einer beteiligten deutschen KGaA ebenso wie deren Kommanditaktionäre und die Komplementäre einer beteiligten deutschen KG über eine Zustimmung zu dem Verschmelzungsvertrag in einer Versammlung und durch einen Beschluss entscheiden. Die Komplementäre einer beteiligten deutschen KGaA bedürfen demzufolge ebenso wie die Komplementäre einer beteiligten deutschen KG unabhängiger, sachverständiger und kostenloser Informationen über das Vorliegen und die Angemessenheit einer getroffenen Anteilsumtauschregelung. Fernerhin wird nur das zugunsten der Komplementäre einer deutschen KG normierte allgemeine Auskunfts-, Einsichts- und Abschriftsrecht und nicht auch ein weitergehendes allgemeines Informationsrecht durch die allgemeinen Verweisungsvorschriften des § 278 Abs. 2 AktG auf die Komplementäre einer deutschen KGaA erstreckt. Schließlich kann die zulasten einzelner Komplementäre einer zu beteiligten deutschen KG verzichtbare Verschmelzungszustimmung bzw. abänderbare Geschäftsführungsbefugnis aufgrund der besonderen Öffnungsvorschrift des § 78 S. 3 Hs. 2 UmwG und der allgemeinen Versweisungsvorschrift des § 278 Abs. 2 AktG ebenso bei einzelnen Komplementären einer beteiligten deutschen KGaA entbehrlich[535] bzw. ausgeschlossen[536] sein. Die Komplementäre einer beteiligten deutschen KGaA erlangen demzufolge ebenso wenig wie die Komplementäre einer beteiligten deutschen KG erforderliche Informationen zwingend durch die Ausübung eines anderen Informationsrechts und die Wahrnehmung einer sonstigen Informationsmöglichkeit[537]. Daher liegt mangels der Erstreckung des zugunsten der Komplementäre einer beteiligten deutschen KG normierten besonderen Prüf- und Prüfberichtsrechts auf die Komplementäre einer beteiligten deutschen KGaA eine offene Lücke des Gesetzes vor, die durch eine analoge Anwendung der

533 Nachw. in Fn. 333

534 Grunewald in Lutter/Winter, § 78 Rn. 4,7; Perlitt in Semler/Stengel, § 78 Rn. 13

535 Vgl. II. T. I. Kap. I. Absch. 2.3.1.3.2; Streitig ist lediglich, ob eine Regelung in der Satzung nur eine qualifizierte Mehrheit oder auch eine einfache Mehrheit ausreichen lassen kann.

536 Vgl. II. T. I. Kap. Absch. 2.3.1.3.2.

537 Perlitt in Semler/Stengel, § 78 Rn. 10; Rieger in Widmann, § 78 Rn. 13; a. M: Grunewald in Lutter/Winter, § 78 Rn. 5,7 Fn. 1

§§ 9 – 12, 44 UmwG geschlossen werden kann. Auch werden in den Gesetzesmaterialien keine Gründe für eine unterschiedliche Behandlung der Komplementäre einer beteiligten deutschen KGaA sowie der Komplementäre einer beteiligten deutschen KG in diesem Punkt genannt. Die Schaffung des UmwG sollte vielmehr gerade der Vereinheitlichung des zuvor stark rechtsformabhängigen Verschmelzungsrechts dienen[538]. Daher stellt die mangelnde Erstreckung des zugunsten der Komplementäre einer beteiligten deutschen KG normierten besonderen Prüf- und Prüfberichtsrechts auf die Komplementäre einer beteiligten deutschen KGaA ein redaktionelles Versehen des Gesetzgebers dar, das durch eine analoge Anwendung der §§ 9 – 12, 44 UmwG beseitigt werden darf. Die Stellung der an dem Verschmelzungsvertrag beteiligten deutschen KGaA sowie die Nationalität und Rechtsform des anderen an dem Verschmelzungsvertrag beteiligten Rechtsträgers sind insoweit ohne Belang.
Die §§ 9 – 12, 44 UmwG normieren für eine beteiligte deutsche KGaA bezüglich einer Versammlung der Komplementäre ein Prüf- und Prüfberichtsrecht, das ähnliche Personen und Organe betrifft, ähnliche Gegenstände erfasst und ähnlichen Modalitäten unterliegt wie die durch die §§ 9 – 12, 60, 78 S. 1, 2 UmwG für eine beteiligte deutsche KGaA bezüglich einer Versammlung der Kommanditaktionäre statuierte Prüf- und Prüfberichtspflicht. Dieses Prüf- und Prüfberichtsrecht bleibt allerdings hinsichtlich der erforderlichen Initiative für eine Prüfungsdurchführung und eine Prüfberichtserstattung hinter jener Prüf- und Prüfberichtspflicht zurück[539].
Die §§ 9 – 12, 44 UmwG gelten gemäß § 44 S. 1, § 43 Abs. 2 UmwG zwar nicht, wenn die Zustimmung aller Komplementäre der eigenen beteiligten deutschen KGaA zu dem Verschmelzungsvertrag erforderlich ist, aber dann, wenn die Verschmelzungszustimmung einzelner Komplementäre entbehrlich ist[540]. Für die Geltung dieser besonderen Informationsvorschriften ist außerdem gleichgültig, ob alle Komplementäre der eigenen beteiligten deutschen KGaA an der Führung der Geschäfte beteiligt oder einzelne Komplementäre von der Geschäftsführung ausgeschlossen sind.

- Bei einem Abschluss eines Verschmelzungsvertrags mit einer beteiligten deutschen KGaA sind grundsätzlich seitens der beteiligten deutschen KGaA vor einer Versammlung der Komplementäre die Informationsvorschriften des § 8 UmwG anwendbar. Denn zunächst ist nach dem § 8 Abs. 3 S. 1 Alt. 1, S. 2 UmwG, der zu den allgemeinen Vorschriften für Verschmelzungen ge-

538 Vgl. Einleitung
539 Ihrig in Semler/Stengel, § 44 Rn. 8,12–15; Zeidler in Semler/Stengel, § 9 Rn. 6,7; Lutter/Drygala in Lutter/Winter, § 9 Rn. 6; Schmidt in Lutter/Winter, § 44 Rn. 2,5–8
540 Vgl. II. T. I. Kap. I. Absch. 2.1.1.4.1.

hört, die Berichterstattung nur dann entbehrlich, wenn *alle Anteilsinhaber* eines beteiligten Rechtsträgers auf sie verzichten[541]. Der § 2 UmwG, der zu den allgemeinen Vorschriften für Verschmelzungen gehört, definiert aber auch *Gesellschafter und* nicht nur *Aktionäre* von beteiligten Rechtsträgern als Anteilsinhaber. Zudem wird das zugunsten der Komplementäre einer deutschen KG normierte allgemeine Auskunfts-, Einsichts- und Abschriftsrecht durch die allgemeinen Verweisungsvorschriften des § 278 Abs. 2 AktG auch auf die Komplementäre einer deutschen KGaA erstreckt. Daher ist die zugunsten der Komplementäre einer beteiligten deutschen KG normierte besondere Berichtspflicht sachgerecht ebenfalls gegenüber den Komplementären einer beteiligten deutschen KGaA gegeben. Bei einem Abschluss eines Verschmelzungsvertrags mit einer beteiligten deutschen KGaA sind dagegen seitens der beteiligten deutschen KGaA vor und in einer Versammlung der Komplementäre die Informationsvorschriften der §§ 63, 64 UmwG aufgrund der Verweisungsvorschriften des § 78 S. 1, 2 UmwG nicht anwendbar. Denn zunächst regeln die Informationsvorschriften der §§ 63, 64 UmwG ausdrücklich ausschließlich die Vorbereitung und Durchführung *der Hauptversammlung,* die über die gemäß § 13 Abs. 1 UmwG erforderliche Zustimmung zu dem Verschmelzungsvertrag beschließen soll. Weiterhin gehen die Verweisungsvorschriften des § 78 S. 1, 2 UmwG dem Zustimmungserfordernis des § 78 S. 3 UmwG voraus. Sie folgen ihm nicht nach. Schließlich wird das zugunsten der Aktionäre einer deutschen AG normierte allgemeine Auskunftsrecht durch die allgemeinen Verweisungsvorschriften des § 278 Abs. 3 AktG nur auf die Kommanditaktionäre und nicht auch auf die Komplementäre einer deutschen KGaA erstreckt. Daher wird die bzw. das zugunsten der Aktionäre einer beteiligten deutschen AG normierte besondere Auslage- und Vortragspflicht sowie Auskunfts- und Abschriftsrecht durch die besonderen Verweisungsvorschriften des § 78 S. 1, 2 UmwG sachgerecht ebenfalls nur auf die Kommanditaktionäre und nicht auch auf die Komplementäre einer beteiligten deutschen KGaA erstreckt. Stattdessen sind grundsätzlich seitens der beteiligten deutschen KGaA vor und in einer Versammlung der Komplementäre die Informationsvorschriften der §§ 42, 49 Abs. 2, 3, § 63 Abs. 3, § 64 Abs. 1 S. 2 UmwG analog anwendbar[542]. Denn zunächst sind einerseits die Komplementäre einer übertragenden deutschen KGaA, die in diese Sondereinlagen erbracht haben und damit an deren Gesamtkapital beteiligt sind, ebenso wie deren am Grund- und somit am Gesamtkapital beteiligten Kommanditaktionäre

541 Gehling in Semler/Stengel, § 8 Rn. 68; Lutter/Drygala in Lutter/Winter, § 8 Rn. 48

542 Ähnlich Perlitt in Semler/Stengel, § 78 Rn. 10, der allerdings die §§ 63, 64 UmwG analog anwenden will; anders Grunewald in Lutter/Winter, § 78 Rn. 5,7 Fn. 1

und die Komplementäre einer übertragenden deutschen KG eventuell zu einer Barabfindung berechtigt und grundsätzlich an dem Anteilsumtausch beteiligt. Die Komplementäre einer übertragenden deutschen KGaA sind außerdem ebenso wie die Komplementäre einer übertragenden deutschen KG durch die Vermögens- und Verbindlichkeitsvereinigung betroffen, da sie persönlich für die Verbindlichkeiten der übertragenden deutschen KGaA analog § 45 UmwG nachhaften[543]. Andererseits sind die Komplementäre einer übernehmenden deutschen KGaA, die in diese Sondereinlagen erbracht haben und damit an deren Gesamtkapital beteiligt sind, ebenso wie deren am Grund- und somit am Gesamtkapital beteiligten Kommanditaktionäre und die Komplementäre einer übernehmenden deutschen KG durch den Anteilsumtausch betroffen. Die Komplementäre einer übernehmenden deutschen KGaA sind außerdem ebenso wie die Komplementäre einer übernehmenden deutschen KG durch die Vermögens- und Verbindlichkeitsvereinigung betroffen, da sie persönlich für die Verbindlichkeiten der übernehmenden deutschen KGaA gemäß § 278 Abs. 2 AktG, § 161 Abs. 2, § 128 S. 1 HGB haften[544]. Weiterhin müssen die Komplementäre einer beteiligten deutschen KGaA ebenso wie deren Kommanditaktionäre und die Komplementäre einer beteiligten deutschen KG über eine Zustimmung zu dem Verschmelzungsvertrag durch einen Beschluss und in einer Versammlung entscheiden. Die Komplementäre einer beteiligten deutschen KGaA bedürfen demzufolge ebenso wie die Komplementäre einer beteiligten deutschen KG unaufgeforderter, schriftlicher und kostenloser Informationen über den Inhalt des abgeschlossenen Verschmelzungsvertrags und die Zweckmäßigkeit der Verschmelzung einschließlich der Vermögens- und Ertragsverhältnisse beider beteiligten Rechtsträger und aller sonstigen hierfür wesentlichen Angelegenheiten des anderen beteiligten Rechtsträgers. Fernerhin wird nur das zugunsten der Komplementäre einer deutschen KG normierte allgemeine Auskunfts-, Einsichts- und Abschriftsrecht und nicht auch ein weitergehendes allgemeines Informationsrecht durch die allgemeinen Verweisungsvorschriften des § 278 Abs. 2 AktG auf die Komplementäre einer deutschen KGaA erstreckt. Schließlich kann die zulasten einzelner Komplementäre einer beteiligten deutschen KG verzichtbare Verschmelzungszustimmung bzw. abänderbare Geschäftsführungsbefugnis aufgrund der besonderen Öffnungsvorschrift des § 78 S. 3 Hs. 2 UmwG und der allgemeinen Versweisungsvorschrift des § 278 Abs. 2 AktG ebenso bei

543 Grunewald in Lutter/Winter, § 78 Rn. 10; Schmidt in Lutter/Winter, § 45 Rn. 8a; Ihrig in Semler/Stengel, § 45 Rn. 5; Perlitt in Semler/Stengel, § 78 Rn. 30–32; a. M. Vossius in Widmann, § 45 Rn. 12

544 Nachw. in Fn. 456

einzelnen Komplementären einer beteiligten deutschen KGaA entbehrlich bzw. ausgeschlossen sein. Die Komplementäre einer beteiligten deutschen KGaA erlangen demzufolge ebenso wenig wie die Komplementäre einer beteiligten deutschen KG erforderliche Informationen zwingend durch die Ausübung eines anderen Informationsrechts und die Wahrnehmung einer sonstigen Informationsmöglichkeit. Daher liegt mangels der Erstreckung der bzw. des zugunsten der Komplementäre einer beteiligten deutschen KG normierten besonderen Vortrags-, Übersende- und Auslagepflicht sowie Auskunfts- und Abschriftsrechts auf die Komplementäre einer beteiligten deutschen KGaA eine offene Lücke des Gesetzes vor, die durch eine analoge Anwendung der §§ 42, 49 Abs. 2, 3, § 63 Abs. 3, § 64 Abs. 1 S. 2 UmwG geschlossen werden kann. Auch werden in den Gesetzesmaterialien keine Gründe für eine unterschiedliche Behandlung der Komplementäre einer beteiligten deutschen KGaA sowie der Komplementäre einer beteiligten deutschen KG in diesem Punkt genannt. Die Schaffung des UmwG sollte vielmehr gerade der Vereinheitlichung des zuvor stark rechtsformabhängigen Verschmelzungsrechts dienen. Daher stellt die mangelnde Erstreckung der bzw. des zugunsten der Komplementäre einer beteiligten deutschen KG normierten besonderen Vortrags-, Übersende- und Auslagepflicht sowie Auskunfts- und Abschriftsrechts auf die Komplementäre einer beteiligten deutschen KGaA ein redaktionelles Versehen des Gesetzgebers dar, das durch eine analoge Anwendung der §§ 42, 49 Abs. 2, 3, § 63 Abs. 3, § 64 Abs. 1 S. 2 UmwG beseitigt werden darf. Die Stellung der an dem Verschmelzungsvertrag beteiligten deutschen KGaA sowie die Nationalität und Rechtsform des anderen an dem Verschmelzungsvertrag beteiligten Rechtsträgers sind insoweit ohne Belang.

Die §§ 8, 42, 49 Abs. 2, 3, § 63 Abs. 3, § 64 Abs. 1 S. 2 UmwG normieren für eine beteiligte deutsche KGaA bezüglich einer Versammlung der Komplementäre eine Berichts-, Vortrags-, Übersende- und Auslagepflicht sowie ein erweitertes Auskunfts- und Abschriftsrecht, die bzw. das ähnliche Personen und Organe betrifft, ähnliche Gegenstände erfasst und ähnlichen Modalitäten unterliegt wie die bzw. das durch die §§ 8, 63, 64 UmwG für eine beteiligte deutsche KGaA bezüglich einer Versammlung der Kommanditaktionäre statuierte Berichts-, Vortrags- und Auslagepflicht sowie erweiterte Auskunfts- und Abschriftsrecht. Die Übersendepflicht nach § 42 UmwG geht sogar hinsichtlich der erforderlichen Initiative für eine Abschriftserteilung über das Abschriftsrecht nach § 63 Abs. 1 Nr. 1, 4, 5, Abs. 3 UmwG hinaus[545]. Die erweiterte Auskunftsrecht nach § 49 Abs. 3 UmwG reicht ebenso sogar bezüglich des möglichen Zeitrahmens für ein Auskunftsverlangen und eine Aus-

545 Schmidt in Lutter/Winter, § 42 Rn. 1

kunftserteilung über das erweiterte Auskunftsrecht nach § 64 Abs. 2 UmwG hinaus[546].

Für die Geltung der §§ 8, 42, 49 Abs. 2, 3, § 63 Abs. 3, § 64 Abs. 1 S. 2 UmwG ist gleichgültig, ob die Zustimmung aller Komplementäre der eigenen beteiligten deutschen KGaA zu dem Verschmelzungsvertrag erforderlich oder die Verschmelzungszustimmung einzelner Komplementäre entbehrlich ist. Diese besonderen Informationsvorschriften gelten außerdem gemäß §§ 41, 42 UmwG zwar nicht, wenn alle Komplementäre der eigenen beteiligten deutschen KGaA an der Führung der Geschäfte beteiligt sind, aber dann, wenn einzelne Komplementäre von der Geschäftsführung ausgeschlossen sind[547].

Viertens ist einerseits damit festzustellen, dass bei einem Abschluss eines Verschmelzungsvertrags mit einer beteiligten deutschen KGaA, durch den diese Vermögen überträgt, seitens der beteiligten deutschen KGaA vor und in einer Versammlung der Komplementäre Informationsvorschriften der §§ 10 – 12, 30 Abs. 2 UmwG, die für die Informationsvorschriften der §§ 293b – 293e AktG einerseits vorbildgebend waren, selbst wenn alle Komplementäre zustimmungspflichtig sind, Informationsvorschriften, die mit den für die Informationsvorschriften der §§ 293b – 293e AktG anderseits vorbildgebenden Informationsvorschriften der §§ 9 – 12, 60, 78 S. 1, 2 UmwG vergleichbar sind, dann wenn nicht alle Komplementäre zustimmungspflichtig sind, und Informationsvorschriften, die mit den für die Informationsvorschriften der §§ 293a, 293f, 293g Abs. 1, 2 S. 1, Abs. 3 AktG vorbildgebenden Informationsvorschriften vergleichbar sind, dann wenn nicht alle Komplementäre geschäftsführungsbefugt sind, anwendbar sein können. Der Gesetzgeber ging bei Ersterem davon aus, dass ein Austritt für Anteilsinhaber eines inländischen Rechtsträgers jeglicher Rechtsform stets erhebliche Bedeutung habe und daher die Normierung einer Prüfpflicht für durch Verschmelzungsverträge übertragende inländische Rechtsträger jeglicher Rechtsform stets notwendig sei. Die Annahme des Gesetzgebers beruht allerdings darauf, dass den einstimmig zustimmungspflichtigen Anteilsinhaber ebenso wie den nicht einstimmig zustimmungspflichtigen Anteilsinhabern eines übertragenden inländischen Rechtsträgers beliebiger Rechtsform bereits die Initiative zum Angebot einer Barabfindung erspart ist. Sie kann daher auf Versammlungen der Komplementäre von an Unternehmensverträgen beteiligten deutschen KGaA nicht übertragen werden, solange die einstimmig zustimmungspflichtigen Komplementäre anders als die nicht einstimmig zustimmungspflichtigen Komplementäre einer verpflichteten deutschen KGaA mangels einer analogen Anwendung des § 305

546 Reichert in Semler/Stengel, § 49 Rn. 12; a. M. Zimmermann in Kallmeyer, § 49 Rn. 3

547 Vgl. II. T. I. Kap. I. Absch. 2.1.1.4.1.

Abs. 1, 2 Nr. 3, Abs. 3 S. 2 AktG bereits die Initiative zum Angebot einer Barabfindung ergreifen müssen. Bei einem Abschluss eines Verschmelzungsvertrags mit einer beteiligten deutschen KGaA, durch den diese Vermögen übernimmt, können zwar keine Informationsvorschriften der §§ 10 – 12, 30 Abs. 2 UmwG, die für die Informationsvorschriften der §§ 293b – 293e AktG einerseits vorbildgebend waren, aber Informationsvorschriften, die mit den für die Informationsvorschriften der §§ 293b – 293e AktG anderseits vorbildgebenden Informationsvorschriften der §§ 9 – 12, 60, 78 S. 1, 2 UmwG vergleichbar sind, dann wenn nicht alle Komplementäre zustimmungspflichtig sind, und Informationsvorschriften, die mit den für die Informationsvorschriften der §§ 293a, 293f, 293g Abs. 1, 2 S. 1, Abs. 3 AktG vorbildgebenden Informationsvorschriften vergleichbar sind, dann wenn nicht alle Komplementäre geschäftsführungsbefugt sind, anwendbar sein.

2.3.1.4.2. Existenz von zumindest mit den maßgebenden Verschmelzungsmerkmalen vergleichbaren Konzernierungsmerkmalen

- Durch einen Abschluss eines Beherrschungs- und/oder Gewinnabführungsvertrags mit einer beteiligten deutschen KGaA muss grundsätzlich zwar nicht gemäß, aber analog § 305 Abs. 1, 2 Nr. 3, Abs. 3 S. 2 AktG (auch) eine angemessene Barabfindungspflicht des anderen beteiligten Unternehmensträgers gegenüber außenstehenden Komplementären der beteiligten deutschen KGaA begründet werden, wenn diese durch den Unternehmensvertrag verpflichtet wird. Dies gilt zumindest dann, wenn nicht alle Komplementäre der verpflichteten deutschen KGaA zustimmungspflichtig sind. Die Nationalität und Rechtsform des durch den Unternehmensvertrag berechtigten Unternehmensträgers ist insoweit ohne Belang. Denn durch die Aufnahme in eine berechtigte unabhängige deutsche bzw. europäische AG oder KGaA wird die Beteiligung außenstehender Komplementäre einer verpflichteten deutschen KGaA stärker als die Beteiligung außenstehender Kommanditaktionäre einer verpflichteten deutschen KGaA verändert, so dass die Begründung einer isolierten Anteilsabfindungspflicht nicht ausreichend ist. Eine vergleichbare isolierte oder kombinierte Barabfindungspflicht gegenüber außenstehenden Komplementären einer verpflichteten deutschen KGaA kann außerdem durch Regelungen des Unternehmensvertrags, die außenstehende Komplementäre der verpflichteten deutschen KGaA erzwungen haben, begründet sein. Dies gilt zumindest dann, wenn alle Komplementäre der verpflichteten deutschen KGaA zustimmungspflichtig sind[548].

548 Vgl. II. T. I. Kap. I. Absch. 2.1.1.4.2.

- Durch einen Abschluss eines Beherrschungs- und/oder Gewinnabführungsvertrags mit einer beteiligten deutschen KGaA muss einerseits grundsätzlich zwar nicht gemäß, aber analog § 305 Abs. 1, 2 Nr. 1, Abs. 3 S. 1 AktG auch eine angemessene Anteilsabfindungspflicht des anderen beteiligten Unternehmensträgers gegenüber außenstehenden Komplementären der beteiligten deutschen KGaA begründet werden, wenn diese durch den Unternehmensvertrag verpflichtet wird und der durch den Unternehmensvertrag berechtigte Unternehmensträger eine unabhängige deutsche bzw. europäische AG oder KGaA ist. Dies gilt zumindest dann, wenn nicht alle Komplementäre der verpflichteten deutschen KGaA zustimmungspflichtig sind. Denn die Struktur einer berechtigten unabhängigen deutschen bzw. europäischen AG oder KGaA wird durch die Aufnahme außenstehender Komplementäre einer verpflichteten deutschen KGaA nicht stärker als durch die Aufnahme außenstehender Kommanditaktionäre einer verpflichteten deutschen KGaA belastet, so dass die Begründung einer kombinierten Anteilsabfindungspflicht nicht unverhältnismäßig ist. Eine vergleichbare isolierte oder kombinierte Anteilsabfindungspflicht gegenüber außenstehenden Komplementären einer verpflichteten deutschen KGaA kann außerdem durch Regelungen des Unternehmensvertrags, die außenstehende Komplementäre der verpflichteten deutschen KGaA erzwungen haben, begründet sein. Dies gilt zumindest dann, wenn Anteile an dem berechtigten Unternehmensträger ausgegeben sind sowie übertragen werden können und alle Komplementäre der verpflichteten deutschen KGaA zustimmungspflichtig sind[549].
  Durch einen Abschluss eines Beherrschungs- und/oder Gewinnabführungsvertrags mit einer beteiligten unabhängigen deutschen KGaA muss andererseits grundsätzlich entweder gemäß oder analog § 305 Abs. 1, 2 Nr. 1, Abs. 3 S. 1 AktG (auch) eine angemessene Anteilsabfindungspflicht der beteiligten deutschen unabhängigen KGaA gegenüber außenstehenden Anteilsinhabern des anderen beteiligten Unternehmensträgers begründet werden, wenn jener durch den Unternehmensvertrag verpflichtet wird und ein deutscher Verein bzw. eine deutsche Genossenschaft oder Gesellschaft ist. Dies gilt zumindest dann, wenn nicht alle Anteilsinhaber des verpflichteten Unternehmensträgers zustimmungspflichtig sind. Eine vergleichbare isolierte oder kombinierte Anteilsabfindungspflicht einer berechtigten deutschen KGaA kann außerdem durch Regelungen des ausländischen Konzernrechts, die außenstehende Anteilsinhaber des verpflichteten Unternehmensträgers sonstiger Nationalität schützen sollen, oder durch Regelungen des Unternehmensvertrags, die außenstehende Anteilsinhaber des verpflichteten Unternehmensträgers beliebi-

549 Vgl. II. T. I. Kap. I. Absch. 2.1.1.4.2.

ger Nationalität und Rechtsform erzwungen haben, begründet sein. Dies gilt zumindest dann, wenn Anteile an dem verpflichteten Unternehmensträger ausgeben und alle Anteilsinhaber des verpflichteten Unternehmensträgers zustimmungspflichtig sind[550].

- Durch einen Abschluss eines Beherrschungs- und/oder Gewinnabführungsvertrags mit einer beteiligten deutschen KGaA wird einerseits gemäß § 291 Abs. 1, § 308 Abs. 1 AktG ein grundsätzlich unbeschränktes Weisungs- und/oder Gewinnbezugsrecht des anderen beteiligten Unternehmensträgers gegenüber der beteiligten deutschen KGaA begründet, wenn diese durch den Unternehmensvertrag verpflichtet wird. Die Nationalität und Rechtsform des durch den Unternehmensvertrag berechtigten Unternehmensträgers ist insoweit ohne Belang[551].

  Durch einen Abschluss eines Beherrschungs- und/oder Gewinnabführungsvertrags mit einer beteiligten deutschen KGaA wird andererseits entweder gemäß oder analog § 302 Abs. 1 AktG eine unbeschränkte Verlustausgleichspflicht der beteiligten deutschen KGaA gegenüber dem anderen beteiligten Unternehmensträger begründet, wenn jener durch den Unternehmensvertrag verpflichtet wird und ein deutscher Verein bzw. eine deutsche Genossenschaft oder Gesellschaft ist. Eine vergleichbare Verlustausgleichspflicht einer berechtigten deutschen KGaA kann außerdem durch Regelungen des ausländischen Konzernrechts, die den verpflichteten Unternehmensträger sonstiger Nationalität schützen sollen, oder Regelungen des Unternehmensvertrags, die der verpflichtete Unternehmensträger beliebiger Nationalität und Rechtsform erzwungen hat, begründet sein[552].

Viertens ist andererseits damit festzustellen, dass bei einem Abschluss eines Beherrschungs- und/oder Gewinnabführungsvertrags mit einer beteiligten deutschen KGaA, durch den diese vertragstypisch verpflichtet wird sowie ihre außenstehenden Komplementäre angemessen barabfindungs- und/oder anteilsabfindungsbefugt werden bzw. diese vertragstypisch berechtigt sowie (auch) angemessen anteilsabfindungspflichtig wird, seitens der beteiligten deutschen KGaA in und nach einer Versammlung der Komplementäre Konzernierungsmerkmale, die mit den für die Informationsvorschriften der §§ 10 – 12, 30 Abs. 2 UmwG und/oder der §§ 9 – 12, 60, 78 S. 1, 2 UmwG maßgebenden Verschmelzungsmerkmalen vergleichbar sind, und Konzernierungsmerkmale, die mit den für die Informationsvorschriften der §§ 8, 63, 64, 78 S. 1, 2 UmwG maßgebenden Verschmelzungsmerkmalen vergleichbar sind, vorhanden sein können. Bei einem

550 Vgl. II. T. I. Kap. I. Absch. 2.1.1.4.2., 2.2.1.4.2.
551 Vgl. II. T. I. Kap. I. Absch. 2.1.1.4.2.
552 Vgl. II. T. I. Kap. I. Absch. 2.1.1.1.

Abschluss eines Beherrschungs- und/oder Gewinnabführungsvertrags mit einer beteiligten deutschen KGaA, durch den diese vertragstypisch verpflichtet wird bzw. diese vertragstypisch berechtigt sowie (nur) unbeschränkt verlustausgleichspflichtig wird, können zwar überhaupt keine Konzernierungsmerkmale, die mit den für die Informationsvorschriften der §§ 10 – 12, 30 Abs. 2 UmwG und/oder der §§ 9 – 12, 60, 78 S. 1, 2 UmwG maßgebenden Verschmelzungsmerkmalen vergleichbar sind, aber zumindest einige Konzernierungsmerkmale, die mit den für die Informationsvorschriften der §§ 8, 63, 64, 78 S. 1, 2 UmwG maßgebenden Verschmelzungsmerkmalen vergleichbar sind, vorhanden sein. Bei einem Abschluss eines sonstigen Beherrschungs- und/oder Gewinnabführungsvertrags mit einer beteiligten deutschen KGaA können keine Konzernierungsmerkmale, die mit den für die Informationsvorschriften der §§ 10 – 12, 30 Abs. 2 UmwG und/oder der §§ 9 – 12, 60, 78 S. 1, 2 UmwG maßgebenden Verschmelzungsmerkmalen vergleichbar sind, und keine Konzernierungsmerkmale, die mit den für die Informationsvorschriften der §§ 8, 63, 64, 78 S. 1, 2 UmwG maßgebenden Verschmelzungsmerkmalen vergleichbar sind, vorhanden sein.

Bei einem Unternehmensvertrag mit einer beteiligten deutschen KGaA, durch den diese vertragstypisch verpflichtet wird sowie ihre außenstehenden Komplementäre angemessen barabfindungs- und/oder anteilsabfindungsbefugt werden bzw. diese vertragstypisch berechtigt sowie (auch) angemessen anteilsabfindungspflichtig wird, sind die durch die Normierung der Informationsvorschriften der §§ 293a – 293g Abs. 1, 2 S. 1, Abs. 3 AktG verstärkten Rechte daher zweckgemäß seitens der beteiligten deutschen KGaA in und nach einer Versammlung der Komplementäre ebenso sinnvoll zwar regelmäßig, aber nicht wenn nicht alle Komplementäre zustimmungspflichtig sind, ohne die Anwendung der Informationsvorschriften der §§ 293b – 293e AktG und zwar regelmäßig, aber nicht wenn nicht alle Komplementäre geschäftsführungsbefugt sind, ohne die Anwendung der Informationsvorschriften der §§ 293a, 293f, 293g Abs. 1, 2 S. 1, Abs. 3 AktG auszuüben. Bei einem Unternehmensvertrag mit einer beteiligten deutschen KGaA, durch den diese vertragstypisch verpflichtet wird bzw. diese vertragstypisch berechtigt sowie (nur) unbeschränkt verlustausgleichspflichtig wird, sind die durch die Normierung der Informationsvorschriften der §§ 293a – 293g Abs. 1, 2 S. 1, Abs. 3 AktG verstärkten Rechte ebenfalls zweckgemäß ebenso sinnvoll zwar stets ohne die Anwendung der Informationsvorschriften der §§ 293b – 293e AktG, aber wenn nicht alle Komplementäre geschäftsführungsbefugt sind, nicht ohne die Anwendung der Informationsvorschriften der §§ 293a, 293f, 293g Abs. 1, 2 S. 1, Abs. 3 AktG auszuüben. Bei einem sonstigen Unternehmensvertrag mit einer beteiligten deutschen KGaA sind die durch die Normierung der Informationsvorschriften der §§ 293a – 293g Abs. 1, 2 S. 1, Abs. 3

AktG verstärkten Rechte dagegen zweckwidrig ebenso sinnvoll unabhängig auszuüben.

Zusammenfassend bleibt deshalb folgendes festzuhalten: Bei einem Unternehmensvertrag mit einer beteiligten deutschen KGaA, durch den diese vertragstypisch verpflichtet wird sowie ihre außenstehenden Komplementäre angemessen barabfindungs- und/oder anteilsabfindungsbefugt werden bzw. diese vertragstypisch berechtigt sowie (auch) angemessen anteilsabfindungspflichtig wird, ist eine Ausweitung des Anwendungsbereichs der §§ 293b – 293e AktG, wenn nicht alle Komplementäre zustimmungspflichtig sind, ebenso wie eine Ausweitung des Anwendungsbereichs der §§ 293a, 293f, 293g Abs. 1, 2 S. 1, Abs. 3 AktG, wenn nicht alle Komplementäre geschäftsführungsbefugt sind, seitens der beteiligten deutschen KGaA bezüglich einer Versammlung der Komplementäre durch den Zweck des Gesetzes einschließlich des Prinzips der Gleichbehandlung geboten. Bei einem Unternehmensvertrag mit einer beteiligen deutschen KGaA, durch den diese vertragstypisch verpflichtet wird bzw. diese vertragstypisch berechtigt sowie (nur) unbeschränkt verlustausgleichspflichtig wird, ist zwar keine Ausweitung des Anwendungsbereichs der §§ 293b – 293e AktG, aber eine Ausweitung des Anwendungsbereichs der §§ 293a, 293f, 293g Abs. 1, 2 S. 1, Abs. 3 AktG, wenn nicht alle Komplementäre geschäftsführungsbefugt sind, seitens der beteiligten deutschen KGaA bezüglich einer Versammlung der Komplementäre durch den Zweck des Gesetzes einschließlich des Prinzips der Gleichbehandlung geboten. Bei einem sonstigen Unternehmensvertrag mit einer beteiligten deutschen KGaA ist eine Ausweitung des Anwendungsbereichs der §§ 293b – 293e AktG ebenso wenig wie eine Ausweitung des Anwendungsbereichs der §§ 293a, 293f, 293g Abs. 1, 2 S. 1, Abs. 3 AktG seitens der beteiligten deutschen KGaA bezüglich einer Versammlung der Komplementäre durch den Zweck des Gesetzes einschließlich des Prinzips der Gleichbehandlung geboten. Insoweit ist eine Gesetzeslücke teilweise zu bejahen.

2.3.2. Verneinen eines Vervollständigungsverbots

Die fehlende Normierung von besonderen Informationsvorschriften für Versammlungen der Komplementäre der an Unternehmensverträgen beteiligten deutschen KGaA stellt ein redaktionelles Versehen und keine bewusste Entscheidung des Gesetzgebers dar. Denn die bei Unternehmensvertragsbegründungen unter Beteiligung von deutschen KGaA geltenden Informationsvorschriften der §§ 293a – 293g Abs. 1, 2 S. 1, Abs. 3 AktG wurden nach dem Vorbild der bei Verschmelzungen unter Beteiligung von deutschen KGaA geltenden Informationsvorschriften der §§ 8 – 12, 30 Abs. 2, §§ 60, 63, 64, 78 S. 1, 2 UmwG geschaffen. Entsprechend der Gesetzesmaterialien war dies dadurch motiviert, dass der Gesetzgeber die Unternehmensvertragsbegründung und die Verschmelzung als rechtlich und wirtschaftlich vergleichbare Rechtsinstitute betrachtete und daher die (Wieder-)Anpassung der für die Unternehmensvertragsbegründung geltenden Informationsvorschriften an die für die Verschmelzung geltenden Informationsvorschriften für erforderlich hielt[553]. Der Gesetzgeber hatte allerdings schon bei der Schaffung der bei Verschmelzungen unter Beteiligung von deutschen KGaA geltenden Informationsvorschriften schlicht vergessen, deren Anwendungsbereich auf Versammlungen der Komplementäre zu erstrecken, und nicht hierauf bewusst verzichtet[554]. Deshalb ist davon auszugehen, dass der Gesetzgeber ebenso bei der Schaffung der bei Unternehmensvertragsbegründungen unter Beteiligung von deutschen KGaA geltenden Informationsvorschriften die Erstreckung ihres Anwendungsbereichs auf Versammlungen der Komplementäre vergessen und nicht auf diese verzichtet hat.

Bei einem Unternehmensvertrag mit einer beteiligten deutschen KGaA ist deshalb eine Ausweitung des Anwendungsbereichs der §§ 293a – 293g Abs. 1, 2 S. 1 AktG seitens der beteiligten deutschen KGaA bezüglich einer Versammlung der Komplementäre nicht durch das Prinzip des Umkehrschlusses verboten. Insoweit ist ein Vervollständigungsverbot zu verneinen.

Bei einem Unternehmensvertrag mit einer beteiligten deutschen KGaA, durch den diese vertragstypisch verpflichtet wird sowie ihre außenstehenden Komplementäre angemessen barabfindungs- und/oder anteilsabfindungsbefugt werden bzw. diese vertragstypisch berechtigt sowie angemessen anteilsabfindungspflichtig wird, wird dementsprechend – das Vorliegen der sonstigen Anwendungsvoraussetzungen unterstellt – der Anwendungsbereich der §§ 293b – 293e AktG, wenn nicht alle Komplementäre zustimmungspflichtig sind, und der Anwendungsbereich der §§ 293a, 293f, 293g Abs. 1, 2 S. 1, Abs. 3 AktG, wenn nicht alle Komplementäre geschäftsführungsbefugt sind, seitens der beteiligten deutschen KGaA bezüglich einer Versammlung der Komplementäre durch eine Vervollständigung des Gesetzes infolge einer Analogie zu diesen Informationsvorschriften ausgeweitet. Bei einem Unternehmensvertrag mit einer beteiligten deutschen KGaA, durch den diese vertragstypisch verpflichtet wird bzw. diese vertragstypisch berechtigt sowie unbeschränkt verlustausgleichspflichtig wird, wird zwar nicht der Anwendungsbereich der §§ 293b – 293e AktG, aber – das Vorliegen der sonstigen Anwendungsvoraussetzungen unterstellt – der Anwendungsbereich der §§ 293a, 293f, 293g Abs. 1, 2 S. 1, Abs. 3 AktG, wenn nicht alle Komplementäre geschäftsführungsbefugt sind, seitens der beteiligten deutschen KGaA bezüglich einer Versammlung der Komplementäre durch eine Vervollständigung

553 Vgl. Einleitung
554 Vgl. II. T. I. Kap. I. Absch. 2.3.1.4.1.

des Gesetzes infolge einer Analogie zu diesen Informationsvorschriften ausgeweitet. Bei einem sonstigen Unternehmensvertrag mit einer beteiligten deutschen KGaA wird demgegenüber der Anwendungsbereich der §§ 293b – 293e AktG und der Anwendungsbereich der §§ 293a, 293f, 293g Abs. 1, 2 S. 1, Abs. 3 AktG nicht seitens der beteiligten deutschen KGaA bezüglich einer Versammlung der Komplementäre durch eine Vervollständigung des Gesetzes infolge einer Analogie zu diesen Informationsvorschriften ausgeweitet. Dies gilt prinzipiell gleichgültig, ob der andere an dem Unternehmensvertrag beteiligte Unternehmensträger eine deutsche AG bzw. KGaA ist oder eine sonstige Nationalität bzw. Rechtsform hat.

II. Abschnitt. Unternehmensverträge mit deutschen eingetragenen Genossenschaften, Versicherungsvereinen auf Gegenseitigkeit und konzessionierten wirtschaftlichen Vereinen

Unternehmenstragende deutsche eingetragene Genossenschaften und Versicherungsvereine auf Gegenseitigkeit können sich an Unternehmensverträgen als verpflichtete und/oder berechtigte Unternehmensträger beteiligen.

- Insbesondere sind Beherrschungs- und/oder Gewinnabführungsverträge mit verpflichteten deutschen eG[555] und VVaG[556] eingeschränkt zulässig. Ein Be-

555 Ebenso Beuthien, § 1 Rn. 91–100, in Mestmäcker/Behrens, S. 133 (137ff.); Emmerich in AG 1991, S. 301 (311), Emmerich/Habersack AG-/GmbH-KonzR, Vorb. § 291 Rn. 13; Emmerich/Habersack KonzR, S. 469ff.; Pöhlmann in Hettrich/Pöhlmann/Gräser, § 1 Rn. 39,40; Reul, S. 166ff.; für beherrschte deutsche eG v. Detten, S. 62 ff.; anders Großfeld/Berndt in AG 1998, S. 116 (121f.); Merle in AG 1979, S. 265 (266ff.); Müller, Anh. § 64c Rn. 40–44; anders für abführende deutsche eG v. Detten, S. 131ff.; Dies gilt gleichgültig, ob der berechtigte Unternehmensträger eine deutsche AG bzw. KGaA ist oder eine sonstige Nationalität bzw. Rechtsform hat.

556 Ebenso für beherrschte deutsche VVaG H. Baumann in FV zum VW, H. 15 S. 5 (27f.); Brenzel, S. 116; Hübner in Lutter/Winter, Anh. 2 § 189 Rn. 2; Koerfer in Semler/Stengel, Anh. § 119 Rn. 121–124; Müller-Wiedenhorn, S. 177ff.; Peiner in Peiner, S. 185 (189f.); Samwer/Mohr/Frels/Pophal in FS Gehrhardt, S. 349 (352); Weigel in Prölss, Vorb. § 15 Rn. 77,84; Zöllner in ZVersWiss 1964, S. 295 (309); anders Hax in FS Braeß, S. 141 (161f.); Mohr in VW 1987, S. 560ff.; für abführende deutsche VVaG H. Baumann in FV zum VW, H. 15 S. 5 (28); Brenzel, S. 117; Hübner in Lutter/Winter, Anh. 2 § 189 Rn. 2; Koerfer in Semler/Stengel, Anh. § 119 Rn. 121–124; Müller-Wiedenhorn, S. 182f.; Peiner, in Peiner, S. 185 (189f.); Samwer/Mohr/Frels/Pophal in FS Gehrhardt, S. 349 (352); Weigel in Prölss, Vorb. § 15 Rn. 77,84; Zöllner in ZVersWiss 1964, S. 295 (309); Dies gilt gleichgültig, ob der berechtigte Unternehmensträger eine deutsche AG bzw. KGaA ist oder eine

herrschungs- und/oder Gewinnabführungsvertrag führt bei einer/einem verpflichteten deutschen eG oder VVaG nicht zu einer gemäß §§ 1, 18 S. 2 GenG bzw. § 15 Hs. 1, § 7 Abs. 2 VAG unzulässigen Beendigung der funktionalen Unterordnung ihres/seines eventuellen nichtfördernden bzw. nichtversichernden Geschäftsbetriebs[557] und ihrer/seiner ausschließlichen Genossen- bzw. Mitgliedernützigkeit[558], wenn auch von dem berechtigten Unternehmensträger die naturelle Förderung ihrer Genossen bzw. die günstige Versicherung seiner Mitglieder bezweckt wird bzw. das Weisungsrecht des berechtigten Unternehmensträgers durch dieses Ziel und dieses Interesse der/des verpflichteten deutschen eG oder VVaG beschränkt und/oder das Gewinnbezugsrecht des berechtigten Unternehmensträgers durch eine diesem Ziel und diesem Interesse der/des verpflichteten deutschen eG oder VVaG entsprechende Leistungspflicht (z. B. zur Erbringung von Förderungs- bzw. Versicherungsleistungen) ausgeglichen wird. Das für einen unmittelbaren nichtfördernden bzw. nichtversichernden Geschäftsbetrieb der/des verpflichteten deutschen eG oder VVaG geltende Nebenzweckprivileg bleibt dann erfüllt[559].

- Gleichfalls sind Beherrschungs- und/oder Gewinnabführungsverträge mit berechtigten deutschen eG[560] und VVaG[561] eingeschränkt zulässig. Eine durch

---

sonstige Nationalität bzw. Rechtsform hat. Die grundsätzliche Zulässigkeit der Beteiligung von deutschen VVaG an internationalen oder rechtsformgemischten Unternehmensverträgen ist anders als die Zulässigkeit der Beteiligung von deutschen VVaG an internationalen oder rechtsformgemischten Verschmelzungsverträgen mangels einer den § 1 Abs. 2, § 3 Abs. 1, 2, 4, § 109 UmwG (vgl. Hübner in Lutter/Winter, § 109 Rn. 2,8; Lutter/Drygala in Lutter/Winter, § 1 Rn. 18, § 3 Rn. 19) entsprechenden Norm durch das deutsche Recht nicht beschränkt.

557 Beuthien, § 1 Rn. 9,10; Müller, § 1 Rn. 32; Weigel in Prölss, § 15 Rn. 7

558 Beuthien, § 1 Rn. 6,7,21,29; Müller, § 1 Rn. 18,35,36; Präve in Prölss, § 7 Rn. 17,20; Weigel in Prölss, § 15 Rn. 5,7–11

559 Beuthien, § 1 Rn. 92–94,98, in Mestmäcker/Behrens, S. 133 (137ff.); v. Detten, S. 62ff.,132ff.; Emmerich in Emmerich/Habersack AG-/GmbH-KonzR, § Vorb. § 291 Rn. 13; Reul, S. 171ff.,176f.; Emmerich/Habersack KonzR, S. 473ff.; Müller-Wiedenhorn, S. 182ff.

560 Ebenso Emmerich in Emmerich/Habersack AG-/GmbH-KonzR, Vorb. § 291 Rn. 13, in AG 1991, S. 301 (311); Emmerich/Habersack KonzR, S. 469ff.; Holtkamp, S. 43ff.; Müller, Anh. § 64c Rn. 16,24; Pöhlmann in Hettrich/Pöhlmann/Gräser, § 1 Rn. 39,40; Reul, S. 77ff.; Dies gilt gleichgültig, ob der verpflichtete Unternehmensträger eine deutsche AG bzw. KGaA ist oder eine sonstige Nationalität bzw. Rechtsform hat.

561 Ebenso Brenzel, S. 109; Emmerich/Habersack KonzR, S. 476; Hübner in Lutter/Winter, Anh. 2 § 189 Rn. 2; Koerfer in Semler/Stengel, Anh. § 119 Rn. 115,116; Müller-Wiedenhorn, S. 144ff.; Weigel in Prölss, Vorb. § 15 Rn. 82,83, 91–93; Dies gilt gleichgültig, ob der verpflichtete Unternehmensträger eine deutsche AG bzw. KGaA ist oder eine sonstige Nationalität bzw. Rechtsform hat.

einen Beherrschungs- und/oder Gewinnabführungsvertrag bei einer/einem berechtigten deutschen eG oder VVaG herbeigeführte Ausweitung ihres/seines wirtschaftlichen Geschäftsbetriebs ist gemäß §§ 1, 18 S. 2 GenG bzw. § 15 Hs. 1, § 7 Abs. 2 VAG zulässig, wenn durch den wirtschaftlichen Geschäftsbetrieb des verpflichteten Unternehmensträgers ihre Genossen naturell gefördert bzw. seine Mitglieder günstig versichert werden oder die naturelle Förderung ihrer Genossen bzw. die günstige Versicherung seiner Mitglieder finanziert bzw. ermöglicht wird. Das für einen zwar mittelbaren, aber aufgrund der Leitungstätigkeit und/oder der Konzernhaftung zuzurechnenden[562] nichtfördernden bzw. nichtversichernden Geschäftsbetrieb der/des berechtigten deutschen eG oder VVaG geltende Nebenzweckprivileg[563] wird dann erfüllt[564].

Unternehmenstragende deutsche konzessionierte wirtschaftliche Vereine können sich an Unternehmensverträgen als verpflichtete und/oder berechtigte Unternehmensträger beteiligen[565].

- Insbesondere sind Beherrschungs- und/oder Gewinnabführungsverträge mit verpflichteten deutschen kV uneingeschränkt zulässig[566].

---

562 Beuthien, § 1 Rn. 71; in AG 1996, S. 349 (353f.); Dreher in DB 1992, S. 2605 (2612); Miederhoff in WM 2001, S. 2041 (2047)

563 Vgl. Beuthien, § 1 Rn. 69–71; Metz in Lang/Weidenmüller/Metz/Schaffland, § 1 Rn. 290,291; Müller, § 1 Rn. 58–60; Pöhlmann in Hettrich/Pöhlmann/Gräser, § 1 Rn. 37; Präve in Prölss, § 7 Rn. 17,20; Weigel in Prölss, § 15 Rn. 7

564 Emmerich/Habersack KonzR, S. 470f.; Müller, Anh. § 64c, Rn. 16,24; Reul, S. 77,80; Müller-Wiedenhorn, S. 145; allgemein für berechtigte inländische Versicherungsunternehmen Dreher in DB 1992, S. 2605 (2612); Präve in Prölss, § 5 Rn. 58,65, § 7 Rn. 22; a. M. Miederhoff in WM 2001, S. 2041 (2047f.); Eine unzulässige reine Dividendengenossenschaft (Beuthien, § 1 Rn. 20a; Müller, § 1 Rn. 33) wäre nicht gegeben.

565 Die grundsätzliche Zulässigkeit der Beteiligung von deutschen kV an Unternehmensverträgen als berechtigte Unternehmensträger ist anders als die Zulässigkeit der Beteiligung von deutschen kV an Verschmelzungsverträgen als übernehmende Rechtsträger mangels einer den § 1 Abs. 2, § 3 Abs. 1, 2 UmwG (vgl. Kallmeyer in Kallmeyer, § 1 Rn. 20, § 3 Rn. 1,14; Lutter in Lutter/Winter, § 1 Rn. 18, § 3 Rn. 4,10) entsprechenden Norm durch das deutsche Recht nicht ausgeschlossen.

566 Allerdings erfordert der Abschluss eines Beherrschungs- und/oder Gewinnabführungsvertrags bei einem verpflichteten deutschen kV analog § 33 Abs. 2 BGB die Zustimmung der Verleihungsbehörde, da er zu einer (dauerhaften) Überlagerung seiner Satzung führt und daher einer gemäß § 33 Abs. 2 BGB zustimmungspflichtigen (endgültigen) Änderung seiner Satzung (vgl. Reichert, Tz. 458; Reuter in MK BGB, § 32 Rn. 29) gleichsteht. Führt der Abschluss eines Beherrschungs- und/oder Gewinnabführungsvertrags bei einem verpflichteten deutschen kV zu einer (dauerhaften) Überlagerung seines Zwecks, kann außerdem – falls die erforderliche Zustimmung der Verleihungsbehörde nicht eingeholt wird – dem verpflichteten deutschen kV gemäß § 43 Abs. 2 BGB die Rechtsfähigkeit entzogen werden (vgl. Rei-

- Gleichfalls sind Beherrschungs- und Gewinnabführungsverträge mit berechtigten deutschen kV uneingeschränkt zulässig[567].

1. Auslegung des Gesetzes

In den §§ 293 – 299 AktG einschließlich der §§ 293a – 293g Abs. 1, 2 S. 1, Abs. 3 AktG wird ausdrücklich von beteiligten *Aktiengesellschaften* und *Kommanditgesellschaften auf Aktien* gesprochen[568]. Beteiligte Unternehmensträger jeglicher Rechtsform oder beteiligte eG, VVaG und kV erwähnen diese Vorschriften nicht. Auch wird durch das dritte Buch des AktG über verbundene Unternehmen an das erste Buch des AktG über Aktiengesellschaften[569] und das zweite Buch des AktG über Kommanditgesellschaften auf Aktien[570] angeknüpft[571]. Rechtsträger jeglicher Rechtsform oder eG, VVaG und kV regelt das AktG nicht.

Bei einem Unternehmensvertrag mit einer/einem beteiligten deutschen eG, VVaG oder kV ist deshalb die mangelnde Eröffnung des Anwendungsbereichs der §§ 293a – 293g Abs. 1, 2 S. 1, Abs. 3 AktG seitens der/des beteiligten deutschen eG, VVaG oder kV aus dem Wortsinn des Gesetzes und aus dem Sinnzusammenhang des Gesetzes zu folgern. Bei einem Unternehmensvertrag mit einer/einem beteiligten deutschen eG, VVaG oder kV ist dementsprechend der Anwendungsbereich der §§ 293a – 293g Abs. 1, 2 S. 1, Abs. 3 nicht seitens der/des beteiligten deutschen eG, VVaG oder kV nach einer Auslegung des Gesetzes eröffnet[572]. Dies gilt gleichgültig, ob die/der deutsche eG, VVaG bzw. kV als verpflichteter oder berechtigter Unternehmensträger an dem Unternehmensvertrag beteiligt ist und ob der andere an dem Unternehmensvertrag beteiligte Unternehmensträger eine deutsche AG bzw. KGaA ist oder eine sonstige Natio-

---

chert, Tz. 2085; Reuter in MK BGB, §§ 43,44 Rn. 12). Dies gilt gleichgültig, ob der berechtigte Unternehmensträger eine deutsche AG bzw. KGaA ist oder eine sonstige Nationalität bzw. Rechtsform hat.

567 Dies gilt gleichgültig, ob der verpflichtete Unternehmensträger eine deutsche AG bzw. KGaA ist oder eine sonstige Nationalität bzw. Rechtsform hat.

568 Altmeppen in MK AktG, Einl. §§ 291ff. Rn. 25; Emmerich in Emmerich/Habersack AG-/GmbH-KonzR, Vorb. §§ 291ff. Rn. 6; § 293 Rn. 4–6,39, § 293a Rn. 8,9, § 293b Rn. 10, § 293f Rn. 3; Hüffer, § 293 Rn. 3,17, § 293a Rn. 5, § 293b Rn. 7, § 293f Rn. 2; Koppensteiner in KK AktG, Vorb. §§ 291ff. Rn. 12,13

569 Hüffer, § 1 Rn. 1

570 Hüffer, § 278 Rn. 1

571 Altmeppen in MK AktG, Einl. §§ 291ff. Rn. 1,2; Koppensteiner in KK AktG, Vorb. §§ 291ff. Rn. 1,2

572 Ebenso Emmerich in Emmerich/Habersack AG-/GmbH-KonzR, § 293a Rn. 10,14, § 293b Rn. 10a; Koppensteiner in KK AktG, § 293a Rn. 8

nalität bzw. Rechtsform hat. Es ist auch unerheblich, ob die Zustimmung einzelner Genossen bzw. Mitglieder zu dem Unternehmensvertrag entbehrlich oder die Vertragszustimmung aller Genossen bzw. Mitglieder erforderlich ist und ob einzelne Genossen bzw. Mitglieder von der Führung der Geschäfte ausgeschlossen oder alle Genossen bzw. Mitglieder an der Geschäftsführung beteiligt sind.

2. Vervollständigung des Gesetzes

2.1. Bejahen einer Gesetzeslücke

2.1.1. Erwerb von bedeutsamen Informationen

- Durch einen Abschluss eines Beherrschungs- und/oder Gewinnabführungsvertrags mit einer/einem beteiligten deutschen eG, VVaG oder kV muss einerseits zwar nicht gemäß, aber analog § 304 Abs. 1, 2, § 305 Abs. 1 – 3 AktG grundsätzlich eine angemessene Ausgleichs- und Abfindungspflicht des anderen beteiligten Unternehmensträgers gegenüber außenstehenden Genossen bzw. Mitgliedern der/des beteiligten deutschen eG, VVaG oder kV begründet werden, wenn diese/dieser durch den Unternehmensvertrag verpflichtet wird. Dies gilt wohl selbst dann, wenn alle Gesellschafter bzw. Mitglieder der/des verpflichteten deutschen eG, VVaG oder kV zustimmungspflichtig sind. Die Nationalität und Rechtsform des durch den Unternehmensvertrag berechtigten Unternehmensträgers ist insoweit ohne Belang. Denn bei einem Abschluss eines Beherrschungs- und/oder Gewinnabführungsvertrags bedürfen die außenstehenden Genossen bzw. Mitglieder einer/eines verpflichteten deutschen eG, VVaG oder kV ebenso wie die außenstehenden Aktionäre bzw. Kommanditaktionäre einer verpflichteten deutschen AG oder KGaA grundsätzlich des Schutzes einer Ausgleichs- und Abfindungspflicht nach den § 304 Abs. 1, 2, § 305 Abs. 1 – 3 AktG, da dieser zu einem erheblichen Eingriff in ihre Vermögens- und Verwaltungsrechte führt und sie hierfür eine ausreichende Entschädigung wohl selbst dann nicht gleichermaßen anderweitig erlangen, wenn aufgrund einer eingreifenden statuarischen Einstimmigkeitsklausel oder des geltenden gesetzlichen Einstimmigkeitsprinzips alle Genossen bzw. Mitglieder der/des verpflichteten deutschen eG, VVaG oder kV zustimmungspflichtig sind[573]. Eine vergleichbare Ausgleichs- und Abfin-

573 Vgl. II. T. I. Kap. II. Absch. 2.1.3.2.; Den zustimmungspflichtigen außenstehenden Genossen bzw. Mitgliedern einer/eines verpflichteten deutschen eG, VVaG oder kV sollte die Initiative zum Angebot von angemessenen Ausgleichs- und Abfindungsleistungen ebenso wie den zustimmungspflichtigen außenstehenden Aktionären bzw. Kommanditaktionären einer verpflichteten deutschen AG oder KGaA erspart

dungspflicht gegenüber außenstehenden Genossen bzw. Mitgliedern einer/eines verpflichteten deutschen eG, VVaG oder kV kann außerdem durch Regelungen des Unternehmensvertrags, die außenstehende Genossen bzw. Mitglieder der/des verpflichteten deutschen eG, VVaG oder kV erzwungen haben, begründet sein. Dies gilt zumindest dann, wenn alle Genossen bzw. Mitglieder der/des verpflichteten deutschen eG, VVaG oder kV zustimmungspflichtig sind[574].

Durch einen Abschluss eines Beherrschungs- und/oder Gewinnabführungsvertrags mit einer/eines beteiligten deutschen eG, VVaG oder kV muss andererseits entweder gemäß oder analog § 304 Abs. 1, 2, § 305 Abs. 1 – 3 AktG grundsätzlich eine angemessene Ausgleichs- und Abfindungspflicht der/des beteiligten deutschen eG, VVaG oder kV gegenüber außenstehenden Anteilsinhabern des anderen beteiligten Unternehmensträgers begründet werden, wenn jener durch den Unternehmensvertrag verpflichtet wird und ein deutscher Verein bzw. eine deutsche Genossenschaft oder Gesellschaft ist. Dies gilt zumindest dann, wenn nicht alle Anteilsinhaber des verpflichteten Unternehmensträgers zustimmungspflichtig sind. Gegenüber außenstehenden Anteilsinhabern eines verpflichteten Unternehmensträgers anderer Nationalität oder Rechtsform ist eine berechtigte deutsche eG bzw. ein berechtigter deutscher VVaG oder kV weder gemäß, noch analog diesen Vorschriften ausgleichs- und abfindungspflichtig. Eine vergleichbare Ausgleichs- und Abfindungspflicht einer/eines berechtigten deutschen eG, VVaG oder kV kann außerdem bzw. allerdings durch Regelungen des ausländischen Konzernrechts, die außenstehende Anteilsinhaber des verpflichteten Unternehmensträgers sonstiger Nationalität schützen sollen, oder Regelungen des Unternehmensvertrags, die außenstehenden Anteilsinhaber des verpflichtete Unternehmensträgers erzwungen haben, begründet sein. Dies gilt zumindest dann, wenn Anteile an dem verpflichteten Unternehmensträger ausgegeben und alle Anteilsinhaber des verpflichteten Unternehmensträgers zustimmungspflichtig sind[575].

- Durch einen Abschluss eines Beherrschungs- und/oder Gewinnabführungsvertrags mit einer/einem beteiligten deutschen eG, VVaG oder kV wird einerseits zwar nicht gemäß, aber analog § 302 Abs. 1 AktG eine unbeschränkte Verlustausgleichspflicht des anderen beteiligten Unternehmensträgers gegenüber der/den beteiligten deutschen eG, VVaG oder kV begründet, wenn die-

---

werden. Denn diese sind regelmäßig nicht besser als jene im Vorfeld mit den wesentlichen Angelegenheiten beider an dem Unternehmensvertrag beteiligten Unternehmensträger vertraut. Auch können diese regelmäßig nicht stärker als jene im Vorfeld den Inhalt des Unternehmensvertrags beeinflussen.

574 Vgl. II. T. I. Kap. I. Absch. 2.2.1.1.

575 Vgl. II. T. I. Kap. I. Absch. 2.1.1.1., 2.2.1.1.

se/dieser durch den Unternehmensvertrag verpflichtet wird. Die Nationalität und Rechtsform des durch den Unternehmensvertrag berechtigten Unternehmensträgers ist insoweit ohne Belang. Denn bei einem Abschluss eines Beherrschungs- und/oder Gewinnabführungsvertrags bedürfen eine verpflichtete deutsche eG und deren Genossen bzw. ein verpflichteter deutscher VVaG oder kV und dessen Mitglieder ebenso wie eine verpflichtete deutsche AG oder KGaA und deren Aktionäre bzw. Kommanditaktionäre stets des Schutzes der Verlustausgleichspflicht des § 302 Abs. 1 AktG, da dieser zu einer erheblichen Gefährdung der Vermögenssubstanz der/des verpflichteten deutschen eG, VVaG oder kV und damit des Beteilungswerts ihrer Genossen bzw. seiner Mitglieder führt. Dies gilt selbst dann, wenn das Weisungsrecht des berechtigten Unternehmensträgers durch die Ziele und Interessen der/des verpflichteten deutschen eG, VVaG oder kV beschränkt ist. Eine vergleichbare Verlustausgleichspflicht gegenüber der/dem verpflichteten deutschen eG, VVaG oder kV kann außerdem durch Regelungen des Unternehmensvertrags, die die/der verpflichtete deutsche eG, VVaG oder kV erzwungen hat, begründet sein[576].

Durch einen Abschluss eines Beherrschungs- und/oder Gewinnabführungsvertrags mit einer/einem beteiligten deutschen eG, VVaG oder kV wird andererseits entweder gemäß oder analog § 302 Abs. 1 AktG eine unbeschränkte Verlustausgleichspflicht der/des beteiligten deutschen eG, VVaG oder kV gegenüber dem anderen beteiligten Unternehmensträger begründet, wenn jener durch den Unternehmensvertrag verpflichtet wird und ein deutscher Verein bzw. eine deutsche Genossenschaft oder Gesellschaft ist. Gegenüber einem verpflichteten Unternehmensträger anderer Nationalität oder Rechtsform ist eine berechtigte deutsche eG bzw. ein berechtigter deutscher VVaG oder kV weder gemäß, noch analog dieser Vorschrift verlustausgleichspflichtig. Eine vergleichbare Verlustausgleichspflicht einer/eines berechtigten deutschen eG, VVaG oder kV kann außerdem bzw. allerdings durch Regelungen des ausländischen Konzernrechts, die den verpflichteten Unternehmensträger sonstiger Nationalität schützen sollen, oder Regelungen des Unternehmensvertrags, die der verpflichtete Unternehmensträger erzwungen hat, begründet sein[577].

- Bei einem Abschluss eines Beherrschungs- und/oder Gewinnabführungsvertrags mit einer/einem beteiligten deutschen eG, VVaG oder kV kann folglich entweder gemäß oder analog §§ 293e, 293a AktG grundsätzlich für die beteiligte deutsche eG bzw. den beteiligten deutschen VVaG oder kV und den anderen beteiligten Unternehmensträger ein Vertragsprüfbericht und ein Ver-

---

576 Vgl. II. T. I. Kap. I. Absch. 2.2.1.1.

577 Vgl. II. T. I. Kap. I. Absch. 2.1.1.1., 2.2.1.1.

tragsbericht oder zumindest ein Vertragsbericht schriftlich erstattet werden, wenn jener ein deutscher Verein bzw. eine deutsche Genossenschaft oder Gesellschaft ist. Ein anderer beteiligter Unternehmensträger anderer Nationalität oder Rechtsform ist weder gemäß, noch analog diesen Vorschriften prüfberichts- und/oder berichtspflichtig. Für einen solchen kann lediglich aus den Regelungen des ausländischen Konzernrechts bzw. den Regelungen des öffentlichen Aufsichtsrechts ausnahmsweise eine vergleichbare Prüfberichts- und/oder Berichtspflicht folgen[578]. Die Stellung der/des an dem Unternehmensvertrag beteiligen deutschen eG, VVaG oder kV ist insoweit ohne Belang.

- Ein Beherrschungs- und/oder Gewinnabführungsvertrag mit einer/einem beteiligten deutschen eG, VVaG oder kV muss einerseits zwar nicht gemäß, aber analog § 293 Abs. 3 AktG schriftlich abgeschlossen werden, wenn diese/dieser durch den Unternehmensvertrag verpflichtet wird[579]. Die Nationalität und Rechtsform des durch den Unternehmensvertrag berechtigten Unternehmensträgers ist insoweit ohne Belang. Denn bei einem Abschluss eines Beherrschungs- und/oder Gewinnabführungsvertrags bedürfen eine verpflichtete deutsche eG und deren Genossen bzw. ein verpflichteter deutscher VVaG oder kV und dessen Mitglieder ebenso wie eine verpflichtete deutsche AG oder KGaA und deren Aktionäre bzw. Kommanditaktionäre stets des Schutzes des Formerfordernisses des § 293 Abs. 3 AktG, da dieser stets zu einer dauerhaften Überlagerung der Satzung der/des verpflichteten deutschen eG, VVaG oder kV führt[580] und daher die Zustimmung deren Genossen bzw. dessen Mitglieder erfordert[581].

  Ein Beherrschungs- und/oder Gewinnabführungsvertrag mit einer/einem beteiligten deutschen eG, VVaG oder kV muss andererseits entweder gemäß oder analog § 293 Abs. 3 AktG schriftlich abgeschlossen werden, wenn diese/dieser durch den Unternehmensvertrag berechtigt sowie zur angemessenen Anteilsabfindung gegenüber den außenstehenden Anteilsinhaber des verpflichteten Unternehmensträgers und/oder zum unbeschränkten Verlustausgleich gegenüber dem verpflichteten Unternehmensträger verpflichtet wird. Die Nationalität und Rechtsform des durch den Unternehmensvertrag verpflichteten Unternehmensträgers ist insoweit ohne Belang. Denn bei einem

---

578 Vgl. II. T. I. Kap. I. Absch. 2.1.1.1.

579 Für verpflichtete deutsche eG Beuthien, § 1 Rn. 112; v. Detten, S. 111; Emmerich in Emmerich/Habersack AG-/GmbH-KonzR, § 293 Rn. 49; Koppensteiner in KK AktG, Vorb. § 291 Rn. 177; Reul, S. 228; für verpflichtete deutsche VVaG Müller-Wiedenhorn, S. 186

580 Vgl. II. T. I. Kap. I. Absch. 2.2.1.1.

581 Vgl. II. T. I. Kap. II. Absch. 2.1.2.

Abschluss eines solchen Beherrschungs- und/oder Gewinnabführungsvertrags bedürfen eine berechtigte deutsche eG und deren Genossen bzw. ein berechtigter deutscher VVaG oder kV und dessen Mitglieder ebenso wie eine berechtigte deutsche AG oder KGaA und deren Aktionäre bzw. Kommanditaktionäre stets des Schutzes des Formerfordernisses des § 293 Abs. 3 AktG, da dieser zu einer Veränderung der Beteiligungsverhältnisse in der/dem berechtigten deutschen eG, VVaG oder kV und/oder zu einer Gefährdung der Vermögenssubstanz der/des berechtigten deutschen eG, VVaG oder kV führt[582] und daher die Zustimmung deren Genossen bzw. dessen Mitglieder erfordert[583].

- Vor einem Abschluss eines Beherrschungs- und/oder Gewinnabführungsvertrags mit einer/einem beteiligten deutschen eG, VVaG oder großen kV muss nach dem Dritten Buch des HGB und dem PublG für die beteiligte deutsche eG bzw. den beteiligten deutschen VVaG oder großen kV und den anderen beteiligten Unternehmensträger jedes Geschäftsjahr ein Jahresabschluss und ein Lagebericht oder zumindest ein Jahresabschluss schriftlich erstellt werden, wenn jener ein deutscher großer Wirtschaftsverein oder Versicherungsverein bzw. eine deutsche Genossenschaft, Kapitalgesellschaft, Personenhandelsgesellschaft, große Wirtschaftsgebietskörperschaft, große Wirtschaftsanstalt oder große Wirtschaftsstiftung ist. Ein beteiligter deutscher kleiner kV und ein anderer beteiligter Unternehmensträger anderer Nationalität, Größe oder Rechtsform ist nach dem Dritten Buch des HGB und dem PublG weder erweitert, noch eingeschränkt bilanzierungspflichtig. Für einen solchen wird allerdings nach den Regelungen des ausländischen nationalen Handels- oder Publizitätsrechts bzw. gemäß § 1 Abs. 4 PartGG, § 713, § 27 Abs. 3, §§ 666, 259, 260 BGB grundsätzlich zumindest eine beschränkte Rechnungslegungspflicht bestehen[584]. Die Stellung der/des an dem Unternehmensvertrag beteiligten deutschen eG, VVaG oder kV ist insoweit ohne Belang.

Erstens ist damit festzustellen, dass bei einem Abschluss eines Beherrschungs- und/oder Gewinnabführungsvertrags mit einer/einem beteiligten deutschen eG, VVaG oder kV, durch den diese/dieser deutsche eG, VVaG oder kV vertragstypisch verpflichtet wird sowie ihre/seine außenstehenden Genossen bzw. Mitglieder angemessen ausgleichs- und abfindungsbefugt werden bzw. diese/dieser vertragstypisch berechtigt sowie angemessen ausgleichs- und abfindungspflichtig wird, seitens der/des beteiligten deutschen eG, VVaG oder kV Informationsgegenstände, auf die sich die Informationsvorschriften der §§ 293b –

582 Vgl. II. T. I. Kap. I. Absch. 2.2.1.1.
583 Vgl. II. T. I. Kap. II. Absch. 2.1.2.
584 Vgl. II. T. I. Kap. I. Absch. 2.1.1.1.

293e AktG inhaltlich erstrecken, und Informationsgegenstände, auf die sich die Informationsvorschriften der §§ 293a, 293f, 293g Abs. 1, 2 S. 1, Abs. 3 AktG inhaltlich erstrecken, vorhanden sein können. Bei einem Abschluss eines sonstigen Beherrschungs- und/oder Gewinnabführungsvertrags mit einer/einem beteiligten deutschen eG, VVaG oder kV können zwar überhaupt keine Informationsgegenstände, auf die sich die Informationsvorschriften der §§ 293b – 293e AktG inhaltlich erstrecken, aber zumindest einige Informationsgegenstände, auf die sich die Informationsvorschriften der §§ 293a, 293f, 293g Abs. 1, 2 S. 1, Abs. 3 AktG inhaltlich erstrecken, vorhanden sein. Bei einem Unternehmensvertrag mit einer/einem beteiligten deutschen eG, VVaG oder kV, durch den diese/dieser vertragstypisch verpflichtet wird sowie ihre/seine außenstehenden Genossen bzw. Mitglieder angemessen ausgleichs- und abfindungsbefugt werden bzw. diese/ dieser vertragstypisch berechtigt sowie angemessen ausgleichs- und abfindungspflichtig wird, sind daher zweckgemäß seitens der/des beteiligten deutschen eG, VVaG oder kV durch die Anwendung der Informationsvorschriften der §§ 293b – 293e AktG und durch die Anwendung der Informationsvorschriften der §§ 293a, 293f, 293g Abs. 1, 2 S. 1, Abs. 3 AktG bedeutsame Informationen regelmäßig zu erwerben. Bei einem sonstigen Unternehmensvertrag mit einer/ einem beteiligten deutschen eG, VVaG oder kV sind ebenfalls zweckgemäß zwar nicht durch die Anwendung der Informationsvorschriften der §§ 293b – 293e AktG, aber durch die Anwendung der Informationsvorschriften der §§ 293a, 293f, 293g Abs. 1, 2 S. 1, Abs. 3 AktG bedeutsame Informationen zu erwerben.

2.1.2. Erwerb von verstärkten Rechten

- Einem Abschluss eines Beherrschungs- und/oder Gewinnabführungsvertrags mit einer/einem beteiligten deutschen eG, VVaG oder kV müssen einerseits analog § 16 Abs. 1 GenG, § 39 Abs. 1 VAG bzw. analog § 32 Abs. 1 S. 1, § 33 Abs. 1 BGB die Genossen bzw. Mitglieder der/des beteiligten deutschen eG, VVaG oder kV zustimmen, wenn diese/dieser durch den Unternehmensvertrag verpflichtet wird[585]. Denn ein Abschluss eines Beherrschungs- und/oder Gewinnabführungsvertrags führt stets zu einer dauerhaften Überlagerung der Satzung einer/einem verpflichteten deutschen eG, VVaG oder kV

585 Ebenso für verpflichtete deutsche eG Beuthien, § 1 Rn. 111, § 24 Rn. 2, in Mestmäcker/Behrens, S. 133 (164); Emmerich in Emmerich/Habersack AG-/GmbH-KonzR, Vorb. § 291 Rn. 13, § 293 Rn. 49; Emmerich/Habersack KonzR, S. 475; v. Detten, S. 110; Reul, S. 168, 228; für verpflichtete deutsche VVaG H. Baumann in FV zum VW, H. 1 S. 5 (27); Müller-Wiedenhorn, S. 185; für verpflichtete deutsche rechtsfähige Vereine Emmerich in Emmerich/Habersack AG-/GmbH-KonzR, Vorb. § 291 Rn. 15; Emmerich/Habersack KonzR, S. 479; Sprengel, S. 222 ff.

und eventuell einer dauerhaften Überlagerung des Zwecks des verpflichteten deutschen kV[586]. Er zählt damit ebenso wie eine endgültige Änderung der Satzung und eine endgültige Änderung des Zwecks zu den Grundlagengeschäften einer/eines deutschen eG, VVaG oder kV[587]. Bei einer/einem deutschen eG, VVaG oder kV obliegen Grundlagengeschäfte jedoch grundsätzlich den Genossen bzw. Mitgliedern. Insbesondere für eine Änderung der Satzung und eine Änderung des Zwecks ist bei einer/einem deutschen eG, VVaG oder kV grundsätzlich die General- bzw. Mitgliederversammlung zuständig[588]. Gleiches muss daher für einen Abschluss eines Beherrschungs- und/oder Gewinnabführungsvertrags bei einer/einem verpflichteten deutschen eG, VVaG oder kV gelten[589]. Die Nationalität und Rechtsform des durch den Unternehmensvertrag berechtigten Unternehmensträgers ist insoweit ohne Belang.

Einem Abschluss eines Beherrschungs- und/oder Gewinnabführungsvertrags mit einer beteiligten deutschen eG, VVaG oder kV müssen andererseits analog § 293 Abs. 2 S. 1 AktG die Genossen bzw. Mitglieder der/des beteiligten deutschen eG, VVaG oder kV zustimmen, wenn diese/dieser durch den Unternehmensvertrag berechtigt sowie zur angemessenen Anteilsabfindung gegenüber außenstehenden Anteilsinhabern des anderen beteiligen Unternehmensträgers und/oder zum unbeschränkten Verlustausgleich gegenüber dem anderen beteiligten Unternehmensträger verpflichtet wird[590]. Denn ein Abschluss eines solchen Beherrschungs- und/oder Gewinnabführungsvertrags führt stets zu einer Veränderung der Beteiligungsverhältnisse in der/dem berechtigten deutschen eG, VVaG oder kV und/oder zu einer Gefährdung der Vermögenssubstanz der/des berechtigten deutschen eG, VVaG oder kV[591]. Er zählt damit zumindest ebenso wie eine sonstige Begründung eines besonderen

586 Vgl. II. T. I. Kap. I. Absch. 2.2.1.1., 2.3.1.2.

587 Für verpflichtete deutsche eG v. Detten, S. 110; Reul, S. 168,228; für verpflichtete deutsche rechtsfähige Vereine Sprengel, S. 222

588 Für deutsche eG Beuthien, § 16 Rn. 4; Müller, § 16 Rn. 4; für deutsche VVaG Weigel in Prölss, § 39 Rn. 3,4; für deutsche rechtfähige Vereine Reuter in MK BGB, § 32 Rn. 11; Schwarz in Bamberger/Roth, § 32 Rn. 7

589 Für verpflichtete deutsche eG v. Detten, S. 110; Reul, S. 168,228; für verpflichtete deutsche rechtsfähige Vereine Sprengel, S. 222

590 Für berechtigte deutsche eG ebenso Beuthien, § 1 Rn. 112; Emmerich in Emmerich/Habersack AG-/GmbH-KonzR, § 293 Rn. 9; Emmerich/Habersack KonzR, S. 471; anders (für eine Anwendung von § 44 Abs. 2 GenG) Reul, S. 220 f.; für berechtigte deutsche VVaG ebenso H. Baumann in FV zum VW, H. 15 S. 5 (27); Emmerich in Emmerich/Habersack AG-/GmbH-KonzR, § 293 Rn. 9; Emmerich/Habersack KonzR, S. 476; Müller-Wiedenhorn, S. 146f.; für berechtigte deutsche rechtsfähige Vereine ebenso Emmerich in Emmerich/Habersack AG-/GmbH-KonzR, § 293 Rn. 9; Lettl in AcP 2003, S. 149 (204ff.); Sprengel, S. 243f.

591 Vgl. II. T. I. Kap. I. Absch. 2.2.1.1.

Risikos zu den außergewöhnlichen Geschäftsführungsmaßnahmen einer/eines deutschen eG, VVaG oder kV[592]. Bei einer/einem deutschen eG, VVaG oder kV obliegen außergewöhnliche Geschäftsführungsmaßnahmen anders als Grundlagengeschäfte zwar grundsätzlich nicht den Genossen bzw. Mitgliedern. Denn das GenG, das VAG bzw. das BGB enthält keine entsprechende Beschränkung der Geschäftsführungsbefugnis des Vorstands[593]. Für einen Abschluss eines solchen Beherrschungs- und/oder Gewinnabführungsvertrags ist bei einer/einem berechtigten deutschen eG, VVaG oder kV aber ausnahmsweise die Zuständigkeit der Genossen bzw. Mitglieder und nicht des Vorstands gegeben. Denn für einen Abschluss eines beschriebenen Beherrschungs- und/oder Gewinnabführungsvertrags ist bei einer berechtigten deutschen AG oder KGaA die Aktionäre bzw. Kommanditaktionäre und nicht der Vorstand bzw. die geschäftsführende Gesellschaftergesamtheit zuständig[594]. Wenn die Verlustausgleichspflicht gemäß bzw. analog § 302 Abs. 1 AktG oder eine vergleichbare vertragliche bzw. gesetzliche Verlustausgleichspflicht allerdings ausreicht, um die Zuständigkeit der Hauptversammlung einer berechtigten deutschen AG oder KGaA auszulösen, muss sie ebenfalls genügen, um die Zuständigkeit der General- bzw. Mitgliederversammlung einer/eines berechtigten deutschen eG, VVaG oder kV zu begründen. Der Kompetenzbereich der General- bzw. Mitgliederversammlung einer/eines deutschen eG, VVaG oder kV bleibt schließlich auch sonst nicht hinter dem Kompetenzbereich der Hauptversammlung einer deutschen AG oder KGaA zurück[595]. Die Nationalität und Rechtsform des durch den Unternehmensvertrag verpflichteten Unternehmensträgers ist insoweit ohne Belang.

- Die Entscheidung über die Zustimmung zu dem Unternehmensvertrag treffen die Genossen bzw. Mitglieder der/des beteiligten deutschen eG, VVaG oder kV gemäß § 43 Abs. 1, § 16 Abs. 1 GenG, gemäß § 39 Abs. 1, § 36 S. 1 VAG, § 118 Abs. 1 AktG bzw. gemäß § 32 Abs. 1 S. 1 BGB (regelmäßig) in

592 Für berechtigte deutsche VVaG Müller-Wiedenhorn, S. 147; für berechtigte deutsche rechtsfähige Vereine Sprengel, S. 243

593 Für deutsche eG Beuthien, § 24 Rn. 2, § 27 Rn. 4; Müller, § 24 Rn. 10, § 27 Rn. 2; Insbesondere errichtet § 44 Abs. 2 GenG für bestimmte Geschäftsführungsmaßnahmen zwar eine Vorlagepflicht des Vorstands, aber keine Zuständigkeit der Generalversammlung (a. M. Reul, S. 220f.); für deutsche VVaG Weigel in Prölss, § 34 Rn. 7–12, für deutsche rechtsfähige Vereine Reuter in MK BGB, § 27 Rn. 37; Schwarz in Bamberger/Roth, § 27 Rn. 16

594 Vgl. II. T. I. Kap. I. Absch. 2.1.1.2., 2.2.1.2.

595 Für berechtigte deutsche eG Beuthien, § 1 Rn. 112; für berechtigte deutsche VVaG Müller-Wiedenhorn, S. 146f.; für berechtigte deutsche rechtsfähige Vereine Sprengel, S. 243f.

einer einzuberufenden Versammlung[596] und gemäß § 43 Abs. 2, § 16 Abs. 1 GenG, gemäß § 39 Abs. 1, § 36 S. 1 VAG, § 119 Abs. 1 AktG bzw. gemäß § 33 Abs. 1 S. 1, § 32 Abs. 1 S. 1 BGB durch einen zu fassenden Beschluss[597]. Bei der Beschlussfassung einer General- bzw. Mitgliederversammlung sind (gemäß § 43 Abs. 3 S. 1 GenG) grundsätzlich alle Genossen bzw. Mitglieder der/des eigenen beteiligten deutschen eG, VVaG oder kV stimmberechtigt[598]. Bezüglich des gefassten Beschlusses einer General- bzw. Mitgliederversammlung können (gemäß § 51 GenG, § 36 S. 1 VAG, § 245 Nr. 1 – 3 AktG) grundsätzlich alle Genossen bzw. Mitglieder der/des eigenen beteiligten deutschen eG, VVaG oder kV anfechtungs- bzw. feststellungsberechtigt sein[599].

Zweitens ist damit festzustellen, dass bei einem Abschluss eines Beherrschungs- und/oder Gewinnabführungsvertrags mit einer/einem beteiligten deutschen eG, VVaG oder kV, durch den diese/dieser vertragstypisch verpflichtet wird bzw. diese/dieser vertragstypisch berechtigt sowie angemessen anteilsabfindungs- und/oder unbeschränkt verlustausgleichspflichtig wird, seitens der/des beteiligten deutschen eG, VVaG oder kV Mitgliedschaftsrechte, auf die sich die Informationsvorschriften der §§ 293a – 293g Abs. 1, 2 S. 1, Abs. 3 AktG funktional beziehen, vorhanden sein können. Bei einem Abschluss eines sonstigen Beherrschungs- und/oder Gewinnabführungsvertrags mit einer/einem beteiligten deutschen eG, VVaG oder kV können keine Mitgliedschaftsrechte, auf die sich die Informationsvorschriften der §§ 293a – 293g Abs. 1, 2 S. 1, Abs. 3 AktG funktional beziehen, vorhanden sein. Bei einem Unternehmensvertrag mit einer/einem beteiligten deutschen eG, VVaG oder kV, durch den diese/dieser ver-

---

596 Für deutsche eG Beuthien, § 16 Rn. 4, § 43 Rn. 2; Müller, § 16 Rn. 4, § 43 Rn. 4,4a; für deutsche VVaG Weigel in Prölss, § 36 Rn. 4; für deutsche rechtsfähige Vereine Reuter in MK BGB, § 32 Rn. 1,69,70; Schwarz in Bamberger/Roth, § 32 Rn. 2–5,44

597 Für deutsche eG Beuthien, § 16 Rn. 4, § 43 Rn. 6; Müller, § 16 Rn. 4, § 43 Rn. 4,4a; für deutsche VVaG Weigel in Prölss, § 36 Rn. 6; für deutsche rechtsfähige Vereine Reuter in MK BGB, § 32 Rn. 23,24; Schwarz in Bamberger/Roth, § 32 Rn. 6,20,21

598 Für deutsche eG Beuthien, § 43 Rn. 17; Müller, § 43 Rn. 48,62–70; für deutsche VVaG Weigel in Prölss, § 36 Rn. 9; für deutsche rechtsfähige Vereine Reuter in MK BGB, § 32 Rn. 25; Schwarz in Bamberger/Roth, § 32 Rn. 22; Insbesondere ist das Stimmrecht eines berechtigten Unternehmensträgers, der an einer/einem verpflichteten deutschen eG, VVaG oder kV beteiligt ist, nicht gemäß § 43 Abs. 6 GenG, § 36 Abs. 1 VAG, § 136 Abs. 1 S. 1 AktG bzw. § 34 BGB ausgeschlossen (vgl. II. T. I. Kap. I. Absch. 2.3.1.2.).

599 Für deutsche eG Beuthien, § 51 Rn. 26; Müller, § 51 Rn. 72–87; für deutsche VVaG Weigel in Prölss, § 36 Rn. 18; für deutsche rechtsfähige Vereine Reuter in MK BGB, § 32 Rn. 25; Schwarz in Bamberger/Roth, § 32 Rn. 41,42

tragstypisch verpflichtet wird bzw. diese/dieser vertragstypisch berechtigt sowie angemessen anteilsabfindungs- und/oder unbeschränkt verlustausgleichspflichtig wird, sind daher zweckgemäß seitens der/des beteiligten deutschen eG, VVaG oder kV durch die Normierung der Informationsvorschriften der §§ 293a – 293g Abs. 1, 2 S. 1, Abs. 3 AktG verstärkte Rechte zu erwerben. Bei einem sonstigen Unternehmensvertrag mit einer/einem beteiligten deutschen eG, VVaG oder kV sind dagegen zweckwidrig durch die Normierung der Informationsvorschriften der §§ 293a – 293g Abs. 1, 2 S. 1, Abs. 3 AktG verstärkte Rechte nicht zu erwerben.

2.1.3. Anderweitige Erlangung der bedeutsamen Informationen

2.1.3.1. Geltung anderer vergleichbarer Informationsvorschriften

- Der § 38 Abs. 1 S. 1, 2 GenG billigt ein Informationsrecht zu, das der sachgerechten Überwachung der gesamten Geschäftsführung des Vorstands durch den Aufsichtsrat dient und der deutschen eG, die durch den Aufsichtsrat bei dem Empfang der Informationen vertreten wird, gegenüber dem Vorstand zusteht. Es handelt sich also um ein allgemeines[600] und kollektives[601] Informationsrecht einer deutschen eG vertreten durch den Aufsichtsrat. Ebenso billigen die § 34 Abs. 1 S. 2 VAG, §§ 90, 111 Abs. 2 S. 1, 2 AktG ein allgemeines und kollektives Informationsrecht eines deutschen VVaG vertreten durch den Aufsichtsrat[602] und die § 27 Abs. 3, § 666 BGB ein allgemeines und kollektives Informationsrecht eines deutschen kV vertreten durch die Mitgliedergesamtheit oder die Mitgliederversammlung[603] zu. Diese Informationsvorschriften erfassen demzufolge auch den speziellen Geschäftsführungsakt des Vorstands der/des beteiligten deutschen eG, VVaG oder kV, der in einem Abschluss eines Beherrschungs- und/oder Gewinnabführungsvertrags mit einer/einem beteiligten deutschen eG, VVaG oder kV besteht. Die Stellung der/des an dem Unternehmensvertrag beteiligten deutschen eG, VVaG oder kV sowie die Nationalität und Rechtsform des anderen an dem Unternehmensvertrag beteiligten Unternehmensträgers sind insoweit ohne Belang. Diese Informationsvorschriften betreffen allerdings keine ähnlichen Personen und

600 Beuthien, § 38 Rn. 5; Müller, § 38 Rn. 2,9
601 Beuthien, § 38 Rn. 5; Müller, § 38 Rn. 2,9; Schmidt InfR, S. 15ff.
602 Weigel in Prölss, § 34 Rn. 10
603 Reuter in MK BGB, § 32 Rn. 39; Schmidt InfR, S. 15ff.; Schwarz in Bamberger/Roth, § 27 Rn. 19

Organe wie die Informationsvorschriften der §§ 293a – 293g Abs. 1, 2 S. 1, Abs. 3 AktG[604].

- Die § 36 S. 1 VAG, § 131 Abs. 1 S. 1, 2, Abs. 2, 3 AktG räumen ein allgemeines und individuelles sowie grundsätzlich beschränktes Auskunftsrecht jedes Mitglieds eines deutschen VVaG ein[605]. Dagegen wird durch das GenG bzw. das BGB kein allgemeines und individuelles Informationsrecht jedes Genossen einer deutschen eG bzw. jedes Mitglieds eines deutschen kV eingeräumt. Dennoch ist ein solches anzuerkennen. Zumindest über das durch den § 131 Abs. 1 S. 1, 2, Abs. 2, 3 AktG eingeräumte allgemeine und individuelle sowie grundsätzlich beschränkte Auskunftsrecht verfügt jeder Genosse einer deutschen eG[606] bzw. jedes Mitglied eines deutschen kV[607]. Diese Informationsvorschriften unterstützen demzufolge auch die speziellen Mitgliedschaftsrechte der Genossen bzw. Mitglieder der/des beteiligten deutschen eG, VVaG oder kV, die bei einem Abschluss eines Beherrschungs- und/oder Gewinnabführungsvertrags mit einer/einem beteiligten deutschen eG, VVaG oder kV bestehen. Die Stellung der/des an dem Unternehmensvertrag beteiligten deutschen eG, VVaG oder kV sowie die Nationalität und Rechtsform des anderen an dem Unternehmensvertrag beteiligten Unternehmensträgers sind insoweit ohne Belang. Diese Informationsvorschriften betreffen außerdem ähnliche Personen und Organe wie die Informationsvorschriften der §§ 293a – 293g Abs. 1, 2 S. 1, Abs. 3 AktG. Diese Informationsvorschriften erfassen allerdings weder ähnliche Gegenstände wie die Informationsvorschriften der §§ 293a – 293g Abs. 1, 2 S. 1, Abs. 3 AktG, noch unterliegen sie ähnlichen Modalitäten wie jene besonderen Informationsvorschriften[608].
- Vorschriften des ausländischen nationalen bzw. sonstigen rechtsformspezifischen Rechts, die bei einem Abschluss eines Beherrschungs- und/oder Gewinnabführungsvertrags mit einer/einem beteiligten deutschen eG, VVaG oder kV ein seitens der/des beteiligten deutschen eG, VVaG oder kV an-

604 Vgl. II. T. I. Kap. I. Absch. 2.1.1.3.1.

605 Weigel in Prölss, § 36 Rn. 10

606 Ebenso Beuthien, § 18 Rn. 19, § 43 Rn. 15; Gräser in Hettrich/Pöhlmann/Gräser, § 43 Rn. 25,26; Pöhlmann in Hettrich/Pöhlmann/Gräser, § 18 Rn. 7; Metz in Lang/Weidenmüller/Metz/Schaffland, § 18 Rn. 10, § 43 Rn. 43–58; Müller, § 18 Rn. 28, § 43 Rn. 16–38; Schmidt InfR, S. 21ff.,53ff.

607 Ebenso BayObLG in NJW 1972, S. 1377; Grunewald in ZIP 1989, S. 962 (963); Reuter in MK BGB, § 32 Rn. 39, § 38 Rn. 36–38; Schmidt InfR, S. 21ff.,56f.; Schwarz in Bamberger/Roth, § 38 Rn. 19; anders (individuelles Informationsrecht gemäß § 27 Abs. 3, § 666 BGB) BGH in WM 2003, S. 345; Heinrichs in Palandt, § 27 Rn. 4b, § 38 Rn. 1a; Michalski/Arends in NZG 1999, S. 780ff.; Weick in Staudinger, § 27 Rn. 25

608 Vgl. II. T. I. Kap. I. Absch. 2.1.1.3.1.

wendbares Informationsrecht gewähren, werden regelmäßig fehlen. Denn der Schutz einer/eines deutschen eG, VVaG oder kV und ihrer Genossen bzw. seiner Mitglieder obliegt nicht dem ausländischen nationalen bzw. sonstigen rechtsformspezifischen Recht[609]. Die Stellung der/des an dem Unternehmensvertrag beteiligten deutschen eG, VVaG oder kV sowie die Nationalität und Rechtsform des anderen an dem Unternehmensvertrag beteiligten Unternehmensträgers sind insoweit ohne Belang.

Drittens ist einerseits damit festzustellen, dass bei einem Abschluss eines Beherrschungs- und/oder Gewinnabführungsvertrags mit einer/einem beteiligten deutschen eG, VVaG oder kV seitens der/des beteiligten deutschen eG, VVaG oder kV keine anderen Informationsvorschriften, die mit den Informationsvorschriften der §§ 293a – 293g Abs. 1, 2 S. 1, Abs. 3 AktG vergleichbar sind, anwendbar sein können.

2.1.3.2. Existenz sonstiger vergleichbarer Informationsmöglichkeiten

- Der bei einem Abschluss eines Beherrschungs- und/oder Gewinnabführungsvertrags erforderliche Zustimmungsbeschluss der General- bzw. Mitgliederversammlung einer/eines beteiligten deutschen eG oder VVaG bedarf grundsätzlich einer qualifizierten Mehrheit analog § 16 Abs. 4 Hs. 1 GenG bzw. analog § 39 Abs. 4 S. 2 Hs. 1, S. 1 Hs. 1 VAG, wenn die/der beteiligte deutsche eG oder VVaG durch den Unternehmensvertrag verpflichtet wird[610], oder analog § 293 Abs. 2 S. 2, Abs. 1 S. 2 AktG, wenn die/der beteiligte deutsche eG oder VVaG durch den Unternehmensvertrag berechtigt sowie zur angemessenen Anteilsabfindung und/oder zum unbeschränkten Verlustausgleich verpflichtet wird[611]. Der bei einem Abschluss eines Beherrschungs- und/oder Gewinnabführungsvertrags erforderliche Zustimmungsbeschluss der Mitgliedergesamtheit oder Mitgliederversammlung eines beteiligten deutschen kV bedarf ebenfalls grundsätzlich einer qualifizierten Mehrheit analog § 33 Abs. 1 S. 1 BGB, wenn der beteiligte deutsche kV durch den Unternehmensvertrag verpflichtet sowie nur seine Satzung dauerhaft überlagert wird[612],

609 Vgl. II. T. I. Kap. I. Absch. 2.1.1.3.1.

610 Für verpflichtete deutsche eG ebenso Beuthien, § 1 Rn. 112; v. Detten, S.108ff.; Reul, S. 222f.; anders (Einstimmigkeit) Emmerich in Emmerich/Habersack AG-/GmbH-KonzR, § 293 Rn. 49; Emmerich/Habersack KonzR, S. 475; ebenso für verpflichtete deutsche VVaG Müller-Wiedenhorn, S. 146f.

611 Ebenso für berechtigte deutsche eG Beuthien, § 1 Rn. 112; v. Detten, S.108ff.; Emmerich/Habersack KonzR, S. 471; Reul, S. 228f.; für berechtigte deutsche VVaG Emmerich/Habersack KonzR, S. 476; Müller-Wiedenhorn, S. 185

612 Ebenso Sprengel, S. 222ff.; anders (stets Einstimmigkeit) Nachw. in Fn. 622

oder analog § 293 Abs. 2 S. 2, Abs. 1 S. 2 AktG, wenn der beteiligte deutsche kV durch den Unternehmensvertrag berechtigt sowie zur angemessenen Anteilsabfindung und/oder zum unbeschränktem Verlustausgleich verpflichtet wird[613]. Die Geltung eines Einstimmigkeitsprinzips kann zunächst nicht zwingend auf § 16 Abs. 3 S. 1 Alt. 2 GenG gestützt werden. Denn durch den Beherrschungs- und/oder Gewinnabführungsvertrag werden zwar Stimm- und/oder Gewinnbezugsrechte der Genossen der verpflichteten deutschen eG beeinträchtigt, aber regelmäßig keine Leistungspflichten der Genossen der verpflichteten deutschen eG begründet. Die Rechtsverkürzung steht einer Pflichtenvermehrung auch nicht gleich, da der § 16 Abs. 3 S. 1 Alt. 2 GenG eine das grundsätzlich geltende Mehrheitsprinzip durchbrechende Ausnahmeregelung darstellt[614]. Die Geltung eines Einstimmigkeitsprinzips kann weiterhin nicht zwingend auf § 35 BGB gestützt werden. Denn durch den Beherrschungs- und/oder Gewinnabführungsvertrag werden zwar Stimm- und/oder Gewinnbezugsrechte der Genossen bzw. Mitglieder der/des verpflichteten deutschen eG, VVaG oder kV beeinträchtigt. Hierdurch werden aber regelmäßig keine gesonderten Mitgliedschaftsrechte einzelner Genossen bzw. Mitglieder verkürzt, wenn die Stimm- und/oder Gewinnbezugsrechte allen Genossen bzw. Mitgliedern in gleicher Weise zustehen und daher ausschließlich allgemeine Mitgliedschaftsrechte bilden[615]. Die Geltung eines Einstimmigkeitsprinzips kann schließlich weder zwingend auf den Gleichbehandlungsgrundsatz oder die Kernbereichslehre noch auf § 33 Abs. 1 S. 2 BGB gestützt werden. Dafür spricht insbesondere, dass das gesetzliche qualifizierte Mehrheitsprinzip auch für andere Grundlagengeschäfte wie die Auflösung einer/eines beteiligten deutschen eG, VVaG oder kV gemäß § 78 Abs. 1 S. 1 GenG, gemäß § 43 Abs. 1 S. 1 VAG bzw. gemäß § 41 S. 2 Hs. 1 BGB[616] und die Verschmelzung einer/eines beteiligten deutschen eG, VVaG oder kV gemäß § 84 S. 1 UmwG, gemäß § 112 Abs. 3 S. 1 UmwG bzw. gemäß § 103 S. 1 UmwG[617] stets gültig ist[618], obwohl diese die zum Kernbereich zählen-

613 Ebenso Emmerich/Habersack KonzR, S. 480; Sprengel, S. 243f.

614 Vgl. Fette in GmbHR 1986, S. 74ff.; Grauer, S. 177ff.; Koppensteiner in Rowedder/Schmidt-Leithoff, Anh. § 52 Rn. 55; Kort, S. 114; Timm in AG 1982, S. 93 (100f.); Reichert in BB 1985, S. 1496 (1497); Verhoeven, S. 131

615 Vgl. Grauer, S. 176f.

616 Für deutsche eG Beuthien, § 78 Rn. 19; Müller, § 78 Rn. 28; für deutsche VVaG Weigel in Prölss, § 43 Rn. 1; für deutsche rechtsfähige Vereine Heinrichs in Palandt, § 41 Rn. 4; Reuter in MK BGB, § 41 Rn. 78; Schwarz in Bamberger/Roth, § 41 Rn. 3

617 Für deutsche eG Bayer in Lutter/Winter, § 84 Rn. 8; Scholderer in Semler/Stengel, § 84 Rn. 10; für deutsche VVaG Hübner in Lutter/Winter, § 112 Rn. 11; Koerfer in

den Verwaltungs- und Vermögensrechte der Genossen bzw. Mitglieder vergleichbar betreffen. Außerdem darf durch einen Abschluss eines Beherrschungs- und/oder Gewinnabführungsvertrags mit einer/einem beteiligten deutschen eG oder VVaG deren/dessen Zweck nie dauerhaft überlagert werden[619]. Eine statuarische Erschwerung des qualifizierten Mehrheitserfordernisses ist jedoch zulässig, da die Regelung des § 16 Abs. 4 Hs. 1 GenG, des § 39 Abs. 4 S. 2 Hs. 1, S. 1 Hs. 1 VAG bzw. des § 33 Abs. 1 S. 1 BGB gemäß § 16 Abs. 4 Hs. 2 GenG, gemäß § 39 Abs. 4 S. 2 Hs. 2 VAG bzw. gemäß § 40 BGB[620] und die Regelung des § 293 Abs. 2 S. 2, Abs. 1 S. 2 AktG gemäß § 293 Abs. 2 S. 2, Abs. 1 S. 3 AktG[621] (einseitig) dispositiv sind. Eine entsprechende Regelung in der Satzung kann also eine größere Mehrheit oder sogar ausnahmsweise die Einstimmigkeit verlangen[622]. Die Stellung der/des an dem Unternehmensvertrag beteiligten deutschen eG, VVaG oder kV sowie die Nationalität und Rechtsform des anderen an dem Unternehmensvertrag beteiligten Unternehmensträgers sind insoweit ohne Belang.

Der bei einem Abschluss eines Beherrschungs- und/oder Gewinnabführungsvertrags erforderliche Zustimmungsbeschluss der Mitgliedergesamtheit oder Mitgliederversammlung eines beteiligten deutschen kV bedarf dagegen grundsätzlich der Einstimmigkeit analog § 33 Abs. 1 S. 2 BGB, wenn der beteiligte deutsche kV durch den Unternehmensvertrag verpflichtet sowie auch sein Zweck dauerhaft überlagert wird[623]. Eine statuarische Erleichterung des Einstimmigkeitserfordernisses ist jedoch zulässig, da die Regelung des § 33 Abs. 1 S. 2 BGB gemäß § 40 BGB dispositiv ist. Eine entsprechende Regelung in der Satzung kann also zwar analog § 293 Abs. 1 S. 3, Abs. 2 S. 2 AktG keine einfache Mehrheit[624], aber ausnahmsweise eine qualifizierte Mehrheit ausreichen lassen. Die Vereinbarung einer statuarischen qualifizierten Mehrheitsklausel ist nicht zwingend durch § 35 BGB, den Gleichbehand-

---

Semler/Stengel, § 112 Rn. 33; für deutsche rechtsfähige Vereine Hadding in Lutter/Winter, § 103 Rn. 2; Katschinski in Semler/Stengel, § 103 Rn. 7

618 Vgl. für beteiligte deutsche eG v. Detten, S. 108ff.; Reul, S. 222f.,228f.; für beteiligte deutsche VVaG Müller-Wiedenhorn, S. 146f.,185

619 Für beteiligte deutsche eG v. Detten, S. 108ff.; Reul, S. 222f., 228f.

620 Beuthien, § 16 Rn. 21; Müller, § 16 Rn. 9; Weigel in Prölss, § 39 Rn. 8; Heinrichs in Palandt, § 33 Rn. 2,3; § 40 Rn. 1; Reuter in MK BGB, § 33 Rn. 15–22, § 40 Rn. 1,23–27

621 Vgl. II. T. I. Kap. I. Absch. 2.1.1.3.2.

622 Für deutsche eG Beuthien, § 16 Rn. 21; Müller, § 16 Rn. 9; für deutsche VVaG Weigel in Prölss, § 39 Rn. 8

623 Ebenso Emmerich in Emmerich/Habersack AG-/GmbH-KonzR, Vorb. §§ 291ff. Rn. 15; Emmerich/Habersack KonzR, S. 479; Sprengel, S. 222ff.

624 Vgl. II. T. I. Kap. I. Absch. 2.3.1.3.2.

lungsgrundsatz oder die Kernbereichslehre ausgeschlossen. Dafür spricht insbesondere, dass sogar ein gesetzliches qualifiziertes Mehrheitsprinzip für andere Grundlagengeschäfte wie die Auslösung eines deutschen kV gemäß § 41 S. 2 Hs. 1 BGB und die Verschmelzung eines deutschen kV gemäß § 103 S. 1 UmwG stets gültig ist, obwohl diese die zum Kernbereich zählenden Verwaltungs- und Vermögensrechte der Mitglieder vergleichbar betreffen. Die Nationalität und Rechtsform des durch den Unternehmensvertrag berechtigten Unternehmensträgers ist insoweit ohne Belang.

Ein Nichtmitglied der Sperrminorität besitzt grundsätzlich überhaupt keine sonstigen Informationsmöglichkeiten. Die Informationsmöglichkeiten als Mitglied der Sperrminorität sind außerdem weder mit den aus den §§ 293b – 293e AktG folgenden Informationsmöglichkeiten, noch mit den aus den §§ 293a, 293f, 293g Abs. 1, 2 S. 1, Abs. 3 AktG folgenden Informationsmöglichkeiten vergleichbar[625].

- Bei einer/einem an einem Abschluss eines Beherrschungs- und/oder Gewinnabführungsvertrags beteiligten deutschen eG, VVaG oder kV obliegt die Geschäftsführung gemäß § 27 Abs. 1 S. 1 GenG, gemäß § 34 S. 2 VAG, § 76 Abs. 1, § 77 Abs. 1 AktG bzw. gemäß § 27 Abs. 3, §§ 664 – 670 BGB dem Vorstand[626]. Die Bestellung von nur einigen Genossen einer beteiligten deutschen eG bzw. nur einigen oder gar keinen Mitgliedern eines beteiligten deutschen VVaG oder kV zu Vorstandsmitgliedern ist zulässig, da der Vorstand einer/eines deutschen eG, VVaG oder kV nach § 24 Abs. 2 S. 1 GenG, nach § 34 S. 1 VAG bzw. nach § 26 Abs. 1 S. 2 BGB aus lediglich zwei Personen bzw. einer Person bestehen muss[627] und die Vorstandsmitglieder eines deutschen VVaG oder kV nach § 34 S. 2 VAG, § 76 Abs. 3 S. 1 AktG bzw. nach § 26 Abs. 1 S. 2 BGB keine Mitglieder sein müssen[628]. Grundsätzlich, insbesondere bei großen Genossenschaften, Versicherungsvereinen und Wirtschaftsvereinen ist die Bestellung nur einiger Genossen bzw. nur einiger oder gar keiner Mitglieder zu Vorstandsmitgliedern auch üblich. Die Bestellung

625 Vgl. II. T. I. Kap. I. Absch. 2.1.1.3.2.

626 Für deutsche eG Beuthien, § 27 Rn. 2–4; Müller, § 27 Rn. 2; für deutsche VVaG Weigel in Prölss, § 34 Rn. 7–9; für deutsche rechtsfähige Vereine Heinrichs in Palandt, § 27 Rn. 4; Reuter in MK BGB, § 27 Rn. 3; Schwarz in Bamberger/Roth, § 27 Rn. 16

627 Für deutsche eG Beuthien, § 24 Rn. 6; Müller, § 24 Rn. 21; für deutsche VVaG Weigel in Prölss, Vorb. § 15 Rn. 55, § 34 Rn. 3; für deutsche rechtsfähige Vereine Heinrichs in Palandt, § 26 Rn. 2; Reuter in MK BGB, § 26 Rn. 6; Schwarz in Bamberger/Roth, § 26 Rn. 9

628 Für deutsche VVaG Weigel in Prölss, Vorb. § 15 Rn. 55, § 34 Rn. 2; für deutsche rechtsfähige Vereine Heinrichs in Palandt, § 26 Rn. 4; Reuter in MK BGB, § 26 Rn. 7

von allen Genossen bzw. Mitgliedern einer/eines beteiligten deutschen eG, VVaG oder kV zu Vorstandsmitglieder ist jedoch ebenso zulässig, da der Vorstand einer/eines deutschen eG, VVaG oder kV nach § 24 Abs. 2 S. 2 GenG, nach § 34 S. 1 VAG bzw. nach § 26 Abs. 1 S. 2 BGB aus einer unbeschränkten Zahl von Personen bestehen darf[629] und die Vorstandsmitglieder eines deutschen VVaG oder kV nach § 34 S. 2 VAG, § 76 Abs. 3 S. 1 AktG bzw. nach § 26 Abs. 1 S. 2 BGB Mitglieder sein dürfen[630]. Ausnahmsweise, insbesondere bei kleinen Genossenschaften, Versicherungsvereinen und Wirtschaftsvereinen ist die Bestellung von allen Genossen bzw. Mitgliedern zu Vorstandsmitgliedern auch praktikabel. Die Stellung der/des an dem Unternehmensvertrag beteiligten deutschen eG, VVaG oder kV sowie die Nationalität und Rechtsform des anderen an dem Unternehmensvertrag beteiligten Unternehmensträgers sind insoweit ohne Belang.
Ein Nichtmitglied des Geschäftsführungsorgans besitzt grundsätzlich überhaupt keine sonstigen Informationsmöglichkeiten. Die Informationsmöglichkeiten als Mitglied des Geschäftsführungsorgans sind außerdem zwar mit den aus den §§ 293a, 293f, 293g Abs. 1, 2 S. 1, Abs. 3 AktG folgenden Informationsmöglichkeiten, aber nicht mit den aus den §§ 293b – 293e AktG folgenden Informationsmöglichkeiten vergleichbar[631].
Drittens ist andererseits damit festzustellen, dass bei einem Abschluss eines Beherrschungs- und/oder Gewinnabführungsvertrags mit einer/einem beteiligten deutschen eG, VVaG oder kV seitens der/des beteiligten deutschen eG, VVaG oder kV keine sonstigen Informationsmöglichkeiten, die mit den Informationsmöglichkeiten durch die §§ 293b – 293e AktG vergleichbar sind, selbst wenn alle Genossen bzw. Mitglieder zustimmungspflichtig sind, und keine sonstigen Informationsmöglichkeiten, die mit den Informationsmöglichkeiten durch die §§ 293a, 293f, 293g Abs. 1, 2 S. 1, Abs. 3 AktG vergleichbar sind, dann wenn nicht alle Genossen bzw. Mitglieder geschäftsführungsbefugt sind, vorhanden sein können.

Bei einem Unternehmensvertrag mit einer/einem beteiligten deutschen eG, VVaG oder kV sind die durch die Anwendung der Informationsvorschriften der §§ 293b – 293e AktG erworbenen Informationen daher zweckgemäß seitens

---

629 Für deutsche eG Beuthien, § 24 Rn. 6; Müller, § 24 Rn. 22; für deutsche VVaG Weigel in Prölss, Vorb. § 15 Rn. 55, § 34 Rn. 3; für deutsche rechtsfähige Vereine Heinrichs in Palandt, § 26 Rn. 2; Reuter in MK BGB, § 26 Rn. 6; Schwarz in Bamberger/Roth, § 26 Rn. 9

630 Für deutsche VVaG Weigel in Prölss, Vorb. § 15 Rn. 55, § 34 Rn. 2; für deutsche rechtsfähige Vereine Heinrichs in Palandt, § 26 Rn. 4; Reuter in MK BGB, § 26 Rn. 7

631 Vgl. II. T. I. Kap. I. Absch. 2.1.1.3.2.

der/des beteiligten deutschen eG, VVaG oder kV ebenso effektiv durch die Anwendung anderer Informationsvorschriften oder durch die Wahrnehmung sonstiger Informationsmöglichkeiten regelmäßig nicht zu erlangen, selbst wenn alle Genossen bzw. Mitglieder zustimmungspflichtig sind. Die durch die Anwendung der Informationsvorschriften der §§ 293a, 293f, 293g Abs. 1, 2 S. 1, Abs. 3 AktG erworbenen Informationen sind ebenfalls zweckgemäß ebenso effektiv anderweitig regelmäßig nicht zu erlangen, dann wenn nicht alle Genossen bzw. Mitglieder geschäftsführungsbefugt sind.

2.1.4. Unabhängige Ausübung der verstärkten Rechte

2.1.4.1. Geltung von zumindest mit den vorbildgebenden Informationsvorschriften vergleichbaren Informationsvorschriften

- Bei einem Abschluss eines Verschmelzungsvertrags mit einem beteiligten deutschen VVaG bzw. einem übertragenden deutschen kV sind grundsätzlich die Informationsvorschriften der §§ 10 – 12, 30 Abs. 2 UmwG seitens des beteiligten deutschen VVaG, wenn dieser durch den Verschmelzungsvertrag sein gesamtes Vermögen überträgt, oder des übertragenden deutschen kV anwendbar. Die Nationalität und Rechtsform des durch den Verschmelzungsvertrag übernehmenden Rechtsträgers ist insoweit ohne Belang[632]. Denn von dem § 30 Abs. 2 UmwG werden ausdrücklich und entsprechend der § 1 Abs. 1, § 3 Abs. 1, 2 UmwG zwar alle Verschmelzungsverträge und nicht nur internationale oder rechtsformgemischte Verschmelzungsverträge erfasst, aber nur übertragende inländische Rechtsträger beliebiger Rechtsform und nicht alle beteiligte inländische Rechtsträger beliebiger Rechtsform betroffen[633]. Bei einem Abschluss eines Verschmelzungsvertrags mit einer beteiligten deutschen eG sind dagegen die Informationsvorschriften der §§ 10 – 12, 30 Abs. 2 UmwG weder gemäß, noch analog seitens der beteiligten deutschen eG anwendbar, selbst wenn diese durch den Verschmelzungsvertrag ihr gesamtes Vermögen überträgt. Denn der zu den besonderen Vorschriften des UmwG für Verschmelzungen unter Beteiligung von Genossenschaften gehörende § 90 Abs. 1 UmwG[634] schließt die Anwendung der §§ 29 – 34 UmwG

---

632 Lutter/Drygala in Lutter/Winter, § 3 Rn. 6,28; Stengel in Semler/Stengel, § 3 Rn. 34,54; für übertragende deutsche VVaG Koerfer in Semler/Stengel, § 112 Rn. 21; für übertragende deutsche kV Hadding/Hennrichs in Lutter/Winter, § 99 Rn. 3,20, § 100 Rn. 2; Katschinski in Semler/Stengel, § 99 Rn. 12, § 100 Rn. 4

633 Vgl. II. T. I. Kap. I. Absch. 2.1.1.4.1.

634 Bayer in Lutter/Winter, § 79 Rn. 3; Lutter/Drygala in Lutter/Winter, § 3 Rn. 9; Stengel in Semler/Stengel, § 3 Rn. 22,23

ausdrücklich aus[635]. Auch haben die Genossen einer übertragenden deutschen eG statt eines Austrittsrechts mit nachfolgendem Barabfindungsanspruch gemäß §§ 29 – 34 UmwG ein Ausschlagungsrecht mit nachfolgendem Auseinandersetzungsanspruch gemäß §§ 90 – 94 UmwG[636]. Die Genossen einer übertragenden deutschen eG bedürfen demzufolge anders als Anteilsinhaber eines sonstigen inländischen Rechtsträgers beliebiger Rechtsform unabhängiger, sachverständiger und kostenloser Informationen über das Vorliegen und die Angemessenheit einer zu treffenden Barabfindungsregelung nicht.
Die §§ 10 – 12, 30 Abs. 2 UmwG normieren für einen übertragenden deutschen VVaG oder kV eine Prüfpflicht, die ähnliche Personen und Organe betrifft, ähnliche Gegenstände erfasst und ähnlichen Modalitäten unterliegt wie die durch die §§ 10 – 12, 30 Abs. 2 UmwG statuierte Prüfpflicht für eine übertragende deutsche AG oder KGaA.
Die §§ 10 – 12, 30 Abs. 2 UmwG gelten außerdem mangels einer analogen Anwendbarkeit der § 44 S. 1, § 43 Abs. 2, § 45e S. 2, § 45d Abs. 2 UmwG gleichgültig, ob die Zustimmung einzelner Mitglieder des eigenen übertragenden deutschen VVaG oder kV zu dem Verschmelzungsvertrag entbehrlich oder die Verschmelzungszustimmung aller Mitglieder erforderlich ist[637]. Für die Geltung dieser besonderen Informationsvorschriften ist gleichfalls gleichgültig, ob einzelne Mitglieder des eigenen übertragenden deutschen VVaG oder kV von der Führung der Geschäfte ausgeschlossen oder alle Mitglieder an der Geschäftsführung beteiligt sind.

- Bei einem Abschluss eines Verschmelzungsvertrags mit einer beteiligten deutschen eG oder bzw. einem übertragenden deutschen sind statt der Informationsvorschriften des § 60 UmwG, der auf die §§ 9 – 12 UmwG verweist[638], grundsätzlich die Informationsvorschriften des § 81 UmwG, der weitgehend den §§ 9 – 12 UmwG entspricht[639], seitens einer beteiligten deutschen eG und die Informationsvorschriften des § 100 S. 1 UmwG, der ebenfalls auf die §§ 9 – 12 UmwG verweist[640], seitens eines übertragenden deutschen kV anwendbar. Die Stellung der an dem Verschmelzungsvertrag beteiligten deutschen eG sowie die Nationalität und Rechtsform des anderen an dem Verschmelzungsvertrag beteiligten Rechtsträgers sind insoweit ohne Be-

---

635 Bayer in Lutter/Winter, § 90 Rn. 6,7; Scholderer in Semler/Stengel, § 90 Rn. 1,2
636 Bayer in Lutter/Winter, § 90 Rn. 6,7; Scholderer in Semler/Stengel, § 90 Rn. 1,2
637 Vgl. II. T. I. Kap. I. Absch. 2.1.1.4.1.
638 Nachw. in Fn. 331
639 Bayer in Lutter/Winter, § 81 Rn. 3–20; Scholderer in Semler/Stengel, § 81 Rn. 1–3,8–37
640 Hadding/Hennrichs in Lutter/Winter, § 100 Rn. 1; Katschinski in Semler/Stengel, § 100 Rn. 20

lang[641]. Denn zunächst gehört der § 81 UmwG zu den besonderen Vorschriften für Verschmelzungen unter Beteiligung von *eingetragenen Genossenschaften* und der § 100 S. 1 UmwG zu den besonderen Vorschriften für Verschmelzungen unter Beteiligung von *rechtsfähigen Vereinen*[642], womit entsprechend der allgemeinen Vorschriften des § 1 Abs. 1 UmwG für Umwandlungen und der allgemeinen Vorschriften des § 3 Abs. 1 Nr. 3, Abs. 2 Nr. 1 UmwG für Verschmelzungen eG sowie konzessionierte *wirtschaftliche Vereine* und *eingetragene* ideelle *Vereine mit Sitz im Inland* gemeint sind[643]. Zudem erwähnt der § 81 Abs. 1 UmwG ausdrücklich *jede* an der Verschmelzung beteiligte eingetragene *Genossenschaft* und der § 100 S. 1 UmwG schlechthin *einen* an der Verschmelzung beteiligten konzessionierten *wirtschaftlichen Verein*. Zuletzt kann bei der Verschmelzung von mehreren Genossenschaften ebenso wie bei der Verschmelzung einer Genossenschaft mit einem Rechtsträger anderer Rechtsform gemäß § 81 Abs. 1 S. 2, Abs. 2 UmwG unter bestimmten Voraussetzungen eine gemeinsame Prüfung durchgeführt und ein gemeinsames Prüfgutachten erstattet werden[644]. Dagegen enthalten die besonderen Vorschriften des UmwG für Verschmelzungen unter Beteiligung von Versicherungsvereinen auf Gegenseitigkeit[645] keine dem zu den besonderen Vorschriften des UmwG für Verschmelzungen unter Beteiligung von Aktiengesellschaften zählenden § 60 UmwG[646] entsprechende Vorschrift[647]. Bei einem Abschluss eines Verschmelzungsvertrags mit einem beteiligten deutschen VVaG sind außerdem die Informationsvorschriften des § 60 UmwG, der auf die §§ 9 – 12 UmwG verweist, seitens des beteiligten deutschen VVaG auch nicht analog anwendbar[648]. Zwar sind zunächst die Mitglieder eines beteiligten deutschen VVaG ebenso wie die Aktionäre einer beteiligten

---

641 Lutter/Drygala in Lutter/Winter, § 3 Rn. 9,10,28; Stengel in Semler/Stengel, § 3 Rn. 22,23,28–31,54; Zeidler in Semler/Stengel, § 9 Rn. 10; für beteiligte deutsche eG Bayer in Lutter/Winter, § 81 Rn. 3; Scholderer in Semler/Stengel, § 81 Rn. 1; für übertragende deutsche kV Hadding/Hennrichs in Lutter/Winter, § 100 Rn. 1; Katschinski in Semler/Stengel, § 100 Rn. 1,2

642 Hadding/Hennrichs in Lutter/Winter, § 99 Rn. 3; Lutter/Drygala in Lutter/Winter, § 3 Rn. 10; Katschinski in Semler/Stengel, § 99 Rn. 12; Stengel in Semler/Stengel, § 3 Rn. 30,31

643 Nachw. in Fn. 316

644 Bayer in Lutter/Winter, § 81 Rn. 7–9; Scholderer in Semler/Stengel, § 81 Rn. 35–40

645 Lutter/Drygala in Lutter/Winter, § 3 Rn. 9; Stengel in Semler/Stengel, 3 Rn. 28,29

646 Nachw. in Fn. 333

647 Koerfer in Semler/Stengel, § 112 Rn. 17

648 Ebenso Hübner in Lutter/Winter, § 112 Rn. 3; Vossius in Widmann UmwG, § 112 Rn. 7; anders Koerfer in Semler/Stengel, § 112 Rn. 19

deutschen AG durch die Verschmelzung in ihrer Rechtsstellung betroffen. In ihre Verwaltungs- und Vermögensrechte wird insbesondere durch den gemäß § 20 Abs. 1 Nr. 3 UmwG stattfindenden Anteilsumtausch eingegriffen[649]. Weiterhin müssen die Mitglieder eines beteiligten deutschen VVaG ebenso wie die Aktionäre einer beteiligten deutschen AG über ihre gemäß § 13 Abs. 1 UmwG erforderliche Zustimmung zu dem Verschmelzungsvertrag in einer einzuberufenden Versammlung und durch einen zu fassenden Beschluss entscheiden[650]. Die Mitglieder eines beteiligten deutschen VVaG bedürfen demzufolge ebenso wie die Aktionäre einer beteiligten deutschen AG unabhängiger, sachverständiger und kostenloser Informationen insbesondere über das Vorliegen und die Angemessenheit der zu treffenden Anteilsumtauschregelung. Fernerhin wird nur das zugunsten der Aktionäre einer deutschen AG normierte beschränkte allgemeine Auskunftsrecht und nicht auch ein weitergehendes allgemeines Informationsrecht durch die allgemeinen Verweisungsvorschriften auf die Mitglieder eines deutschen VVaG erstreckt. Dieses ist insbesondere nur von dem Vorstand des eigenen deutschen VVaG und nicht auch von unabhängigen Sachverständigen zu erfüllen[651]. Schließlich müssen die Mitglieder eines deutschen VVaG ebenso wie die Aktionäre einer deutschen AG dem Verschmelzungsvertrag nicht notwendig einstimmig zustimmen[652] und die Geschäfte nicht notwendig gemeinsam führen[653]. Die Mitglieder eines beteiligten deutschen VVaG erlangen demzufolge ebenso wenig wie die Aktionäre einer beteiligten deutschen AG erforderliche Informationen zwingend gleichermaßen anderweitig. Daher liegt mangels der Erstreckung der zugunsten der Aktionäre einer beteiligten deutschen AG normierten Prüfpflicht auf die Mitglieder eines beteiligten deutschen VVaG eine offene Lücke des Gesetzes vor, die durch eine analoge Anwendung der §§ 9 – 12, 60 UmwG geschlossen werden kann. Aber in den Gesetzesmaterialien werden mehrere Gründe für die unterschiedliche Behandlung der Mitglieder eines beteiligten deutschen VVaG und der Aktionäre einer beteiligten deutschen AG in diesem Punkt genannt[654]. Ein Mitgliedschaftswechsel habe für die Rechtspositionen der Mitglieder eines deutschen VVaG anders als für die Rechtspositionen der Aktionäre einer deutschen AG wegen dem unveränderten Fortbestand ihrer Versicherungsverträge und ihrer grundsätzlich fehlenden Beteili-

649 Koerfer in Semler/Stengel, § 112 Rn. 19; Weigel in Prölss, Vorb. § 15 Rn. 138a,138q
650 Hübner in Lutter/Winter, § 112 Rn. 12; Weigel in Prölss, Vorb. § 15 Rn. 138c,138h
651 Vgl. II. T. I. Kap. II. Absch. 2.1.3.1.
652 Vgl. II. T. I. Kap. II. Absch. 2.1.3.2.
653 Vgl. II. T. I. Kap. II. Absch. 2.1.3.2.
654 Beg. zum RegE in BT-Drucks. 12/6699, S. 112f.

gung an dem Vereinsvermögen vor der Vereinsauflösung geringe Bedeutung. Daher stellt die mangelnde Erstreckung der zugunsten der Aktionäre einer beteiligten deutschen AG normierte Prüfpflicht auf die Mitglieder eines beteiligten deutschen VVaG eine bewusste Entscheidung des Gesetzgebers dar, die nicht durch eine analoge Anwendung der §§ 9 – 12, 60 UmwG beseitigt werden darf.

Der § 81 UmwG bzw. die §§ 9 – 12, 100 S. 1 UmwG normieren für eine beteiligte deutsche eG bzw. einen übertragenden deutschen kV eine Prüfpflicht, die ähnliche Personen und Organe betrifft, ähnliche Gegenstände erfasst und ähnlichen Modalitäten unterliegt wie die durch die §§ 9 – 12, 60, 78 S. 1, 2 UmwG statuierte Prüfpflicht für eine beteiligte deutsche AG oder KGaA. Diese Prüfpflicht für eine beteiligte deutsche eG geht sogar hinsichtlich des Gegenstandes der Prüfung über jene Prüfpflicht für eine beteiligte deutsche AG oder KGaA teilweise hinaus. Der Prüfung muss sich nicht nur die Richtigkeit und Vollständigkeit des abgeschlossenen Verschmelzungsvertrags sowie das Vorliegen und die Angemessenheit einer getroffenen Anteilsumtauschregelung, sondern auch die Zweckmäßigkeit der Verschmelzung unterzogen werden[655]. Diese Prüfpflicht für eine beteiligte deutsche eG geht außerdem hinsichtlich der Unverzichtbarkeit einer Prüfungsdurchführung über jene Prüfpflicht für eine beteiligte deutsche AG oder KGaA gänzlich hinaus. Die Prüfung muss auch beim Vorliegen eines notariell beurkundeten Prüfverzichts aller Genossen durchgeführt werden[656]. Diese Prüfpflicht für eine beteiligte deutsche eG weicht lediglich hinsichtlich der Qualifikationsart des Prüfers von jener Prüfpflicht für eine beteiligte deutsche AG oder KGaA ab. Zum Prüfer muss nicht ein Wirtschaftsprüfer, sondern der Prüfverband, dem die deutsche eG gemäß § 54 GenG angehört, bestellt werden[657].

Der § 81 UmwG bzw. die §§ 9 – 12, 100 S. 1 UmwG gelten außerdem mangels einer analogen Anwendbarkeit der § 44 S. 1, § 43 Abs. 2, § 45e S. 2, § 45d Abs. 2 UmwG gleichgültig, ob die Zustimmung einzelner Genossen bzw. Mitglieder der eigenen beteiligten deutschen eG oder des eigenen übertragenden deutschen kV zu dem Verschmelzungsvertrag entbehrlich oder die Verschmelzungszustimmung aller Genossen bzw. Mitglieder erforderlich ist[658]. Für die Geltung dieser besonderen Informationsvorschriften ist gleich-

---

655 Bayer in Lutter/Winter, § 81 Rn. 11; Beuthien, §§ 2ff. UmwG, Rn. 24; Scholderer in Semler/Stengel, § 81 Rn. 29

656 Lutter/Drygala in Lutter/Winter, § 9 Rn. 6; Scholderer in Semler/Stengel, § 81 Rn. 5; a. M. Beuthien, §§ 2ff. UmwG, Rn. 26

657 Bayer in Lutter/Winter, § 81 Rn. 4; Lutter/Drygala in Lutter/Winter, § 9 Rn. 6; Beuthien, §§ 2ff. UmwG, Rn. 23; Scholderer in Semler/Stengel, § 81 Rn. 8–11

658 Vgl. II. T. I. Kap. I. Absch. 2.1.1.4.1.

falls gleichgültig, ob einzelne Genossen bzw. Mitglieder der eigenen beteiligten deutschen eG oder des eigenen übertragenden deutschen kV von der Führung der Geschäfte ausgeschlossen oder alle Genossen bzw. Mitglieder an der Geschäftsführung beteiligt sind.

- Bei einem Abschluss eines Verschmelzungsvertrags mit einer/einem beteiligten deutschen eG oder VVaG bzw. einem übertragenden deutschen kV sind zunächst grundsätzlich die Informationsvorschriften der §§ 8, § 64 Abs. 2 UmwG (aufgrund der Verweisungsvorschriften des § 83 Abs. 1 S. 3 UmwG, des § 112 Abs. 2 S. 2 UmwG bzw. des § 102 S. 2 UmwG) seitens der/des beteiligten deutschen eG oder VVaG bzw. des übertragenden deutschen kV anwendbar. Weiterhin sind grundsätzlich die Informationsvorschriften des § 64 Abs. 1 S. 2 UmwG aufgrund der Verweisungsvorschriften des § 112 Abs. 2 S. 2 UmwG bzw. des § 102 S. 2 UmwG seitens des beteiligten deutschen VVaG bzw. des übertragenden deutschen kV anwendbar. Die Stellung der/des an dem Verschmelzungsvertrag beteiligten deutschen eG oder VVaG sowie die Nationalität und Rechtsform des anderen an dem Verschmelzungsvertrag beteiligten Rechtsträgers sind insoweit ohne Belang[659]. Denn zuerst werden von dem § 8 UmwG ausdrücklich und entsprechend der § 1 Abs. 1, § 3 Abs. 1, 2 UmwG alle Verschmelzungsverträge erfasst und alle beteiligte inländische Rechtsträger beliebiger Rechtsform betroffen[660]. Zudem werden von dem § 64 Abs. 2 UmwG, auf den die besonderen Vorschriften des § 83 Abs. 1 S. 3 UmwG für Verschmelzungen unter Beteiligung von *eingetragenen Genossenschaften,* die besonderen Vorschriften des § 112 Abs. 2 S. 2 UmwG für Verschmelzungen unter Beteiligung von *Versicherungsvereinen auf Gegenseitigkeit* und die besonderen Vorschriften des § 102 S. 2 UmwG für Verschmelzungen unter Beteiligung von *rechtsfähigen Vereinen* verweisen[661], ausdrücklich und entsprechend der § 1 Abs. 1, § 3 Abs. 1, 2 UmwG al-

659 Ebenso Lutter/Drygala in Lutter/Winter, § 3 Rn. 6,28; Stengel in Semler/Stengel, § 3 Rn. 34,54; für beteiligte deutsche eG Bayer in Lutter/Winter, § 79 Rn. 3, § 82 Rn. 13, § 83 Rn. 2; Beuthien, §§ 2ff. UmwG Rn. 1; Scholderer in Semler/Stengel, § 82 Rn. 30; für beteiligte deutsche VVaG Koerfer in Semler/Stengel, § 112 Rn. 10,13; Weigel in Prölss, Vorb. § 15 Rn. 138a–138c,138q; für beteiligte deutsche rechtsfähige Vereine Hadding/Hennrichs in Lutter/Winter, § 99 Rn. 3,20,31, §§ 101,102 Rn. 1,8; Katschinski in Semler/Stengel, § 99 Rn. 12,59,97, §§ 101,102 Rn. 2,14,15

660 Vgl. II. T. I. Kap. I. Absch. 2.1.1.4.1.

661 Für beteiligte deutsche eG Bayer in Lutter/Winter, § 83 Rn. 10; Scholderer in Semler/Stengel, § 83 Rn. 2; für beteiligte deutsche VVaG Hübner in Lutter/Winter, § 112 Rn. 8; Koerfer in Semler/Stengel, § 112 Rn. 30; für beteiligte deutsche rechtsfähige Vereine Hadding/Hennrichs in Lutter/Winter, §§ 101,102 Rn. 8; Katschinski in Semler/Stengel, §§ 101,102 Rn. 14,15

le Verschmelzungsverträge erfasst und alle beteiligte deutsche AG betroffen. Gleiches gilt für den § 64 Abs. 1 S. 2 UmwG[662], auf den der § 112 Abs. 2 S. 2 UmwG und der § 102 S. 2 UmwG verweisen[663]. Bei einem Abschluss eines Verschmelzungsvertrags mit einer/einem beteiligten deutschen eG oder VVaG bzw. einem übertragenden deutschen kV sind außerdem statt der Informationsvorschriften der § 63 Abs. 1, 2, § 64 Abs. 1 S. 1 UmwG zunächst grundsätzlich die Informationsvorschriften der § 82 Abs. 1, § 83 Abs. 1 S. 1, Abs. 2 UmwG seitens einer beteiligten deutschen eG, die Informationsvorschriften des § 112 Abs. 1, 2 S. 1 UmwG seitens eines beteiligten deutschen VVaG und die Informationsvorschriften der § 101 Abs. 1, 102 S. 1 UmwG seitens eines übertragenden deutschen kV anwendbar. Statt der Informationsvorschriften des § 63 Abs. 3 UmwG sind weiterhin grundsätzlich die Informationsvorschriften des § 82 Abs. 2 UmwG seitens einer beteiligten deutschen eG und die Informationsvorschriften des § 101 Abs. 2 UmwG seitens eines übertragenden deutschen kV anwendbar. Statt der Informationsvorschriften des § 64 Abs. 1 S. 2 UmwG sind schließlich grundsätzlich die Informationsvorschriften des § 83 Abs. 1 S. 2 UmwG seitens einer beteiligten deutschen eG anwendbar. Die Stellung der/des an dem Verschmelzungsvertrag beteiligten deutschen eG oder VVaG sowie die Nationalität und Rechtsform des anderen an dem Verschmelzungsvertrag beteiligten Rechtsträgers sind insoweit ohne Belang[664]. Denn zuerst gehören die §§ 82, 83 Abs. 1 S. 1, 2, Abs. 2 UmwG zu den besonderen Vorschriften für Verschmelzungen unter Beteiligung von *eingetragenen Genossenschaften,* der § 112 Abs. 1, 2 S. 1 UmwG zu den besonderen Vorschriften für Verschmelzungen unter Beteiligung von *Versicherungsvereinen auf Gegenseitigkeit* und die §§ 101, 102 S. 1 UmwG zu den besonderen Vorschriften für Verschmelzungen unter Beteiligung von *rechtsfähigen Vereinen,* womit entsprechend der allgemeinen Vorschriften des § 1 Abs. 1 UmwG für Umwandlungen und der allgemeinen Vorschriften des § 3 Abs. 1 Nr. 3, Abs. 2 Nr. 1 UmwG für Verschmelzungen eG, VVaG sowie konzessionierte *wirtschaftliche Vereine* und *eingetragene* ideelle *Ver-*

---

662 Vgl. II. T. I. Kap. I. Absch. 2.1.1.4.1.

663 Für beteiligte deutsche VVaG Hübner in Lutter/Winter, § 112 Rn. 7; Koerfer in Semler/Stengel, § 112 Rn.27; für beteiligte deutsche rechtsfähige Vereine Hadding/Hennrichs in Lutter/Winter, §§ 101,102 Rn. 8; Katschinski in Semler/Stengel, §§ 101,102 Rn. 14,15

664 Ebenso Lutter/Drygala in Lutter/Winter, § 3 Rn. 9,10,28; Stengel in Semler/Stengel, § 3 Rn. 22,23,28–31,54; für beteiligte deutsche eG Bayer in Lutter/Winter, § 82 Rn. 13, § 83 Rn. 2,10; für beteiligte deutsche VVaG Koerfer in Semler/Stengel, § 112 Rn. 10; für beteiligte deutsche rechtsfähige Vereine Hadding/Hennrichs in Lutter/Winter, § 99 Rn. 3, §§ 101, 102 Rn. 1; Katschinski in Semler/Stengel, § 99 Rn. 12, §§ 101, 102 Rn. 2

eine mit Sitz im Inland gemeint sind. Zudem erwähnen die §§ 82, 83 Abs. 1 S. 1, 2, Abs. 2 UmwG ausdrücklich *jede* an der Verschmelzung beteiligte eingetragene *Genossenschaft*. Zuletzt beziehen sich die §§ 82, 83 Abs. 1 S. 1, 2, Abs. 2 UmwG ausdrücklich auf die §§ 81, 63 Abs. 1 Nr. 4, § 8 UmwG[665], der § 112 Abs. 1, 2 S. 1 UmwG ausdrücklich auf die § 63 Abs. 1 Nr. 4, § 8 UmwG[666] und die §§ 101, 102 S. 1 UmwG ausdrücklich auf die §§ 100, 63 Abs. 1 Nr. 4, § 8 UmwG[667]. Dagegen enthalten die besonderen Vorschriften des UmwG für Verschmelzungen unter Beteiligung von Versicherungsvereinen auf Gegenseitigkeit keine dem zu den besonderen Vorschriften des UmwG für Verschmelzungen unter Beteiligung von Aktiengesellschaften zählenden § 63 Abs. 3 UmwG entsprechende Vorschrift[668]. Bei einem Abschluss eines Verschmelzungsvertrags mit einem beteiligten deutschen VVaG außerdem sind die Informationsvorschriften des § 63 Abs. 3 UmwG seitens des beteiligten deutschen VVaG auch nicht analog anwendbar[669]. Denn der Gesetzgeber hat sich bewusst gegen die Erstreckung des zugunsten der Aktionäre einer beteiligten deutschen AG normierten Abschriftrechts auf die Mitglieder eines beteiligten deutschen VVaG entschieden[670].

Die §§ 8, 82 Abs. 1, § 83 Abs. 1 S. 1, 2 UmwG, die §§ 8, 64 Abs. 1 S. 2, § 112 Abs. 1, 2 UmwG bzw. die §§ 8, 64 Abs. 1 S. 2, § 101 Abs. 1, § 102 UmwG normieren für eine beteiligte deutsche eG oder einen beteiligten deutschen VVaG bzw. einen übertragenden deutschen kV eine Berichts-, Vortrags- und Auslagepflicht, die ähnliche Personen und Organe betrifft, ähnliche Gegenstände erfasst und ähnlichen Modalitäten unterliegt wie die durch die §§ 8, 63 Abs. 1, 2, § 64 Abs. 1, § 78 S. 1, 2 UmwG für eine beteiligte deutsche AG oder KGaA statuierte Berichts-, Vortrags- und Auslagepflicht. Die § 64 Abs. 2, § 83 Abs. 1 S. 3 UmwG, die § 64 Abs. 2, § 112 Abs. 2 S. 2 UmwG bzw. die § 64 Abs. 2, § 102 S. 2 UmwG normieren ebenso für eine beteiligte deutsche eG oder einen beteiligten deutschen VVaG bzw. einen übertragenden deutschen kV ein Auskunftsrecht, das ähnliche Personen und Organe betrifft, ähnliche Gegenstände erfasst und ähnlichen Modalitäten un-

665 Bayer in Lutter/Winter, § 82 Rn. 2,21, § 83 Rn. 3; Scholderer in Semler/Stengel, § 82 Rn. 13, § 83 Rn. 2
666 Hübner in Lutter/Winter, § 112 Rn. 2,6; Koerfer in Semler/Stengel, § 112 Rn. 13
667 Hadding/Hennrichs in Lutter/Winter, §§ 101,102 Rn. 3; Katschinski in Semler/Stengel, §§ 101,102 Rn. 4
668 Hübner in Lutter/Winter, § 112 Rn. 4; Koerfer in Semler/Stengel, § 112 Rn. 3
669 Ebenso Stratz in Schmitt/Hörtnagel/Stratz, § 112 UmwG Rn. 5; anders Koerfer in Semler/Stengel, § 112 Rn. 8,9
670 Vgl. Beg. zum RegE des UmwBerG in BT-Drucks. 12/6699, S. 113; Hübner in Lutter/Winter, § 112 Rn. 4; Koerfer in Semler/Stengel, § 112 Rn. 4

terliegt wie das durch die § 64 Abs. 2, § 78 S. 1, 2 UmwG für eine beteiligte deutsche AG oder KGaA statuierte Auskunftsrecht. Der § 82 Abs. 2 UmwG bzw. der § 101 Abs. 2 UmwG normiert zudem für eine beteiligte deutsche eG bzw. einen übertragenden deutschen kV ein Abschriftsrecht, das ähnliche Personen und Organe betrifft, ähnliche Gegenstände erfasst und ähnlichen Modalitäten unterliegt wie das durch die § 63 Abs. 3, § 78 S. 1, 2 UmwG für eine beteiligte deutsche AG oder KGaA statuierte Abschriftsrecht. Die Auslagepflicht für eine beteiligte deutsche eG wird sogar durch eine durch den § 83 Abs. 3 UmwG normierte Verlesepflicht teilweise ergänzt und geht somit hinsichtlich der Bekanntmachung des Prüfungsgutachtens über die Auslagepflicht für eine beteiligte deutsche AG oder KGaA hinaus. Das Prüfungsgutachten muss nicht nur vor und während der Generalversammlung ausgelegt, sondern auch anfangs der Generalversammlung verlesen werden[671].
Für die Geltung der §§ 8, 64 Abs. 2, §§ 82, 83 UmwG, der §§ 8, 64 Abs. 1 S. 2, Abs. 2, § 112 Abs. 1, 2 UmwG bzw. der §§ 8, 64 Abs. 1 S. 2, Abs. 2, §§ 101, 102 UmwG ist außerdem gleichgültig, ob die Zustimmung einzelner Genossen bzw. Mitglieder der/des eigenen beteiligten deutschen eG oder VVaG bzw. des eigenen übertragenden deutschen kV zu dem Verschmelzungsvertrag entbehrlich oder die Verschmelzungszustimmung aller Genossen bzw. Mitglieder erforderlich ist. Diese besonderen Informationsvorschriften gelten allerdings aufgrund einer analogen Anwendbarkeit der §§ 41, 42, 45c UmwG nur, wenn einzelne Genossen bzw. Mitglieder der/des eigenen beteiligten deutschen eG oder VVaG bzw. des eigenen übertragenden deutschen kV von der Führung der Geschäfte ausgeschlossen sind, und nicht auch, wenn alle Genossen bzw. Mitglieder an der Geschäftsführung beteiligt sind[672].

Viertens ist einerseits damit festzustellen, dass bei einem Abschluss eines Verschmelzungsvertrags mit einer beteiligten deutschen eG seitens der beteiligten deutschen eG zwar keine Informationsvorschriften der §§ 10 – 12, 30 Abs. 2 UmwG, die für die Informationsvorschriften der §§ 293b – 293e AktG einerseits vorbildgebend waren, aber Informationsvorschriften, die mit den für die Informationsvorschriften der §§ 293b – 293e AktG andererseits vorbildgebenden Informationsvorschriften der §§ 9 – 12, 60, 78 S. 1, 2 UmwG vergleichbar sind, selbst wenn alle Genossen zustimmungspflichtig sind, und Informationsvorschriften, die mit den für die Informationsvorschriften der §§ 293a, 293f, 293g Abs. 1, 2 S. 1, Abs. 3 AktG vorbildgebenden Informationsvorschriften vergleichbar sind, dann wenn nicht alle Genossen geschäftsführungsbefugt sind, anwendbar sein können.

---

671 Beuthien, §§ 2ff. UmwG, Rn. 33; Bayer in Lutter/Winter, § 83 Rn. 13; Scholderer in Semler/Stengel, § 83 Rn. 23

672 Vgl. II. T. I. Kap. I. Absch. 2.1.1.4.1.

Ersteres beruht allerdings nicht darauf, dass der Gesetzgeber generell eine Prüfpflicht gegenüber den Genossen von übertragenden deutschen eG aus bestimmten Gründen nicht für erforderlich hielt und auf die Normierung einer solchen daher bewusst verzichtete. Hierfür ist vielmehr allein maßgeblich, dass die Genossen von übertragenden deutschen eG statt des speziellen Austrittsrechts mit nachfolgendem Barabfindungsanspruch in Höhe des Werts des Genossenschaftsanteils gemäß §§ 29 – 34 UmwG ein spezielles Ausschlagungsrecht mit nachfolgendem Auseinandersetzungsanspruch bis zur Grenze des Betrags des Geschäftsguthabens gemäß §§ 90 – 94 UmwG haben[673]. Denn die Genossen von übertragenden deutschen eG nehmen am Anteilsumtausch gemäß § 20 Abs. 1 Nr. 3 UmwG teil[674]. Demnach hat der Gesetzgeber insoweit eine Prüfpflicht gegenüber den Genossen von übertragenden deutschen eG für erforderlich gehalten und eine solche bewusst normiert.

Bei einem Abschluss eines Verschmelzungsvertrags mit einem beteiligten deutschen VVaG, durch den dieser Vermögen überträgt, können seitens des beteiligten deutschen VVaG zwar keine Informationsvorschriften, die mit den für die Informationsvorschriften der §§ 293b – 293e AktG einerseits vorbildgebenden Informationsvorschriften der §§ 9 – 12, 60, 78 S. 1, 2 UmwG vergleichbar sind, und keine Informationsvorschriften, die mit für die Informationsvorschriften des § 293f Abs. 2 AktG vorbildgebenden Informationsvorschriften vergleichbar sind, aber Informationsvorschriften der §§ 10 –12, 30 Abs. 2 UmwG, die für die Informationsvorschriften der §§ 293b – 293e AktG andererseits vorbildgebend waren, selbst wenn alle Mitglieder zustimmungspflichtig sind, und Informationsvorschriften, die mit den für die Informationsvorschriften der §§ 293a, 293f Abs. 1, § 293g Abs. 1, 2 S. 1, Abs. 3 AktG vorbildgebenden Informationsvorschriften vergleichbar sind, dann wenn nicht alle Mitglieder geschäftsführungsbefugt sind, anwendbar sein. Bei einem Abschluss eines Verschmelzungsvertrags mit einem beteiligten deutschen VVaG, durch den dieser Vermögen übernimmt, können zwar keine Informationsvorschriften, die mit den für die Informationsvorschriften der §§ 293b – 293e AktG vorbildgebenden Informationsvorschriften der §§ 9 – 12, 30 Abs. 2, §§ 60, 78 S. 1, 2 UmwG vergleichbar sind, und keine Informationsvorschriften, die mit für die Informationsvorschriften des § 293f Abs. 2 AktG vorbildgebenden Informationsvorschriften vergleichbar sind, aber Informationsvorschriften, die mit den für die Informationsvorschriften der §§ 293a, 293f Abs. 1, § 293g Abs. 1, 2 S. 1, Abs. 3 AktG vorbildgebenden In-

673 Bayer in Lutter/Winter, § 90 Rn. 6,7; Beuthien, §§ 2ff. UmwG, Rn. 110; Scholderer in Semler/Stengel, § 90 Rn. 1,2

674 Bayer in Lutter/Winter, § 87 Rn. 14; Beuthien, §§ 2ff. UmwG, Rn. 67; Grunewald in Lutter/Winter, § 20 Rn. 55; Kübler in Semler/Stengel, § 20 Rn. 74; Scholderer in Semler/Stengel, § 87 Rn. 4,5

formationsvorschriften vergleichbar sind, dann wenn nicht alle Mitglieder geschäftsführungsbefugt sind, anwendbar sein. Der Gesetzgeber ging bei Ersterem davon aus, dass ein Mitgliedschaftswechsel für die Rechtspositionen der Mitglieder eines deutschen VVaG anders als für die Rechtspositionen der Aktionäre bzw. Kommanditaktionäre einer deutschen AG oder KGaA wegen des unveränderten Fortbestands ihrer Versicherungsverträge und ihrer grundsätzlich fehlenden Beteiligung an dem Vereinsvermögen vor der Vereinsauflösung geringe Bedeutung habe und daher die Normierung einer solchen Prüfpflicht sowie ein Abschriftsrechts für an Verschmelzungsverträgen beteiligte deutsche VVaG überflüssig sei. Diese Annahme des Gesetzgebers erscheint allerdings verfehlt[675] und ist daher auf an Unternehmensverträgen beteiligte deutsche VVaG nicht zu übertragen. Zunächst werden die Rechtspositionen der Mitglieder eines deutschen VVaG nicht nur durch die Versicherungsverträge, sondern auch durch die Satzung wesentlich bestimmt[676]. Dementsprechend endet die Mitgliedschaft in einem deutschen VVaG gemäß § 20 S. 3 VAG nicht zwingend mit der Beendigung des jeweiligen Versicherungsvertrags[677]. Zudem normieren die § 81 Abs. 1, § 82 Abs. 2 UmwG für eine an einem Verschmelzungsvertrag beteiligte deutsche eG eine solche Prüfpflicht und ein Abschriftsrecht, obwohl grundsätzlich auch die Genossen an dem Genossenschaftsvermögen vor der Genossenschaftsauflösung nicht beteiligt sind[678].

Bei einem Abschluss eines Verschmelzungsvertrags mit einem beteiligten deutschen kV, durch den dieser Vermögen überträgt, können seitens des beteiligten deutschen kV Informationsvorschriften der §§ 10 – 12, 30 Abs. 2 UmwG, die für die Informationsvorschriften der §§ 293b – 293e AktG einerseits vorbildgebend waren, und Informationsvorschriften, die mit den für die Informationsvorschriften der §§ 293b – 293e AktG andererseits vorbildgebenden Informationsvorschriften der §§ 9 – 12, 60, 78 S. 1, 2 UmwG vergleichbar sind, selbst wenn alle Mitglieder zustimmungspflichtig sind, sowie Informationsvorschriften, die mit den für die Informationsvorschriften der §§ 293a, 293f, 293g Abs. 1, 2 S. 1, Abs. 3 AktG vorbildgebenden Informationsvorschriften vergleichbar sind, dann wenn nicht alle Mitglieder geschäftsführungsbefugt sind, anwendbar sein. Bei einem Abschluss eines Verschmelzungsvertrags mit einem beteiligten deutschen kV, durch den dieser Vermögen übernimmt, können keine Informationsvorschriften, denen die Informationsvorschriften der §§ 293a – 293g Abs. 1, 2 S. 1, Abs. 3

675 Hübner in Lutter/Winter, § 112 Rn. 5; Koerfer in Semler/Stengel, § 112 Rn. 5–7,17
676 Weigel in Prölss, § 20 Rn. 8–10a,12–38
677 Weigel in Prölss, § 20 Rn. 42,43
678 Vgl. Beuthien, § 7 Rn. 4,5, § 78 Rn. 13, § 90 Rn. 3; Pöhlmann in Hettrich/Pöhlmann/Gräser, § 7 Rn. 3,4; Röhrich in Hettrich/Pöhlmann/Gräser, § 78 Rn. 1, § 90 Rn. 1

AktG nachgebildet sind, oder vergleichbare besondere Informationsvorschriften anwendbar sein. Für solche übernehmende rechtsfähige Vereine existieren keine besonderen Informationsvorschriften. Dies beruht allerdings nicht darauf, dass der Gesetzgeber ein besonderes Informationsrecht der Mitglieder von übernehmenden deutschen kV aus bestimmten Gründen nicht für erforderlich hielt und auf die Normierung eines solchen daher bewusst verzichtete. Hierfür ist vielmehr allein maßgeblich, dass deutsche kV nicht zu den gemäß § 1 Abs. 2 UmwG abschließend in § 3 Abs. 1 UmwG aufgezählten vollverschmelzungsfähigen Rechtsträgern gehören[679] und daher Verschmelzungsverträge unter Beteiligung von deutschen kV als übernehmende Rechtsträger gemäß § 134 BGB unwirksam sind. Denn für andere übernehmende rechtsfähige Vereine existieren trotz Geltung derselben allgemeinen Informationsvorschriften besondere Informationsvorschriften. Demnach hat der Gesetzgeber ein besonderes Informationsrecht der Mitglieder von übernehmenden rechtsfähigen Vereinen für erforderlich gehalten und ein solches bewusst normiert.

2.1.4.2. Existenz von zumindest mit den maßgebenden Verschmelzungsmerkmalen vergleichbaren Konzernierungsmerkmalen

- Durch einen Abschluss eines Beherrschungs- und/oder Gewinnabführungsvertrags mit einer/einem beteiligten verpflichteten deutschen eG, VVaG oder kV muss grundsätzlich zwar nicht gemäß, aber analog § 305 Abs. 1, 2 Nr. 3, Abs. 3 S. 2 AktG (auch) eine angemessene Barabfindungspflicht des anderen beteiligten Unternehmensträgers gegenüber außenstehenden Genossen bzw. Mitgliedern der/des beteiligten deutschen eG, VVaG oder kV begründet werden, wenn diese/dieser durch den Unternehmensvertrag verpflichtet wird. Dies gilt wohl selbst dann, wenn alle Genossen bzw. Mitglieder der/des verpflichteten deutschen eG, VVaG oder kV zustimmungspflichtig sind. Die Nationalität und Rechtsform des durch den Unternehmensvertrag berechtigten Unternehmensträgers ist insoweit ohne Belang. Denn durch die Aufnahme in eine berechtigte unabhängige deutsche bzw. europäische AG oder KGaA wird die Beteiligung außenstehender Genossen bzw. Mitglieder einer/eines verpflichteten deutschen eG, VVaG oder kV stärker als die Beteiligung außenstehender Aktionäre bzw. Kommanditaktionäre einer verpflichteten deutschen AG oder KGaA verändert, so dass die gesetzliche Verpflichtung zur Begründung einer isolierten Anteilsabfindungspflicht nicht ausreichend ist. Eine vergleichbare isolierte oder kombinierte Barabfindungspflicht gegenüber außen-

679 Hadding/Hennrichs in Lutter/Winter, § 99 Rn. 19; Lutter/Drygala in Lutter/Winter, § 3 Rn. 4,10,21

stehenden Genossen bzw. Mitgliedern einer/eines verpflichteten deutschen eG, VVaG oder kV kann außerdem durch Regelungen des Unternehmensvertrags, die außenstehende Genossen bzw. Mitglieder der/des verpflichteten deutschen eG, VVaG oder kV erzwungen haben, begründet sein. Dies gilt zumindest dann, wenn alle Genossen bzw. Mitglieder der/des verpflichteten deutschen eG, VVaG oder kV zustimmungspflichtig sind[680].

- Durch einen Abschluss eines Beherrschungs- und/oder Gewinnabführungsvertrags mit einer/einem beteiligten eG, VVaG oder kV muss einerseits grundsätzlich zwar nicht gemäß, aber analog § 305 Abs. 1, 2 Nr. 1, Abs. 3 S. 1 AktG auch eine angemessene Anteilsabfindungspflicht des anderen beteiligten Unternehmensträgers gegenüber außenstehenden Genossen bzw. Mitglieder der/des beteiligten deutschen eG, VVaG oder kV begründet werden, wenn diese/dieser durch den Unternehmensvertrag verpflichtet wird und der durch den Unternehmensvertrag berechtigte Unternehmensträger eine unabhängige deutsche bzw. europäische AG oder KGaA ist. Dies gilt wohl selbst dann, wenn alle Genossen bzw. Mitglieder der/des verpflichteten deutschen eG, VVaG oder kV zustimmungspflichtig sind. Denn die Struktur einer berechtigten unabhängigen deutschen bzw. europäischen AG oder KGaA wird durch die Aufnahme außenstehender Genossen bzw. Mitglieder einer/eines verpflichteten deutschen eG, VVaG oder kV nicht stärker als durch die Aufnahme außenstehender Aktionäre bzw. Kommanditaktionäre einer verpflichteten deutschen AG oder KGaA belastet, so dass die gesetzliche Verpflichtung zur Begründung einer kombinierten Anteilsabfindungspflicht nicht unverhältnismäßig ist. Eine vergleichbare isolierte oder kombinierte Anteilsabfindungspflicht gegenüber außenstehenden Genossen bzw. Mitgliedern einer/eines verpflichteten deutschen eG, VVaG oder kV kann außerdem durch Regelungen des Unternehmensvertrags, die außenstehende Genossen bzw. Mitglieder der/des verpflichteten deutschen eG, VVaG oder kV erzwungen haben, begründet sein. Dies gilt zumindest dann, wenn Anteile an dem berechtigten Unternehmensträger ausgegeben sind und übertragen werden können sowie alle Genossen bzw. Mitglieder der/des verpflichteten deutschen eG, VVaG oder kV zustimmungspflichtig sind[681].

  Durch einen Abschluss eines Beherrschungs- und/oder Gewinnabführungsvertrags mit einer/einem beteiligten deutschen eG, VVaG oder kV muss andererseits weder gemäß, noch analog § 305 Abs. 1, 2 Nr. 1, Abs. 3 S. 1 AktG eine angemessene Anteilsabfindungspflicht der/des beteiligten deutschen eG, VVaG oder kV gegenüber außenstehenden Anteilsinhabern des anderen be-

680 Vgl. II. T. I. Kap. I. Absch. 2.2.1.4.2.
681 Vgl. II. T. I. Kap. I. Absch. 2.2.1.4.2.

teiligten Unternehmensträgers begründet werden, selbst wenn jener durch den Unternehmensvertrag verpflichtet wird. Die Nationalität und Rechtsform des durch den Unternehmensvertrag verpflichteten Unternehmensträgers ist insoweit ohne Belang. Denn die Struktur einer/eines berechtigten deutschen eG, VVaG oder kV wird stärker als die Struktur einer berechtigten deutschen AG oder KGaA durch die Aufnahme außenstehender Anteilsinhaber eines verpflichteten Unternehmensträgers beliebiger Nationalität und Rechtsform verändert, so dass die gesetzliche Verpflichtung zur Begründung einer angemessenen Anteilsabfindungspflicht unverhältnismäßig ist[682]. Eine vergleichbare isolierte oder kombinierte Anteilsabfindungspflicht einer/eines berechtigten deutschen eG, VVaG oder kV kann allerdings durch Regelungen des ausländischen Konzernrechts, die außenstehende Anteilsinhaber des verpflichteten Unternehmensträgers sonstiger Nationalität schützen sollen, oder Regelungen des Unternehmensvertrags, die außenstehende Anteilsinhaber des verpflichteten Unternehmensträgers beliebiger Nationalität und Rechtform erzwungen haben, begründet sein. Dies gilt zumindest dann, wenn Anteile an dem verpflichteten Unternehmensträger ausgegeben und alle Anteilsinhaber des verpflichteten Unternehmensträgers zustimmungspflichtig sind[683].

- Durch einen Abschluss eines Beherrschungs- und/oder Gewinnabführungsvertrags mit einer/einem beteiligten deutschen eG, VVaG oder kV wird einerseits ein grundsätzlich unbeschränktes Weisungs- und/oder Gewinnbezugsrecht des anderen beteiligten Unternehmensträgers gegenüber der/des beteiligten deutschen eG, VVaG oder kV begründet, wenn diese/dieser durch den Unternehmensvertrag verpflichtet wird[684]. Die Nationalität und Rechtsform des durch den Unternehmensvertrag berechtigten Unternehmensträgers ist insoweit ohne Belang.

  Durch einen Abschluss eines Beherrschungs- und/oder Gewinnabführungsvertrags mit einer/einem beteiligten deutschen eG, VVaG oder kV wird andererseits entweder gemäß oder analog § 302 Abs. 1 AktG eine unbeschränkte Verlustausgleichspflicht der/des beteiligten deutschen eG, VVaG oder kV gegenüber dem anderen beteiligten Unternehmensträger begründet, wenn jener durch den Unternehmensvertrag verpflichtet wird und ein deutscher Verein bzw. eine deutsche Genossenschaft oder Gesellschaft ist. Eine vergleichbare

---

682 v. Detten, S. 125f.; Dies gilt wohl selbst dann, wenn der durch den Unternehmensvertrag verpflichtete Unternehmensträger ebenfalls eine deutsche eG bzw. ein deutscher VVaG oder kV ist.

683 Vgl. II. T. I. Kap. I. Absch. 2.1.1.4.2., 2.2.14.2.

684 Einer analogen Anwendung der § 291 Abs. 1, § 308 Abs. 1 AktG bedarf es nicht, da es sich um die wesentlichen Vertragsbestandteile eines Beherrschungs- und/oder Gewinnabführungsvertrags handelt.

Verlustausgleichspflicht einer/eines berechtigten deutschen eG, VVaG oder kV kann außerdem durch Regelungen des ausländischen Konzernrechts, die den verpflichteten Unternehmensträger sonstiger Nationalität schützen sollen, oder Regelungen des Unternehmensvertrags, die der verpflichtete Unternehmensträger beliebiger Nationalität oder Rechtsform erzwungen hat, begründet sein[685].

Viertens ist andererseits damit festzustellen, dass bei einem Abschluss eines Beherrschungs- und/oder Gewinnabführungsvertrags mit einer/einem beteiligten deutschen eG, VVaG oder kV, durch den diese/dieser vertragstypisch verpflichtet wird sowie ihre/seine außenstehenden Genossen bzw. Mitglieder angemessen barabfindungs- und/oder anteilsabfindungsbefugt werden bzw. diese/dieser vertragstypisch berechtigt sowie (auch) angemessen anteilsabfindungspflichtig wird, seitens der/des beteiligten deutschen eG, VVaG oder kV Konzernierungsmerkmale, die mit den für die Informationsvorschriften der §§ 10 – 12, 30 Abs. 2 UmwG und/oder der §§ 9 – 12, 60, 78 S. 1, 2 UmwG maßgebenden Verschmelzungsmerkmalen vergleichbar sind, und Konzernierungsmerkmale, die mit den für die Informationsvorschriften der §§ 8, 63, 64, 78 S. 1, 2 UmwG maßgebenden Verschmelzungsmerkmalen vergleichbar sind, vorhanden sein können. Bei einem Abschluss eines Beherrschungs- und/oder Gewinnabführungsvertrags mit einer/einem beteiligten deutschen eG, VVaG oder kV, durch den diese/dieser vertragstypisch verpflichtet wird bzw. diese/dieser vertragstypisch berechtigt sowie (nur) unbeschränkt verlustausgleichspflichtig wird, können zwar überhaupt keine Konzernierungsmerkmale, die mit den für die Informationsvorschriften der §§ 10 – 12, 30 Abs. 2 UmwG und/oder der §§ 9 – 12, 60, 78 S. 1, 2 UmwG maßgebenden Verschmelzungsmerkmalen vergleichbar sind, aber zumindest einige Konzernierungsmerkmale, die mit den für die Informationsvorschriften der §§ 8, 63, 64, 78 S. 1, 2 UmwG maßgebenden Verschmelzungsmerkmalen vergleichbar sind, vorhanden sein. Bei einem Abschluss eines sonstigen Beherrschungs- und/oder Gewinnabführungsvertrags mit einer/einem beteiligten deutschen eG, VVaG oder kV können keine Konzernierungsmerkmale, die mit den für die Informationsvorschriften der §§ 10 – 12, 30 Abs. 2 UmwG und/oder der §§ 9 – 12, 60, 78 S. 1, 2 UmwG maßgebenden Verschmelzungsmerkmalen vergleichbar sind, und keine Konzernierungsmerkmale, die mit den für die Informationsvorschriften der §§ 8, 63, 64, 78 S. 1, 2 UmwG maßgebenden Verschmelzungsmerkmalen vergleichbar sind, vorhanden sein.

Bei einem Unternehmensvertrag mit einer/einem beteiligten deutschen eG, VVaG oder kV, durch den diese/dieser vertragstypisch verpflichtet wird sowie ihre/seine außenstehenden Genossen bzw. Mitglieder angemessen barabfindungs-

---

685 Vgl. II. T. I. Kap. I. Absch. 2.1.1.1., 2.2.1.1.

und/oder anteilsabfindungsbefugt werden bzw. diese/dieser vertragstypisch berechtigt sowie (auch) angemessen anteilsabfindungspflichtig wird, sind die durch die Normierung der Informationsvorschriften der §§ 293a – 293g Abs. 1, 2 S. 1, Abs. 3 AktG verstärkten Rechte daher zweckgemäß seitens der/des beteiligten deutschen eG, VVaG oder kV ebenso sinnvoll ohne die Anwendung der Informationsvorschriften der §§ 293b – 293e AktG, selbst wenn alle Genossen bzw. Mitglieder zustimmungspflichtig sind, und ohne die Anwendung der Informationsvorschriften der §§ 293a, 293f, 293g Abs. 1, 2 S. 1, Abs. 3 AktG, dann wenn nicht alle Genossen bzw. Mitglieder geschäftsführungsbefugt sind, regelmäßig nicht auszuüben. Bei einem Unternehmensvertrag mit einer/einem beteiligten deutschen eG, VVaG oder kV, durch den diese/dieser vertragstypisch verpflichtet wird bzw. diese/dieser vertragstypisch berechtigt sowie (nur) unbeschränkt verlustausgleichspflichtig wird, sind die durch die Normierung der Informationsvorschriften der §§ 293a – 293g Abs. 1, 2 S. 1, Abs. 3 AktG verstärkten Rechte ebenfalls zweckgemäß ebenso sinnvoll zwar ohne die Anwendung der Informationsvorschriften der §§ 293b – 293e AktG, aber regelmäßig nicht ohne die Anwendung der Informationsvorschriften der §§ 293a, 293f, 293g Abs. 1, 2 S. 1, Abs. 3 AktG, dann wenn nicht alle Genossen bzw. Mitglieder geschäftsführungsbefugt sind, auszuüben. Bei einem sonstigen Unternehmensvertrag mit einer/einem beteiligten deutschen eG, VVaG oder kV sind die durch die Normierung der Informationsvorschriften der §§ 293a – 293g Abs. 1, 2 S. 1, Abs. 3 AktG verstärkten Rechte dagegen zweckwidrig ebenso sinnvoll unabhängig auszuüben.

Zusammenfassend bleibt deshalb folgendes festzuhalten: Bei einem Unternehmensvertrag mit einer/einem beteiligten deutschen eG, VVaG oder kV, durch den diese/dieser vertragstypisch verpflichtet wird sowie ihre/seine außenstehenden Genossen bzw. Mitglieder angemessen barabfindungs- und/oder anteilsabfindungsbefugt werden bzw. diese/dieser vertragstypisch berechtigt sowie (auch) angemessen anteilsabfindungspflichtig wird, ist eine Ausweitung des Anwendungsbereichs der §§ 293b – 293e AktG ebenso wie eine Ausweitung des Anwendungsbereichs der §§ 293a, 293f, 293g Abs. 1, 2 S. 1, Abs. 3 AktG, wenn nicht alle Genossen bzw. Mitglieder geschäftsführungsbefugt sind, seitens der/des beteiligten deutschen eG, VVaG oder kV durch den Zweck des Gesetzes einschließlich des Prinzips der Gleichbehandlung geboten. Bei einem Unternehmensvertrag mit einer/einem beteiligten deutschen eG, VVaG oder kV, durch den diese/dieser vertragstypisch verpflichtet wird bzw. diese/dieser vertragstypisch berechtigt sowie (nur) unbeschränkt verlustausgleichspflichtig wird, ist zwar keine Ausweitung des Anwendungsbereichs der §§ 293b – 293e AktG, aber eine Ausweitung des Anwendungsbereichs der §§ 293a, 293f, 293g Abs. 1, 2 S. 1, Abs. 3 AktG, wenn nicht alle Genossen bzw. Mitglieder geschäftsführungsbefugt sind, seitens der/des beteiligten deutschen eG, VVaG oder kV durch den Zweck des Gesetzes einschließlich des Prinzips der Gleichbehandlung geboten. Bei einem sonstigen Unternehmensvertrag mit einer/einem beteiligten deutschen eG, VVaG oder kV ist eine Ausweitung des Anwendungsbereichs der §§ 293b – 293e AktG ebenso wenig wie eine Ausweitung des Anwendungsbereichs der §§ 293a, 293f, 293g Abs. 1, 2 S. 1, Abs. 3 AktG seitens der/des beteiligten deutschen eG, VVaG oder kV durch den Zweck des Gesetzes einschließlich des Prinzips der Gleichbehandlung geboten. Insoweit ist eine Gesetzeslücke teilweise zu bejahen.

2.2. Verneinen eines Vervollständigungsverbots

Die fehlende Normierung von besonderen Informationsvorschriften für an Unternehmensverträgen beteiligte deutsche eG, VVaG und kV nach dem Vorbild der für an Verschmelzungsverträgen beteiligte deutsche eG, VVaG und kV normierten Informationsvorschriften der §§ 8, 10 – 12, 30 Abs. 2, § 64 Abs. 2, §§ 81 – 83 UmwG, der §§ 8, 10 – 12, 30 Abs. 2, § 64 Abs. 1 S. 2, Abs. 2, § 112 Abs. 1, 2 UmwG und der §§ 8 – 12, 30 Abs. 2, § 64 Abs. 1 S. 2, Abs. 2, § 100 S. 1, §§ 101, 102 UmwG stellt ein redaktionelles Versehen und keine bewusste Entscheidung des historischen Gesetzgebers dar. Denn die bei Unternehmensvertragsbegründungen unter Beteiligung von deutschen AG und KGaA geltenden Informationsvorschriften der §§ 293a – 293g Abs. 1, 2 S. 1, Abs. 3 AktG wurden nach dem Vorbild der bei Verschmelzungen unter Beteiligung von deutschen AG und KGaA geltenden Informationsvorschriften der §§ 8 – 12, 30 Abs. 2, §§ 60, 63, 64, 78 S. 1, 2 UmwG geschaffen und in das für beteiligte deutsche AG und KGaA schon existierende kodifizierte Vertragskonzernrecht eingefügt. Entsprechend der Gesetzesmaterialien war dies dadurch motiviert, dass der Gesetzgeber die Unternehmensvertragsbegründung und die Verschmelzung als rechtlich und wirtschaftlich vergleichbare Rechtsinstitute betrachtete und daher die (Wieder-) Anpassung der für die Unternehmensvertragsbegründung geltenden Informationsvorschriften an die für die Verschmelzung geltenden Informationsvorschriften für erforderlich hielt[686]. Die Regierungsbegründung des Art. 6 Nr. 5, 6 UmwBerG gilt allerdings nicht nur für Unternehmensvertragsbegründungen und Verschmelzungen unter Beteiligung von deutschen AG und KGaA. Sie enthält vielmehr einen von der Rechtsform der beteiligten Unternehmens- bzw. Rechtsträger unabhängigen Rechtsgedanken. Für beteiligte inländische Unternehmensträger jeglicher sonstiger Rechtsform oder für beteiligte deutsche eG, VVaG und kV existiert jedoch noch kein kodifiziertes Vertragskonzernrecht, in das den rechtsformneutralen und rechtsformspezifischen Informationsvorschriften des kodifi-

686 Vgl. Einleitung

zierten Verschmelzungsrechts nachgebildete Informationsvorschriften eingefügt werden könnten. Auch ist die Schaffung des UmwBerG unter erheblichen Zeitdruck und ohne besondere Beachtung des Art. 6 Nr. 5, 6 UmwBerG erfolgt[687]. Deshalb ist davon auszugehen, dass der historische Gesetzgeber die Schaffung von bei Unternehmensvertragsbegründungen unter Beteiligung von deutschen eG, VVaG und kV geltenden besonderen Informationsvorschriften nach dem Vorbild der bei Verschmelzungen unter Beteiligung von deutschen eG, VVaG und kV geltenden Informationsvorschriften der der §§ 8, 10 – 12, 30 Abs. 2, § 64 Abs. 2, §§ 81 – 83 UmwG, der §§ 8, 10 – 12, 30 Abs. 2, § 64 Abs. 1 S. 2, Abs. 2, § 112 Abs. 1, 2 UmwG und der §§ 8 – 12, 30 Abs. 2, § 64 Abs. 1 S. 2, Abs. 2, § 100 S. 1, §§ 101, 102 UmwG vergessen und nicht auf diese verzichtet hat.

Bei einem Unternehmensvertrag mit einer/einem beteiligten deutschen eG, VVaG oder kV ist deshalb eine Ausweitung des Anwendungsbereichs der §§ 293a – 293g Abs. 1, 2 S. 1, Abs. 3 AktG seitens der/des beteiligten deutschen eG, VVaG oder kV nicht durch das Prinzip des Umkehrschlusses verboten. Insoweit ist ein Vervollständigungsverbot zu verneinen.

Bei einem Unternehmensvertrag mit einer/einem beteiligten deutschen eG, VVaG oder kV, durch den diese/dieser vertragstypisch verpflichtet wird sowie ihre/seine außenstehenden Genossen bzw. Mitglieder angemessen barabfindungs- und/oder anteilsabfindungsbefugt werden bzw. diese/dieser vertragstypisch berechtigt sowie (auch) angemessen anteilsabfindungspflichtig wird, wird dementsprechend – das Vorliegen der sonstigen Anwendungsvoraussetzungen unterstellt – der Anwendungsbereich der §§ 293b – 293e AktG und der Anwendungsbereich der §§ 293a, 293f, 293g Abs. 1, 2 S. 1, Abs. 3 AktG, wenn nicht alle Genossen bzw. Mitglieder geschäftsführungsbefugt sind, seitens der/des beteiligten deutschen eG, VVaG oder kV durch eine Vervollständigung des Gesetzes infolge einer Analogie zu diesen Informationsvorschriften ausgeweitet. Bei einem Unternehmensvertrag mit einer/einem beteiligten deutschen eG, VVaG oder kV, durch den diese/dieser vertragstypisch verpflichtet wird bzw. diese/dieser vertragstypisch berechtigt sowie (nur) unbeschränkt verlustausgleichspflichtig wird, wird zwar nicht der Anwendungsbereich der §§ 293b – 293e AktG, – das Vorliegen der sonstigen Anwendungsvoraussetzungen unterstellt – aber der Anwendungsbereich der §§ 293a, 293f, 293g Abs. 1, 2 S. 1, Abs. 3 AktG, wenn nicht alle Genossen bzw. Mitglieder geschäftsführungsbefugt sind, seitens der/des beteiligten deutschen eG, VVaG oder kV durch eine Vervollständigung des Gesetzes infolge einer Analogie zu diesen Informationsvorschriften ausgeweitet. Bei einem sonstigen Unternehmensvertrag mit einer/einem beteiligten deutschen eG, VVaG oder kV wird demgegenüber der Anwendungsbereich der §§ 293b – 293e AktG und

687 Vgl. II. T. I. Kap. I. Absch. 2.2.2.

der Anwendungsbereich der §§ 293a, 293f, 293g Abs. 1, 2 S. 1, Abs. 3 AktG nicht seitens der/des beteiligten deutschen eG, VVaG oder kV durch eine Vervollständigung des Gesetzes infolge einer Analogie zu diesen Informationsvorschriften ausgeweitet[688]. Dies gilt gleichgültig, ob der andere an dem Unternehmensvertrag beteiligte Unternehmensträger eine deutsche AG bzw. KGaA ist oder eine sonstige Nationalität bzw. Rechtsform hat. Es ist auch unerheblich, ob die Zustimmung einzelner Genossen bzw. Mitglieder zu dem Unternehmensvertrag entbehrlich oder die Vertragszustimmung aller Genossen bzw. Mitglieder erforderlich ist.

III. Abschnitt. Unternehmensverträge mit deutschen Gesellschaften mit beschränkter Haftung, eingetragenen ideellen Vereinen und Personengesellschaften

Unternehmenstragende deutsche Gesellschaften mit beschränkter Haftung sowie Personengesellschaften, insbesondere Kommanditgesellschaften, offene Handelsgesellschaften, Partnerschaftsgesellschaften und Gesellschaften bürgerlichen Rechts können sich an Unternehmensverträgen als verpflichtete und/oder berechtigte Unternehmensträger beteiligen[689].

- Insbesondere sind Beherrschungs- und/oder Gewinnabführungsverträge mit verpflichteten deutschen GmbH[690] und Personengesellschaften[691] uneingeschränkt zulässig.

---

688 Für eine Analogie ohne nähere Differenzierung bei beteiligten deutschen eG Beuthien, § 1 Rn. 112; Emmerich in Emmerich/Habersack AG-/GmbH-KonzR, § 293 Rn. 49, § 293a Rn.10,14, § 293b Rn. 10a; Emmerich/Habersack KonzR, S. 475; Koppensteiner in KK AktG, Vorb. § 291 Rn. 177, § 293a Rn. 8; Reul, S. 228; für eine Analogie zu § 293 Abs. 3 S. 2,3 AktG a.F. bei beteiligten deutschen eG v. Detten, S. 111; für eine Analogie ohne nähere Differenzierung bei beteiligten deutschen rechtsfähigen Vereinen Emmerich in Emmerich/Habersack AG-/GmbH-KonzR, Vorb. § 291 Rn. 15, § 293a Rn.10,14, § 293b Rn. 10a; Emmerich/Habersack KonzR, S. 479; für eine Analogie zu § 293 Abs. 3 S. 2 – 4 AktG a.F. bei beteiligten deutschen rechtsfähigen Vereinen Sprengel, S. 226f.

689 Die Zulässigkeit der Beteiligung von deutschen GbR an Unternehmensverträgen ist anders als die Zulässigkeit der Beteiligung von deutschen GbR an Verschmelzungsverträgen mangels einer den § 1 Abs. 2, § 3 Abs. 1, 2 UmwG entsprechenden Norm (vgl. Kallmeyer in Kallmeyer, § 1 Rn. 20, § 3 Rn. 2; Lutter/Drygalla in Lutter/Winter, § 1 Rn. 18, § 3 Rn. 5) durch das deutsche Recht nicht ausgeschlossen.

690 Ebenso Emmerich in Emmerich/Habersack AG-/GmbH-KonzR, § 293 Rn. 39, Scholz, Anh. § 44 Rn. 138; Emmerich/Habersack KonzR, S. 416,436; Lutter/Hommelhoff in Lutter/Hommelhoff, Anh. § 13 Rn. 31,32; Koppensteiner in Rowedder/Schmidt-Leithoff, Anh. § 52 Rn. 53; Kort, S. 72ff., in BB 1988, S. 79 (83f.);

- Gleichfalls sind Beherrschungs- und/oder Gewinnabführungsverträge mit berechtigen deutschen GmbH[692] und Personengesellschaften[693] uneingeschränkt zulässig.

Unternehmenstragende deutsche eingetragene ideelle Vereine können sich ebenfalls an Unternehmensverträgen als verpflichtete und/oder berechtigte Unternehmensträger beteiligen.

- Insbesondere sind Beherrschungs- und/oder Gewinnabführungsverträge mit verpflichteten deutschen eV eingeschränkt zulässig[694]. Ein Beherrschungs- und/oder Gewinnabführungsvertrag führt bei einem verpflichteten deutschen eV nicht zu einer gemäß § 21 Hs. 1 BGB unzulässigen Beendigung der funk-

---

Sonnenschein, S. 351ff.; Timm in BB 1981, S. 1491 (1492); Zöllner in Baumbach/Hueck, Schlussanh. I Rn. 36; Dies gilt gleichgültig, ob der berechtigte Unternehmensträger eine deutsche AG bzw. KGaA ist oder eine sonstige Nationalität bzw. Rechtsform hat.

691 Ebenso (zumindest wenn keine natürlichen Personen beteiligt sind) BayObLG in NJW 1993, S. 1804; Bälz in AG 1992, S. 277 (288); Bitter, S. 326ff.; Burbach, S. 215ff.; Emmerich in Emmerich/Habersack AG-/GmbH-KonzR, Vorb. § 291 Rn. 10–12, § 293 Rn. 47, Heymann, Anh. § 105 Rn. 20; Emmerich/Habersack KonzR, S. 512ff.; Hopt in Baumbach/Hopt, § 105 Rn. 105; Gekeler, S. 189ff.; Huber in ZHR 1988, S. 1 (22ff.); Jäger in DStR 1997, S. 1813 (1814); Kleindiek, S. 110ff.; Lange in Ebenroth/Boujong/Joost, Anh. § 105 Rn. 38–43; Mülbert in MK HGB, KonzR Rn. 161–168; Raiser in ZGR 1980, S. 558 (663); Schießl, S. 49ff.; Ulmer in Staub, Anh. § 105 Rn. 12–16,68; anders Heck, S. 113ff.; Löffler, S. 28ff.; U. Schneider in BB 1980, S. 1057 (1062), ZGR 1980, S. 511 (518ff.); Dies gilt gleichgültig, ob der berechtigte Unternehmensträger eine deutsche AG bzw. KGaA ist oder eine sonstige Nationalität bzw. Rechtsform hat.

692 Ebenso Emmerich in Emmerich/Habersack AG-/GmbH-KonzR, § 293 Rn. 39, Scholz, Anh. § 44 Rn. 138; Emmerich/Habersack KonzR, S. 416,436; Lutter/Hommelhoff in Lutter/Hommelhoff, Anh. § 13 Rn. 31,32; Koppensteiner in Rowedder/Schmidt-Leithoff, Anh. § 52 Rn. 53; Kort, S. 72ff.; Zöllner in Baumbach/Hueck, Schlussanh. I Rn. 36; Dies gilt gleichgültig, ob der verpflichtete Unternehmensträger eine deutsche AG bzw. KGaA ist oder eine sonstige Nationalität bzw. Rechtsform hat.

693 Ebenso Emmerich in Emmerich/Habersack AG-/GmbH-KonzR, Vorb. § 291 Rn. 10; Mülbert in MK HGB, KonzR Rn. 67; Dies gilt gleichgültig, ob der verpflichtete Unternehmensträger eine deutsche AG bzw. KGaA ist oder eine sonstige Nationalität bzw. Rechtsform hat.

694 Ebenso Sprengel, S. 161ff.,267ff.,287ff.; anders Emmerich in Emmerich/Habersack AG-/GmbH-KonzR, Vorb. § 291 Rn. 15; Emmerich/Habersack KonzR, S. 479; Dies gilt gleichgültig, ob der berechtigte Unternehmensträger eine deutsche AG bzw. KGaA ist oder eine sonstige Nationalität bzw. Rechtsform hat.

tionalen Unterordnung seines wirtschaftlichen Geschäftsbetriebs[695], wenn auch von dem berechtigten Unternehmensträger die Verfolgung eines ideellen Ziels bezweckt wird bzw. das Weisungsrecht des berechtigten Unternehmensträgers durch das ideelle Ziel des verpflichteten deutschen eV beschränkt und/oder das Gewinnbezugsrecht des berechtigten Unternehmensträgers durch eine dem ideellen Ziel des verpflichteten deutschen eV entsprechende Leistungspflicht ausgeglichen wird. Das für einen unmittelbaren wirtschaftlichen Geschäftsbetrieb des verpflichteten deutschen eV geltende Nebenzweckprivileg bleibt dann erfüllt[696].

- Gleichfalls sind Beherrschungs- und/oder Gewinnabführungsverträge mit berechtigten deutschen eV eingeschränkt zulässig[697]. Ein Beherrschungs- und/oder Gewinnabführungsvertrag führt bei einem berechtigten deutschen eV nicht zu einer gemäß § 21 Hs. 1 BGB eventuell unzulässigen Ausweitung seines wirtschaftlichen Geschäftsbetriebs, wenn durch den wirtschaftlichen Geschäftsbetrieb des verpflichteten Unternehmensträgers ein ideelles Ziel verwirklicht oder die Verwirklichung eines ideellen Ziels finanziert bzw. ermöglicht wird. Das für einen zwar mittelbaren, aber aufgrund der Leitungstätigkeit und/oder der Konzernhaftung zuzurechnenden[698] wirtschaftlichen Ge-

---

695 Hadding in Soergel, §§ 21,22 Rn. 19,33–37; Heinrichs in Palandt, § 21 Rn. 1,2,5; Reuter in MK BGB, § 21 Rn. 4,8,19–25; Schwarz in Bamberger/Roth, § 21 Rn. 2,3,24,25).

696 Sprengel, S. 161ff.

697 Ebenso Emmerich in Emmerich/Habersack AG-/GmbH-KonzR, Vorb. § 291 Rn. 14; Emmerich/Habersack KonzR, S. 480f.; Habersack in Scherrer, S. 45 (50ff.); Hadding in Soergel, §§ 21,22 Rn. 38,40–43; Hammen in FS Raiser, S. 661 (664ff.); Heermann in ZIP 1998, S. 1249 (1258); Lettl in DB 2000, S. 1449 (1450f.); Menke, S. 187ff.; Reichert, Tz. 112a; Reuter in MK BGB, §§ 21,22 Rn. 36–38,50, ZIP 1984, S. 1052 (1061); Segna in ZIP 1997, S. 1901 (1906f.); Sprengel, S. 120ff., 267ff.,271ff.; Steinbeck/Menke in SpuRt 1998, S. 226 (229f.); weiter BGH in WM 1983, S. 394; Heinrichs in Palandt, § 21 Rn. 3; Hemmerich, S. 129ff., in BB 1983, S. 26ff.; Mummenhoff, S. 153f.; Schwarz in Bamberger/Roth, § 21 Rn. 15,16; Dies gilt gleichgültig, ob der verpflichtete Unternehmensträger eine deutsche AG bzw. KGaA ist oder eine sonstige Nationalität bzw. Rechtsform hat. Denn die grundsätzliche Zulässigkeit der Beteiligung von deutschen eV an rechtsformgemischten oder internationalen Unternehmensverträgen als berechtigte Unternehmensträger ist anders als die Zulässigkeit der Beteiligung von deutschen eV an rechtsformgemischten oder internationalen Verschmelzungsverträgen als übernehmende Rechtsträger mangels einer den § 1 Abs. 2, § 3 Abs. 1, 2, 4, § 99 Abs. 2 UmwG entsprechenden Norm (vgl. Hadding in Lutter/Winter, § 99 Rn. 16,17; Lutter in Lutter/Winter, § 1 Rn. 18, § 3 Rn. 19) durch das deutsche Recht nicht ausgeschlossen.

698 Hadding in Soergel, §§ 21,22 Rn. 38,40–42; Heermann in ZIP 1998, S. 1249 (1258); Emmerich/Habersack KonzR, S. 480f.; Menke, S. 187ff.; Reichert, Tz. 112a; Sprengel, S. 271ff.; Reuter in MK BGB, §§ 21,22 Rn. 36–38, ZIP 1984,

schäftsbetrieb des berechtigten deutschen eV geltende Nebenzweckprivileg[699] wird dann erfüllt[700].

1. Auslegung des Gesetzes

Von den §§ 293a – 293g Abs. 1, 2 S. 1, Abs. 3 AktG werden weder schlechthin beteiligte Unternehmensträger jeglicher Rechtsform noch ausdrücklich beteiligte GmbH und eV sowie KG, oHG, PG und GbR erwähnt. Von dem AktG werden außerdem weder allgemein Rechtsträger jeglicher Rechtsform noch speziell GmbH und eV sowie KG, oHG, PG und GbR geregelt[701].

Bei einem Unternehmensvertrag mit einer/einem beteiligten deutschen GmbH, eV oder Personengesellschaft ist deshalb die mangelnde Eröffnung des Anwendungsbereichs der §§ 293a – 293g Abs. 1, 2 S. 1, Abs. 3 AktG seitens der/des beteiligten deutschen GmbH, eV oder Personengesellschaft aus dem Wortsinn des Gesetzes und aus dem Sinnzusammenhang des Gesetzes zu folgern. Bei einem Unternehmensvertrag mit einer/einem beteiligten deutschen GmbH, eV oder Personengesellschaft ist dementsprechend der Anwendungsbereich der §§ 293a – 293g Abs. 1, 2 S. 1, Abs. 3 nicht seitens der/des beteiligten deutschen GmbH, eV oder Personengesellschaft nach einer Auslegung des Gesetzes eröffnet[702]. Dies gilt gleichgültig, ob die/der deutsche GmbH, eV bzw. Personengesellschaft als verpflichteter oder berechtigter Unternehmensträger an dem Unternehmensvertrag beteiligt ist und ob der andere an dem Unternehmensvertrag beteiligte Unternehmensträger eine deutsche AG bzw. KGaA ist oder eine sonstige Nationalität bzw. Rechtsform hat. Es ist auch unerheblich, ob die Zustimmung einzelner Gesellschafter bzw. Mitglieder zu dem Unternehmensvertrag entbehrlich oder die Vertragszustimmung aller Gesellschafter bzw. Mitglieder erforderlich ist und ob einzelne Gesellschafter bzw. Mitglieder von der Führung der Geschäfte ausgeschlossen oder alle Gesellschafter bzw. Mitglieder an der Geschäftsführung beteiligt sind.

S. 1052 (1057ff.); Segna in ZIP 1997, S. 1901 (1906f.); Steinbeck/Menke in SpuRt 1998, S. 226 (229f.)

699 Hadding in Soergel, §§ 21,22 Rn. 43; Emmerich/Habersack KonzR, S. 481; Sprengel, S. 268ff.; Reuter in MK BGB, §§ 21,22 Rn. 50, ZIP 1984, S. 1052 (1061)

700 Reuter in ZIP 1984, S. 1052 (1061); Schmidt VerbZ, S. 190ff., in AcP 1982, S. 1 (20ff.); a. M. (Die reine Geldbeschaffung für die ideelle Zielverwirklichung soll nicht ausreichend sein.) Hadding in Soergel, §§ 21,22 Rn. 36,43; Sprengel, S. 50ff.,268ff.

701 Vgl. II. T. I. Kap. II. Absch. 1.

702 Ebenso Emmerich in Emmerich/Habersack AG-/GmbH-KonzR, § 293a Rn. 10,14, § 293b Rn. 10a; Koppensteiner in KK AktG, § 293a Rn. 8

2. *Vervollständigung des Gesetzes*

2.1. *Bejahen einer Gesetzeslücke*

2.1.1. *Erwerb von bedeutsamen Informationen*

- Durch einen Abschluss eines Beherrschungs- und/oder Gewinnabführungsvertrags mit einer/einem beteiligten deutschen GmbH, eV oder Personengesellschaft muss einerseits zwar nicht gemäß, aber analog § 304 Abs. 1, 2, § 305 Abs. 1 – 3 AktG grundsätzlich eine angemessene Ausgleichs- und Abfindungspflicht des anderen beteiligten Unternehmensträgers gegenüber außenstehenden Gesellschaftern bzw. Mitgliedern der/des beteiligten deutschen GmbH, eV oder Personengesellschaft begründet werden, wenn diese/dieser durch den Unternehmensvertrag verpflichtet wird. Dies gilt zumindest dann, wenn nicht alle Gesellschafter bzw. Mitglieder der/des verpflichteten deutschen GmbH, eV oder Personengesellschaft zustimmungspflichtig sind. Die Nationalität und Rechtsform des durch den Unternehmensvertrag berechtigten Unternehmensträgers ist insoweit ohne Belang. Denn bei einem Abschluss eines Beherrschungs- und/oder Gewinnabführungsvertrags bedürfen außenstehende Gesellschafter bzw. Mitglieder einer/eines verpflichteten deutschen GmbH, eV oder Personengesellschaft ebenso wie außenstehende Aktionäre bzw. Kommanditaktionäre einer verpflichteten deutschen AG oder KGaA grundsätzlich des Schutzes einer Ausgleichs- und Abfindungspflicht nach den § 304 Abs. 1, 2, § 305 Abs. 1 – 3 AktG, da dieser zu einem erheblichen Eingriff in ihre Verwaltungs- und Vermögensrechte führt und sie hierfür eine ausreichende Entschädigung zumindest dann nicht gleichermaßen anderweitig erlangen, wenn aufgrund einer eingreifenden statuarischen Mehrheitsklausel oder des geltenden gesetzlichen Mehrheitsprinzips nicht alle Gesellschafter bzw. Mitglieder der/des verpflichteten deutschen GmbH, eV oder Personengesellschaft zustimmungspflichtig sind[703]. Eine vergleichbare Ausgleichs- und Abfindungspflicht gegenüber außenstehenden Gesellschaftern bzw. Mitgliedern einer/eines verpflichteten deutschen GmbH, eV oder Personengesellschaft kann außerdem durch Regelungen des Unternehmensvertrags, die außenstehende Gesellschafter bzw. Mitglieder der/des verpflichteten deutschen GmbH, eV oder Personengesellschaft erzwungen haben, begründet sein. Dies gilt zumindest dann, wenn alle Gesellschafter bzw. Mitglieder der/des ver-

703 Vgl. II. T. I. Kap. III. Absch. 2.1.3.2.

pflichteten deutschen GmbH, eV oder Personengesellschaft zustimmungspflichtig sind[704].

Durch einen Abschluss eines Beherrschungs- und/oder Gewinnabführungsvertrags mit einer/eines beteiligten deutschen GmbH, eV oder Personengesellschaft muss andererseits entweder gemäß oder analog § 304 Abs. 1, 2, § 305 Abs. 1 – 3 AktG grundsätzlich eine angemessene Ausgleichs- und Abfindungspflicht der/des beteiligten deutschen GmbH, Personengesellschaft oder eV gegenüber außenstehenden Anteilsinhabern des anderen beteiligten Unternehmensträgers begründet werden, wenn jener durch den Unternehmensvertrag verpflichtet wird und ein deutscher Verein bzw. eine deutsche Genossenschaft oder Gesellschaft ist. Dies gilt zumindest dann, wenn nicht alle Anteilsinhaber des verpflichteten Unternehmensträgers zustimmungspflichtig sind. Gegenüber außenstehenden Anteilsinhabern eines verpflichteten Unternehmensträgers anderer Nationalität oder Rechtsform ist eine berechtigte deutsche GmbH oder Personengesellschaft bzw. ein berechtigter deutscher eV weder gemäß, noch analog diesen Vorschriften ausgleichs- und abfindungspflichtig. Eine vergleichbare Ausgleichs- und Abfindungspflicht einer/eines berechtigten deutschen GmbH, eV oder Personengesellschaft kann außerdem bzw. allerdings durch Regelungen des ausländischen Konzernrechts, die außenstehende Anteilsinhaber des verpflichteten Unternehmensträgers sonstiger Nationalität schützen sollen, oder Regelungen des Unternehmensvertrags, die außenstehende Anteilsinhaber des verpflichteten Unternehmensträgers erzwungen haben, begründet sein. Dies gilt zumindest dann, wenn Anteile an dem verpflichteten Unternehmensträger ausgegeben und alle Anteilsinhaber des verpflichteten Unternehmensträgers zustimmungspflichtig sind[705].

Durch einen Abschluss eines Beherrschungs- und/oder Gewinnabführungsvertrags mit einer/einem beteiligten deutschen GmbH, eV oder Personengesellschaft wird einerseits zwar nicht gemäß, aber analog § 302 Abs. 1 AktG eine unbeschränkte Verlustausgleichspflicht des anderen beteiligten Unternehmensträgers gegenüber der/dem beteiligten deutschen GmbH, eV oder Personengesellschaft begründet, wenn diese/dieser durch den Unternehmensvertrag verpflichtet wird. Die Nationalität und Rechtsform des durch den Unternehmensvertrag berechtigten Unternehmensträgers ist insoweit ohne Belang. Denn bei einem Abschluss eines Beherrschungs- und/oder Gewinnabführungsvertrags bedürfen eine verpflichtete deutsche GmbH oder Personengesellschaft und deren Gesellschafter bzw. ein verpflichteter deutscher eV und dessen Mitglieder ebenso wie eine verpflichtete deutsche AG oder KGaA

704 Vgl. II. T. I. Kap. I. Absch. 2.2.1.1.

705 Vgl. II. T. I. Kap. I. Absch. 2.1.1.1., 2.2.1.1.

und deren Aktionäre bzw. Kommanditaktionäre stets des Schutzes der Verlustausgleichspflicht des § 302 Abs. 1 AktG, da dieser zu einer erheblichen Gefährdung der Vermögenssubstanz der/des verpflichteten deutschen GmbH, eV oder Personengesellschaft und damit des Beteilungswerts ihrer/seiner Gesellschafter bzw. Mitglieder führt. Eine vergleichbare Verlustausgleichspflicht gegenüber einer/einem verpflichteten deutschen GmbH, eV oder Personengesellschaft kann außerdem durch Regelungen des Unternehmensvertrags, die die/der verpflichtete deutsche GmbH, eV oder Personengesellschaft erzwungen hat, begründet sein[706].

Durch einen Abschluss eines Beherrschungs- und/oder Gewinnabführungsvertrags mit einer/einem beteiligten deutschen GmbH, eV oder Personengesellschaft, wird anderseits entweder gemäß oder analog § 302 Abs. 1 AktG eine unbeschränkte Verlustausgleichspflicht der/des beteiligten deutschen GmbH, eV oder Personengesellschaft gegenüber dem anderen beteiligten Unternehmensträger begründet, wenn jener durch den Unternehmensvertrag verpflichtet wird und ein deutscher Verein bzw. eine deutsche Genossenschaft oder Gesellschaft ist. Gegenüber einem verpflichteten Unternehmensträger anderer Nationalität oder Rechtsform ist eine berechtigte deutsche GmbH oder Personengesellschaft bzw. ein berechtigter deutscher eV weder gemäß, noch analog dieser Vorschrift verlustausgleichspflichtig. Eine vergleichbare Verlustausgleichspflicht einer/eines berechtigten deutschen GmbH, eV oder Personengesellschaft kann außerdem bzw. allerdings durch Regelungen des ausländischen Konzernrechts, die den verpflichteten Unternehmensträger sonstiger Nationalität schützen sollen, oder Regelungen des Unternehmensvertrags, die der verpflichtete Unternehmensträger erzwungen hat, begründet sein[707].

- Bei einem Abschluss eines Beherrschungs- und/oder Gewinnabführungsvertrags mit einer/einem beteiligten deutschen GmbH, eV oder Personengesellschaft kann folglich entweder gemäß oder analog §§ 293e, 293a AktG grundsätzlich für die beteiligte deutsche GmbH oder Personengesellschaft bzw. den beteiligten deutschen eV und den anderen beteiligten Unternehmensträger ein Vertragsprüfbericht und ein Vertragsbericht oder zumindest ein Vertragsbericht schriftlich erstattet werden, wenn jener ein deutscher Verein bzw. eine deutsche Genossenschaft oder Gesellschaft ist. Ein anderer beteiligter Unternehmensträger anderer Nationalität oder Rechtsform ist weder gemäß, noch analog diesen Vorschriften prüfberichts- und/oder berichtspflichtig. Für einen solchen kann lediglich aus den Regelungen des ausländischen Konzernrechts

706 Vgl. II. T. I. Kap. I. Absch. 2.2.1.1.
707 Vgl. II. T. I. Kap. I. Absch. 2.1.1.1., 2.2.1.1.

bzw. den Regelungen des öffentlichen Aufsichtsrechts ausnahmsweise eine vergleichbare Prüfberichts- und/oder Berichtspflicht folgen[708]. Die Stellung der/des an dem Unternehmensvertrag beteiligen deutschen GmbH, eV oder Personengesellschaft ist insoweit ohne Belang.

- Ein Beherrschungs- und/oder Gewinnabführungsvertrag mit einer/einem beteiligten deutschen GmbH, eV oder Personengesellschaft muss einerseits zwar nicht gemäß, aber analog § 293 Abs. 3 AktG schriftlich abgeschlossen werden, wenn diese/dieser durch den Unternehmensvertrag verpflichtet wird[709]. Die Nationalität und Rechtsform des durch den Unternehmensvertrag berechtigten Unternehmensträgers ist insoweit ohne Belang. Denn bei einem Abschluss eines Beherrschungs- und/oder Gewinnabführungsvertrags bedürfen eine verpflichtete deutsche GmbH oder Personengesellschaft und deren Gesellschafter bzw. ein verpflichteter deutscher eV und dessen Mitglieder ebenso wie eine verpflichtete deutsche AG oder KGaA und deren Aktionäre bzw. Kommanditaktionäre stets des Schutzes des Formerfordernisses des § 293 Abs. 3 AktG, da dieser stets zu einer dauerhaften Überlagerung der Satzung und grundsätzlich zu einer dauerhaften Überlagerung des Zwecks der/des verpflichteten deutschen GmbH, eV oder Personengesellschaft führt[710] und daher die Zustimmung deren Gesellschafter bzw. dessen Mitglieder erfordert[711].

  Ein Beherrschungs- und/oder Gewinnabführungsvertrag mit einer/einem beteiligten deutschen GmbH, eV oder Personengesellschaft muss andererseits entweder gemäß oder analog § 293 Abs. 3 AktG schriftlich abgeschlossen werden, wenn diese/dieser durch den Unternehmensvertrag berechtigt sowie zur angemessenen Anteilsabfindung gegenüber den außenstehenden Anteils-

708 Vgl. II. T. I. Kap. I. Absch. 2.1.1.1.

709 Für verpflichtete deutsche GmbH ebenso BGH in NJW 1989, S. 295; Altmeppen in Roth/Altmeppen, Anh. § 13 Rn. 32; Emmerich in Emmerich/Habersack AG-/GmbH-KonzR, § 293 Rn. 41, Scholz, Anh. § 44 Rn. 230; Koppensteiner in KK AktG, Vorb. § 291 Rn. 172, Rowedder/Schmidt-Leithoff, Anh. § 52 Rn. 61; Kort, S. 128ff.; Lutter/Hommelhoff in Lutter/Hommelhoff, Anh. § 13 Rn. 36,37; Ulmer in Hachenburg, § 53 Rn. 141; Zeidler in Michalski, Syst. Darst. 4 Rn. 67; Zöllner in Baumbach/Hueck, Schlussanh. I Rn. 38; Priester in ZGR 1986, S. 151 (167); Rix in MittRhNotK 1986, S. 29 (36); Timm in AG 1982, S. 93 (100); für verpflichtete deutsche Personengesellschaften ebenso Emmerich in Emmerich/Habersack AG-/GmbH-KonzR, § 293 Rn. 48, Heymann, Anh. § 105 Rn. 22; Hopt in Baumbach/Hopt, § 105 Rn. 105; Koppensteiner in KK AktG, Vorb. § 291 Rn. 175; Lange in Ebenroth/Boujong/Joost, Anh. § 105 Rn. 46; Jäger in DStR 1997, S. 1813 (1814f.); anders (wegen der gesetzlichen Formfreiheit deren Satzung) Mülbert in MK HGB, KonzR Rn. 152; Ulmer in Staub, Anh. § 105 Rn. 61

710 Vgl. II. T. I. Kap. I. Absch. 2.2.1.1.

711 Vgl. II. T. I. Kap. III. Absch. 2.1.2.

inhaber des verpflichteten Unternehmensträgers und/oder zum unbeschränkten Verlustausgleich gegenüber dem verpflichteten Unternehmensträger verpflichtet wird. Die Nationalität und Rechtsform des durch den Unternehmensvertrag verpflichteten Unternehmensträgers ist insoweit ohne Belang. Denn bei einem Abschluss eines solchen Beherrschungs- und/oder Gewinnabführungsvertrags bedürfen eine berechtigte deutsche GmbH oder Personengesellschaft und deren Gesellschafter bzw. ein berechtigter deutscher eV und dessen Mitglieder ebenso wie eine berechtigte deutsche AG oder KGaA und deren Aktionäre bzw. Kommanditaktionäre stets des Schutzes des Formerfordernisses des § 293 Abs. 3 AktG, da dieser zu einer Veränderung der Beteiligungsverhältnisse in der/dem berechtigten deutschen GmbH, eV oder Personengesellschaft und/oder zu einer Gefährdung der Vermögenssubstanz der/des berechtigten deutschen GmbH, eV oder Personengesellschaft führt[712] und daher die Zustimmung deren Gesellschafter bzw. dessen Mitglieder erfordert[713].

- Vor einem Abschluss eines Beherrschungs- und/oder Gewinnabführungsvertrags mit einer beteiligten deutschen GmbH, KG oder oHG muss nach dem Dritten Buch des HGB oder dem PublG für die beteiligte deutsche GmbH, KG oder oHG und den anderen beteiligten Unternehmensträger jedes Geschäftsjahr ein Jahresabschluss und ein Lagebericht oder zumindest ein Jahresabschluss schriftlich erstellt werden, wenn jener ein großer deutscher Wirtschaftsverein oder Versicherungsverein bzw. eine deutsche Genossenschaft, Kapitalgesellschaft, Personenhandelsgesellschaft, große Wirtschaftsgebietskörperschaft, große Wirtschaftsanstalt oder große Wirtschaftsstiftung ist. Ein beteiligter deutscher eV bzw. eine beteiligte deutsche PG oder GbR und ein anderer beteiligter Unternehmensträger anderer Nationalität, Größe oder Rechtsform ist nach diesen Vorschriften weder erweitert, noch eingeschränkt bilanzierungspflichtig. Für einen solche bzw. eine solche wird allerdings nach den Regelungen des ausländischen nationalen Handels- oder Publizitätsrechts bzw. gemäß § 1 Abs. 4 PartGG, § 713, § 27 Abs. 3, §§ 666, 259, 260 BGB grundsätzlich zumindest eine beschränkte Rechnungslegungspflicht bestehen[714]. Die Stellung der/des an dem Unternehmensvertrag beteiligten deutschen GmbH, eV oder Personengesellschaft ist insoweit ohne Belang.

Erstens ist damit festzustellen, dass bei einem Abschluss eines Beherrschungs- und/oder Gewinnabführungsvertrags mit einer/einem beteiligten deutschen GmbH, eV oder Personengesellschaft oder eV, durch den diese/dieser ver-

712 Vgl. II. T. I. Kap. I. Absch. 2.2.1.1.
713 Vgl. II. T. I. Kap. III. Absch. 2.1.2.
714 Vgl. II. T. I. Kap. I. Absch. 2.1.1.1.

tragstypisch verpflichtet wird sowie ihre/seine außenstehenden Gesellschafter bzw. Mitglieder angemessen ausgleichs- und abfindungsbefugt werden bzw. diese/dieser vertragstypisch berechtigt sowie angemessen ausgleichs- und abfindungspflichtig wird, seitens der/des beteiligten deutschen GmbH, eV oder Personengesellschaft Informationsgegenstände, auf die sich die Informationsvorschriften der §§ 293b – 293e AktG inhaltlich erstrecken, und Informationsgegenstände, auf die sich die Informationsvorschriften der §§ 293a, 293f, 293g Abs. 1, 2 S. 1, Abs. 3 AktG inhaltlich erstrecken, vorhanden sein können. Bei einem Abschluss eines sonstigen Beherrschungs- und/oder Gewinnabführungsvertrags mit einer/einem beteiligten deutschen GmbH, eV oder Personengesellschaft können zwar überhaupt keine Informationsgegenstände, auf die sich die Informationsvorschriften der §§ 293b – 293e AktG inhaltlich erstrecken, aber zumindest einige Informationsgegenstände, auf die sich die Informationsvorschriften der §§ 293a, 293f, 293g Abs. 1, 2 S. 1, Abs. 3 AktG inhaltlich erstrecken, vorhanden sein. Bei einem Unternehmensvertrag mit einer/einem beteiligten deutschen GmbH, eV oder Personengesellschaft, durch den diese/dieser vertragstypisch verpflichtet wird sowie ihre/seine außenstehenden Gesellschafter bzw. Mitglieder angemessen ausgleichs- und abfindungsbefugt werden bzw. diese/dieser vertragstypisch berechtigt sowie (auch) angemessen ausgleichs- und abfindungspflichtig wird, sind daher zweckgemäß seitens der/des beteiligten deutschen GmbH, eV oder Personengesellschaft durch die Anwendung der Informationsvorschriften der §§ 293b – 293e AktG und durch die Anwendung der Informationsvorschriften der §§ 293a, 293f, 293g Abs. 1, 2 S. 1, Abs. 3 AktG bedeutsame Informationen zu erwerben. Bei einem sonstigen Unternehmensvertrag mit einer/einem beteiligten deutschen GmbH, eV oder Personengesellschaft sind ebenfalls zweckgemäß zwar nicht durch die Anwendung der Informationsvorschriften der §§ 293b – 293e AktG, aber durch die Anwendung der Informationsvorschriften der §§ 293a, 293f, 293g Abs. 1, 2 S. 1, Abs. 3 AktG bedeutsame Informationen zu erwerben.

2.1.2. Erwerb von verstärkten Rechten

- Einem Abschluss eines Beherrschungs- und/oder Gewinnabführungsvertrags mit einer/einem beteiligten deutschen GmbH, eV oder Personengesellschaft müssen einerseits analog § 53 Abs. 1 GmbHG, analog § 32 Abs. 1 S. 1, § 33 Abs. 1 BGB bzw. gemäß § 1 Abs. 4 PartGG, § 161 Abs. 2, § 105 Abs. 2 HGB, § 705 BGB die Gesellschafter bzw. Mitglieder der/des beteiligten deutschen GmbH, eV oder Personengesellschaft zustimmen, wenn diese/dieser durch den Unternehmensvertrag verpflichtet wird[715]. Denn ein Abschluss eines Beherrschungs- und/oder Gewinnabführungsvertrags führt stets zu einer dauerhaften Überlagerung der Satzung und eventuell einer dauerhaften Überlagerung des Zwecks einer/eines verpflichteten deutschen GmbH, eV oder Personengesellschaft[716]. Er zählt damit ebenso wie eine endgültige Änderung der Satzung und eine endgültige Änderung des Zwecks[717] zu den Grundlagengeschäften einer/eines deutschen GmbH, eV oder Personengesellschaft[718]. Bei einer/einem deutschen GmbH, eV oder Personengesellschaft obliegen Grundlagengeschäfte jedoch grundsätzlich den Gesellschaftern bzw. Mitgliedern[719]. Insbesondere für eine Änderung der Satzung und eine Änderung des Zwecks[720] ist bei einer/einem deutschen GmbH oder eV die Gesellschafter- bzw. Mitgliedergesamtheit oder Gesellschafter- bzw. Mitgliederversammlung

---

715 Ebenso für verpflichtete deutsche GmbH BGH in NJW 1989, S. 295, NJW 1992, S. 505, NJW 1992, S. 1452; OLG Oldenburg in NZG 2000, S. 1138; OLG Zweibrücken in AG 1999, S. 328; Altmeppen in Roth/Altmeppen, Anh. § 13 Rn. 29,30, MK AktG, § 293 Rn. 33; Emmerich in Emmerich/Habersack AG-/GmbH-KonzR, § 293 Rn. 40,42, Scholz, Anh. § 44 Rn. 139ff.; Halm in NZG 2001, S. 728 (729f.); Henze, Tz. 174ff.; Hoffmann-Becking in WiB 1994, S. 57 (59); Hüffer, § 293 Rn. 2; Koppensteiner in Rowedder/Schmidt-Leithoff, Anh. § 52 Rn. 54; Lutter/Hommelhoff in Lutter/Hommelhoff, Anh. § 13 Rn. 38; Ulmer in Hachenburg, § 53 Rn. 140,142, 143; Zeidler in Michalski, Syst. Darst. 4 Rn. 57,58; Zöllner in Baumbach/Hueck, Schlussanh. I Rn. 39; für verpflichte deutsche rechtsfähige Vereine Nachw. in Fn. 585; für verpflichtete deutsche Personengesellschaften Emmerich in Emmerich/Habersack AG-/GmbH-KonzR, Vorb. § 291 Rn. 12; Hopt in Baumbach/Hopt, § 105 Rn. 105; Martens in Schlegelberger, Anh. § 105 Rn. 36; Mülbert in MK HGB, KonzR Rn. 155, 269; Ulmer in Staub, Anh. § 105 Rn. 58,59

716 Vgl. II. T. I. Kap. I. Absch. 2.2.1.1., 2.3.1.2.

717 Vgl. für deutsche Personengesellschaften Nachw. in Fn. 467

718 Für verpflichtete deutsche rechtsfähige Vereine Nachw. in Fn. 587; für verpflichtete deutsche Personengesellschaften Nachw. in Fn. 468

719 Für deutsche GmbH Lenz in Michalski, § 37 Rn. 8; Zöllner in Baumbach/Hueck, § 37 Rn. 2; für deutsche Personengesellschaften Nachw. in Fn. 469; Timm/Schöne in Bamberger/Roth, § 709 Rn. 17,31; Ulmer in MK BGB, § 709 Rn. 10, § 1 PartGG Rn. 87,88, § 6 PartGG Rn. 37,40

720 Der Zweck einer/eines deutschen GmbH oder rechtsfähigen Vereins ist zwar nicht zwingend in deren bzw. dessen Satzung aufzunehmen, er wird aber stets von dieser vorausgesetzt, da der Gesellschafts- bzw. Vereinszweck als oberster Leitsatz die gesamte Gesellschafts- bzw. Vereinsstruktur bestimmt. Damit stellt der Zweck zumindest einen materiellen Bestandteil der Satzung dar, so dass die Änderung bzw. Überlagerung des Zwecks einen speziellen Fall der Änderung bzw. Überlagerung der Satzung bildet (vgl. Hueck/Fastrich in Baumbach/Hueck, § 1 Rn. 5; Zöllner in Baumbach/Hueck, § 53 Rn. 13,14; Hoffmann in Michalski, § 53 Rn. 91,119,122; Michalski in Michalski, § 1 Rn. 6,7; Reuter in MK BGB, § 33 Rn. 2,5; Schwarz in Bamberger/Roth, § 33 Rn. 1,3,7).

zuständig[721]. Gleiches muss daher für den Abschluss eines Beherrschungs- und/oder Gewinnabführungsvertrags bei einer/einem verpflichteten deutschen GmbH oder eV gelten[722]. Die Nationalität und Rechtsform des durch den Unternehmensvertrag berechtigten Unternehmensträgers ist insoweit ohne Belang.

Einem Abschluss eines Beherrschungs- und/oder Gewinnabführungsvertrags mit einer beteiligten deutschen GmbH, eV oder Personengesellschaft müssen andererseits analog 293 Abs. 2 S. 1 AktG bzw. gemäß § 1 Abs. 4 PartGG, § 161 Abs. 2, § 105 Abs. 2 HGB, § 705 BGB und/oder gemäß § 6 Abs. 3 S. 2 PartGG, § 164 S. 1 Hs. 2, § 161 Abs. 2, § 116 Abs. 2 HGB die Gesellschafter bzw. Mitglieder der/des beteiligten deutschen GmbH, eV oder Personengesellschaft zustimmen, wenn diese/dieser durch den Unternehmensvertrag berechtigt sowie zur angemessenen Anteilsabfindung gegenüber außenstehenden Anteilsinhaber des verpflichteten Unternehmensträgers und/oder zum unbeschränkten Verlustausgleich gegenüber dem verpflichteten Unternehmensträger verpflichtet wird[723]. Denn ein Abschluss eines solchen Beherrschungs- und/oder Gewinnabführungsvertrags führt stets zu einer Veränderung der Beteiligungsverhältnisse in einer/einem berechtigten deutschen GmbH, eV oder Personengesellschaft und/oder zu einer Gefährdung der Vermögenssubstanz einer/eines berechtigten deutschen GmbH, eV oder Personengesellschaft[724].

---

721 Für deutsche GmbH Hoffmann in Michalski, § 53 Rn. 2,57; Römermann in Michalski, § 46 Rn. 3–6,534; Zöllner in Baumbach/Hueck, § 46 Rn. 1,2,48, § 53 Rn. 26; für deutsche rechtsfähige Vereine Nachw. in Fn. 588

722 Für verpflichtete deutsche GmbH Zeidler in Michalski, Syst. Darst. 4 Rn. 58; Zöllner in Baumbach/Hueck Schlussanh. I Rn. 37a; für verpflichtete deutsche rechtsfähige Vereine Nachw. in Fn. 589

723 Für berechtigte deutsche GmbH ebenso BGH in NJW 1989, S. 295, NJW 1991, S. 3142, NJW 1992, S. 1452; OLG Zweibrücken in AG 1999, S. 328; LG Mannheim in AG 1995, S. 142; Emmerich in Emmerich/Habersack AG-/GmbH-KonzR, § 293 Rn. 9,36,40,46, Scholz, Anh. § 44 Rn. 148; Henze, Tz. 182f.; Hüffer, § 293 Rn. 17; Koppensteiner in Rowedder/Schmidt-Leithoff, Anh. § 52 Rn. 65; Lutter/Hommelhoff in Lutter/Hommelhoff, Anh. § 13 Rn. 39,62; Ulmer in Hachenburg, § 53 Rn. 148; Zeidler in Michalski, Syst. Darst. 4 Rn. 57,65; Zöllner in Baumbach/Hueck, Schlussanh. I Rn. 41; anders Altmeppen in Roth/Altmeppen, Anh. § 13 Rn. 44,45, MK AktG, § 293 Rn. 98–105; Flume in DB 1989, S. 665 (667f.); Gäbelein in GmbHR 1989, S. 503 (506), GmbHR 1992, S. 786 (788); E. Vetter in AG 1993, S. 168 (169ff.); für berechtigte deutsche rechtsfähige Vereine ebenso Nachw. in Fn. 590; für berechtigte deutsche Personengesellschaften ebenso LG Mannheim in AG 1995, S. 142; Emmerich in Emmerich/Habersack AG-/GmbH-KonzR, § 293 Rn. 9,36; Hopt in Baumbach/Hopt, § 105 Rn. 106; Martens in Schlegelberger, Anh. § 105 Rn. 19; Mülbert in MK HGB, KonzR Rn. 82; Ulmer in Staub, Anh. § 105 Rn. 83

724 Vgl. II. T. I. Kap. I. Absch. 2.2.1.1.

Er zählt damit ebenso wie eine sonstige Aufnahme eines neuen Gesellschafters[725] zu den Grundlagengeschäften oder zumindest ebenso wie eine sonstige Begründung eines besonderen Risikos[726] zu den außergewöhnlichen Geschäftsführungsmaßnahmen einer/eines deutschen GmbH, eV oder Personengesellschaft[727]. Bei einer/einem deutschen GmbH, eV oder GbR obliegen außergewöhnliche Geschäftsführungsmaßnahmen anders als Grundlagengeschäfte zwar grundsätzlich nicht den Gesellschaftern, den Mitgliedern bzw. allen Gesellschaftern. Denn das GmbHG bzw. das BGB enthält keine entsprechende Beschränkung der Geschäftsführungsbefugnis der Geschäftsführergesamtheit, des Vorstands bzw. der geschäftsführenden Gesellschaftergesamtheit[728]. Für einen Abschluss eines beschriebenen Beherrschungs- und/oder Gewinnabführungsvertrags ist bei einer/einem berechtigten deutschen GmbH, eV oder GbR aber ausnahmsweise die Zuständigkeit der Gesellschafter und nicht der Geschäftsführergesamtheit, der Mitglieder und nicht des Vorstands bzw. aller Gesellschafter und nicht nur der geschäftsführenden Gesellschaftergesamtheit gegeben. Denn für einen Abschluss eines bezeichneten Beherrschungs- und/oder Gewinnabführungsvertrags sind bei einer berechtigten deutschen AG oder KGaA die Aktionäre bzw. Kommanditaktionäre und nicht der Vorstand bzw. die geschäftsführende Gesellschaftergesamtheit zuständig[729]. Wenn eine unbeschränkte Verlustausgleichspflicht aber schon ausreicht, um die Zuständigkeit der Hauptversammlung einer berechtigten deutschen AG oder KGaA auszulösen, muss sie erst recht genügen, um die Zuständigkeit der Gesellschafter- bzw. Mitgliedergesamtheit oder Gesellschafter- bzw. Mitgliederversammlung einer/eines berechtigten deutschen GmbH, eV oder GbR zu begründen. Der Kompetenzbereich der Gesellschafter- bzw. Mitgliedergesamtheit oder Gesellschafter- bzw. Mitgliederversammlung einer/eines deutschen GmbH, eV oder GbR bleiben schließlich auch sonst nicht hinter dem Kompetenzbereich der Hauptversammlung einer deutschen AG oder KGaA zurück; derjenige der Gesellschaftergesamtheit oder Gesellschafterversammlung einer deutschen GmbH oder GbR geht vielmehr sogar über

725 Vgl. für deutsche Personengesellschaften Nachw. in Fn. 474

726 Vgl. für deutsche Personengesellschaften Nachw. in Fn. 475

727 Für berechtigte deutsche rechtsfähige Vereine Nachw. in Fn. 592; für berechtigte deutsche Personengesellschaften Nachw. in Fn. 476

728 Für deutsche GmbH Lenz in Michalski, § 37 Rn. 14; Zöllner in Baumbach/Hueck, § 35 Rn. 17, § 37 Rn. 6a–6h, § 46 Rn. 60a; Insbesondere errichtet § 49 Abs. 2 GmbHG für bestimmte Geschäftsführungsmaßnahmen zwar eine Vorlagepflicht der Geschäftsführer, aber keine Zuständigkeit der Gesellschafter (vgl. Römermann in Michalski, § 49 Rn. 6,77–92; Zöllner in Baumbach/Hueck, § 37 Rn. 6e, § 49 Rn. 12,13); für deutsche rechtsfähige Vereine Nachw. in Fn. 593

729 Vgl. II. T. I. Kap. I. Absch. 2.1.1.2., 2.2.1.2.

jenen hinaus[730]. Bei einer deutschen KG, oHG oder PG obliegen außergewöhnliche Geschäftsführungsmaßnahmen nicht anders als Grundlagengeschäfte ohnehin grundsätzlich allen Gesellschaftern. Denn der § 164 S. 1 Hs. 2 HGB und die § 6 Abs. 3 S. 2 PartGG, § 161 Abs. 2, § 116 Abs. 2 HGB enthalten eine entsprechende Beschränkung der Geschäftsführungsbefugnis der (umfänglich) geschäftsführenden Gesellschaftergesamtheit[731]. Die Nationalität und Rechtsform des durch den Unternehmensvertrag verpflichteten Unternehmensträgers ist insoweit ohne Belang.

- Die Entscheidung über die Zustimmung zu dem Unternehmensvertrag treffen die Gesellschafter bzw. Mitglieder der/des beteiligten deutschen GmbH, eV oder Personengesellschaft gemäß § 48 Abs. 1 GmbHG bzw. gemäß § 32 Abs. 1 S. 1 BGB regelmäßig oder gemäß § 6 Abs. 3 S. 1 PartGG, § 161 Abs. 2, § 109 HGB bzw. gemäß § 705 BGB – falls eine entsprechende Regelung in der Satzung eine Versammlung verlangt – in einer einzuberufenden Versammlung[732] und gemäß § 47 Abs. 2 GmbHG, gemäß § 33 Abs. 1 S. 1, § 32 Abs. 1 S. 1 BGB bzw. gemäß § 6 Abs. 3 S. 2 PartGG, § 161 Abs. 2, § 119 Abs. 1 HGB durch einen zu fassenden Beschluss[733]. Bei der Beschlussfassung einer Gesellschafter- bzw. Mitgliederversammlung oder einer Gesellschafter- bzw. Mitgliedergesamtheit sind (gemäß § 47 Abs. 2 GmbHG) grundsätzlich alle Gesellschafter bzw. Mitglieder der/des eigenen beteiligten

---

730 Für berechtigte deutsche GmbH Zeidler in Michalski, Syst. Darst. 4 Rn. 65; Zöllner in Baumbach/Hueck, Schlussanh. I Rn. 41; für berechtigte deutsche rechtsfähige Vereine Nachw. in Fn. 595

731 Nachw. in Fn. 477; Ulmer in MK BGB, § 6 PartGG Rn. 20; Die Zuständigkeit aller Gesellschafter einer deutschen KG, oHG oder PG für außergewöhnliche Geschäftsführungsmaßnahmen ist zwar grundsätzlich gemäß §§ 163, 161 Abs. 2, § 109 HGB, § 6 Abs. 3 S. 1 PartGG dispositiv (vgl. Nachw. in Fn. 477; Ulmer in MK BGB, § 6 PartGG Rn.1,23). Dies gilt für Abschlüsse von beschriebenen Beherrschungs- und/oder Gewinnabführungsverträgen aber ausnahmsweise nicht (vgl. II. T. I. Kap. I. Absch. 2.3.1.2.).

732 Für deutsche GmbH Römermann in Michalski, § 48 Rn. 1,2,7,8,203,215,249; Zöllner in Baumbach/Hueck, § 48 Rn. 1,2,15,18,20; für deutsche rechtsfähige Vereine Nachw. in Fn. 596; für deutsche Personengesellschaften Enzinger in MK HGB, § 119 Rn. 40,43; Grunewald in MK HGB, § 161 Rn. 43; Hopt in Baumbach/ Hopt, § 119 Rn. 27,29, § 161 Rn. 14, § 163 Rn. 1; Timm/Schöne in Bamberger/Roth, § 709 Rn. 28,41; Ulmer in MK BGB, § 705 Rn. 258, § 709 Rn. 50,71,73, § 6 PartGG Rn. 24,37

733 Für deutsche GmbH Römermann in Michalski, § 47 Rn. 1,6,7; Zöllner in Baumbach/Hueck, § 47 Rn. 1,2; für deutsche rechtsfähige Vereine Nachw. in Fn. 597; für deutsche Personengesellschaften Enzinger in MK HGB, § 119 Rn. 1,6,7; Grunewald in MK HGB, § 161 Rn. 43; Hopt in Baumbach/Hopt, § 119 Rn. 1,26, § 161 Rn. 14, § 163 Rn. 1; Timm/Schöne in Bamberger/Roth, § 709 Rn. 28,29; Ulmer in MK BGB, § 709 Rn. 50, 71, § 6 PartGG Rn. 24,37

deutschen GmbH, eV oder Personengesellschaft stimmberechtigt[734]. Bezüglich des gefassten Beschlusses einer Gesellschafter- bzw. Mitgliederversammlung oder einer Gesellschafter- bzw. Mitgliedergesamtheit können grundsätzlich alle Gesellschafter bzw. Mitglieder der/des eigenen beteiligten deutschen GmbH, eV oder Personengesellschaft anfechtungs- bzw. feststellungsberechtigt sein[735].

Zweitens ist damit festzustellen, dass bei einem Abschluss eines Beherrschungs- und/oder Gewinnabführungsvertrags mit einer/einem beteiligten deutschen GmbH, eV oder Personengesellschaft, durch den diese/dieser vertragstypisch verpflichtet wird bzw. diese/dieser vertragstypisch berechtigt sowie angemessen anteilsabfindungs- und/oder unbeschränkt verlustausgleichspflichtig wird, seitens der/des beteiligten deutschen GmbH, eV oder Personengesellschaft Mitgliedschaftsrechte, auf die sich die Informationsvorschriften der §§ 293a – 293g Abs. 1, 2 S. 1, Abs. 3 AktG funktional beziehen, vorhanden sein können. Bei einem Abschluss eines sonstigen Beherrschungs- und/oder Gewinnabführungsvertrags mit einer/einem beteiligten deutschen GmbH, eV oder Personengesellschaft können keine Mitgliedschaftsrechte, auf die sich die Informationsvorschriften der §§ 293a – 293g Abs. 1, 2 S. 1, Abs. 3 AktG funktional beziehen, vorhanden sein. Bei einem Unternehmensvertrag mit einer/einem beteiligten deutschen GmbH, eV oder Personengesellschaft, durch den diese/dieser vertragstypisch verpflichtet wird bzw. diese/dieser vertragstypisch berechtigt sowie angemessen anteilsabfindungs- und/oder unbeschränkt verlustausgleichspflichtig wird, sind daher zweck-

734 Für deutsche GmbH Römermann in Michalski, § 47 Rn. 43–45,54–63; Zöllner in Baumbach/Hueck, § 47 Rn. 23,24, 26,26a; für deutsche rechtsfähige Vereine Nachw. in Fn. 598; für deutsche Personengesellschaften Enzinger in MK HGB, § 119 Rn. 13,17; Grunewald in MK BGB, § 161 Rn. 32; Hopt in Baumbach/Hopt, § 119 Rn. 5, § 161 Rn. 14, § 163 Rn. 1; Timm/Schöne in Bamberger/Roth, § 709 Rn. 43; Ulmer in MK BGB, § 709 Rn. 60,62, § 6 PartGG Rn. 24,37; Insbesondere ist das Stimmrecht eines berechtigten Unternehmensträgers, der als Gesellschafter bzw. Mitglieder an einer/einem verpflichteten deutschen GmbH, eV oder Personengesellschaft beteiligt ist, nicht ausgeschlossen (Lutter/Hommelhoff in Lutter/Hommelhoff, Anh. § 13 Rn. 38; Hadding in Lutter/Winter, § 103 Rn. 2; Katschinski in Semler/Stengel, § 103 Rn. 9; Koppensteiner in Rowedder/Schmidt-Leithoff, Anh. § 52 Rn. 54; Kort, S. 105ff.; a. M. Altmeppen in Altmeppen/Roth, Anh. § 13 Rn. 40; Hüffer in FS Heinsius, S. 337 (353ff.) Zöllner in Baumbach/Hueck, Schlussanh. I Rn. 40; vgl. II. T. I. Kap. I. Absch. 2.3.1.2.).

735 Für deutsche GmbH Römermann in Michalski, Anh. § 47 Rn. 383–393; Zöllner in Baumbach/Hueck, Anh. § 47 Rn. 72–74; für deutsche rechtsfähige Vereine Nachw. in Fn. 599; für deutsche Personengesellschaften Enzinger in MK HGB, § 119 Rn. 94,97,105,110; Grunewald in MK BGB, § 161 Rn. 34; Hopt in Baumbach/Hopt, § 119 Rn. 32, § 161 Rn. 14, § 163 Rn. 1; Timm/Schöne in Bamberger/Roth, § 709 Rn. 65; Ulmer in MK BGB, § 709 Rn. 113, § 6 PartGG Rn. 24,37

gemäß seitens der/des beteiligten deutschen GmbH, eV oder Personengesellschaft durch die Normierung der Informationsvorschriften der §§ 293a – 293g Abs. 1, 2 S. 1, Abs. 3 AktG verstärkte Rechte zu erwerben. Bei einem sonstigen Unternehmensvertrag mit einer/einem beteiligten deutschen GmbH, eV oder Personengesellschaft sind dagegen zweckwidrig durch die Normierung der Informationsvorschriften der §§ 293a – 293g Abs. 1, 2 S. 1, Abs. 3 AktG verstärkte Rechte nicht zu erwerben.

2.1.3. Anderweitige Erlangung der bedeutsamen Informationen

2.1.3.1. Geltung anderer vergleichbarer Informationsvorschriften

- Die § 46 Nr. 6, § 52 Abs. 1 GmbHG, § 77 Abs. 1 BetrVG 1952, § 25 Abs. 1 Nr. 2 MitbestG, § 90 Abs. 3 – 5 S. 1, 2, § 111 Abs. 2 S. 1 AktG billigen ein allgemeines und kollektives Informationsrecht einer deutschen GmbH vertreten durch die Gesellschaftergesamtheit, die Gesellschafterversammlung oder den Aufsichtsrat[736] und die § 161 Abs. 2, § 105 Abs. 3 HGB, § 1 Abs. 4 PartGG, § 713 Hs. 1, § 27 Abs. 3, § 666 BGB ein allgemeines und kollektives Informationsrecht eines/einer deutschen eV oder Personengesellschaft vertreten durch die Mitglieder- bzw. Gesellschaftergesamtheit oder die Mitglieder- bzw. Gesellschafterversammlung[737] zu. Diese Informationsvorschriften erfassen demzufolge auch den speziellen Geschäftsführungsakt der Geschäftsführergesamtheit, des Vorstands bzw. der vertretenden Gesellschaftergesamtheit der/des beteiligten deutschen GmbH, eV oder Personengesellschaft, der in einem Abschluss eines Beherrschungs- und/oder Gewinnabführungsvertrags mit einer/einem beteiligten deutschen GmbH, eV oder Personengesellschaft besteht. Die Stellung der/des an dem Unternehmensvertrag beteiligten deutschen GmbH, eV oder Personengesellschaft sowie die Nationalität und Rechtsform des anderen an dem Unternehmensvertrag beteiligten Unternehmensträgers sind insoweit ohne Belang. Diese Informationsvor-

736 Heyder in Michalski, § 52 Rn. 4,252–265; Römermann in Michalski, § 46 Rn. 1,2,336; Zöllner in Baumbach/ Hueck, § 46 Rn. 31, § 52 Rn. 19,68,69,70; Schmidt InfR, S. 15ff.

737 Für deutsche rechtsfähige Vereine Nachw. in Fn. 603; für deutsche Personengesellschaften Enzinger in MK HGB, § 118 Rn. 4,11,12,14; Grunewald in MK HGB, § 161 Rn. 43,44, § 166 Rn. 46; Rawert in MK HGB, § 114 Rn. 51–53; Hopt in Baumbach/Hopt, § 114 Rn. 14, § 118 Rn. 12, § 161 Rn. 15, § 166 Rn. 12; Schmidt InfR, S. 15ff.; Schwarz in Bamberger/Roth, § 713 Rn. 5–7; Ulmer in MK BGB, § 713 Rn. 8,9, § 1 PartGG Rn. 87,88

schriften betreffen allerdings keine ähnlichen Personen und Organe wie die Informationsvorschriften der §§ 293a – 293g Abs. 1, 2 S. 1, Abs. 3 AktG[738].

- Der § 51a Abs. 1, 2 GmbHG bzw. der § 716 Abs. 1 BGB räumt ein Informationsrecht ein, das der sachgerechten Ausübung aller Mitgliedschaftsrechte der Gesellschafter einer deutschen GmbH oder GbR dient und jedem Gesellschafter gegenüber der deutschen GmbH oder GbR, die durch die Geschäftsführergesamtheit bzw. die geschäftsführende Gesellschaftergesamtheit bei der Erteilung der Informationen vertreten wird, zusteht. Es handelt sich also um ein allgemeines[739] und individuelles[740] Informationsrecht jedes Gesellschafters einer deutschen GmbH oder GbR. Einzige Ausprägung des Informationsrechts gemäß § 51a Abs. 1, 2 GmbHG ist ein beschränktes Einsichts-, Abschrifts- und Auskunftsrecht[741]. Einzige Ausprägung des Informationsrechts gemäß § 716 Abs. 1 BGB ist grundsätzlich ein beschränktes Einsichts- und Abschriftsrecht[742]. Dieses wird lediglich ausnahmsweise durch ein beschränktes Auskunftsrecht ergänzt, wenn sich ein Gesellschafter wegen der Lückenhaftigkeit und/oder Widersprüchlichkeit der Unterlagen der eigenen deutschen GbR ohne eine Auskunft der geschäftsführenden Gesellschaftergesamtheit keine Klarheit über die Angelegenheiten der eigenen deutschen GbR verschaffen kann[743]. Weitere Ausprägungen existieren nicht[744]. Ebenso räumen die § 6 Abs. 3 S. 2 PartGG, § 161 Abs. 2, § 118 Abs. 1 HGB ein allgemeines und individuelles sowie grundsätzlich beschränktes Einsichts-, Abschrifts- und Auskunftsrecht jedes Komplementärs bzw. Gesellschafters einer deutschen KG, oHG oder PG ein[745]. Dagegen wird durch das BGB bzw.

---

738 Vgl. II. T. I. Kap. I. Absch. 2.1.1.3.1.

739 Für deutsche GmbH Römermann in Michalski, § 51a Rn. 20–24,120–131; Zöllner in Baumbach/Hueck, § 51a Rn. 1,20–22,39; für deutsche GbR Timm/Schöne in Bamberger/Roth, § 716 Rn. 3–5; Ulmer in MK BGB, § 716 Rn. 1,3, 6,8

740 Für deutsche GmbH Römermann in Michalski, § 51a Rn. 17–19,44,70,73; Zöllner in Baumbach/Hueck, § 51a Rn. 1,4,5,8,15,44; Schmidt InfR, S. 21ff.,57ff.; für deutsche GbR Schmidt, InfR, S. 21ff.,61ff.; Timm/Schöne in Bamberger/Roth, § 716 Rn. 1,2,4; Ulmer in MK BGB, § 716 Rn. 1

741 Römermann in Michalski, § 51a Rn. 147–152,171; Zöllner in Baumbach/Hueck, § 51a Rn. 1,4,5, 18

742 Timm/Schöne in Bamberger/Roth, § 716 Rn. 5,6; Ulmer in MK BGB, § 716 Rn. 6,8,10,11

743 OLG Saarbrücken in NZG 2002, S. 669; Hadding in Soergel, § 716 Rn. 8; Sprau in Palandt, § 716 Rn. 1; Timm/ Schöne in Bamberger/Roth, § 716 Rn. 7; Ulmer in MK BGB, § 716 Rn. 6,9,12

744 Schmidt InfR, S. 57ff.,61ff.

745 Enzinger in MK HGB, § 118 Rn. 1,2,12,17,25; Grunewald in MK HGB, § 161 Rn. 43, Hopt in Baumbach/Hopt, § 118 Rn. 1, § 161 Rn. 15; Schmidt InfR, S. 21ff.,61ff.,65ff.; Ulmer in MK BGB, § 6 PartGG Rn. 33

das HGB (vgl. § 166 Abs. 2 HGB) kein allgemeines und individuelles Informationsrecht jedes Mitglieds eines deutschen eV bzw. jedes Kommanditisten einer deutschen KG eingeräumt. Dennoch ist ein solches anzuerkennen. Zumindest über das durch den § 131 Abs. 1 S. 1, 2, Abs. 2, 3 AktG eingeräumte allgemeine und individuelle sowie grundsätzlich beschränkte Auskunftsrecht verfügt jedes Mitglied eines deutschen eV[746] bzw. jeder Kommanditist einer deutschen KG[747]. Diese Informationsvorschriften unterstützen demzufolge auch die speziellen Mitgliedschaftsrechte der Gesellschafter bzw. Mitglieder der/des beteiligten deutschen GmbH, eV oder Personengesellschaft, die bei einem Abschluss eines Beherrschungs- und/oder Gewinnabführungsvertrags mit einer/einem beteiligten deutschen GmbH, Personengesellschaft oder eV bestehen. Die Stellung der/des an dem Unternehmensvertrag beteiligten deutschen GmbH, eV oder Personengesellschaft sowie die Nationalität und Rechtsform des anderen an dem Unternehmensvertrag beteiligten Unternehmensträgers sind insoweit ohne Belang. Diese Informationsvorschriften betreffen außerdem ähnliche Personen und Organe wie die Informationsvorschriften der §§ 293a – 293g Abs. 1, 2 S. 1, Abs. 3 AktG. Diese Informationsvorschriften erfassen allerdings weder ähnliche Gegenstände wie die Informationsvorschriften der §§ 293a – 293g Abs. 1, 2 S. 1, Abs. 3 AktG, noch unterliegen sie ähnlichen Modalitäten wie jene besonderen Informationsvorschriften[748].

- Vorschriften des ausländischen nationalen bzw. sonstigen rechtsformspezifischen Gesellschaftsrechts, die bei einem Abschluss eines Beherrschungs- und/oder Gewinnabführungsvertrags mit einer/einem beteiligten deutschen GmbH, eV oder Personengesellschaft ein seitens der/des beteiligten deutschen GmbH, eV oder Personengesellschaft anwendbares Informationsrecht gewähren, werden regelmäßig fehlen. Denn der Schutz einer/eines deutschen GmbH, eV oder Personengesellschaft und ihrer Gesellschafter bzw. seiner Mitglieder obliegt nicht dem ausländischen nationalen bzw. sonstigen rechtsformspezifischen Gesellschaftsrecht[749]. Die Stellung der/des an dem Unternehmensvertrag beteiligten deutschen GmbH, eV oder Personengesellschaft

746 Ebenso Nachw. in Fn. 607

747 Ebenso Grunewald in MK HGB, § 166 Rn. 11,12,14, ZGR 1989, S. 545 (552); Hahn in BB 1997, S. 741 (744); Hopt in Baumbach/Hopt, § 166 Rn. 11, Anh. § 177a Rn. 72; Schmidt in InfR, S. 21ff.,65ff.; offen BGH in NJW 1992, S. 1890

748 Für deutsche GmbH Lutter/Hommelhoff in Lutter/Hommelhoff, § 51a Rn. 41,43; Römermann in Michalski, § 51a Rn. 157–161; Zöllner in Baumbach/Hueck, § 51a Rn. 11,12; vgl. II. T. I. Kap. I. Absch. 2.1.1.3.1.

749 Vgl. II. T. I. Kap. I. Absch. 2.1.1.3.1.

sowie die Nationalität und Rechtsform des anderen an dem Unternehmensvertrag beteiligten Unternehmensträgers sind insoweit ohne Belang.

Drittens ist einerseits damit festzustellen, dass bei einem Abschluss eines Beherrschungs- und/oder Gewinnabführungsvertrags mit einer/einem beteiligten deutschen GmbH, eV oder Personengesellschaft seitens der/des beteiligten deutschen GmbH, eV oder Personengesellschaft keine anderen Informationsvorschriften, die mit den Informationsvorschriften der §§ 293a – 293g Abs. 1, 2 S. 1, Abs. 3 AktG vergleichbar sind, anwendbar sein können.

2.1.3.2. Existenz sonstiger vergleichbarer Informationsmöglichkeiten

- Der bei einem Abschluss eines Beherrschungs- und/oder Gewinnabführungsvertrags erforderliche Zustimmungsbeschluss der Gesellschafter- bzw. Mitgliedergesamtheit oder der Gesellschafter- bzw. Mitgliederversammlung einer/eines beteiligten deutschen GmbH oder eV bedarf grundsätzlich einer qualifizierten Mehrheit analog § 53 Abs. 2 S. 1 GmbHG bzw. analog § 33 Abs. 1 S. 1 BGB, wenn die/der beteiligte deutsche GmbH oder eV durch den Unternehmensvertrag verpflichtet sowie nur ihre/seine Satzung dauerhaft überlagert wird[750], oder analog § 293 Abs. 2 S. 2, Abs. 1 S. 2 AktG, wenn die/der beteiligte deutsche GmbH oder eV durch den Unternehmensvertrag berechtigt sowie zur angemessen Anteilsabfindung und/oder zum unbeschränkte Verlustausgleich verpflichtet wird[751]. Die Geltung eines Einstimmigkeitsprinzips kann weder zwingend auf § 53 Abs. 3 GmbHG, § 35 BGB, den Gleichbehandlungsgrundsatz oder die Kernbereichslehre noch auf § 33 Abs. 1 S. 2 BGB gestützt werden. Dafür spricht insbesondere, dass das ge-

---

750 Für verpflichtete deutsche GmbH ebenso Eschenbruch, Tz. 3181ff.; Flaß, S. 118ff.; Grauer, S. 168ff.; Halm in NZG 2001, S. 728 (729f.); Heckschen in DB 1989, S. 29 (30); Henze, Tz. 219ff.; Körfer/Selzer in GmbHR 1997, S. 285 (287ff.); Koppensteiner in Rowedder/Schmidt-Leithoff, Anh. § 52 Rn. 55; Kort, S. 111ff.; Kurz, S. 115ff.; Lutter in ZGR 1986, S. 192 (196f.); Lutter/Hommelhoff in Lutter/Hommelhoff, Anh. § 13 Rn. 38,52,53; Richter/Stengel in DB 1993, S. 1861 (1862ff.); Sonnenberg, S. 124f.; Sonnenschein, S. 353ff.; Stolzenberger-Wolters, S. 12ff; anders (stets Einstimmigkeit) Nachw. in Fn. 758; für verpflichtete deutsche rechtsfähige Vereine ebenso Nachw. in Fn. 612; anders (stets Einstimmigkeit) Nachw. in Fn. 623

751 Ebenso für berechtigte deutsche GmbH Emmerich in Emmerich/Habersack AG-/GmbH-KonzR, § 293 Rn. 9,36, 40, Scholz, Anh. § 44 Rn. 148; Koppensteiner in Rowedder/Schmidt-Leithoff, Anh. § 52 Rn. 65; Lutter/Hommelhoff in Lutter/Hommelhoff, Anh. § 13 Rn. 39; Zeidler in Michalski, Syst. Darst. 4 Rn. 65; Zöllner in Baumbach/Hueck, Schlussanh. I Rn. 41; für berechtigte deutsche rechtsfähige Vereine Nachw. in Fn. 613

setzliche qualifizierte Mehrheitsprinzip auch für andere Grundlagengeschäfte wie die Auflösung einer/eines deutschen GmbH oder eV gemäß § 60 Abs. 1 Nr. 2 Hs. 2 GmbHG bzw. gemäß § 41 S. 2 Hs. 1 BGB[752] und die Verschmelzung einer/eines deutschen GmbH oder eV gemäß § 50 Abs. 1 S. 1 UmwG bzw. gemäß § 103 S. 1 UmwG[753] stets gültig ist[754], obwohl diese die zum Kernbereich zählenden Verwaltungs- und Vermögensrechte der Gesellschafter bzw. Mitglieder vergleichbar betreffen. Eine statuarische Erschwerung des qualifizierten Mehrheitserfordernisses ist jedoch zulässig, da die Regelung des § 53 Abs. 2 S. 1 GmbHG bzw. des § 33 Abs. 1 S. 1 BGB gemäß § 53 Abs. 2 S. 2 GmbHG bzw. gemäß § 40 BGB[755] und die Regelung des § 293 Abs. 2 S. 2, Abs. 1 S. 2 AktG gemäß § 293 Abs. 2 S. 2, Abs. 1 S. 3 AktG[756] (einseitig) dispositiv sind. Eine entsprechende Regelung in der Satzung kann also eine größere Mehrheit oder sogar ausnahmsweise die Einstimmigkeit verlangen[757]. Die Stellung der/des an dem Unternehmensvertrag beteiligten deutschen GmbH oder eV sowie die Nationalität und Rechtsform des anderen an dem Unternehmensvertrag beteiligten Unternehmensträgers sind insoweit ohne Belang.

Der bei einem Abschluss eines Beherrschungs- und/oder Gewinnabführungsvertrags erforderliche Zustimmungsbeschluss der Gesellschafter- bzw. Mitgliedergesamtheit oder Gesellschafter- bzw. Mitgliederversammlung einer/eines beteiligten deutschen GmbH oder eV bedarf dagegen grundsätzlich der Einstimmigkeit analog § 33 Abs. 1 S. 2 BGB, wenn die/der beteiligte deutsche GmbH oder eV durch den Unternehmensvertrag verpflichtet sowie auch ihr/sein Zweck dauerhaft überlagert wird[758]. Denn die Vorschriften der §§ 24

---

752 Für deutsche GmbH Nerlich in Michalski, § 60 Rn. 36; Schulze-Osterloh in Baumbach/Hueck, § 60 Rn. 17; für deutsche rechtsfähige Vereine Nachw. in Fn. 616

753 Für deutsche GmbH Reichert in Semler/Stengel, § 50 Rn. 2,8; Winter in Lutter/Winter, § 50 Rn. 2,6; für deutsche rechtsfähige Vereine Nachw. in Fn. 617

754 Vgl. Eschenbruch, Tz. 3183,3195; Grauer, S. 185ff.; Heckschen in DB 1989, S. 29 (30); Koppensteiner in Rowedder/Schmidt-Leithoff, Anh. 52 Rn. 55; Kort, S. 119f.; Richter/Stengel in DB 1994, S. 1861 (1863); Körfer/Selzer in GmbHR 1997, S. 285 (290); Sonnenschein, S. 353ff.; Lutter/Hommelhoff in Lutter/Hommelhoff, Anh. § 13 Rn. 53

755 Hoffmann in Michalski, § 53 Rn. 2,3,99; Zöllner in Baumbach/Hueck, § 53 Rn. 1,32,33; Nachw. in Fn. 620

756 Vgl. II. T. I. Kap. I. Absch. 2.1.1.3.2.

757 Für deutsche GmbH Hoffmann in Michalski, § 53 Rn. 99; Zöllner in Baumbach/Hueck, § 53 Rn. 33

758 Ebenso für verpflichtete deutsche GmbH Altmeppen in Altmeppen/Roth, Anh. § 13 Rn. 33,36, DB 1994, S. 1273; Binnewies, S. 265ff.; Bitter, S. 326ff.; Ebenroth/Müller in BB 1991, S. 358 (359); Emmerich in Emmerich/Habersack AG-/GmbH-KonzR, § 293 Rn. 43a, Scholz, Anh. § 44 Rn. 144, AG 1991, S. 303 (308),

– 33 Abs. 1, §§ 34 – 43 Abs. 1, § 44 Abs. 1, § 45 Abs. 1, 2 S. 1, Abs. 3, §§ 46 – 53 BGB gelten grundsätzlich für alle deutschen Vereine des bürgerlichen Rechts[759]. Der deutsche Verein des bürgerlichen Rechts ist ein auf Dauer angelegter Zusammenschluss von Personen zur Verwirklichung eines gemeinsamen Zwecks, der nach seiner Satzung eine körperschaftliche Organisation aufweist, die sich durch das Führen eines Gesamtnamens, der Vertretung durch ein Organ und der Unabhängigkeit von einem Mitgliederwechsel auszeichnet[760]. Die deutsche GmbH erfüllt alle diese den deutschen Verein des bürgerlichen Rechts kennzeichnenden Merkmale[761]. Allerdings hat die deutsche GmbH eine eigene sondergesetzliche Regelung im GmbHG erfahren[762]. Dies schließt die Anwendung der allgemeinen Vorschriften des BGB aber nicht generell, sondern lediglich bei Existenz von entsprechenden speziellen Vorschriften im GmbHG aus[763]. Hinsichtlich des Mehrheitserfordernisses für Beschlüsse der Gesellschaftergesamtheit oder Gesellschafterversammlung, durch die die Satzung der deutschen GmbH geändert wird, enthält das GmbHG zwar eine allgemeine Regelung. Von dem § 53 Abs. 2 GmbHG werden grundsätzlich alle Fälle der Satzungsänderung, also auch die Zweckänderung erfasst[764]. Diese Vorschrift ist aber nicht abschließend[765]. Dies folgt insbesondere aus der Existenz des § 53 Abs. 3 GmbHG, der Geltung des Gleichbehandlungsgrundsatzes und der Anerkennung der Kernbereichslehre. So bedürfen satzungsändernde Beschlüsse der Gesellschaftergesamtheit oder Ge-

---

JuS 1992, S. 102 (103); Fabian, S. 87ff.; Kleindiek, S. 77ff., in ZIP 1988, S. 613 (616); Krieger/Jannott in DStR 1995, S. 1473 (1476); Pache in GmbHR 1995, S. 90 (92); Schmidt GesR, § 38 III 2 a; Raiser KapGesR § 54 Rn. 26; Ulmer in Hachenburg, Anh. § 77 Rn. 145, BB 1989, S. 10 (14f.); Timm in GmbHR 1989, S. 11 (14), GmbHR 1992, S. 213 (215); Zeidler in Michalski, Syst. Darst. 4 Rn. 59,60, NZG 1999, S. 692 (693); Zöllner in Baumbach/Hueck, Schlussanh. I Rn. 39, ZGR 1992, S. 173 (174f.); für verpflichtete deutsche rechtsfähige Vereine Nachw. in Fn. 623

759 Hadding in Soergel, Vorb. §§ 21ff. Rn. 44; Heinrichs in Palandt, Einf. §§ 21ff. Rn. 15

760 Hadding in Soergel, Vorb. §§ 21 ff. Rn. 15,44; Heinrichs in Palandt, Einf. §§ 21ff. Rn. 13

761 Hueck/Fastrich in Baumbach/Hueck, Einl. Rn. 16; Heinrichs in Palandt, Einf. §§ 21ff. Rn. 15

762 Hueck/Fastrich in Baumbach/Hueck, Einl. Rn. 26; Heinrichs in Palandt, Einf. §§ 21ff. Rn. 15

763 Hueck/Fastrich in Baumbach/Hueck, Einl. Rn. 28; Heinrichs in Palandt, Einf. §§ 21ff. Rn. 15

764 Nachw. in Fn. 720

765 Hoffmann in Michalski, § 53 Rn. 1,92; Zöllner in Baumbach/Hueck, § 53 Rn. 1,13

sellschafterversammlung, durch die Leistungspflichten vermehrt[766], gesonderte Mitgliedschaftsrechte begründet oder aufgehoben[767], allgemeine Mitgliedschaftsrechte ungleich verkürzt oder in ihrem Kernbereich unmittelbar beeinträchtigt werden[768], neben einer qualifizierten Mehrheit der Zustimmung aller betroffenen Gesellschafter. Der § 53 Abs. 2 GmbHG ist also in diesen besonderen Fällen der Satzungsänderung zwar auch, aber nicht allein anwendbar[769]. Dementsprechend wird durch den § 53 Abs. 2 GmbHG in einem weiteren besonderen Fall der Satzungsänderung, nämlich der Zweckänderung der § 33 Abs. 1 S. 2 BGB nur ergänzt und nicht verdrängt[770]. Der bei einem Abschluss eines Beherrschungs- und/oder Gewinnabführungsvertrags erforderliche Zustimmungsbeschluss der Gesellschaftergesamtheit oder Gesellschafterversammlung einer beteiligten deutschen Personengesellschaft bedarf ebenfalls grundsätzlich der Einstimmigkeit gemäß § 6 Abs. 3 S. 2 PartGG, § 161 Abs. 2, § 119 Abs. 1 HGB bzw. gemäß § 709 Abs. 1 Hs. 2 BGB[771]. Eine statuarische Erleichterung des Einstimmigkeitserfordernisses ist jedoch jeweils zulässig, da die Regelung des § 33 Abs. 1 S. 2 BGB, der § 6 Abs. 3 S. 2 PartGG, § 161 Abs. 2, § 119 Abs. 1 HGB bzw. des § 709 Abs. 1 Hs. 2 BGB gemäß § 40 BGB, gemäß § 6 Abs. 3 S. 1 PartGG, § 161 Abs. 2, § 109 HGB bzw. gemäß § 709 Abs. 2, § 705 BGB dispositiv ist[772]. Eine entsprechende Regelung in der Satzung kann also zwar analog § 53 Abs. 2 S. 2 GmbHG

---

766 Vgl. Hoffmann in Michalski, § 53 Rn. 86,87; Zöllner in Baumbach/Hueck, § 53 Rn. 16

767 Vgl. Hoffmann in Michalski, § 53 Rn. 88; Zöllner in Baumbach/Hueck, § 53 Rn. 19

768 Vgl. Hoffmann in Michalski, § 53 Rn. 89; Zöllner in Baumbach/Hueck, § 53 Rn. 19

769 Grauer, S. 171

770 Altmeppen in Roth/Altmeppen, § 53 Rn. 30; Hoffmann in Michalski, § 53 Rn. 91; Lutter/Hommelhoff in Lutter/Hommelhoff, § 53 Rn. 19; Priester in Scholz, § 53 Rn. 183; Ulmer in Hachenburg, § 53 Rn. 103; Zöllner in Baumbach/Hueck, § 53 Rn. 14

771 Für verpflichtete deutsche Personengesellschaften ebenso Emmerich in Emmerich/Habersack AG-/GmbH KonzR, Vorb. §§ 291ff. Rn. 12, Heymann, Anh. § 105 Rn. 20; Mülbert in MK HGB, KonzR Rn. 155,156,160, 269; Lange in Ebenroth/Boujong/Jost HGB, Anh. § 105 Rn. 45; Martens in Schlegelberger, Anh. § 105 Rn. 36; Ulmer in Staub, Anh. § 105 Rn. 60; für berechtigte deutsche Personengesellschaften ebenso Emmerich in Emmerich/Habersack AG-/GmbH-KonzR, § 293 Rn. 9; Mülbert in MK HGB, KonzR, Rn. 85; anders LG Mannheim in AG 1995, S. 142

772 Enzinger in MK HGB, § 109 Rn. 1,2,6,7,9,10,20,23,24, § 119 Rn. 4,5,60–86; Grunewald in MK HGB, § 161 Rn. 27, § 163 Rn. 1,4; Hopt in Baumbach/Hopt, § 109 Rn. 2,3, § 119 Rn. 2,34–40, § 161 Rn. 7, 163 Rn. 1–4; Sprau in Palandt, § 705 Rn. 16, Vorb. § 709 Rn. 10, § 709 Rn. 2; Ulmer in MK BGB, § 709 Rn. 81–95,98, § 6 PartGG Rn. 23,28

bzw. analog § 293 Abs. 1 S. 3, Abs. 2 S. 2 AktG keine einfache Mehrheit[773], aber ausnahmsweise eine qualifizierte Mehrheit ausreichen lassen. Hierin liegt bei einer beteiligten deutschen Personengesellschaft keine sittenwidrige Selbstentmündigung. Dies gilt zumindest dann, wenn die Haftung der widersprechenden Gesellschafter beschränkt ist oder beschränkt wird[774], in jedem Fall für Publikumsgesellschaften und im Fall einer ausreichend bestimmten Regelung auch für sonstige Gesellschaften. Die Vereinbarung einer statuarischen qualifizierten Mehrheitsklausel ist nicht zwingend durch § 35 BGB, den Gleichbehandlungsgrundsatz oder die Kernbereichslehre ausgeschlossen. Dafür spricht insbesondere, dass ein gesetzliches qualifiziertes Mehrheitsprinzip bzw. eine statuarische qualifizierte Mehrheitsklausel auch für andere Grundlagengeschäfte wie die Auflösung einer/eines beteiligten deutschen GmbH, eV oder Personengesellschaft (gemäß § 60 Abs. 1 Nr. 2 Hs. 2 GmbHG bzw. gemäß § 41 S. 2 Hs. 1 BGB)[775] und die Verschmelzung einer/eines beteiligten deutschen GmbH, eV oder Personengesellschaft gemäß § 50 Abs. 1 S. 1 UmwG, gemäß § 103 S. 1 UmwG, gemäß § 43 Abs. 2 S. 1 UmwG bzw. gemäß § 45d Abs. 2 S. 1 UmwG[776] stets gültig ist bzw. vereinbart werden darf[777], obwohl diese die zum Kernbereich zählenden Verwal-

773 Für verpflichtete deutsche GmbH Emmerich in Emmerich/Habersack AG-/GmbH-KonzR, § 293 Rn. 44, Scholz, Anh. § 44 Rn.158,159; Henze, Tz. 237ff.; für berechtigte deutsche GmbH Emmerich in Scholz, Anh. 44 Rn. 163,164; Grunewald in AG 1990, S. 133 (135f.); Hoffmann-Becking in WiB 1994, S. 57 (60); Priester in DB 1989, S. 1013 (1016ff.); Timm in GmbHR 1989, S. 11 (18); Ulmer in Hachenburg, § 53 Rn. 152; Zöllner in Baumbach/Hueck, Schlussanh. I Rn. 42; vgl. II. T. I. Kap. I. Absch. 2.3.1.3.2. oben auf S. 89 in Fn. 4

774 Entsprechendes gilt zwar wegen § 8 Abs. 1 PartGG nicht bei Abschlüssen von Verschmelzungsverträgen mit beteiligten deutschen PG, aber gemäß § 43 Abs. 2 S. 3 UmwG bei Abschlüssen von Verschmelzungsverträgen mit beteiligten deutschen KG und oHG (Ihrig in Semler/Stengel, § 43 Rn. 3,35–42, § 45d Rn. 3; Schmidt in Lutter/Winter, § 43 Rn. 3,15–17, § 45d Rn. 7).

775 Für deutsche Personengesellschaften Grunewald in MK HGB, § 161 Rn. 43; Schmidt in MK HGB, § 131 Rn. 15; Hopt in Baumbach/Hopt, § 119 Rn. 34, § 131 Rn. 12, § 161 Rn. 15; Ulmer in MK BGB, Vorb. § 723 Rn. 18, § 9 PartGG Rn. 1,2,4,6

776 Für deutsche Personengesellschaften Ihrig in Semler/Stengel, § 43 Rn. 1,2,15,27–29, § 45d Rn. 1,2,10,12; Schmidt in Lutter/Winter, § 43 Rn. 2,8,10–14, § 45d Rn. 1,4,5

777 Für verpflichtete deutsche GmbH Emmerich in Emmerich/Habersack AG-/GmbH-KonzR, § 293 Rn. 44, Scholz, Anh. § 44 Rn. 158,159; Zeidler in Michalski, Syst. Darst. 4 Rn. 61; für verpflichtete deutsche Personengesellschaften Ebenroth in FS Boujong, S. 99 (112ff.); Emmerich in Heymann, Anh. § 105 Rn. 15; Löffler, S. 78; Mülbert in MK HGB, KonzR Rn. 157,270,271; Reuter in ZHR 1982, S. 1 (18); Schießl, S. 33f.; Ulmer in Staub, Anh. § 105 Rn. 60; a. M. Lange in Eben-

tungs- und Vermögensrechte der Gesellschafter bzw. Mitglieder vergleichbar betreffen. Die Stellung der an dem Unternehmensvertrag beteiligten deutschen Personengesellschaft sowie die Nationalität und Rechtsform des anderen an dem Unternehmensvertrag beteiligten Unternehmensträgers sind insoweit ohne Belang.
Ein Nichtmitglied der Sperrminorität besitzt grundsätzlich überhaupt keine sonstigen Informationsmöglichkeiten. Die Informationsmöglichkeiten als Mitglied der Sperrminorität sind außerdem weder mit den aus den §§ 293b – 293e AktG folgenden Informationsmöglichkeiten, noch mit den aus den §§ 293a, 293f, 293g Abs. 1, 2 S. 1, Abs. 3 AktG folgenden Informationsmöglichkeiten vergleichbar[778].

- Bei einer/einem an einem Abschluss eines Beherrschungs- und/oder Gewinnabführungsvertrags beteiligten deutschen GmbH oder eV obliegt die Geschäftsführung gemäß § 6 Abs. 3 S. 1 GmbHG bzw. gemäß § 27 Abs. 3, §§ 664 – 670 BGB der Geschäftsführergesamtheit bzw. dem Vorstand[779]. Die Bestellung von nur einigen oder gar keinen Gesellschaftern einer beteiligten deutschen GmbH zu Geschäftsführern bzw. nur einigen oder gar keinen Mitgliedern eines beteiligten deutschen eV zu Vorstandsmitgliedern ist zulässig, da die Geschäftsführergesamtheit einer deutschen GmbH bzw. der Vorstand eines deutschen eV gemäß § 6 Abs. 1 GmbHG bzw. gemäß § 26 Abs. 1 S. 2 BGB aus lediglich zwei Personen bzw. einer Person bestehen muss[780] und die Geschäftsführer einer deutschen GmbH bzw. die Vorstandsmitglieder eines deutschen eV (gemäß § 6 Abs. 3 S. 1 GmbHG) keine Gesellschafter bzw. keine Mitglieder sein müssen[781]. Grundsätzlich, insbesondere bei großen Kapitalgesellschaften und Idealvereinen ist die Bestellung nur einiger oder gar keiner Gesellschafter zu Geschäftsführern bzw. nur einiger oder gar keiner Mitglieder zu Vorstandsmitgliedern auch üblich. Die Bestellung von allen Gesellschaftern einer beteiligten deutschen GmbH zu Geschäftsführern bzw. allen Mitgliedern eines beteiligten deutschen eV zu Vorstandsmitgliedern ist jedoch ebenso zulässig, da die Geschäftsführergesamtheit einer deutschen

---

roth/Boujong/Joost, Anh. § 105 Rn. 32–34,45; Martens in Schlegelberger, Anh. § 105 Rn. 36; für berechtigte deutsche Personengesellschaften Mülbert in MK HGB, KonzR Rn. 85

778 Vgl. II. T. I. Kap. I. Absch. 2.1.1.3.2.

779 Für deutsche GmbH Heyer in Michalski, § 6 Rn. 1,2,4; Lenz in Michalski, § 35 Rn. 5; Hueck/Fastrich in Baumbach/Hueck, § 6 Rn. 1,2; Zöllner in Baumbach/Hueck, § 35 Rn. 1,3; für deutsche rechtsfähige Vereine Nachw. in Fn. 626

780 Für deutsche GmbH Heyer in Michalski, § 6 Rn. 14; Hueck/Fastrich in Baumbach/Hueck, § 6 Rn. 5; für deutsche rechtsfähige Vereine Nachw. in Fn. 627

781 Für deutsche GmbH Heyer in Michalski, § 6 Rn. 26; Hueck/Fastrich in Baumbach/Hueck, § 6 Rn. 8; für deutsche rechtsfähige Vereine Nachw. in Fn. 628

GmbH bzw. der Vorstand eines deutschen eV gemäß § 6 Abs. 1 GmbHG bzw. gemäß § 26 Abs. 1 S. 2 BGB aus einer unbeschränkten Zahl von Personen bestehen darf[782] und Geschäftsführer einer deutschen GmbH bzw. die Vorstandsmitglieder eines deutschen eV (gemäß § 6 Abs. 3 S. 1 GmbHG) Gesellschafter bzw. Mitglieder sein dürfen[783]. Ausnahmsweise, insbesondere bei kleinen Kapitalgesellschaften und Idealvereinen ist die Bestellung von allen Gesellschaftern zu Geschäftsführern bzw. allen Mitgliedern zu Vorstandsmitgliedern auch praktikabel. Die Stellung der/des an dem Unternehmensvertrag beteiligten deutschen GmbH oder eV sowie die Nationalität und Rechtsform des anderen an dem Unternehmensvertrag beteiligten Unternehmensträgers sind insoweit ohne Belang. Bei einer an einem Abschluss eines Beherrschungs- und/oder Gewinnabführungsvertrages beteiligten deutschen KG sind grundsätzlich gemäß § 164 S. 1 Hs. 1 HGB alle Kommanditisten von der gewöhnlichen Geschäftsführung ausgeschlossen[784]. Eine statuarische Erteilung einer Geschäftsführungsbefugnis ist jedoch zulässig, da die Regelung des § 164 S. 1 Hs. 1 HGB gemäß § 163 HGB dispositiv ist[785]. Eine entsprechende Regelung in der Satzung kann also einzelne oder sogar ausnahmsweise alle Kommanditisten an der Geschäftsführung beteiligen[786]. Die Stellung der an dem Unternehmensvertrag beteiligten deutschen KG sowie die Nationalität und Rechtsform des anderen an dem Unternehmensvertrag beteiligten Unternehmensträgers sind insoweit ohne Belang. Bei einer an einem Abschluss eines Beherrschungs- und/oder Gewinnabführungsvertrags beteiligten deutschen Personengesellschaft sind grundsätzlich gemäß § 6 Abs. 1, 3 S. 2 PartGG, § 161 Abs. 2, § 114 Abs. 1 HGB bzw. gemäß § 709 Abs. 1 BGB alle Komplementäre bzw. Gesellschafter an der (gesamten) Geschäftsführung beteiligt[787]. Eine statuarische Entziehung der (sonstigen)[788] Geschäftsführungs-

782 Für deutsche GmbH Heyer in Michalski, § 6 Rn. 15,16; Hueck/Fastrich in Baumbach/Hueck, § 6 Rn. 5; für deutsche rechtsfähige Vereine Nachw. in Fn. 629

783 Für deutsche GmbH Heyer in Michalski, § 6 Rn. 26; Hueck/Fastrich in Baumbach/Hueck, § 6 Rn. 8; für deutsche rechtsfähige Vereine Nachw. in Fn. 630

784 Grunewald in MK HGB, § 163 Rn. 2, § 164 Rn. 1,2; Hopt in Baumbach/Hopt, § 161 Rn. 14, § 163 Rn. 1, § 164 Rn. 1

785 Grunewald in MK HGB, § 163 Rn. 1; § 164 Rn. 21,22; Hopt in Baumbach/Hopt, § 161 Rn. 7, § 163 Rn. 1, § 164 Rn. 7

786 Grunewald in MK HGB, § 164 Rn. 21,22; Hopt in Baumbach/Hopt, § 164 Rn. 7

787 Enzinger in MK HGB, § 114 Rn. 1,3,17; Grunewald in MK HGB, § 161 Rn. 43, § 163 Rn. 2, § 164 Rn. 2; Hopt in Baumbach/Hopt, § 114 Rn. 4, § 161 Rn. 14,15, § 163 Rn. 1, § 164 Rn. 1; Ulmer in MK BGB, § 6 PartGG Rn. 1,24; § 709 Rn. 3,13; Timm/Schöne in Bamberger/Roth, § 709 Rn. 20

befugnis ist jedoch zulässig, da die Regelung der § 6 Abs. 3 S. 2 PartGG, § 161 Abs. 2, § 114 Abs. 1 HGB bzw. des § 709 Abs. 1 BGB gemäß § 6 Abs. 3 S. 1 PartGG, gemäß § 161 Abs. 2, § 109 HGB bzw. gemäß § 705 BGB dispositiv ist[789]. Eine entsprechende Regelung in der Satzung kann also zwar nicht alle, aber ausnahmsweise einzelne Komplementäre bzw. Gesellschafter von der Geschäftsführung ausschließen[790]. Die Stellung der an dem Unternehmensvertrag beteiligten deutschen Personengesellschaft sowie die Nationalität und Rechtsform des anderen an dem Unternehmensvertrag beteiligten Unternehmensträgers sind insoweit ohne Belang.
Ein Nichtmitglied des Geschäftsführungsorgans besitzt grundsätzlich überhaupt keine sonstigen Informationsmöglichkeiten. Die Informationsmöglichkeiten als Mitglied des Geschäftsführungsorgans sind außerdem zwar mit den aus den §§ 293a, 293f, 293g Abs. 1, 2 S. 1, Abs. 3 AktG folgenden Informationsmöglichkeiten, aber nicht mit den aus den §§ 293b – 293e AktG folgenden Informationsmöglichkeiten vergleichbar[791].

Drittens ist andererseits damit festzustellen, dass bei einem Abschluss eines Beherrschungs- und/oder Gewinnabführungsvertrags mit einer/einem beteiligten deutschen GmbH, eV oder Personengesellschaft seitens der/des beteiligten deutschen GmbH, eV oder Personengesellschaft keine sonstigen Informationsmöglichkeiten, die mit den Informationsmöglichkeiten durch die §§ 293b – 293e AktG vergleichbar sind, selbst wenn alle Gesellschafter bzw. Mitglieder zustimmungspflichtig sind, und keine sonstigen Informationsmöglichkeiten, die mit den Informationsmöglichkeiten durch die §§ 293a, 293f, 293g Abs. 1, 2 S. 1, Abs. 3 AktG vergleichbar sind, dann wenn nicht alle Gesellschafter bzw. Mitglieder geschäftsführungsbefugt sind, vorhanden sein können.

Bei einem Unternehmensvertrag mit einer/einem beteiligten deutschen GmbH, eV oder Personengesellschaft sind die durch die Anwendung der Informationsvorschriften der §§ 293b – 293e AktG erworbenen Informationen daher

---

788 Eine statuarische Entziehung der eigentlichen Berufsausübungsbefugnis ist unzulässig, da die Regelung des § 6 Abs. 1 PartGG gemäß § 6 Abs. 2 PartGG zwingend ist (Ulmer in MK BGB, § 6 PartGG Rn. 2,7,9,14).

789 Enzinger in MK HGB, § 109 Rn. 1,2,5, § 114 Rn. 1,14; Grunewald in MK HGB, § 161 Rn. 43, § 163 Rn. 1; Hopt in Baumbach/Hopt, § 109 Rn. 2, § 114 Rn. 6,20, § 161 Rn. 7, § 163 Rn. 1; Ulmer in MK BGB, § 6 PartGG Rn. 1,9,23, § 705 Rn. 132,133, § 709 Rn. 1,2,8,16; Timm/Schöne in Bamberger/Roth, § 705 Rn. 75, § 709 Rn. 1, 11

790 Enzinger in MK HGB, § 114 Rn. 21,28; Grunewald in MK HGB, § 161 Rn. 43; Hopt in Baumbach/Hopt, § 114 Rn. 6, § 161 Rn. 14, § 163 Rn. 1; Timm/Schöne in Bamberger/Roth, § 709 Rn. 22; Ulmer in MK BGB, § 709 Rn. 15,20, § 6 PartGG Rn. 9

791 Vgl. II. T. I. Kap. I. Absch. 2.1.1.3.2.

zweckgemäß seitens der/des beteiligten deutschen GmbH, eV oder Personengesellschaft ebenso effektiv durch die Anwendung anderer Informationsvorschriften oder durch die Wahrnehmung sonstiger Informationsmöglichkeiten regelmäßig nicht zu erlangen, selbst wenn alle Gesellschafter bzw. Mitglieder zustimmungspflichtig sind. Die durch die Anwendung der Informationsvorschriften der §§ 293a, 293f, 293g Abs. 1, 2 S. 1, Abs. 3 AktG erworbenen Informationen sind ebenfalls zweckgemäß ebenso effektiv anderweitig regelmäßig nicht zu erlangen, dann wenn nicht alle Gesellschafter bzw. Mitglieder geschäftsführungsbefugt sind.

2.1.4. Unabhängige Ausübung der verstärkten Rechte

2.1.4.1. Geltung von zumindest mit den vorbildgebenden Informationsvorschriften vergleichbaren Informationsvorschriften

- Bei einem Abschluss eines Verschmelzungsvertrags mit einer/einem beteiligten deutschen GmbH, KG, oHG, PG oder (nicht steuerbegünstigten) eV sind grundsätzlich die Informationsvorschriften der §§ 10 – 12, 30 Abs. 2 UmwG seitens der/des beteiligten deutschen GmbH, KG, oHG, PG oder (nicht steuerbegünstigten) eV anwendbar, wenn diese/dieser durch den Verschmelzungsvertrag ihr/sein gesamtes Vermögen überträgt. Die Nationalität und Rechtsform des durch den Verschmelzungsvertrag übernehmenden Rechtsträgers ist insoweit ohne Belang[792]. Denn von dem § 30 Abs. 2 UmwG werden ausdrücklich und entsprechend der § 1 Abs. 1, § 3 Abs. 1, 2 UmwG zwar alle Verschmelzungsverträge und nicht nur internationale oder rechtsformgemischte Verschmelzungsverträge erfasst, aber nur übertragende inländische Rechtsträger beliebiger Rechtsform und nicht alle beteiligte inländische Rechtsträger beliebiger Rechtsform betroffen[793].
  Die §§ 10 – 12, 30 Abs. 2 UmwG normieren für eine übertragende deutsche GmbH, KG, oHG oder PG bzw. einen übertragenden deutschen eV eine Prüfpflicht, die ähnliche Personen und Organe betrifft, ähnliche Gegenstände erfasst und ähnlichen Modalitäten unterliegt wie die durch die §§ 10 – 12, 30 Abs. 2 UmwG statuierte Prüfpflicht für eine übertragende deutsche AG oder

792 Lutter/Drygala in Lutter/Winter, § 3 Rn. 6,28; Stengel in Semler/Stengel, § 3 Rn. 34,54; für übertragende deutsche GmbH Reichert in Semler/Stengel, § 48 Rn. 15; Winter in Lutter/Winter, § 48 Rn. 5; für übertragende deutsche KG und oHG Schmidt in Lutter/Winter, § 44 Rn. 11; Ihrig in Semler/Stengel, § 44 Rn. 24; für beteiligte deutsche eV Hadding/Hennrichs in Lutter/Winter, § 99 Rn. 3; Katschinski in Semler/Stengel, § 99 Rn. 12

793 Vgl. II. T. I. Kap. I. Absch. 2.1.1.4.1.

KGaA. Diese Prüfpflicht für eine übertragende deutsche GmbH, KG, oHG oder PG bleibt lediglich hinsichtlich der Qualifikationsart des Prüfers hinter jener Prüfpflicht für eine übertragende deutsche AG oder KGaA teilweise zurück. Zu Prüfern können bei großen deutschen GmbH, KG, oHG und PG zwar nur Wirtschaftsprüfer, bei mittleren und kleinen deutschen GmbH, KG, oHG und PG aber auch Buchprüfer bestellt werden[794].

Die §§ 10 – 12, 30 Abs. 2 UmwG gelten außerdem mangels einer analogen Anwendbarkeit der § 44 S. 1, § 43 Abs. 2, § 45e S. 2, § 45d Abs. 2 UmwG gleichgültig, ob die Zustimmung einzelner Gesellschafter bzw. Mitglieder der/des eigenen übertragenden deutschen GmbH, KG, oHG, PG oder eV zu dem Verschmelzungsvertrag entbehrlich oder die Verschmelzungszustimmung aller Gesellschafter bzw. Mitglieder erforderlich ist[795]. Für die Geltung dieser besonderen Informationsvorschriften ist gleichfalls gleichgültig, ob einzelne Gesellschafter bzw. Mitglieder der/des eigenen übertragenden deutschen GmbH, KG, oHG, PG oder eV von der Führung der Geschäfte ausgeschlossen oder alle Gesellschafter bzw. Mitglieder an der Geschäftsführung beteiligt sind.

- Bei einem Abschluss eines Verschmelzungsvertrags mit einer/einem beteiligten deutschen GmbH, oHG, KG, PG oder eV sind statt der Informationsvorschriften des § 60 UmwG, der auf die §§ 9 – 12 UmwG verweist[796], grundsätzlich die Informationsvorschriften des § 48 UmwG, der auf die §§ 9 – 12 UmwG verweist[797], seitens einer beteiligten deutschen GmbH, die Informationsvorschriften des § 44, der auf die §§ 9 – 12 UmwG verweist[798], (aufgrund der Verweisungsvorschriften des § 45e S. 2 UmwG) seitens einer beteiligten deutschen KG, oHG oder PG und die Informationsvorschriften des § 100 S. 2 UmwG, der auf die §§ 9 – 12 UmwG verweist[799], seitens eines beteiligten deutschen eV anwendbar. Die Stellung der/des an dem Verschmelzungsvertrag beteiligten deutschen GmbH, KG, oHG, PG oder eV sowie die Nationalität und Rechtsform des anderen an dem Verschmelzungsvertrag beteiligten Rechtsträgers sind insoweit ohne Belang[800]. Denn zuerst gehört der § 48

794 Lutter/Drygala in Lutter/Winter, § 11 Rn. 4,5; Zeidler in Semler/Stengel, § 11 Rn. 2,3

795 Vgl. II. T. I. Kap. I. Absch. 2.1.1.4.1.

796 Nachw. in Fn. 331

797 Reichert in Semler/Stengel, § 48 Rn. 2–4; Winter in Lutter/Winter, § 48 Rn. 2

798 Ihrig in Semler/Stengel, § 44 Rn. 1,2; Schmidt in Lutter/Winter, § 44 Rn. 2

799 Hadding/Hennrichs in Lutter/Winter, § 100 Rn. 1; Katschinski in Semler/Stengel, § 100 Rn. 20

800 Ebenso Lutter/Drygala in Lutter/Winter, § 3 Rn. 7–9,28; Stengel in Semler/Stengel, § 3 Rn. 14–21,24,25,54; Zeidler in Semler/Stengel, § 9 Rn. 10; für beteiligte deutsche GmbH Reichert in Semler/Stengel, § 48 Rn. 5; Winter in Lutter/Winter, § 48

UmwG zu den besonderen Vorschriften für Verschmelzungen unter Beteiligung von *Gesellschaften mit beschränkter Haftung*[801], der § 44 UmwG zu den besonderen Vorschriften für Verschmelzungen unter Beteiligung von *Personenhandelsgesellschaften,* der § 45e S. 2 UmwG zu den besonderen Vorschriften für Verschmelzungen unter Beteiligung von *Partnerschaftsgesellschaften*[802] und der § 100 S. 2 UmwG zu den besonderen Vorschriften für Verschmelzungen unter Beteiligung von *rechtsfähigen* Vereinen[803], womit entsprechend der allgemeinen Vorschriften des § 1 Abs. 1 UmwG für Umwandlungen und der allgemeinen Vorschriften des § 3 Abs. 1 Nr. 3, Abs. 2 Nr. 1 UmwG für Verschmelzungen GmbH, *Kommanditgesellschaften* und *offene Handelsgesellschaften,* PG sowie konzessionierte *wirtschaftliche Vereine* und *eingetragene* ideelle *Vereine mit Sitz im Inland* gemeint sind[804]. Zudem erwähnt der § 48 UmwG, der § 44 UmwG bzw. der § 100 S. 2 UmwG schlechthin *eine* an der Verschmelzung beteiligte *Gesellschaft mit beschränkter Haftung* oder *Personenhandelsgesellschaft* bzw. *einen* hieran beteiligten *eingetragenen* ideellen *Verein.*
Die §§ 9 – 12, 48 UmwG, die §§ 9 – 12, 44 UmwG, die §§ 9 – 12, 44, 45e S. 2 UmwG bzw. die §§ 9 – 12, 100 S. 2 UmwG normieren für eine beteiligte deutsche GmbH, KG, oHG oder PG bzw. einen beteiligten deutschen eV ein Prüfrecht, das ähnliche Personen und Organe betrifft, ähnliche Gegenstände erfasst und ähnlichen Modalitäten unterliegt wie die durch die §§ 9 – 12, 60, 78 S. 1, 2 UmwG statuierte Prüfpflicht für eine beteiligte deutsche AG oder KGaA. Dieses Prüfrecht für eine beteiligte deutsche GmbH, KG, oHG oder PG bzw. einen beteiligten deutschen eV bleibt lediglich hinsichtlich der Initiativlast einer Prüfungsdurchführung hinter jener Prüfpflicht für eine beteiligte deutsche AG oder KGaA gänzlich zurück. Die Prüfung muss nur beim Vorliegen eines Prüfverlangens eines Gesellschafters bzw. von zehn Prozent der Mitglieder durchgeführt werden[805]. Dieses Prüfrecht für eine beteiligte deut-

---

Rn. 3; für beteiligte deutsche KG, oHG und PG Ihrig in Semler/Stengel, § 44 Rn. 3,4, § 45e Rn. 4; für beteiligte deutsche eV Hadding/Hennrichs in Lutter/Winter, § 99 Rn. 3, § 100 Rn. 1; Katschinski in Semler/Stengel, § 99 Rn. 12, § 100 Rn. 1,2

801 Lutter/Drygala in Lutter/Winter, § 3 Rn. 8; Stengel in Semler/Stengel, § 3 Rn. 20,21

802 Lutter/Drygala in Lutter/Winter, § 3 Rn. 7; Schmidt in Lutter/Winter, § 39 Rn. 5, § 45a Rn. 3; Stengel in Semler/ Stengel, § 3 Rn. 14–19

803 Hadding/Hennrichs in Lutter/Winter, § 99 Rn. 3; Lutter/Drygala in Lutter/Winter, § 3 Rn. 9; Stengel in Semler/Stengel, § 3 Rn. 24,25

804 Nachw. in Fn. 316

805 Lutter/Drygala in Lutter/Winter, § 9 Rn. 5,6; Zeidler in Semler/Stengel, § 9 Rn. 6,7,9; für beteiligte deutsche GmbH Reichert in Semler/Stengel, § 48 Rn. 2,6; Winter in Lutter/Winter, § 48 Rn. 2; für beteiligte deutsche KG, oHG und PG Ihrig

sche GmbH, KG, oHG oder PG bleibt außerdem hinsichtlich der Qualifikationsart der Prüfer hinter jener Prüfungspflicht für eine beteiligte deutsche AG oder KGaA teilweise zurück. Zu Prüfern können bei großen deutschen GmbH, KG, oHG oder PG zwar nur Wirtschaftsprüfer, bei mittleren und kleinen deutschen GmbH, KG, oHG oder PG aber auch Buchprüfer bestellt werden.

Die §§ 9 – 12, 48 UmwG, die §§ 9 – 12, 44 UmwG, die §§ 9 – 12, 44, 45e S. 2 UmwG bzw. die §§ 9 – 12, 100 S. 2 UmwG gelten außerdem aufgrund einer direkten oder analogen Anwendbarkeit der § 44 S. 1, § 43 Abs. 2, § 45e S. 2, § 45d Abs. 2 UmwG nur, wenn die Zustimmung einzelner Gesellschafter bzw. Mitglieder der/des eigenen beteiligten deutschen GmbH, KG, oHG, PG oder eV zu dem Verschmelzungsvertrag entbehrlich ist, und nicht auch, wenn die Verschmelzungszustimmung aller Gesellschafter bzw. Mitglieder erforderlich ist. Die Regierungsbegründung der § 44 S. 1, § 43 Abs. 2, § 45e S. 2, § 45d Abs. 2 UmwG, dass einstimmig zustimmungspflichtige Anteilsinhaber nicht durch das Gesetz geschützt werden müssen, da sie sich aufgrund ihrer Sperrminoritätsstellung selbst entsprechend schützen können, trifft nicht nur bei beteiligten deutschen KG, oHG und PG, sondern auch bei beteiligten deutschen GmbH und eV zu[806]. Denn die Verschmelzungsprüfung ist bei beteiligten deutschen GmbH und eV ebenso wie bei beteiligten deutschen KG, oHG und PG eine Antragsprüfung. Sie ist nur auf Verlangen eines Gesellschafters bzw. von zehn Prozent der Mitglieder durchzuführen, so dass die Gesellschafter bzw. Mitglieder die Initiative ohnehin ergreifen müssen. Dass die Anteilsinhaber dem Verschmelzungsvertrag einstimmig zustimmen müssen, ist außerdem nicht nur bei beteiligten deutschen KG, oHG und PG, sondern auch bei beteiligten deutschen GmbH und eV möglich. Ein gesetzliches Einstimmigkeitsprinzip ist zwar bei beteiligten deutschen GmbH und eV anders als bei beteiligten deutschen KG, oHG und PG nicht gegeben. Die Regelungen des § 50 Abs. 1 S. 1 UmwG und des § 103 Abs. 1 S. 1 UmwG[807] sind aber gemäß § 50 Abs. 1 S. 2 UmwG und gemäß § 103 Abs. 1 S. 2 UmwG einseitig dispositiv, so dass eine statuarische Einstimmigkeitsklausel verein-

---

in Semler/Stengel, § 44 Rn. 8, § 45e Rn. 2,9; Schmidt in Lutter/Winter, § 44 Rn. 2, § 45e Rn. 4; für beteiligte deutsche eV Hadding/Hennrichs in Lutter/Winter, § 100 Rn. 5; Katschinski in Semler/Stengel, § 100 Rn. 7

806 Vgl. II. T. I. Kap. I. Absch. 2.1.1.4.1

807 Für beteiligte deutsche GmbH Reichert in Semler/Stengel, § 50 Rn. 8; Winter in Lutter/Winter, § 50 Rn. 6; für beteiligte deutsche eV Hadding/Hennrichs in Lutter/Winter, § 103 Rn. 2; Katschinski in Semler/Stengel, § 103 Rn. 7

bart sein kann[808]. Daher liegt aufgrund der Normierung eines Prüfrechts zugunsten einstimmig zustimmungspflichtiger Gesellschafter bzw. Mitglieder von beteiligten deutschen GmbH und eV eine offene Lücke des Gesetzes vor, die durch eine analoge Anwendung der § 44 S. 1, § 43 Abs. 2, § 45e S. 2, § 45d Abs. 2 UmwG geschlossen werden kann. In den Gesetzesmaterialien werden keine Gründe für die unterschiedliche Behandlung der einstimmig zustimmungspflichtigen Gesellschafter bzw. Mitglieder von beteiligten deutschen GmbH und eV sowie der einstimmig zustimmungspflichtigen Gesellschafter von beteiligten deutschen KG, oHG und PG in diesem Punkt genannt. Die Schaffung des UmwG sollte vielmehr gerade der Vereinheitlichung des zuvor stark rechtsformabhängigen Verschmelzungsrechts dienen[809]. Daher stellt die Normierung eines Prüfrechts zugunsten der einstimmig zustimmungspflichtigen Gesellschafter bzw. Mitglieder von beteiligten deutschen GmbH und eV ein redaktionelles Versehen des Gesetzgebers dar, das durch eine analoge Anwendung der § 44 S. 1, § 43 Abs. 2, § 45e S. 2, § 45d Abs. 2 UmwG beseitigt werden darf. Für die Geltung dieser besonderen Informationsvorschriften ist allerdings gleichgültig, ob einzelne Gesellschafter bzw. Mitglieder der/des eigenen beteiligten deutschen GmbH, KG, oHG, PG oder eV von der Führung der Geschäfte ausgeschlossen oder alle Gesellschafter bzw. Mitglieder an der Geschäftsführung beteiligt sind.

- Bei einem Abschluss eines Verschmelzungsvertrags mit einer/einem beteiligten deutschen GmbH, KG, oHG, PG oder eV sind zunächst grundsätzlich die Informationsvorschriften des § 8 UmwG seitens der/des beteiligten deutschen GmbH, KG, oHG, PG oder eV anwendbar. Weiterhin sind grundsätzlich die Informationsvorschriften des § 64 Abs. 1 S. 2, Abs. 2 UmwG aufgrund der Verweisungsvorschriften des § 102 S. 2 UmwG seitens des beteiligten deutschen eV anwendbar. Die Stellung der/des an dem Verschmelzungsvertrag beteiligten deutschen GmbH, KG, oHG, PG oder eV sowie die Nationalität und Rechtsform des anderen an dem Verschmelzungsvertrag beteiligten Rechtsträgers sind insoweit ohne Belang[810]. Denn zuerst werden von dem § 8 UmwG ausdrücklich und entsprechend der § 1 Abs. 1, § 3 Abs. 1, 2 UmwG

808 Für beteiligte deutsche GmbH Reichert in Semler/Stengel, § 50 Rn. 9; Winter in Lutter/Winter, § 50 Rn. 6; für beteiligte deutsche eV Hadding/Hennrichs in Lutter/Winter, § 103 Rn. 7; Katschinski in Semler/Stengel, § 103 Rn. 11

809 Vgl. Einleitung

810 Ebenso Lutter/Drygala in Lutter/Winter, § 3 Rn. 6,28; Stengel in Semler/Stengel, § 3 Rn. 34,54; für beteiligte deutsche GmbH Reichert in Semler/Stengel, § 47 Rn. 7; Winter in Lutter/Winter, § 47 Rn. 6; für beteiligte deutsche KG, oHG und PG Ihrig in Semler/Stengel, § 41 Rn. 1, § 45c Rn. 1; Schmidt in Lutter/Winter, § 41 Rn. 2, § 45c Rn. 1; für beteiligte deutsche rechtsfähige Vereine Nachw. in Fn. 659

alle Verschmelzungsverträge erfasst und alle beteiligte inländische Rechtsträger beliebiger Rechtsform betroffen[811]. Zudem werden von dem § 64 Abs. 1 S. 2, Abs. 2 UmwG, auf den die besonderen Vorschriften des § 102 S. 2 UmwG für Verschmelzungen unter Beteiligung von *rechtsfähigen Vereinen* verweisen[812], ausdrücklich und entsprechend der § 1 Abs. 1, § 3 Abs. 1, 2 UmwG alle Verschmelzungsverträge erfasst und alle beteiligte deutsche AG betroffen[813]. Bei einem Abschluss eines Verschmelzungsvertrags mit einer/einem beteiligten deutschen GmbH, KG, oHG, PG oder eV sind außerdem statt der Informationsvorschriften der § 63 Abs. 1 Nr. 1, 4, 5, Abs. 2, § 64 Abs. 1 S. 1 UmwG zunächst grundsätzlich die Informationsvorschriften des § 47 UmwG seitens einer beteiligten deutschen GmbH, die Informationsvorschriften des § 42 UmwG (aufgrund der Verweisungsvorschriften des § 45c S. 2 UmwG) seitens einer beteiligten deutschen KG, oHG oder PG und die Informationsvorschriften der § 101 Abs. 1, § 102 S. 1 UmwG seitens eines beteiligten deutschen eV anwendbar. Statt der Informationsvorschriften der § 63 Abs. 1 Nr. 2, Abs. 2, § 64 Abs. 1 S. 1, Abs. 2 UmwG sind weiterhin grundsätzlich die Informationsvorschriften des § 49 Abs. 2, 3 UmwG seitens einer beteiligten deutschen GmbH und die Informationsvorschriften der § 101 Abs. 1, § 102 S. 1 UmwG seitens eines beteiligten deutschen eV anwendbar. Statt der Informationsvorschriften des § 63 Abs. 2 UmwG sind schließlich grundsätzlich die Informationsvorschriften des § 101 Abs. 2 UmwG seitens eines beteiligten deutschen eV anwendbar. Die Stellung der/des an dem Verschmelzungsvertrag beteiligten deutschen GmbH, KG, oHG, PG oder eV sowie die Nationalität und Rechtsform des anderen an dem Verschmelzungsvertrag beteiligten Rechtsträgers sind insoweit ohne Belang[814]. Denn zuerst gehören die §§ 47, 49 Abs. 2, 3 UmwG zu den besonderen Vorschriften für Verschmelzungen unter Beteiligung von *Gesellschaften mit beschränkter Haftung,* der § 42 UmwG zu den besonderen Vorschriften für Verschmelzungen unter Beteiligung von *Personenhandelsgesellschaften,* der § 45c S. 2 UmwG zu den besonderen Vorschriften für Verschmelzungen unter Beteiligung von *Partnerschaftsgesellschaften* und die §§ 101, 102 S. 1 UmwG zu

811 Vgl. II. T. I. Kap. I. Absch. 2.1.1.4.1.
812 Nachw. in Fn. 661
813 Vgl. II. T. I. Kap. I. Absch. 2.1.1.4.1.
814 Ebenso Lutter/Drygala in Lutter/Winter, § 3 Rn. 7–9,28; Stengel in Semler/Stengel, § 3 Rn. 14–21,24,25,54; für beteiligte deutsche GmbH Reichert in Semler/Stengel, § 47 Rn. 1, § 49 Rn. 1; Winter in Lutter/Winter, § 47 Rn. 2,3, § 49 Rn. 2; für beteiligte deutsche KG, oHG und PG Ihrig in Semler/Stengel, § 42 Rn. 2, § 45c Rn. 2; Schmidt in Lutter/Winter, § 42 Rn. 2, § 45c Rn. 1; für beteiligte deutsche rechtsfähige Vereine Nachw. in Fn. 664

den besonderen Vorschriften für Verschmelzungen unter Beteiligung von *rechtsfähigen Vereinen*, womit entsprechend der allgemeinen Vorschriften des § 1 Abs. 1 UmwG für Umwandlungen und der allgemeinen Vorschriften des § 3 Abs. 1 Nr. 3, Abs. 2 Nr. 1 UmwG für Verschmelzungen GmbH, *Kommanditgesellschaften* und *offene Handelsgesellschaften,* sowie konzessionierte *wirtschaftliche Vereine* und *eingetragene* ideelle *Vereine mit Sitz im Inland* gemeint sind. Zudem beziehen sich die §§ 47, 49 Abs. 2, 3 UmwG, der § 42 UmwG und die §§ 101, 102 S. 1 UmwG sinngemäß auf den § 8 UmwG bzw. ausdrücklich auf die §§ 100, 63 Abs. 1 Nr. 4, § 8 UmwG[815]. Dagegen enthalten die besonderen Vorschriften des UmwG für Verschmelzungen unter Beteiligung von Gesellschaften mit beschränkter Haftung und die besonderen Vorschriften des UmwG für Verschmelzungen unter Beteiligung von Personengesellschaften keine zu den besonderen Vorschriften des UmwG für Verschmelzungen unter Beteiligung von Aktiengesellschaften zählenden § 63 Abs. 3, § 64 Abs. 1 S. 2 UmwG entsprechende Vorschriften. Überdies enthalten die besonderen Vorschriften des UmwG für Verschmelzungen unter Beteiligung von Personengesellschaften keine zu den besonderen Vorschriften des UmwG für Verschmelzungen unter Beteiligung von Aktiengesellschaften zählenden § 63 Abs. 1 Nr. 2, Abs. 2, § 64 Abs. 1 S. 1, Abs. 2 UmwG entsprechende Vorschriften[816]. Bei einem Abschluss eines Verschmelzungsvertrags mit einer beteiligten deutschen GmbH, KG, oHG oder PG sind allerdings zunächst grundsätzlich die Informationsvorschriften der § 63 Abs. 3, § 64 Abs. 1 S. 2 UmwG seitens der beteiligten deutschen GmbH, KG, oHG oder PG analog anwendbar[817]. Weiterhin sind grundsätzlich die Informationsvorschriften der § 49 Abs. 2, 3 UmwG seitens der beteiligten deutschen KG, oHG oder PG analog anwendbar[818]. Denn zunächst sind die Gesellschafter einer beteiligten deutschen GmbH, KG, oHG oder PG ebenso wie die Aktionäre einer beteiligten deutschen AG durch die Verschmelzung in ihrer Rechtsstellung betroffen. Insbesondere wird in ihre Verwaltungs- und Ver-

815 Für beteiligte deutsche GmbH Reichert in Semler/Stengel, § 47 Rn. 7; Winter in Lutter/Winter, § 47 Rn. 6; für beteiligte deutsche KG, oHG und PG Ihrig in Semler/Stengel, § 42 Rn. 5, § 45c Rn. 8; Schmidt in Lutter/Winter, § 42 Rn. 5, § 45c Rn. 5; für beteiligte deutsche rechtsfähige Vereine Nachw. in Fn. 667

816 Für beteiligte deutsche GmbH Winter in Lutter/Winter, § 49 Rn. 7,8; Reichert in Semler/Stengel, § 49 Rn. 11; für beteiligte deutsche KG, oHG und PG Schmidt in Lutter/Winter, § 42 Rn. 12, § 45c Rn. 8; Ihrig in Semler/Stengel, § 42 Rn. 17, § 45c Rn. 10

817 Ebenso Mayer in Widmann UmwG, § 49 Rn. 22; anders Reichert in Semler/Stengel, § 49 Rn. 11; Winter in Lutter/Winter, § 49 Rn. 7,8

818 Ebenso Schmidt in Lutter/Winter, § 42 Rn. 12, § 45c Rn. 8; anders Ihrig in Semler/Stengel, § 42 Rn. 17, § 45c Rn. 10

mögensrechte durch die gemäß § 29 UmwG eventuell anzubietende Barabfindung, den gemäß § 20 Abs. 1 Nr. 3 UmwG stattfindenden Anteilsumtausch und der gemäß § 20 Abs. 1 Nr. 1 UmwG stattfindenden Vermögensvereinigung eingegriffen. Weiterhin müssen die Gesellschafter einer beteiligten deutschen GmbH, KG, oHG oder PG ebenso wie die Aktionäre einer beteiligten deutschen AG über ihre gemäß § 13 Abs. 1 UmwG erforderliche Zustimmung zu dem abgeschlossenen Verschmelzungsvertrag in einer einzuberufenden Versammlung und durch einen zu fassenden Beschluss entscheiden[819]. Die Gesellschafter einer beteiligten deutschen GmbH, KG, oHG oder PG bedürfen demzufolge ebenso wie die Aktionäre einer beteiligten deutschen AG stets unaufgeforderter, kostenloser und umfangreicher Informationen über den Inhalt des abgeschlossenen Verschmelzungsvertrags und die Zweckmäßigkeit der Verschmelzung einschließlich insbesondere der Vermögens- und Ertragsverhältnisse sowie aller sonstigen wesentlichen Angelegenheiten beider beteiligten Rechtsträger. Fernerhin ist zugunsten der Gesellschafter einer deutschen GmbH, KG, oHG oder PG ähnlich wie zugunsten der Aktionäre einer deutschen AG nur ein beschränktes allgemeines Einsichts-, Abschrifts- und Auskunftsrecht und nicht auch ein weitergehendes allgemeines Informationsrecht normiert. So werden von diesem nur alle Angelegenheiten und alle Unterlagen der eigenen beteiligten deutschen GmbH, KG, oHG oder PG und nicht auch alle Angelegenheiten und bestimmte Unterlagen jedes anderen beteiligten Rechtsträgers erfasst. Auch ist dieses nur auf Verlangen und Kosten der Gesellschafter und nicht auch unaufgefordert und kostenlos durch die Geschäftsführer bzw. die (umfassend) geschäftsführende Gesellschaftergesamtheit zu erfüllen[820]. Schließlich müssen die Gesellschafter einer beteiligten deutschen GmbH, KG, oHG oder PG ebenso wie die Aktionäre einer beteiligten deutschen AG dem Verschmelzungsvertrag gemäß § 50 Abs. 1 S. 1 UmwG, gemäß § 43 Abs. 2 S. 1 UmwG bzw. gemäß § 45d Abs. 2 S. 1 UmwG nicht notwendig einstimmig zustimmen[821] und die Geschäfte nicht notwendig gemeinsam führen[822]. Die Gesellschafter einer beteiligten deutschen GmbH, KG, oHG oder PG erlangen demzufolge ebenso wenig wie die Aktionäre einer beteiligten deutschen AG erforderliche Informationen stets

---

819 Gehling in Semler/Stengel, § 13 Rn. 1,8,12,14,17; Lutter/Drygala in Lutter/Winter, § 13 Rn. 2,4,7,9; für beteiligte deutsche GmbH Reichert in Semler/Stengel, § 50 Rn. 2,4; Winter in Lutter/Winter, § 50 Rn. 2,3; für beteiligte deutsche KG, oHG und PG Schmidt in Lutter/Winter, § 43 Rn. 2,3,5, § 45d Rn. 1,3; Ihrig in Semler/Stengel, § 43 Rn. 1, 10, § 45d Rn. 1,7

820 Vgl. II. T. I. Kap. III. Absch. 2.1.3.1.

821 Vgl. II. T. I. Kap. III. Absch. 2.1.3.2.

822 Vgl. II. T. I. Kap. III. Absch. 2.1.3.2.

gleichermaßen anderweitig. Daher liegt aufgrund der mangelnden Normierung einer ergänzenden Vortragspflicht und eines erweiterten Abschriftsrechts zugunsten der Gesellschafter einer beteiligten deutschen GmbH, KG, oHG oder PG eine offene Lücke des Gesetzes vor, die durch eine analoge Anwendung der § 63 Abs. 3, § 64 Abs. 1 S. 2 UmwG geschlossen werden kann. Ebenso liegt aufgrund der mangelnden Normierung einer ergänzenden Auslagepflicht und eines erweiterten Auskunftsrechts zugunsten der Gesellschafter einer beteiligten deutschen KG, oHG oder PG eine offene Lücke des Gesetzes vor, die durch eine analoge Anwendung des § 49 Abs. 2, 3 UmwG geschlossen werden kann. Auch werden in den Gesetzesmaterialien keine Gründe für die unterschiedliche Behandlung der Gesellschafter einer beteiligten deutschen GmbH, KG, oHG oder PG und der Aktionäre einer beteiligten deutschen AG in beiden Punkten genannt. Die Schaffung des UmwG sollte vielmehr gerade der Vereinheitlichung des zuvor stark rechtsformabhängigen Verschmelzungsrechts dienen. Daher stellt die mangelnde Normierung einer ergänzenden Vortragspflicht und eines erweiterten Abschriftsrechts zugunsten der Gesellschafter einer beteiligten deutschen GmbH, KG, oHG oder PG ein redaktionelles Versehen des Gesetzgebers dar, das durch eine analoge Anwendung der § 63 Abs. 3, § 64 Abs. 1 S. 2 UmwG beseitigt werden darf. Ebenso stellt die mangelnde Normierung einer ergänzenden Auslagepflicht und eines erweiterten Auskunftsrechts zugunsten der Gesellschafter einer beteiligten deutschen KG, oHG oder PG ein redaktionelles Versehen des Gesetzgebers dar, das durch eine analoge Anwendung des § 49 Abs. 2, 3 UmwG beseitigt werden darf.

Die §§ 8, 49 Abs. 2, § 64 Abs. 1 S. 2 UmwG bzw. die §§ 8, 64 Abs. 1 S. 2, § 101 Abs. 1, § 102 UmwG normieren für eine beteiligte deutsche GmbH, KG, oHG oder PG bzw. einen beteiligten deutschen eV eine Berichts-, Vortrags- und Auslagepflicht, die ähnliche Personen und Organe betrifft, ähnliche Gegenstände erfasst und ähnlichen Modalitäten unterliegt wie die durch die §§ 8, 63 Abs. 1, 2, § 64 Abs. 1, § 78 S. 1, 2 UmwG für eine beteiligte deutsche AG oder KGaA statuierte Berichts-, Vortrags- und Auslagepflicht. Die § 49 Abs. 3, § 63 Abs. 3 UmwG bzw. die § 64 Abs. 2, § 101 Abs. 2, § 102 S. 2 UmwG normieren ebenso für eine beteiligte deutsche GmbH, KG, oHG oder PG bzw. einen beteiligten deutschen eV ein Auskunfts- und Abschriftsrecht, das ähnliche Personen und Organe betrifft, ähnliche Gegenstände erfasst und ähnlichen Modalitäten unterliegt wie das durch die § 63 Abs. 3, § 64 Abs. 2, § 78 S. 1, 2 UmwG für eine beteiligte deutsche AG oder KGaA statuierte Auskunfts- und Abschriftsrecht. Die Auslagepflicht und das Abschriftsrecht für eine beteiligte deutsche GmbH, KG, oHG oder PG wird sogar durch eine durch den § 47 UmwG, den § 42 UmwG bzw. die §§ 42, 45c S. 2 UmwG normierte Übersendepflicht teilweise ersetzt und geht somit hinsichtlich der Initiativlast einer Abschriftserteilung über die Auslagepflicht und das Abschriftsrecht für eine beteiligte deutsche AG oder KGaA teilweise hinaus. Abschriften des Verschmelzungsvertrags, des Verschmelzungsberichts und des Verschmelzungsprüfberichts sind nicht nur beim Vorliegen, sondern auch beim Fehlen eines Abschriftsverlangens eines Gesellschafters zu erteilen[823]. Das Auskunftsrecht für eine beteiligte deutsche GmbH, KG, oHG oder PG geht sogar hinsichtlich des Zeitrahmens einer Auskunftserteilung über das Auskunftsrecht für eine beteiligte deutsche AG oder KGaA gänzlich hinaus. Auskünfte sind jederzeit, also nicht nur innerhalb, sondern auch außerhalb der Gesellschafterversammlung zu erteilen[824].

Für die Geltung der §§ 8, 47, 49 Abs. 2, 3, § 63 Abs. 3, § 64 Abs. 1 S. 2 UmwG, der §§ 8, 42, 49 Abs. 2, 3, § 63 Abs. 3, § 64 Abs. 1, 2 UmwG, der §§ 8, 42, 45c S. 2, § 49 Abs. 2, 3, § 63 Abs. 3, § 64 Abs. 1, 2 UmwG bzw. der §§ 8, 64 Abs. 1 S. 2, Abs. 2, §§ 101, 102 UmwG ist außerdem gleichgültig, ob die Zustimmung einzelner Gesellschafter bzw. Mitglieder der/des eigenen beteiligten deutschen GmbH, KG, oHG, PG oder eV zu dem Verschmelzungsvertrag entbehrlich oder die Verschmelzungszustimmung aller Gesellschafter bzw. Mitglieder erforderlich ist. Diese besonderen Informationsvorschriften gelten allerdings aufgrund einer direkten oder analogen Anwendbarkeit der §§ 41, 42, 45c UmwG nur, wenn einzelne Gesellschafter bzw. Mitglieder der/des beteiligten deutschen GmbH, KG, oHG, PG oder eV von der Führung der Geschäfte ausgeschlossen sind, und nicht auch, wenn alle Gesellschafter bzw. Mitglieder an der Geschäftsführung beteiligt sind[825].

Viertens ist einerseits damit festzustellen, dass bei einem Abschluss eines Verschmelzungsvertrags mit einer/einem beteiligten deutschen GmbH, eV, KG, oHG oder PG, durch den diese/dieser Vermögen überträgt, seitens der beteiligten deutschen GmbH, eV, KG, oHG oder PG Informationsvorschriften der §§ 10 – 12, 30 Abs. 2 UmwG, die für die Informationsvorschriften der §§ 293b – 293e AktG einerseits vorbildgebend waren, selbst wenn alle Gesellschafter bzw. Mitglieder zustimmungspflichtig sind, Informationsvorschriften, die mit den für die Informationsvorschriften der §§ 293b – 293e AktG anderseits vorbildgebenden Informationsvorschriften der §§ 9 – 12, 60, 78 S. 1, 2 UmwG vergleichbar sind,

---

823 Für beteiligte deutsche GmbH Reichert in Semler/Stengel, § 47 Rn. 2,6–8; Winter in Lutter/Winter, § 47 Rn. 2,3, 6,7; für beteiligte deutsche KG, oHG und PG Ihrig in Semler/Stengel, § 42 Rn. 5–7, § 45c Rn. 21; Schmidt in Lutter/Winter, § 42 Rn. 2,5, § 45c Rn. 1,5

824 Für beteiligte deutsche GmbH Reichert in Semler/Stengel, § 49 Rn. 12; Winter in Lutter/Winter, § 49 Rn. 8

825 Vgl. II. T. I. Kap. I. Absch. 2.1.1.4.1.

dann wenn nicht alle Gesellschafter bzw. Mitglieder zustimmungspflichtig sind, und Informationsvorschriften, die mit den für die Informationsvorschriften der §§ 293a, 293f, 293g Abs. 1, 2 S. 1, Abs. 3 AktG vorbildgebenden Informationsvorschriften vergleichbar sind, dann wenn nicht alle Gesellschafter bzw. Mitglieder geschäftsführungsbefugt sind, anwendbar sein können. Der Gesetzgeber ging bei Ersterem davon aus, dass ein Austritt für Anteilsinhaber eines inländischen Rechtsträgers jeglicher Rechtsform stets erhebliche Bedeutung habe und daher die Normierung einer Prüfpflicht für durch Verschmelzungsverträge übertragende inländische Rechtsträger jeglicher Rechtsform stets notwendig sei[826]. Die Annahme des Gesetzgebers beruht allerdings darauf, dass den einstimmig zustimmungspflichtigen Anteilsinhaber ebenso wie den nicht einstimmig zustimmungspflichtigen Anteilsinhabern eines übertragenden inländischen Rechtsträgers beliebiger Rechtsform bereits die Initiative zum Angebot einer Barabfindung erspart ist[827]. Sie kann daher auf an Unternehmensverträgen beteiligte deutsche GmbH, eV, KG, oHG oder PG nicht übertragen werden, solange die einstimmig zustimmungspflichtigen Gesellschafter bzw. Mitglieder anders als die nicht einstimmig zustimmungspflichtigen Gesellschafter bzw. Mitglieder einer/eines verpflichteten deutschen GmbH, eV, KG, oHG oder PG mangels einer analogen Anwendung des § 305 Abs. 1, 2 Nr. 3, Abs. 3 S. 2 AktG bereits die Initiative zum Angebot einer Barabfindung ergreifen müssen[828]. Bei einem Abschluss eines Verschmelzungsvertrags mit einer/einem beteiligten deutschen GmbH, eV, KG, oHG oder PG, durch den diese/dieser Vermögen übernimmt, können zwar keine Informationsvorschriften der §§ 10 – 12, 30 Abs. 2 UmwG, die für die Informationsvorschriften der §§ 293b – 293e AktG einerseits vorbildgebend waren, aber Informationsvorschriften, die mit den für die Informationsvorschriften der §§ 293b – 293e AktG anderseits vorbildgebenden Informationsvorschriften der §§ 9 – 12, 60, 78 S. 1, 2 UmwG vergleichbar sind, dann wenn nicht alle Gesellschafter bzw. Mitglieder zustimmungspflichtig sind, und Informationsvorschriften, die mit den für die Informationsvorschriften der §§ 293a, 293f, 293g Abs. 1, 2 S. 1, Abs. 3 AktG vorbildgebenden Informationsvorschriften vergleichbar sind, dann wenn nicht alle Gesellschafter bzw. Mitglieder geschäftsführungsbefugt sind, anwendbar sein.

Bei einem Abschluss eines Verschmelzungsvertrags mit einer beteiligten deutschen GbR können seitens der beteiligten deutschen GbR keine Informati-

826 Grunewald in Lutter/Winter, § 30 Rn. 5 Fn. 1; Lutter/Drygala in Lutter/Winter, § 9 Rn. 7; Müller in Kallmeyer, § 9 Rn. 7, § 30 Rn. 13; Zeidler in Semler/Stengel, § 9 Rn. 9, § 30 Rn. 26

827 Vgl. Grunewald in Lutter/Winter, § 29 Rn. 2–16; Kalss in Semler/Stengel, § 29 Rn. 6–15,20–25

828 Vgl. II. T. I. Kap. III. Absch. 2.1.1.

onsvorschriften, denen die Informationsvorschriften der §§ 293a – 293g Abs. 1, 2 S. 1, Abs. 3 AktG nachgebildet sind, oder vergleichbare besondere Informationsvorschriften anwendbar sein. Für solche beteiligte deutsche Personengesellschaften existieren keine besonderen Informationsvorschriften. Dies beruht allerdings nicht darauf, dass der Gesetzgeber ein besonderes Informationsrecht der Gesellschafter von beteiligten deutschen GbR aus bestimmten Gründen nicht für erforderlich hielt und auf die Normierung eines solchen daher bewusst verzichtete. Hierfür ist vielmehr allein maßgeblich, dass deutsche GbR nicht zu den gemäß § 1 Abs. 2 UmwG abschließend in § 3 Abs. 1, 2 UmwG aufgezählten verschmelzungsfähigen Rechtsträgern gehören[829] und daher Verschmelzungsverträge unter Beteiligung von deutschen GbR gemäß § 134 BGB unwirksam sind. Denn für andere beteiligte deutsche Personengesellschaften existieren trotz der Geltung vergleichbarer allgemeiner Informationsvorschriften besondere Informationsvorschriften. Demnach hat der Gesetzgeber ein besonderes Informationsrecht der Gesellschafter von beteiligten deutschen Personengesellschaften für erforderlich gehalten und ein solches bewusst normiert.

2.1.4.2. Existenz von zumindest mit den maßgebenden Verschmelzungsmerkmalen vergleichbaren Konzernierungsmerkmalen

- Durch einen Abschluss eines Beherrschungs- und/oder Gewinnabführungsvertrags mit einer/einem beteiligten deutschen GmbH, eV oder Personengesellschaft muss grundsätzlich zwar nicht gemäß, aber analog § 305 Abs. 1, 2 Nr. 3, Abs. 3 S. 2 AktG (auch) eine angemessene Barabfindungspflicht des anderen beteiligten Unternehmensträgers gegenüber außenstehenden Gesellschaftern bzw. Mitgliedern der/des beteiligten deutschen GmbH, eV oder Personengesellschaft begründet werden, wenn diese/dieser durch den Unternehmensvertrag verpflichtet wird. Dies gilt zumindest dann, wenn nicht alle Gesellschafter bzw. Mitglieder der/des verpflichteten deutschen GmbH, eV oder Personengesellschaft zustimmungspflichtig sind. Die Nationalität und Rechtsform des durch den Unternehmensvertrag berechtigten Unternehmensträgers ist insoweit ohne Belang. Denn durch die Aufnahme in eine berechtigte unabhängige deutsche bzw. europäische AG oder KGaA wird die Beteiligung außenstehender Gesellschafter bzw. Mitglieder einer/eines verpflichteten deutschen GmbH, eV oder Personengesellschaft stärker als die Beteiligung außenstehender Aktionäre bzw. Kommanditaktionäre einer verpflichteten deutschen AG oder KGaA verändert, so dass die gesetzliche Verpflichtung zur Begründung einer isolierten Anteilsabfindungspflicht nicht ausreichend ist.

829 Nachw. in Fn. 689

Eine vergleichbare isolierte oder kombinierte Barabfindungspflicht gegenüber außenstehenden Gesellschaftern bzw. Mitgliedern einer/eines verpflichteten deutschen GmbH, eV oder Personengesellschaft kann außerdem durch Regelungen des Unternehmensvertrags, die außenstehende Gesellschafter bzw. Mitglieder der/des verpflichteten deutschen GmbH, eV oder Personengesellschaft erzwungen haben, begründet sein. Dies gilt zumindest dann, wenn alle Gesellschafter bzw. Mitglieder der/des verpflichteten deutschen GmbH, Personengesellschaft oder eV zustimmungspflichtig sind[830].

- Durch einen Abschluss eines Beherrschungs- und/oder Gewinnabführungsvertrags mit einer/einem beteiligten GmbH, eV oder Personengesellschaft muss einerseits grundsätzlich zwar nicht gemäß, aber analog § 305 Abs. 1, 2 Nr. 1, Abs. 3 S. 1 AktG auch eine angemessene Anteilsabfindungspflicht des anderen beteiligten Unternehmensträgers gegenüber außenstehenden Gesellschafter bzw. Mitglieder der/des beteiligten deutschen GmbH, eV oder Personengesellschaft begründet werden, wenn diese/dieser durch den Unternehmensvertrag verpflichtet wird und der durch den Unternehmensvertrag berechtigte Unternehmensträger eine unabhängige deutsche bzw. europäische AG oder KGaA ist. Dies gilt wohl zumindest dann, wenn nicht alle Gesellschafter bzw. Mitglieder der/des verpflichteten deutschen GmbH, eV oder Personengesellschaft zustimmungspflichtig sind. Denn die Struktur einer berechtigten unabhängigen deutschen bzw. europäischen AG oder KGaA wird durch die Aufnahme außenstehender Gesellschafter bzw. Mitglieder einer/eines verpflichteten deutschen GmbH, eV oder Personengesellschaft nicht stärker als durch die Aufnahme außenstehender Aktionäre bzw. Kommanditaktionäre einer verpflichteten deutschen AG oder KGaA belastet, so dass die gesetzliche Verpflichtung zur Begründung einer kombinierten Anteilsabfindungspflicht nicht unverhältnismäßig ist. Eine vergleichbare isolierte oder kombinierte Anteilsabfindungspflicht gegenüber außenstehenden Gesellschaftern bzw. Mitgliedern einer/eines verpflichteten deutschen GmbH, eV oder Personengesellschaft kann außerdem durch Regelungen des Unternehmensvertrags, die außenstehende Gesellschafter bzw. Mitglieder der/des verpflichteten deutschen GmbH, eV oder Personengesellschaft erzwungen haben, begründet sein. Dies gilt zumindest dann, wenn Anteile an dem berechtigten Unternehmensträger ausgegeben sind und übertragen werden können und alle Gesellschafter bzw. Mitglieder der/des verpflichteten deutschen GmbH, eV oder Personengesellschaft zustimmungspflichtig sind[831].

830 Vgl. II. T. I. Kap. I. Absch. 2.2.1.4.2.
831 Vgl. II. T. I. Kap. I. Absch. 2.2.1.4.2.

Durch einen Abschluss eines Beherrschungs- und/oder Gewinnabführungsvertrags mit einer/einem beteiligten deutschen GmbH, eV oder Personengesellschaft muss andererseits weder gemäß, noch analog § 305 Abs. 1, 2 Nr. 1, Abs. 3 S. 1 AktG eine angemessene Anteilsabfindungspflicht der/des beteiligten deutschen GmbH, eV oder Personengesellschaft gegenüber außenstehenden Anteilsinhabern des anderen beteiligten Unternehmensträgers begründet werden, selbst wenn jener durch den Unternehmensvertrag verpflichtet wird. Die Nationalität und Rechtsform des durch den Unternehmensvertrag verpflichteten Unternehmensträgers ist insoweit ohne Belang. Denn die Struktur einer/eines berechtigten deutschen GmbH, eV oder Personengesellschaft wird stärker als die Struktur einer berechtigten deutschen AG oder KGaA durch die Aufnahme außenstehender Anteilsinhaber eines verpflichteten Unternehmensträgers beliebiger Nationalität und Rechtsform verändert, so dass die gesetzliche Verpflichtung zur Begründung einer angemessenen Anteilsabfindungspflicht unverhältnismäßig ist[832]. Eine vergleichbare isolierte oder kombinierte Anteilsabfindungspflicht einer/eines berechtigten deutschen GmbH, eV oder Personengesellschaft kann allerdings durch Regelungen des ausländischen Konzernrechts, die außenstehende Anteilsinhaber des verpflichteten Unternehmensträgers sonstiger Nationalität schützen sollen, oder Regelungen des Unternehmensvertrags, die außenstehende Anteilsinhaber des verpflichteten Unternehmensträgers beliebiger Nationalität und Rechtsform erzwungen haben, begründet sein. Dies gilt zumindest dann, wenn Anteile an dem verpflichteten Unternehmensträger ausgegeben und alle Anteilsinhaber des verpflichteten Unternehmensträgers zustimmungspflichtig sind[833].

- Durch einen Abschluss eines Beherrschungs- und/oder Gewinnabführungsvertrags mit einer/einem beteiligten deutschen GmbH, eV oder Personengesellschaft wird einerseits ein grundsätzlich unbeschränktes Weisungs- und/oder Gewinnbezugsrecht des anderen beteiligten Unternehmensträgers gegenüber der/des beteiligten deutschen GmbH, eV oder Personengesellschaft begründet, wenn diese/dieser durch den Unternehmensvertrag verpflichtet wird[834]. Die Nationalität und Rechtsform des durch den Unternehmensvertrag berechtigten Unternehmensträgers ist insoweit ohne Belang.

---

832 v. Detten, S. 125f.; Dies gilt wohl selbst dann, wenn der durch den Unternehmensvertrag verpflichtete Unternehmensträger ebenfalls eine deutsche GmbH oder Personengesellschaft bzw. ein deutscher eV ist.

833 Vgl. II. T. I. Kap. I. Absch. 2.1.1.4.2., 2.2.1.4.2.

834 Einer analogen Anwendung der § 291 Abs. 1, § 308 Abs. 1 AktG bedarf es nicht, da es sich um die wesentlichen Vertragsbestandteile eines Beherrschungs- und/oder Gewinnabführungsvertrags handelt.

Durch einen Abschluss eines Beherrschungs- und/oder Gewinnabführungsvertrags mit einer/einem beteiligten deutschen GmbH, eV oder Personengesellschaft wird andererseits entweder gemäß oder analog § 302 Abs. 1 AktG eine unbeschränkte Verlustausgleichspflicht der/des beteiligten deutschen GmbH, eV oder Personengesellschaft gegenüber dem anderen beteiligten Unternehmensträger begründet, wenn jener durch den Unternehmensvertrag verpflichtet wird und ein deutscher Verein bzw. eine deutsche Genossenschaft oder Gesellschaft ist. Eine vergleichbare Verlustausgleichspflicht einer/eines berechtigten deutschen GmbH, eV oder Personengesellschaft kann außerdem durch Regelungen des ausländischen Konzernrechts, die den verpflichteten Unternehmensträger sonstiger Nationalität schützen sollen, oder Regelungen Unternehmensvertrags, die der verpflichtete Unternehmensträger beliebiger Nationalität und Rechtsform erzwungen hat, begründet sein[835].

Viertens ist andererseits damit festzustellen, dass bei einem Abschluss eines Beherrschungs- und/oder Gewinnabführungsvertrags mit einer/einem beteiligten deutschen GmbH, eV oder Personengesellschaft, durch den diese/dieser vertragstypisch verpflichtet wird sowie ihre/seine außenstehenden Gesellschafter bzw. Mitglieder angemessen barabfindungs- und/oder anteilsabfindungsbefugt werden bzw. diese/dieser vertragstypisch berechtigt sowie (auch) angemessen anteilsabfindungspflichtig wird, seitens der/des beteiligten deutschen GmbH, eV oder Personengesellschaft Konzernierungsmerkmale, die mit den für die Informationsvorschriften der §§ 10 – 12, 30 Abs. 2 UmwG und/oder der §§ 9 – 12, 60, 78 S. 1, 2 UmwG maßgebenden Verschmelzungsmerkmalen vergleichbar sind, und Konzernierungsmerkmale, die mit den für die Informationsvorschriften der §§ 8, 63, 64, 78 S. 1, 2 UmwG maßgebenden Verschmelzungsmerkmalen vergleichbar sind, vorhanden sein können. Bei einem Abschluss eines Beherrschungs- und/ oder Gewinnabführungsvertrags mit einer/einem beteiligten deutschen GmbH, eV oder Personengesellschaft, durch den diese/dieser vertragstypisch verpflichtet wird bzw. diese/dieser vertragstypisch berechtigt sowie (nur) unbeschränkt verlustausgleichspflichtig wird, können zwar überhaupt keine Konzernierungsmerkmale, die mit den für die Informationsvorschriften der §§ 10 – 12, 30 Abs. 2 UmwG und/oder der §§ 9 – 12, 60, 78 S. 1, 2 UmwG maßgebenden Verschmelzungsmerkmalen vergleichbar sind, aber zumindest einige Konzernierungsmerkmale, die mit den für die Informationsvorschriften der §§ 8, 63, 64, 78 S. 1, 2 UmwG maßgebenden Verschmelzungsmerkmalen vergleichbar sind, vorhanden sein. Bei einem Abschluss eines sonstigen Beherrschungs- und/oder Gewinnabführungsvertrags mit einer/einem beteiligten deutschen GmbH, eV oder Personengesellschaft können keine Konzernierungsmerkmale, die mit den für die In-

835 Vgl. II. T. I. Kap. I. Absch. 2.1.1.1., 2.2.1.1.

formationsvorschriften der §§ 10 – 12, 30 Abs. 2 UmwG und/oder der §§ 9 – 12, 60, 78 S. 1, 2 UmwG maßgebenden Verschmelzungsmerkmalen vergleichbar sind, und keine Konzernierungsmerkmale, die mit den für die Informationsvorschriften der §§ 8, 63, 64, 78 S. 1, 2 UmwG maßgebenden Verschmelzungsmerkmalen vergleichbar sind, vorhanden sein.

Bei einem Unternehmensvertrag mit einer/einem beteiligten deutschen GmbH, eV oder Personengesellschaft, durch den diese/dieser vertragstypisch verpflichtet wird sowie ihre/seine außenstehenden Gesellschafter bzw. Mitglieder angemessen barabfindungs- und/oder anteilsabfindungsbefugt werden bzw. diese/dieser vertragstypisch berechtigt sowie (auch) angemessen anteilsabfindungspflichtig wird, sind die durch die Normierung der Informationsvorschriften der §§ 293a – 293g Abs. 1, 2 S. 1, Abs. 3 AktG verstärkten Rechte daher zweckgemäß seitens der/des beteiligten deutschen GmbH, eV oder Personengesellschaft ebenso sinnvoll ohne die Anwendung der Informationsvorschriften der §§ 293b – 293e AktG, dann wenn nicht alle Gesellschafter bzw. Mitglieder zustimmungspflichtig sind, und ohne die Anwendung der Informationsvorschriften der §§ 293a, 293f, 293g Abs. 1, 2 S. 1, Abs. 3 AktG, dann wenn nicht alle Gesellschafter bzw. Mitglieder geschäftsführungsbefugt sind, regelmäßig nicht auszuüben. Bei einem Unternehmensvertrag mit einer/einem beteiligten deutschen GmbH, eV oder Personengesellschaft, durch den diese/dieser vertragstypisch verpflichtet wird bzw. diese/dieser vertragstypisch berechtigt sowie (nur) unbeschränkt verlustausgleichspflichtig wird, sind die durch die Normierung der Informationsvorschriften der §§ 293a – 293g Abs. 1, 2 S. 1, Abs. 3 AktG verstärkten Rechte ebenfalls zweckgemäß ebenso sinnvoll zwar ohne die Anwendung der Informationsvorschriften der §§ 293b – 293e AktG, aber regelmäßig nicht ohne die Anwendung der Informationsvorschriften der §§ 293a, 293f, 293g Abs. 1, 2 S. 1, Abs. 3 AktG, dann wenn nicht alle Gesellschafter bzw. Mitglieder geschäftsführungsbefugt sind, auszuüben. Bei einem sonstigen Unternehmensvertrag mit einer/einem beteiligten deutschen GmbH, eV oder Personengesellschaft sind die durch die Normierung der Informationsvorschriften der §§ 293a – 293g Abs. 1, 2 S. 1, Abs. 3 AktG verstärkten Rechte dagegen zweckwidrig ebenso sinnvoll unabhängig auszuüben.

Zusammenfassend bleibt deshalb folgendes festzuhalten: Bei einem Unternehmensvertrag mit einer/einem beteiligten deutschen GmbH, eV oder Personengesellschaft, durch den diese/dieser vertragstypisch verpflichtet wird sowie ihre/seine außenstehenden Gesellschafter bzw. Mitglieder angemessen barabfindungs- und/oder anteilsabfindungsbefugt werden bzw. diese/dieser vertragstypisch berechtigt sowie (auch) angemessen anteilsabfindungspflichtig wird, ist eine Ausweitung des Anwendungsbereichs der §§ 293b – 293e AktG, wenn nicht alle Gesellschafter bzw. Mitglieder zustimmungspflichtig sind, ebenso wie eine

Ausweitung des Anwendungsbereichs der §§ 293a, 293f, 293g Abs. 1, 2 S. 1, Abs. 3 AktG, wenn nicht alle Gesellschafter bzw. Mitglieder geschäftsführungsbefugt sind, seitens der/des beteiligten deutschen GmbH, eV oder Personengesellschaft durch den Zweck des Gesetzes einschließlich des Prinzips der Gleichbehandlung geboten. Bei einem Unternehmensvertrag mit einer/einem beteiligten deutschen GmbH, eV oder Personengesellschaft, durch den diese/dieser vertragstypisch verpflichtet wird bzw. diese/dieser vertragstypisch berechtigt sowie (nur) unbeschränkt verlustausgleichspflichtig wird, ist zwar keine Ausweitung des Anwendungsbereichs der §§ 293b – 293e AktG, aber eine Ausweitung des Anwendungsbereichs der §§ 293a, 293f, 293g Abs. 1, 2 S. 1, Abs. 3 AktG, wenn nicht alle Gesellschafter bzw. Mitglieder geschäftsführungsbefugt sind, seitens der/des beteiligten deutschen GmbH, eV oder Personengesellschaft durch den Zweck des Gesetzes einschließlich des Prinzips der Gleichbehandlung geboten. Bei einem sonstigen Unternehmensvertrag mit einer/einem beteiligten deutschen GmbH, eV oder Personengesellschaft ist eine Ausweitung des Anwendungsbereichs der §§ 293b – 293e AktG ebenso wenig wie eine Ausweitung des Anwendungsbereichs der §§ 293a, 293f, 293g Abs. 1, 2 S. 1, Abs. 3 AktG seitens der/des beteiligten deutschen GmbH, eV oder Personengesellschaft durch den Zweck des Gesetzes einschließlich des Prinzips der Gleichbehandlung geboten. Insoweit ist eine Gesetzeslücke teilweise zu bejahen.

2.2. Verneinen eines Vervollständigungsverbots

Die fehlende Normierung von besonderen Informationsvorschriften für an Unternehmensverträgen beteiligte deutsche GmbH, eV und Personengesellschaften nach dem Vorbild der für an Verschmelzungsverträgen beteiligte deutsche GmbH und eV sowie KG, oHG und PG normierten Informationsvorschriften der der §§ 8 – 12, 30 Abs. 2, §§ 47 – 49 Abs. 2, 3, § 63 Abs. 3, § 64 Abs. 1 S. 2 UmwG, der §§ 8 – 12, 30 Abs. 2, § 64 Abs. 1 S. 2, Abs. 2, § 100 S. 2, §§ 101, 102 UmwG und der §§ 8 – 12, 30 Abs. 2, §§ 42, 44, 45c S. 2, § 45e S. 2, § 49 Abs. 2, 3, 63 Abs. 3, § 64 Abs. 1 S. 2 UmwG stellt ein redaktionelles Versehen und keine bewusste Entscheidung des historischen Gesetzgebers dar. Denn ein kodifiziertes Vertragskonzernrecht, in das den rechtsformneutralen und rechtsformspezifischen Informationsvorschriften des kodifizierten Verschmelzungsrechts nachgebildete Informationsvorschriften eingefügt werden könnte, ist weder allgemein für beteiligte inländische Unternehmensträger jeglicher Rechtsform noch speziell für beteiligte deutsche GmbH, eV und Personengesellschaften existent. Auch ist die Schaffung des UmwBerG unter erheblichen Zeitdruck und ohne besondere Beachtung des Art. 6 Nr. 5, 6 UmwBerG erfolgt[836].

Bei einem Unternehmensvertrag mit einer/einem beteiligten deutschen GmbH, eV oder Personengesellschaft ist deshalb eine Ausweitung des Anwendungsbereichs der §§ 293a – 293g Abs. 1, 2 S. 1, Abs. 3 AktG seitens der/des beteiligten deutschen GmbH, eV oder Personengesellschaft nicht durch das Prinzip des Umkehrschlusses verboten. Insoweit ist ein Vervollständigungsverbot zu verneinen.

Bei einem Unternehmensvertrag mit einer/einem beteiligten deutschen GmbH, eV oder Personengesellschaft, durch den diese/dieser vertragstypisch verpflichtet wird sowie ihre/seine außenstehenden Gesellschafter bzw. Mitglieder angemessen barabfindungs- und/oder anteilsabfindungsbefugt werden bzw. diese/dieser vertragstypisch berechtigt sowie (auch) angemessen anteilsabfindungspflichtig wird, wird dementsprechend – das Vorliegen der sonstigen Anwendungsvoraussetzungen unterstellt – der Anwendungsbereich der §§ 293b – 293e AktG, wenn nicht alle Gesellschafter bzw. Mitglieder zustimmungspflichtig sind, und der Anwendungsbereich der §§ 293a, 293f, 293g Abs. 1, 2 S. 1, Abs. 3 AktG, wenn nicht alle Gesellschafter bzw. Mitglieder geschäftsführungsbefugt sind, seitens der/des beteiligten deutschen GmbH, eV oder Personengesellschaft durch eine Vervollständigung des Gesetzes infolge einer Analogie zu diesen Informationsvorschriften ausgeweitet. Bei einem Unternehmensvertrag mit einer/einem beteiligten deutschen GmbH, eV oder Personengesellschaft, durch den diese/dieser vertragstypisch verpflichtet wird bzw. diese/dieser vertragstypisch berechtigt sowie (nur) unbeschränkt verlustausgleichspflichtig wird, wird zwar nicht der Anwendungsbereich der §§ 293b – 293e AktG, – das Vorliegen der sonstigen Anwendungsvoraussetzungen unterstellt – aber der Anwendungsbereich der §§ 293a, 293f, 293g Abs. 1, 2 S. 1, Abs. 3 AktG, wenn nicht alle Gesellschafter bzw. Mitglieder geschäftsführungsbefugt sind, seitens der/des beteiligten deutschen GmbH, eV oder Personengesellschaft durch eine Vervollständigung des Gesetzes infolge einer Analogie zu diesen Informationsvorschriften ausgeweitet. Bei einem sonstigen Unternehmensvertrag mit einer/einem beteiligten deutschen GmbH, eV oder Personengesellschaft wird demgegenüber der Anwendungsbereich der §§ 293b – 293e AktG und der Anwendungsbereich der §§ 293a, 293f, 293g Abs. 1, 2 S. 1, Abs. 3 AktG nicht seitens der/des beteiligten deutschen GmbH, eV oder Personengesellschaft durch eine Vervollständigung des Gesetzes infolge einer Analogie zu diesen Informationsvorschriften ausge-

836 Vgl. II. T. I. Kap. II. Absch. 2.2.

weitet[837]. Dies gilt gleichgültig, ob der andere an dem Unternehmensvertrag beteiligte Unternehmensträger eine deutsche AG bzw. KGaA ist oder eine sonstige Nationalität bzw. Rechtsform hat.

IV. Abschnitt. Unternehmensverträge mit deutschen Stiftungen des bürgerlichen Rechts und Rechtsträgern des öffentlichen Rechts

Unternehmenstragende deutsche Stiftungen des bürgerlichen Rechts können sich an Unternehmensverträgen als verpflichtete und/oder berechtigte Unternehmensträger beteiligen[838].

- Insbesondere sind Beherrschungs- und/oder Gewinnabführungsverträge mit verpflichteten deutschen SbR eingeschränkt zulässig[839]. Ein Beherrschungs-

---

837 Für eine Analogie (zumindest bei einer eingreifenden statuarischen Mehrheitsklausel) ohne Differenzierung bei beteiligten deutschen GmbH Emmerich in Emmerich/Habersack AG-/GmbH-KonzR, § 293a Rn. 10–13, § 293b Rn. 10a, § 293f Rn. 6, § 293g Rn. 2, Scholz, Anh. § 44 Rn. 133; Humbeck in BB 1995, S. 1893 (1893f.); Lutter/Hommelhoff in Lutter/Hommelhoff, Anh. § 13 Rn. 41–43,61; Koppensteiner in KK AktG, Vorb. § 291 Rn. 172, § 293a Rn. 8, Rowedder/Schmidt-Leithoff, Anh. § 52 Rn. 63,64,66; Neun, S. 232ff.; Zöllner in Baumbach/Hueck, Schlussanh. I Rn. 43; bei berechtigten deutschen GmbH Hüffer, § 293a Rn. 5; für eine Analogie zu § 293f Abs. 1 AktG und gegen eine Analogie zu den §§ 293a – 293e AktG bei berechtigten deutschen GmbH Bungert in DB 1995, S. 1449 (1452ff.); gegen eine Analogie (wegen des angeblich stets geltenden gesetzlichen Einstimmigkeitsprinzips) ohne Differenzierung bei beteiligten deutschen GmbH Altmeppen in MK AktG, §§ 293a Rn. 12–21, Roth/Altmeppen, Anh. § 13 Rn. 47–49, ZIP 1998, S. 1853 (1857ff.); Zeidler in Michalski, Syst. Darst. 4 Rn. 80, NZG 1999, S. 692 (694); bei verpflichteten deutschen GmbH Bungert in DB 1995, S. 1449 (1452ff.); Hüffer, § 293a Rn. 5; für eine Analogie ohne Differenzierung bei beteiligten deutschen rechtsfähigen Vereinen Nachw. in Fn. 688; für eine Analogie zu § 293 Abs. 3 S. 2–4 AktG a.F. bei beteiligten deutschen rechtsfähigen Vereinen Nachw. in Fn. 688; gegen eine Analogie ohne Differenzierung bei beteiligten deutschen Personengesellschaften Emmerich in Emmerich/Habersack AG-/GmbH-KonzR, § 293a Rn. 10,14, § 293b Rn. 10a

838 Die grundsätzliche Zulässigkeit der Beteiligung von deutschen SbR an Unternehmensverträgen ist anders als die Zulässigkeit der Beteiligung von deutschen SbR an Verschmelzungsverträgen mangels einer den § 1 Abs. 2, § 3 Abs. 1, 2 UmwG entsprechenden Norm (vgl. Kallmeyer in Kallmeyer, § 1 Rn. 20, § 3 Rn. 2; Lutter/Drygalla in Lutter/Winter, § 1 Rn. 18, § 3 Rn. 5) durch das deutsche Recht nicht ausgeschlossen.

839 Ebenso Heinzelmann, S. 216ff.; Schwarz in Bamberger/Roth, Vorb. § 80 Rn. 19; anders Rawert in Staudinger, Vorb. §§ 80ff. Rn. 119; Reuter in MK BGB, Vorb. § 21 Rn. 18, Vorb. § 80 Rn. 56; Stengel, S. 128f.; Dies gilt gleichgültig, ob der berechtigte Unternehmensträger eine deutsche AG bzw. KGaA ist oder eine sonstige

und/oder Gewinnabführungsvertrag führt bei einer verpflichteten deutschen SbR dann nicht zu einer gemäß §§ 85, 87 Abs. 1,2 BGB grundsätzlich unzulässigen Änderung ihres Zwecks[840], wenn von dem berechtigten Unternehmensträger die Verfolgung desselben Ziels und die Verwirklichung desselben Interesses wie von der verpflichteten deutschen SbR bezweckt wird bzw. das Weisungsrecht des berechtigten Unternehmensträgers durch das Ziel und das Interesse der verpflichteten deutschen SbR beschränkt und/oder das Gewinnbezugsrecht des berechtigten Unternehmensträgers durch eine dem Ziel und dem Interesse der verpflichteten deutschen SbR entsprechende Leistungspflicht ausgeglichen wird[841].

- Gleichfalls sind Beherrschungs- und/oder Gewinnabführungsverträge mit berechtigten deutschen SbR eingeschränkt zulässig[842]. Ein Beherrschungs- und/oder Gewinnabführungsvertrag führt bei einer berechtigten deutschen SbR dann nicht zu einer gemäß §§ 85, 87 Abs. 1, 2 BGB grundsätzlich unzulässigen Änderung ihres Zwecks, wenn durch den wirtschaftlichen Geschäftsbetrieb des verpflichteten Unternehmensträgers das Ziel und das Interesse der berechtigten deutschen SbR verfolgt bzw. verwirklicht oder die Verfolgung des Ziels und die Verwirklichung des Interesses der berechtigten deutschen SbR finanziert bzw. ermöglicht wird.

Unternehmenstragende deutsche Rechtsträger des öffentlichen Rechts, insbesondere Gebietskörperschaften, Anstalten und Stiftungen des öffentlichen Rechts

---

Nationalität bzw. Rechtsform hat. Allerdings erfordert ein Abschluss eines Beherrschungs- und/oder Gewinnabführungsvertrags bei einer verpflichteten deutschen SbR analog den LStifG die Zustimmung der Aufsichtsbehörde, da er zu einer (dauerhaften) Überlagerung ihrer Satzung führt und daher einer gemäß den LStifG zustimmungspflichtigen (endgültigen) Änderung ihrer Satzung gleichsteht.

840 Vgl. Rawert in Staudinger, Vorb. §§ 80ff. Rn. 6; Schwarz in Bamberger/Roth, Vorb. § 80 Rn. 4; Der Vorstand kann eine Zweckänderung lediglich beschließen, wenn ein statuarischer bestimmter Änderungsvorbehalt besteht und eingreift. Die Aufsichtsbehörde kann eine Zweckänderung, die dem erklärten bzw. mutmaßlichen Willen des Stifters entspricht, insbesondere die Erträge des Stiftungsvermögens den Destinatären erhält, lediglich anordnen, wenn eine wesentliche Verhältnisänderung eingetreten, insbesondere die Zweckerfüllung unmöglich oder gemeinwohlgefährdend geworden ist (vgl. Heinrichs in Palandt, § 81 Rn. 7, § 87 Rn. 1; Reuter in MK BGB, § 85 Rn. 7, § 87 Rn. 3–6).

841 Heinzelmann, S. 216ff.,227ff.,240f.

842 Ebenso Heinzelmann, S. 249ff.; Schwarz in Bamberger/Roth, Vorb. § 80 Rn. 19; Emmerich/Habersack KonzR, S. 481ff.; Kohl in NJW 1992, S. 1922ff.; Rawert in Staudinger, Vorb. §§ 80ff. Rn. 119; Reuter in MK BGB, Vorb. § 80 Rn. 55; Schwintowski in NJW 1991, S. 2736ff.; Stengel, S. 129f; Dies gilt gleichgültig, ob der verpflichtete Unternehmensträger eine deutsche AG bzw. KGaA ist oder eine sonstige Nationalität bzw. Rechtsform hat.

können sich an Unternehmensverträgen mit inländischen Unternehmensträgern des bürgerlichen Rechts beteiligen[843].

- Unklar ist, ob Beherrschungs- und/oder Gewinnabführungsverträge zwischen verpflichteten deutschen RöR und berechtigten inländischen Unternehmensträgern des bürgerlichen Rechts zulässig sind[844]. Dies wäre allenfalls denkbar, wenn ein Beherrschungs- und/oder Gewinnabführungsvertrag bei einem verpflichteten deutschen RöR nicht zu einer Ausrichtung auf ein privates Interesse führt, weil auch von dem berechtigten inländischen Unternehmensträger des bürgerlichen Rechts die Verwirklichung eines öffentlichen Interesses bezweckt wird bzw. das Weisungsrecht des berechtigten Unternehmensträgers des bürgerlichen Rechts durch das öffentliche Interesse des verpflichteten deutschen RöR beschränkt und/oder das Gewinnbezugsrecht des berechtigten Unternehmensträgers des bürgerlichen Rechts durch eine dem öffentlichen Interesse des verpflichteten deutschen RöR entsprechende Leistungspflicht ausgeglichen wird.
- Sicher ist dagegen, dass Beherrschungs- und/oder Gewinnabführungsverträge zwischen berechtigten deutschen RöR und verpflichteten inländischen Unternehmensträgern des bürgerlichen Rechts zulässig sind[845]. Dies ist jedenfalls anzunehmen, wenn ein Beherrschungs- und/oder Gewinnabführungsvertrag bei einem berechtigten deutschen RöR nicht zu einer Ausrichtung auf ein privates Interesse führt, weil durch den wirtschaftlichen Geschäftsbetrieb des verpflichteten inländischen Unternehmensträgers des bürgerlichen Rechts ein öffentliches Interesse verwirklicht oder die Verwirklichung eines öffentlichen Interesses finanziert bzw. ermöglicht wird.

---

843 Die grundsätzliche Zulässigkeit der Beteiligung von deutschen RöR an Unternehmensverträgen ist anders als die Zulässigkeit der Beteiligung von deutschen RöR an Verschmelzungsverträgen mangels einer den § 1 Abs. 2, § 3 Abs. 1, 2 UmwG entsprechenden Norm durch das deutsche Recht nicht ausgeschlossen.

844 Vgl. Altmeppen in MK AktG, § 291 Rn. 20; Bezzenberger/Schuster in ZGR 1996, S. 481ff.; Emmerich in Emmerich/Habersack AG-/GmbH-KonzR, § 15 Rn. 25a; Fett/Preußner in AG 2001, S. 337 (340); Hüffer, § 15 Rn. 14, § 291 Rn. 7; Neumann/Rux in DB 1996, S. 1659ff.; Raiser in ZGR 1996, S. 458ff.; Schuster in FS Bezzenberger, S. 757ff., FS Müller, S. 135ff.; Wolfers in NVwZ 2000, S. 765ff.

845 Vgl. OLG Celle in AG 2001, S. 474; Altmeppen in MK AktG, § 291 Rn. 22; Ehinger, S. 57f.; Emmerich in Emmerich/Habersack AG-/GmbH-KonzR, § 15 Rn. 30, § 291 Rn. 8,9; Habersack in ZGR 1996, S. 544ff.; Hohrmann, S. 76ff.; Hüffer, § 15 Rn. 13a, § 291 Rn. 8; Koppensteiner in KK AktG, § 291 Rn. 10; Raiser in ZGR 1996, S. 458ff.; Sina in AG 1991, S. 1ff.; M. Schneider, S. 146ff.

1. Auslegung des Gesetzes

Von den §§ 293a – 293g Abs. 1, 2 S. 1, Abs. 3 AktG werden weder schlechthin beteiligte Unternehmensträger jeglicher Rechtsform noch ausdrücklich beteiligte SbR sowie Gebietskörperschaften, Anstalten und Stiftungen des öffentlichen Rechts erwähnt. Von dem AktG werden außerdem weder allgemein Rechtsträger jeglicher Rechtsform noch speziell SbR sowie Gebietskörperschaften, Anstalten und Stiftungen des öffentlichen Rechts geregelt[846].

Bei einem Unternehmensvertrag mit einer/einem beteiligten deutschen SbR oder RöR ist deshalb die mangelnde Eröffnung des Anwendungsbereichs der §§ 293a – 293g Abs. 1, 2 S. 1, Abs. 3 AktG seitens der/des beteiligten deutschen SbR oder RöR aus dem Wortsinn des Gesetzes und aus dem Sinnzusammenhang des Gesetzes zu folgern. Bei einem Unternehmensvertrag mit einer/einem beteiligten deutschen SbR oder RöR ist dementsprechend der Anwendungsbereich der §§ 293a – 293g Abs. 1, 2 S. 1, Abs. 3 AktG nach einer Auslegung des Gesetzes nicht seitens der/des beteiligten deutschen SbR oder RöR eröffnet[847]. Dies gilt gleichgültig, ob die/der deutsche SbR bzw. RöR an dem Unternehmensvertrag als verpflichteter oder berechtigter Unternehmensträger beteiligt ist und ob der andere an dem Unternehmensvertrag beteiligte Unternehmensträger eine deutsche AG bzw. KGaA ist oder eine sonstige Nationalität bzw. Rechtsform hat.

2. Vervollständigung des Gesetzes

Die §§ 293a – 293g Abs. 1, 2 S. 1, Abs. 3 AktG bezwecken ausschließlich den Schutz der Anteilsinhaber von an Unternehmensverträgen beteiligten deutschen Rechtsträgern[848]. Deutsche SbR sowie deutsche Gebietskörperschaften, Anstalten und Stiftungen des öffentlichen Rechts sind allerdings eigentümerlose Rechtssubjekte und haben deshalb keine schutzbedürftigen Anteilsinhaber[849]. Die Destinatäre besitzen nicht die Stellung von Anteilsinhabern, selbst wenn ihnen durch die Satzung oder das LStiftG Mitwirkungsrechte und Leistungsansprüche eingeräumt

---

846 Vgl. II. T. I. Kap. II. Absch. 1.

847 Ebenso Emmerich in Emmerich/Habersack AG-/GmbH-KonzR, § 293a Rn. 10,14, § 293b Rn. 10a; Koppensteiner in KK AktG, § 293a Rn. 8

848 Vgl. I. T.

849 BayObLG in NJW 1973, S. 249; Heinrichs in Palandt, Einf. § 21 Rn. 4, Vorb. § 80 Rn. 5,8; Perlitt in Semler/Stengel, § 169 Rn. 1,3; Rawert in Lutter/Winter, § 161 Rn. 7, § 162 Rn. 4, Staudinger, Vorb. §§ 80ff. Rn. 4, § 85 Rn. 8,9; Schmidt in Lutter/Winter, Vorb. § 168 Rn. 4,11,12, § 169 Rn. 2; Schwarz in Bamberger/Roth, Vorb. § 80 Rn. 3

sind[850]. Die lebenden Stifter und die aufsichtsführenden Behörden treten außerdem nicht an die Stelle der fehlenden Anteilsinhaber[851], selbst wenn die Unternehmensvertragbegründung nach der Satzung oder dem LStiftG bzw. dem öffentlichen Aufsichtsrecht deren Zustimmung bedarf[852].

Bei einem Unternehmensvertrag mit einer/einem beteiligten deutschen SbR oder RöR ist deshalb eine Ausweitung des Anwendungsbereichs der §§ 293a – 293g Abs. 1, 2 S. 1, Abs. 3 AktG seitens der/des beteiligten deutschen SbR oder RöR durch den Zweck des Gesetzes einschließlich des Prinzips der Gleichbehandlung nicht geboten. Insoweit ist eine Gesetzeslücke nicht zu bejahen. Bei einem Unternehmensvertrag mit einer/einem beteiligten deutschen SbR oder RöR wird dementsprechend der Anwendungsbereich der §§ 293a – 293g Abs. 1, 2 S. 1, Abs. 3 AktG durch eine Vervollständigung des Gesetzes infolge einer Analogie zu diesen Informationsvorschriften nicht seitens der/des beteiligten deutschen SbR oder RöR ausgeweitet. Dies gilt gleichgültig, ob die/der deutsche SbR bzw. RöR an dem Unternehmensvertrag als verpflichteter oder berechtigter Unternehmensträger beteiligt ist und ob der andere an dem Unternehmensvertrag beteiligte Unternehmensträger eine deutsche AG bzw. KGaA ist oder eine sonstige Nationalität bzw. Rechtsform hat.

V. Abschnitt. Unternehmensverträge mit nichtdeutschen Rechtsträgern

Unternehmenstragende nichtdeutsche Rechtsträger können sich an Unternehmensverträgen mit inländischen Unternehmensträgern beteiligen[853]. Insbesondere sind Beherrschungs- und/oder Gewinnabführungsverträge zwischen einem nicht-

---

850 Heinrichs in Palandt, Vorb. § 80 Rn. 8, § 85 Rn. 4; Rawert in Lutter/Winter, § 161 Rn. 7, § 162 Rn. 4, Staudinger, Vorb. §§ 80ff. Rn. 4, § 85 Rn. 10–17; Schwarz in Bamberger/Roth, Vorb. § 80 Rn. 3, § 85 Rn. 5,6

851 Vgl. I. T.

852 Die LStiftG normieren für die Unternehmensvertragsbegründung nicht ausdrücklich ein Zustimmungserfordernis. Maßgeblich ist daher, ob diese einer nach den LStiftG grundsätzlich zustimmungspflichtigen einfachen bzw. qualifizierten Satzungsänderung gleichsteht oder ein nach den LStiftG ausnahmsweise zustimmungspflichtiges Risikogeschäft darstellt.

853 Die grundsätzliche Zulässigkeit der Beteiligung von nichtdeutschen Rechtsträgern an Unternehmensverträgen mit inländischen Unternehmensträgern ist ebenso wenig wie die Zulässigkeit der Beteiligung von nichtdeutschen Rechtsträgern an Verschmelzungsverträgen mit inländischen Rechtsträgern trotz der § 1 Abs. 2, § 3 Abs. 1,2 UmwG (vgl. Kallmeyer in Kallmeyer, § 1 Rn. 10; Lutter/Drygala in Lutter/Winter, § 1 Rn. 6, § 2 Rn. 34) durch das deutsche Recht ausgeschlossen.

deutschen Rechtsträger und einem inländischen Unternehmensträger zulässig[854]. Dies ist jedenfalls anzunehmen, wenn das ausländische nationale Recht kein (isoliertes) Verbot der Beteiligung des nichtdeutschen Rechtsträgers an Unternehmensverträgen (mit einem inländischen Unternehmensträger) enthält[855] oder ein solches aufgrund seines Sitzes in einem anderen Mitgliedstaat der Europäischen Union gegen das höherrangige europäische Recht verstößt[856].

Der Erste Teil des Dritten Buches des AktG beschränkt die Anwendbarkeit seiner dem Schutz der Aktionäre und Kommanditaktionäre von an Unternehmensverträgen beteiligten AG und KGaA dienenden (Informations-)Vorschriften nicht ausdrücklich auf AG und KGaA mit Sitz im Inland. Die §§ 291 – 307 AktG einschließlich der §§ 293a – 293g Abs. 1, 2 S. 1, Abs. 3 AktG sprechen vielmehr schlechthin von an Unternehmensverträgen beteiligten *Aktiengesellschaften* und *Kommanditgesellschaften auf Aktien*. Die §§ 293a – 293g Abs. 1, 2 S. 1, Abs. 3 AktG bezwecken allerdings ausschließlich den Schutz der Anteilsinhaber von an Unternehmensverträgen beteiligten Rechtsträgern mit Sitz im Inland. Der Schutz der Anteilsinhaber von Rechtsträgern mit Sitz im Ausland ist dagegen nicht Aufgabe des inländischen nationalen Rechts[857].

Bei einem Unternehmensvertrag mit einem beteiligten nichtdeutschen Rechtsträger ist deshalb zum einen die mangelnde Eröffnung des Anwendungsbereichs der §§ 293a – 293g Abs. 1, 2 S. 1, Abs. 3 AktG seitens des beteiligten nichtdeutschen Rechtsträgers zwar nicht aus dem Wortsinn des Gesetzes, aber aus dem Zweck des Gesetzes zu folgern. Zum anderen ist eine Ausweitung des Anwendungsbereichs der §§ 293a – 293g Abs. 1, 2 S. 1, Abs. 3 AktG seitens des beteiligten nichtdeutschen Rechtsträgers durch den Zweck des Gesetzes einschließlich des Prinzips der Gleichbehandlung nicht geboten. Insoweit ist eine Gesetzeslücke nicht zu bejahen. Bei einem Unternehmensvertrag mit einem beteiligten nichtdeutschen Rechtsträger ist dementsprechend einerseits der Anwendungsbereich der §§ 293a – 293g Abs. 1, 2 S. 1, Abs. 3 AktG nach einer Auslegung des Gesetzes nicht seitens des beteiligten nichtdeutschen Rechtsträger eröffnet. Andererseits wird der Anwendungsbereich der §§ 293a – 293g Abs. 1, 2 S. 1, Abs. 3

---

854 Nachw. in Fn. 230; Dies gilt gleichgültig, ob der nichtdeutsche Rechtsträger an dem Unternehmensvertrag als verpflichteter oder berechtigter Unternehmensträger beteiligt ist und ob der an dem Unternehmensvertrag beteiligte inländische Unternehmensträger eine AG bzw. KGaA ist oder eine sonstige Rechtsform hat.

855 Vgl. Altmeppen in MK AktG, § 293 Rn. 118,120

856 Vgl. Bärwaldt/Schabacker in AG 1998, S. 182 (184ff.); Bayer, S. 96ff., in ZGR 1993, S. 599 (612f.); Einsele in ZGR 1996, S. 40 (47ff.); Emmerich in Emmerich/Habersack AG-/GmbH-KonzR, § 291 Rn. 37; Selzner/Sustmann in Konzern 2003, S. 85 (96)

857 Vgl. I. T.

AktG durch eine Vervollständigung des Gesetzes infolge einer Analogie zu diesen Informationsvorschriften nicht seitens des beteiligten nichtdeutschen Rechtsträgers ausgeweitet. Beides gilt gleichgültig, ob der nichtdeutsche Rechtsträger an dem Unternehmensvertrag als verpflichteter oder berechtigter Unternehmensträger beteiligt ist und ob der an dem Unternehmensvertrag beteiligte inländische Unternehmensträger eine AG bzw. KGaA ist oder eine sonstige Rechtsform hat.

II. Kapitel. Typen von Unternehmensverträgen

Die Unternehmensverträge können von dem Typ des § 291 Abs. 1 AktG oder des § 292 Abs. 1 AktG sein.

1. Abschnitt. Unternehmensverträge im Sinn von § 291 Abs. 1 AktG

Zu den Unternehmensverträgen im Sinn von § 291 Abs. 1 AktG, die isoliert oder kombiniert vorkommen können[858], gehören gemäß § 291 Abs. 1 S. 1 Alt. 1 AktG Beherrschungsverträge und gemäß § 291 Abs. 1 S. 1 Alt. 2 AktG Gewinnabführungsverträge[859]. Als Gewinnabführungsverträge gelten dabei gemäß § 291 Abs. 1 S. 2 AktG auch Geschäftsführungsverträge.

1. Auslegung des Gesetzes

- Die §§ 293a – 293g Abs. 1, 2 S. 1, Abs. 3 AktG erfassen alle Unternehmensverträge im Sinn von § 291 Abs. 1 AktG und § 292 Abs. 1 AktG[860]. Denn der zweite Abschnitt des ersten Teils des dritten Buchs des AktG regelt nach sei-

---

858 OLG Karlsruhe in AG 2001, S. 536; LG Kassel in AG 1997, S. 239; Altmeppen in MK AktG, § 219 Rn. 52,53, 141,148,149; Cahn/Simon in Konzern 2003, S. 1 (2ff.); Ebenroth/Parche in BB 1989, S. 637 (638); Emmerich in Emmerich/Habersack AG-/GmbH-KonzR, § 291 Rn. 60–61b; Hüffer, § 291 Rn. 24; Koppensteiner in KK AktG, § 291 Rn. 4,5,78; Kort in BB 1988, S. 79ff.; Müller in FS Goerdeler, S. 375 (383ff.)

859 Emmerich in Emmerich/Habersack AG-/GmbH-KonzR, § 291 Rn. 1,2; Hüffer, § 291 Rn. 1

860 Altmeppen in MK AktG, § 293a Rn. 5–11,27, § 293b Rn. 5,12, § 293e Rn. 2,15–17, § 293f Rn. 2,5, § 293g Rn. 1,6, 9,13,14; Emmerich in Emmerich/Habersack AG-/GmbH-KonzR, § 293a Rn. 8, § 293b Rn. 11, § 293e Rn. 3, § 293f Rn. 2, § 293g Rn. 1,3,7,9; Hüffer, § 293a Rn. 4,7, § 293b Rn. 2,6, § 293e Rn. 3,8, § 293f Rn. 1,2, § 293g Rn. 1,3; Koppensteiner in KK AktG, § 293a Rn. 7,14–16, § 293b Rn. 5–8, § 293e Rn. 2,4, § 293f Rn. 4, § 293g Rn. 8,18,19

ner amtlichen Überschrift Abschluss, Änderung und Beendigung schlechthin von *Unternehmensverträgen*[861], während der vierte Abschnitt des ersten Teils des drittens Buchs des AktG nach seiner amtlichen Überschrift für die Sicherung von außenstehenden Aktionären lediglich bei *Beherrschungs- und Gewinnabführungsverträgen* sorgt[862]. Dabei reden die §§ 293 – 299 AktG – ausschließlich des lediglich von *einem Beherrschungs- oder Gewinnabführungsvertrag* sprechenden § 293 Abs. 2 AktG – schlechthin von *einem Unternehmensvertrag*[863], während die §§ 304 – 307 AktG ebenso wie die §§ 300 – 303 AktG des dritten Abschnitts des ersten Teils des dritten Buchs des AktG jeweils bestimmte Vertragstypen ausdrücklich benennen[864]. Zudem bezeichnet der erste Abschnitt des ersten Teils des dritten Buchs des AktG, der einen vorangestellten Allgemeinen Teil bildet[865] und damit die für alle nachfolgenden Abschnitte des ersten Teils des dritten Buchs des AktG geltenden Regeln enthält[866], Beherrschungs- und Gewinnabführungsverträge ebenso wie Gewinngemeinschafts-, Teilgewinnabführungs-, Betriebspacht- und Betriebsüberlassungsverträge als Unternehmensverträge. Die § 291 Abs. 1, § 292 Abs. 1 AktG definieren also den in den §§ 293 – 299 AktG verwendeten Begriff des Unternehmensvertrags als Sammelbezeichnung für alle genannten Vertragstypen[867].

- Die §§ 293a – 293g Abs. 1, 2 S. 1, Abs. 3 AktG betreffen allerdings nur die an einem Unternehmensvertrag beteiligte Unternehmensträger, deren Hauptversammlung dem Unternehmensvertrag gemäß § 293 Abs. 1 AktG oder § 293 Abs. 2 AktG zustimmen muss[868]. Denn die §§ 293a, 293f, 293g Abs. 1, 2 S. 1, Abs. 3 AktG regeln ausdrücklich die Vorbereitung und Durchführung der Hauptversammlung, *die über die nach § 293 AktG erforderliche Zustim-*

861 Emmerich in Emmerich/Habersack AG-/GmbH-KonzR, § 293 Rn. 1
862 Emmerich in Emmerich/Habersack AG-/GmbH-KonzR, § 304 Rn. 1
863 Vgl. Emmerich in Emmerich/Habersack AG-/GmbH-KonzR, § 293 Rn. 4, § 293a Rn. 8, § 293b Rn. 11, § 293f Rn. 2, § 293g Rn. 1,3,9
864 Vgl. Emmerich in Emmerich/Habersack AG-/GmbH-KonzR, § 304 Rn. 8,9, § 305 Rn. 9,10, § 307 Rn. 3
865 Emmerich in Emmerich/Habersack AG-/GmbH-KonzR, § 291 Rn. 1; Hüffer, § 291 Rn. 3
866 Entsprechend für das BGB Heinrichs in Palandt, Einl. Rn. 6; Säcker in MK BGB, Einl. Rn. 21
867 Emmerich in Emmerich/Habersack AG-/GmbH-KonzR, § 291 Rn. 1; Hüffer, § 291 Rn. 1
868 Altmeppen in MK AktG, § 293a Rn. 8,27, § 293b Rn. 12, § 293f Rn. 1,5, § 293g Rn. 1; Emmerich in Emmerich/ Habersack AG-/GmbH-KonzR, § 293a Rn. 8, § 293b Rn. 10,10a, § 293f Rn. 1,3 § 293g Rn. 1,3,9; Hüffer, § 293a Rn. 1,7, § 293b Rn. 7, § 293f Rn. 1,2, § 293g Rn.1,3; Koppensteiner in KK AktG, § 293a Rn. 7,16, § 293b Rn. 5,8, § 293f Rn. 3, § 293g Rn. 19

mung zu dem Unternehmensvertrag beschließen soll[869]. Gleiches gilt für die §§ 293b – 293e AktG zwar nicht gemäß ihres Wortlauts, aber aufgrund ihres Bezugs zu den § 293f Abs. 1 Nr. 3, Abs. 2, § 293g Abs. 1 AktG[870]. Die Informationserfordernisse der gesamten §§ 293a – 293g Abs. 1, 2 S. 1, Abs. 3 AktG knüpfen also an den Zustimmungserfordernissen der vorausgehenden § 293 Abs. 1 AktG und § 293 Abs. 2 AktG an[871].
Der § 293 Abs. 1 AktG erfasst wiederum alle Unternehmensverträge im Sinn von § 291 Abs. 1 AktG und § 292 Abs. 1 AktG, während der § 293 Abs. 2 AktG nur Unternehmensverträge im Sinn von § 291 Abs. 1 AktG erfasst[872]. Der § 293 Abs. 1 AktG betrifft außerdem nur den durch einen Unternehmensvertrag verpflichteten Unternehmensträger, während der § 293 Abs. 2 AktG nur den durch einen Beherrschungs- und/oder Gewinnabführungsvertrag berechtigten Unternehmensträger betrifft[873]. Denn der § 293 Abs. 1 AktG macht die Wirksamkeit schlechthin *eines Unternehmensvertrags* von der Zustimmung *der Hauptversammlung* abhängig, während nach dem § 293 Abs. 2 AktG die Wirksamkeit lediglich *eines Beherrschungs- oder Gewinnabführungsvertrags auch* die Zustimmung *der Hauptversammlung des anderen Vertragsteils* voraussetzt[874]. Demnach bedarf ein Beherrschungs- und/oder Gewinnabführungsvertrag sowohl der Zustimmung der Hauptversammlung einer verpflichteten deutschen AG oder KGaA als auch der Zustimmung der Hauptversammlung einer berechtigten deutschen AG oder KGaA[875].

Bei einem Beherrschungs- und/oder Gewinnabführungsvertrag ist deshalb die Eröffnung des Anwendungsbereichs der §§ 293a – 293g Abs. 1, 2 S. 1, Abs. 3 AktG seitens jedes beteiligten Unternehmensträgers aus dem Wortsinn des Gesetzes und aus dem Sinnzusammenhang des Gesetzes zu folgern. Bei einem Unternehmensvertrag im Sinn des § 291 Abs. 1 AktG ist dementsprechend der Anwendungsbereich der §§ 293a – 293g Abs. 1, 2 S. 1, Abs. 3 AktG nach einer Auslegung des Gesetzes – das Vorliegen der sonstigen Anwendungsvoraussetzungen unterstellt – seitens jedes beteiligten Unternehmensträgers eröffnet[876].

---

869 Nachw. in Fn. 243
870 Nachw. in Fn. 244
871 Nachw. in Fn. 246
872 Emmerich in Emmerich/Habersack AG-/GmbH-KonzR, § 293 Rn. 4–6,23,36; Hüffer, § 293 Rn. 1,2,17
873 Emmerich in Emmerich/Habersack AG-/GmbH-KonzR, § 293 Rn. 4–6,23,36; Hüffer, § 293 Rn. 1,3,17
874 Emmerich in Emmerich/Habersack AG-/GmbH-KonzR, § 293 Rn. 4; Hüffer, § 293 Rn. 2,3,17
875 Nachw. in Fn. 264,266
876 Ebenso Altmeppen in MK AktG, § 293a Rn. 5–11,27, § 293b Rn. 5,12, § 293e Rn. 2,15–17, § 293f Rn. 1,2,5, § 293g Rn. 1,6,9,13,14; Bungert in DB 1995,

- Erstens wurde festgestellt, dass bei einem Abschluss eines Beherrschungs- und/oder Gewinnabführungsvertrags mit einer verpflichteten deutschen AG oder KGaA seitens jedes beteiligten Unternehmensträgers grundsätzlich Informationsgegenstände, auf die sich die Informationsvorschriften der §§ 293a – 293g Abs. 1, 2 S. 1, Abs. 3 AktG inhaltlich erstrecken, vorhanden sein können[877]. Bei einem Unternehmensvertrag im Sinn des § 291 Abs. 1 AktG sind daher zweckgemäß seitens jedes beteiligten Unternehmensträgers durch die Anwendung der Informationsvorschriften der §§ 293a – 293g Abs. 1, 2 S. 1, Abs. 3 AktG bedeutsame Informationen regelmäßig zu erwerben.
- Zweitens wurde festgestellt, dass bei einem Abschluss eines Beherrschungs- und/oder Gewinnabführungsvertrags zwischen zwei beteiligten deutschen AG oder KGaA seitens jedes beteiligten Unternehmensträgers Mitgliedschaftsrechte, auf die sich die Informationsvorschriften der §§ 293a – 293g Abs. 1, 2 S. 1, Abs. 3 AktG funktional beziehen, vorhanden sein können[878]. Bei einem Unternehmensvertrag im Sinn des § 291 Abs. 1 AktG sind daher zweckgemäß seitens jedes beteiligten Unternehmensträgers durch die Normierung der Informationsvorschriften der §§ 293a – 293g Abs. 1, 2 S. 1, Abs. 3 AktG verstärkte Rechte zu erwerben.
- Drittens wurde folgendes festgestellt: Einerseits können bei einem Abschluss eines Unternehmensvertrags zwischen zwei beteiligten deutschen AG oder KGaA seitens jedes beteiligten Unternehmensträgers keine anderen Informationsvorschriften, die mit den Informationsvorschriften der §§ 293a – 293g Abs. 1, 2 S. 1, Abs. 3 AktG vergleichbar sind, anwendbar sein[879]. Andererseits können bei einem Abschluss eines Unternehmensvertrags zwischen zwei beteiligten deutschen AG oder KGaA seitens jedes beteiligten Unternehmensträgers grundsätzlich keine sonstigen Informationsmöglichkeiten, die mit den aus den §§ 293a – 293g Abs. 1, 2 S. 1, Abs. 3 AktG folgenden Informationsmöglichkeiten vergleichbar sind, vorhanden sein[880]. Bei einem Unternehmensvertrag im Sinn des § 291 Abs. 1 AktG sind die durch die Anwendung

---

S. 1384 (1385ff.); Emmerich in Emmerich/Habersack AG-/GmbH-KonzR, § 293a Rn. 8,9, § 293b Rn. 10–11, § 293e Rn. 3,19, § 293f Rn. 2,3, § 293g Rn. 1,3,7,9,10; Hüffer, § 293a Rn. 1,4,7, § 293b Rn. 2,6,7, § 293e Rn. 3, § 293f Rn. 1,2, § 293g Rn. 1,3; Koppensteiner in KK AktG, § 293a Rn. 4, 7,14–16, § 293b Rn. 5–8, § 293e Rn. 2,4, § 293f Rn. 3,4, § 293g Rn. 1,8,18,19; Neun, S. 25ff.

877 Vgl. II. T. I. Kap. I. Absch. 2.1.1.1.

878 Vgl. II. T. I. Kap. I. Absch. 2.1.1.2.

879 Vgl. II. T. I. Kap. I. Absch. 2.1.1.3.1.

880 Vgl. II. T. I. Kap. I. Absch. 2.1.1.3.2.

der Informationsvorschriften der §§ 293a – 293g Abs. 1, 2 S. 1, Abs. 3 AktG erworbenen Informationen daher zweckgemäß seitens jedes beteiligten Unternehmensträger ebenso effektiv anderweitig regelmäßig nicht zu erlangen.

- Viertens wurde folgendes festgestellt: Einerseits können bei einem Abschluss eines Verschmelzungsvertrags zwischen zwei beteiligten deutschen AG oder KGaA seitens jedes beteiligten Unternehmensträgers grundsätzlich Informationsvorschriften, die für die Informationsvorschriften der §§ 293a – 293g Abs. 1, 2 S. 1, Abs. 3 AktG vorbildgebend waren, anwendbar sein[881]. Andererseits können bei einem Abschluss eines Beherrschungs- und/oder Gewinnabführungsvertrags mit einer verpflichteten deutschen AG oder KGaA seitens jedes beteiligten Unternehmensträgers grundsätzlich Konzernierungsmerkmale, die mit den für die Informationsvorschriften der §§ 8 – 12, 30 Abs. 2, §§ 60, 63, 64, 78 S. 1, 2 UmwG maßgebenden Verschmelzungsmerkmalen vergleichbar sind, vorhanden sein[882]. Bei einem Unternehmensvertrag im Sinn des § 291 Abs. 1 AktG sind die durch die Normierung der Informationsvorschriften der §§ 293a – 293g Abs. 1, 2 S. 1, Abs. 3 AktG verstärkten Rechte daher zweckgemäß seitens jedes beteiligten Unternehmensträgers ebenso sinnvoll unabhängig regelmäßig nicht auszuüben.

Bei einem Beherrschungs- und/oder Gewinnabführungsvertrag ist deshalb eine Einschränkung des Anwendungsbereichs der §§ 293a – 293g Abs. 1, 2 S. 1, Abs. 3 AktG seitens keines beteiligten Unternehmensträgers durch den Zweck des Gesetzes einschließlich des Prinzips der Ungleichbehandlung geboten. Insoweit ist eine Gesetzeslücke nicht zu bejahen. Bei einem Unternehmensvertrag im Sinn des § 291 Abs. 1 AktG wird dementsprechend der Anwendungsbereich der §§ 293a – 293g Abs. 1, 2 S. 1, Abs. 3 AktG durch eine Vervollständigung des Gesetzes infolge einer Reduktion dieser Informationsvorschriften – das Vorliegen der sonstigen Anwendungsvoraussetzungen unterstellt – seitens keines beteiligten Unternehmensträgers eingeschränkt.

II. Abschnitt. Unternehmensverträge im Sinn von § 292 Abs. 1 AktG

Zu den Unternehmensverträgen im Sinn von § 292 Abs. 1 AktG, die isoliert oder kombiniert vorkommen können[883], gehören gemäß § 292 Abs. 1 Nr. 1 AktG Gewinngemeinschaftsverträge, gemäß § 292 Abs. 1 Nr. 2 AktG Teilgewinnabfüh-

---

881 Vgl. II. T. I. Kap. I. Absch. 2.1.1.4.1.

882 Vgl. II. T. I. Kap. I. Absch. 2.1.1.4.2.

883 Altmeppen in MK AktG, § 292 Rn. 140–142,158–171; Emmerich in Emmerich/Habersack AG-/GmbH-KonzR, § 292 Rn. 45,46,59; Hüffer, § 292 Rn. 21; Koppensteiner in KK AktG, § 292 Rn. 87–92

rungsverträge sowie gemäß § 292 Abs. 1 Nr. 3 AktG Betriebspacht- und sonstige Betriebsüberlassungsverträge[884]. Zu den Unternehmensverträgen im Sinn von § 292 Abs. 1 AktG zählen außerdem echte und unechte Betriebsführungsverträge. Die echten und unechten Betriebsführungsverträge sind in § 292 Abs. 1 AktG zwar nicht genannt, auf sie ist § 292 Abs. 1 Nr. 3 AktG aber analog anwendbar[885].

1. Auslegung des Gesetzes

- Die §§ 293a – 293g Abs. 1, 2 S. 1, Abs. 3 AktG erfassen ebenso wie schon § 293 Abs. 3 S. 2 – 5 AktG a. F. und anders als noch § 293 Abs. 4 AktG a. F. zunächst alle Unternehmensverträge im Sinn von § 291 Abs. 1 AktG und § 292 Abs. 1 AktG[886]. Zwar sind die §§ 293a – 293g Abs. 1, 2 S. 1, Abs. 3 AktG unverkennbar nur auf Unternehmensverträge im Sinn von § 291 Abs. 1 AktG und nicht auf Unternehmensverträge im Sinn von § 292 Abs. 1 AktG zugeschnitten. So ist es nur bei Beherrschungs- und/oder Gewinnabführungsverträgen und nicht bei anderen Unternehmensverträgen möglich, dass für *jede* beteiligte deutsche AG oder KGaA ein Bericht erstattet, eine Prüfung durchgeführt und ein Prüfbericht erstattet wird, dass alle Anteilsinhaber *aller* beteiligten Unternehmensträger auf Berichte, Prüfungen und/oder Prüfberichte verzichten und dass in den Geschäftsräumen *jeder* beteiligten deutschen AG oder KGaA Unterlagen ausgelegt werden. Ebenso greifen die Bezugnahmen der § 293a Abs. 1 S. 1, § 293e Abs. 1 S. 2, 3 AktG auf *die §§ 304, 305 AktG* nur bei Beherrschungs- und/oder Gewinnabführungsverträgen und nicht bei anderen Unternehmensverträgen[887]. Aber der nach dem allgemeinen, juristischen oder gesetzlichen Sprachgebrauch mögliche Wortsinn des Gesetzes bildet die Grenze für eine einengende Auslegung. Eine Deutung, die nicht mehr dem möglichen Wortsinn des Gesetzes entspricht, ist nicht mehr Gesetzesauslegung, sondern schon Rechtsfortbildung[888]. Damit greift der Sinnzu-

884 Emmerich in Emmerich/Habersack AG-/GmbH-KonzR, § 292 Rn. 1; Hüffer, § 292 Rn. 1

885 Altmeppen in MK AktG, § 292 Rn. 149,150; Emmerich in Emmerich/Habersack AG-/GmbH-KonzR, § 292 Rn. 7,58; Hüffer, § 292 Rn. 17,20; Huber in ZHR 1988, S. 1 (32f.); Joachim in DWiR 1992, S. 455 (457); Knepper in BB 1982, S. 2061 (2064); Koppensteiner in KK AktG, § 292 Rn. 80,81; Veelken, S. 245; Veil, S. 294ff.; Weißmüller in BB 2000, S. 1949 (1950)

886 Vgl. II. T. II. Kap. I. Absch. 1.

887 Altmeppen in MK AktG, § 293a Rn. 6–8, § 293e Rn. 2, 15–17, ZIP 1998, S. 1853 (1855f.); Emmerich in Emmerich/Habersack AG-/GmbH-KonzR, § 293a Rn. 8, § 293e Rn. 3

888 Larenz, S. 309f.

sammenhang des Gesetzes als Kriterium der einengenden Auslegung insoweit nicht, da der mögliche Wortsinn des Gesetzes gerade keine verschiedenen Deutungen zulässt.

- Die §§ 293a – 293g Abs. 1, 2 S. 1, Abs. 3 AktG betreffen allerdings nur die an einem Unternehmensvertrag beteiligten Unternehmensträger, deren Hauptversammlung dem Unternehmensvertrag gemäß § 293 Abs. 1 AktG oder § 293 Abs. 2 AktG zustimmen muss.

  Der § 293 Abs. 1 AktG erfasst wiederum alle Unternehmensverträge im Sinn von § 291 Abs. 1 AktG und § 292 Abs. 1 AktG, während der § 293 Abs. 2 AktG nur Unternehmensverträge im Sinn von § 291 Abs. 1 AktG und nicht Unternehmensverträge im Sinn von § 292 Abs. 1 AktG erfasst. Der § 293 Abs. 1 AktG betrifft außerdem nur den durch einen Unternehmensvertrag verpflichteten Unternehmensträger, während der § 293 Abs. 2 AktG nur den durch einen Beherrschungs- und/oder Gewinnabführungsvertrag berechtigten Unternehmensträger betrifft[889]. Demnach bedarf ein anderer Unternehmensvertrag zwar der Zustimmung der Hauptversammlung einer verpflichteten deutschen AG oder KGaA, aber nicht der Zustimmung der Hauptversammlung einer berechtigten deutschen AG oder KGaA[890].

Bei einem anderen Unternehmensvertrag ist deshalb die Eröffnung des Anwendungsbereichs der §§ 293a – 293g Abs. 1, 2 S. 1, Abs. 3 AktG seitens des verpflichteten Unternehmensträgers ebenso wie die mangelnde Eröffnung des Anwendungsbereichs der §§ 293a – 293g Abs. 1, 2 S. 1, Abs. 3 AktG seitens des berechtigten Unternehmensträgers aus dem Wortsinn des Gesetzes und aus dem Sinnzusammenhang des Gesetzes zu folgern. Bei einem Unternehmensvertrag im Sinn des § 292 Abs. 1 AktG ist dementsprechend der Anwendungsbereich der §§ 293a – 293g Abs. 1, 2 S. 1, Abs. 3 AktG nach einer Auslegung des Gesetzes zwar – das Vorliegen der sonstigen Anwendungsvoraussetzungen unterstellt – seitens des verpflichteten Unternehmensträgers[891], aber nicht seitens des berechtigten Unternehmensträgers[892] eröffnet.

---

889 Vgl. II. T. II. Kap. I. Absch. 1.

890 Altmeppen in MK AktG, § 293 Rn. 1,30,31,91–93; Emmerich in Emmerich/Habersack AG-/GmbH-KonzR, § 293 Rn. 1,4–6,23,36; Hüffer, § 293 Rn. 1–3,17,18; Koppensteiner in KK AktG, § 293 Rn. 2,9,28,42

891 Ebenso BGH in AG 2003, S. 625; KG in NZG 2002, S. 818; LG Berlin in AG 2001, S. 95; Emmerich in Emmerich/Habersack AG-/GmbH-KonzR, § 293a Rn. 8,9, § 293b Rn. 10–11, § 293e Rn. 3,19, § 293f Rn. 2,3, § 293g Rn. 1,3, 7,9,10; Hüffer, § 293a Rn. 1,4,7, § 293b Rn. 2,6,7, § 293e Rn. 8, § 293f Rn. 1,2,4, § 293g Rn. 1,3; Koppensteiner in KK AktG, § 293a Rn. 4,7,14–16, § 293b Rn. 5–8, § 293e Rn. 2,4, § 293f Rn. 3,4, § 293g Rn. 1,8, 18,19; für die Prüf-, Prüfberichts- und Berichtspflicht ebenso Neun, S. 25ff.; für die Prüf-, Prüfberichts- und Berichtspflicht gänzlich und die Auslagepflicht teilweise unklar Bungert in DB 1995, S. 1384

2. Vervollständigung des Gesetzes

2.1. Reduktion der §§ 293a – 293g Abs. 1, 2 S. 1, Abs. 3 AktG seitens des verpflichteten Unternehmensträgers

2.1.1. Bejahen einer Gesetzeslücke

2.1.1.1. Erwerb von bedeutsamen Informationen

- Durch einen Abschluss eines anderen Unternehmensvertrags mit einer verpflichteten deutschen AG oder KGaA, selbst eines Teilgewinnabführungsvertrags, der fast den gesamten Gewinn einer verpflichteten deutschen AG oder KGaA erfasst, muss weder gemäß, noch analog § 304 Abs. 1, 2, § 305 Abs. 1 – 3 AktG eine angemessene Ausgleichs- und Abfindungspflicht des berechtigten Unternehmensträgers gegenüber außenstehenden Aktionären bzw. Kommanditaktionären der verpflichteten deutschen AG oder KGaA begründet werden. Denn diese Vorschriften erfassen nicht schlechthin alle Unternehmensverträge, sondern ausdrücklich lediglich *Beherrschungs- und Gewinnabführungsverträge*. Auch wird durch einen Abschluss eines anderen Unternehmensvertrags anders als durch einen Abschluss eines Beherrschungs- und/oder Gewinnabführungsvertrags grundsätzlich eine angemessene Gegenleistungspflicht des berechtigten Unternehmensträgers gegenüber der verpflichteten deutschen AG oder KGaA begründet[893]. In einem anderen Unternehmensvertrag wird außerdem lediglich ausnahmsweise freiwillig eine vergleichbare Ausgleichs- und Abfindungspflicht begründet sein. Bei einem Unternehmensvertrag im Sinn des § 292 Abs. 1 AktG ist es demzufolge seitens

---

(1385ff.), 1449 (1450); weitgehend unklar Altmeppen in MK AktG, § 293a Rn. 5–11,27, § 293b Rn. 5,12, § 293e Rn. 2,15–17, § 293f Rn. 1,2,5, § 293g Rn. 1,6,9,13,14, in ZIP 1998, S. 1853 (1854ff.,1865f.), der den Anwendungsbereich der §§ 293a – 293g Abs. 1, 2 S. 1, Abs. 3 AktG einerseits durch eine sinnvolle Auslegung einengen und andererseits durch eine teleologische Reduktion einschränken will

892 Ebenso Altmeppen in MK AktG, § 293a Rn. 8,10,27, § 293b Rn. 12, § 293f Rn. 1,5, § 293g Rn. 1; Emmerich in Emmerich/Habersack AG-/GmbH-KonzR, § 293a Rn. 8,9, § 293b Rn. 10,10a, § 293f Rn. 3, § 293g Rn. 1,3,9; Hüffer, § 293a Rn. 1,7, § 293b Rn. 7, § 293f Rn. 1,2, § 293g Rn. 1,9; Koppensteiner in KK AktG, § 293a Rn. 7, 16, § 293b Rn. 8, § 293f Rn. 3, § 293g Rn. 19

893 OLG Düsseldorf in DB 1996, S. 1862, ZIP 1997, S. 2084; Bilda in MK AktG, § 304 Rn. 13,14, § 305 Rn. 4; Emmerich in Emmerich/Habersack AG-/GmbH-KonzR, § 304 Rn. 8,9, § 305 Rn. 9; Hüffer, § 291 Rn. 29; Koppensteiner in KK AktG, § 304 Rn. 7

des verpflichteten Unternehmensträgers grundsätzlich nicht möglich, das Vorliegen und die Angemessenheit einer getroffenen Ausgleichs- und Abfindungsregelung zu prüfen und zu testieren, die Art und die Höhe einer getroffenen Ausgleichs- und Abfindungsregelung einschließlich der angewendeten Bewertungsmethoden und der aufgetretenen Bewertungsschwierigkeiten zu erläutern sowie Auskünfte über alle hierfür wesentlichen Angelegenheiten des anderen beteiligten Unternehmensträgers zu erteilen. Das mögliche Testat, dass eine angemessene Ausgleichs- und Abfindungsregelung nicht getroffen werden muss, ist für die Anteilsinhaber des verpflichteten Unternehmensträgers weitgehend bedeutungslos. Wenn aber über das Ergebnis einer Prüfung nicht sinnvoll berichtet werden kann, dann ist schon die Durchführung der Prüfung sinnlos und daher angesichts des damit verbundenen Kosten- und Zeitaufwands nicht zu rechtfertigen[894].

- Durch einen Abschluss eines anderen Unternehmensvertrags mit einer verpflichteten deutschen AG oder KGaA, selbst eines Teilgewinnabführungsvertrags, der fast den gesamten Gewinn einer verpflichteten deutschen AG oder KGaA erfasst, wird weder gemäß, noch analog § 302 Abs. 1 AktG eine unbeschränkte Verlustausgleichspflicht des berechtigten Unternehmensträgers gegenüber der verpflichteten deutschen AG oder KGaA begründet. Denn diese Vorschrift erfasst nicht schlechthin alle Unternehmensverträge, sondern ausdrücklich lediglich *Beherrschungs- und Gewinnabführungsverträge.* Auch wird durch einen Abschluss eines anderen Unternehmensvertrags anders als durch einen Abschluss eines Beherrschungs- und/oder Gewinnabführungsvertrags grundsätzlich eine angemessene Gegenleistungspflicht des berechtigten Unternehmensträgers gegenüber der verpflichteten deutschen AG oder KGaA begründet[895]. In einem anderen Unternehmensvertrag selbst wird außerdem lediglich ausnahmsweise eine vergleichbare Verlustausgleichspflicht begründet sein. Durch einen Abschluss eines Betriebspacht- oder Betriebsüberlassungsvertrags mit einer verpflichteten deutschen AG oder KGaA wird allerdings gemäß § 302 Abs. 2 AktG eine zumindest beschränkte Verlustausgleichspflicht des berechtigten Unternehmensträgers gegenüber der verpflichteten deutschen AG oder KGaA begründet, wenn die verpflichtete deutsche AG oder KGaA von dem berechtigten Unternehmensträger abhängig und die

894 Vgl. Altmeppen in MK AktG, § 293a Rn. 7, § 293b Rn. 5, § 293e Rn. 2,15,16, ZIP 1998, S. 1853 (1855f.); Bungert in DB 1995, S. 1384 (1391); Emmerich in Emmerich/Habersack AG-/GmbH-KonzR, § 293a Rn. 8, § 293b Rn. 11, § 293e Rn. 3,19; Hüffer, § 293a Rn. 4, § 293b Rn. 6, § 293e Rn. 8; Koppensteiner in KK AktG, § 293b Rn. 6, § 293e Rn. 2

895 Altmeppen in MK AktG, § 302 Rn. 13–15; Emmerich in Emmerich/Habersack AG-/GmbH-KonzR, § 302 Rn. 18–20,24

vereinbarte Gegenleistung nicht als ein angemessenes Entgelt anzusehen ist[896].

- Bei einem Abschluss eines anderen Unternehmensvertrags zwischen zwei beteiligten deutschen AG oder KGaA kann folglich grundsätzlich zwar nicht für die berechtigte deutsche AG oder KGaA, aber für die verpflichtete deutsche AG oder KGaA gemäß §§ 293e, 293a AktG ein sinnloser Vertragsprüfbericht und ein kurzer Vertragsbericht schriftlich[897] erstattet werden. Nur für eine berechtigte deutsche AG oder KGaA ist gemäß §§ 293e, 293a AktG keine Prüfberichts- und Berichtspflicht gegeben[898].
- Ein anderer Unternehmensvertrag mit einer verpflichteten deutschen AG oder KGaA muss gemäß § 293 Abs. 3 AktG schriftlich abgeschlossen werden[899].
- Vor einem Abschluss eines anderen Unternehmensvertrags zwischen einer verpflichteten deutschen AG oder KGaA und einer/einem berechtigten deutschen Kapitalgesellschaft, Personenhandelsgesellschaft, Genossenschaft, Versicherungsverein, großen Wirtschaftsverein, Wirtschaftsstiftung, Wirtschaftsanstalt oder Wirtschaftsgebietskörperschaft muss nach dem Dritten Buch des HGB oder dem PublG für die verpflichtete deutsche AG oder KGaA und den berechtigten deutschen Unternehmensträger genannter Größen und Rechtsformen jedes Geschäftsjahr ein Jahresabschluss und ein Lagebericht oder zumindest ein Jahresabschluss schriftlich erstellt werden[900].

Erstens ist damit festzustellen, dass bei einem Abschluss eines anderen Unternehmensvertrags mit einer verpflichteten deutschen AG oder KGaA seitens des verpflichteten Unternehmensträgers zwar zumindest einige Informationsgegenstände, auf die sich die Informationsvorschriften der §§ 293a, 293f, 293g Abs. 1, 2 S. 1, Abs. 3 AktG inhaltlich erstrecken, aber grundsätzlich überhaupt keine Informationsgegenstände, auf die sich die Informationsvorschriften der §§ 293b – 293e AktG inhaltlich erstrecken, vorhanden sein können. Bei einem Unternehmensvertrag im Sinn des § 292 Abs. 1 AktG sind daher zweckwidrig seitens des verpflichteten Unternehmensträgers zwar durch die Anwendung der Informationsvorschriften der §§ 293a, 293f, 293g Abs. 1, 2 S. 1, Abs. 3 AktG, aber regelmäßig nicht durch die Anwendung der Informationsvorschriften der §§ 293b – 293e AktG bedeutsame Informationen zu erwerben.

---

896 Emmerich in Emmerich/Habersack AG-/GmbH-KonzR, § 302 Rn. 21–24,45–48; Hüffer, § 302 Rn. 22–26
897 Nachw. in Fn. 257
898 Vgl. II. T. II. Kap. II. Absch. 1.
899 Vgl. II. T. I. Kap. I. Absch. 2.1.1.1.
900 Vgl. II. T. I. Kap. I. Absch. 2.1.1.1.

2.1.1.2. Erwerb von verstärkten Rechten

Einem Abschluss eines anderen Unternehmensvertrags mit einer verpflichteten deutschen AG oder KGaA müssen gemäß § 293 Abs. 1 S. 1 AktG die Aktionäre bzw. Kommanditaktionäre der verpflichteten deutschen AG oder KGaA zustimmen[901].

Zweitens ist damit festzustellen, dass bei einem Abschluss eines anderen Unternehmensvertrags mit einer verpflichteten deutschen AG oder KGaA seitens des verpflichteten Unternehmensträgers Mitgliedschaftsrechte, auf die sich die Informationsvorschriften der §§ 293a – 293g Abs. 1, 2 S. 1, Abs. 3 AktG funktional beziehen, vorhanden sein können. Bei einem Unternehmensvertrag im Sinn des § 292 Abs. 1 AktG sind daher zweckgemäß seitens des verpflichteten Unternehmensträgers durch die Normierung der Informationsvorschriften der §§ 293a – 293g Abs. 1, 2 S. 1, Abs. 3 AktG verstärkte Rechte zu erwerben.

2.1.1.3. Anderweitige Erlangung der bedeutsamen Informationen

Drittens ist folgendes festzustellen: Einerseits können bei einem Abschluss eines anderen Unternehmensvertrags mit einer verpflichteten deutschen AG oder KGaA seitens des verpflichteten Unternehmensträgers keine anderen Informationsvorschriften, die mit den Informationsvorschriften der §§ 293a – 293g Abs. 1, 2 S. 1, Abs. 3 AktG vergleichbar sind, anwendbar sein[902]. Andererseits können bei einem Abschluss eines anderen Unternehmensvertrags mit einer verpflichteten deutschen AG oder KGaA seitens des verpflichteten Unternehmensträgers grundsätzlich keine sonstigen Informationsmöglichkeiten, die mit den aus den §§ 293a – 293g Abs. 1, 2 S. 1, Abs. 3 AktG folgenden Informationsmöglichkeiten vergleichbar sind, vorhanden sein[903]. Bei einem Unternehmensvertrag im Sinn des § 292 Abs. 1 AktG sind die durch die Anwendung der Informationsvorschriften der §§ 293a – 293g Abs. 1, 2 S. 1, Abs. n 3 AktG erworbenen Informationen daher zweckgemäß seitens des verpflichteten Unternehmensträgers ebenso effektiv anderweitig regelmäßig nicht zu erlangen.

---

901 Vgl. II. T. II. Kap. II. Absch. 1.
902 Vgl. II. T. I. Kap. I. Absch. 2.1.1.3.1.
903 Vgl. II. T. I. Kap. I. Absch. 2.1.1.3.2.

2.1.1.4. Unabhängige Ausübung der verstärkten Rechte

2.1.1.4.1. Geltung von zumindest mit den vorbildgebenden Informationsvorschriften vergleichbaren Informationsvorschriften

Viertens wurde einerseits bereits festgestellt, dass bei einem Abschluss eines Verschmelzungsvertrags mit einer übertragenden deutschen AG oder KGaA seitens des übertragenden Rechtsträgers grundsätzlich Informationsvorschriften, die für die Informationsvorschriften der §§ 293a – 293g Abs. 1, 2 S. 1, Abs. 3 AktG vorbildgebend waren, anwendbar sein können[904].

2.1.1.4.2. Existenz von zumindest mit den maßgebenden Verschmelzungsmerkmalen vergleichbaren Konzernierungsmerkmalen

- Durch einen Abschluss eines anderen Unternehmensvertrags zwischen einer verpflichteten deutschen AG oder KGaA und einem berechtigten Unternehmensträger sonstiger Nationalität oder Rechtsform muss weder gemäß, noch analog § 305 Abs. 1, 2 Nr. 3, Abs. 3 S. 2 AktG eine angemessene Barabfindungspflicht des berechtigten Unternehmensträgers sonstiger Nationalität oder Rechtsform gegenüber außenstehenden Aktionären bzw. Kommanditaktionären der verpflichteten deutschen AG oder KGaA begründet werden. In einem anderen Unternehmensvertrag wird außerdem lediglich ausnahmsweise freiwillig eine vergleichbare Barabfindungspflicht begründet sein[905]. Ein Unternehmensvertrag im Sinn des § 292 Abs. 1 AktG ist demzufolge seitens des verpflichteten Unternehmensträgers für seine Anteilsinhaber grundsätzlich nicht möglicherweise mit Folgen verbunden, die mit den bei einem Abschluss eines Verschmelzungsvertrags zwischen einer übertragenden deutschen AG oder KGaA und einem übernehmenden Rechtsträger sonstiger Nationalität oder Rechtsform seitens des übertragenden Rechtsträgers für dessen Anteilsinhaber aus einer grundsätzlich anzubietenden Barabfindung resultierenden Folgen vergleichbar sind.
- Durch einen Abschluss eines anderen Unternehmensvertrags zwischen einer verpflichteten deutschen AG oder KGaA und einer berechtigten unabhängigen deutschen bzw. europäischen AG oder KGaA muss weder gemäß, noch analog § 305 Abs. 1, 2 Nr. 1, Abs. 3 S. 1 AktG eine angemessene Anteilsabfindungspflicht der berechtigten unabhängigen deutschen bzw. europäischen AG oder KGaA gegenüber außenstehenden Aktionären bzw. Kommanditakti-

904 Vgl. II. T. I. Kap. I. Absch. 2.1.1.4.1.
905 Vgl. II. T. II. Kap. II. Absch. 2.1.1.1.

onären der verpflichteten deutschen AG oder KGaA begründet werden. In einem anderen Unternehmensvertrag wird außerdem lediglich ausnahmsweise freiwillig eine vergleichbare Anteilsabfindungspflicht begründet sein[906]. Ein Unternehmensvertrag im Sinn des § 292 Abs. 1 AktG ist demzufolge seitens des verpflichteten Unternehmensträgers für seine Anteilsinhaber grundsätzlich nicht möglicherweise mit Folgen verbunden, die mit den bei einem Abschluss eines Verschmelzungsvertrags mit einer übertragenden deutschen AG oder KGaA seitens des übertragenden Rechtsträgers für dessen Anteilsinhaber aus einem grundsätzlich stattfindenden Anteilsumtausch resultierenden Folgen vergleichbar sind.

- Durch einen Abschluss eines anderen Unternehmensvertrags mit einer verpflichteten deutschen AG oder KGaA wird gemäß § 291 Abs. 1, § 308 Abs. 1 AktG kein unbeschränktes Weisungs- und/oder Gewinnbezugsrecht des berechtigten Unternehmensträgers gegenüber der verpflichteten deutschen AG oder KGaA begründet. Denn diese Vorschriften erfassen nicht schlechthin alle Unternehmensverträge, sondern ausdrücklich lediglich *Beherrschungs- und Gewinnabführungsverträge*[907]. Damit wird durch einen anderen Unternehmensvertrag weder die Leitungszuständigkeit des Vorstands bzw. die Geschäftsführungsbefugnis der geschäftsführenden Gesellschaftergesamtheit der verpflichteten deutschen AG oder KGaA noch die Kapitalbindung der verpflichteten deutschen AG oder KGaA zugunsten des berechtigten Unternehmensträgers durchbrochen bzw. gelockert[908]. Daher begründet ein anderer Unternehmensvertrag für sich allein keine Abhängigkeit der verpflichteten deutschen AG oder KGaA von dem berechtigten Unternehmensträger. Er bildet keine gesellschaftsrechtlich vermittelte Einflussmöglichkeit[909]. Allerdings wird durch einen anderen Unternehmensvertrag auf sonstige Weise in die Satzung der verpflichteten deutschen AG oder KGaA zugunsten des berechtigten Unternehmensträgers schwerwiegend eingegriffen[910]. So wird durch einen Gewinngemeinschafts- oder Teilgewinnabführungsvertrag die Gewinnverwendungskompetenz der Hauptversammlung der beteiligten bzw. abfüh-

---

906 Vgl. II. T. II. Kap. II. Absch. 2.1.1.1.

907 Altmeppen in MK AktG, § 291 Rn. 2,54,55,144, § 308 Rn. 2,3,6; Emmerich in Emmerich/Habersack AG-/ GmbH-KonzR, § 291 Rn. 2,7,47, § 308 Rn. 4,5

908 Altmeppen in MK AktG, § 292 Rn. 7; Emmerich in Emmerich/Habersack AG-/ GmbH-KonzR, § 292 Rn. 4; Hüffer AktG, § 292 Rn. 2; Koppensteiner in KK AktG, Vorb. § 291 Rn. 153,154

909 Emmerich in Emmerich/Habersack AG-/GmbH-KonzR, § 292 Rn. 4, § 17 Rn. 23,23a; Hüffer AktG, § 292 Rn. 2, § 17 Rn. 12

910 Emmerich in Emmerich/Habersack AG-/GmbH-KonzR, § 292 Rn. 5; Führling, S. 92ff.; Koppensteiner in KK AktG, Vorb. § 291 Rn. 161; Veil, S. 266,287ff.

renden deutschen AG oder KGaA und das Gewinnbezugsrecht der Aktionäre bzw. Kommanditaktionäre der beteiligten bzw. abführenden deutschen AG oder KGaA beeinträchtigt[911]. Ebenso wird durch einen Betriebspacht- oder sonstigen Betriebsüberlassungsvertrag der Unternehmensgegenstand der verpachtenden bzw. überlassenden deutschen AG oder KGaA überlagert, da sich der verpflichtete Unternehmensträger nunmehr auf den Einzug des Nutzungsentgelts und die Ausübung der sonstigen unternehmensvertraglichen Rechte sowie die Verwaltung des nichtbetriebsnotwendigen Vermögens beschränkt und sich daher in eine „Rentnergesellschaft" verwandelt[912]. Außerdem wird ein anderer Unternehmensvertrag regelmäßig nur dann abgeschlossen, wenn die verpflichtete deutsche AG oder KGaA von dem berechtigten Unternehmensträger abhängig ist. In diesen Fällen kann er der einheitlichen Leitung dienen[913]. Ein Abschluss eines anderen Unternehmensvertrags mit einer verpflichteten deutschen AG oder KGaA hat mithin erhebliche Bedeutung für die weiteren Geschicke der verpflichteten deutschen AG oder KGaA[914].

Viertens ist andererseits damit festzustellen, dass bei einem Abschluss eines anderen Unternehmensvertrags mit einer verpflichteten deutschen AG oder KGaA seitens des verpflichteten Unternehmensträgers grundsätzlich zwar zumindest einige Konzernierungsmerkmale, die mit den für die Informationsvorschriften der §§ 8, 63, 64, 78 S. 1, 2 UmwG maßgebenden Verschmelzungsmerkmalen zumindest eingeschränkt vergleichbar sind, aber überhaupt keine Konzernierungsmerkmale, die mit den für die Informationsvorschriften der §§ 10 – 12, 30 Abs. 2 UmwG oder der §§ 9 – 12, 60, 78 S. 1, 2 UmwG maßgebenden Verschmelzungsmerkmalen vergleichbar sind, vorhanden sein können.

Bei einem Unternehmensvertrag im Sinn des § 292 Abs. 1 AktG sind die durch die Normierung der Informationsvorschriften der §§ 293a – 293g Abs. 1, 2 S. 1, Abs. 3 AktG verstärkten Rechte daher zweckwidrig seitens des verpflichteten Unternehmensträgers ebenso sinnvoll regelmäßig zwar nicht ohne die Anwendung der Informationsvorschriften der §§ 293a, 293f, 293g Abs. 1, 2 S. 1,

911 Altmeppen in MK AktG, § 292 Rn. 6,22,24,62; Hüffer, § 292 Rn. 1; Koppensteiner in KK AktG, § 292 Rn. 16

912 OLG Hamburg in NZG 2000, S. 421; LG Berlin in WM 1992, S. 22; Altmeppen in MK AktG, § 292 Rn. 6,97; Emmerich in Emmerich/Habersack AG-/GmbH-KonzR, § 292 Rn. 39a,40; Koppensteiner in KK AktG, § 292 Rn. 19,75

913 Emmerich in Emmerich/Habersack AG-/GmbH-KonzR, § 17 Rn. 23,23a, § 292 Rn. 5; Hüffer, § 17 Rn. 12, § 292 Rn. 2; Huber in ZHR 1988, S. 123ff; Joachim in DWiR 1992, S. 397ff.,455ff.; Raupach in FS Bezzenberger, S. 327 (336); Veil, S. 287ff.

914 Koppensteiner in KK AktG, § 293a Rn. 15

Abs. 3 AktG, aber ohne die Anwendung der Informationsvorschriften der §§ 293b – 293e AktG auszuüben.

Zusammenfassend bleibt deshalb folgendes festzuhalten: Bei einem anderen Unternehmensvertrag ist zwar keine Einschränkung des Anwendungsbereichs der §§ 293a, 293f, 293g Abs. 1, 2 S. 1, Abs. 3 AktG, aber eine Einschränkung des Anwendungsbereichs der §§ 293b – 293e AktG seitens des verpflichteten Unternehmensträgers durch den Zweck des Gesetzes einschließlich des Prinzips der Ungleichbehandlung geboten[915]. Insoweit ist eine Gesetzeslücke teilweise zu bejahen.

2.1.2. Verneinen eines Vervollständigungsverbots

Würde das Vorliegen eines Beherrschungs- und/oder Gewinnabführungsvertrags als eine Anwendungsvoraussetzung den §§ 293b – 293e AktG hinzugefügt, müsste von den Geschäftsführungsorganen beider beteiligten Unternehmensträger beurteilt werden, von welchem Typ der Unternehmensvertrag ist. Da diese Beurteilung eventuell falsch sein kann, würde eine gewisse Unsicherheit hinsichtlich der Wirksamkeit des Unternehmensvertrags bestehen. Denn die Nichtdurchführung einer nach §§ 293b – 293e AktG erforderlichen Prüfung begründet gemäß § 243 Abs. 1 AktG die Anfechtbarkeit der Zustimmungsbeschlüsse der Hauptversammlungen beider beteiligten deutschen AG oder KGaA[916] und kann damit gemäß § 293 Abs. 1 S. 1 AktG bzw. § 293 Abs. 2 S. 1 AktG die Unwirksamkeit des Unternehmensvertrags bewirken[917]. Das Vorliegen eines Beherrschungs- und/oder Gewinnabführungsvertrags bildet aber schon eine Anwendungsvoraussetzung der § 293 Abs. 2 S. 1 AktG, § 304 Abs. 1, 2 AktG[918], so dass ohnehin von den Geschäftsführungsorganen beider beteiligten Unternehmensträgern zu entscheiden

---

915 Nach der Beg. zum RegE des Art. 6 Nr. 5 UmwBerG hatte die Aufhebung des § 293 Abs. 4 AktG a. F. lediglich redaktionelle Bedeutung, da sein Inhalt durch die Schaffung des § 293g Abs. 3 AktG erhalten blieb (vgl. BT-Drucks. 12/6699, S. 178). Daraus kann allerdings nicht geschlossen werden, dass der Gesetzgeber das erweiterte Auskunftsrecht nicht auf andere Unternehmensverträge ausdehnen wollte. Dies rechtfertigt vielmehr nur den Schluss, dass der Gesetzgeber das erweiterte Auskunftsrecht für Beherrschungs- und/oder Gewinnabführungsverträge aufrechterhalten wollte (Koppensteiner in KK AktG, § 293g Rn. 18; a. M. Altmeppen in MK AktG, § 293g Rn. 9, 13,14, ZIP 1998, S. 1853 (1865) Fn. 27).

916 LG Berlin in AG 1996, S. 230; Altmeppen in MK AktG, § 293 Rn. 80, § 293b Rn. 20; § 293e Rn. 23; Bilda in MK AktG, § 304 Rn. 199; Emmerich in Emmerich/Habersack AG-/GmbH-KonzR, § 293 Rn. 38b,38c, § 293b Rn. 20,21, § 293e Rn 23, § 304 Rn. 82, § 305 Rn. 83; Humbeck in BB 1995, S. 1893 (1898)

917 Nachw. in Fn. 375

918 Vgl. II. T. II. Kap. I. Absch. 1., 2.1.1.1.

ist, von welchem Typ der Unternehmensvertrag ist. Die mit dieser Entscheidung verbundene Unsicherheit hinsichtlich der Wirksamkeit des Unternehmensvertrags existiert also jedenfalls. Denn auch das Nichteinholen eines nach § 293 Abs. 2 S. 1 AktG notwendigen Zustimmungsbeschlusses der Hauptversammlung der berechtigten deutschen AG oder KGaA und die Nichtvereinbarung einer nach § 304 Abs. 1, 2 AktG notwendigen Ausgleichsregelung bewirkt gemäß § 293 Abs. 2 S. 1 AktG bzw. § 304 Abs. 3 S. 1 AktG die Unwirksamkeit des Unternehmensvertrags[919].

Bei einem anderen Unternehmensvertrag ist deshalb eine Einschränkung des Anwendungsbereichs der §§ 293b – 293e AktG seitens des verpflichteten Unternehmensträgers nicht durch das Prinzip der Rechtssicherheit verboten. Insoweit ist ein Vervollständigungsverbot zu verneinen.

Bei einem Unternehmensvertrag im Sinn des § 292 Abs. 1 AktG wird dementsprechend zwar – das Vorliegen der sonstigen Anwendungsvoraussetzungen unterstellt – nicht der Anwendungsbereich der §§ 293a, 293f, 293g Abs. 1, 2 S. 1, Abs. 3 AktG[920], aber der Anwendungsbereich der §§ 293b – 293e AktG[921] durch eine Vervollständigung des Gesetzes infolge einer Reduktion dieser Informationsvorschriften seitens des verpflichteten Unternehmensträgers eingeschränkt. Die Einschränkung des Anwendungsbereichs der §§ 293b – 293e AktG

---

919 KG in NZG 1999, S. 1102; Emmerich in Emmerich/Habersack AG-/GmbH-KonzR, § 293 Rn. 2,15, § 304 Rn. 76–80; Hüffer, § 293 Rn. 1,12,21,24, § 304 Rn. 20

920 Ebenso BGH in AG 2003, S. 625; KG in NZG 2002, S. 818; LG Berlin in AG 2001, S. 95; Emmerich in Emmerich/Habersack AG-/GmbH-KonzR, § 293a Rn. 8, § 293f Rn. 2, § 293g Rn. 1,3,7,9,10; Hüffer, § 293a Rn. 4,7, § 293f Rn. 1,4, § 293g Rn. 3; Koppensteiner in KK AktG, § 293a Rn. 4,14–16, § 293f Rn. 4,6, § 293g Rn. 8,18; für die Berichtspflicht ebenso Neun, S. 25ff.; für die Berichtspflicht gänzlich und die Auslagepflicht teilweise anders Bungert in DB 1995, S. 1384 (1385ff.), 1449 (1450); weitgehend anders Altmeppen in MK AktG, § 293a Rn. 5–11,27, § 293f Rn. 2, § 293g Rn. 1,6,9,13,14, in ZIP 1998, S. 1853 (1854ff.,1865f.), der die §§ 293a, 293f, 293g Abs. 1, 2 S. 1, Abs. 3 AktG lediglich, soweit sie dem § 293 Abs. 3 S. 4 – 6, Abs. 4 AktG a. F. entsprechen, bei anderen Unternehmensverträge anwenden will

921 Ebenso Altmeppen in MK AktG, § 293a Rn. 5–11, § 293b Rn. 5, § 293e Rn. 2,15,16, in ZIP 1998, S. 1853 (1854 ff.,1865f.); Bungert in DB 1995, S. 1384 (1385ff.); Koppensteiner in KK AktG, § 293b Rn. 5,6, § 293e Rn. 2,3; Neun, S. 25ff.; für die Prüfberichtspflicht zwar ebenso, für die Prüfpflicht aber anders Emmerich in Emmerich/Habersack AG-/GmbH-KonzR, § 293e Rn. 3, § 293b Rn. 6,11; anders Hüffer, § 293b Rn. 2,4,6, § 293e Rn. 8; Eine Reduktion der §§ 293b – 293e AktG kommt aber wohl dann nicht in Betracht, wenn in dem anderen Unternehmensvertrag eine den § 304 Abs. 1, 2, § 305 Abs. 1 – 3 AktG entsprechende Ausgleichs- und Abfindungspflicht ausnahmsweise freiwillig begründet ist (ähnlich Koppensteiner in KK AktG, § 295 Rn. 23; Neun, S. 31; ähnlich für § 293g Abs. 3 AktG Altmeppen in MK AktG, § 295 Rn. 57).

wird nicht durch den widersprechenden Wortsinn des Gesetzes ausgeschlossen. Denn bei der Reduktion wird eine Norm auf einen Tatbestand nicht angewandt, obwohl sie ihrem Wortlaut nach diesen Tatbestand erfasst. Die Reduktion setzt sich anders als die einengende Auslegung zwingend mit dem Wortlaut der Norm in Widerspruch. Der mögliche Wortsinn des Gesetzes bildet also für die Reduktion anders als für die einengende Auslegung gerade keine Grenze[922].

2.2. Analogie zu den §§ 293a – 293g Abs. 1, 2 S. 1, Abs. 3 AktG seitens des berechtigten Unternehmensträgers

- Durch einen Abschluss eines anderen Unternehmensvertrags mit einer verpflichteten deutschen AG oder KGaA muss weder gemäß, noch analog § 304 Abs. 1, 2, § 305 Abs. 1 – 3 AktG eine angemessene Ausgleichs- und Abfindungspflicht des berechtigten Unternehmensträgers gegenüber außenstehenden Aktionären bzw. Kommanditaktionären der verpflichteten deutschen AG oder KGaA begründet werden. In einem anderen Unternehmensvertrag wird außerdem lediglich ausnahmsweise freiwillig eine vergleichbare Ausgleichs- und Abfindungspflicht begründet sein. Bei einem Unternehmensvertrag im Sinn des § 292 Abs. 1 AktG ist es demzufolge seitens des berechtigten Unternehmensträgers grundsätzlich nicht möglich, das Vorliegen und die Angemessenheit einer getroffenen Ausgleichs- und Abfindungsregelung zu testieren. Das mögliche Testat, dass eine angemessene Ausgleichs- und Abfindungsregelung nicht getroffen werden muss, ist für die Anteilsinhaber des berechtigten Unternehmensträgers weitgehend bedeutungslos. Wenn aber über das Ergebnis einer Prüfung nicht sinnvoll berichtet werden kann, dann ist schon die Durchführung der Prüfung sinnlos und damit angesichts des damit verbundenen Kosten- und Zeitaufwands nicht zu rechtfertigen[923].
  Zuerst ist damit festzustellen, dass bei einem Abschluss eines anderen Unternehmensvertrags mit einer verpflichteten deutschen AG oder KGaA seitens des berechtigten Unternehmensträgers grundsätzlich keine Informationsgegenstände, auf die sich die Informationsvorschriften der §§ 293b – 293e AktG inhaltlich erstrecken, vorhanden sein können. Bei einem Unternehmensvertrag im Sinn des § 292 Abs. 1 AktG sind daher zweckwidrig seitens des berechtigten Unternehmensträgers durch die Anwendung der Informationsvorschriften der §§ 293b – 293e AktG bedeutsame Informationen regelmäßig nicht zu erwerben.

922 Larenz, S. 377f.
923 Vgl. II. T. II. Kap. II. Absch. 2.1.1.1.

- Einem Abschluss eines anderen Unternehmensvertrags zwischen zwei beteiligten deutschen AG oder KGaA müssen gemäß § 293 Abs. 2 S. 1 AktG die Aktionäre bzw. Kommanditaktionäre der berechtigten deutschen AG oder KGaA nicht zustimmen[924].

  Bei einem Abschluss eines anderen Unternehmensvertrags zwischen zwei beteiligten deutschen AG oder KGaA wird außerdem grundsätzlich die Zustimmung der Aktionäre bzw. Kommanditaktionäre der berechtigten deutschen AG oder KGaA nicht durch eine Analogie zu § 293 Abs. 2 S. 1 AktG erforderlich[925]. Denn weder muss durch einen Abschluss eines anderen Unternehmensvertrags mit einer verpflichteten deutschen AG oder KGaA gemäß bzw. analog § 305 Abs. 1 – 3 AktG eine angemessene Anteilsabfindungspflicht des berechtigten Unternehmensträgers gegenüber außenstehenden Aktionären bzw. Kommanditaktionären der verpflichteten deutschen AG oder KGaA begründet werden, noch wird durch einen solchen gemäß bzw. analog § 302 Abs. 1 AktG eine unbeschränkte Verlustausgleichspflicht des berechtigten Unternehmensträgers gegenüber der verpflichteten deutschen AG oder KGaA begründet. Durch einen Abschluss eines Betriebspacht- oder sonstigen Betriebsüberlassungsvertrags mit einer verpflichteten deutschen AG oder KGaA wird zwar gemäß § 302 Abs. 2 AktG eine Verlustausgleichspflicht des berechtigten Unternehmensträgers gegenüber der verpflichteten deutschen AG oder KGaA begründet, wenn die verpflichtete deutsche AG oder KGaA von dem berechtigten Unternehmensträger abhängig und die vereinbarte Gegenleistung nicht als ein angemessenes Entgelt anzusehen ist[926]. Eine Verlustausgleichspflicht nach § 302 Abs. 2 AktG beschränkt sich aber auf die Differenz zwischen der vereinbarten Gegenleistung und einem angemessenen Entgelt. Sie umfasst also anders als eine Verlustausgleichspflicht nach § 302 Abs. 1 AktG nicht notwendig die gesamten von der verpflichteten deutschen AG oder KGaA erlittenen Verluste[927]. Die Vermögenssubstanz des berechtigten Unternehmensträgers und damit die Beteiligungswerte seiner Anteilsinhaber werden daher durch einen Abschluss eines anderen Unternehmensvertrags mit

---

924 Vgl. II. T. II. Kap. II. Absch. 1.

925 Eine Analogie zu dem § 293 Abs. 2 S. 1 AktG kommt aber wohl dann in Betracht, wenn in dem anderen Unternehmensvertrag eine dem § 305 Abs. 1, 2 Nr. 1, Abs. 3 S. 1 AktG entsprechende Anteilsabfindungspflicht und/oder eine dem § 302 Abs. 1 AktG entsprechende Verlustausgleichspflicht ausnahmsweise (freiwillig) begründet ist (ähnlich für internationale Beherrschungs- und/oder Gewinnabführungsverträge mit berechtigten deutschen AG oder KGaA Altmeppen in MK AktG, § 293 Rn. 120,121; Emmerich in Emmerich/Habersack AG-/GmbH-KonzR, § 293 Rn. 6a; Hüffer, § 293 Rn. 18; Koppensteiner in KK AktG, § 293 Rn. 43).

926 Vgl. II. T. II. Kap. II Absch. 2.1.1.1.

927 Nachw. in Fn. 426

einer verpflichteten deutschen AG oder KGaA weit weniger als durch einen Abschluss eines Beherrschungs- und/oder Gewinnabführungsvertrags mit einer verpflichteten deutschen AG oder KGaA gefährdet. Demnach erscheint es gerechtfertigt, die Wirksamkeit eines anderen Unternehmensvertrags nicht von der Zustimmung der Aktionäre bzw. Kommanditaktionäre einer berechtigten deutschen AG oder KGaA abhängig zu machen.
Bei einem Unternehmensvertrag im Sinn des § 292 Abs. 1 AktG ist es demzufolge seitens des berechtigten Unternehmensträgers grundsätzlich nicht möglich, dass von seinen Anteilsinhabern über eine Zustimmung zu dem Unternehmensvertrag entschieden wird. Zudem ist damit festzustellen, dass bei einem Abschluss eines anderen Unternehmensvertrags zwischen zwei beteiligten deutschen AG oder KGaA seitens des berechtigten Unternehmensträgers grundsätzlich keine Mitgliedschaftsrechte, auf die sich die Informationsvorschriften der §§ 293a – 293g Abs. 1, 2 S. 1, Abs. 3 AktG funktional beziehen, vorhanden sein können. Bei einem Unternehmensvertrag im Sinn des § 292 Abs. 1 AktG sind daher zweckwidrig seitens des berechtigten Unternehmensträgers durch die Normierung der Informationsvorschriften der §§ 293a – 293g Abs. 1, 2 S. 1, Abs. 3 AktG verstärkte Rechte regelmäßig nicht zu erwerben.

- Durch einen Abschluss eines anderen Unternehmensvertrags zwischen einer verpflichteten deutschen AG oder KGaA und einer berechtigten unabhängigen deutschen bzw. europäischen AG oder KGaA muss weder gemäß, noch analog § 305 Abs. 1, 2 Nr. 1, Abs. 3 S. 1 AktG eine angemessene Anteilsabfindungspflicht der berechtigten unabhängigen deutschen bzw. europäischen AG oder KGaA gegenüber außenstehenden Aktionären bzw. Kommanditaktionären der verpflichteten deutschen AG oder KGaA begründet werden. In einem anderen Unternehmensvertrag wird außerdem lediglich ausnahmsweise freiwillig eine vergleichbare Anteilsabfindungspflicht begründet sein. Ein Unternehmensvertrag im Sinn des § 292 Abs. 1 AktG ist demzufolge seitens des berechtigten Unternehmensträgers für seine Anteilsinhaber grundsätzlich nicht mit Folgen verbunden, die mit den bei einem Abschluss eines Verschmelzungsvertrags mit einer übertragenden deutschen AG oder KGaA seitens des übernehmenden Rechtsträgers für dessen Anteilsinhaber aus einem grundsätzlich stattfindenden Anteilsumtausch resultierenden Folgen vergleichbar sind.
  Durch einen Abschluss eines anderen Unternehmensvertrags mit einer verpflichteten deutschen AG oder KGaA wird weder gemäß, noch analog § 302 Abs. 1 AktG eine unbeschränkte Verlustausgleichspflicht des berechtigten Unternehmensträgers gegenüber der verpflichteten deutschen AG oder KGaA begründet. In einem anderen Unternehmensvertrag selbst wird außerdem le-

diglich ausnahmsweise eine vergleichbare Verlustausgleichspflicht begründet sein. Durch einen Abschluss eines Betriebspacht- oder sonstigen Betriebsüberlassungsvertrag mit einer verpflichteten deutschen AG oder KGaA wird zwar gemäß § 302 Abs. 2 AktG eine Verlustausgleichspflicht des berechtigten Unternehmensträgers gegenüber der verpflichteten deutschen AG oder KGaA begründet, wenn die verpflichtete deutsche AG oder KGaA von dem berechtigten Unternehmensträger abhängig und die vereinbarte Gegenleistung nicht als ein angemessenes Entgelt anzusehen ist. Eine Verlustausgleichspflicht nach § 302 Abs. 2 AktG beschränkt sich aber auf die Differenz zwischen der vereinbarten Gegenleistung und einem angemessenen Entgelt. Sie umfasst anders als eine Verlustausgleichspflicht nach § 302 Abs. 1 AktG nicht notwendig die gesamten von der verpflichteten deutschen AG oder KGaA erlittenen Verluste. Eine beschränkte Verlustausgleichspflicht führt also nicht zur dauerhaften Aufgabe der wirtschaftlichen Selbständigkeit durch den verpflichteten Unternehmensträger zulasten des berechtigten Unternehmensträgers. Infolge eines Abschlusses eines anderen Unternehmensvertrags mit einer verpflichteten deutschen AG oder KGaA geht das unternehmerische Risiko von der verpflichteten deutschen AG oder KGaA nicht auf den berechtigten Unternehmensträger über. Denn der berechtigte Unternehmensträger muss das eigene Vermögen und/oder den eigenen Ertrag keinesfalls stärker mindern bzw. schmälern als er es durch die Vereinbarung einer angemessenen Gegenleistung getan hätte. Ein Unternehmensvertrag im Sinn des § 292 Abs. 1 AktG ist demzufolge seitens des berechtigten Unternehmensträgers für seine Anteilsinhaber grundsätzlich nicht mit Risiken verbunden, die mit den bei einem Abschluss eines Verschmelzungsvertrags mit einer übertragenden deutschen AG oder KGaA seitens des übernehmenden Rechtsträgers für dessen Anteilsinhaber aus einer stattfindenden Vermögens- und Verbindlichkeitsvereinigung resultierenden Risiken zumindest eingeschränkt vergleichbar sind.

Zuletzt ist damit festzustellen, dass bei einem Abschluss eines anderen Unternehmensvertrags mit einer verpflichteten deutschen AG oder KGaA seitens des berechtigten Unternehmensträgers grundsätzlich keine Konzernierungsmerkmale, die mit den für die Informationsvorschriften der §§ 8 – 12, 60, 63, 64, 78 S. 1, 2 UmwG maßgebenden Verschmelzungsmerkmalen vergleichbar sind, vorhanden sein können. Bei einem Unternehmensvertrag im Sinn des § 292 Abs. 1 AktG wären die durch die Normierung der Informationsvorschriften der §§ 293a – 293g Abs. 1, 2 S. 1, Abs. 3 AktG verstärkten Rechte daher zweckwidrig seitens des berechtigten Unternehmensträgers ebenso sinnvoll ohne die Anwendung dieser besonderen Informationsvorschriften regelmäßig auszuüben.

Bei einem anderen Unternehmensvertrag ist deshalb eine Ausweitung des Anwendungsbereichs der §§ 293b – 293e AktG ebenso wenig wie eine Ausweitung des Anwendungsbereichs der §§ 293a, 293f, 293g Abs. 1, 2 S. 1, Abs. 3 AktG seitens des berechtigten Unternehmensträgers durch den Zweck des Gesetzes einschließlich des Prinzips der Gleichbehandlung geboten. Insoweit ist eine Gesetzeslücke durchgängig nicht zu bejahen. Bei einem Unternehmensvertrag im Sinn des § 292 Abs. 1 AktG wird dementsprechend weder der Anwendungsbereich der §§ 293a, 293f, 293g Abs. 1, 2 S. 1, Abs. 3 AktG, noch der Anwendungsbereich der §§ 293b – 293e AktG durch eine Vervollständigung des Gesetzes infolge einer Analogie zu diesen Informationsvorschriften seitens des berechtigten Unternehmensträgers ausgeweitet[928].

III. Kapitel. Phasen von Unternehmensvertragsverhältnissen

Unternehmensvertragsverhältnisse können sich in der Phase der Begründung, der Änderung oder der Beendigung befinden.

I. Abschnitt. Begründungen von Unternehmensvertragsverhältnissen

Da der erste Teil des dritten Buchs des AktG keine abschließende Regelung enthält, folgen die Voraussetzungen für Begründungen von Unternehmensvertragsverhältnissen auch aus den allgemeinen Grundsätzen und Vorschriften des Zivilvertragsrechts[929]. Unternehmensvertragsverhältnisse werden demnach nur rechtsgeschäftlich und nicht gesetzlich begründet[930]. Eine Begründung eines Unternehmensvertragsverhältnisses erfordert den Abschluss eines Unternehmensvertrags (vgl. § 311 Abs. 1 BGB)[931].

928 Eine Analogie zu den §§ 293b – 293e AktG und/oder den §§ 293a, 293f, 293g Abs. 1, 2 S. 1, Abs. 3 AktG kommt aber wohl dann in Betracht, wenn in dem anderen Unternehmensvertrag eine dem § 305 Abs. 1, 2 Nr. 1, Abs. 3 S. 1 AktG entsprechende Anteilsabfindungspflicht und/oder eine dem § 302 Abs. 1 AktG entsprechende Verlustausgleichspflicht ausnahmsweise (freiwillig) begründet ist.

929 Emmerich in Emmerich/Habersack AG-/GmbH-KonzR, § 293 Rn. 13; Hüffer, § 293 Rn. 22

930 Allgemein für Begründungen von Schuldverhältnissen Gehrlein in Bamberger/Roth, § 311 Rn. 1–4; Heinrichs in Palandt, Überb. § 311 Rn. 2–5; Thode in MK BGB, § 305 Rn. 2; Wolf in Soergel, § 305 Rn. 1,7

931 Allgemein für rechtsgeschäftliche Begründungen von Schuldverhältnissen Gehrlein in Bamberger/Roth, § 311 Rn. 1–4; Heinrichs in Palandt, Überb. § 311 Rn. 2–5; Thode in MK BGB, § 305 Rn. 2,48,49,52; Wolf in Soergel, § 305 Rn. 1,4,10,11

1. Auslegung des Gesetzes

- Der zweite Abschnitt des ersten Teils des dritten Buchs des AktG regelt nach seiner amtlichen Überschrift *Abschluss, Änderung und Beendigung* von Unternehmensverträgen[932]. Dabei regeln die §§ 293 – 294 AktG den Abschluss von Unternehmensverträgen[933], während der § 295 AktG Regelungen für die *Änderung* von Unternehmensverträgen[934] und die §§ 296 – 298 AktG Regelungen für die *Beendigung,* insbesondere die *Aufhebung* und die *Kündigung* von Unternehmensverträgen[935] enthalten. Dementsprechend gelten die §§ 293 – 294 AktG für die Änderung von Unternehmensverträgen gemäß § 295 Abs. 1 S. 2 AktG ausdrücklich lediglich *sinngemäß*[936].
- Einerseits machen die §§ 293, 294 AktG die Wirksamkeit eines Unternehmensvertrags von der Erstellung einer Urkunde, der Eintragung ins Handelsregister einer verpflichteten deutschen AG oder KGaA, der Zustimmung *der Hauptversammlung* einer verpflichteten deutschen AG oder KGaA und gegebenenfalls der Zustimmung *der Hauptversammlung* einer berechtigten deutschen AG oder KGaA abhängig[937]. Dementsprechend regeln die §§ 293a, 293f, 293g Abs. 1, 2 S. 1, Abs. 3 AktG ausdrücklich die Vorbereitung und Durchführung *der Hauptversammlung,* die über die nach § 293 AktG erforderliche Zustimmung zu dem Unternehmensvertrag beschließen soll[938]. Gleiches gilt für die §§ 293b – 293e AktG zwar nicht gemäß ihres Wortlauts, aber aufgrund ihres Bezugs zu den § 293f Abs. 1 Nr. 3, Abs. 2, § 293g Abs. 1 AktG[939]. Vor und in der Hauptversammlung, die über die nach § 293 AktG erforderliche Zustimmung zu dem Unternehmensvertrag beschließen soll, sind danach auch Abschriften der für beide beteiligte deutsche AG oder KGaA *nach § 293e AktG* erstatteten Prüfberichte auszulegen und zu erteilen. Die Auslegung und die Erteilung von Abschriften der Prüfberichte dienen

---

932 Emmerich in Emmerich/Habersack AG-/GmbH-KonzR, § 293 Rn. 1; Koppensteiner in KK AktG, § 293 Rn. 1

933 Emmerich in Emmerich/Habersack AG-/GmbH-KonzR, § 293 Rn. 2,3; Koppensteiner in KK AktG, § 293 Rn. 2

934 Emmerich in Emmerich/Habersack AG-/GmbH-KonzR, § 295 Rn. 1; Koppensteiner in KK AktG, § 295 Rn. 2

935 Emmerich in Emmerich/Habersack AG-/GmbH-KonzR, § 296 Rn. 1; Koppensteiner in KK AktG, § 296 Rn. 1

936 Emmerich in Emmerich/Habersack AG-/GmbH-KonzR, § 295 Rn. 1,17,35; Hüffer, § 295 Rn. 1,8,9

937 Emmerich in Emmerich/Habersack AG-/GmbH-KonzR, § 293 Rn. 4,5,21,23,36, § 294 Rn. 1,26,27; Hüffer, § 293 Rn. 1–3,17,26, § 294 Rn. 1,17

938 Nachw. in Fn. 243

939 Nachw. in Fn. 244

gemeinsam deren Offenlegung. Ohne die Offenlegung der Prüfberichte vor und in einer solchen Hauptversammlung wären die Durchführung der Prüfungen und die Erstattung der Prüfberichte bedeutungslos. Umgekehrt wäre ohne die Durchführung der Prüfungen und die Erstattung der Prüfberichte vor einer solchen Hauptversammlung die Offenlegung der Prüfberichte unmöglich[940].

- Andererseits machen die §§ 293, 294 AktG die Wirksamkeit eines Unternehmensvertrags keinesfalls von der Zustimmung eventuell einer Sonderversammlung einer verpflichteten deutschen AG oder KGaA abhängig[941]. Dementsprechend enthalten die §§ 293a – 293g Abs. 1, 2 S. 1, Abs. 3 AktG keinerlei Regelungen für die Vorbereitung und Durchführung einer eventuellen Sonderversammlung, die über die Zustimmung zu dem Unternehmensvertrag beschließen soll.

Bei einem Abschluss eines Unternehmensvertrags ist deshalb die Eröffnung des Anwendungsbereichs der §§ 293a – 293g Abs. 1, 2 S. 1, Abs. 3 AktG seitens jedes beteiligten Unternehmensträgers bezüglich einer Versammlung der Anteilsinhaber ebenso wie die mangelnde Eröffnung des Anwendungsbereichs der §§ 293a – 293g Abs. 1, 2 S. 1, Abs. 3 AktG seitens des verpflichteten Unternehmensträgers bezüglich einer Sonderversammlung der außenstehenden Anteilsinhaber aus dem Wortsinn des Gesetzes und aus dem Sinnzusammenhang des Gesetzes zu folgern. Bei einer Begründung eines Unternehmensvertrags ist dementsprechend der Anwendungsbereich der §§ 293a – 293g Abs. 1, 2 S. 1, Abs. 3 AktG nach einer Auslegung des Gesetzes zwar – das Vorliegen der sonstigen Anwendungsvoraussetzungen unterstellt – seitens jedes beteiligten Unternehmensträgers bezüglich einer Versammlung der Anteilsinhaber[942], aber nicht seitens des verpflichteten Unternehmensträgers bezüglich einer Sonderversammlung der außenstehenden Anteilsinhaber eröffnet.

---

940 Altmeppen in MK AktG, § 293a Rn. 4 Fn. 10; Emmerich in Emmerich/Habersack AG-/GmbH-KonzR, § 293a Rn. 1, § 293b Rn. 10, § 293e Rn. 1, § 293f Rn. 9, § 293g Rn. 1,3

941 Vgl. II. T. II. Kap. I. Absch. 2.2.

942 Ebenso Altmeppen in MK AktG, § 293 Rn. 1,4, § 293a Rn. 27, § 293f Rn. 1, § 293g Rn. 1; Emmerich in Emmerich/Habersack AG-/GmbH-KonzR, § 293 Rn. 2,3, § 293a Rn. 8,9, § 293b Rn. 10–11, § 293f Rn. 1,2, § 293g Rn. 1; Hüffer, § 293 Rn. 1, § 293a Rn. 1, § 293b Rn. 7, § 293f Rn. 1, § 293g Rn. 1; Koppensteiner in KK AktG, § 293 Rn. 2, § 293a Rn. 2,16, § 293b Rn. 8, § 293f Rn. 3

2. Vervollständigung des Gesetzes

2.1. Reduktion der §§ 293a – 293g Abs. 1, 2 S. 1, Abs. 3 AktG bezüglich einer Versammlung der Anteilsinhaber

- Erstens wurde festgestellt, dass bei einem Abschluss eines Beherrschungs- und/oder Gewinnabführungsvertrags mit einer verpflichteten deutschen AG oder KGaA seitens jedes beteiligten Unternehmensträgers vor und in einer Versammlung der Anteilsinhaber grundsätzlich Informationsgegenstände, auf die sich die Informationsvorschriften der §§ 293a – 293g Abs. 1, 2 S. 1, Abs. 3 AktG inhaltlich erstrecken, vorhanden sein können[943]. Bei einer Begründung eines Unternehmensvertrags sind daher zweckgemäß seitens jedes beteiligten Unternehmensträgers vor und in einer Versammlung der Anteilsinhaber durch die Anwendung der Informationsvorschriften der §§ 293a – 293g Abs. 1, 2 S. 1, Abs. 3 AktG bedeutsame Informationen regelmäßig zu erwerben.
- Zweitens wurde festgestellt, dass bei einem Abschluss eines Beherrschungs- und/oder Gewinnabführungsvertrags zwischen zwei beteiligten deutschen AG oder KGaA seitens jedes beteiligten Unternehmensträgers in und nach einer Versammlung der Anteilsinhaber Mitgliedschaftsrechte, auf die sich die Informationsvorschriften der §§ 293a – 293g Abs. 1, 2 S. 1, Abs. 3 AktG funktional beziehen, vorhanden sein können[944]. Bei einer Begründung eines Unternehmensvertrags sind durch die Normierung der Informationsvorschriften der §§ 293a – 293g Abs. 1, 2 S. 1, Abs. 3 AktG verstärkte Rechte daher zweckgemäß seitens jedes beteiligten Unternehmensträgers in und nach einer Versammlung der Anteilsinhaber zu erwerben.
- Drittens wurde folgendes festgestellt: Einerseits können bei einem Abschluss eines Beherrschungs- und/oder Gewinnabführungsvertrags zwischen zwei beteiligten deutschen AG oder KGaA seitens jedes beteiligten Unternehmensträgers vor und in einer Versammlung der Anteilsinhaber keine anderen Informationsvorschriften, die mit den Informationsvorschriften der §§ 293a – 293g Abs. 1, 2 S. 1, Abs. 3 AktG vergleichbar sind, anwendbar sein[945]. Andererseits können bei einem Abschluss eines Beherrschungs- und/oder Gewinnabführungsvertrags zwischen zwei beteiligten deutschen AG oder KGaA seitens jedes beteiligten Unternehmensträgers vor und in einer Versammlung der Anteilsinhaber grundsätzlich keine sonstigen Informationsmöglichkeiten, die

943 Vgl. II. T. I. Kap. I. Absch. 2.1.1.1.
944 Vgl. II. T. I. Kap. I. Absch. 2.1.1.2.
945 Vgl. II. T. I. Kap. I. Absch. 2.1.1.3.1.

mit den aus den §§ 293a – 293g Abs. 1, 2 S. 1, Abs. 3 AktG folgenden Informationsmöglichkeiten vergleichbar sind, vorhanden sein[946]. Bei einer Begründung eines Unternehmensvertrags sind die durch die Anwendung der Informationsvorschriften der §§ 293a – 293g Abs. 1, 2 S. 1, Abs. 3 AktG erworbenen Informationen daher zweckgemäß seitens jedes beteiligten Unternehmensträgers vor und in einer Versammlung der Anteilsinhaber ebenso effektiv anderweitig regelmäßig nicht zu erlangen.

- Viertens wurde folgendes festgestellt: Einerseits können bei einem Abschluss eines Verschmelzungsvertrags zwischen zwei beteiligten deutschen AG oder KGaA grundsätzlich Informationsvorschriften, die für die Informationsvorschriften der §§ 293a – 293g Abs. 1, 2 S. 1, Abs. 3 AktG vorbildgebend waren, seitens jedes beteiligten Unternehmensträgers vor und in einer Versammlung der Anteilsinhaber anwendbar sein[947]. Andererseits können bei einem Abschluss eines Beherrschungs- und/oder Gewinnabführungsvertrags mit einer verpflichteten deutschen AG oder KGaA grundsätzlich Konzernierungsmerkmale, die mit den für die Informationsvorschriften der §§ 8 – 12, 30 Abs. 2, §§ 60, 63, 64, 78 S. 1, 2 UmwG maßgebenden Verschmelzungsmerkmalen vergleichbar sind, seitens jedes beteiligten Unternehmensträgers in und nach einer Versammlung der Anteilsinhaber vorhanden sein[948]. Bei einer Begründung eines Unternehmensvertrags sind die durch die Normierung der Informationsvorschriften der §§ 293a – 293g Abs. 1, 2 S. 1, Abs. 3 AktG verstärkten Rechte daher zweckgemäß seitens jedes beteiligten Unternehmensträgers in und nach einer Versammlung der Anteilsinhaber ebenso sinnvoll unabhängig regelmäßig nicht auszuüben.

Bei einem Abschluss eines Unternehmensvertrags ist deshalb eine Einschränkung des Anwendungsbereichs der §§ 293a – 293g Abs. 1, 2 S. 1, Abs. 3 AktG seitens keines beteiligten Unternehmensträgers bezüglich einer Versammlung der Anteilsinhaber durch den Zweck des Gesetzes einschließlich des Prinzips der Ungleichbehandlung geboten. Insoweit ist eine Gesetzeslücke nicht zu bejahen. Bei einer Begründung eines Unternehmensvertrags wird dementsprechend der Anwendungsbereich der §§ 293a – 293g Abs. 1, 2 S. 1, Abs. 3 AktG durch eine Vervollständigung des Gesetzes infolge einer Reduktion dieser Informationsvorschriften – das Vorliegen der sonstigen Anwendungsvoraussetzungen unterstellt – seitens keines beteiligten Unternehmensträgers bezüglich einer Versammlung der Anteilsinhaber eingeschränkt.

946 Vgl. II. T. I. Kap. I. Absch. 2.1.1.3.2.
947 Vgl. II. T. I. Kap. I. Absch. 2.1.1.4.1.
948 Vgl. II. T. I. Kap. I. Absch. 2.1.1.4.2.

2.2. Analogie zu den §§ 293a – 293g Abs. 1, 2 S. 1, Abs. 3 AktG bezüglich einer Sonderversammlung der außenstehenden Anteilsinhaber

- Einem Abschluss eines Beherrschungs- und/oder Gewinnabführungsvertrags mit einer verpflichteten deutschen AG oder KGaA müssen gemäß § 293 Abs. 1 S. 1 AktG die außenstehenden Aktionäre bzw. Kommanditaktionäre der verpflichteten deutschen AG oder KGaA nicht gesondert zustimmen[949]. Denn der § 293 Abs. 1 S. 1 AktG erfordert ausdrücklich die Zustimmung *der Hauptversammlung* der verpflichteten deutschen AG oder KGaA[950]. Auch verlangen die § 295 Abs. 1 S. 1, Abs. 2 S. 1 AktG neben und die § 296 Abs. 2 S. 1, § 297 Abs. 2 S. 1 AktG anstatt der Zustimmung der Hauptversammlung der verpflichteten deutschen AG oder KGaA die Zustimmung einer eventuellen Sonderversammlung der verpflichteten deutschen AG oder KGaA[951]. Anderes gilt daher für den § 293 Abs. 1 S. 1 AktG[952].
- Bei einem Abschluss eines Beherrschungs- und/oder Gewinnabführungsvertrags mit einer verpflichteten deutschen AG oder KGaA wird außerdem die gesonderte Zustimmung der außenstehenden Aktionäre bzw. Kommanditaktionäre der verpflichteten deutschen AG oder KGaA nicht durch eine Analogie zu den § 295 Abs. 2 S. 1, § 296 Abs. 2 S. 1, § 297 Abs. 2 S. 1 AktG erforderlich. Zwar dürfen an der Beschlussfassung der Hauptversammlung über die erforderliche Zustimmung nicht nur die außenstehenden Aktionäre bzw. Kommanditaktionäre, sondern alle vertretenen Aktionäre bzw. Kommanditaktionäre der verpflichteten deutschen AG oder KGaA teilnehmen. Die Stimmberechtigung steht insbesondere dem Mehrheitsaktionär bzw. Mehrheitskommanditaktionär der verpflichteten deutschen AG oder KGaA zu, auch wenn dieser durch den Abschluss des Beherrschungs- und/oder Gewinnabführungsvertrags selbst berechtigt wird[953]. Auch darf der zustimmende Beschluss der Hauptversammlung der verpflichteten deutschen AG oder KGaA mehrheitlich gefasst werden[954]. Ein gerechter Interessenausgleich zwischen beiden beteiligten Unternehmensträgern ist damit häufig nicht gewährleistet, da ein an der verpflichteten deutschen AG oder KGaA mehrheitlich beteiligter berechtigter Unternehmensträger die Vertragsbedingungen allein bestimmen

---

949 Koppensteiner in KK AktG, § 295 Rn. 30
950 Nachw. in Fn. 462
951 Emmerich in Emmerich/Habersack AG-/GmbH-KonzR, § 295 Rn. 1,2,17,24, § 296 Rn. 3,9,17, § 297 Rn. 2,4,8; Hüffer, § 295 Rn. 1,2,8, § 296 Rn. 1,7, § 297 Rn. 1,10,17
952 Koppensteiner in KK AktG, § 295 Rn. 30
953 Vgl. II. T. I. Kap. I. Absch. 2.1.1.2.
954 Vgl. II. T. I. Kap. I. Absch. 2.1.1.3.2.

kann. Die Beteiligung der Hauptversammlung der verpflichteten deutschen AG oder KGaA an dem Abschluss des Beherrschungs- und/oder Gewinnabführungsvertrags wird dann zu einem bloßen Formalakt. Demnach wird der mit dem § 293 Abs. 1 AktG bezweckte Schutz der außenstehenden Aktionäre bzw. Kommanditaktionäre einer verpflichteten deutschen AG oder KGaA vor einem einseitigen Eingriff in ihre Vermögens- und Verwaltungsrechte oftmals verfehlt[955]. Aber die fehlende Normierung einer Beteiligung einer eventuellen Sonderversammlung einer verpflichteten deutschen AG oder KGaA an einem Abschluss eines Beherrschungs- und/oder Gewinnabführungsvertrags stellt nicht ein redaktionelles Versehen, sondern eine bewusste Entscheidung des Gesetzgebers dar, die durch eine analoge Anwendung der § 295 Abs. 2 S. 1, § 296 Abs. 2 S. 1, § 297 Abs. 2 S. 1 AktG nicht korrigiert werden darf. Denn nach den Gesetzesmaterialien[956] sollte eine so wesentliche unternehmerische Entscheidung wie ein Abschluss eines Beherrschungs- und/oder Gewinnabführungsvertrags nicht in die Hand von wenigen Minderheitsaktionären bzw. Minderheitskommanditaktionären einer deutschen AG oder KGaA gelegt werden. Anderenfalls wäre der Mehrheitsaktionär bzw. Mehrheitskommanditaktionär einer deutschen AG oder KGaA insoweit erpressbar. Dieser würde deshalb auf einen Abschluss eines Beherrschungs- und/oder Gewinnabführungsvertrags verzichten und sich mit einer tatsächlichen Ausnutzung seines beherrschenden Einflusses begnügen. Dadurch würde der mit dem § 293 Abs. 1 AktG bezweckte Schutz der außenstehenden Aktionäre bzw. Kommanditaktionäre einer verpflichteten deutschen AG oder KGaA vor einem einseitigen Eingriff in ihre Vermögens- und Verwaltungsrechte noch weniger erreicht[957]. Der Gesetzgeber hat demnach durchaus an den Schutz der außenstehenden Anteilsinhaber eines verpflichteten Unternehmensträgers bei einem Abschluss eines Beherrschungs- und/oder Gewinnabführungsvertrags gedacht. Er hielt dafür aber die Schaffung eines Zustimmungserfordernisses einer eventuellen Sonderversammlung des verpflichteten Unternehmensträgers für nicht förderlich.

Bei einer Begründung eines Unternehmensvertrags ist es demzufolge seitens des verpflichteten Unternehmensträgers nicht möglich, dass von seinen außenstehenden Anteilsinhabern über eine Zustimmung zu dem Unternehmensvertrag gesondert entschieden wird. Es ist damit festzustellen, dass bei einem Abschluss eines Beherrschungs- und/oder Gewinnabführungsvertrags mit einer verpflichteten

955 Emmerich in AG 1991, S. 303 (307), Emmerich/Habersack AG-/GmbH-KonzR, § 293 Rn. 30, § 293a Rn. 7; Sonnenschein in ZGR 1981, S. 429 (440f.)

956 Beg. zum RegE bei Kropff AktG, S. 380f.

957 Altmeppen in MK AktG, § 293 Rn. 41; Koppensteiner in KK AktG, § 293 Rn. 30

deutschen AG oder KGaA seitens des verpflichteten Unternehmensträgers in und nach einer Sonderversammlung der außenstehenden Anteilsinhaber keine Mitgliedschaftsrechte, auf die sich die Informationsvorschriften der §§ 293a – 293g Abs. 1, 2 S. 1, Abs. 3 AktG funktional beziehen, vorhanden sein können. Bei einer Begründung eines Unternehmensvertrags sind die durch die Normierung der Informationsvorschriften der §§ 293a – 293g Abs. 1, 2 S. 1, Abs. 3 AktG verstärkten Rechte daher zweckwidrig seitens des verpflichteten Unternehmensträgers in und nach einer Sonderversammlung der außenstehenden Anteilsinhaber nicht zu erwerben. Bei einem Abschluss eines Unternehmensvertrags ist deshalb eine Ausweitung des Anwendungsbereichs der §§ 293a – 293g Abs. 1, 2 S. 1, Abs. 3 AktG seitens des verpflichteten Unternehmensträgers bezüglich einer Sonderversammlung der außenstehenden Anteilsinhaber durch den Zweck des Gesetzes einschließlich des Prinzips der Gleichbehandlung nicht geboten. Insoweit ist eine Gesetzeslücke nicht zu bejahen. Bei einer Begründung eines Unternehmensvertrags wird dementsprechend der Anwendungsbereich der §§ 293a – 293g Abs. 1, 2 S. 1, Abs. 3 AktG durch eine Vervollständigung des Gesetzes infolge einer Analogie zu diesen Informationsvorschriften nicht seitens des verpflichteten Unternehmensträgers bezüglich einer Sonderversammlung der außenstehenden Anteilsinhaber ausgeweitet.

II. Abschnitt. Änderungen von Unternehmensvertragsverhältnissen

Da der erste Teil des dritten Buchs des AktG keine abschließende Regelung enthält, folgen die Voraussetzungen für Änderungen von Unternehmensvertragsverhältnissen auch aus den allgemeinen Grundsätzen und Vorschriften des Zivilvertragsrechts[958]. Die Änderungen von Unternehmensvertragsverhältnissen werden demnach in rechtsgeschäftliche und gesetzliche unterteilt[959].

- Eine rechtsgeschäftliche Änderung eines Unternehmensvertragsverhältnisses liegt vor, wenn es durch das Wirksamwerden eines Rechtsgeschäfts, das auf eine Änderung des Inhalts eines Unternehmensvertrags vor Ablauf seiner Laufzeit unter Wahrung seiner Identität gerichtet ist, zu einer solchen kommt[960]. Sie erfordert den Abschluss eines Änderungsvertrags (vgl. § 311

---

958 Entsprechend für Begründungen von Unternehmensvertragsverhältnissen Nachw. in Fn. 929

959 Allgemein für Änderungen von Schuldverhältnissen Gehrlein in Bamberger/Roth, § 311 Rn. 31; Heinrichs in Palandt, § 311 Rn. 2,3; Thode in MK BGB, § 305 Rn. 2,38,40,44; Wolf in Soergel, § 305 Rn. 1,37

960 BGH in NJW 1979, S. 2103; LG Mannheim in ZIP 1990, S. 379; Altmeppen in MK AktG, § 295 Rn. 3; Emmerich in Emmerich/Habersack AG-/GmbH-KonzR, § 295

Abs. 1 BGB). Für sie genügt der Ausspruch einer Änderungserklärung nicht[961].

- Eine gesetzliche Änderung eines Unternehmensvertragsverhältnisses liegt vor, wenn es durch das Verwirklichen eines Gesetzestatbestandes, an den eine Änderung des Inhalts eines Unternehmensvertrags vor Ablauf seiner Laufzeit und unter Wahrung seiner Identität geknüpft ist, automatisch zu einer solchen kommt[962]. Sie erfolgt beispielsweise bei jedem Unternehmensvertrag durch die Verschmelzung der vertragstypisch berechtigten Vertragspartei auf einen dritten Unternehmensträger sowie einem anderen Unternehmensvertrag durch die Verschmelzung der vertragstypisch verpflichteten Vertragspartei auf einen dritten Unternehmensträger (vgl. § 20 Abs. 1 Nr. 1 UmwG)[963].

1. Auslegung des Gesetzes

- Der zweite Abschnitt des ersten Teils des dritten Buchs des AktG regelt nach seiner amtlichen Überschrift *Abschluss, Änderung und Beendigung* von Unternehmensverträgen. Dabei regelt der § 295 AktG die *Änderung* von Unternehmensverträgen, während die §§ 293 – 294 AktG Regelungen für den Abschluss von Unternehmensverträgen und die §§ 296 – 298 AktG Regelungen für die *Beendigung,* insbesondere die *Aufhebung* und die *Kündigung* von Unternehmensverträgen enthalten. Dementsprechend gelten die §§ 293 – 294

Rn. 6,7; Hüffer, § 295 Rn. 3; Koppensteiner in KK AktG, § 295 Rn. 5; allgemein für rechtsgeschäftliche Änderungen von Schuldverhältnissen Heinrichs in Palandt, § 311 Rn. 2,3; Wolf in Soergel, § 305 Rn. 1,37,45–47

961 BGH in NJW 1979, S. 2103, NJW 1993, S. 1320, NJW 1993, S. 1976; OLG Düsseldorf in AG 1990, S. 490; Altmeppen in MK AktG, § 295 Rn. 3,13,14, § 297 Rn. 73; Ebenroth/Parche in BB 1989, S. 637 (641); Emmerich in Emmerich/Habersack AG-/GmbH-KonzR, § 295 Rn. 6–8a, § 297 Rn. 13,13a; Hüffer, § 295 Rn. 3,7; Koppensteiner in KK AktG, § 295 Rn. 5,6; Priester in ZIP 1992, S. 293 (299); Timm in FS Kellermann, S. 461 (462f.); allgemein für rechtsgeschäftliche Änderungen von Schuldverhältnissen Gehrlein in Bamberger/Roth, § 311 Rn. 31; Heinrichs in Palandt, § 311 Rn. 2,3; Thode in MK BGB, § 305 Rn. 2,38,40, 48,50,52; Wolf in Soergel, § 305 Rn. 1,13,37

962 Allgemein für gesetzliche Änderungen von Schuldverhältnissen Thode in MK BGB, § 305 Rn. 2,38,40,44; Wolf in Soergel, § 305 Rn. 1,37

963 OLG Karlsruhe in AG 1991, S. 144; LG Bonn in GmbHR 1996, S. 774; LG Mannheim in ZIP 1990, S. 379; Altmeppen in MK AktG, § 295 Rn. 16; § 297 Rn. 125,132; Emmerich in Emmerich/Habersack AG-/GmbH-KonzR, § 295 Rn. 16, § 297 Rn. 41,43; Geng, S. 146f.; Grunewald in Lutter/Winter, § 20 Rn. 36,37; Gutheil, S. 155ff.,192ff.; Hüffer, § 295 Rn. 6; Koppensteiner in KK AktG, § 295 Rn. 8–10, § 297 Rn. 36,39; Kübler in Semler/Stengel, § 20 Rn. 30; Priester in ZIP 1992, S. 293 (301)

AktG für die Änderung von Unternehmensverträgen gemäß § 295 Abs. 1 S. 2 AktG ausdrücklich lediglich *sinngemäß*[964].

- Allerdings unterstellt der § 295 Abs. 1 AktG einen Änderungsvertrag grundsätzlich denselben Wirksamkeitsvoraussetzungen wie einen Unternehmensvertrag[965]. So enthält der § 295 Abs. 1 AktG mit dem § 295 Abs. 1 S. 1 AktG eine Vorschrift, die der einzelnen Regelung des § 293 Abs. 1 S. 1 AktG entspricht. Danach setzt die Wirksamkeit eines Änderungsvertrags gegebenenfalls die Zustimmung *der Hauptversammlung* einer verpflichteten deutschen AG oder KGaA voraus[966]. Auch enthält der § 295 Abs. 1 AktG mit dem § 295 Abs. 1 S. 2 AktG eine Vorschrift, die auf sämtliche Regelungen der §§ 293 *bis* 294 AktG verweist. Daher machen die §§ 293, 294 AktG die Wirksamkeit eines Änderungsvertrags sinngemäß gegebenenfalls von der Erstellung einer Urkunde, der Eintragung ins Handelsregister einer verpflichteten deutschen AG oder KGaA und der Zustimmung *der Hauptversammlung* einer berechtigten deutschen AG oder KGaA abhängig[967]. Demnach regeln die §§ 293a – 293g Abs. 1, 2 S. 1, Abs. 3 AktG sinngemäß die Vorbereitung und Durchführung *der Hauptversammlung,* die über die nach §§ 295, 293 AktG erforderliche Zustimmung zu dem Änderungsvertrag beschließen soll[968]. Die Auswirkungen des Änderungsvertrags auf die Regelungen des Unternehmensvertrags sind insoweit ohne Belang. Denn der § 295 Abs. 1 AktG spricht schlechthin von einer Änderung des Unternehmensvertrags und nicht ausdrücklich von einer Änderung von Ausgleichs- und Abfindungsregelungen des Unternehmensvertrags. Dagegen erfasst der § 295 Abs. 2 AktG ausdrücklich ausschließlich *eine Änderung von Bestimmungen des Unternehmensvertrags, die zur Leistung eines Ausgleichs oder zum Erwerb von Aktien verpflichten*[969]. Anderes gilt daher für den § 295 Abs. 1 AktG. Dieser erfasst demnach auch eine Änderung von sonstigen Bestimmungen des Unternehmensvertrags und nicht nur eine Änderung von Ausgleichs- und Abfindungsregelungen des Unternehmensvertrags.

964 Vgl. II. T. III. Kap. I. Absch. 1.
965 Emmerich in Emmerich/Habersack AG-/GmbH-KonzR, § 295 Rn. 1,17; Hüffer, § 295 Rn. 1,8
966 Emmerich in Emmerich/Habersack AG-/GmbH-KonzR, § 295 Rn. 17; Hüffer, § 295 Rn. 1
967 Emmerich in Emmerich/Habersack AG-/GmbH-KonzR, § 295 Rn. 17,18,35; Hüffer, § 295 Rn. 8,9
968 Emmerich in Emmerich/Habersack AG-/GmbH-KonzR, § 295 Rn. 1,19–21,23; Hüffer, § 295 Rn. 1,8
969 Emmerich in Emmerich/Habersack AG-/GmbH-KonzR, § 295 Rn. 2,24–27a; Hüffer, § 295 Rn. 2,10,11

- Außerdem setzt nach dem § 295 Abs. 2 S. 1 AktG die Wirksamkeit eines Änderungsvertrags gegebenenfalls die Zustimmung einer Sonderversammlung einer verpflichteten deutschen AG oder KGaA voraus[970]. Gleichwohl enthält der § 295 Abs. 2 AktG mit dem § 295 Abs. 2 S. 3 AktG zwar eine Vorschrift, die der einzelnen Regelung des § 293g Abs. 3 AktG entspricht[971], aber keine Vorschriften, die den sämtlichen Regelungen der §§ 293a – 293g Abs. 1, 2 S. 1, Abs. 3 AktG entsprechen oder auf diese verweisen. Zudem beinhaltet der § 295 Abs. 1 AktG, da er dem § 295 Abs. 2 S. 1 AktG vorausgeht und neben dem § 295 Abs. 2 S. 3 AktG existiert, eine Verweisung auf sämtliche Regelungen der §§ 293a – 293g Abs. 1, 2 S. 1, Abs. 3 AktG zwar für die Hauptversammlung, die über die nach §§ 295, 293 AktG erforderliche Zustimmung zu dem Änderungsvertrag beschließen soll, aber nicht für eine Sonderversammlung, die über eine solche Zustimmung beschließen soll. Demnach regeln die §§ 293a – 293g Abs. 1, 2 S. 1, Abs. 3 AktG auch sinngemäß nicht die Vorbereitung und Durchführung einer Sonderversammlung, die über die Zustimmung zu dem Änderungsvertrag beschließen soll.
- Überdies spricht der § 295 AktG zwar schlechthin von einer Änderung von Unternehmensverträgen und nicht ausdrücklich von einer rechtsgeschäftlichen Änderung von Unternehmensverträgen. Die vorausgehenden §§ 293 – 294 AktG und insbesondere die nachfolgenden §§ 296, 297 AktG erfassen aber ausschließlich die Vornahme von zwei- bzw. einseitigen Rechtsgeschäften, nämlich den Abschluss von Unternehmens- bzw. Aufhebungsverträgen oder den Ausspruch von Kündigungserklärungen[972]. Gleiches gilt daher für den § 295 AktG[973]. Dieser erfasst demnach nur den Abschluss von Änderungsverträgen[974] und nicht auch den Eintritt von Änderungsereignissen[975].

---

970 Nachw. in Fn. 951

971 Emmerich in Emmerich/Habersack AG-/GmbH-KonzR, § 295 Rn. 32; Hüffer, § 295 Rn. 14

972 Emmerich in Emmerich/Habersack AG-/GmbH-KonzR, § 296 Rn. 3–5,8; Hüffer, § 296 Rn. 1,2, § 297 Rn. 1,3,17,19

973 Emmerich in Emmerich/Habersack AG-/GmbH-KonzR, § 295 Rn. 6

974 BGH in NJW 1979, S. 2103; Altmeppen in MK AktG, § 295 Rn. 3; Emmerich in Emmerich/Habersack AG-/GmbH-KonzR, § 295 Rn. 6; Hüffer, § 295 Rn. 3; Koppensteiner in KK AktG, § 295 Rn. 5

975 OLG Karlsruhe in DB 1994, S. 1917; LG Mannheim in ZIP 1990, S. 379, ZIP 1994, S. 1024; LG Bonn in GmbHR 1996, S. 774; Altmeppen in MK AktG, § 295 Rn. 16; Emmerich in Emmerich/Habersack AG-/GmbH-KonzR, § 295 Rn. 6,16, § 297 Rn. 43; Hüffer, § 295 Rn. 6; Koppensteiner in KK AktG, § 295 Rn. 6,8; Krieger in MHb AG, § 70 Rn. 173,174, in ZGR 1990, S. 517 (540f.); Priester in ZIP 1992, S. 293 (301); a. M. Bayer in ZGR 1993, S. 599 (603ff.); Hirte, S. 27

Bei einem Abschluss eines Änderungsvertrags ist deshalb die Eröffnung des Anwendungsbereichs der §§ 293a – 293g Abs. 1, 2 S. 1, Abs. 3 AktG seitens jedes beteiligten Unternehmensträges bezüglich einer Versammlung der Anteilsinhaber ebenso wie die mangelnde Eröffnung des Anwendungsbereichs der §§ 293a – 293g Abs. 1, 2 S. 1, Abs. 3 AktG seitens des verpflichteten Unternehmensträgers bezüglich einer Sonderversammlung der außenstehenden Anteilsinhaber aus dem Wortsinn des Gesetzes und aus dem Sinnzusammenhang des Gesetzes zu folgern. Bei einem Eintritt eines Änderungsereignisses ist die mangelnde Eröffnung des Anwendungsbereichs der §§ 293a – 293g Abs. 1, 2 S. 1, Abs. 3 AktG seitens jedes beteiligten Unternehmensträgers bezüglich einer Versammlung der Anteilsinhaber ebenso wie seitens des verpflichteten Unternehmensträgers bezüglich einer Sonderversammlung der außenstehenden Anteilsinhaber zwar nicht aus dem Wortsinn des Gesetzes, aber aus dem Sinnzusammenhang des Gesetzes zu folgern. Bei einer rechtsgeschäftlichen Änderung eines Unternehmensvertrags ist dementsprechend der Anwendungsbereich der §§ 293a – 293g Abs. 1, 2 S. 1, Abs. 3 AktG nach einer Auslegung des Gesetzes zwar – das Vorliegen der sonstigen Anwendungsvoraussetzungen unterstellt – seitens jedes beteiligten Unternehmensträgers bezüglich einer Versammlung der Anteilsinhaber[976], aber nicht seitens des verpflichteten Unternehmensträgers bezüglich einer Sonderversammlung der außenstehenden Anteilsinhaber[977] eröffnet. Bei einer gesetzlichen Änderung eines Unternehmensvertrags ist demgegenüber der Anwendungsbereich der §§ 293a – 293g Abs. 1, 2 S. 1, Abs. 3 AktG nach einer Auslegung des Gesetzes weder seitens jedes beteiligten Unternehmensträgers bezüglich einer Versammlung der Anteilsinhaber, noch seitens des verpflichteten Unternehmensträgers bezüglich einer Sonderversammlung der außenstehenden Anteilsinhaber eröffnet. Beides gilt gleichgültig, ob auch Ausgleichs- und Abfindungsregelungen des Unternehmensvertrags oder nur sonstige Bestimmungen des Unternehmensvertrags geändert werden[978].

976 Ebenso Altmeppen in MK AktG, § 295 Rn. 20–23; Emmerich in Emmerich/Habersack AG-/GmbH-KonzR, § 295 Rn. 1,17–21,23; Hüffer, § 295 Rn. 8; Koppensteiner in KK AktG, § 295 Rn. 1,2,20,22–26

977 Ebenso Altmeppen in MK AktG, § 295 Rn. 55

978 Ebenso Emmerich in Emmerich/Habersack AG-/GmbH-KonzR, § 295 Rn. 23; Hüffer AktG, § 295 Rn. 8; Koppensteiner in KK AktG, § 295 Rn. 22–26; für die Prüf-, Prüfberichts- und Berichtspflicht ebenso Neun, S. 212ff.; für die Prüf-, Prüfberichts- und Berichtspflicht gänzlich und die Auslagepflicht teilweise unklar Bungert in DB 1995, S. 1384 (1385ff.), 1449 (1449ff.); weitgehend unklar Altmeppen in MK AktG, § 295 Rn. 20,21

2. Vervollständigung des Gesetzes

2.1. Reduktion der §§ 293a – 293g Abs. 1, 2 S. 1, Abs. 3 AktG bei rechtsgeschäftlichen Änderungen von Unternehmensvertragsverhältnissen bezüglich einer Versammlung der Anteilsinhaber

2.1.1. Bejahen einer Gesetzeslücke

2.1.1.1. Erwerb von bedeutsamen Informationen

- Durch einen Abschluss eines Änderungsvertrags bezüglich eines mit einer verpflichteten deutschen AG oder KGaA abgeschlossenen Beherrschungs- und/oder Gewinnabführungsvertrags kann eine gemäß § 304 Abs. 1, 2, § 305 Abs. 1 – 3 AktG grundsätzlich begründete angemessene Ausgleichs- und Abfindungspflicht des berechtigten Unternehmensträgers gegenüber außenstehenden Aktionären bzw. Kommanditaktionären der verpflichteten deutschen AG oder KGaA betroffen werden. So kann beispielsweise bei einem Parteibeitritt bzw. Parteiwechsel der neue berechtigte Unternehmensträger eine sonstige Nationalität oder Rechtsform und einen anderen Ertrags- oder Substanzwert als der alte berechtigte Unternehmensträger besitzen, wodurch die Zulässigkeit und die Angemessenheit einer getroffenen Ausgleichs- und Abfindungsregelung beeinflusst sein kann. Auch kann bei einem Parteibeitritt bzw. Parteiwechsel der neue berechtigte Unternehmensträger einen anderen Unternehmenszweck und dadurch bestimmt einen anderen Weisungsrechtsgebrauch sowie eine andere Ertragslage und damit verbunden eine andere Vermögensausstattung als der alte berechtigte Unternehmensträger aufweisen, was sich einerseits auf die Ausgleichs- und Abfindungsbedürftigkeit der außenstehenden Anteilsinhaber des verpflichteten Unternehmensträgers sowie andererseits auf die Ausgleichs- und Abfindungsfähigkeit des berechtigten Unternehmensträgers auswirken kann[979]. Deshalb müssen bei einem vertraglichen Parteibeitritt bzw. Parteiwechsel auch analog § 304 Abs. 1, 2, § 305 Abs. 1 – 3 AktG zumindest festgesetzte variable Ausgleichsleistungen und laufende Anteilsabfindungsangebote angepasst oder in feste Ausgleichsleistungen und Barabfindungsangebote umgewandelt werden[980]. Außerdem dürf-

---

979 Vgl. Altmeppen in MK AktG, § 295 Rn. 5,31–37, § 308 Rn. 51; Bungert in DB 1995, S. 1449 (1449f.); Emmerich in Emmerich/Habersack AG-/GmbH-KonzR, § 295 Rn. 13,27,27a, § 308 Rn. 16; Hüffer, § 295 Rn. 5,11, § 308 Rn. 6; Koppensteiner in KK AktG, § 295 Rn. 13,34,35, § 308 Rn. 15

980 Die Notwendigkeit der Anpassung von festgesetzten festen Ausgleichsleistungen und laufenden Barabfindungsangeboten wird verneint (BGH in NJW 1992, S. 2760;

ten bei einem vertraglichen Parteibeitritt bzw. Partiewechsel, falls die ursprünglichen Abfindungsangebote abgelaufen sind, erneute Abfindungsangebote zu unterbreiten sein[981]. Bei einer sonstigen rechtsgeschäftlichen Änderung eines Unternehmensvertrags ist es dagegen seitens keines beteiligten Unternehmensträgers möglich, das Vorliegen und die Angemessenheit einer geänderten Ausgleichs- und Abfindungsregelung zu prüfen und zu testieren, die Art und die Höhe einer geänderten Ausgleichs- und Abfindungsregelung einschließlich der angewendeten Bewertungsmethoden und der aufgetretenen Bewertungsschwierigkeiten zu erläutern sowie Auskünfte über alle hierfür wesentlichen Angelegenheiten des anderen beteiligten Unternehmensträgers zu erteilen. Das mögliche Testat, dass eine angemessene Ausgleichs- und Abfindungsregelung nicht geändert wird, ist für die Anteilsinhaber jedes beteiligten Unternehmensträgers wenig bedeutsam. Es rechtfertigt eine kosten- und zeitintensive Prüfung nicht[982].

- Durch einen Abschluss eines Änderungsvertrags bezüglich eines mit einer verpflichteten deutschen AG oder KGaA abgeschlossenen Beherrschungs- und/oder Gewinnabführungsvertrags kann die gemäß § 302 Abs. 1 AktG begründete unbeschränkte Verlustausgleichspflicht des berechtigten Unternehmensträgers gegenüber der verpflichteten deutschen AG oder KGaA betroffen werden. So kann beispielsweise bei einem vertraglichen Parteibeitritt bzw. Parteiwechsel der neue beteiligte Unternehmensträger eine andere Ertragslage und damit verbunden eine andere Vermögensausstattung als der alte beteiligte Unternehmensträger aufweisen, was sich auf die Verlustausgleichsbedürftigkeit des verpflichteten Unternehmensträgers bzw. die Verlustausgleichsfähig-

---

OLG Karlruhe in ZIP 1997, S. 507; Bayer in ZGR 1993, S. 599 (607); Bilda in MK AktG, § 304 Rn. 164–166, § 305 Rn. 19,20,22; Emmerich in Emmerich/Habersack AG-/GmbH-KonzR, § 295 Rn. 27b, § 304 Rn. 67; Geng in NZG 1998, S. 715 (715f.); Gutheil, S. 167ff.; Hommelhoff in FS Claussen, S. 129 (139f.); Hüffer, § 304 Rn. 6; Koppensteiner in KK AktG, § 304 Rn. 95–97, § 305 Rn. 131,134; Priester in ZIP 1992, S. 293 (298f.); Röhricht in ZHR 1998, S. 249 (251ff.)).

981 OLG Karlsruhe in ZIP 1997, S. 507; Bayer in ZGR 1993, S. 599 (607); Bilda in MK AktG, § 304 Rn. 165,166, § 305 Rn. 22,23; Emmerich in Emmerich/Habersack AG-/GmbH-KonzR § 295 Rn. 27b, § 305 Rn. 35a; Gutheil, S. 161ff.; Hommelhoff in FS für Clausen, S. 129 (136 ff.); Hüffer, § 305 Rn. 2; Geng in NZG 1998, S. 715 (716 f.); Kort in ZGR 1999, S. 402 (424f.); Priester in ZIP 1992, S. 293 (297f.); Röhricht in ZHR 1998, S. 249 (253 ff.); a. M. BGH in NJW 1992, S. 2760; OLG Karlsruhe in AG 1991, S. 144; Koppensteiner in KK AktG, § 305 Rn. 132,134, 135; Pentz in FS Kropff, S. 225 (234ff.)

982 Vgl. Altmeppen in MK AktG, § 295 Rn. 20,21; Bungert in DB 1995, S. 1384 (1385f.), 1449 (1449f.); Emmerich in Emmerich/Habersack AG-/GmbH-KonzR, § 295 Rn. 23; Hüffer, § 295 Rn. 8; Koppensteiner in KK AktG, § 295 Rn. 23

keit des berechtigten Unternehmensträgers auswirken kann[983]. Die Auswirkungen des Änderungsvertrags auf die Ausgleichs- und Abfindungsregelungen des Unternehmensvertrags sind insoweit ohne Belang.

- Bei einem Abschluss eines Änderungsvertrags bezüglich eines zwischen zwei beteiligten deutschen AG oder KGaA abgeschlossenen Beherrschungs- und/oder Gewinnabführungsvertrags kann folglich gemäß § 295 Abs. 1 S. 2, §§ 293e, 293a AktG grundsätzlich für beide beteiligte deutsche AG oder KGaA ein (sinnloser) Vertragsprüfbericht und ein (kurzer) Vertragsbericht schriftlich[984] erstattet werden. Die Auswirkungen des Änderungsvertrags auf die Ausgleichs- und Abfindungsregelungen des Unternehmensvertrags sind insoweit ohne Belang.
- Ein Änderungsvertrag bezüglich eines gemäß § 293 Abs. 3 AktG mit einer verpflichteten deutschen AG oder KGaA schriftlich abgeschlossenen Beherrschungs- und/oder Gewinnabführungsvertrags muss gemäß § 295 Abs. 1 S. 2, § 293 Abs. 3 AktG schriftlich abgeschlossen werden[985]. Die Auswirkungen des Änderungsvertrags auf die Ausgleichs- und Abfindungsregelungen des Unternehmensvertrags sind insoweit ohne Belang.
- Vor einem Abschluss eines Änderungsvertrags bezüglich eines zwischen einer verpflichteten deutschen AG oder KGaA und einer/einem berechtigten deutschen Kapitalgesellschaft, Personenhandelsgesellschaft, Genossenschaft, Versicherungsverein, großen Wirtschaftsverein, Wirtschaftsstiftung, Wirtschaftsanstalt oder Wirtschaftsgebietskörperschaft abgeschlossenen Beherrschungs- und/oder Gewinnabführungsvertrags muss nach dem Dritten Buch des HGB oder dem PublG für die verpflichtete deutsche AG oder KGaA und den berechtigten deutschen Unternehmensträger genannter Größe und Rechtsform jedes Geschäftsjahr ein Jahresabschluss und ein Lagebericht oder zumindest ein Jahresabschluss schriftlich erstellt werden[986]. Die Auswirkungen des Änderungsvertrags auf die Ausgleichs- und Abfindungsregelungen des Unternehmensvertrags sind insoweit ohne Belang.

Erstens ist damit festzustellen, dass bei einem Abschluss eines Änderungsvertrags bezüglich eines mit einer verpflichteten deutschen AG oder KGaA abgeschlossenen Beherrschungs- und/oder Gewinnabführungsvertrags, durch den Ausgleichs- und Abfindungsregelungen geändert werden, seitens jedes beteiligten Unternehmensträgers vor und in einer Versammlung der Anteilsinhaber Informa-

---

983 Vgl. Bungert in DB 1995, S. 1449 (1449f.)

984 Emmerich in Emmerich/Habersack AG-/GmbH-KonzR, § 295 Rn. 1,17,23, § 293a Rn. 18,18a, § 293e Rn. 7; Hüffer, § 295 Rn. 1,8, § 293a Rn. 10, § 293e Rn. 2

985 Emmerich in Emmerich/Habersack AG-/GmbH-KonzR, § 295 Rn. 1,17, § 293 Rn. 2,13,21,22; Hüffer, § 295 Rn. 1,8, § 293 Rn. 1,22,26

986 Vgl. II. T. I. Kap. I. Absch. 2.1.1.1.

tionsgegenstände, auf die sich die Informationsvorschriften der §§ 293b – 293e AktG inhaltlich erstrecken, und Informationsgegenstände, auf die sich die Informationsvorschriften der §§ 293a, 293f, 293g Abs. 1, 2 S. 1, Abs. 3 AktG inhaltlich erstrecken, vorhanden sein können. Bei einem Abschluss eines sonstigen Änderungsvertrags bezüglich eines mit einer verpflichteten deutschen AG oder KGaA abgeschlossenen Beherrschungs- und/oder Gewinnabführungsvertrags können zwar überhaupt keine Informationsgegenstände, auf die sich die Informationsvorschriften der §§ 293b – 293e AktG inhaltlich erstrecken, aber zumindest einige Informationsgegenstände, auf die sich die Informationsvorschriften der §§ 293a, 293f, 293g Abs. 1, 2 S. 1, Abs. 3 AktG inhaltlich erstrecken, vorhanden sein. Bei einer rechtsgeschäftlichen Änderung eines Unternehmensvertrags, durch die Ausgleichs- und Abfindungsregelungen geändert werden, sind daher zweckgemäß seitens jedes beteiligten Unternehmensträgers vor und in einer Versammlung der Anteilsinhaber durch die Anwendung der Informationsvorschriften der §§ 293a, 293f, 293g Abs. 1, 2 S. 1, Abs. 3 AktG und durch die Anwendung der Informationsvorschriften der §§ 293b – 293e AktG bedeutsame Informationen zu erwerben. Bei einer sonstigen rechtsgeschäftlichen Änderung eines Unternehmensvertrags sind dagegen zweckwidrig zwar durch die Anwendung der Informationsvorschriften der §§ 293a, 293f, 293g Abs. 1, 2 S. 1, Abs. 3 AktG, aber nicht durch die Anwendung der Informationsvorschriften der §§ 293b – 293e AktG bedeutsame Informationen zu erwerben.

2.1.1.2. Erwerb von verstärkten Rechten

Einem Abschluss eines Änderungsvertrags bezüglich eines zwischen zwei beteiligten deutschen AG oder KGaA abgeschlossenen Beherrschungs- und/oder Gewinnabführungsvertrags müssen gemäß § 295 Abs. 1 S. 1 AktG und gemäß § 295 Abs. 2 S. 2, § 293 Abs. 2 S. 1 AktG die Aktionäre bzw. Kommanditaktionäre jeder beteiligten deutschen AG oder KGaA zustimmen[987]. Die Auswirkungen des Änderungsvertrags auf die Ausgleichs- und Abfindungsregelungen des Unternehmensvertrags sind insoweit ohne Belang.

Zweitens ist damit festzustellen, dass bei einem Abschluss jedes Änderungsvertrags bezüglich eines zwischen zwei beteiligten deutschen AG oder KGaA abgeschlossenen Beherrschungs- und/oder Gewinnabführungsvertrags seitens jedes beteiligten Unternehmensträgers in und nach einer Versammlung der Anteilsinhaber Mitgliedschaftsrechte, auf die sich die Informationsvorschriften der

987 Altmeppen in MK AktG, § 295 Rn. 1,3,18; Emmerich in Emmerich/Habersack AG-/GmbH-KonzR, § 295 Rn. 1,6,7,17; Hüffer, § 295 Rn. 1,3,8; Koppensteiner in KK AktG, § 295 Rn. 2,5,21

§§ 293a – 293g Abs. 1, 2 S. 1, Abs. 3 AktG funktional beziehen, vorhanden sein können. Bei jeder rechtsgeschäftlichen Änderung eines Unternehmensvertrags sind daher zweckgemäß seitens jedes beteiligten Unternehmensträgers in und nach einer Versammlung der Anteilsinhaber durch die Normierung der Informationsvorschriften der §§ 293a – 293g Abs. 1, 2 S. 1, Abs. 3 AktG verstärkte Rechte zu erwerben.

2.1.1.3. Anderweitige Erlangung der bedeutsamen Informationen

Drittens ist folgendes festzustellen: Einerseits können bei einem Abschluss jedes Änderungsvertrags bezüglich eines zwischen zwei beteiligten deutschen AG oder KGaA abgeschlossenen Beherrschungs- und/oder Gewinnabführungsvertrags seitens jedes beteiligten Unternehmensträgers vor und in einer Versammlung der Anteilsinhaber keine anderen Informationsvorschriften, die mit den Informationsvorschriften der §§ 293a – 293g Abs. 1, 2 S. 1, Abs. 3 AktG vergleichbar sind, anwendbar sein[988]. Andererseits können bei einem Abschluss jedes Änderungsvertrags bezüglich eines zwischen zwei beteiligten deutschen AG oder KGaA abgeschlossenen Beherrschungs- und/oder Gewinnabführungsvertrags seitens jedes beteiligten Unternehmensträgers vor und in einer Versammlung der Anteilsinhaber grundsätzlich keine sonstigen Informationsmöglichkeiten, die mit den aus den §§ 293a – 293g Abs. 1, 2 S. 1, Abs. 3 AktG folgenden Informationsmöglichkeiten vergleichbar sind, vorhanden sein[989]. Bei jeder rechtsgeschäftlichen Änderung eines Unternehmensvertrags sind die durch die Anwendung der Informationsvorschriften der §§ 293a – 293g Abs. 1, 2 S. 1, Abs. 3 AktG erworbenen Informationen daher zweckgemäß seitens jedes beteiligten Unternehmensträgers vor und in einer Versammlung der Anteilsinhaber ebenso effektiv anderweitig regelmäßig nicht zu erlangen.

2.1.1.4. Unabhängige Ausübung der verstärkten Rechte

2.1.1.4.1. Geltung von zumindest mit den vorbildgebenden Informationsvorschriften vergleichbaren Informationsvorschriften

Viertens wurde einerseits bereits festgestellt, dass bei einem Abschluss eines Verschmelzungsvertrags zwischen zwei beteiligten deutschen AG oder KGaA seitens jedes beteiligten Rechtsträgers vor und in einer Versammlung der Anteilsinhaber grundsätzlich Informationsvorschriften, die für die Informationsvor-

988 Vgl. II. T. I. Kap. I. Absch. 2.1.1.3.1.
989 Vgl. II. T. I. Kap. I. Absch. 2.1.1.3.2.

schriften der §§ 293a – 293g Abs. 1, 2 S. 1, Abs. 3 AktG vorbildgebend waren, anwendbar sein können[990].

2.1.1.4.2. Existenz von zumindest mit den maßgebenden Verschmelzungsmerkmalen vergleichbaren Konzernierungsmerkmalen

- Durch einen Abschluss eines Änderungsvertrags bezüglich eines zwischen einer verpflichteten deutschen AG oder KGaA und einem berechtigten Unternehmensträger sonstiger Nationalität oder Rechtsform abgeschlossenen Beherrschungs- und/oder Gewinnabführungsvertrags kann eine gemäß § 305 Abs. 1, 2 Nr. 3, Abs. 3 S. 2 AktG grundsätzlich begründete angemessene Barabfindungspflicht des berechtigten Unternehmensträgers sonstiger Nationalität oder Rechtsform gegenüber außenstehenden Aktionären bzw. Kommanditaktionären der verpflichteten deutschen AG oder KGaA betroffen werden. Bei einem vertraglichen Parteibeitritt bzw. Parteiwechsel müssen auch analog § 304 Abs. 1, 2, § 305 Abs. 1 – 3 AktG zumindest laufende Anteilsabfindungsangebote angepasst oder in Barabfindungsangebote umgewandelt werden. Außerdem dürften bei einem vertraglichen Parteibeitritt bzw. Partiewechsel, falls die ursprünglichen Abfindungsangebote abgelaufen sind, erneute (Bar-)Abfindungsangebote zu unterbreiten sein[991]. Eine sonstige rechtsgeschäftliche Änderung eines Unternehmensvertrags ist dagegen seitens des verpflichteten Unternehmensträgers für seine Anteilsinhaber nicht möglicherweise mit Folgen verbunden, die mit den bei einem Abschluss eines Verschmelzungsvertrags zwischen einer übertragenden deutschen AG oder KGaA und einem übernehmenden Rechtsträger sonstiger Nationalität oder Rechtsform seitens des übertragenden Rechtsträgers für dessen Anteilsinhaber aus einer grundsätzlich anzubietenden Barabfindung resultierenden Folgen vergleichbar sind.
- Durch einen Abschluss eines Änderungsvertrags bezüglich eines zwischen einer verpflichteten deutschen AG oder KGaA und einer berechtigten unabhängigen deutschen bzw. europäischen AG oder KGaA abgeschlossenen Beherrschungs- und/oder Gewinnabführungsvertrags kann eine gemäß § 305 Abs. 1, 2 Nr. 1, Abs. 3 S. 1 AktG grundsätzlich begründete angemessene Anteilsabfindungspflicht der berechtigten unabhängigen deutschen bzw. europäischen AG oder KGaA gegenüber außenstehenden Aktionären bzw. Kommanditaktionären der verpflichteten deutschen AG oder KGaA betroffen werden. Bei einem vertraglichen Parteibeitritt bzw. Parteiwechsel müssen auch analog

990 Vgl. II. T. I. Kap. I. Absch. 2.1.1.4.1.
991 Vgl. II. T. III. Kap. II. Absch. 2.1.1.1.

§ 304 Abs. 1, 2, § 305 Abs. 1 – 3 AktG zumindest laufende Anteilsabfindungsangebote angepasst oder in Barabfindungsangebote umgewandelt werden. Außerdem dürften bei einem vertraglichen Parteibeitritt bzw. Partiewechsel, falls die ursprünglichen Abfindungsangebote abgelaufen sind, erneute (Anteils-)Abfindungsangebote zu unterbreiten sein[992]. Eine sonstige rechtsgeschäftliche Änderung eines Unternehmensvertrags ist dagegen seitens keines beteiligten Unternehmensträgers für seine Anteilsinhaber möglicherweise mit Folgen verbunden, die mit den bei dem Abschluss eines Verschmelzungsvertrags mit einer übertragenden deutschen AG oder KGaA seitens jedes beteiligten Rechtsträgers für dessen Anteilsinhaber aus einem grundsätzlich stattfindenden Anteilsumtausch resultierenden Folgen vergleichbar sind.

- Durch einen Abschluss eines Änderungsvertrags bezüglich eines mit einer verpflichteten deutschen AG oder KGaA abgeschlossenen Beherrschungs- und/oder Gewinnabführungsvertrags kann das gemäß § 291 Abs. 1, § 308 Abs. 1 AktG bestehende grundsätzlich unbeschränkte Weisungs- und/oder Gewinnbezugsrecht und die gemäß § 302 Abs. 1 AktG bestehende unbeschränkte Verlustausgleichspflicht des berechtigten Unternehmensträgers gegenüber der verpflichteten deutschen AG oder KGaA betroffen werden[993]. Die Auswirkungen des Änderungsvertrags auf die Ausgleichs- und Abfindungsregelungen des Unternehmensvertrags sind insoweit ohne Belang.

Viertens ist andererseits damit festzustellen, dass bei einem Abschluss eines Änderungsvertrags bezüglich eines mit einer verpflichteten deutschen AG oder KGaA abgeschlossenen Beherrschungs- und/oder Gewinnabführungsvertrags, durch den Ausgleichs- und Abfindungsregelungen geändert werden, seitens jedes beteiligten Unternehmensträgers in und nach einer Versammlung der Anteilsinhaber Konzernierungsmerkmale, die mit den für die Informationsvorschriften der §§ 10 – 12, 30 Abs. 2 UmwG oder der §§ 9 – 12, 60, 78 S. 1, 2 UmwG maßgebenden Verschmelzungsmerkmalen vergleichbar sind, und Konzernierungsmerkmale, die mit den für die Informationsvorschriften der §§ 8, 63, 64, 78 S. 1, 2 UmwG maßgebenden Verschmelzungsmerkmalen vergleichbar sind, vorhanden sein können. Bei einem Abschluss eines sonstigen Änderungsvertrags bezüglich eines mit einer verpflichteten deutschen AG oder KGaA abgeschlossenen Beherrschungs- und/oder Gewinnabführungsvertrags können zwar überhaupt keine Konzernierungsmerkmale, die mit den für die Informationsvorschriften der §§ 10 – 12, 30 Abs. 2 UmwG oder §§ 9 – 12, 60, 78 S. 1, 2 UmwG maßgebenden Verschmelzungsmerkmalen vergleichbar sind, aber zumindest einige Konzernierungsmerkmale, die mit den für die Informationsvorschriften der §§ 8, 63, 64, 78

992 Vgl. II. T. III. Kap. II. Absch. 2.1.1.1.
993 Vgl. II. T. III. Kap. II. Absch. 2.1.1.1.

S. 1, 2 UmwG maßgebenden Verschmelzungsmerkmalen vergleichbar sind, vorhanden sein.

Bei einer rechtsgeschäftlichen Änderung eines Unternehmensvertrags, durch die Ausgleichs- und Abfindungsregelungen geändert werden, sind die durch die Normierung der Informationsvorschriften der §§ 293a – 293g Abs. 1, 2 S. 1, Abs. 3 AktG verstärkten Rechte daher zweckgemäß seitens jedes beteiligten Unternehmensträgers in und nach einer Versammlung der Anteilsinhaber ebenso sinnvoll regelmäßig weder ohne die Anwendung der Informationsvorschriften der §§ 293a, 293f, 293g Abs. 1, 2 S. 1, Abs. 3 AktG, noch ohne die Anwendung der Informationsvorschriften der §§ 293b – 293e AktG auszuüben. Bei einer sonstigen rechtsgeschäftlichen Änderung eines Unternehmensvertrags sind die durch die Normierung der Informationsvorschriften der §§ 293a – 293g Abs. 1, 2 S. 1, Abs. 3 AktG verstärkten Rechte dagegen zweckwidrig ebenso sinnvoll zwar regelmäßig nicht ohne die Anwendung der Informationsvorschriften der §§ 293a, 293f, 293g Abs. 1, 2 S. 1, Abs. 3 AktG, aber ohne die Anwendung der Informationsvorschriften der §§ 293b – 293e AktG auszuüben.

Zusammenfassend bleibt deshalb folgendes festzuhalten: Bei einem Abschluss eines Änderungsvertrags, durch den Ausgleichs- und Abfindungsregelungen des Unternehmensvertrags geändert werden, ist eine Einschränkung des Anwendungsbereichs der §§ 293b – 293e AktG ebenso wie eine Einschränkung des Anwendungsbereichs der §§ 293a, 293f, 293g Abs. 1, 2 S. 1, Abs. 3 AktG seitens keines beteiligten Unternehmensträgers bezüglich einer Versammlung der Anteilsinhaber durch den Zweck des Gesetzes einschließlich des Prinzips der Ungleichbehandlung geboten. Bei einem Abschluss eines sonstigen Änderungsvertrags ist eine Einschränkung des Anwendungsbereichs der §§ 293b – 293e AktG anders als eine Einschränkung des Anwendungsbereichs der §§ 293a, 293f, 293g Abs. 1, 2 S. 1, Abs. 3 AktG seitens jedes beteiligten Unternehmensträgers bezüglich einer Versammlung der Anteilsinhaber durch den Zweck des Gesetzes einschließlich des Prinzips der Ungleichbehandlung geboten. Insoweit ist eine Gesetzeslücke teilweise zu bejahen.

2.1.2. Verneinen eines Vervollständigungsverbots

Würde das Vorliegen von Auswirkungen des Änderungsvertrags auf Ausgleichs- und Abfindungsregelungen des Unternehmensvertrags als eine Anwendungsvoraussetzung den § 295 Abs. 1 S. 2, §§ 293b – 293e AktG hinzugefügt, müsste von dem Geschäftsführungsorgan jedes beteiligten Unternehmensträgers beurteilt werden, ob Ausgleichs- und Abfindungsregelungen betroffen werden oder nicht. Da diese Beurteilung eventuell falsch sein kann, würde eine gewisse Unsicherheit hinsichtlich der Wirksamkeit des Änderungsvertrages bestehen. Denn die Nichtdurchführung einer nach § 295 Abs. 1 S. 2, §§ 293b – 293e AktG erforderlichen Prüfung begründet gemäß § 243 Abs. 1 AktG die Anfechtbarkeit des Zustimmungsbeschlusses der Hauptversammlung jeder beteiligten deutschen AG oder KGaA[994] und kann damit gemäß § 295 Abs. 1 S. 1 bzw. § 295 Abs. 1 S. 2, § 293 Abs. 2 S. 1 AktG die Unwirksamkeit des Änderungsvertrags bewirken[995]. Das Vorliegen von Auswirkungen des Änderungsvertrags auf Ausgleichs- und Abfindungsregelungen des Unternehmensvertrags bildet aber schon eine Anwendungsvoraussetzung des § 295 Abs. 2 S. 1 AktG[996], so dass ohnehin zumindest von dem Geschäftsführungsorgan des verpflichteten Unternehmensträgers zu entscheiden ist, ob Ausgleichs- und Abfindungsregelungen betroffen werden oder nicht. Die mit dieser Entscheidung verbundene Unsicherheit hinsichtlich der Wirksamkeit des Änderungsvertrags existiert also jedenfalls. Denn auch das Nichteinholen eines nach § 295 Abs. 2 S. 1 AktG notwendigen Zustimmungsbeschlusses der Sonderversammlung der verpflichteten deutschen AG oder KGaA begründet gemäß § 295 Abs. 2 S. 1 AktG die Unwirksamkeit des Zustimmungsbeschlusses der Hauptversammlung der verpflichteten deutschen AG oder KGaA[997] und bewirkt damit gemäß § 295 Abs. 1 S. 1 AktG die Unwirksamkeit des Änderungsvertrags.

Bei einem Abschluss eines sonstigen Änderungsvertrags ist deshalb eine Einschränkung des Anwendungsbereichs der §§ 293b – 293e AktG seitens keines beteiligten Unternehmensträgers bezüglich einer Versammlung der Anteilsinhaber durch das Prinzip der Rechtssicherheit verboten. Insoweit ist ein Vervollständigungsverbot zu verneinen.

Bei einer rechtsgeschäftlichen Änderung eines Unternehmensvertrags, durch die Ausgleichs- und Abfindungsregelungen geändert werden, wird dementsprechend – das Vorliegen der sonstigen Anwendungsvoraussetzungen unterstellt – weder der Anwendungsbereich der §§ 293a, 293f, 293g Abs. 1, 2 S. 1, Abs. 3 AktG, noch der Anwendungsbereich der §§ 293b – 293e AktG durch eine Vervollständigung des Gesetzes infolge einer Reduktion dieser Informationsvorschriften seitens jedes beteiligten Unternehmensträgers bezüglich einer Ver-

994 LG Berlin in AG 1996, S. 230; Altmeppen in MK AktG, § 293 Rn. 80, § 293b Rn. 20; § 293e Rn. 23, § 295 Rn. 1,18,20,21; Bilda in MK AktG, § 304 Rn. 199; Emmerich in Emmerich/Habersack AG-/GmbH-KonzR, § 293 Rn. 38b,38c, § 293b Rn. 20,21, § 293e Rn 23, § 295 Rn. 1,17,23, § 304 Rn. 82, § 305 Rn. 83; Humbeck in BB 1995, S. 1893 (1898)

995 KG in NZG 1999, S. 1102; Emmerich in Emmerich/Habersack AG-/GmbH-KonzR, § 293 Rn. 2,15, § 295 Rn. 1,17; Hüffer, § 293 Rn. 1,12,21,24, § 295 Rn. 1,8

996 Vgl. II. T. III. Kap. II. Absch. 2.1.1.2.

997 BayObLG in ZIP 2002, S. 127; Emmerich in Emmerich/Habersack AG-/GmbH-KonzR, § 295 Rn. 33; Hüffer, § 138 Rn. 2,7, § 295 Rn. 15

sammlung der Anteilsinhaber eingeschränkt. Bei einer sonstigen rechtsgeschäftlichen Änderung eines Unternehmensvertrags wird demgegenüber zwar – das Vorliegen der sonstigen Anwendungsvoraussetzungen unterstellt – nicht der Anwendungsbereich der §§ 293a, 293f, 293g Abs. 1, 2 S. 1, Abs. 3 AktG[998], aber der Anwendungsbereich der §§ 293b – 293e AktG[999] durch eine Vervollständigung des Gesetzes infolge einer Reduktion dieser Informationsvorschriften seitens jedes beteiligten Unternehmensträgers bezüglich einer Versammlung der Anteilsinhaber eingeschränkt.

2.2. *Analogie zu den §§ 293a – 293g Abs. 1, 2 S. 1, Abs. 3 AktG bei rechtsgeschäftlichen Änderungen von Unternehmensvertragsverhältnissen bezüglich einer Sonderversammlung der außenstehenden Anteilsinhaber*

2.2.1. *Bejahen einer Gesetzeslücke*

2.2.1.1. *Erwerb von bedeutsamen Informationen*

Erstens ist festzustellen, dass bei einem Abschluss eines Änderungsvertrags bezüglich eines mit einer verpflichteten deutschen AG oder KGaA abgeschlossenen Beherrschungs- und/oder Gewinnabführungsvertrags, durch den Ausgleichs- und Abfindungsregelungen geändert werden, seitens des verpflichteten Unternehmensträgers vor und in einer Sonderversammlung der außenstehenden Anteilsinhaber Informationsgegenstände, auf die sich die Informationsvorschriften der §§ 293b – 293e AktG inhaltlich erstrecken, und Informationsgegenstände, auf die sich die Informationsvorschriften der §§ 293a, 293f, 293g Abs. 1, 2 S. 1, Abs. 3 AktG inhaltlich erstrecken, vorhanden sein können. Bei einem Abschluss eines sonstigen Änderungsvertrags bezüglich eines mit einer verpflichteten deutschen AG oder KGaA abgeschlossenen Beherrschungs- und/oder Gewinnabführungsvertrags können zwar überhaupt keine Informationsgegenstände, auf die sich die Informationsvorschriften der §§ 293b – 293e AktG inhaltlich erstrecken, aber

998 Ebenso Emmerich in Emmerich/Habersack AG-/GmbH-KonzR, § 295 Rn. 23; Hüffer, § 295 Rn. 8; Koppensteiner in KK AktG, § 295 Rn. 22,24–26; für die Berichtspflicht ebenso Neun, S. 212ff.; für die Berichtspflicht gänzlich und die Auslagepflicht teilweise anders Bungert in DB 1995, S. 1384 (1385ff.), 1449 (1449ff.); weitgehend anders Altmeppen in MK AktG, § 295 Rn. 20,21, der die §§ 293a, 293f, 293g Abs. 1, 2 S. 1, Abs. 3 AktG lediglich, soweit sie dem § 293 Abs. 3 S. 4 – 6, Abs. 4 AktG a. F. entsprechen, bei sonstigen Änderungsverträgen anwenden will

999 Ebenso Altmeppen in MK AktG, § 295 Rn. 20,21; Bungert in DB 1995, S. 1384 (1385ff.), 1449 (1449ff.); Koppensteiner in KK AktG, § 295 Rn. 23; Neun, S. 212ff.; anders Emmerich in Emmerich/Habersack AG-/GmbH-KonzR, § 295 Rn. 23; Hüffer, § 295 Rn. 8

zumindest einige Informationsgegenstände, auf die sich die Informationsvorschriften der §§ 293a, 293f, 293g Abs. 1, 2 S. 1, Abs. 3 AktG inhaltlich erstrecken, vorhanden sein[1000]. Bei einer rechtsgeschäftlichen Änderung eines Unternehmensvertrags, durch die Ausgleichs- und Abfindungsregelungen geändert werden, sind daher zweckgemäß seitens des verpflichteten Unternehmensträgers vor und in einer Sonderversammlung der außenstehenden Anteilsinhaber durch die Anwendung der Informationsvorschriften der §§ 293b – 293e AktG und durch die Anwendung der Informationsvorschriften der §§ 293a, 293f, 293g Abs. 1, 2 S. 1, Abs. 3 AktG bedeutsame Informationen zu erwerben. Bei einer sonstigen rechtsgeschäftlichen Änderung eines Unternehmensvertrags sind ebenfalls zweckgemäß zwar nicht durch die Anwendung der Informationsvorschriften der §§ 293b – 293e AktG, aber durch die Anwendung der Informationsvorschriften der §§ 293a, 293f, 293g Abs. 1, 2 S. 1, Abs. 3 AktG bedeutsame Informationen zu erwerben.

2.2.1.2. Erwerb von verstärkten Rechten

- Einem Abschluss eines Änderungsvertrags bezüglich eines mit einer verpflichteten deutschen AG oder KGaA abgeschlossenen Beherrschungs- und/oder Gewinnabführungsvertrags müssen gemäß § 295 Abs. 2 S. 1 AktG die außenstehenden Aktionäre bzw. Kommanditaktionäre der verpflichteten deutschen AG oder KGaA gesondert zustimmen, wenn durch diesen Ausgleichs- und Abfindungsregelungen des Unternehmensvertrags geändert werden[1001]. Bei einer sonstigen rechtsgeschäftlichen Änderung eines Unternehmensvertrags ist es dagegen seitens des verpflichteten Unternehmensträgers nicht möglich, dass von seinen außenstehenden Anteilsinhabern über eine Zustimmung zu dem Änderungsvertrag gesondert entschieden wird.
- Die Entscheidung über die Zustimmung zu dem Änderungsvertrag treffen die außenstehenden Aktionäre bzw. Kommanditaktionäre der verpflichteten deutschen AG oder KGaA gemäß § 138 S. 1, § 278 Abs. 3 AktG eventuell in einer einzuberufenden Sonderversammlung[1002] und gemäß § 295 Abs. 2 S. 1 AktG durch einen zu fassenden Sonderbeschluss[1003]. Bei der Sonderbe-

1000 Vgl. II. T. III. Kap. II. Absch. 2.1.1.1.

1001 Altmeppen in MK AktG, § 295 Rn. 2,3,29–39; Emmerich in Emmerich/Habersack AG-/GmbH-KonzR, § 295 Rn. 2,4,6,7,24–30,33; Hüffer, § 295 Rn. 2,3,10–13,15; Koppensteiner in KK AktG, § 295 Rn. 5,30–37

1002 Altmeppen in MK AktG, § 295 Rn. 55; Volhard in MK AktG, § 138 Rn. 1,19,20; Hüffer, § 138 Rn. 1,3, § 295 Rn. 14

1003 Altmeppen in MK AktG, § 295 Rn. 55; Volhard in MK AktG, § 138 Rn. 6,10; Hüffer, § 138 Rn. 2, § 295 Rn. 14

schlussfassung (der Sonderversammlung) sind gemäß § 295 Abs. 2 S. 1, § 138 S. 2, § 134 Abs. 2 S. 1, § 278 Abs. 3 AktG grundsätzlich alle außenstehenden Aktionäre bzw. Kommanditaktionäre der verpflichteten deutschen AG oder KGaA stimmberechtigt[1004]. Bezüglich des gefassten Sonderbeschlusses (der Sonderversammlung) können gemäß § 295 Abs. 2 S. 1, § 138 S. 2, § 245 Nr. 1 – 3, § 278 Abs. 3 AktG grundsätzlich alle außenstehenden Aktionäre bzw. Kommanditaktionäre der verpflichteten deutschen AG oder KGaA anfechtungsberechtigt sein[1005].

Zweitens ist damit festzustellen, dass bei einem Abschluss eines Änderungsvertrags bezüglich eines mit einer verpflichteten deutschen AG oder KGaA abgeschlossenen Beherrschungs- und/oder Gewinnabführungsvertrags, durch den Ausgleichs- und Abfindungsregelungen geändert werden, seitens des verpflichteten Unternehmensträgers in und nach einer Sonderversammlung der außenstehenden Anteilsinhaber Mitgliedschaftsrechte, auf die sich die Informationsvorschriften der §§ 293a – 293g Abs. 1, 2 S. 1, Abs. 3 AktG funktional beziehen, vorhanden sein können. Bei einem Abschluss eines sonstigen Änderungsvertrags bezüglich eines mit einer verpflichteten deutschen AG oder KGaA abgeschlossenen Beherrschungs- und/oder Gewinnabführungsvertrags können keine Mitgliedschaftsrechte, auf die sich diese Informationsvorschriften funktional beziehen, vorhanden sein. Bei einer rechtsgeschäftlichen Änderung eines Unternehmensvertrags, durch die Ausgleichs- und Abfindungsregelungen geändert werden, sind daher zweckgemäß seitens des verpflichteten Unternehmensträgers in und nach einer Sonderversammlung der außenstehenden Anteilsinhaber durch die Normierung der Informationsvorschriften der §§ 293a – 293g Abs. 1, 2 S. 1, Abs. 3 AktG verstärkte Rechte zu erwerben. Bei einer sonstigen rechtsgeschäftlichen Änderung eines Unternehmensvertrags sind dagegen zweckwidrig durch die Normierung der Informationsvorschriften der §§ 293a – 293g Abs. 1, 2 S. 1, Abs. 3 AktG verstärkte Rechte nicht zu erwerben.

2.2.1.3. Anderweitige Erlangung der bedeutsamen Informationen

2.2.1.3.1. Geltung anderer vergleichbarer Informationsvorschriften

- Die §§ 90, 111 Abs. 2 S. 1, 2, § 278 Abs. 3, § 283 Nr. 4 AktG billigen ein allgemeines und kollektives Informationsrecht einer deutschen AG oder

1004 Altmeppen in MK AktG, § 295 Rn. 40–55; Volhard in MK AktG, § 138 Rn. 28; Hüffer, § 138 Rn. 4, § 295 Rn. 12–14

1005 Altmeppen in MK AktG, § 295 Rn. 58; Volhard in MK AktG, § 138 Rn. 36; Hüffer, § 138 Rn. 4, § 295 Rn. 15

KGaA vertreten durch den Aufsichtsrat zu. Diese Informationsvorschriften erfassen demzufolge auch den speziellen Geschäftsführungsakt des Vorstands bzw. der geschäftsführenden Gesellschaftergesamtheit der verpflichteten deutschen AG oder KGaA, der in einem Abschluss eines Änderungsvertrags bezüglich eines mit einer verpflichteten deutschen AG oder KGaA abgeschlossenen Beherrschungs- und/oder Gewinnabführungsvertrags besteht. Die Auswirkungen des Änderungsvertrags auf die Ausgleichs- und Abfindungsregelungen des Unternehmensvertrags sind insoweit ohne Belang. Diese Informationsvorschriften betreffen allerdings keine ähnlichen Personen und Organe wie die Informationsvorschriften der §§ 293a – 293g Abs. 1, 2 S. 1, Abs. 3 AktG[1006].

- Die § 131 Abs. 1 S. 1, 2, Abs. 2, 3, § 278 Abs. 3 AktG räumen ein allgemeines und individuelles sowie grundsätzlich beschränktes Auskunftsrecht gemäß § 138 S. 2, § 278 Abs. 3 AktG auch jedes außenstehenden Aktionärs bzw. Kommanditaktionärs einer deutschen AG oder KGaA ein[1007]. Diese Informationsvorschriften unterstützen demzufolge auch die speziellen Mitgliedschaftsrechte der außenstehenden Aktionäre bzw. Kommanditaktionäre der verpflichteten deutschen AG oder KGaA, die bei einem Abschluss eines Änderungsvertrags bezüglich eines mit einer verpflichteten deutschen AG oder KGaA abgeschlossenen Beherrschungs- und/oder Gewinnabführungsvertrags bestehen. Die Auswirkungen des Änderungsvertrags auf die Ausgleichs- und Abfindungsregelungen des Unternehmensvertrags sind insoweit ohne Belang. Diese Informationsvorschriften betreffen außerdem ähnliche Personen und Organe wie die Informationsvorschriften der §§ 293a – 293g Abs. 1, 2 S. 1, Abs. 3 AktG. Diese Informationsvorschriften erfassen allerdings weder dieselben Gegenstände wie die Informationsvorschriften der §§ 293a – 293g Abs. 1, 2 S. 1, Abs. 3 AktG, noch unterliegen sie denselben Modalitäten wie jene besonderen Informationsvorschriften[1008].
- Der § 295 Abs. 2 S. 3 AktG räumt ein Informationsrecht ein, das der sachgerechten Ausübung der speziellen Mitgliedschaftsrechte der außenstehenden Aktionäre bzw. Kommanditaktionäre der verpflichteten deutschen AG oder KGaA dient, die bei einem Abschluss eines Änderungsvertrags bezüglich eines mit einer verpflichteten deutschen AG oder KGaA abgeschlossenen Beherrschungs- und/oder Gewinnabführungsvertrags bestehen, wenn durch diesen Ausgleichs- und Abfindungsregelungen des Unternehmensvertrags betroffen werden. Es handelt sich also um ein teilweise einschlägiges besonderes

1006 Vgl. II. T. I. Kap. I. Absch. 2.1.1.3.1.
1007 Hüffer, § 138 Rn. 4; Volhard in MK AktG, § 138 Rn. 36
1008 Vgl. II. T. I. Kap. I. Absch. 2.1.1.3.1.

Informationsrecht[1009]. Bei einer sonstigen rechtsgeschäftlichen Änderung eines Unternehmensvertrags ist es dagegen seitens des verpflichteten Unternehmensträgers nicht möglich, dass vor und in einer Sonderversammlung der außenstehenden Anteilsinhaber die Informationsvorschriften des § 295 Abs. 2 S. 3 AktG anwendbar sind.
Der § 295 Abs. 2 S. 3 AktG räumt außerdem ein Informationsrecht ein, das jedem außenstehenden Aktionär bzw. Kommanditaktionär gegenüber der verpflichteten deutschen AG oder KGaA, die durch den Vorstand bzw. die geschäftsführende Gesellschaftergesamtheit bei der Erteilung der Informationen vertreten wird, zusteht. Es handelt sich also um ein individuelles Informationsrecht[1010]. Diese Informationsvorschriften betreffen demzufolge ähnliche Personen und Organe wie die Informationsvorschriften der §§ 293a – 293g Abs. 1, 2 S. 1, Abs. 3 AktG.
Einzige Ausprägung des Informationsrechts nach § 295 Abs. 2 S. 3 AktG ist ein erweitertes Auskunftsrecht. Deshalb sind Informationen gemäß § 295 Abs. 2 S. 3 AktG zwar zusätzlich über die Angelegenheiten des berechtigten Unternehmensträgers zu erteilen, die für die sachgemäße Entscheidung über die Zustimmung zu dem Änderungsvertrag erforderlich sind[1011]. Zu den Gegenständen der Informationserteilung gehören also auch alle für den Inhalt des abgeschlossenen Änderungsvertrags und die Zweckmäßigkeit des Änderungsvertragsabschlusses wesentlichen Angelegenheiten jedes berechtigten Unternehmensträgers. Weitere Ausprägungen existieren aber nicht. Diese Informationsvorschriften erfassen demzufolge dieselben Gegenstände wie die Informationsvorschriften des § 293g Abs. 3 AktG, auch unterliegen sie denselben Modalitäten wie jene Informationsvorschriften. Diese Informationsvorschriften erfassen dagegen weder dieselben Gegenstände wie die Informationsvorschriften der §§ 293a – 293g Abs. 1, 2 S. 1 AktG, noch unterliegen sei denselben Modalitäten wie jene Informationsvorschriften.

Drittens ist einerseits damit festzustellen, dass bei einem Abschluss eines Änderungsvertrags bezüglich eines mit einer verpflichteten deutschen AG oder

---

1009 Altmeppen in MK AktG, § 295 Rn. 57; Emmerich in Emmerich/Habersack AG-/GmbH-KonzR, § 295 Rn. 32; Hüffer, § 295 Rn. 14; Koppensteiner in KK AktG, § 295 Rn. 53

1010 Altmeppen in MK AktG, § 293g Rn. 9,17; § 295 Rn. 57; Emmerich in Emmerich/Habersack AG-/GmbH-KonzR, § 293g Rn. 13,14, § 295 Rn. 32; Hüffer, § 293g Rn. 3,4, § 295 Rn. 14; Koppensteiner in KK AktG, § 293g Rn. 20, § 295 Rn. 53

1011 Altmeppen in MK AktG, § 293g Rn. 9,13,15,16; § 295 Rn. 57; Emmerich in Emmerich/Habersack AG-/GmbH-KonzR, § 293g Rn. 11,19,20, § 295 Rn. 32; Hüffer, § 293g Rn. 3, § 295 Rn. 14; Koppensteiner in KK AktG, § 293g Rn. 11,21, § 295 Rn. 53

KGaA abgeschlossenen Beherrschungs- und/oder Gewinnabführungsvertrags, durch den Ausgleichs- und Abfindungsregelungen geändert werden, seitens des verpflichteten Unternehmensträgers vor und in einer Sonderversammlung der außenstehenden Anteilsinhaber zwar andere Informationsvorschriften, die mit den Informationsvorschriften des § 293g Abs. 3 AktG vergleichbar sind, aber keine anderen Informationsvorschriften, die mit den Informationsvorschriften der §§ 293a – 293g Abs. 1, 2 S. 1 AktG vergleichbar sind, anwendbar sein können. Bei einem Abschluss eines sonstigen Änderungsvertrags bezüglich eines mit einer verpflichteten deutschen AG oder KGaA abgeschlossenen Beherrschungs- und/oder Gewinnabführungsvertrags können weder andere Informationsvorschriften, die mit den Informationsvorschriften des § 293g Abs. 3 AktG vergleichbar sind, noch andere Informationsvorschriften, die mit den Informationsvorschriften der §§ 293a – 293g Abs. 1, 2 S. 1 AktG vergleichbar sind, anwendbar sein.

2.2.1.3.2. Existenz sonstiger vergleichbarer Informationsmöglichkeiten

Drittens ist andererseits festzustellen, dass bei einem Abschluss jedes Änderungsvertrags bezüglich eines mit einer verpflichteten deutschen AG oder KGaA abgeschlossenen Beherrschungs- und/oder Gewinnabführungsvertrags seitens des verpflichteten Unternehmensträgers vor und in einer Sonderversammlung der außenstehenden Anteilsinhaber grundsätzlich keine sonstigen Informationsmöglichkeiten, die mit den aus den §§ 293a – 293g Abs. 1, 2 S. 1, Abs. 3 AktG folgenden Informationsmöglichkeiten vergleichbar sind, vorhanden sein können[1012].

Bei einer rechtsgeschäftlichen Änderung eines Unternehmensvertrags, durch die Ausgleichs- und Abfindungsregelungen geändert werden, sind zwar die durch die Anwendung der Informationsvorschriften des § 293g Abs. 3 AktG erworbenen Informationen, aber regelmäßig nicht die durch die Anwendung der Informationsvorschriften der §§ 293a – 293g Abs. 1, 2 S. 1 AktG erworbenen Informationen daher zweckgemäß seitens des verpflichteten Unternehmensträgers vor und in einer Sonderversammlung der außenstehenden Anteilsinhaber ebenso effektiv durch die Anwendung anderer Informationsvorschriften oder die Wahrnehmung sonstiger Informationsvorschriften zu erlangen. Bei einer sonstigen rechtsgeschäftlichen Änderung eines Unternehmensvertrags sind weder die durch die Anwendung der Informationsvorschriften des § 293g Abs. 3 AktG erworbenen Informationen, noch die durch die Anwendung der Informationsvorschriften der §§ 293a – 293g Abs. 1, 2 S. 1 AktG erworbenen Informationen ebenfalls zweckgemäß ebenso effektiv anderweitig zu erlangen.

1012 Vgl. II. T. I. Kap. I. Absch. 2.1.1.3.2.

2.2.1.4. Unabhängige Ausübung der verstärkten Rechte

2.2.1.4.1. Geltung von zumindest mit den vorbildgebenden Informationsvorschriften vergleichbaren Informationsvorschriften

Die §§ 63, 64, 78 S. 1, 2 UmwG regeln ausdrücklich die Vorbereitung und Durchführung *der Hauptversammlung*, die über die gemäß § 13 Abs. 1 UmwG erforderliche Zustimmung zu dem Verschmelzungsvertrag beschließen soll[1013]. Gleiches gilt für die § 30 Abs. 2, § 60 UmwG, die auf die §§ 10 – 12 UmwG bzw. die §§ 9 – 12 UmwG verweisen[1014], aufgrund des ausdrücklichen Bezuges des § 63 Abs. 1 Nr. 5 UmwG zu dem *§ 12* UmwG. Gleiches gilt ebenso wie für den § 8 UmwG aufgrund des ausdrücklichen Bezuges des § 63 Abs. 1 Nr. 4 UmwG zu dem *§ 8* UmwG[1015]. Auch enthält das UmwG bezüglich der Vorbereitung und Durchführung einer eventuellen Sonderversammlung, die über die Zustimmung zu dem Verschmelzungsvertrag beschließen soll, keine Vorschriften, die den Regelungen der §§ 8 – 12, 30 Abs. 2, §§ 60, 63, 64, 78 S. 1, 2 UmwG entsprechen oder auf diese verweisen.

Viertens ist einerseits damit festzustellen, dass bei einem Abschluss eines Verschmelzungsvertrags mit einer übertragenden deutschen AG oder KGaA seitens des übertragenden Rechtsträgers vor und in einer Sonderversammlung der außenstehenden Anteilsinhaber keine Informationsvorschriften, denen die Informationsvorschriften der §§ 293a – 293g Abs. 1, 2 S. 1, Abs. 3 AktG nachgebildet sind, oder vergleichbare Informationsvorschriften anwendbar sein können. Dies beruht allerdings nicht darauf, dass der Gesetzgeber bei einem Abschluss eines Verschmelzungsvertrags mit einer übertragenden deutschen AG oder KGaA ein einschlägiges besonderes Informationsrecht der gesondert zustimmungspflichtigen außenstehenden Aktionäre bzw. Kommanditaktionäre der übertragenden deutschen AG oder KGaA aus bestimmten Gründen nicht für erforderlich hielt und auf dessen Einräumung daher bewusst verzichtete. Hierfür ist vielmehr allein maßgeblich, dass das UmwG die Wirksamkeit eines Verschmelzungsvertrags mit einer übertragenden deutschen AG oder KGaA bereits nicht von der gesonderten Zustimmung der außenstehenden Aktionäre bzw. Kommanditaktionäre der übertragenden deutschen AG oder KGaA abhängig macht[1016].

1013 Nachw. in Fn. 323

1014 Nachw. in Fn. 314,331

1015 Nachw. in Fn. 24,339

1016 Bei einem Abschluss eines Verschmelzungsvertrags mit einer übertragenden deutschen AG oder KGaA ist gemäß § 13 Abs. 1, 2, § 65 UmwG neben der Zustimmung der Aktionäre bzw. Kommanditaktionäre der übertragenden deutschen AG oder KGaA lediglich die gesonderte Zustimmung einzelner Aktionäre bzw. Kommandit-

2.2.1.4.2. Existenz von zumindest mit den maßgebenden Verschmelzungsmerkmalen vergleichbaren Konzernierungsmerkmalen

Viertens ist andererseits festzustellen, dass bei einem Abschluss eines Änderungsvertrags bezüglich eines mit einer verpflichteten deutschen AG oder KGaA abgeschlossenen Beherrschungs- und/oder Gewinnabführungsvertrags, durch den Ausgleichs- und Abfindungsregelungen geändert werden, seitens des verpflichteten Unternehmensträgers in und nach einer Sonderversammlung außenstehenden Anteilsinhaber Konzernierungsmerkmale, die mit den für die Informationsvorschriften der §§ 10 – 12, 30 Abs. 2 UmwG oder der §§ 9 – 12, 60, 78 S. 1, 2 UmwG maßgebenden Verschmelzungsmerkmalen vergleichbar sind, und Konzernierungsmerkmale, die mit den für die Informationsvorschriften der §§ 8, 63, 64, 78 S. 1, 2 UmwG maßgebenden Verschmelzungsmerkmalen vergleichbar sind, vorhanden sein können. Bei einem Abschluss eines sonstigen Änderungsvertrags bezüglich eines mit einer verpflichteten deutschen AG oder KGaA abgeschlossenen Beherrschungs- und/oder Gewinnabführungsvertrags können zwar überhaupt keine Konzernierungsmerkmale, die mit den für die Informationsvorschriften der §§ 10 – 12, 30 Abs. 2 UmwG oder der §§ 9 – 12, 60, 78 S. 1, 2 UmwG maßgebenden Verschmelzungsmerkmalen vergleichbar sind, aber zumindest einige Konzernierungsmerkmale, die mit den für die Informationsvorschriften der §§ 8, 63, 64, 78 S. 1, 2 UmwG maßgebenden Verschmelzungsmerkmalen vergleichbar sind, vorhanden sein[1017].

Bei einer rechtsgeschäftlichen Änderung eines Unternehmensvertrags, durch die Ausgleichs- und Abfindungsregelungen geändert werden, sind die durch die Normierung der Informationsvorschriften der §§ 293a – 293g Abs. 1, 2 S. 1, Abs. 3 AktG verstärkten Rechte daher zweckgemäß seitens des verpflichteten Unternehmensträgers in und nach einer Sonderversammlung der außenstehenden Anteilsinhaber ebenso sinnvoll weder ohne die Anwendung der Informationsvorschriften der §§ 293b – 293e AktG, noch regelmäßig ohne die Anwendung der Informationsvorschriften der §§ 293a, 293f, 293g Abs. 1, 2 S. 1, Abs. 3 AktG auszuüben. Bei einer sonstigen rechtsgeschäftlichen Änderung eines Unternehmensvertrags wären die durch die Normierung der Informationsvorschriften der §§ 293a – 293g Abs. 1, 2 S. 1, Abs. 3 AktG verstärkten Rechte ebenfalls zweckgemäß ebenso sinnvoll zwar ohne die Anwendung der Informationsvorschriften der §§ 293b – 293e AktG, aber regelmäßig nicht ohne die Anwendung der In-

---

aktionäre der übertragenden deutschen AG oder KGaA, denen bestimmte Sonderrechte eingeräumt sind, erforderlich (vgl. Gehling in Semler/Stengel, § 13 Rn. 2, 47–57; Lutter/Drygala in Lutter/Winter, § 13 Rn. 4, 22–30).

1017 Vgl. II. T. III. Kap. II. Absch. 2.1.1.4.2.

formationsvorschriften der §§ 293a, 293f, 293g Abs. 1, 2 S. 1, Abs. 3 AktG auszuüben.

Zusammenfassend bleibt deshalb folgendes festzuhalten: Bei einem Abschluss eines Änderungsvertrags, durch den Ausgleichs- und Abfindungsregelungen des Unternehmensvertrags geändert werden, ist eine Ausweitung des Anwendungsbereichs der §§ 293a – 293g Abs. 1, 2 S. 1 AktG anders als eine Ausweitung des Anwendungsbereichs des § 293g Abs. 3 AktG seitens des verpflichteten Unternehmensträgers bezüglich einer Sonderversammlung der außenstehenden Anteilsinhaber durch den Zweck des Gesetzes einschließlich des Prinzips der Gleichbehandlung geboten. Bei einem Abschluss eines sonstigen Änderungsvertrags ist eine Ausweitung des Anwendungsbereichs der §§ 293a – 293g Abs. 1, 2 S. 1 AktG ebenso wenig wie eine Ausweitung des Anwendungsbereichs des § 293g Abs. 3 AktG seitens des verpflichteten Unternehmensträgers bezüglich einer Sonderversammlung der außenstehenden Anteilsinhaber durch den Zweck des Gesetzes einschließlich des Prinzips der Gleichbehandlung geboten. Insoweit ist eine Gesetzeslücke teilweise zu bejahen.

2.2.2. Verneinen eines Vervollständigungsverbots

Die fehlende Normierung von besonderen Verweisungsvorschriften bezüglich der besonderen Informationsvorschriften der §§ 293a – 293g Abs. 1, 2 S. 1 AktG für Sonderversammlungen der außenstehenden Anteilsinhaber der durch Unternehmensverträge verpflichteten Unternehmensträger stellt eine bewusste Entscheidung und kein redaktionelles Versehen des Gesetzgebers dar. Denn durch den § 295 Abs. 2 S. 3 AktG wird jedem außenstehenden Aktionär bzw. Kommanditaktionär in einer eventuellen Sonderversammlung, die über die Zustimmung zu einem Änderungsvertrag beschließen soll, ein besonderes Auskunftsrecht gewährt, das dem durch den § 293g Abs. 3 AktG jedem Aktionär bzw. Kommanditaktionär in der Hauptversammlung, die über die Zustimmung zu einem Unternehmensvertrag oder Änderungsvertrag beschließen soll, eingeräumten besonderen Auskunftsrecht entspricht[1018]. Der Gesetzgeber hat also durchaus an den Schutz der außenstehenden Aktionäre bzw. Kommanditaktionäre durch eine umfassende Information über die relevanten Umstände auch vor und in einer eventuellen Sonderversammlung, die über die Zustimmung zu einem Änderungsvertrag beschließen soll, gedacht. Er hielt dafür aber die Gewährung eines erweiterten Auskunftsrechts für ausreichend.

Bei einem Abschluss eines Änderungsvertrags, durch den Ausgleichs- und Abfindungsregelungen des Unternehmensvertrags geändert werden, ist deshalb

1018 Vgl. II. T. III. Kap. II. Absch. 2.2.1.3.1.

eine Ausweitung des Anwendungsbereichs der §§ 293a – 293g Abs. 1, 2 S. 1 AktG seitens des verpflichteten Unternehmensträgers bezüglich einer Sonderversammlung der außenstehenden Anteilsinhaber durch das Prinzip des Umkehrschlusses verboten. Insoweit ist ein Vervollständigungsverbot nicht zu verneinen.

Bei einer rechtsgeschäftlichen Änderung eines Unternehmensvertrags wird dementsprechend der Anwendungsbereich der §§ 293a – 293g Abs. 1, 2 S. 1, Abs. 3 AktG durch eine Vervollständigung des Gesetzes infolge einer Analogie zu diesen Informationsvorschriften nicht seitens des verpflichteten Unternehmensträgers bezüglich einer Sonderversammlung der außenstehenden Anteilsinhaber ausgeweitet.

2.3. Analogie zu den §§ 293a – 293g Abs. 1, 2 S. 1, Abs. 3 AktG bei gesetzlichen Änderungen von Unternehmensvertragsverhältnissen

- Bei einer Verschmelzung des berechtigten Unternehmensträgers auf einen dritten Unternehmensträger ist die Zustimmung der Aktionäre bzw. Kommanditaktionäre der verpflichteten deutschen AG oder KGaA gemäß § 295 Abs. 1 S. 1 AktG nicht erforderlich. Ebenso ist bei einer Verschmelzung des berechtigten Unternehmensträgers auf einen dritten Unternehmensträger kein Erfordernis der gesonderten Zustimmung der außenstehenden Aktionäre bzw. Kommanditaktionäre der verpflichteten deutschen AG oder KGaA gemäß § 295 Abs. 2 S. 1 AktG gegeben. Zwar spricht der § 295 AktG schlechthin von einer Änderung eines Unternehmensvertrags. Aber die vorausgehenden §§ 293 – 294 AktG und insbesondere die nachfolgenden §§ 296, 297 AktG erfassen ausschließlich eine Vornahme eines zwei- bzw. einseitigen Rechtsgeschäftes, nämlich einen Abschluss eines Unternehmens- bzw. Aufhebungsvertrags oder einen Ausspruch einer bestimmten Kündigungserklärung. Gleiches gilt daher für den § 295 AktG[1019].
- Bei einer Verschmelzung des berechtigten Unternehmensträgers auf einen dritten Unternehmensträger wird außerdem die Zustimmung der Aktionäre bzw. Kommanditaktionäre der verpflichteten deutschen AG oder KGaA analog § 295 Abs. 1 S. 1 AktG nicht erforderlich. Ebenso wird bei einer Verschmelzung des berechtigten Unternehmensträgers auf einen dritten Unternehmensträger kein Erfordernis der gesonderten Zustimmung der außenstehenden Aktionäre bzw. Kommanditaktionäre der verpflichteten deutschen AG oder KGaA analog § 295 Abs. 2 S. 1 AktG begründet. Zwar werden die Vermögens- und Verwaltungsrechte der (außenstehenden) Aktionäre bzw. Kommanditaktionäre der verpflichteten deutschen AG oder KGaA bei einer Ver-

1019 Vgl. II. T. III. Kap. II. Absch. 1.

schmelzung des berechtigten Unternehmensträgers auf einen dritten Unternehmensträger ebenso betroffen wie bei einer (befreienden oder ergänzenden) Schuldübernahme seitens des berechtigten Unternehmensträges durch einen dritten Unternehmensträger. Es macht für die (außenstehenden) Aktionäre bzw. Kommanditaktionäre der beteiligten deutschen AG oder KGaA insoweit keinen Unterschied, ob der Parteiwechsel auf der anderen Vertragsseite im Wege der Gesamt- oder Einzelrechtsnachfolge erfolgt. In beiden Fällen kann die neue Vertragspartei eine andere Zweckausrichtung und eine andere Vermögensausstattung als die alte Vertragspartei haben, was sich beispielsweise auf die Ausübung eines Weisungsrechts und die Erfüllung einer Verlustausgleichspflicht auswirken kann[1020]. Aber die fehlende Normierung einer Beteiligung der Hauptversammlung und einer eventuellen Sonderversammlung einer verpflichteten deutschen AG oder KGaA an einer Verschmelzung des berechtigten Unternehmensträgers auf einen dritten Unternehmensträger stellt nicht ein redaktionelles Versehen, sondern eine bewusste Entscheidung des Gesetzgebers dar, die durch eine analoge Anwendung der § 295 Abs. 1 S. 1, Abs. 2 S. 1 AktG nicht korrigiert werden darf. Denn nach der Entstehungsgeschichte und der Systematik des UmwG sollte eine so wesentliche unternehmerische Entscheidung wie eine Verschmelzung des anderen beteiligten Unternehmensträgers auf einen dritten Unternehmensträger nicht in die Hand der (außenstehenden) Aktionäre bzw. Kommanditaktionäre der beteiligten deutschen AG oder KGaA gelegt werden[1021]. So regeln die §§ § 13 Abs. 1, 2, § 40 Abs. 2, § 50 Abs. 2, § 51 UmwG die bei einer Verschmelzung bestehenden Zustimmungserfordernisse detailliert. Gleichwohl müssen nach diesen Regelungen einer Verschmelzung zwar die Versammlungen der Anteilsinhaber beider beteiligten Rechtsträger und einzelne Anteilsinhaber beider beteiligten Rechtsträger, denen bestimmte Sonderrechte eingeräumt sind, aber nicht die vorhandenen Vertragspartner beider beteiligten Rechtsträger, die Versammlungen deren Anteilsinhaber oder eventuelle Sonderversammlungen deren außenstehender Anteilsinhaber zustimmen. Der Diskussionsentwurf enthielt mit § 388 Abs. 1 zwar noch eine Regelung, nach der eine Verschmelzung der abhängigen Gesellschaft auch der Zustimmung der Versammlung der Gesellschafter der herrschenden Gesellschaft bedurfte. Im Referentenentwurf, im Regierungsentwurf und im Umwandlungsgesetz wurde auf diese Regelung aber verzichtet[1022]. Auch können die vorhandenen Vertragspartner beider beteiligten Rechtsträger bei einer Verschmelzung eventuell gemäß

1020 Grunewald in Lutter/Winter, § 20 Rn. 37
1021 Kübler in Semler/Stengel, § 20 Rn. 30
1022 Grunewald in Lutter/Winter, § 20 Rn. 37

§ 22 UmwG eine Sicherheitsleistung verlangen und gemäß § 297 Abs. 1 AktG den Unternehmensvertrag außerordentlich kündigen[1023]. Der Gesetzgeber hat demnach durchaus an den Schutz der vorhandenen Vertragspartner beider beteiligten Rechtsträger bei einer Verschmelzung gedacht. Er hielt dafür aber die Schaffung eines Zustimmungserfordernisses für nicht erforderlich. Dem Gesetz kann außerdem gerade nicht der Grundsatz entnommen werden, dass die außenstehenden Anteilsinhaber allen gesellschaftsrechtlichen Vorgängen gesondert zustimmen müssen, durch die ihre Ausgleichs- und Abfindungsansprüche tangiert werden[1024].

Bei einer gesetzlichen Änderung eines Unternehmensvertrags ist es demzufolge seitens keines beteiligten Unternehmensträgers möglich, dass von seinen Anteilsinhabern über eine Zustimmung zu dem Änderungsereignis entschieden wird. Außerdem besteht seitens des verpflichteten Unternehmensträgers nicht die Möglichkeit, dass von seinen außenstehenden Anteilsinhabern eine gesonderte Entscheidung über eine Zustimmung zu dem Änderungsereignis getroffen wird. Es ist damit festzustellen, dass bei einem Eintritt eines Änderungsereignisses bezüglich eines zwischen zwei beteiligten deutschen AG oder KGaA abgeschlossenen Beherrschungs- und/oder Gewinnabführungsvertrags seitens jedes beteiligten Unternehmensträgers in und nach einer Versammlung der Anteilsinhaber oder seitens des verpflichteten Unternehmensträgers in und nach einer Sonderversammlung der außenstehenden Anteilsinhaber keine Mitgliedschaftsrechte, auf die sich die Informationsvorschriften der §§ 293a – 293g Abs. 1, 2 S. 1, Abs. 3 AktG funktional beziehen, vorhanden sein können. Bei einer gesetzlichen Änderung eines Unternehmensvertrags sind daher zweckwidrig weder seitens jedes beteiligten Unternehmensträgers in und nach einer Versammlung der Anteilsinhaber, noch seitens des verpflichteten Unternehmensträgers in und nach einer Sonderversammlung der außenstehenden Anteilsinhaber durch die Normierung der Informationsvorschriften der §§ 293a – 293g Abs. 1, 2 S. 1, Abs. 3 AktG verstärkte Rechte zu erwerben. Bei einem Eintritt eines Änderungsereignisses ist deshalb eine Ausweitung des Anwendungsbereichs der §§ 293a – 293g Abs. 1, 2 S. 1, Abs. 3 AktG seitens jedes beteiligten Unternehmensträgers bezüglich einer Versammlung der Anteilsinhaber ebenso wenig wie seitens des verpflichteten Unternehmensträgers bezüglich einer Sonderversammlung der außenstehenden Anteilsinhaber durch den Zweck des Gesetzes einschließlich des Prinzips der Gleichbehandlung geboten. Insoweit ist eine Gesetzeslücke durchgängig nicht zu bejahen. Bei einer gesetzlichen Änderung eines Unternehmensvertrags wird dementsprechend der Anwendungsbereich der §§ 293a – 293g Abs. 1, 2 S. 1, Abs. 3

1023 Grunewald in Lutter/Winter, § 20 Rn. 37; Kübler in Semler/Stengel, § 20 Rn. 30
1024 Emmerich in Emmerich/Habersack AG-/GmbH-KonzR, § 295 Rn. 16

AktG durch eine Vervollständigung des Gesetzes infolge einer Analogie zu diesen Informationsvorschriften weder seitens jedes beteiligten Unternehmensträgers bezüglich einer Versammlung der Anteilsinhaber, noch seitens des verpflichteten Unternehmensträgers bezüglich einer Sonderversammlung der außenstehenden Anteilsinhaber ausgeweitet.

III. Abschnitt. Beendigungen von Unternehmensvertragsverhältnissen

Da der erste Teil des dritten Buchs des AktG keine abschließende Regelung enthält, folgen die Voraussetzungen für Beendigungen von Unternehmensvertragsverhältnissen auch aus den allgemeinen Vorschriften und Grundsätzen des Zivilvertragsrechts[1025]. Die Beendigungen von Unternehmensvertragsverhältnissen werden demnach in rechtsgeschäftliche und gesetzliche unterteilt[1026].

- Eine rechtsgeschäftliche Beendigung eines Unternehmensvertragsverhältnisses liegt vor, wenn es durch die Vornahme eines Rechtsgeschäfts, das auf die vollständige Beendigung eines Unternehmensvertrags gerichtet ist, zu einer solchen kommt[1027]. Sie erfordert grundsätzlich den Abschluss eines Aufhebungsvertrags oder den Ausspruch einer ordentlichen bzw. außerordentlichen Kündigungserklärung. Bei einem nicht vollzogenen Unternehmensvertragsverhältnis genügt für sie ausnahmsweise der Ausspruch einer Anfechtungs- bzw. Rücktrittserklärung[1028]. Die ordentlichen Kündigungen von Unternehmensvertragsverhältnissen werden in durch die vertragstypisch verpflichtete Vertragspartei ausgesprochene und durch die vertragstypisch berechtigte Vertragspartei ausgesprochene unterteilt[1029].
- Eine gesetzliche Beendigung eines Unternehmensvertragsverhältnisses liegt vor, wenn es durch die Verwirklichung eines Gesetzestatbestandes, an den die vollständige Beendigung eines Unternehmensvertrags geknüpft ist, automa-

---

1025 Emmerich in Emmerich/Habersack AG-/GmbH-KonzR, § 296 Rn. 1–3, § 297 Rn. 1,2,4,27; Hüffer, § 297 Rn. 1, 2,10,19

1026 Allgemein für Beendigungen von Schuldverhältnissen Thode in MK BGB, § 305 Rn. 2,38; Wolf in Soergel, § 305 Rn. 1,48

1027 Altmeppen in MK AktG, § 296 Rn. 7, § 297 Rn. 73; Emmerich in Emmerich/Habersack AG-/GmbH-KonzR, § 296 Rn. 4,5,8, § 297 Rn. 13,13a; Hüffer, § 296 Rn. 2; Koppensteiner in KK AktG, § 296 Rn. 11; allgemein für rechtsgeschäftliche Beendigungen von Schuldverhältnissen Gehrlein in Bamberger/Roth, § 311 Rn. 35; Heinrichs in Palandt, § 311 Rn. 7; Thode in MK BGB, § 305 Rn. 2,38,45; Wolf in Soergel, § 305 Rn. 1,48–53

1028 Emmerich in Emmerich/Habersack AG-/GmbH-KonzR, § 296 Rn. 1–3, § 297 Rn. 4,5,15,30–32; Hüffer, § 296 Rn. 1, § 297 Rn. 3,10,23

1029 Altmeppen in MK AktG, § 297 Rn. 60–66; Koppensteiner in KK AktG, § 297 Rn. 4

tisch zu einer solchen kommt[1030]. Sie erfolgt beispielsweise bei jedem Unternehmensvertrag durch die Verschmelzung der vertragstypisch verpflichteten Vertragspartei mit der vertragstypisch berechtigten Vertragspartei (vgl. den allgemeinen Rechtsgrundsatz der Konfusion) sowie einem Beherrschungs- und/oder Gewinnabführungsvertrag durch die Verschmelzung der vertragstypisch verpflichteten Vertragspartei auf einen dritten Unternehmensträger[1031].

1. Auslegung des Gesetzes

- Der zweite Abschnitt des ersten Teils des dritten Buchs des AktG regelt nach seiner amtlichen Überschrift *Abschluss, Änderung und Beendigung* von Unternehmensverträgen. Dabei regeln die §§ 296 – 298 AktG die *Beendigung*, insbesondere die *Aufhebung* und die *Kündigung* von Unternehmensverträgen, während die §§ 293 – 294 AktG Regelungen für den Abschluss von Unternehmensverträgen und der § 295 AktG Regelungen für die *Änderung* von Unternehmensverträgen enthalten. Dementsprechend gelten die §§ 293 – 294 AktG für die Änderung von Unternehmensverträgen gemäß § 295 Abs. 1 S. 2 AktG ausdrücklich lediglich *sinngemäß*[1032].
- Außerdem normieren die §§ 296 – 298 AktG für einen Aufhebungsvertrag und eine Kündigungserklärung anders als der § 295 AktG für einen Änderungsvertrag nicht dieselben Wirksamkeitsvoraussetzungen wie für einen Unternehmensvertrag[1033]. Zwar setzt nach den § 296 Abs. 1 S. 2, § 297 Abs. 3 AktG die Wirksamkeit eines Aufhebungsvertrags und die Wirksamkeit einer

---

1030 Emmerich in Emmerich/Habersack AG-/GmbH-KonzR, § 296 Rn. 3, § 297 Rn. 33, 34,39,50,53; § 307 Rn. 7; Hüffer, § 297 Rn. 27, § 307 Rn. 3; allgemein für gesetzliche Beendigungen von Schuldverhältnissen Thode in MK BGB, § 305 Rn. 2,38; Wolf in Soergel, § 305 Rn. 1,48

1031 BGH in NJW 1988, S. 1326; BayObLG in ZIP 1998, S. 1872; OLG Düsseldorf in DB 1996, S. 1862; OLG Hamburg in NZG 2002, S. 189; OLG Hamm in NZG 2003, S. 632; OLG Karlsruhe in DB 1994, S. 1917; OLG München in ZIP 1992, S. 327; LG Mannheim in ZIP 1994, S. 1024; Altmeppen in MK AktG, § 297 Rn. 53–55, 89,102–146; Bilda in MK AktG, § 307 Rn. 1,9; Emmerich in Emmerich/Habersack AG-/GmbH-KonzR, § 296 Rn. 1–3, § 297 Rn. 29,33–53, § 307 Rn. 1,7; Geng, S. 23,66ff,83; Grüner, S. 56ff.; Grunewald in Lutter/Winter, § 20 Rn. 36,40; Gutheil, S. 176ff.,270ff.; Hüffer, § 297 Rn. 22,22a, § 307 Rn. 3; Koppensteiner in KK AktG, § 297 Rn. 26,34–50; § 307 Rn. 1; Kübler in Semler/Stengel, § 20 Rn. 31; Wilhelm, S. 15ff.

1032 Vgl. II. T. III. Kap. I. Absch. 1.

1033 Emmerich in Emmerich/Habersack AG-/GmbH-KonzR, § 296 Rn. 1,9, § 298 Rn. 1; Hüffer, § 296 Rn. 1,5, § 298 Rn. 5

Kündigungserklärung gegebenenfalls die Erstellung einer Urkunde voraus[1034]. Also enthalten die §§ 296 – 298 AktG zwei Vorschriften, die der einzelnen Regelung des § 293 Abs. 3 AktG entsprechen. Aber die §§ 296 – 298 AktG machen die Wirksamkeit eines Aufhebungsvertrags und die Wirksamkeit einer Kündigungserklärung keinesfalls von der Eintragung ins Handelsregister einer verpflichteten deutschen AG oder KGaA[1035], der Zustimmung der Hauptversammlung einer verpflichteten deutschen AG oder KGaA und der Zustimmung der Hauptversammlung einer berechtigten deutschen AG oder KGaA abhängig. Ebenso enthalten die §§ 296 – 298 AktG keine Vorschriften, die auf sämtliche Regelungen der §§ 293 *bis* 294 AktG verweisen. Daher machen die §§ 293, 294 AktG die Wirksamkeit eines Aufhebungsvertrags und die Wirksamkeit einer Kündigungserklärung auch sinngemäß keinesfalls von der Eintragung ins Handelsregister einer verpflichteten deutschen AG oder KGaA, der Zustimmung der Hauptversammlung einer verpflichteten deutschen AG oder KGaA und der Zustimmung der Hauptversammlung der berechtigten deutschen AG oder KGaA abhängig[1036]. Demnach regeln die §§ 293a – 293g Abs. 1, 2 S. 1, Abs. 3 AktG auch sinngemäß nicht die Vorbereitung und Durchführung der Hauptversammlung, die über die Zustimmung zu dem Aufhebungsvertrag oder der Kündigungserklärung beschließen soll.

- Allerdings setzt nach den § 296 Abs. 2 S. 1, § 297 Abs. 2 S. 1 AktG die Wirksamkeit eines Aufhebungsvertrags und die Wirksamkeit einer Kündigungserklärung gegebenenfalls die Zustimmung einer Sonderversammlung einer verpflichteten deutschen AG oder KGaA voraus[1037]. Gleichwohl enthalten die §§ 296 – 298 AktG mit den § 296 Abs. 2 S. 2, § 297 Abs. 2 S. 2 AktG zwar zwei Vorschriften, die auf den der einzelnen Regelung des § 293g Abs. 3 AktG entsprechenden § 295 Abs. 2 S. 3 AktG verweisen[1038], aber keine Vorschriften, die den sämtliche Regelungen der §§ 293a – 293g Abs. 1, 2 S. 1, Abs. 3 AktG entsprechen oder auf diese verweisen. Demnach regeln die §§ 293a – 293g Abs. 1, 2 S. 1, Abs. 3 AktG auch sinngemäß nicht die Vorbereitung und Durchführung einer Sonderversammlung, die über die Zustim-

1034 Emmerich in Emmerich/Habersack AG-/GmbH-KonzR, § 296 Rn. 11, § 297 Rn. 1,10,25; Hüffer, § 296 Rn. 1,6, § 297 Rn. 1,20

1035 Emmerich in Emmerich/Habersack AG-/GmbH-KonzR, § 298 Rn. 1; Hüffer, § 298 Rn. 5; Der § 298 AktG hat anders als der § 294 AktG keine konstitutive, sondern nur deklaratorische Bedeutung.

1036 Vgl. II. T. III. Kap. III. Absch. 2.1.

1037 Nachw. in Fn. 951

1038 Emmerich in Emmerich/Habersack AG-/GmbH-KonzR, § 296 Rn. 19, § 297 Rn. 8; Hüffer, § 296 Rn. 7, § 297 Rn. 17

mung zu dem Aufhebungsvertrag oder der Kündigungserklärung beschließen soll.

- Überdies erfassen die §§ 296, 297 AktG ausschließlich die Vornahme von bestimmten Beendigungsrechtsgeschäften, nämlich den Abschluss von Aufhebungsverträgen oder den Ausspruch von Kündigungserklärungen[1039], und nicht zusätzlich die Vornahme von sonstigen Beendigungsrechtsgeschäften[1040] oder den Eintritt von Beendigungsereignissen[1041].

Bei einer Vornahme eines Beendigungsrechtsgeschäfts und bei einem Eintritt eines Beendigungsereignisses ist deshalb die mangelnde Eröffnung des Anwendungsbereichs der §§ 293a – 293g Abs. 1, 2 S. 1, Abs. 3 AktG seitens jedes beteiligten Unternehmensträgers bezüglich einer Versammlung der Anteilsinhaber ebenso wie seitens des verpflichteten Unternehmensträgers bezüglich einer Sonderversammlung der außenstehenden Anteilsinhaber aus dem Wortsinn des Gesetzes und aus dem Sinnzusammenhang des Gesetzes zu folgern. Bei einer rechtsgeschäftlichen Beendigung eines Unternehmensvertrags und bei einer gesetzlichen Beendigung eines Unternehmensvertrags ist dementsprechend der Anwendungsbereich der §§ 293a – 293g Abs. 1, 2 S. 1, Abs. 3 AktG nach einer Auslegung des Gesetzes weder seitens jedes beteiligten Unternehmensträgers bezüglich einer Versammlung der Anteilsinhaber[1042], noch seitens des verpflichteten Unternehmensträgers bezüglich einer Sonderversammlung der außenstehenden Anteilsinhaber[1043] eröffnet. Dies gilt gleichgültig, ob auch Ausgleichs- und Abfindungsregelungen des Unternehmensvertrags oder nur sonstige Bestimmungen des Unternehmensvertrags beendet werden.

1039 Nachw. in Fn. 972

1040 Altmeppen in MK AktG, § 296 Rn. 1, § 297 Rn. 89–101; Emmerich in Emmerich/Habersack AG-/GmbH-KonzR, § 296 Rn. 2, § 297 Rn. 27,30–32; Hüffer, § 297 Rn. 2,23; Koppensteiner in KK AktG, § 296 Rn. 2, § 297 Rn. 27–33

1041 BGH in WM 1974, S. 713; OLG Karlsruhe in DB 1994, S. 1917; Altmeppen in MK AktG, § 296 Rn. 1,6, § 297 Rn. 89,102–146; Emmerich in Emmerich/Habersack AG-/GmbH-KonzR, § 296 Rn. 2,3,5, § 297 Rn. 27,29,33–53; Hüffer, § 296 Rn. 7, § 297 Rn. 2,22; Koppensteiner in KK AktG, § 296 Rn. 2,20, § 297 Rn. 26,34–50; Krieger in MHb AG, § 70 Rn. 183, ZGR 1990, S. 517 (535)

1042 Ebenso Bungert in DB 1995, S. 1149 (1451)

1043 Ebenso Bungert in DB 1995, S. 1449 (1451)

2. *Vervollständigung des Gesetzes*

2.1. *Analogie zu den §§ 293a – 293g Abs. 1, 2 S. 1, Abs. 3 AktG bei rechtsgeschäftlichen Beendigungen von Unternehmensvertragsverhältnissen bezüglich einer Versammlung der Anteilsinhaber*

- Einer Vornahme eines Beendigungsrechtsgeschäfts bezüglich eines zwischen zwei beteiligten deutschen AG oder KGaA abgeschlossen Beherrschungs- und/oder Gewinnabführungsvertrags müssen gemäß § 296 Abs. 2 S. 1, § 297 Abs. 2 S. 1 AktG die Aktionäre bzw. Kommanditaktionäre jeder beteiligten deutschen AG oder KGaA nicht zustimmen[1044]. Denn die § 296 Abs. 2 S. 1, § 297 Abs. 2 S. 1 AktG erfordern ausschließlich die Zustimmung einer even-

---

1044 Altmeppen in MK AktG, § 296 Rn. 8–14, § 297 Rn. 5,7,13; Emmerich in Emmerich/Habersack AG-/GmbH-KonzR, § 296 Rn. 8,9, § 297 Rn. 7,25; Hüffer, § 296 Rn. 1,5, § 297 Rn. 19; Koppensteiner in KK AktG, § 296 Rn. 9, § 297 Rn. 12; Ob bei einem Abschluss eines Aufhebungsvertrags bezüglich eines mit einer verpflichteten deutschen GmbH abgeschlossenen Beherrschungs- und/oder Gewinnabführungsvertrags und dem Ausspruch einer ordentlichen Kündigungserklärung bezüglich eines solchen Unternehmensvertrags durch die verpflichtete deutsche GmbH eine Zustimmung der Gesellschafter der verpflichteten deutschen GmbH erforderlich ist, ist dagegen streitig. Während die wohl h. M. die Zustimmung der Gesellschafter einer verpflichteten deutschen GmbH analog §§ 296, 297 AktG für grundsätzlich entbehrlich hält (vgl. OLG Frankfurt/Main in ZIP 1993, S. 1790; OLG Karlsruhe in GmbHR 1994, S. 807; LG Essen in NZG 1998, S. 860; Altmeppen in MK AktG, § 296 Rn. 15–17, § 297 Rn. 6; Bungert in NJW 1995, S. 1118ff.; Kallmeyer in GmbHR 1995, S. 578ff.; Koppensteiner in Rowedder/Schmidt-Leithoff, Anh. § 52 Rn. 118; Timm/Geuting in GmbHR 1996, S. 229 (230ff.); Ulrich in GmbHR 2004, S. 1000 (1002ff.); E. Vetter in ZIP 1995, S. 345 (346ff.)), ist diese nach einer a. M. analog §§ 53, 54 GmbHG erforderlich (vgl. OLG Oldenburg in NZG 2000, S. 1138; LG Konstanz in WM 1993, S. 953; Ehlke in ZIP 1995, S. 355 (357ff.); Emmerich in Emmerich/Habersack AG-/GmbH-KonzR, § 296 Rn. 7–7b, § 297 Rn. 3; Fleischer/Rentsch in NZG 2000, S. 1141ff.; Halm in NZG 2001, S. 728 (734 ff.); Henze, Tz. 196ff.; Priester in ZGR 1996, S. 189ff.; Schlögell in GmbHR 1995, S. 401 (403ff.); Schwarz in DNotZ 1996, S. 68 (75ff.); Ulmer in Hachenburg, § 53 Rn. 153–157, Anh. § 77 Rn. 201); Ob bei einem Abschluss eines Aufhebungsvertrags bezüglich eines mit einer berechtigten deutschen GmbH abgeschlossenen Beherrschungs- und/oder Gewinnabführungsvertrags eine Zustimmung der Gesellschafter der berechtigten deutschen GmbH erforderlich ist, ist ebenfalls streitig. Während die wohl h. M. die Zustimmung der Gesellschafter einer berechtigten deutschen GmbH für grundsätzlich entbehrlich hält (vgl. Emmerich in Emmerich/Habersack AG-/GmbH-KonzR, § 296 Rn. 7d; Henze, Tz. 196ff.; Schlögell in GmbHR 1995, S. 401 (403ff.); Ulmer in Hachenburg, § 53 Rn. 153–157, Anh. § 77 Rn. 201), ist diese nach einer a. M. erforderlich (vgl. Ehlke in ZIP 1995, S. 355 (357ff.); Schwarz in DNotZ 1996, S. 68 (75ff.).

tuellen Sonderversammlung der verpflichteten deutschen AG oder KGaA[1045]. Auch verlangen die § 295 Abs. 1, 2 S. 1, § 293 Abs. 2 S. 1 AktG neben und die § 293 Abs. 1 S. 1, Abs. 2 S. 1 AktG anstatt der Zustimmung einer eventuellen Sonderversammlung der verpflichteten deutschen AG oder KGaA ausdrücklich die Zustimmung *der Hauptversammlung* jeder beteiligten deutschen AG oder KGaA[1046]. Anderes gilt daher für die § 296 Abs. 2 S. 1, § 297 Abs. 2 S. 1 AktG[1047].

- Bei einer Vornahme eines Beendigungsrechtsgeschäfts bezüglich eines zwischen zwei beteiligten deutschen AG oder KGaA abgeschlossen Beherrschungs- und/oder Gewinnabführungsvertrags wird außerdem die Zustimmung der Aktionäre bzw. Kommanditaktionäre jeder beteiligten deutschen AG oder KGaA nicht durch eine Analogie zu den § 293 Abs. 1 S. 1, Abs. 2 S. 1, § 295 Abs. 1 AktG erforderlich. Zwar kann die rechtsgeschäftliche Beendigung eines Unternehmensvertrags für beide beteiligte Unternehmensträger und deren Anteilsinhaber eine ähnlich grundsätzliche Bedeutung wie die Begründung eines Unternehmensvertrags haben. Einerseits kann die weitere Überlebensfähigkeit des verpflichteten Unternehmensträgers aufgrund der wegfallenden Verlustausgleichspflicht des berechtigten Unternehmensträgers gemäß § 302 AktG bedroht sein[1048]. Andererseits wird eine Sicherungsleistungspflicht des berechtigten Unternehmensträgers gegenüber den Gläubigern des verpflichteten Unternehmensträgers gemäß § 303 AktG ausgelöst[1049]. Aber die fehlende Normierung einer Beteiligung der Hauptversammlung jeder beteiligten deutschen AG oder KGaA an einem Abschluss eines Aufhebungsvertrags und an einem Ausspruch einer ordentlichen Kündigungserklärung durch die verpflichtete deutsche AG oder KGaA stellt nicht ein redaktionelles Versehen, sondern eine bewusste Entscheidung des Gesetzgebers dar[1050], die durch eine analoge Anwendung der § 293 Abs. 1 S. 1, Abs. 2 S. 1, § 295 Abs. 1 AktG nicht korrigiert werden darf. Denn nach den Gesetzesmaterialien[1051] sollte ein Abschluss eines Aufhebungsvertrags die Vermögens- und Verwaltungsrechte der Aktionäre bzw. Kommanditaktionäre jeder betei-

---

1045 Nachw. in Fn. 951

1046 Nachw. in Fn. 462,471

1047 Altmeppen in MK AktG, § 296 Rn. 8, § 297 Rn. 5; Emmerich in Emmerich/Habersack AG-/GmbH-KonzR, § 296 Rn. 8

1048 Vgl. II. T. I. Kap. I. Absch. 2.1.1.4.2.

1049 Altmeppen in MK AktG, § 296 Rn. 9,11,14, § 297 Rn. 7; Emmerich in Emmerich/Habersack AG-/GmbH-KonzR, § 296 Rn. 9; Hüffer, § 296 Rn. 5; Koppensteiner in KK AktG, § 296 Rn. 9

1050 Hüffer, § 296 Rn. 5

1051 Beg. zum RegE bei Kropff AktG, S. 385

ligten deutschen AG oder KGaA gerade in wesentlich geringerem Maß als ein Abschluss eines Unternehmensvertrags berühren[1052]. Der Gesetzgeber hat demnach durchaus an den Schutz der Anteilsinhaber jedes beteiligten Unternehmensträgers bei einer Vornahme eines Beendigungsrechtsgeschäfts gedacht. Er hielt dafür aber die Schaffung eines Zustimmungserfordernisses für die Hauptversammlung jedes beteiligten Unternehmensträgers nicht für erforderlich.

Bei einer rechtsgeschäftlichen Beendigung eines Unternehmensvertrags ist es demzufolge seitens keines beteiligten Unternehmensträgers möglich, dass von seinen Anteilsinhabern über eine Zustimmung zu dem Beendigungsrechtsgeschäft entschieden wird. Es ist damit festzustellen, dass bei einer Vornahme eines Beendigungsrechtsgeschäfts bezüglich eines zwischen zwei beteiligten deutschen AG oder KGaA abgeschlossenen Beherrschungs- und/oder Gewinnabführungsvertrags seitens jedes beteiligten Unternehmensträgers in und nach einer Versammlung der Anteilsinhaber keine Mitgliedschaftsrechte, auf die sich die Informationsvorschriften der §§ 293a – 293g Abs. 1, 2 S. 1, Abs. 3 AktG funktional beziehen, vorhanden sein können. Bei einer rechtsgeschäftlichen Beendigung eines Unternehmensvertrags sind daher zweckwidrig seitens jedes beteiligten Unternehmensträgers in und nach einer Versammlung der Anteilsinhaber durch die Normierung der Informationsvorschriften der §§ 293a – 293g Abs. 1, 2 S. 1, Abs. 3 AktG verstärkte Rechte nicht zu erwerben. Bei einer Vornahme eines Beendigungsrechtsgeschäfts ist deshalb eine Ausweitung des Anwendungsbereichs der §§ 293a – 293g Abs. 1, 2 S. 1, Abs. 3 AktG seitens keines beteiligten Unternehmensträgers bezüglich einer Versammlung der Anteilsinhaber durch den Zweck des Gesetzes einschließlich des Prinzips der Gleichbehandlung geboten. Insoweit ist eine Gesetzeslücke nicht zu bejahen. Bei einer rechtsgeschäftlichen Beendigung eines Unternehmensvertrags wird dementsprechend der Anwendungsbereich der §§ 293a – 293g Abs. 1, 2 S. 1, Abs. 3 AktG durch eine Vervollständigung des Gesetzes infolge einer Analogie zu diesen Informationsvorschriften seitens keines beteiligen Unternehmensträgers bezüglich einer Versammlung der Anteilsinhaber ausgeweitet[1053].

1052 Altmeppen in MK AktG, § 296 Rn. 11; Emmerich in Emmerich/Habersack AG-/GmbH-KonzR, § 296 Rn. 9

1053 Wohl ebenso Bungert in DB 1995, S. 1449 (1451)

2.2. Analogie zu den §§ 293a – 293g Abs. 1, 2 S. 1, Abs. 3 AktG bei rechtsgeschäftlichen Beendigungen von Unternehmensvertragsverhältnissen bezüglich einer Sonderversammlung der außenstehenden Anteilsinhaber

2.2.1. Bejahen einer Gesetzeslücke

2.2.1.1. Erwerb von bedeutsamen Informationen

- Durch eine Vornahme eines Beendigungsrechtsgeschäfts bezüglich eines mit einer verpflichteten deutschen AG oder KGaA abgeschlossenen Beherrschungs- und/oder Gewinnabführungsvertrags wird eine gemäß § 304 Abs. 1, 2, § 305 Abs. 1 – 3 AktG grundsätzlich begründete angemessene Ausgleichs- und Abfindungspflicht des berechtigten Unternehmensträgers gegenüber außenstehenden Aktionären bzw. Kommanditaktionären der verpflichteten deutschen AG oder KGaA grundsätzlich wegfallen[1054]. Die Art des Beendigungsrechtsgeschäfts ist insoweit ohne Belang. Die §§ 300 – 302 AktG dienen zwar dem Erhalt des bei Vertragsbegründung vorhandenen Bilanzvermögens des verpflichteten Unternehmensträgers bis zur Vertragsbeendigung, bieten aber keine Gewähr für die Überlebensfähigkeit des verpflichteten Unternehmensträgers nach Vertragsbeendigung[1055]. Der § 303 AktG dient zwar der Sicherung der Gläubiger, aber nicht der außenstehenden Anteilsinhaber des verpflichteten Unternehmensträgers nach Vertragsbeendigung[1056]. Gleichwohl müssen bei einem Beendigungsrechtsgeschäft auch analog § 304 Abs. 1, 2, § 305 Abs. 1 – 3 AktG keine Ausgleichsleistungen und Abfindungsangebote erneut erbracht bzw. unterbreitet werden. Denn die fehlende Normierung einer erneuten Ausgleichs- und Abfindungspflicht bei einem Beendigungsrechtsgeschäft stellt nicht ein redaktionelles Versehen, sondern eine bewusste

1054 Die Notwendigkeit der Weitererbringung einer festgesetzten Ausgleichsleistung und der Fortgeltung eines laufenden Abfindungsangebots wird lediglich bejaht, solange ein Spruchstellenverfahren entweder noch eingeleitet werden kann oder noch nicht abgeschlossen ist (BVerfG in NJW 1999, S. 1699,1701; BGH in NJW 1997, S. 2242; BayObLG in ZIP 1998, S. 1872, AG 2002, S. 388; OLG Düsseldorf in AG 1990, S. 490, WM 1995, S. 756, ZIP 1996, S. 1610; OLG Karlsruhe in DB 1994, S. 1917; OLG Zweibrücken in DB 1994, S. 1918; Altmeppen in FS Ulmer, S. 3 (6ff.), MK AktG, § 296 Rn. 40,41; Bilda in MK AktG, § 304 Rn. 183–191, § 305 Rn. 28–30; Emmerich in Emmerich/Habersack AG-/GmbH-KonzR, § 296 Rn. 26, § 304 Rn. 74,75, § 305 Rn. 34,34a; Hüffer, § 296 Rn. 9; Koppensteiner in KK AktG, § 296 Rn. 17, § 297 Rn. 61,62, § 304 Rn. 12, § 305 Rn. 20–26; a. M. Luttermann in JZ 1997, S. 1183ff; Meilicke in AG 1995, S. 181 (187))

1055 Vgl. II. T. I. Kap. I. Absch. 2.1.1.4.2.

1056 Nachw. in Fn. 1049

Entscheidung des Gesetzgebers dar, die durch eine analoge Anwendung der § 304 Abs. 1, 2, § 305 Abs. 1 – 3 AktG nicht korrigiert werden darf. Dies ist dem § 305 Abs. 4 AktG, nach dem die ursprüngliche Abfindungspflicht gegenüber den außenstehenden Anteilsinhaber bei Vertragsbegründung befristet werden kann, dem § 303 AktG, nach dem eine Sicherungsleistungspflicht gegenüber den Gläubigern bei Vertragsbeendigung ausgelöst wird, und den Gesetzesmaterialien[1057], in denen die ursprüngliche Abfindungspflicht gegenüber den außenstehenden Anteilsinhabern bei Vertragsbegründung mit der mangelnden Überlebensfähigkeit des verpflichteten Unternehmensträgers nach Vertragsbeendigung begründet wird, zu entnehmen[1058]. In dem mit der verpflichteten deutschen AG oder KGaA abgeschlossenen Beherrschungs- und/oder Gewinnabführungsvertrag kann wegen deren ungesicherten Überlebensfähigkeit nach der Vertragsbeendigung zur Absicherung ihrer außenstehenden Aktionäre bzw. Kommanditaktionäre zwar freiwillig vereinbart sein, dass bei einem Beendigungsrechtsgeschäft Ausgleichsleistungen und Abfindungsangebote erneut erbracht bzw. unterbreitet werden müssen. Es gibt aber auch zahlreiche vertragliche Instrumente zur Sicherung der Überlebensfähigkeit des verpflichteten Unternehmensträgers nach der Vertragsbeendigung selbst. Möglich sind beispielsweise die Beschränkung des Weisungsrechts des berechtigten Unternehmensträgers durch die Überlebensfähigkeit des verpflichteten Unternehmensträgers, die Einführung eines Zustimmungsvorbehalts der außenstehenden Anteilsinhaber für bestimmte Geschäftsführungsmaßnahmen und die Begründung einer Verpflichtung des berechtigten Unternehmensträgers zur Erbringung von finanziellen, sachlichen oder persönlichen Wiederaufbauhilfen[1059]. Darüber hinaus können sich die für den Fall der Vertragsbeendigung freiwillig vereinbarten Ausgleichsleistungen und Abfindungsangebote nicht am Unternehmenswert des verpflichteten Unternehmensträgers im Zeitpunkt der Vertragsbeendigung orientieren, da dieser gerade durch Weisungen und Gewinnabführungen des berechtigten Unternehmensträgers während der Vertragsdauer erhebliche Einbußen erlitten haben

1057 Beg. zum RegE bei Kropff AktG, S. 397

1058 OLG Düsseldorf in AG 1990, S. 490; Altmeppen in MK AktG, § 296 Rn. 40; Bilda in MK AktG, § 304 Rn. 193; Emmerich in Emmerich/Habersack AG-/GmbH-KonzR, § 296 Rn. 27, § 300 Rn. 3; Hüffer, § 296 Rn. 9; Kley, S. 108ff.; Koppensteiner in KK AktG, Vorb. § 300 Rn. 6; § 305 Rn. 137; Mülbert, S. 509f.

1059 Vgl. Emmerich in Emmerich/Habersack AG-/GmbH-KonzR, § 296 Rn. 27, § 300 Rn. 3, § 308 Rn. 60–65; Grüner, S. 7ff.; Kleindiek, S. 203ff.; Kley, S. 108ff.; Wilhelm, S. 109ff.; Wimmer-Leonhardt, S. 37ff.; Koppensteiner in KK AktG, § 297 Rn. 63,64, Vorb. § 300 Rn. 6, § 308 Rn. 50–54

kann[1060]. Daher hängt nicht nur die Verpflichtung des berechtigten Unternehmensträgers zur erneuten Erbringung bzw. Unterbreitung von Ausgleichsleistungen und Abfindungsangeboten nach der Vertragsbeendigung dem Grunde nach von den konkreten Verhältnissen und Vereinbarungen beider beteiligten Unternehmensträger ab. Es gibt vielmehr auch keine allgemein gültigen Regeln für die Bemessung von nach der Vertragsbeendigung erneut zu erbringenden bzw. zu unterbreitenden Ausgleichsleistungen und Abfindungsangeboten. Bei einer rechtsgeschäftlichen Beendigung eines Unternehmensvertrags ist es demzufolge seitens des verpflichteten Unternehmensträgers nicht möglich, das Vorliegen und die Angemessenheit einer getroffenen Ausgleichs- und Abfindungsregelung zu prüfen und zu testieren, die Art und die Höhe einer getroffenen Ausgleichs- und Abfindungsregelung einschließlich der angewendeten Bewertungsmethoden und der aufgetretenen Bewertungsschwierigkeiten zu erläutern sowie Auskünfte über alle hierfür wesentlichen Angelegenheiten des anderen beteiligten Unternehmensträgers zu erteilen. Das mögliche Testat, dass eine getroffene Ausgleichs- und Abfindungsregelung beendet wird, ist für die außenstehenden Anteilsinhaber des verpflichteten Unternehmensträgers wenig bedeutsam. Es rechtfertigt eine kosten- und zeitintensive Prüfung nicht.

- Durch eine Vornahme eines Beendigungsrechtsgeschäfts bezüglich eines mit einer verpflichteten deutschen AG oder KGaA abgeschlossenen Beherrschungs- und/oder Gewinnabführungsvertrags wird die gemäß § 302 Abs. 1 AktG bestehende unbeschränkte Verlustausgleichspflicht des berechtigten Unternehmensträgers gegenüber der verpflichteten deutschen AG oder KGaA wegfallen[1061]. Die Art des Beendigungsrechtsgeschäfts und dessen Auswirkungen auf die Ausgleichs- und Abfindungsregelungen des Unternehmensvertrags sind insoweit ohne Belang.
- Bei einer Vornahme eines Beendigungsrechtsgeschäfts bezüglich eines zwischen zwei beteiligten deutschen AG oder KGaA abgeschlossenen Beherrschungs- und/oder Gewinnabführungsvertrags kann folglich nach §§ 293e, 293a AktG grundsätzlich für beide beteiligte deutsche AG oder KGaA ein sinnloser Vertragsprüfbericht und ein kurzer Vertragsbericht schriftlich[1062] erstattet werden. Die Art des Beendigungsrechtsgeschäfts und dessen Aus-

1060 Wilhelm, S. 117

1061 Altmeppen in MK AktG, § 296 Rn. 40, § 302 Rn. 23–26; Emmerich in Emmerich/Habersack AG-/GmbH-KonzR, § 296 Rn. 25, § 302 Rn. 38; Hüffer, § 296 Rn. 9, § 302 Rn. 13; Koppensteiner in KK AktG, § 296 Rn. 17, § 297 Rn. 61,62, § 302 Rn. 30–33

1062 Nachw. in Fn. 257

wirkungen auf die Ausgleichs- und Abfindungsregelungen des Unternehmensvertrags sind insoweit ohne Belang.

- Ein Aufhebungsvertrag bezüglich eines gemäß § 293 Abs. 3 AktG mit einer verpflichteten deutschen AG oder KGaA schriftlich abgeschlossenen Beherrschungs- und/oder Gewinnabführungsvertrags und eine Kündigungserklärung bezüglich eines solchen Unternehmensvertrags muss gemäß § 296 Abs. 1 S. 3, § 297 Abs. 3 AktG schriftlich abgeschlossen bzw. ausgesprochen werden[1063]. Die Auswirkungen des Aufhebungsvertrags bzw. der Kündigungserklärung auf die Ausgleichs- und Abfindungsregelungen des Unternehmensvertrags sind insoweit ohne Belang.
  Ein sonstiges Beendigungsrechtsgeschäft muss weder gemäß, noch analog § 296 Abs. 1 S. 3, § 297 Abs. 3 AktG schriftlich vorgenommen werden. Bei einer sonstigen rechtsgeschäftlichen Beendigung eines Unternehmensvertrags ist es demzufolge seitens des verpflichteten Unternehmensträgers nicht möglich, Abschriften der von dem Vertretungsorgan eines beteiligten Unternehmensträgers ausgesprochenen Beendigungserklärung auszulegen und zu erteilen.
- Vor einer Vornahme eines Beendigungsrechtsgeschäfts bezüglich eines zwischen einer verpflichteten deutschen AG oder KGaA und einer/einem berechtigten deutschen Kapitalgesellschaft, Personenhandelsgesellschaft, Genossenschaft, Versicherungsverein, großen Wirtschaftsverein, Wirtschaftsstiftung, Wirtschaftsanstalt oder Wirtschaftsgebietskörperschaft abgeschlossenen Beherrschungs- und/oder Gewinnabführungsvertrags muss nach dem Dritten Buch des HGB oder dem PublG für die verpflichtete deutsche AG oder KGaA und den berechtigten deutschen Unternehmensträger genannter Größen und Rechtsformen jedes Geschäftsjahr ein Jahresabschluss und ein Lagebericht oder zumindest ein Jahresabschluss schriftlich erstellt werden[1064]. Die Art des Beendigungsrechtsgeschäfts und dessen Auswirkungen auf die Ausgleichs- und Abfindungsregelungen des Unternehmensvertrags sind insoweit ohne Belang.

Erstens ist damit festzustellen, dass bei einer Vornahme eines Beendigungsrechtsgeschäfts bezüglich eines mit einer verpflichteten deutschen AG oder KGaA abgeschlossenen Beherrschungs- und/oder Gewinnabführungsvertrags seitens des verpflichteten Unternehmensträgers vor und in einer Sonderversammlung der außenstehenden Anteilsinhaber grundsätzlich zwar überhaupt keine In-

---

1063 Altmeppen in MK AktG, § 296 Rn. 27, § 297 Rn. 86; Emmerich in Emmerich/Habersack AG-/GmbH-KonzR, § 296 Rn. 11, § 297 Rn. 10,25; Hüffer, § 296 Rn. 6, § 297 Rn. 20; Koppensteiner in KK AktG, § 296 Rn. 8, § 297 Rn. 12,24

1064 Vgl. II. T. I. Kap. I. Absch. 2.1.1.1.

formationsgegenstände, auf die sich die Informationsvorschriften der §§ 293b – 293e AktG inhaltlich erstrecken, aber zumindest einige Informationsgegenstände, auf die sich die Informationsvorschriften der §§ 293a, 293f, 293g Abs. 1, 2 S. 1, Abs. 3 AktG inhaltlich erstrecken, vorhanden sein können. Bei einer rechtsgeschäftlichen Beendigung eines Unternehmensvertrags sind daher zweckgemäß seitens des verpflichteten Unternehmensträgers vor und in einer Sonderversammlung der außenstehenden Anteilsinhaber regelmäßig zwar nicht durch die Anwendung der Informationsvorschriften der §§ 293b – 293e AktG, aber durch die Anwendung der Informationsvorschriften der §§ 293a, 293f, 293g Abs. 1, 2 S. 1, Abs. 3 AktG bedeutsame Informationen zu erwerben.

2.2.1.2. Erwerb von verstärkten Rechten

- Einem Abschluss eines Aufhebungsvertrags und einem Ausspruch einer ordentlichen Kündigungserklärung durch die verpflichtete deutsche AG oder KGaA bezüglich eines mit einer verpflichteten deutschen AG oder KGaA abgeschlossenen Beherrschungs- und/oder Gewinnabführungsvertrags müssen gemäß § 296 Abs. 2 S. 1, § 297 Abs. 2 S. 1 AktG die außenstehenden Aktionäre bzw. Kommanditaktionäre der verpflichteten deutschen AG oder KGaA gesondert zustimmen, wenn durch diesen Ausgleichs- und Abfindungsregelungen des Unternehmensvertrags beendet werden[1065].
- Einer Vornahme eines sonstigen Beendigungsrechtsgeschäfts, insbesondere einem Ausspruch einer außerordentlichen Kündigungserklärung und einem Ausspruch einer ordentlichen Kündigungserklärung durch den berechtigten Unternehmensträger bezüglich eines mit einer verpflichteten deutschen AG oder KGaA abgeschlossenen Beherrschungs- und/oder Gewinnabführungsvertrags müssen gemäß § 296 Abs. 2 S. 1, § 297 Abs. 2 S. 1 AktG die außenstehenden Aktionäre bzw. Kommanditaktionäre der verpflichteten deutschen AG oder KGaA nicht gesondert zustimmen[1066]. Denn die § 296 Abs. 2, § 297 Abs. 2 AktG sprechen ausdrücklich von der Aufhebung eines Unternehmens-

1065 Altmeppen in MK AktG, § 295 Rn. 29–39, § 296 Rn. 3,7,29–31, § 297 Rn. 3,5,7–10,80–83,85; Emmerich in Emmerich/Habersack AG-/GmbH-KonzR, § 295 Rn. 25–27a, § 296 Rn. 3,4,6–8,17–21, § 297 Rn. 1,3,4,8,9,15, 27,54; Hüffer, § 295 Rn. 10,11, § 296 Rn. 1,2,7,8, § 297 Rn. 1,10,17,18; Koppensteiner in KK AktG, § 295 Rn. 33–37, § 296 Rn. 10,18, § 297 Rn. 1,13,24

1066 BGH in NJW 1979, S. 2103, NJW 1993, S. 1976; LG Berlin in AG 2000, S. 284; Altmeppen in MK AktG, § 297 Rn. 80–83; Emmerich in Emmerich/Habersack AG-/GmbH-KonzR, § 295 Rn. 3, § 296 Rn. 18, § 297 Rn. 9,15, 27,54; Henze, Tz. 191; Hüffer, § 297 Rn. 17,18; Koppensteiner in KK AktG, § 297 Rn. 13,24; Krieger in MHb AG, § 70 Rn. 167

vertrags bzw. ausdrücklich von der Kündigung eines Unternehmensvertrags *ohne wichtigen Grund* durch die verpflichtete deutsche AG oder KGaA[1067]. Auch erfassen die § 297 Abs. 1, § 298 AktG ausdrücklich die Kündigung eines Unternehmensvertrags *aus wichtigem Grund* bzw. schlechthin *die Beendigung* eines Unternehmensvertrags[1068]. Anderes gilt daher für die § 296 Abs. 2, § 297 Abs. 2 AktG[1069].

Bei einer Vornahme eines sonstigen Beendigungsrechtsgeschäfts, insbesondere bei einem Ausspruch einer außerordentlichen Kündigungserklärung und bei einem Ausspruch einer ordentlichen Kündigungserklärung durch den berechtigten Unternehmensträger bezüglich eines mit einer verpflichteten deutschen AG oder KGaA abgeschlossenen Beherrschungs- und/oder Gewinnabführungsvertrags wird die gesonderte Zustimmung der außenstehenden Aktionäre bzw. Kommanditaktionäre der verpflichteten deutschen AG oder KGaA außerdem nicht durch eine Analogie zu den § 296 Abs. 2 S. 1, § 297 Abs. 2 S. 1 AktG erforderlich. Zwar werden etwaige Ausgleichs- und Abfindungsansprüche der außenstehenden Aktionäre bzw. Kommanditaktionäre der verpflichteten deutschen AG oder KGaA bei einem Ausspruch einer außerordentlichen Kündigungserklärung oder einem Ausspruch einer ordentlichen Kündigungserklärung durch den berechtigten Unternehmensträger ebenso betroffen wie bei einem Abschluss eines Aufhebungsvertrags oder einem Ausspruch einer ordentlichen Kündigungserklärung durch die verpflichtete deutsche AG oder KGaA. Es macht für die außenstehenden Aktionäre bzw. Kommanditaktionäre der verpflichteten deutschen AG oder KGaA insoweit keinen Unterschied, durch welches zwei- oder einseitige Rechtsgeschäft die Beendigung des Unternehmensvertrags erfolgt. Auch kann der mit den § 296 Abs. 2, § 297 Abs. 2 AktG bezweckte Schutz der außenstehenden Aktionäre bzw. Kommanditaktionäre einer verpflichteten deutschen AG oder KGaA vor einem einseitigen Eingriff in ihre Ausgleichs- und Abfindungsansprüche jederzeit umgangen werden, in dem die ordentliche Kündigungserklärung durch den berechtigten Unternehmensträger ausgesprochen wird[1070]. Aber die fehlende Normierung einer Beteiligung der Sonderversammlung einer verpflichteten deutschen AG oder KGaA an einem Ausspruch einer außerordentlichen Kündigungserklärung und einem Ausspruch einer ordentlichen Kündigungs-

1067 Emmerich in Emmerich/Habersack AG-/GmbH-KonzR, § 296 Rn. 1,3,4; § 297 Rn. 1,4; Hüffer, § 296 Rn. 1,2, § 297 Rn. 1,10

1068 Emmerich in Emmerich/Habersack AG-/GmbH-KonzR, § 297 Rn. 1,15, § 298 Rn. 2; Hüffer, § 297 Rn. 1,3, § 298 Rn. 3

1069 Emmerich in Emmerich/Habersack AG-/GmbH-KonzR, § 295 Rn. 3, § 296 Rn. 17,18, § 297 Rn. 8,9

1070 Emmerich in Emmerich/Habersack AG-/GmbH-KonzR, § 296 Rn. 18, § 297 Rn. 9

erklärung durch den berechtigten Unternehmensträger stellt nicht ein redaktionelles Versehen, sondern eine bewusste Entscheidung des Gesetzgebers dar[1071], die durch eine analoge Anwendung der § 296 Abs. 2 S. 1, § 297 Abs. 2 S. 1 AktG nicht korrigiert werden darf. Denn nach den Gesetzesmaterialien[1072] muss einerseits eine außerordentliche Kündigung eines Unternehmensvertrags unter Umständen gerade im Interesse der außenstehenden Aktionäre bzw. Kommanditaktionäre einer verpflichteten deutschen AG oder KGaA schnell erfolgen. Mit ihrem Ausspruch kann deshalb oftmals nicht bis zu deren Zustimmung gewartet werden. Andererseits muss das ordentliche Kündigungsrecht des berechtigten Unternehmensträgers regelmäßig im Unternehmensvertrag geregelt sein. Diesem hat die Hauptversammlung der verpflichteten deutschen AG oder KGaA jedoch gerade zugestimmt[1073]. Der Gesetzgeber hat demnach durchaus an den Schutz der außenstehenden Anteilsinhaber des verpflichteten Unternehmensträgers bei einem Ausspruch einer außerordentlichen Kündigungserklärung gedacht. Er hielt dafür aber die Schaffung eines Zustimmungserfordernisses für die Sonderversammlung des verpflichteten Unternehmensträgers für nicht förderlich.
Bei einer sonstigen rechtsgeschäftlichen Beendigung eines Unternehmensvertrags, insbesondere bei einer außerordentlichen Kündigung eines Unternehmensvertrags und bei einer ordentlichen Kündigung eines Unternehmensvertrags durch den berechtigten Unternehmensträger ist es demzufolge seitens des verpflichteten Unternehmensträgers nicht möglich, dass von seinen außenstehenden Anteilsinhabern über eine Zustimmung zu dem Beendigungsrechtsgeschäft gesondert entschieden wird.

Zweitens ist damit festzustellen, dass bei einem Abschluss eines Aufhebungsvertrags und bei einem Ausspruch einer ordentlichen Kündigungserklärung durch die vertragstypisch verpflichtete deutsche AG oder KGaA bezüglich eines mit einer verpflichteten deutschen AG oder KGaA abgeschlossenen Beherrschungs- und/oder Gewinnabführungsvertrags, durch den Ausgleichs- und Abfindungsregelungen beendet werden, seitens des verpflichteten Unternehmensträgers in und nach einer Sonderversammlung der außenstehenden Anteilsinhaber Mitgliedschaftsrechte, auf die sich die Informationsvorschriften der §§ 293a – 293g Abs. 1, 2 S. 1, Abs. 3 AktG funktional beziehen, vorhanden sein können. Bei einer Vornahme eines sonstigen Beendigungsrechtsgeschäfts bezüglich eines mit einer verpflichteten deutschen AG oder KGaA abgeschlossenen Beherrschungs- und/oder Gewinnabführungsvertrags können keine Mitgliedschaftsrechte, auf die

1071 Emmerich in Emmerich/Habersack AG-/GmbH-KonzR, § 297 Rn. 9
1072 Beg. zum RegE bei Kropff AktG, S. 386
1073 Altmeppen in MK AktG, § 297 Rn. 8,10,81; Hüffer, § 297 Rn. 17,18

sich diese Informationsvorschriften funktional beziehen, vorhanden sein. Bei einer Aufhebung eines Unternehmensvertrags und bei einer ordentlichen Kündigung eines Unternehmensvertrags durch den verpflichteten Unternehmensträger, durch die Ausgleichs- und Abfindungsregelungen beendet werden, sind daher zweckgemäß seitens des verpflichteten Unternehmensträgers in und nach einer Sonderversammlung der außenstehenden Anteilsinhaber durch die Normierung der Informationsvorschriften der §§ 293a – 293g Abs. 1, 2 S. 1, Abs. 3 AktG verstärkte Rechte zu erwerben. Bei einer sonstigen rechtsgeschäftlichen Beendigung eines Unternehmensvertrags sind dagegen zweckwidrig durch die Normierung der Informationsvorschriften der §§ 293a – 293g Abs. 1, 2 S. 1, Abs. 3 AktG verstärkte Rechte nicht zu erwerben.

2.2.1.3. Anderweitige Erlangung der bedeutsamen Informationen

2.2.1.3.1. Geltung anderer vergleichbarer Informationsvorschriften

- Die §§ 90, 111 Abs. 2 S. 1, 2, § 278 Abs. 3, § 283 Nr. 4 AktG billigen ein allgemeines und kollektives Informationsrecht einer deutschen AG oder KGaA vertreten durch den Aufsichtsrat zu. Diese Informationsvorschriften erfassen demzufolge auch den speziellen Geschäftsführungsakt des Vorstands bzw. der geschäftsführenden Gesellschaftergesamtheit der verpflichteten deutschen AG oder KGaA, der in einer Vornahme eines Beendigungsrechtsgeschäfts bezüglich eines mit einer verpflichteten deutschen AG oder KGaA abgeschlossenen Beherrschungs- und/oder Gewinnabführungsvertrags besteht. Die Art des Beendigungsrechtsgeschäfts und dessen Auswirkungen auf die Regelungen des Unternehmensvertrags sind insoweit ohne Belang. Diese Informationsvorschriften betreffen allerdings keine ähnlichen Personen und Organe wie die Informationsvorschriften der §§ 293a – 293g Abs. 1, 2 S. 1, Abs. 3 AktG[1074].
- Die § 131 Abs. 1 S. 1, 2, Abs. 2, 3, § 278 Abs. 3 AktG räumen ein allgemeines und individuelles sowie grundsätzlich beschränktes Auskunftsrecht gemäß § 138 S. 2, § 278 Abs. 3 AktG auch jedes außenstehenden Aktionärs bzw. Kommanditaktionärs einer deutschen AG oder KGaA ein[1075]. Diese Informationsvorschriften unterstützen demzufolge auch die speziellen Mitgliedschaftsrechte der außenstehenden Aktionäre bzw. Kommanditaktionäre der verpflichteten deutschen AG oder KGaA, die bei einer Vornahme eines Beendigungsrechtsgeschäfts bezüglich eines mit einer verpflichteten deutschen

1074 Vgl. II. T. I. Kap. I. Absch. 2.1.1.3.1.
1075 Nachw. in Fn. 1007

AG oder KGaA abgeschlossenen Beherrschungs- und/oder Gewinnabführungsvertrags bestehen. Die Art des Beendigungsrechtsgeschäfts und dessen Auswirkungen auf die Regelungen des Unternehmensvertrags sind insoweit ohne Belang. Diese Informationsvorschriften betreffen außerdem ähnliche Personen und Organe wie die Informationsvorschriften der §§ 293a – 293g Abs. 1, 2 S. 1, Abs. 3 AktG. Diese Informationsvorschriften erfassen allerdings weder dieselben Gegenstände wie die Informationsvorschriften der §§ 293a – 293g Abs. 1, 2 S. 1, Abs. 3 AktG, noch unterliegen sie denselben Modalitäten wie jene besonderen Informationsvorschriften[1076].

- Die § 296 Abs. 2 S. 2, § 297 Abs. 2 S. 2, § 295 Abs. 2 S. 3 AktG räumen ein teilweise einschlägiges besonderes und individuelles sowie erweitertes Auskunftsrecht jedes außenstehenden Aktionärs bzw. Kommanditaktionärs einer deutschen AG oder KGaA ein. Diese Informationsvorschriften unterstützen die speziellen Mitgliedschaftsrechte der außenstehenden Aktionäre bzw. Kommanditaktionäre der verpflichteten deutschen AG oder KGaA, die bei einem Abschluss eines Aufhebungsvertrags und bei einem Ausspruch einer ordentlichen Kündigungserklärung durch die verpflichtete deutsche AG oder KGaA bezüglich eines mit einer verpflichteten deutschen AG oder KGaA abgeschlossenen Beherrschungs- und/oder Gewinnabführungsvertrags bestehen, wenn durch diesen Ausgleichs- und Abfindungsregelungen des Unternehmensvertrags beendet werden[1077]. Bei einer sonstigen rechtsgeschäftlichen Beendigung eines Unternehmensvertrags ist es seitens des verpflichteten Unternehmensträgers dagegen nicht möglich, dass vor und in einer Sonderversammlung der außenstehenden Anteilsinhaber die Informationsvorschriften des § 295 Abs. 2 S. 3 AktG anwendbar sind. Diese Informationsvorschriften betreffen außerdem ähnliche Personen und Organe wie die Informationsvorschriften der §§ 293a – 293g Abs. 1, 2 S. 1, Abs. 3 AktG. Diese Informationsvorschriften erfassen überdies dieselben Gegenstände wie die Informationsvorschriften des § 293g Abs. 3 AktG, auch unterliegen sie denselben Modalitäten wie jene Informationsvorschriften. Diese Informationsvorschriften erfassen allerdings weder dieselben Gegenstände wie die Informationsvorschriften der §§ 293a – 293g Abs. 1, 2 S. 1 AktG, noch unterliegen sei denselben Modalitäten wie jene Informationsvorschriften[1078].

1076 Vgl. II. T. I. Kap. I. Absch. 2.1.1.3.1.

1077 Altmeppen in MK AktG, § 293g Rn. 9,17; § 295 Rn. 57, § 296 Rn. 38, § 297 Rn. 85; Emmerich in Emmerich/Habersack AG-/GmbH-KonzR, § 293g Rn. 13,14, § 295 Rn. 32, § 296 Rn. 19, § 297 Rn. 8; Hüffer, § 293g Rn. 3,4, § 295 Rn. 14, § 296 Rn. 7, § 297 Rn. 17; Koppensteiner in KK AktG, § 293g Rn. 20, § 295 Rn. 53, § 296 Rn. 18, § 297 Rn. 13

1078 Vgl. II. T. III. Kap. II. Absch. 2.2.1.3.1.

Drittens ist einerseits damit festzustellen, dass bei einem Abschluss eines Aufhebungsvertrags und bei einem Ausspruch einer ordentlichen Kündigungserklärung durch die verpflichtete deutsche AG oder KGaA bezüglich eines mit einer verpflichteten deutschen AG oder KGaA abgeschlossenen Beherrschungs- und/oder Gewinnabführungsvertrags, durch den Ausgleichs- und Abfindungsregelungen beendet werden, seitens des verpflichteten Unternehmensträgers vor und in einer Sonderversammlung der außenstehenden Anteilsinhaber zwar andere Informationsvorschriften, die mit den Informationsvorschriften des § 293g Abs. 3 AktG vergleichbar sind, aber keine anderen Informationsvorschriften, die mit den Informationsvorschriften der §§ 293a – 293g Abs. 1, 2 S. 1 AktG vergleichbar sind, anwendbar sein können. Bei einer Vornahme eines sonstigen Beendigungsrechtsgeschäfts bezüglich eines mit einer verpflichteten deutschen AG oder KGaA abgeschlossenen Beherrschungs- und/oder Gewinnabführungsvertrags können weder andere Informationsvorschriften, die mit den Informationsvorschriften des § 293g Abs. 3 AktG vergleichbar sind, noch andere Informationsvorschriften, die mit den Informationsvorschriften der §§ 293a – 293g Abs. 1, 2 S. 1 AktG vergleichbar sind, anwendbar sein.

2.2.1.3.2. Existenz sonstiger vergleichbarer Informationsmöglichkeiten

Drittens ist andererseits festzustellen, dass bei einer Vornahme eines Beendigungsrechtsgeschäfts bezüglich eines mit einer verpflichteten deutschen AG oder KGaA abgeschlossenen Beherrschungs- und/oder Gewinnabführungsvertrags seitens des verpflichteten Unternehmensträgers vor und in einer Sonderversammlung der außenstehenden Anteilsinhaber grundsätzlich keine sonstigen Informationsmöglichkeiten, die mit den aus den §§ 293a – 293g Abs. 1, 2 S. 1, Abs. 3 AktG folgenden Informationsmöglichkeiten vergleichbar sind, vorhanden sein können[1079].

Bei einer Aufhebung eines Unternehmensvertrags und bei einer ordentlichen Kündigung eines Unternehmensvertrags durch den verpflichteten Unternehmensträger, durch die Ausgleichs- und Abfindungsregelungen beendet werden, sind zwar die durch die Anwendung der Informationsvorschriften des § 293g Abs. 3 AktG erworbenen Informationen, aber regelmäßig nicht die durch die Anwendung der Informationsvorschriften der §§ 293a – 293g Abs. 1, 2 S. 1 AktG erworbenen Informationen daher zweckgemäß seitens des verpflichteten Unternehmensträgers vor und in einer Sonderversammlung der außenstehenden Anteilsinhaber ebenso effektiv durch die Anwendung anderer Informationsvorschriften oder die Wahrnehmung sonstiger Informationsmöglichkeiten anderweitig zu

1079 Vgl. II. T. I. Kap. I. Absch. 2.1.1.3.2.

erlangen. Bei einer sonstigen rechtsgeschäftlichen Beendigung eines Unternehmensvertrags sind weder die durch die Anwendung der Informationsvorschriften des § 293g Abs. 3 AktG erworbenen Informationen, noch regelmäßig die durch die Anwendung der Informationsvorschriften der §§ 293a – 293g Abs. 1, 2 S. 1 AktG erworbenen Informationen ebenfalls zweckgemäß ebenso effektiv anderweitig zu erlangen.

2.2.1.4. Unabhängige Ausübung der verstärkten Rechte

2.2.1.4.1. Geltung von zumindest mit den vorbildgebenden Informationsvorschriften vergleichbaren Informationsvorschriften

Die §§ 63, 64, 78 S. 1, 2 UmwG, auf die der § 125 S. 1, 3 UmwG verweist[1080], regeln ausdrücklich die Vorbereitung und Durchführung *der Hauptversammlung,* die über die gemäß § 13 Abs. 1, § 125 S. 1, 3 UmwG erforderliche Zustimmung zu dem Aufspaltungs- oder Abspaltungsvertrag beschließen soll. Gleiches gilt für die § 30 Abs. 2, § 60 UmwG, die auf die §§ 10 – 12 UmwG bzw. die §§ 9 – 12 UmwG verweisen und auf die wiederum der § 125 S. 1, 3 UmwG verweist[1081], aufgrund des ausdrücklichen Bezuges des § 63 Abs. 1 Nr. 5 UmwG zu dem *§ 12* UmwG. Gleiches gilt ebenso wie für den § 127 UmwG, der dem § 8 UmwG entspricht und auf diesen verweist[1082], aufgrund des ausdrücklichen Bezuges des § 63 Abs. 1 Nr. 4 UmwG zu dem *§ 8* UmwG. Auch enthält das UmwG bezüglich der Vorbereitung und Durchführung einer eventuellen Sonderversammlung, die über die Zustimmung zu dem Aufspaltungs- oder Abspaltungsvertrag beschließen soll, keine Vorschriften, die den Regelungen der §§ 8 – 12, 30 Abs. 2, §§ 60, 63, 64, 78 S. 1, 2, § 125 S. 1, 3, § 127 UmwG entsprechen oder auf diese verweisen[1083].

Viertens ist einerseits damit festzustellen, dass bei einem Abschluss eines Aufspaltungs- oder Abspaltungsvertrags mit einer übertragenden deutschen AG oder KGaA seitens des übertragenden Rechtsträgers vor und in einer Sonderversammlung der außenstehenden Anteilsinhaber keine Informationsvorschriften, denen die Informationsvorschriften der §§ 293a – 293g Abs. 1, 2 S. 1, Abs. 3 AktG nachgebildet sind, oder vergleichbare Informationsvorschriften anwendbar

---

1080 Stengel/Schwanna in Semler/Stengel, § 125 Rn. 6,8,12; Teichmann in Lutter/Winter, § 125 Rn. 5,7,9,12

1081 Stengel/Schwanna in Semler/Stengel, § 125 Rn. 5–8,12; Teichmann in Lutter/Winter, § 125 Rn. 5–9,12

1082 Stengel/Schwanna in Semler/Stengel, § 125 Rn. 5,7,12; Teichmann in Lutter/Winter, § 125 Rn. 5,6,8,12

1083 Vgl. II. T. III. Kap. II. Absch. 2.2.1.4.1.

sein können. Dies beruht allerdings nicht darauf, dass der Gesetzgeber bei einem Abschluss eines Aufspaltungs- oder Abspaltungsvertrags mit einer übertragenden deutschen AG oder KGaA ein besonderes Informationsrecht der gesondert zustimmungspflichtigen außenstehenden Aktionäre bzw. Kommanditaktionäre der übertragenden deutschen AG oder KGaA aus bestimmten Gründen nicht für erforderlich hielt und auf dessen Einräumung daher bewusst verzichtete. Hierfür ist vielmehr allein maßgeblich, dass das UmwG die Wirksamkeit eines Aufspaltungs- oder Abspaltungsvertrags mit einer übertragenden deutschen AG oder KGaA bereits nicht von der gesonderten Zustimmung der außenstehenden Aktionäre bzw. Kommanditaktionäre der übertragenden deutschen AG oder KGaA abhängig macht[1084].

2.2.1.4.2. Existenz von zumindest mit den maßgebenden Spaltungsmerkmalen vergleichbaren Dekonzernierungsmerkmalen

- Durch eine Vornahme eines Beendigungsrechtsgeschäfts bezüglich eines zwischen einer verpflichteten deutschen AG oder KGaA und einem berechtigten Unternehmensträger sonstiger Nationalität oder Rechtsform abgeschlossenen Beherrschungs- und/oder Gewinnabführungsvertrags wird eine gemäß § 305 Abs. 1, 2 Nr. 3, Abs. 3 S. 2 AktG grundsätzlich begründete angemessene Barabfindungspflicht des berechtigten Unternehmensträgers sonstiger Nationalität oder Rechtsform gegenüber außenstehenden Aktionären bzw. Kommanditaktionären der verpflichteten deutschen AG oder KGaA grundsätzlich wegfallen. Bei einem Beendigungsrechtsgeschäft müssen auch analog § 304 Abs. 1, 2, § 305 Abs. 1 – 3 AktG keine (Bar-)Abfindungsangebote erneut unterbreitet werden. Die Art des Beendigungsrechtsgeschäfts ist insoweit ohne Belang.

  Sollte in dem abgeschlossenen Unternehmensvertrag ausnahmsweise freiwillig vereinbart sein, dass eine Barabfindung bei einem Beendigungsrechtsgeschäft erneut angeboten werden muss, so bestimmt sich deren Angemessenheit grundsätzlich nicht am Unternehmenswert des verpflichteten Unterneh-

---

1084 Bei einem Abschluss eines Aufspaltungs- oder Abspaltungsvertrags mit einer übertragenden deutschen AG oder KGaA ist gemäß § 13 Abs. 1, 2, §§ 65, 125 S. 1,3, § 128 UmwG neben der Zustimmung der Aktionäre bzw. Kommanditaktionäre der übertragenden deutschen AG oder KGaA lediglich die gesonderte Zustimmung einzelner Aktionäre bzw. Kommanditaktionäre der übertragenden deutschen AG oder KGaA, denen bestimmte Sonderrechte eingeräumt sind, erforderlich (vgl. Gehling in Semler/Stengel, § 13 Rn. 2,47–57; Stengel/Schwanna in Semler/Stengel, § 125 Rn. 5–8,12; Lutter/Drygala in Lutter/Winter, § 13 Rn. 4,22–30; Teichmann in Lutter/Winter, § 125 Rn. 5–9,12).

mensträgers zu diesem Zeitpunkt und damit nicht ebenso wie die Angemessenheit einer bei einer Aufspaltung oder Abspaltung anzubietenden Barabfindung[1085]. Eine rechtsgeschäftliche Beendigung eines Unternehmensvertrags ist demzufolge seitens des verpflichteten Unternehmensträgers für seine Anteilsinhaber nicht möglicherweise mit Folgen verbunden, die mit den bei einem Abschluss eines Aufspaltungs- oder Abspaltungsvertrags zwischen einer übertragenden deutschen AG oder KGaA und einem übernehmenden Rechtsträger sonstiger Nationalität oder Rechtsform seitens des übertragenden Rechtsträgers für dessen Anteilsinhaber aus einer grundsätzlich anzubietenden Barabfindung[1086] resultierenden Folgen vergleichbar sind.

- Durch eine Vornahme eines Beendigungsrechtsgeschäfts bezüglich eines zwischen einer verpflichteten deutschen AG oder KGaA und einer berechtigten unabhängigen deutschen bzw. europäischen AG oder KGaA abgeschlossenen Beherrschungs- und/oder Gewinnabführungsvertrags wird eine gemäß § 305 Abs. 1, 2 Nr. 1, Abs. 3 S. 1 AktG grundsätzlich begründete angemessene Anteilsabfindungspflicht der berechtigten unabhängigen deutschen bzw. europäischen AG oder KGaA gegenüber außenstehenden Aktionären bzw. Kommanditaktionären der verpflichteten deutschen AG oder KGaA grundsätzlich wegfallen. Bei einem Beendigungsrechtsgeschäft müssen auch analog § 304 Abs. 1, 2, § 305 Abs. 1 – 3 AktG keine (Anteils-)Abfindungsangebote erneut unterbreitet werden. Die Art des Beendigungsrechtsgeschäfts ist insoweit ohne Belang.

  Sollte in dem abgeschlossenen Unternehmensvertrag ausnahmsweise freiwillig vereinbart sein, dass eine Anteilsabfindung bei einem Beendigungsrechtsgeschäft erneut angeboten werden muss, so bestimmt sich deren Angemessenheit regelmäßig nicht am Verhältnis des Unternehmenswerts des verpflichteten Unternehmensträgers zu dem Unternehmenswert des berechtigten Unternehmensträgers zu diesem Zeitpunkt und damit nicht ebenso wie die Angemessenheit eines bei einer Aufspaltung stattfindenden Anteilsumtauschs oder einer bei einer Abspaltung anzubietenden Anteilsabfindung[1087]. Eine rechtsgeschäftliche Beendigung eines Unternehmensvertrags ist demzufolge seitens des verpflichteten Unternehmensträgers für seine Anteilsinhaber nicht möglicherweise mit Folgen verbunden, die mit den bei einem Abschluss eines Aufspaltungs- oder Abspaltungsvertrags mit einer übertragenden deutschen AG oder KGaA seitens des übertragenden Rechtsträgers für dessen Anteilsin-

1085 Vgl. II. T. III. Kap. III. Absch. 2.2.1.1.

1086 Stengel/Schwanna in Semler/Stengel, § 125 Rn. 5,7; Teichmann in Lutter/Winter, § 125 Rn. 5,6,8

1087 Vgl. II. T. III. Kap. III. Absch. 2.2.1.1.

haber aus einem grundsätzlich stattfindenden Anteilsumtausch[1088] bzw. einer grundsätzlich anzubietenden Anteilsabfindung[1089] resultierenden Folgen vergleichbar sind.

- Durch eine Vornahme eines Beendigungsrechtsgeschäfts bezüglich eines mit einer verpflichteten deutschen AG oder KGaA abgeschlossenen Beherrschungs- und/oder Gewinnabführungsvertrags wird die gemäß § 302 Abs. 1 AktG bestehende unbeschränkte Verlustausgleichspflicht des berechtigten Unternehmensträgers gegenüber der verpflichteten deutschen AG oder KGaA wegfallen. Die Art des Beendigungsrechtsgeschäfts und dessen Auswirkungen auf Regelungen des Unternehmensvertrags sind insoweit ohne Belang[1090]. Eine wegfallende Verlustausgleichspflicht führt anders als eine stattfindende Vermögens- und Verbindlichkeitsaufteilung zwar nicht zur teilweisen Erlangung der juristischen Selbständigkeit, aber zur teilweisen Wiedererlangung der wirtschaftlichen Selbständigkeit durch den verpflichteten Unternehmensträger zugunsten des berechtigten Unternehmensträgers. So folgt der verpflichtete Unternehmensträger dem berechtigten Unternehmensträger durch eine Unternehmensvertragsbeendigung anders als der übernehmende Rechtsträger dem übertragenden Rechtsträger durch eine Aufspaltung oder Abspaltung (vgl. § 131 Abs. 1 Nr. 1 S. 1 UmwG)[1091] zwar nicht in einigen positiven und insbesondere negativen Rechtspositionen nach. Infolge einer Unternehmensvertragsbeendigung gehen aber die unternehmerische Leitungsmacht, die unternehmerische Chance und insbesondere das unternehmerische Risiko von dem berechtigten Unternehmensträger wieder auf den verpflichteten Unternehmensträger über. Denn der verpflichtete Unternehmensträger muss die eigenen erlittenen Verluste wieder selbst tragen. Eine rechtsgeschäftliche Beendigung eines Unternehmensvertrags ist demzufolge seitens des verpflichteten Unternehmensträgers für seine Anteilsinhaber möglicherweise mit Risiken verbunden, die mit den bei einem Abschluss eines Aufspaltungs- oder Abspaltungsvertrags mit einer übertragenden deutschen AG oder KGaA seitens des übertragenden Rechtsträgers für dessen Anteilsinhaber aus einer stattfin-

1088 Simon/Kübler in Semler/Stengel, § 131 Rn. 26; Stengel/Schwanna in Semler/Stengel, § 123 Rn. 12; Teichmann in Lutter/Winter, § 123 Rn. 20, § 131 Rn. 5,9,10
1089 Simon/Kübler in Semler/Stengel, § 131 Rn. 26; Stengel/Schwanna in Semler/Stengel, § 123 Rn. 14; Teichmann in Lutter/Winter, § 123 Rn. 21, § 131 Rn. 9,10
1090 Vgl. II. T. III. Kap. III. Absch. 2.2.1.1.
1091 Vgl. Kübler in Semler/Stengel, § 131 Rn. 7; Teichmann in Lutter/Winter, § 131 Rn. 2

denden Vermögens- und Verbindlichkeitsaufteilung[1092] sowie einer stattfindenden Haftpflichtbegründung[1093] resultierenden Risiken vergleichbar sind.

Viertens ist andererseits damit festzustellen, dass bei einer Vornahme eines Beendigungsrechtsgeschäfts bezüglich eines mit einer verpflichteten deutschen AG oder KGaA abgeschlossenen Beherrschungs- und/oder Gewinnabführungsvertrags seitens des verpflichteten Unternehmensträgers in und nach einer Sonderversammlung der außenstehenden Anteilsinhaber grundsätzlich zwar überhaupt keine Dekonzernierungsmerkmale, die mit den für die Informationsvorschriften der §§ 10 – 12, 30 Abs. 2, § 125 S. 1, 3 UmwG oder der §§ 9 – 12, 60, 78 S. 1, 2, § 125 S. 1, 3 UmwG maßgebenden Spaltungsmerkmalen vergleichbar sind, aber zumindest einige Dekonzernierungsmerkmale, die mit den für die Informationsvorschriften der §§ 8, 63, 64, 78 S. 1, 2, § 125 S. 1, 3, § 127 UmwG maßgebenden Spaltungsmerkmalen vergleichbar sind, vorhanden sein können.

Bei einer rechtsgeschäftlichen Beendigung eines Unternehmensvertrags sind die durch die Normierung der Informationsvorschriften der §§ 293a – 293g Abs. 1, 2 S. 1, Abs. 3 AktG verstärkten Rechte daher zweckgemäß seitens des verpflichteten Unternehmensträgers in und nach einer Sonderversammlung der außenstehenden Anteilsinhaber ebenso sinnvoll regelmäßig zwar ohne die Anwendung der Informationsvorschriften der §§ 293b – 293e AktG, aber nicht ohne die Anwendung der Informationsvorschriften der §§ 293a, 293f, 293g Abs. 1, 2 S. 1, Abs. 3 AktG auszuüben.

Zusammenfassend bleibt deshalb folgendes festzuhalten: Bei einem Abschluss eines Aufhebungsvertrags und bei einem Ausspruch einer ordentlichen Kündigungserklärung durch den verpflichteten Unternehmensträger, durch den Ausgleichs- und Abfindungsregelungen beendet werden, ist eine Ausweitung des Anwendungsbereichs der §§ 293a, 293f, 293g Abs. 1, 2 S. 1 AktG anders als eine Ausweitung des Anwendungsbereichs der §§ 293b – 293e AktG seitens des verpflichteten Unternehmensträgers bezüglich einer Sonderversammlung der außenstehenden Anteilsinhaber durch den Zweck des Gesetzes einschließlich des Prinzips der Gleichbehandlung geboten. Bei einer Vornahme eines sonstigen Beendigungsrechtsgeschäfts ist eine Ausweitung des Anwendungsbereichs der §§ 293a, 293f, 293g Abs. 1, 2 S. 1 AktG ebenso wenig wie eine Ausweitung des Anwendungsbereichs der §§ 293b – 293e AktG seitens des verpflichteten Unternehmensträgers bezüglich einer Sonderversammlung der außenstehenden Anteils-

---

1092 Simon/Kübler in Semler/Stengel, § 131 Rn. 7; Stengel/Schwanna in Semler/Stengel, § 123 Rn. 12, 14,15; Teichmann in Lutter/Winter, § 123 Rn. 6,8–10, § 131 Rn. 2

1093 Bärwaldt in Semler/Stengel, § 135 Rn. 1,3; Maier-Reimer in Semler/Stengel, § 133 Rn. 1–4; Teichmann in Lutter/Winter, § 133 Rn. 1,3,19–43,49–75, § 135 Rn. 1,4,5

inhaber durch den Zweck des Gesetzes einschließlich des Prinzips der Gleichbehandlung geboten. Insoweit ist eine Gesetzeslücke teilweise zu bejahen.

2.2.2. Verneinen eines Vervollständigungsverbots

Die fehlende Normierung von besonderen Verweisungsvorschriften bezüglich der besonderen Informationsvorschriften der §§ 293a – 293g Abs. 1, 2 S. 1 AktG für Sonderversammlungen der außenstehenden Anteilsinhaber der durch Unternehmensverträge verpflichteten Unternehmensträger stellt eine bewusste Entscheidung und kein redaktionelles Versehen des Gesetzgebers dar. Denn durch die § 296 Abs. 2 S. 2, § 297 Abs. 2 S. 2, § 295 Abs. 2 S. 3 AktG wird jedem außenstehenden Aktionär bzw. Kommanditaktionär in einer eventuellen Sonderversammlung, die über die Zustimmung zu einem Aufhebungsvertrag oder einer ordentlichen Kündigungserklärung der verpflichteten deutschen AG oder KGaA beschließen soll, ein besonderes Auskunftsrecht gewährt, das dem durch den § 293g Abs. 3 AktG jedem Aktionär bzw. Kommanditaktionär in der Hauptversammlung, die über die Zustimmung zu einem Unternehmensvertrag oder Änderungsvertrag beschließen soll, eingeräumten besonderen Auskunftsrecht entspricht[1094]. Der Gesetzgeber hat also durchaus an den Schutz der außenstehenden Aktionäre bzw. Kommanditaktionäre durch eine umfassende Information über die relevanten Umstände auch vor und in einer eventuellen Sonderversammlung, die über die Zustimmung zu einem Aufhebungsvertrag oder einer ordentlichen Kündigungserklärung der verpflichteten deutschen AG oder KGaA beschließen soll, gedacht. Er hielt dafür aber die Gewährung eines erweiterten Auskunftsrechts für ausreichend.

Bei einem Abschluss eines Aufhebungsvertrags sowie bei einem Ausspruch einer ordentlichen Kündigungserklärung durch den verpflichteten Unternehmensträger, durch den Ausgleichs- und Abfindungsregelungen des Unternehmensvertrags beendet werden, ist deshalb eine Ausweitung des Anwendungsbereichs der §§ 293a – 293g Abs. 1, 2 S. 1 AktG seitens des verpflichteten Unternehmensträgers bezüglich einer Sonderversammlung der außenstehenden Anteilsinhaber durch das Prinzip des Umkehrschlusses verboten. Insoweit ist ein Vervollständigungsverbot nicht zu verneinen.

Bei einer rechtsgeschäftlichen Beendigung eines Unternehmensvertrags wird dementsprechend der Anwendungsbereich der §§ 293a – 293g Abs. 1, 2 S. 1, Abs. 3 AktG durch eine Vervollständigung des Gesetzes infolge einer Analogie zu diesen Informationsvorschriften nicht seitens des verpflichteten Unterneh-

---

1094 Vgl. II. T. III. Kap. III. Absch. 2.2.1.3.1.

mensträgers bezüglich einer Sonderversammlung der außenstehenden Anteilsinhaber ausgeweitet[1095].

2.3. Analogie zu den §§ 293a – 293g Abs. 1, 2 S. 1, Abs. 3 AktG bei gesetzlichen Beendigungen von Unternehmensvertragsverhältnissen

- Bei einer Verschmelzung der verpflichteten deutschen AG oder KGaA auf einen dritten Unternehmensträger ist die Zustimmung der Aktionäre bzw. Kommanditaktionäre der berechtigten deutschen AG oder KGaA gemäß § 296 Abs. 2 S. 1, § 297 Abs. 2 S. 1 AktG nicht erforderlich. Ebenso ist bei einer Verschmelzung der verpflichteten deutschen AG oder KGaA auf einen dritten Unternehmensträger und bei einer Verschmelzung der verpflichteten deutschen AG oder KGaA mit dem berechtigten Unternehmensträger kein Erfordernis der gesonderten Zustimmung der außenstehenden Aktionäre bzw. Kommanditaktionäre der verpflichteten deutschen AG oder KGaA gemäß § 296 Abs. 2 S. 1, § 297 Abs. 2 S. 1 AktG gegeben. Denn die §§ 296, 297 AktG erfassen ausschließlich eine Vornahme eines zwei- bzw. einseitigen Rechtsgeschäftes, nämlich einen Abschluss eines Aufhebungsvertrags oder einen Ausspruch einer Kündigungserklärung[1096].
- Bei einer Verschmelzung der verpflichteten deutschen AG oder KGaA auf einen dritten Unternehmensträger wird außerdem die Zustimmung der Aktionäre bzw. Kommanditaktionäre der berechtigten deutschen AG oder KGaA analog § 293 Abs. 2 S. 1, § 295 Abs. 1 S. 2 AktG nicht erforderlich. Ebenso wird bei einer Verschmelzung der verpflichteten deutschen AG oder KGaA auf einen dritten Unternehmensträger und bei einer Verschmelzung der verpflichteten deutschen AG oder KGaA mit dem berechtigten Unternehmensträger kein Erfordernis der gesonderten Zustimmung der außenstehenden Aktionäre bzw. Kommanditaktionäre der verpflichteten deutschen AG oder KGaA analog § 296 Abs. 2 S. 1, § 297 Abs. 2 S. 1 AktG begründet. Zwar werden insbesondere etwaige Ausgleichs- und Abfindungsansprüche der außenstehenden Aktionäre bzw. Kommanditaktionäre der verpflichteten deutschen AG oder KGaA bei einer Verschmelzung der verpflichteten deutschen AG oder KGaA auf einen dritten Unternehmensträger oder einer Verschmelzung der verpflichteten deutschen AG oder KGaA mit dem berechtigten Unternehmensträger ebenso betroffen wie bei einem Ausspruch einer ordentlichen Kündigungserklärung durch die verpflichtete deutsche AG oder KGaA oder einen Abschluss eines Aufhebungsvertrags durch die verpflichtete deutsche AG o-

1095 Wohl ebenso Bungert in DB 1995, S. 1449 (1451)
1096 Vgl. II. T. III. Kap. III. Absch. 1.

der KGaA und den berechtigten Unternehmensträger. Es macht für die außenstehenden Aktionäre bzw. Kommanditaktionäre der verpflichteten deutschen AG oder KGaA insoweit keinen Unterschied, ob die Beendigung des Unternehmensvertrags durch Rechtsgeschäft erfolgt oder kraft Gesetzes eintritt[1097]. Aber die fehlende Normierung einer Beteiligung der Hauptversammlung einer berechtigten deutschen AG oder KGaA an einer Verschmelzung der verpflichteten deutschen AG oder KGaA auf einen dritten Unternehmensträger stellt nicht ein redaktionelles Versehen, sondern eine bewusste Entscheidung des Gesetzgebers dar, die durch eine analoge Anwendung der § 293 Abs. 2 S. 1, § 295 Abs. 1 S. 2, § 296 Abs. 2 S. 1, § 297 Abs. 2 S. 1 AktG nicht korrigiert werden darf. Gleiches gilt für die fehlende Normierung einer Beteiligung einer eventuellen Sonderversammlung einer verpflichteten deutschen AG oder KGaA an einer Verschmelzung der verpflichteten deutschen AG oder KGaA mit einem dritten Unternehmensträger und einer Verschmelzung der verpflichteten deutschen AG oder KGaA mit dem berechtigten Unternehmensträger. Zum einen sollte nach der Entstehungsgeschichte und der Systematik des UmwG eine so wesentliche unternehmerische Entscheidung wie eine Verschmelzung des anderen beteiligten Unternehmensträgers auf einen dritten Unternehmensträger nicht in die Hand der (außenstehenden) Aktionäre bzw. Kommanditaktionäre der beteiligten deutschen AG oder KGaA gelegt werden[1098]. Zum anderen sollten die außenstehenden Aktionäre bzw. Kommanditaktionäre einer beteiligten deutschen AG oder KGaA, die regelmäßig lediglich Anlageinteressen verfolgen, keinen Einfluss auf eine so weitreichende unternehmerische Entscheidung wie eine Verschmelzung der eigenen beteiligten deutschen AG oder KGaA auf einen dritten Unternehmensträger und eine Verschmelzung der eigenen beteiligten deutschen AG oder KGaA mit dem anderen beteiligten Unternehmensträger haben[1099]. So regeln die §§ § 13 Abs. 1, 2, § 40 Abs. 2, § 50 Abs. 2, § 51 UmwG die bei einer Verschmelzung bestehenden Zustimmungserfordernisse detailliert. Gleichwohl müssen nach diesen Regelungen einer Verschmelzung zwar die Versammlungen der Anteilsinhaber beider beteiligten Rechtsträger und einzelne Anteilsinhaber beider beteiligten Rechtsträger, denen bestimmte Sonderrechte eingeräumt sind, aber nicht eine eventuelle Sonderversammlung der außenstehenden Anteilsinhaber des übertragenden Rechtsträgers zustimmen. Dem Gesetz kann also gerade nicht der Grundsatz entnommen werden, dass die

---

1097 Entsprechend für die gesetzliche Vertragsänderung Grunewald in Lutter/Winter, § 20 Rn. 37

1098 Entsprechend für die gesetzliche Vertragsänderung Kübler in Semler/Stengel, § 20 Rn. 30

1099 Exner, S. 141; Gutheil, S. 59

außenstehenden Anteilsinhaber allen gesellschaftsrechtlichen Vorgängen zustimmen müssen, durch die ihre Ausgleichs- und Abfindungsansprüche tangiert werden[1100].

Bei einer gesetzlichen Beendigung eines Unternehmensvertrags ist es demzufolge seitens keines beteiligten Unternehmensträgers möglich, dass von seinen Anteilsinhabern über eine Zustimmung zu dem Beendigungsereignis entschieden wird. Außerdem besteht seitens des verpflichteten Unternehmensträgers nicht die Möglichkeit, dass von seinen außenstehenden Anteilsinhabern eine gesonderte Entscheidung über eine Zustimmung zu dem Beendigungsereignis getroffen wird. Es ist damit festzustellen, dass bei einem Eintritt eines Beendigungsereignisses bezüglich eines zwischen zwei beteiligten deutsch AG oder KGaA abgeschlossenen Beherrschungs- und/oder Gewinnabführungsvertrags seitens jedes beteiligten Unternehmensträgers in und nach einer Versammlung der Anteilsinhaber oder seitens des verpflichteten Unternehmensträgers in und nach einer Sonderversammlung der außenstehenden Anteilsinhaber keine Mitgliedschaftsrechte, auf die sich die Informationsvorschriften der §§ 293a – 293g Abs. 1, 2 S. 1, Abs. 3 AktG funktional beziehen, vorhanden sein können. Bei einer gesetzlichen Beendigung eines Unternehmensvertrags sind daher zweckwidrig weder seitens jedes beteiligten Unternehmensträgers in und nach einer Versammlung der Anteilsinhaber, noch seitens des verpflichteten Unternehmensträgers in und nach einer Sonderversammlung der außenstehenden Anteilsinhaber durch die Normierung der Informationsvorschriften der §§ 293a – 293g Abs. 1, 2 S. 1, Abs. 3 AktG verstärkte Rechte zu erwerben. Bei einem Eintritt eines Beendigungsereignisses ist deshalb eine Ausweitung des Anwendungsbereichs der §§ 293a – 293g Abs. 1, 2 S. 1, Abs. 3 AktG seitens jedes beteiligten Unternehmensträgers bezüglich einer Versammlung der Anteilsinhaber ebenso wenig wie seitens des verpflichteten Unternehmensträgers bezüglich einer Sonderversammlung der außenstehenden Anteilsinhaber durch den Zweck des Gesetzes einschließlich des Prinzips der Gleichbehandlung geboten. Insoweit ist eine Gesetzeslücke durchgängig nicht zu bejahen. Bei einer gesetzlichen Beendigung eines Unternehmensvertrags wird dementsprechend der Anwendungsbereich der §§ 293a – 293g Abs. 1, 2 S. 1, Abs. 3 AktG durch eine Vervollständigung des Gesetzes infolge einer Analogie zu diesen Informationsvorschriften weder seitens jedes beteiligten Unternehmensträgers bezüglich einer Versammlung der Anteilsinhaber, noch seitens des verpflichteten Unternehmensträgers bezüglich einer Sonderversammlung der außenstehenden Anteilsinhaber ausgeweitet.

1100 Vgl. II. T. III. Kap. II. Absch. 2.3.

IV. Kapitel. 100prozentige Tochtergesellschaften und ihre Muttergesellschaften als Unternehmensvertragsparteien

Unternehmensverträge können zwischen 100prozentigen Tochtergesellschaften und ihren Muttergesellschaften abgeschlossen werden. Denn zum einen darf der berechtigte Unternehmensträger gemäß § 291 Abs. 1, § 292 Abs. 1 AktG und wegen § 293b Abs. 1 Hs. 2 AktG an dem verpflichteten Unternehmensträger unmittelbar allein beteiligt sein. Zum anderen ist ein unmittelbarer alleiniger Anteilsbesitz zwar nicht bei deutschen Genossenschaften und Vereinen[1101], deutschen Personengesellschaften[1102] sowie deutschen Gebietskörperschaften, Anstalten und Stiftungen[1103], aber bei deutschen Kapitalgesellschaften[1104] möglich.

1. Auslegung des Gesetzes

Nach der ausdrücklichen Regelung des § 293b Abs. 1 Hs. 2 AktG besteht ausnahmsweise keine Prüfpflicht, *wenn sich alle Aktien der abhängigen Gesellschaft in der Hand des herrschenden Unternehmens befinden*[1105]. Ebenso entfällt ausnahmsweise die Prüfberichtspflicht, wenn sich alle Aktien der abhängigen Gesellschaft in der Hand des herrschenden Unternehmens befinden. Denn wenn kei-

1101 Vgl. Beuthien, § 4 Rn. 1, § 80 Rn. 1; Heinrichs in Palandt, § 56 Rn. 1, §§ 72,73 Rn. 2; Reuter in MK BGB, § 56 Rn. 1, § 73 Rn. 2; Weigel in Prölss, § 15 Rn. 14

1102 Vgl. für die anfängliche Einmanngründung Hopt in Baumbach/Hopt, § 161 Rn. 1,3,4, § 105 Rn 18; Grunewald in MK HGB, § 161 Rn. 2–5; Schmidt in MK HGB, § 105 Rn. 24,25; Michalski/Römermann, § 2 Rn. 48; Sprau in Palandt, § 705 Rn. 1; Ulmer in MK BGB, § 705 Rn. 60–65, § 1 PartGG Rn. 7; für die nachträgliche Einmannübernahme BGH in NJW 1984, S. 2104, NJW 1987, S. 3184, ZIP 1990, S. 505; BayOblG in BB 2000, S. 1211, DB 2001, S. 2088; OLG Hamm in NJW-RR 2000, S. 482; Hopt in Baumbach/Hopt, § 131 Rn. 19,35, § 140 Rn. 25; Michalski/Römermann, § 2 Rn. 49, § 9 Rn. 1, § 10 Rn. 2; Schmidt in MK HGB, § 131 Rn. 7, § 145 Rn. 8,32, 33,36; Sprau in Palandt, Vorb. § 723 Rn. 1, § 736 Rn. 3; Ulmer in MK BGB, Vorb. § 723 Rn. 8,9, § 730 Rn. 63–67, § 736 Rn. 3,9, § 9 PartGG Rn. 6,12, § 10 PartGG Rn. 4; a. M. W. Baumann in BB 1998, S. 225ff.; Kanzleiter in FS Weichler, S. 39 ff.; Raiser in AcP 1994, S. 495 (509f.); Weimar in ZIP 1997, S. 1769ff.

1103 Vgl. Nachw. in Fn. 849

1104 Vgl. für die anfängliche Einmanngründung Heider in MK AktG, § 2 Rn. 3,6; Hueck/Fastrich in Baumbach/ Hueck, § 1 Rn. 48,50,52; Hüffer, § 2 Rn. 1,4b; Michalski in Michalski, § 1 Rn. 37,45; für die nachträgliche Einmannübernahme Hueck/Fastrich in Baumbach/Hueck, § 1 Rn. 48,50,52; Hüffer, § 42 Rn. 2–4, § 278 Rn. 5, § 280 Rn. 2; Michalski in Michalski, § 1 Rn. 37,46, 47; Pentz in MK AktG, § 42 Rn. 6,8–11; Semler/Perlitt in MK AktG, § 278 Rn. 10, § 280 Rn. 30,31

1105 Emmerich in Emmerich/Habersack AG-/GmbH-KonzR, § 293b Rn. 12; Hüffer, § 293b Rn. 9

ne Prüfung durchgeführt werden muss, kann auch kein Prüfbericht erstattet werden[1106]. Dagegen verbleibt es mangels einer auf den § 293b Abs. 1 Hs. 2 AktG verweisenden oder diesem entsprechenden Regelung im Rahmen der §§ 293a, 293f, 293g Abs. 1, 2 S. 1, Abs. 3 AktG bei der grundsätzlichen Berichts-, Vortrags- und Auslagepflicht sowie dem grundsätzlichen Auskunfts- und Abschriftsrecht, selbst wenn sich alle Aktien der abhängigen Gesellschaft in der Hand des herrschenden Unternehmens befinden[1107]. Beides gilt für die berechtigte Muttergesellschaft ebenso wie für die verpflichtete Tochtergesellschaft[1108].

Bei einem Unternehmensvertrag, bei dem alle Anteile der verpflichteten Gesellschaft unmittelbar in Händen der berechtigten Gesellschaft sind, ist deshalb die Eröffnung des Anwendungsbereichs der §§ 293a, 293f, 293g Abs. 1, 2 S. 1, Abs. 3 AktG ebenso wie die mangelnde Eröffnung des Anwendungsbereichs der §§ 293b – 293e AktG seitens jeder beteiligten Gesellschaft aus dem Wortsinn des Gesetzes und aus dem Sinnzusammenhang des Gesetzes zu folgern. Bei einem Unternehmensvertrag zwischen einer 100prozentigen Tochtergesellschaft und ihrer Muttergesellschaft ist dementsprechend zwar – das Vorliegen der sonstigen Anwendungsvoraussetzungen unterstellt – der Anwendungsbereich der §§ 293a, 293f, 293g Abs. 1, 2 S. 1, Abs. 3 AktG[1109], aber nicht der Anwendungsbereich der §§ 293b – 293e AktG[1110] nach einer Auslegung des Gesetzes seitens jeder beteiligten Gesellschaft eröffnet.

1106 Emmerich in Emmerich/Habersack AG-/GmbH-KonzR, § 293e Rn. 20; Hüffer, § 293e Rn. 9

1107 Für die besondere Vertragsberichtspflicht Emmerich in Emmerich/Habersack AG-/GmbH-KonzR, § 293a Rn. 38; Hüffer, § 293a Rn. 22

1108 Koppensteiner in KK AktG, § 293a Rn. 43, § 293b Rn. 31,32; Bungert in DB 1995, S. 1384 (1388f.,1391f.)

1109 Ebenso Altmeppen in MK AktG, § 293b Rn. 18,19; Bungert in DB 1995, S. 1384 (1388f.); Emmerich in Emmerich/Habersack AG-/GmbH-KonzR, § 293a Rn. 38; Hüffer, § 293a Rn. 22, § 293b Rn. 9; Koppensteiner in KK AktG, § 293a Rn. 43, § 293b Rn. 31,32; Neun, S. 153f.

1110 Ebenso Altmeppen in MK AktG, § 293b Rn. 18,19; Bungert in DB 1995, S. 1384 (1391f.); Emmerich in Emmerich/Habersack AG-/GmbH-KonzR, § 293b Rn. 12, § 293e Rn. 20; Hüffer, § 293b Rn. 9, § 293e Rn. 9; Koppensteiner in KK AktG, § 293b Rn. 31,32; Neun, S. 217f.

2. *Vervollständigung des Gesetzes*

2.1. *Reduktion der §§ 293a, 293f, 293g Abs. 1, 2 S. 1, Abs. 3 AktG*

2.1.1. *Bejahen einer Gesetzeslücke*

2.1.1.1. *Erwerb von bedeutsamen Informationen*

- Durch einen Abschluss eines Beherrschungs- und/oder Gewinnabführungsvertrags mit einer verpflichteten deutschen AG oder KGaA muss ausnahmsweise gemäß § 304 Abs. 1 S. 3, § 305 Abs. 1 AktG keine angemessene Ausgleichs- und Abfindungspflicht des berechtigten Unternehmensträgers gegenüber außenstehenden Aktionären bzw. Kommanditaktionären der verpflichteten deutschen AG oder KGaA begründet werden, wenn allein der berechtigte Unternehmensträger unmittelbar an der verpflichteten deutschen AG oder KGaA beteiligt ist. Denn die verpflichtete deutsche AG oder KGaA verfügt jedenfalls über keine außenstehenden Aktionäre bzw. Kommanditaktionäre, wenn alle Aktien der verpflichteten deutschen AG oder KGaA unmittelbar in Händen des berechtigten Unternehmensträgers sind[1111]. Bei einem Unternehmensvertrag zwischen einer 100prozentigen Tochtergesellschaft und ihrer Muttergesellschaft ist es demzufolge seitens keines beteiligten Unternehmensträgers möglich, die Art und die Höhe einer getroffenen Ausgleichs- und Abfindungsregelung einschließlich der angewendeten Bewertungsmethoden und der aufgetretenen Bewertungsschwierigkeiten zu erläutern sowie Auskünfte über alle hierfür wesentlichen Angelegenheiten eines anderen beteiligten Unternehmensträgers zu erteilen.
- Durch einen Abschluss eines Beherrschungs- und/oder Gewinnabführungsvertrags mit einer verpflichteten deutschen AG oder KGaA wird gemäß § 302 Abs. 1 AktG eine unbeschränkte Verlustausgleichspflicht des berechtigten Unternehmensträgers gegenüber der verpflichteten deutschen AG oder KGaA begründet[1112]. Eine (Allein-)Beteiligung des berechtigten Unternehmensträgers an der verpflichteten deutschen AG oder KGaA ist insoweit ohne Belang[1113].
- Bei einem Abschluss eines Beherrschungs- und/oder Gewinnabführungsvertrags zwischen zwei beteiligten deutschen AG oder KGaA kann folglich ge-

1111 Altmeppen in MK AktG, § 304 Rn. 16,18; Emmerich in Emmerich/Habersack AG-/GmbH-KonzR, § 304 Rn. 10,16, § 305 Rn. 9; Hüffer, § 304 Rn. 2,7; Koppensteiner in KK AktG, § 295 Rn. 42, Vorb. § 304 Rn. 2, § 304 Rn. 7,17

1112 Vgl. II. T. I. Kap. I. Absch. 2.1.1.1.

1113 Koppensteiner in KK AktG, Vorb. § 300 Rn. 8, § 302 Rn. 18

mäß § 293a AktG für beide beteiligte deutsche AG oder KGaA zumindest ein kurzer Vertragsbericht schriftlich[1114] erstattet werden. Eine (Allein-)Beteiligung der berechtigten deutschen AG oder KGaA an der verpflichteten deutschen AG oder KGaA ist insoweit ohne Belang.

- Ein Beherrschungs- und/oder Gewinnabführungsvertrag mit einer verpflichteten deutschen AG oder KGaA muss gemäß § 293 Abs. 3 AktG schriftlich abgeschlossen werden[1115]. Eine (Allein-)Beteiligung des berechtigten Unternehmensträgers an der verpflichteten deutschen AG oder KGaA ist insoweit ohne Belang.
- Vor einem Abschluss eines Beherrschungs- und/oder Gewinnabführungsvertrags zwischen einer verpflichteten deutschen AG oder KGaA und einer/einem berechtigten deutschen Kapitalgesellschaft, Personenhandelsgesellschaft, Genossenschaft, Versicherungsverein, großen Wirtschaftsverein, Wirtschaftsgebietskörperschaft, Wirtschaftsanstalt oder Wirtschaftsstiftung muss nach dem Dritten Buch des HGB und/oder dem PublG für die verpflichtete deutsche AG oder KGaA und den berechtigten inländischen Unternehmensträger genannter Größe und/oder Rechtsform jedes Geschäftsjahr ein Jahresabschluss und ein Lagebericht oder zumindest ein Jahresabschluss schriftlich erstellt werden[1116]. Eine (Allein-)Beteiligung des berechtigten deutschen Unternehmensträgers genannter Größen und Rechtsformen an der verpflichteten deutschen AG oder KGaA ist insoweit ohne Belang.

Erstens ist damit festzustellen, dass bei einem Abschluss eines Beherrschungs- und/oder Gewinnabführungsvertrags mit einer verpflichteten deutschen AG oder KGaA seitens jedes beteiligten Unternehmensträgers zumindest einige Informationsgegenstände, auf die sich die Informationsvorschriften der §§ 293a, 293f, 293g Abs. 1, 2 S. 1, Abs. 3 AktG inhaltlich erstrecken, vorhanden sein können, selbst wenn allein der berechtigte Unternehmensträger unmittelbar an der verpflichteten deutschen AG oder KGaA beteiligt ist. Bei einem Unternehmensvertrag zwischen einer 100prozentigen Tochtergesellschaft und ihrer Muttergesellschaft sind daher zweckgemäß seitens jeder beteiligten Gesellschaft durch die Anwendung der Informationsvorschriften der §§ 293a, 293f, 293g Abs. 1, 2 S. 1, Abs. 3 AktG bedeutsame Informationen zu erwerben.

1114 Nachw. in Fn. 257
1115 Vgl. II. T. I. Kap. I. Absch. 2.1.1.1.
1116 Vgl. II. T. I. Kap. I. Absch. 2.1.1.1.

2.1.1.2. Erwerb von verstärkten Rechten

- Einem Abschluss eines Beherrschungs- und/oder Gewinnabführungsvertrags zwischen zwei beteiligten deutschen AG oder KGaA müssen gemäß § 293 Abs. 1 S. 1 AktG und gemäß § 293 Abs. 2 S. 1 AktG die Aktionäre bzw. Kommanditaktionäre jeder beteiligten deutschen AG oder KGaA zustimmen[1117]. Eine (Allein-)Beteiligung der berechtigten deutschen AG oder KGaA an der verpflichteten deutschen AG oder KGaA ist insoweit ohne Belang[1118].
- Bei einem Abschluss eines Beherrschungs- und/oder Gewinnabführungsvertrags zwischen zwei beteiligten deutschen AG oder KGaA wird außerdem die Zustimmung der Aktionäre bzw. Kommanditaktionäre der berechtigten deutschen AG oder KGaA nicht durch eine Reduktion des § 293 Abs. 2 S. 1 AktG entbehrlich, wenn allein die berechtigte deutsche AG oder KGaA unmittelbar an der verpflichteten deutschen AG oder KGaA beteiligt ist[1119]. Zwar muss durch einen Abschluss eines Beherrschungs- und/oder Gewinnabführungsvertrags zwischen einer verpflichteten deutschen AG oder KGaA und einer berechtigten unabhängigen deutschen AG oder KGaA gemäß § 304 Abs. 3 S. 1 AktG eine angemessene Anteilsabfindungspflicht der berechtigen deutschen unabhängigen AG oder KGaA gegenüber außenstehenden Aktionären bzw. Kommanditaktionären der verpflichteten deutschen AG oder KGaA dann nicht begründet werden, wenn allein die berechtigte unabhängige deutsche AG oder KGaA unmittelbar an der verpflichteten deutschen AG oder KGaA beteiligt ist. Aber durch einen Abschluss eines Beherrschungs- und/oder Gewinnabführungsvertrags mit einer verpflichteten deutschen AG oder KGaA wird gemäß § 302 Abs. 1 AktG eine unbeschränkte Verlustausgleichspflicht des berechtigten Unternehmensträgers gegenüber der verpflichteten deutschen AG oder KGaA auch dann begründet, wenn allein der berechtigte Unternehmensträger unmittelbar an der verpflichteten deutschen AG oder KGaA beteiligt ist[1120]. Die Begründung dieser unbeschränkten Verlustausgleichspflicht, die zu einer erheblichen Gefährdung der Vermögenssubstanz des berechtigten Unternehmensträgers und damit der Beteiligungswerte seiner Anteilsinhaber führt[1121], rechtfertigt es, die Wirksamkeit eines Unternehmensvertrags, bei dem alle Anteile der verpflichteten Gesellschaft unmittelbar in Händen der

---

1117 Vgl. II. T. I. Kap. I. Absch. 2.1.1.2.
1118 Altmeppen in MK AktG, § 293 Rn. 102,103; Koppensteiner in KK AktG, § 293 Rn. 40,41
1119 Hüffer, § 293 Rn. 17; Koppensteiner in KK AktG, § 293 Rn. 40,41
1120 Vgl. II. T. IV. Kap. 2.1.1.1.
1121 Vgl. II. T. I. Kap. I. Absch. 2.1.1.4.2.

berechtigten Gesellschaft sind, von der Zustimmung der Aktionäre bzw. Kommanditaktionäre einer berechtigten deutschen AG oder KGaA abhängig zu machen[1122].

Zweitens ist damit festzustellen, dass bei einem Abschluss eines Beherrschungs- und/oder Gewinnabführungsvertrags zwischen zwei beteiligten deutschen AG oder KGaA seitens jedes beteiligten Unternehmensträgers Mitgliedschaftsrechte, auf die sich die Informationsvorschriften der §§ 293a, 293f, 293g Abs. 1, 2 S. 1, Abs. 3 AktG funktional beziehen, vorhanden sein können, selbst wenn allein die berechtigte deutsche AG oder KGaA unmittelbar an der verpflichteten deutschen AG oder KGaA beteiligt ist. Bei einem Unternehmensvertrag zwischen einer 100prozentigen Tochtergesellschaft und ihrer Muttergesellschaft sind daher zweckgemäß seitens jeder beteiligten Gesellschaft durch die Normierung der Informationsvorschriften der §§ 293a, 293f, 293g Abs. 1, 2 S. 1, Abs. 3 AktG verstärkte Rechte zu erwerben.

2.1.1.3. Anderweitige Erlangung der bedeutsamen Informationen

2.1.1.3.1. Geltung anderer vergleichbarer Informationsvorschriften

- Die §§ 90, 111 Abs. 2 S. 1, 2, § 278 Abs. 3, § 283 Nr. 4 AktG billigen ein allgemeines und kollektives Informationsrecht einer deutschen AG oder KGaA vertreten durch den Aufsichtsrat zu. Diese Informationsvorschriften erfassen demzufolge auch den speziellen Geschäftsführungsakt des Vorstands bzw. der vertretenden Gesellschaftergesamtheit jeder beteiligten deutschen AG oder KGaA, der in einem Abschluss eines Beherrschungs- und/oder Gewinnabführungsvertrags zwischen zwei beteiligten deutschen AG oder KGaA besteht. Eine (Allein-)Beteiligung der berechtigten deutschen AG oder KGaA an der verpflichteten deutschen AG oder KGaA ist insoweit ohne Belang. Diese Informationsvorschriften betreffen allerdings nicht dieselben Personen und Organe wie die Informationsvorschriften der §§ 293a – 293g Abs. 1, 2 S. 1, Abs. 3 AktG[1123].
- Die § 131 Abs. 1 S. 1, 2, Abs. 2, 3, § 278 Abs. 3 AktG räumen ein allgemeines und individuelles Informationsrecht jedes Aktionärs bzw. Kommanditaktionärs einer deutschen AG oder KGaA ein. Diese Informationsvorschriften unterstützen demzufolge auch die speziellen Mitgliedschaftsrechte der Aktionäre bzw. Kommanditaktionäre jeder beteiligten deutschen AG oder KGaA,

1122 Altmeppen in MK AktG, § 293 Rn. 102,103; Koppensteiner in KK AktG, § 293 Rn. 40,41

1123 Vgl. II. T. I. Kap. I. Absch. 2.1.1.3.1.

die bei einem Abschluss eines Beherrschungs- und/oder Gewinnabführungsvertrags zwei beteiligten deutschen AG oder KGaA bestehen. Eine (Allein-)Beteiligung der berechtigten deutschen AG oder KGaA an der verpflichteten deutschen AG oder KGaA ist insoweit ohne Belang. Diese Informationsvorschriften betreffen außerdem dieselben Personen und Organe wie die Informationsvorschriften der §§ 293a – 293g Abs. 1, 2 S. 1, Abs. 3 AktG[1124].

Einzige Ausprägung des Informationsrechts nach § 131 Abs. 1 S. 1, 2, Abs. 2, 3, § 278 Abs. 3 AktG ist ein grundsätzlich beschränktes Auskunftsrecht. Die Beschränkung dürfte zwar ausnahmsweise nicht greifen, wenn allein die berechtigte deutsche AG oder KGaA unmittelbar an der verpflichteten deutschen AG oder KGaA beteiligt ist. Denn die Erheblichkeitsschwelle für die Zurechnung der Angelegenheiten eines verbundenen Unternehmens zu den Angelegenheiten der eigenen Gesellschaft ist umso niedriger anzusetzen, je intensiver die Unternehmensverbindung zwischen dem verbundenen Unternehmen und der eigenen Gesellschaft ist[1125]. Alle für den Inhalt des abgeschlossenen Unternehmensvertrags und die Zweckmäßigkeit des Unternehmensvertragsabschlusses wesentlichen Angelegenheiten einer 100prozentigen Tochtergesellschaft dürften deshalb auch hierfür wesentliche Angelegenheiten ihrer Muttergesellschaft sein. Weitere Ausprägungen existieren aber auch dann nicht. Diese Informationsvorschriften erfassen demzufolge weder dieselben Gegenstände wie die Informationsvorschriften der §§ 293b – 293e AktG und der §§ 293a, 293f, 293g Abs. 1, 2 S. 1, Abs. 3 AktG, noch unterliegen sie denselben Modalitäten wie jene besonderen Informationsvorschriften[1126].

Drittens ist einerseits damit festzustellen, dass bei einem Abschluss eines Beherrschungs- und/oder Gewinnabführungsvertrags zwischen zwei beteiligten deutschen AG oder KGaA seitens jedes beteiligten Unternehmensträgers keine anderen Informationsvorschriften, die mit den Informationsvorschriften der §§ 293a, 293f, 293g Abs. 1, 2 S. 1, Abs. 3 AktG vergleichbar sind, anwendbar sein können, selbst wenn allein die berechtigte deutsche AG oder KGaA unmittelbar an der verpflichteten deutschen AG oder KGaA beteiligt ist.

1124 Vgl. II. T. I. Kap. I. Absch. 2.1.1.3.1.

1125 Hüffer, § 131 Rn. 16; Kort in ZGR 1987, S. 46 (61ff.); Kubis in MK AktG, § 131 Rn. 66,67; Zöllner in KK AktG, § 131 Rn. 30

1126 Vgl. II. T. I. Kap. I. Absch. 2.1.1.3.1.

2.1.1.3.2. Existenz sonstiger vergleichbarer Informationsmöglichkeiten

- Wenn bei einem Abschluss eines Beherrschungs- und/oder Gewinnabführungsvertrags allein der berechtigte Unternehmensträger unmittelbar an der verpflichteten deutschen AG oder KGaA beteiligt ist, ist einerseits der einzige Aktionär bzw. Kommanditaktionär der verpflichteten deutschen AG oder KGaA selbst als berechtigter Unternehmensträger an dem Unternehmensvertrag beteiligt.
  Von dem einzigen Aktionär bzw. Kommanditaktionär einer verpflichteten deutschen AG oder KGaA, deren Aktien und/oder Komplementäranteile alle unmittelbar in den Händen des berechtigten Unternehmensträgers sind, wird demzufolge zunächst der Inhalt des abgeschlossenen Unternehmensvertrags bestimmt und die Zweckmäßigkeit des Unternehmensvertragsabschlusses angenommen. Denn eine 100prozentige Tochtergesellschaft ist gemäß § 17 Abs. 2 AktG grundsätzlich von ihrer Muttergesellschaft abhängig[1127] und wird gemäß § 18 Abs. 1 S. 3 AktG grundsätzlich von dieser beherrscht[1128]. Der einzige Aktionär bzw. Kommanditaktionär einer verpflichteten deutschen AG oder KGaA, deren Aktien und/oder Komplementäranteile alle unmittelbar in den Händen des berechtigten Unternehmensträgers sind, ist weiterhin über seine eigenen Vermögens- und Ertragsverhältnisse sowie seine eigenen sonstigen für den Inhalt des abgeschlossenen Unternehmensvertrags und die Zweckmäßigkeit des Unternehmensvertragsabschlusses wesentlichen Angelegenheiten unterrichtet. Außerdem könnte der Vorstand bzw. geschäftsführende Gesellschafter einer solchen verpflichteten deutschen AG oder KGaA dem einzigen Aktionär bzw. Kommanditaktionär entsprechende Auskünfte nur bzw. erst dann erteilen, wenn bzw. sobald er solche von diesem erhielte[1129]. Der einzige Aktionär bzw. Kommanditaktionär einer verpflichteten deutschen AG oder KGaA, deren Aktien und/oder Komplementäranteile alle unmittelbar in den Händen des berechtigten Unternehmensträgers sind, ist fernerhin im Besitz von Urschriften des von ihm abgeschlossenen Unternehmensvertrags, des für ihn erstatteten Berichts sowie der für ihn in den letzten drei Geschäfts-

---

1127 Emmerich in Emmerich/Habersack AG-/GmbH-KonzR, § 17 Rn 1,33; Hüffer, § 17 Rn. 17

1128 Emmerich in Emmerich/Habersack AG-/GmbH-KonzR, § 18 Rn 1,20; Hüffer, § 18 Rn. 18

1129 Dementsprechend wird bei einem Verschmelzungsvertrag zwischen einer 100prozentigen Tochtergesellschaft und ihrer Muttergesellschaft seitens der übertragenden Tochtergesellschaft ein Verschmelzungsbericht erstattet durch ihren Vorstand für entbehrlich gehalten, da einziger Empfänger die übernehmende Muttergesellschaft vertreten durch deren Vorstand wäre (vgl. Krieger in ZGR 1990, S. 517 (521f.)).

jahren erstellten Jahresabschlüsse und Lageberichte. Überdies könnte der Vorstand bzw. geschäftsführende Gesellschafter einer solchen verpflichteten deutschen AG oder KGaA dem einzigen Aktionär bzw. Kommanditaktionär diese Unterlagen bis auf den abgeschlossenen Unternehmensvertrag nur bzw. erst offenbaren, wenn bzw. sobald er entsprechende Abschriften von diesem erhielte. Dem einzigen Aktionär bzw. Kommanditaktionär einer verpflichteten deutschen AG oder KGaA, deren Aktien und/oder Komplementäranteile alle unmittelbar in den Händen des berechtigten Unternehmensträgers sind, wurden schließlich die für diese in den letzten drei Geschäftsjahren erstellten Jahresabschlüsse und Lageberichte regelmäßig bereits früher gemäß § 175 Abs. 2 S. 1, 2, § 176 Abs. 1 S. 1, 2, § 131 Abs. 1 S. 3, § 278 Abs. 2 AktG offenbart, indem entsprechende Abschriften ausgelegt und erteilt wurden[1130]. Der einzige Aktionär einer solchen verpflichteten deutschen AG könnte gemäß § 84 Abs. 3 AktG zudem die Abberufung deren geschäftsführenden Vorstands veranlassen[1131], falls ihm die in den letzten drei Geschäftsjahren für diese erstellten Jahresabschlüsse und Lageberichte nicht erneut offenbart würden. Der einzige Kommanditaktionär einer solchen verpflichteten deutschen KGaA führt als zugleich einziger Komplementär gemäß § 278 Abs. 2 AktG, § 161 Abs. 2, § 114 Abs. 1 HGB sogar selbst deren Geschäfte[1132] und ist damit im Besitz von Urschriften der in den letzten drei Geschäftsjahren für diese erstellten Jahresabschlüsse und Lageberichte.

- Wenn bei einem Abschluss eines Beherrschungs- und/oder Gewinnabführungsvertrags allein die berechtigte deutsche AG oder KGaA unmittelbar an der verpflichteten deutschen AG oder KGaA beteiligt ist, sind andererseits nicht alle Aktionäre bzw. Kommanditaktionäre der berechtigten deutschen AG oder KGaA selbst an dem Unternehmensvertrag beteiligt.
  Nicht alle Aktionäre bzw. Kommanditaktionäre einer berechtigten deutschen AG oder KGaA, in deren Händen unmittelbar alle Aktien und/oder Komplementäranteile der verpflichteten deutschen AG oder KGaA sind, verfügen demzufolge grundsätzlich über eine sonstige Informationsmöglichkeit.

Drittens ist andererseits damit festzustellen, dass bei einem Abschluss eines Beherrschungs- und/oder Gewinnabführungsvertrags mit einer verpflichteten deutschen AG oder KGaA zwar grundsätzlich nicht seitens des berechtigten Unternehmensträgers, aber seitens des verpflichteten Unternehmensträgers sonstige Informationsmöglichkeiten, die mit den Informationsmöglichkeiten durch die

1130 Hüffer, § 278 Rn. 20, § 175 Rn. 5–7, § 176 Rn. 2–4, § 131 Rn. 20; Kropff in MK AktG, § 175 Rn. 19–32, § 176 Rn. 4–18; Kubis in MK AktG, § 131 Rn. 88–91; Semler/Perlitt in MK AktG, § 278 Rn. 264,267

1131 Hefermehl/Spindler in MK AktG, § 84 Rn. 85–106; Hüffer, § 84 Rn. 23–30

1132 Vgl. II. T. I. Kap. I. Absch. 2.3.1.3.2.

§§ 293a, 293f, 293g Abs. 1, 2 S. 1, Abs. 3 AktG vergleichbar sind, vorhanden sein können, dann wenn allein der berechtigte Unternehmensträger unmittelbar an der verpflichteten deutschen AG oder KGaA beteiligt ist.

Bei einem Unternehmensvertrag zwischen einer 100prozentigen Tochtergesellschaft und ihrer Muttergesellschaft sind die durch die Anwendung der Informationsvorschriften der §§ 293a, 293f, 293g Abs. 1, 2 S. 1, Abs. 3 AktG erworbenen Informationen daher zweckwidrig zwar regelmäßig nicht seitens der berechtigten Muttergesellschaft, aber seitens der verpflichteten Tochtergesellschaft ebenso effektiv anderweitig zu erlangen.

2.1.1.4. Unabhängige Ausübung der verstärkten Rechte

2.1.1.4.1. Geltung von zumindest mit den vorbildgebenden Informationsvorschriften vergleichbaren Informationsvorschriften

- Bei einem Abschluss eines Verschmelzungsvertrags zwischen zwei beteiligten deutschen AG oder KGaA ist ausnahmsweise seitens jeder beteiligten deutschen AG oder KGaA der Anwendungsbereich der Informationsvorschriften des § 8 UmwG nicht eröffnet, wenn allein die übernehmende deutsche AG oder KGaA unmittelbar an der übertragenden deutschen AG oder KGaA beteiligt ist. Denn nach der ausdrücklichen Regelung des § 8 Abs. 3 S. 1 Alt. 2 UmwG besteht keine Berichtspflicht, *wenn sich alle Anteile des übertragenen Rechtsträgers* unmittelbar *in Händen des übernehmenden Rechtsträgers befinden*[1133]. Dies gilt für die übertragende Tochtergesellschaft ebenso wie für die übernehmende Muttergesellschaft.

  Bei einem Abschluss eines Verschmelzungsvertrags mit einer übernehmenden deutschen AG oder KGaA ist allerdings seitens der übernehmenden deutschen AG oder KGaA eine Einschränkung des Anwendungsbereichs der Ausnahmevorschrift des § 8 Abs. 3 S. 1 Alt. 2 AktG und somit eine Ausweitung des Anwendungsbereichs der Informationsvorschriften des § 8 UmwG zu diskutieren, wenn allein die übernehmende deutsche AG oder KGaA unmittelbar an dem übertragenden Rechtsträger beteiligt ist. Denn wenn bei einem Abschluss eines Verschmelzungsvertrags allein die übernehmende deutsche AG oder KGaA unmittelbar an dem übertragenden Rechtsträger beteiligt ist, sind nicht alle Aktionäre bzw. Kommanditaktionäre der übernehmenden deutschen AG oder KGaA selbst an dem Verschmelzungsvertrag beteiligt. Sie müssen daher durch den Vorstand bzw. die geschäftsführende Gesellschaftergesamt-

---

1133 Ebenso Gehling in Semler/Stengel, § 8 Rn. 73,74; Lutter/Drygala in Lutter/Winter, § 8 Rn. 52

heit der übernehmenden deutschen AG oder KGaA über den Inhalt des abgeschlossenen Verschmelzungsvertrags und die Zweckmäßigkeit der Verschmelzung einschließlich der Vermögens- und Ertragsverhältnisse sowie aller sonstigen hierfür wesentlichen Angelegenheiten beider beteiligten Rechtsträger informiert werden. Dafür erscheint bei einem Verschmelzungsvertrag zwischen einer 100prozentigen Tochtergesellschaft und ihrer Muttergesellschaft nicht nur das Halten eines Vortrags, die Erteilung von erweiterten Auskünften, die Auslegung von Abschriften und die Erteilung von Abschriften, sondern auch die Erstattung eines Berichts seitens der übernehmenden Muttergesellschaft erforderlich[1134]. Denn bei einem Abschluss eines Verschmelzungsvertrags wird gemäß § 20 Abs. 1 Nr. 1 UmwG ein Vermögens- und Verbindlichkeitsübergang auch dann herbeigeführt, wenn alle Anteile des übertragenden Rechtsträgers unmittelbar in Händen des übernehmenden Rechtsträgers sind[1135]. Der Vermögens- und Verbindlichkeitsübergang bildet als wichtige rechtliche und wirtschaftliche Folge der Verschmelzung jedoch auch sonst einen wesentlichen Gegenstand eines zu erstattenden Berichts[1136]. Daher könnte aufgrund der fehlenden Normierung einer Berichtspflicht für übernehmende deutsche AG und KGaA, in deren Händen unmittelbar alle Anteile des übertragenden Rechtsträgers sind, eine verdeckte Lücke des Gesetzes vorliegen, die eine reduzierte Anwendung des § 8 Abs. 3 S. 1 Alt. 2 UmwG schließt. Die Regierungsbegründung des Art. 1 UmwBerG[1137] nennt keine Gründe für eine unterschiedliche Behandlung der Vortrags- und Auslagepflicht sowie dem Auskunfts- und Abschriftsrecht einerseits und der Berichtspflicht andererseits in diesem Punkt. Auch wurden die Informationsvorschriften der § 319 Abs. 3, § 320 Abs. 3, 4 AktG für die Eingliederung nach dem Vorbild der Informationsvorschriften der §§ 8 – 12, 30 Abs. 2, §§ 60, 63, 64, 78 S. 1, 2 UmwG für die Verschmelzung gestaltet. Entsprechend der Regierungsbegründung des Art. 6 Nr. 5, 6, 10 – 12 UmwBerG[1138] war dies dadurch motiviert, dass man die Eingliederung und die Verschmelzung als rechtlich und wirtschaftlich vergleichbare Rechtsinstitute betrachtete und daher die Wiederanpassung der bei einer Eingliederung geltenden Informationsvorschriften an die bei einer Verschmelzung geltenden Informationsvorschriften für erforderlich hielt. Der Gesetzgeber beabsichtigte grundsätzlich

1134 Ebenso Krieger in ZGR 1990, S. 517 (521f.); anders Gehling in Semler/Stengel, § 8 Rn. 73

1135 Vgl. Grunewald in Lutter/Winter, § 20 Rn 7; Kübler in Semler/Stengel, § 20 Rn. 8

1136 Vgl. Gehling in Semler/Stengel, § 8 Rn. 15–21; Lutter/Drygala in Lutter/Winter, § 8 Rn. 15–19

1137 BT-Drucks. 12/6699, S. 1ff.

1138 BT-Drucks. 12/6699, S. 178ff.

eine Vereinheitlichung der Informationsvorschriften bei Eingliederung und Verschmelzung[1139]. Bei einer Fassung eines Eingliederungsbeschlusses durch eine eingliedernde deutsche AG oder KGaA ist jedoch zwar nicht der Anwendungsbereich des § 320 Abs. 4 AktG, aber der Anwendungsbereich des § 319 Abs. 3 AktG seitens der eingliedernden deutschen AG oder KGaA eröffnet, wenn allein die eingliedernde deutsche AG oder KGaA unmittelbar an der einzugliedernden deutschen AG oder KGaA beteiligt ist. Denn der § 319 Abs. 3 AktG erstreckt sich ebenso wie der § 320 Abs. 4 AktG ausdrücklich auf *die zukünftige Hauptgesellschaft*[1140]. Damit ist bei einem Eingliederungsbeschluss bezüglich einer 100prozentigen Tochtergesellschaft durch ihre Muttergesellschaft allerdings nicht nur das Halten eines Vortrags, das Erteilen von Auskünften, die Auslegung von Abschriften und die Erteilung von Abschriften, sondern auch die Erstattung eines Berichts seitens der eingliedernden Muttergesellschaft erforderlich[1141]. Dass der Gesetzgeber bei der Eingliederung in eine eingliedernde deutsche AG oder KGaA, die allein unmittelbar an der einzugliedernden deutschen AG oder KGaA beteiligt ist, von der bei der Verschmelzung auf eine übernehmende deutsche AG oder KGaA, die allein unmittelbar an dem übertragenden Rechtsträger beteiligt ist, geltenden Rechtslage ausnahmsweise abweichen wollte, weil er eine Berichtserstattung gegenüber den Aktionären bzw. Kommanditaktionären der eingliedernden deutschen AG oder KGaA aufgrund deren unbeschränkten Haft- und Verlustausgleichspflicht nach §§ 322, 324 Abs. 3 AktG anders als eine Berichtserstattung gegenüber den Aktionären bzw. Kommanditaktionären der übernehmenden deutschen AG oder KGaA trotz deren weitergehenden Vermögensnachfolge nach § 20 Abs. 1 Nr. 1 UmwG für erforderlich hielt, ist den Gesetzesmaterialien außerdem nicht zu entnehmen. Daher könnte die fehlende Normierung einer Berichtspflicht für übernehmende deutsche AG und KGaA, in deren Händen unmittelbar alle Anteile des übertragenden Rechtsträgers, ein redaktionelles Versehen des Gesetzgebers darstellen, das eine reduzierte Anwendung des § 8 Abs. 3 S. 1 Alt. 2 UmwG beseitigt.

Bei einem Verschmelzungsvertrag zwischen einer 100prozentigen Tochtergesellschaft und ihrer Muttergesellschaft ist es demzufolge (nur) seitens des übertragenden Rechtsträgers nicht möglich, dass sein Geschäftsführungsorgan vor der Versammlung der Anteilsinhaber den Inhalt des abgeschlossenen

---

1139 Grunewald in MK AktG, Vorb. § 319 Rn. 3; Habersack in Emmerich/Habersack AG-/GmbH-KonzR, § 319 Rn. 3,17–23, § 320 Rn. 2,15–21

1140 Habersack in Emmerich/Habersack AG-/GmbH-KonzR, § 319 Rn. 4,17, § 320 Rn. 1,7; Hüffer, § 319 Rn. 9, § 320 Rn. 13

1141 Habersack in Emmerich/Habersack AG-/GmbH-KonzR, § 319 Rn. 17,18,21,22; Hüffer, § 319 Rn. 9–12

Verschmelzungsvertrags und die Zweckmäßigkeit der Verschmelzung ohne Aufforderung seines Anteilsinhabers schriftlich erläutern muss.

- Bei einem Abschluss eines Verschmelzungsvertrags zwischen zwei beteiligten deutschen AG oder KGaA ist grundsätzlich seitens jeder beteiligten deutschen AG oder KGaA der Anwendungsbereich der Informationsvorschriften der §§ 63, 64, 78 S. 1, 2 UmwG eröffnet. Eine (Allein-)Beteiligung der übernehmenden deutschen AG oder KGaA an der übertragenden deutschen AG oder KGaA ist insoweit ohne Belang. Denn mangels einer auf den § 8 Abs. 3 S. 1 Alt. 2 UmwG verweisenden oder diesem entsprechenden Regelung im Rahmen der §§ 63, 64, 78 S. 1, 2 UmwG verbleibt es bei der Vortrags- und Auslagepflicht sowie dem Auskunfts- und Abschriftsrecht, selbst wenn sich alle Anteile des übertragenden Rechtsträgers unmittelbar in Händen des übernehmenden Rechtsträgers befinden[1142]. Dies gilt für die übertragende Tochtergesellschaft ebenso wie für die übernehmende Muttergesellschaft.
  Bei einem Abschluss eines Verschmelzungsvertrags mit einer übertragenden deutschen AG oder KGaA ist allerdings seitens der übertragenden deutschen AG oder KGaA der Anwendungsbereich der Ausnahmevorschrift des § 8 Abs. 3 S. 1 Alt. 2 AktG auszuweiten und somit der Anwendungsbereich der Informationsvorschriften der §§ 63, 64, 78 S. 1, 2 UmwG einzuschränken, wenn allein der übernehmende Rechtsträger unmittelbar an der übertragenden deutschen AG oder KGaA beteiligt ist. Denn wenn bei einem Abschluss eines Verschmelzungsvertrags allein der übernehmende Rechtsträger unmittelbar an der übertragenden deutschen AG oder KGaA beteiligt ist, ist der einzige Aktionär bzw. Kommanditaktionär der übertragenden deutschen AG oder KGaA selbst als übernehmender Rechtsträger an dem Verschmelzungsvertrag beteiligt. Als solcher muss er durch den Vorstand bzw. geschäftsführenden Gesellschafter der übertragenden deutschen AG oder KGaA über den Inhalt des abgeschlossenen Verschmelzungsvertrags und die Zweckmäßigkeit der Verschmelzung einschließlich der Vermögens- und Ertragsverhältnisse sowie aller sonstigen hierfür wesentlichen Angelegenheiten beider beteiligten Rechtsträger nicht informiert werden. Damit ist bei einem Verschmelzungsvertrag zwischen einer 100prozentigen Tochtergesellschaft und ihrer Muttergesellschaft jedoch nicht nur die Erstattung eines Berichts, sondern auch das Halten eines Vortrags, die Erteilung von erweiterten Auskünften, die Auslegung von Abschriften und die Erteilung von Abschriften seitens der übertragenden Tochtergesellschaft entbehrlich. Daher liegt aufgrund der Normierung einer Vortrags- und Auslagepflicht sowie eines Auskunfts- und Abschriftsrechts für

1142 Ebenso Gehling in Semler/Stengel, § 8 Rn. 73,74; für § 49 Abs. 2 UmwG Reichert in Semler/Stengel, § 49 Rn. 8; Winter in Lutter/Winter, § 49 Rn. 7

übertragende deutsche AG und KGaA, deren Aktien und/oder Komplementäranteile alle unmittelbar in Händen des übernehmenden Rechtsträgers sind, eine offene Lücke des Gesetzes vor, die durch eine analoge Anwendung des § 8 Abs. 3 S. 1 Alt. 2 UmwG geschlossen werden kann. Die Regierungsbegründung des Art. 1 UmwBerG nennt keine Gründe für eine unterschiedliche Behandlung der Berichtspflicht einerseits und der Vortrags- und Auslagepflicht sowie dem Auskunfts- und Abschriftsrecht andererseits in diesem Punkt. Auch wurden die Informationsvorschriften der § 319 Abs. 3, § 320 Abs. 3, 4 AktG für die Eingliederung nach dem Vorbild der Informationsvorschriften der §§ 8 – 12, 30 Abs. 2, §§ 60, 63, 64, 78 S. 1, 2 UmwG für die Verschmelzung gestaltet. Entsprechend der Regierungsbegründung des Art. 6 Nr. 5, 6, 10 – 12 UmwBerG war dies dadurch motiviert, dass man die Eingliederung und die Verschmelzung als rechtlich und wirtschaftlich vergleichbare Rechtsinstitute betrachtete und daher die Wiederanpassung der bei einer Eingliederung geltenden Informationsvorschriften an die bei einer Verschmelzung geltenden Informationsvorschriften für erforderlich hielt. Der Gesetzgeber beabsichtigte grundsätzlich eine Vereinheitlichung der Informationsvorschriften bei Eingliederung und Verschmelzung. Bei einer Fassung eines Eingliederungsbeschlusses durch eine einzugliedernde deutsche AG oder KGaA ist jedoch weder der Anwendungsbereich des § 320 Abs. 3 AktG, noch der Anwendungsbereich des § 319 Abs. 3 AktG seitens der einzugliedernden deutschen AG oder KGaA eröffnet, wenn allein die eingliedernde deutsche AG oder KGaA unmittelbar an der einzugliedernden deutschen AG oder KGaA beteiligt ist. Denn der § 319 Abs. 3 AktG erstreckt sich anders als der § 320 Abs. 4 AktG ausdrücklich nur auf *die zukünftige Hauptgesellschaft* und nicht gleichermaßen auf *die einzugliedernde Gesellschaft*[1143]. Damit ist bei einem Eingliederungsbeschluss durch eine 100prozentige Tochtergesellschaft bezüglich ihrer Muttergesellschaft nicht nur die Erstattung eines Berichts, sondern auch das Halten eines Vortrags, das Erteilen von erweiterten Auskünften, die Auslegung von Abschriften und die Erteilung von Abschriften seitens der einzugliedernden Tochtergesellschaft entbehrlich. Dass der Gesetzgeber bei der Eingliederung einer einzugliedernden deutschen AG oder KGaA, an der unmittelbar allein die eingliedernde deutsche AG oder KGaA beteiligt ist, von der bei der Verschmelzung einer übertragenden deutschen AG oder KGaA, an der unmittelbar allein der übernehmende Rechtsträger beteiligt ist, geltenden Rechtslage ausnahmsweise abweichen wollte, weil er eine Information des einzigen Aktionärs bzw. Kommanditaktionärs der einzu-

---

1143 Habersack in Emmerich/Habersack AG-/GmbH-KonzR, § 319 Rn. 4,17–23, § 320 Rn. 1,7,15–17; Hüffer, § 319 Rn. 9–12, § 320 Rn. 13–15

gliedernden deutschen AG oder KGaA anders als eine Information des einzigen Aktionärs bzw. Kommanditaktionärs der übertragenden deutschen AG oder KGaA für erforderlich hielt, ist den Gesetzesmaterialien außerdem nicht zu entnehmen. Daher stellt die Normierung einer Vortrags- und Auslagepflicht sowie eines Auskunfts- und Abschriftsrechts für übertragende deutsche AG und KGaA, deren Aktien und/oder Komplementäranteile alle unmittelbar in Händen der übernehmenden Rechtsträger sind, ein redaktionelles Versehen des Gesetzgebers dar, das durch eine analoge Anwendung des § 8 Abs. 3 S. 1 Alt. 2 UmwG beseitigt werden darf.
Bei einem Verschmelzungsvertrag zwischen einer 100prozentigen Tochtergesellschaft und ihrer Muttergesellschaft ist es demzufolge (nur) seitens des übertragenden Rechtsträgers nicht möglich, dass sein Geschäftsführungsorgan in der Versammlung der Anteilsinhaber den Inhalt des abgeschlossenen Verschmelzungsvertrags und die Zweckmäßigkeit der Verschmelzung ohne Aufforderung seines Anteilsinhabers mündlich erläutern sowie Auskünfte über alle hierfür wesentlichen Angelegenheiten des anderen beteiligten Rechtsträgers auf Verlangen seines Anteilsinhabers erteilen muss. Ebenso ist es nicht möglich, dass sein Geschäftsführungsorgan vor und in der Versammlung der Anteilsinhaber Abschriften des von beiden beteiligten Rechtsträgern abgeschlossenen Verschmelzungsvertrags, des für den eigenen beteiligten Rechtsträger erstatteten Verschmelzungsberichts sowie der für beide beteiligte Rechtsträger in den letzten drei Geschäftsjahren erstellten Jahresabschlüsse und Lageberichte ohne Aufforderung seines Anteilsinhabers in den Geschäftsräumen bzw. den Versammlungsräumen auslegen sowie auf Verlangen seines Anteilsinhabers erteilen muss.

Viertens ist einerseits damit festzustellen, dass bei einem Abschluss eines Verschmelzungsvertrags zwischen zwei beteiligten deutschen AG oder KGaA zwar grundsätzlich seitens des übernehmenden Rechtsträgers, aber nicht seitens des übertragenden Rechtsträgers Informationsvorschriften, die für die Informationsvorschriften der §§ 293a, 293f, 293g Abs. 1, 2 S. 1, Abs. 3 AktG vorbildgebend waren, anwendbar sein können, dann wenn allein die übernehmende deutsche AG oder KGaA unmittelbar an der übertragenden deutschen AG oder KGaA beteiligt ist.

2.1.1.4.2. Existenz von zumindest mit den maßgebenden Verschmelzungsmerkmalen vergleichbaren Konzernierungsmerkmalen

- Durch einen Abschluss eines Beherrschungs- und/oder Gewinnabführungsvertrags zwischen einer verpflichteten deutschen AG oder KGaA und einer berechtigten unabhängigen deutschen bzw. europäischen AG oder KGaA muss ausnahmsweise gemäß § 304 Abs. 1 S. 3, § 305 Abs. 1 AktG keine angemessene Anteilsabfindungspflicht der berechtigten unabhängigen deutschen bzw. europäischen AG oder KGaA gegenüber außenstehenden Aktionäre bzw. Kommanditaktionären der verpflichteten deutschen AG oder KGaA begründet werden, wenn allein die berechtigte unabhängige deutsche bzw. europäische AG oder KGaA unmittelbar an der verpflichteten deutschen AG oder KGaA beteiligt ist[1144]. Ein Unternehmensvertrag zwischen einer 100prozentigen Tochtergesellschaft und ihrer Muttergesellschaft ist demzufolge seitens des berechtigten Unternehmensträgers für dessen Anteilsinhaber nicht möglicherweise mit Folgen verbunden, die mit den bei einem Abschluss eines Verschmelzungsvertrags mit einer übertragenden deutschen AG oder KGaA seitens des übernehmenden Rechtsträgers für dessen Anteilsinhaber aus dem grundsätzlich stattfindenden Anteilsumtausch resultierenden Folgen vergleichbar sind.

- Durch einen Abschluss eines Beherrschungs- und/oder Gewinnabführungsvertrags mit einer verpflichteten deutschen AG oder KGaA wird gemäß § 302 Abs. 1 AktG eine unbeschränkte Verlustausgleichspflicht des berechtigten Unternehmensträgers gegenüber der verpflichteten deutschen AG oder KGaA begründet. Eine (Allein-)Beteiligung des berechtigten Unternehmensträgers an der verpflichteten deutschen AG oder KGaA ist insoweit ohne Belang[1145].

Viertens ist andererseits damit festzustellen, dass bei einem Abschluss eines Beherrschungs- und/oder Gewinnabführungsvertrags mit einer verpflichteten deutschen AG oder KGaA seitens des berechtigten Unternehmensträgers zumindest einige Konzernierungsmerkmale, die mit den für die Informationsvorschriften der §§ 8, 63, 64, 78 S. 1, 2 UmwG maßgebenden Verschmelzungsmerkmalen vergleichbar sind, vorhanden sein können, selbst wenn allein der berechtigte Unternehmensträger unmittelbar an der verpflichteten deutschen AG oder KGaA beteiligt ist.

Bei einem Unternehmensvertrag zwischen einer 100prozentigen Tochtergesellschaft und ihrer Muttergesellschaft sind die durch die Normierung der Informationsvorschriften der §§ 293a, 293f, 293g Abs. 1, 2 S. 1, Abs. 3 AktG verstärkten Rechte daher zweckwidrig zwar regelmäßig nicht seitens der berechtigen Muttergesellschaft, aber seitens der verpflichteten Tochtergesellschaft ebenso sinnvoll unabhängig auszuüben.

Zusammenfassend bleibt deshalb folgendes festzuhalten: Bei einem Unternehmensvertrag, bei dem alle Anteile der verpflichteten Gesellschaft unmittelbar in Händen der berechtigten Gesellschaft sind, ist eine Ausweitung des Anwen-

1144 Vgl. II. T. IV. Kap. 2.1.1.1.
1145 Vgl. II. T. IV. Kap. 2.1.1.1.

dungsbereichs des § 293b Abs. 1 Hs. 2 AktG und somit eine Einschränkung des Anwendungsbereichs der §§ 293a, 293f, 293g Abs. 1, 2 S. 1, Abs. 3 AktG seitens der verpflichteten Tochtergesellschaft anders als seitens der berechtigten Muttergesellschaft durch den Zweck des Gesetzes einschließlich des Prinzips der Ungleich- bzw. Gleichbehandlung geboten. Insoweit ist eine Gesetzeslücke teilweise zu bejahen.

2.1.2. Verneinen eines Vervollständigungsverbots

- Die fehlende Normierung des Nichtvorliegens einer unmittelbaren Alleinbeteiligung der berechtigten Gesellschaft an der verpflichteten Gesellschaft als Anwendungsvoraussetzung der §§ 293a, 293f, 293g Abs. 1, 2 S. 1, Abs. 3 AktG stellt seitens der verpflichteten Gesellschaft ein redaktionelles Versehen und keine bewusste Entscheidung des Gesetzgebers dar. Denn nicht nur die Informationsvorschriften der §§ 293a – 293g Abs. 1, 2 S. 1, Abs. 3 AktG für die Unternehmensvertragsbegründung, sondern auch die Informationsvorschriften der § 319 Abs. 3, § 320 Abs. 3, 4 AktG für die Eingliederung wurden nach dem Vorbild der Informationsvorschriften der §§ 8 – 12, 30 Abs. 2, §§ 60, 63, 64, 78 S. 1, 2 UmwG für die Verschmelzung gestaltet. Entsprechend der Regierungsbegründung des Art. 6 Nr. 5, 6, 10 – 12 UmwBerG war dies dadurch motiviert, dass man die Unternehmensvertragsbegründung, die Eingliederung und die Verschmelzung als rechtlich und wirtschaftlich vergleichbare Rechtsinstitute betrachtete und daher die Wiederanpassung der bei einer Unternehmensvertragsbegründung und der bei einer Eingliederung geltenden Informationsvorschriften an die bei einer Verschmelzung geltenden Informationsvorschriften für erforderlich hielt. Der Gesetzgeber beabsichtigte grundsätzlich eine Vereinheitlichung der Informationsvorschriften bei Unternehmensvertragsbegründung, Eingliederung und Verschmelzung. Bei der Eingliederung einer 100prozentigen Tochtergesellschaft in ihre Muttergesellschaft ist jedoch nicht nur seitens keiner beteiligten Gesellschaft eine Eingliederungsprüfung mangels einer dem § 320 Abs. 3 AktG entsprechenden Regelung im Rahmen des § 319 Abs. 3 AktG durchzuführen[1146]. Auch sind bei der Eingliederung einer 100prozentigen Tochtergesellschaft in ihre Muttergesellschaft seitens der einzugliedernden Tochtergesellschaft Abschriften des Eingliederungsbeschlusses und der Rechnungslegungsunterlagen beider beteiligten Gesellschaften nicht auszulegen und zu erteilen, ein Eingliederungsbericht nicht zu erstatten, ein Eingliederungsvortrag nicht zu halten und Auskünfte

1146 Habersack in Emmerich/Habersack AG-/GmbH-KonzR, § 319 Rn. 17, § 320 Rn. 18; Hüffer, § 319 Rn. 9, § 320 Rn. 10

auch über die für die Eingliederung wesentlichen Angelegenheiten der eingliedernden Muttergesellschaft nicht zu erteilen. Denn der § 319 Abs. 3 AktG erstreckt sich anders als der § 320 Abs. 4 AktG ausdrücklich nur auf die eingliedernde Muttergesellschaft und nicht auch auf die einzugliedernde Tochtergesellschaft[1147]. Dass der Gesetzgeber bei der Unternehmensvertragsbegründung zwischen einer 100prozentigen Tochtergesellschaft und ihrer Muttergesellschaft von dieser bei der Eingliederung einer 100prozentigen Tochtergesellschaft in ihre Muttergesellschaft geltenden Rechtslage ausnahmsweise abweichen wollte, weil er eine Information des einzigen Gesellschafters der verpflichteten Tochtergesellschaft anders als eine Information des einzigen Gesellschafters der einzugliedernden Tochtergesellschaft für erforderlich hielt, ist den Gesetzesmaterialien nicht zu entnehmen. Es ergibt sich also weder ausdrücklich noch konkludent aus einer gesetzlichen Vorschrift, dass der § 293b Abs. 1 Hs. 2 AktG nur im Rahmen der §§ 293b – 293e AktG anwendbar sein soll.

- Würde das Nichtvorliegen einer unmittelbaren Alleinbeteiligung der berechtigten Gesellschaft an der verpflichteten Gesellschaft als eine Anwendungsvoraussetzung den §§ 293a, 293f, 293g Abs. 1, 2 S. 1, Abs. 3 AktG seitens der verpflichteten Gesellschaft hinzugefügt, müsste zumindest von dem Geschäftsführungsorgan der verpflichteten Gesellschaft beurteilt werden, ob und wie die berechtigte Gesellschaft an der verpflichteten Gesellschaft beteiligt ist. Da diese Beurteilung eventuell falsch sein kann, würde eine gewisse Unsicherheit hinsichtlich der Wirksamkeit des Unternehmensvertrags bestehen. Denn die Nichtdurchführung einer nach §§ 293a, 293f, 293g Abs. 1, 2 S. 1, Abs. 3 AktG erforderlichen Information begründet gemäß § 243 Abs. 1 AktG die Anfechtbarkeit des Zustimmungsbeschlusses der Hauptversammlung einer verpflichteten deutschen AG oder KGaA[1148] und kann damit gemäß § 293 Abs. 1 S. 1 AktG die Unwirksamkeit des Unternehmensvertrags bewirken[1149]. Das Nichtvorliegen einer unmittelbaren Alleinbeteiligung der berechtigten Gesellschaft an der verpflichteten Gesellschaft bildet aber schon eine Anwendungsvoraussetzung der § 293b – 293e AktG, § 304 Abs. 1, 2 AktG[1150], so dass ohnehin von den Geschäftsführungsorganen beider beteiligten Gesellschaften zu entscheiden ist, ob und wie die berechtigte Gesellschaft an der verpflichteten Gesellschaft beteiligt ist. Die mit dieser Entscheidung verbundene Unsicherheit hinsichtlich der Wirksamkeit des Unternehmensvertrags

1147 Vgl. Einleitung, II. T. IV. Kap. 2.1.1.3.1.
1148 Nachw. in Fn. 374
1149 Nachw. in Fn. 375
1150 Vgl. II. T. IV. Kap. 1., 2.1.1.1.

existiert also jedenfalls. Denn auch die Nichtdurchführung einer nach § 293b – 293e AktG notwendigen Prüfung begründet gemäß § 243 Abs. 1 AktG die Anfechtbarkeit des Zustimmungsbeschlusses der Hauptversammlung jeder beteiligten deutschen AG oder KGaA[1151] und kann damit gemäß § 293 Abs. 1 S. 1 AktG bzw. § 293 Abs. 2 S. 1 AktG die Unwirksamkeit des Unternehmensvertrags bewirken. Die Nichtvereinbarung einer nach § 304 Abs. 1, 2 AktG notwendigen Ausgleichsregelung bewirkt gemäß § 304 Abs. 3 S. 1 AktG die Unwirksamkeit des Unternehmensvertrags[1152]. Außerdem ist das Nichtvorliegen einer unmittelbaren Alleinbeteiligung ein formales Kriterium, das eine leichte Entscheidung ermöglicht[1153].

Bei einem Unternehmensvertrag, bei dem alle Anteile der verpflichteten Gesellschaft unmittelbar in Händen der berechtigten Gesellschaft sind, ist deshalb eine Ausweitung des Anwendungsbereichs des § 293b Abs. 1 Hs. 2 AktG und somit eine Einschränkung des Anwendungsbereichs der §§ 293a, 293f, 293g Abs. 1, 2 S. 1 AktG seitens der verpflichteten Tochtergesellschaft nicht durch das Prinzip des Umkehrschlusses und das Prinzip der Rechtssicherheit verboten. Insoweit ist ein Vervollständigungsverbot zu verneinen.

Bei einem Unternehmensvertrag zwischen einer 100prozentigen Tochtergesellschaft und ihrer Muttergesellschaft wird dementsprechend der Anwendungsbereich der §§ 293a, 293f, 293g Abs. 1, 2 S. 1, Abs. 3 AktG durch eine Vervollständigung des Gesetzes infolge einer Analogie zu der Ausnahmevorschrift des § 293b Abs. 1 Hs. 2 AktG und somit einer Reduktion dieser Informationsvorschriften[1154] zwar – das Vorliegen der sonstigen Anwendungsvoraussetzungen unterstellt – nicht seitens der berechtigten Muttergesellschaft[1155], aber seitens der verpflichteten Tochtergesellschaft[1156] eingeschränkt.

2.2. Analogie zu den §§ 293b – 293e AktG

- Durch einen Abschluss eines Beherrschungs- und/oder Gewinnabführungsvertrags mit einer verpflichteten deutschen AG oder KGaA muss ausnahms-

---

1151 Nachw. in Fn. 916

1152 Nachw. in Fn. 375,919

1153 Emmerich in Emmerich/Habersack AG-/GmbH-KonzR, § 304 Rn. 19; a. M. Altmeppen in MK AktG, § 293 Rn. 103

1154 Die Ausdehnung der einschränkenden Norm im Wege der Analogie bedeutet die Einschränkung der einzuschränkenden Norm im Wege der Reduktion. Analogie und Reduktion ergänzen sich (vgl. Larenz, S. 381f.).

1155 Für die Berichtspflicht ebenso Bungert in DB 1995, S. 1384 (1388f.); Emmerich in Emmerich/Habersack AG-/GmbH-KonzR, § 293a Rn. 38

1156 Für die Berichtspflicht ebenso Bungert in DB 1995, S. 1384 (1388f.); anders Emmerich in Emmerich/Habersack AG-/GmbH-KonzR, § 293a Rn. 38

weise gemäß § 304 Abs. 1 S. 3, § 305 Abs. 1 AktG keine angemessene Ausgleichs- und Abfindungspflicht des berechtigten Unternehmensträgers gegenüber außenstehenden Aktionären bzw. Kommanditaktionären der verpflichteten deutschen AG oder KGaA begründet werden, wenn allein der berechtigte Unternehmensträger unmittelbar an der verpflichteten deutschen AG oder KGaA beteiligt ist[1157]. Bei einem Unternehmensvertrag zwischen einer 100prozentigen Tochtergesellschaft und ihrer Muttergesellschaft ist es demzufolge seitens keines beteiligten Unternehmensträgers möglich, das Vorliegen und die Angemessenheit einer getroffenen Ausgleichs- und Abfindungsregelung zu testieren. Das mögliche Testat, dass eine angemessene Ausgleichs- und Abfindungsregelung nicht getroffen werden muss, ist für die Anteilsinhaber jedes beteiligten Unternehmensträgers weitgehend bedeutungslos. Wenn aber über das Ergebnis einer Prüfung nicht sinnvoll berichtet werden kann, dann ist schon die Durchführung der Prüfung sinnlos und daher angesichts des damit verbundenen Kosten- und Zeitaufwands nicht zu rechtfertigen[1158].

Einerseits ist damit festzustellen, dass bei einem Abschluss eines Beherrschungs- und/oder Gewinnabführungsvertrags mit einer verpflichteten deutschen AG oder KGaA seitens jedes beteiligten Unternehmensträgers überhaupt keine Informationsgegenstände, auf die sich die Informationsvorschriften der §§ 293b – 293e AktG inhaltlich erstrecken, vorhanden sein können, dann wenn allein der berechtigte Unternehmensträger unmittelbar an der verpflichteten deutschen AG oder KGaA beteiligt ist. Bei einem Unternehmensvertrag zwischen einer 100prozentigen Tochtergesellschaft und ihrer Muttergesellschaft sind daher zweckwidrig seitens keiner beteiligten Gesellschaft durch die Anwendung der Informationsvorschriften der §§ 293b – 293e bedeutsame Informationen zu erwerben.

- Bei einem Abschluss eines Verschmelzungsvertrags mit einer übertragenden deutschen AG oder KGaA ist ausnahmsweise seitens der übertragenden deutschen AG oder KGaA der Anwendungsbereich der Informationsvorschriften der §§ 10 – 12, 30 Abs. 2 UmwG nicht eröffnet, wenn allein der übernehmende Rechtsträger unmittelbar an der übertragenden deutschen AG oder KGaA beteiligt ist. Ebenso ist bei einem Abschluss eines Verschmelzungsvertrags zwischen zwei beteiligten deutschen AG oder KGaA ausnahmsweise seitens jeder beteiligten deutschen AG oder KGaA der Anwendungsbereich

---

1157 Vgl. II. T. IV. Kap. 2.1.1.1.

1158 Vgl. Altmeppen in MK AktG, § 293b Rn. 18; Bungert in DB 1995, S 1384 (1391); Emmerich in Emmerich/Habersack AG-/GmbH-KonzR, § 293b Rn. 12; Hüffer, § 293b Rn. 9; Koppensteiner in KK AktG, § 293b Rn. 32

der Informationsvorschriften der §§ 9 – 12, 60, 78 S. 1, 2 UmwG nicht eröffnet, wenn allein die übernehmende deutsche AG oder KGaA unmittelbar an der übertragenden deutschen AG oder KGaA beteiligt ist. Denn nach der entsprechenden Regelung der § 30 Abs. 2 S. 2, § 12 Abs. 3, § 8 Abs. 3 S. 1 Alt. 2 UmwG und nach der ausdrücklichen Regelung des § 9 Abs. 2 UmwG besteht keine Prüfpflicht, *wenn sich alle Anteile des übertragenen Rechtsträgers* unmittelbar *in Händen des übernehmenden Rechtsträgers befinden*[1159]. Dies gilt für die übertragende Tochtergesellschaft ebenso wie für die übernehmende Muttergesellschaft.

Bei einem Abschluss eines Verschmelzungsvertrags mit einer übertragenden deutschen AG oder KGaA wird außerdem seitens der übertragenden deutschen AG oder KGaA der Anwendungsbereich der Informationsvorschriften der §§ 10 – 12, 30 Abs. 2 UmwG nicht ausgeweitet, wenn allein der übernehmende Rechtsträger unmittelbar an der übertragenden deutschen AG oder KGaA beteiligt ist. Ebenso wird bei einem Abschluss eines Verschmelzungsvertrags zwischen zwei beteiligten deutschen AG oder KGaA außerdem seitens jeder beteiligten deutschen AG oder KGaA Anwendungsbereich der Informationsvorschriften der §§ 9 – 12, 60, 78 S. 1, 2 UmwG nicht ausgeweitet, wenn allein die übernehmende deutsche AG oder KGaA unmittelbar an der übertragenden deutschen AG oder KGaA beteiligt ist. Denn bei einem Abschluss eines Verschmelzungsvertrags muss gemäß § 29 Abs. 1 S. 1 – 3 AktG eine Barabfindung dann nicht angeboten werden und wird gemäß § 20 Abs. 1 Nr. 3 S. 1 Hs. 2 UmwG ein Anteilsumtausch dann nicht durchgeführt, wenn alle Anteile des übertragenden Rechtsträgers unmittelbar in Händen des übernehmenden Rechtsträgers sind[1160].

Bei einem Verschmelzungsvertrag zwischen einer 100prozentigen Tochtergesellschaft und ihrer Muttergesellschaft ist es demzufolge seitens keines beteiligten Rechtsträgers möglich, das Vorliegen und die Angemessenheit einer getroffenen Barabfindungs- und Anteilsumtauschregelung zu testieren. Das mögliche Testat, dass der Verschmelzungsvertrag vollständig und richtig abgeschlossen wurde, ist für die Anteilsinhaber jedes beteiligten Rechtsträgers wenig bedeutsam. Es rechtfertigt eine kosten- und zeitintensive Prüfung nicht[1161]. Andererseits ist damit festzustellen, dass bei einem Abschluss eines Verschmelzungsvertrags zwischen zwei beteiligten deutschen AG oder KG

1159 Müller in Kallmeyer, § 9 Rn 38; Lutter/Drygala in Lutter/Winter, § 8 Rn 52, § 9 Rn. 15; Grunewald in Lutter/ Winter, § 30 Rn. 11; Zeidler in Semler/Stengel, § 9 Rn. 49

1160 Marsch-Barner in Kallmeyer, § 20 Rn. 36, § 29 Rn. 17; Grunewald in Lutter/Winter, § 20 Rn. 59,60, § 29 Rn. 10–12,19; Schaub in NZG 1998, S. 626 (628)

1161 Vgl. Lutter/Drygala in Lutter/Winter, § 9 Rn. 15; Priester in IdW, S. 196 (207)

seitens jedes beteiligten Rechtsträgers keine Informationsvorschriften, die für die Informationsvorschriften der §§ 293b – 293e AktG vorbildgebend waren, anwendbar sein können, dann wenn allein die übernehmende deutsche AG oder KGaA unmittelbar an der übertragenden deutschen AG oder KGaA beteiligt ist. Bei einem Unternehmensvertrag zwischen einer 100prozentigen Tochtergesellschaft und ihrer Muttergesellschaft sind daher zweckwidrig seitens jeder beteiligen Gesellschaft die durch die Normierung der Informationsvorschriften der §§ 293b – 293e AktG verstärkten Rechte ebenso sinnvoll ohne die Anwendung dieser besonderen Informationsvorschriften auszuüben.

Bei einem Unternehmensvertrag, bei dem alle Anteile der verpflichteten Gesellschaft unmittelbar in Händen der berechtigten Gesellschaft sind, ist deshalb eine Einschränkung des Anwendungsbereichs des § 293b Abs. 1 Hs. 2 AktG und somit eine Ausweitung des Anwendungsbereichs der §§ 293b – 293e AktG seitens der verpflichteten Tochtergesellschaft ebenso wenig wie seitens der berechtigten Muttergesellschaft durch den Zweck des Gesetzes einschließlich des Prinzips der Ungleich- bzw. Gleichbehandlung geboten. Insoweit ist eine Gesetzeslücke durchgängig nicht zu bejahen. Bei einem Unternehmensvertrag zwischen einer 100prozentigen Tochtergesellschaft und ihrer Muttergesellschaft wird dementsprechend der Anwendungsbereich der §§ 293b – 293e AktG durch eine Vervollständigung des Gesetzes infolge einer Reduktion der Ausnahmevorschrift des § 293b Abs. 1 Hs. 2 AktG und somit einer Analogie zu diesen Informationsvorschriften[1162] weder seitens der berechtigten Muttergesellschaft, noch seitens der verpflichteten Tochtergesellschaft ausgeweitet.

1162 Die Einschränkung der einschränkenden Norm im Wege der Reduktion bedeutet die Ausweitung der einzuschränkenden Norm im Wege der Analogie. Reduktion und Analogie ergänzen sich (vgl. Larenz, S 381f.).

Schlussbemerkung

Die Ergebnisse der Untersuchung, welchen Anwendungsbereich die §§ 293a – 293g Abs. 1, 2 S. 1, Abs. 3 AktG in einstufigen vertraglichen Unternehmensverbindungen haben, sind wie folgt zusammenzufassen:

- Bei Unternehmensverträgen mit beteiligten deutschen KGaA, AG, eG, VVaG und kV, die vertragstypisch verpflichtet und deren außenstehende Kommanditaktionäre bzw. Anteilsinhaber angemessen abfindungsbefugt sowie nicht alle geschäftsführungsbefugt sind, bei Unternehmensverträgen mit beteiligten deutschen KGaA, AG, eG, VVaG und kV, die vertragstypisch berechtigt und (auch) angemessen anteilsabfindungspflichtig sowie deren Kommanditaktionäre bzw. Anteilsinhaber nicht alle geschäftsführungsbefugt sind, bei Unternehmensverträgen mit beteiligten deutschen Personengesellschaften, KGaA, GmbH und eV, die vertragstypisch verpflichtet und deren außenstehende Komplementäre bzw. Anteilsinhaber angemessen abfindungsbefugt sowie nicht alle zustimmungspflichtig und geschäftsführungsbefugt sind, sowie bei Unternehmensverträgen mit beteiligten deutschen Personengesellschaften, KGaA, GmbH und eV, die vertragstypisch berechtigt und (auch) angemessen anteilsabfindungspflichtig sowie deren Komplementäre bzw. Anteilsinhaber nicht alle zustimmungspflichtig und geschäftsführungsbefugt sind, sind seitens der beteiligten deutschen KGaA (bezüglich den Versammlungen der Kommanditaktionäre), AG, eG, VVaG und kV sowie seitens der beteiligten deutschen Personengesellschaften, KGaA (bezüglich den Versammlungen der Komplementäre), GmbH und eV – das Vorliegen der sonstigen Anwendungsvoraussetzungen unterstellt – die Informationsvorschriften der §§ 293a – 293g Abs. 1, 2 S. 1, Abs. 3 AktG anzuwenden.
  Bei Unternehmensverträgen mit beteiligten deutschen KGaA, AG, eG, VVaG und kV, die vertragstypisch verpflichtet und deren außenstehende Kommanditaktionäre bzw. Anteilsinhaber angemessen abfindungsbefugt sind, bei Unternehmensverträgen mit beteiligten deutschen KGaA, AG, eG, VVaG und kV, die vertragstypisch berechtigt und (auch) angemessen anteilsabfindungspflichtig sind, bei Unternehmensverträgen mit beteiligten deutschen Personengesellschaften, KGaA, GmbH und eV, die vertragstypisch verpflichtet und deren außenstehende Komplementäre bzw. Anteilsinhaber angemessen abfindungsbefugt sowie nicht alle zustimmungspflichtig sind, sowie bei Unternehmensverträgen mit beteiligten deutschen Personengesellschaften, KGaA,

GmbH und eV, die vertragstypisch berechtigt und (auch) angemessen anteilsabfindungspflichtig sowie deren Komplementäre bzw. Anteilsinhaber nicht alle zustimmungspflichtig sind, sind seitens der beteiligten deutschen KGaA (bezüglich den Versammlungen der Kommanditaktionäre), AG, eG, VVaG und kV sowie seitens der beteiligten deutschen Personengesellschaften, KGaA (bezüglich den Versammlungen der Komplementäre), GmbH und eV zwar – das Vorliegen der sonstigen Anwendungsvoraussetzungen unterstellt – die Informationsvorschriften der §§ 293b – 293e AktG, aber nicht die Informationsvorschriften der §§ 293a, 293f, 293g Abs. 1, 2 S. 1, Abs. 3 AktG anzuwenden.

Bei Unternehmensverträgen mit beteiligten deutschen KGaA, AG, eG, VVaG und kV, die vertragstypisch verpflichtet sowie deren außenstehende Kommanditaktionäre bzw. Anteilsinhaber nicht alle geschäftsführungsbefugt sind, bei Unternehmensverträgen mit beteiligten deutschen KGaA, AG, eG, VVaG und kV, die vertragstypisch berechtigt und (nur) unbeschränkt verlustausgleichspflichtig sowie deren Kommanditaktionäre bzw. Anteilsinhaber nicht alle geschäftsführungsbefugt sind, bei Unternehmensverträgen mit beteiligten deutschen Personengesellschaften, KGaA, GmbH und eV, die vertragstypisch verpflichtet sowie deren außenstehende Komplementäre bzw. Anteilsinhaber nicht alle geschäftsführungsbefugt sind, sowie bei Unternehmensverträgen mit beteiligten deutschen Personengesellschaften, KGaA, GmbH und eV, die vertragstypisch berechtigt und (nur) unbeschränkt verlustausgleichspflichtig sowie deren Komplementäre bzw. Anteilsinhaber nicht alle geschäftsführungsbefugt sind, sind seitens der beteiligten deutschen KGaA (bezüglich den Versammlungen der Kommanditaktionäre), AG, eG, VVaG und kV sowie seitens der beteiligten deutschen Personengesellschaften, KGaA (bezüglich den Versammlungen der Komplementäre), GmbH und eV zwar – das Vorliegen der sonstigen Anwendungsvoraussetzungen unterstellt – die Informationsvorschriften der §§ 293a, 293f, 293g Abs. 1, 2 S. 1, Abs. 3 AktG, aber nicht die Informationsvorschriften der §§ 293b – 293e AktG anzuwenden.

Bei sonstigen Unternehmensverträgen mit beteiligten deutschen KGaA, AG, eG, VVaG und kV, bei sonstigen Unternehmensverträgen mit beteiligten deutschen Personengesellschaften, KGaA, GmbH und eV, bei allen Unternehmensverträgen mit beteiligten deutschen SbR und RöR sowie bei allen Unternehmensverträgen mit beteiligten nichtdeutschen Rechtsträgern sind seitens der beteiligten deutschen KGaA (bezüglich den Versammlungen der Kommanditaktionäre), AG, eG, VVaG und kV, seitens der beteiligten deutschen Personengesellschaften, KGaA (bezüglich den Versammlungen der Komplementäre), GmbH und eV, seitens der beteiligten deutschen SbR und RöR sowie seitens der beteiligten nichtdeutschen Rechtsträgern die Informationsvorschriften der §§ 293a – 293g Abs. 1, 2 S. 1, Abs. 3 AktG nicht anzuwenden[1163].

1163 Dies gilt gleichgültig, ob der andere an dem Unternehmensvertrag beteiligte Unternehmensträger eine deutsche AG bzw. KGaA ist oder eine sonstige Nationalität bzw. Rechtsform hat und ob die angemessene Anteilsabfindungs- und/oder unbeschränkte Verlustausgleichspflicht gesetzlich oder vertraglich begründet wird. Es ist auch unerheblich, ob die § 304 Abs. 1, 2, § 305 Abs. 1 – 3 AktG, § 302 Abs. 1 des deutschen AktG oder Regelungen des ausländischen Konzernrechts zur Anwendung kommen. Denn es bestehen gleichwertige Schutzbedürfnisse.
Wenn die §§ 293a – 293g Abs. 1, 2 S. 1, Abs. 3 AktG bei Unternehmensverträgen mit deutschen Personengesellschaften, KGaA, GmbH, eG und Vereinen anwendbar sind, haben sie folgenden entsprechenden Inhalt: Für eine Informationserteilung nach den §§ 293a – 293g Abs. 1, 2 S. 1, Abs. 3 AktG ist bei deutschen Personengesellschaften und KGaA die (umfänglich) geschäftsführende und/oder vertretende Gesellschaftergesamtheit, bei deutschen GmbH die Geschäftsführergesamtheit sowie bei deutschen eG und Vereinen der Vorstand zuständig. Dabei obliegen bei deutschen Personengesellschaften und KGaA der (umfänglich) geschäftsführenden Gesellschaftergesamtheit die Erstattung des Berichts, das Halten des Vortrags, die Erteilung von erweiterten Auskünften, die Auslegung von Abschriften und die Erteilung von Abschriften. Dagegen obliegt bei deutschen Personengesellschaften und KGaA der vertretenden Gesellschaftergesamtheit die Beantragung der gerichtlichen Prüferbestellung. Eine Informationserteilung nach den §§ 293a – 293g Abs. 1, 2 S. 1, 2 S. 1, Abs. 3 AktG können bei deutschen Personengesellschaften und GmbH die Gesellschafter, bei deutschen KGaA auch die Komplementäre und nicht nur die Kommanditaktionäre, bei deutschen eG die Genossen sowie bei deutschen Vereinen die Mitglieder beanspruchen. Eine solche muss daher bei deutschen Personengesellschaften und GmbH vor und in einer Gesellschafterversammlung, bei deutschen KGaA auch vor und in einer Komplementärversammlung und nicht nur vor und in einer Hauptversammlung, bei deutschen eG vor und in einer Generalversammlung sowie bei deutschen Vereinen vor und in einer Mitgliederversammlung, die über die Zustimmung zu dem Unternehmensvertrag beschließen soll, stattfinden. Insbesondere sind bei deutschen KGaA auch die Angemessenheit sowie der Inhalt einer die Komplementäre betreffenden Ausgleichs- und Abfindungsregelung vor der beschließenden Komplementärversammlung und nicht nur die Angemessenheit sowie der Inhalt einer die Kommanditaktionäre betreffenden Ausgleichs- und Abfindungsregelung vor der beschließenden Hauptversammlung zu prüfen bzw. zu erläutern. Allerdings kann bei deutschen KGaA zur Vorbereitung der beschließenden Komplementärversammlung und zur Vorbereitung der beschließenden Hauptversammlung eine gemeinsame Prüfung durchgeführt und ein gemeinsamer Bericht erstattet werden. Dabei ist bei deutschen Personengesellschaften, KGaA, GmbH und eV die Prüfung (einer die Komplementäre betreffenden Ausgleichs- und Abfindungsregelung) nur durchzuführen, wenn ein Gesellschafter, ein Komplementär bzw. zehnt Prozent der Mitglieder diese verlangen. Dagegen ist bei deutschen KGaA, eG, VVaG und kV die Prüfung (einer die Kommanditaktionäre betreffenden Ausgleichs- und Abfindungsregelung) stets durchzuführen, wenn nicht alle Kommanditaktionäre, Genossen bzw. Mitglieder auf diese verzichten. Zudem können bei

- Bei Unternehmensverträgen nach § 291 Abs. 1 AktG sind seitens der verpflichteten Unternehmensträger – das Vorliegen der sonstigen Anwendungsvoraussetzungen unterstellt – die Informationsvorschriften der §§ 293a – 293g Abs. 1, 2 S. 1, Abs. 3 AktG anzuwenden. Ebenso sind seitens der berechtigten Unternehmensträger – das Vorliegen der sonstigen Anwendungsvoraussetzungen unterstellt – die Informationsvorschriften der §§ 293a – 293g Abs. 1, 2 S. 1, Abs. 3 AktG anzuwenden.
  Bei Unternehmensverträgen nach § 292 Abs. 1 AktG sind seitens der verpflichteten Unternehmensträger zwar – das Vorliegen der sonstigen Anwendungsvoraussetzungen unterstellt – die Informationsvorschriften der §§ 293a, 293f, 293g Abs. 1, 2 S. 1, Abs. 3 AktG, aber nicht die Informationsvorschriften der §§ 293b – 293e AktG anzuwenden. Dagegen sind seitens der berechtigten Unternehmensträger weder die Informationsvorschriften der §§ 293a, 293f, 293g Abs. 1, 2 S. 1, Abs. 3 AktG, noch die Informationsvorschriften der §§ 293b – 293e AktG anzuwenden.
- Bei allen Begründungen von Unternehmensverträgen sowie bei rechtsgeschäftlichen Änderungen von Unternehmensverträgen mit Auswirkungen auf Ausgleichs- und/oder Abfindungsregelungen sind seitens der beteiligten Unternehmensträger bezüglich den Versammlungen der Anteilsinhaber – das Vorliegen der sonstigen Anwendungsvoraussetzungen unterstellt – die Informationsvorschriften der §§ 293a – 293g Abs. 1, 2 S. 1, Abs. 3 AktG anzuwenden. Dagegen sind seitens der verpflichteten Unternehmensträger bezüglich den Sonderversammlungen der außenstehenden Anteilsinhaber die Informationsvorschriften der §§ 293a – 293g Abs. 1, 2 S. 1, Abs. 3 AktG nicht anzuwenden.
  Bei sonstigen rechtsgeschäftlichen Änderungen von Unternehmensverträgen sind seitens der beteiligten Unternehmensträger bezüglich den Versammlungen der Anteilsinhabern zwar – das Vorliegen der sonstigen Anwendungsvoraussetzungen unterstellt – die Informationsvorschriften der §§ 293a, 293f, 293g Abs. 1, 2 S. 1, Abs. 3 AktG, aber nicht die Informationsvorschriften der §§ 293b – 293e AktG anzuwenden. Dagegen sind seitens der verpflichteten

---

kleinen und mittleren deutschen Personengesellschaften und GmbH auch Buchprüfer und bei deutschen eG nur Prüfverbände, denen die deutschen eG gemäß § 54 GenG angehören, zu Prüfern bestellt werden. Dagegen können bei großen deutschen Personengesellschaften und GmbH, bei deutschen KGaA und bei deutschen Vereinen nur Wirtschaftsprüfer zu Prüfern bestellt werden (vgl. Beuthien, § 1 Rn. 112; v. Detten, S. 111; Emmerich in Emmerich/Habersack AG-/GmbH-KonzR, § 293a Rn. 16, § 293f Rn. 6; Emmerich/Habersack KonzR, S. 475; Hüffer, § 293a Rn. 8; Koppensteiner in KK AktG, § 293a Rn. 17, § 293f Rn. 9; Neun, S. 45; Sprengel, S. 226f.).

Unternehmensträger bezüglich den Sonderversammlungen der außenstehenden Anteilsinhaber weder die Informationsvorschriften der §§ 293a, 293f, 293g Abs. 1, 2 S. 1, Abs. 3 AktG, noch der Informationsvorschriften der §§ 293b – 293e AktG anzuwenden.
Bei gesetzlichen Änderungen von Unternehmensverträgen sowie bei allen Beendigungen von Unternehmensverträgen sind seitens der beteiligten Unternehmensträger bezüglich den Versammlungen der Anteilsinhaber die Informationsvorschriften der §§ 293a – 293g Abs. 1, 2 S. 1, Abs. 3 AktG nicht anzuwenden. Ebenso sind seitens der verpflichteten Unternehmensträger bezüglich den Sonderversammlungen der außenstehenden Anteilsinhaber die Informationsvorschriften der §§ 293a – 293g Abs. 1, 2 S. 1, Abs. 3 AktG nicht anzuwenden[1164].

1164 Dies gilt gleichgültig, ob die Auswirkungen auf Ausgleichs- und/oder Abfindungsregelungen wesentlich oder unwesentlich sind und diese unmittelbar oder mittelbar erfolgen. Denn während einerseits praktikable Abgrenzungskriterien fehlen, bestehen andererseits gleichwertige Schutzbedürfnisse. Auch ist unerheblich, ob die Rechtsstellungen der außenstehenden Anteilsinhaber der verpflichteten Unternehmensträger verschlechtert oder verbessert werden. Denn zum einen sollen nicht nur die außenstehenden Anteilsinhaber der verpflichteten Unternehmensträgers, sondern auch die Anteilsinhaber der berechtigten Unternehmensträgers geschützt werden. Zum anderen sollen die Anteilsinhaber der beteiligten Unternehmensträgers gerade darüber informiert werden, ob und wie ihre Rechtsstellungen verschlechtert oder verbessert werden (LG Mannheim in ZIP 1990, S. 379; Altmeppen in MK AktG, § 295 Rn. 3,29,30; Ebenroth/Parche in BB 1989, S. 637 (639); Emmerich in Emmerich/Habersack AG-/GmbH-KonzR, § 295 Rn. 6,26; Hüffer, § 295 Rn. 3, 10; Koppensteiner in KK AktG, § 295 Rn. 5,33; Priester in ZIP 1992, S. 293 (296f.); teilweise a. M. Säcker in DB 1988, S. 271 (272)).
Wenn die §§ 293a – 293g Abs. 1, 2 S. 1, Abs. 3 AktG bei Änderungen von Unternehmensverträgen anwendbar sind, haben sie gemäß § 295 Abs. 1 S. 2 AktG folgenden entsprechenden Inhalt: Die Prüfpflicht gemäß §§ 293b – 293e AktG erstreckt sich auf die Angemessenheit der geänderten Ausgleichs- und Abfindungsregelungen. Die Berichtspflicht gemäß § 293a AktG und die Vortragspflicht gemäß § 293g Abs. 2 S. 1 AktG beziehen sich auf die Art und Höhe der geänderten Ausgleichs- und Abfindungsregelungen, den (sonstigen) Inhalt des abgeschlossenen Änderungsvertrags sowie die Zweckmäßigkeit des Änderungsvertragsabschlusses. Das erweiterte Auskunftsrecht gemäß § 293g Abs. 3 AktG bezieht sich auf alle hierfür wesentlichen Angelegenheiten der anderen beteiligten Unternehmensträger. Im Fall eines Parteiwechsels oder Parteibeitritts auf der anderen Vertragsseite werden damit insbesondere alle angesichts der befreienden bzw. kumulativen Vertragsübernahme wesentlichen Umstände der neuen Vertragspartei erfasst. Der Auslagepflicht gemäß § 293f Abs. 1, § 293g Abs. 1 AktG und dem Abschriftsrecht gemäß § 293f Abs. 2 AktG unterliegen neben den in den letzten drei Geschäftsjahren erstellten Jahresabschlüssen und Lageberichten sowie den erstatteten Änderungsprüfberichten und Änderungsberichten grundsätzlich sowohl der gesamte ursprünglich abge-

- Bei Unternehmensverträgen zwischen 100prozentigen Tochtergesellschaften und ihren Muttergesellschaften sind seitens der berechtigten Muttergesellschaften zwar – das Vorliegen der sonstigen Anwendungsvoraussetzungen unterstellt – die Informationsvorschriften der §§ 293a, 293f, 293g Abs. 1, 2 S. 1, Abs. 3 AktG, aber nicht die Informationsvorschriften der §§ 293b – 293e AktG anzuwenden. Dagegen sind seitens der verpflichteten Tochtergesellschaften weder die Informationsvorschriften der §§ 293a, 293f, 293g Abs. 1, 2 S. 1, Abs. 3, noch die Informationsvorschriften der §§ 293b – 293e AktG anzuwenden.

An diese Zusammenfassung knüpft die abschließende Forderung an, den Gedanken der Erarbeitung einer Gesamtkodifikation für die vertragliche Konzernierung, also die Begründung, Änderung und Beendigung von Beherrschungs- und/oder Gewinnabführungsverträgen entsprechend dem UmwG für die Umwandlung einschließlich der Verschmelzung und Spaltung unter Einbeziehung möglichst vieler Rechtsformen wieder aufzugreifen. Dabei sollten die für die vertragliche Konzernierung zu normierenden besonderen Informationsvorschriften ebenso wie die für die Umwandlung normierten besonderen Informationsvorschriften entsprechend den Ergebnissen der Untersuchung soweit möglich rechtsformneutral und soweit erforderlich rechtsformspezifisch gestaltet werden.

---

schlossene Unternehmensvertrag als auch der gesamte gegenwärtig abgeschlossene Änderungsvertrag. Eine Beschränkung auf Auszüge oder den Änderungsvertrag ist nur ausnahmsweise zulässig, wenn die Offenlegung des gesamten ursprünglichen und gegenwärtigen Vertragswerkes für das Verständnis der Änderung des Unternehmensvertrags entbehrlich ist. Dies kann insbesondere bei einer bloßen redaktionellen Änderung eines Unternehmensvertrags der Fall sein (vgl. Altmeppen in MK AktG, § 295 Rn. 20–23, Fn. 66; Emmerich in Emmerich/Habersack AG-/GmbH-KonzR, § 295 Rn. 20,21,23; Hüffer, § 295 Rn. 8; Koppensteiner in KK AktG, § 295 Rn. 8,9).

Quellenverzeichnis

Gesetzesmaterialien

BT-Drucks. 4/171
BT-Drucks. 7/253
BT-Drucks. 9/1065
BT-Drucks. 12/6699

Gerichtsentscheidungen

EuGH	Urteil vom 09. März 1999, Az.: C-212/97 in: NZG 1999, S. 298 – 300 Urteil vom 05. November 2002, Az.: C-208/00 in: NJW 2002, S. 3614 – 3617
BVerfG	Beschluss vom 27. Januar 1999, Az.: 1 BvR 1805/94 in: NJW 1999, S. 1699 – 1701 Beschluss vom 27. Januar 1999, Az.: 1 BvR 1638/94 in: NJW 1999, S. 1701 – 1702
BFH	Urteil vom 18. Dezember 2002, Az.: I R 51/01 in: NZG 2003, S. 398 – 400
BGH	Urteil vom 15. Dezember 1969, Az.: II ZR 69/67 in: BB 1970, S. 187 Urteil vom 20. März 1972, Az.: II ZR 160/69 in: BB 1972, S. 1245 Urteil vom 27. Mai 1974, Az.: II ZR 109/72 in: WM 1974, S. 713 – 717 Urteil vom 26. Oktober 1978, Az.: II ZR 119/77 in: WM 1979, S. 71 – 73

Urteil vom 05. Februar 1979, Az.: II ZR 210/76
in: NJW 1980, S. 231 – 232
Urteil vom 07. Mai 1979, Az.: II ZR 139/78
in: NJW 1979, S. 2103 – 2104
Urteil vom 23. November 1981, Az.: VIII ZR 298/80
in: NJW 1982, S. 573 – 575
Urteil vom 29. September 1982, Az.: I ZR 88/80
in: WM 1983, S. 394 – 401
Urteil vom 20. Juni 1993, Az.: II ZR 85/82
in: BB 1984, S. 1271 – 1273
Urteil vom 16. Januar 1984, Az.: II ZR 36/83
in: BB 1984, S. 1273 – 1275
Urteil vom 30. April 1984, Az.: II ZR 293/83
in: NJW 1984, S. 2104 – 2105
Urteil vom 04. Juli 1985, Az.: III ZR 144/84
in: NJW 1985, S. 2699 – 2700
Urteil vom 16. September 1985, Az.: II ZR 275/84
in: NJW 1986, S. 188 – 192
Urteil vom 01. Juni 1987, Az.: II ZR 259/86
in: NJW 1987, S. 3184 – 3186
Urteil vom 14. Dezember 1987, Az.: II ZR 170/87
in: NJW 1988, S. 1326 – 1328
Urteil vom 19. September 1988, Az.: II ZR 255/87
in: NJW 1988, S. 3143 – 3148
Beschluss vom 24. Oktober 1988, Az.: II ZB 7/88
in: NJW 1989, S. 295 – 300
Urteil vom 20. Februar 1989, Az.: II ZR 167/88
in: NJW 1989, S. 1800 – 1804
Urteil vom 22. Mai 1989, Az.: II ZR 206/88
in: NJW 1989, S. 2689 – 2693
Urteil vom 18. Dezember 1989, Az.: II ZR 254/88
in: ZIP 1990, S. 168 – 173
Urteil vom 19. Februar 1990, Az.: II ZR 42/89
in: ZIP 1990, S. 505 – 509

Urteil vom 23. September 1991, Az.: II ZR 135/90
in: NJW 1991, S. 3142 – 3146
Urteil vom 11. November 1991, Az.: II ZR 287/90
in: NJW 1992, S. 505 – 507
Beschluss vom 30. Januar 1992, Az.: II ZB 15/91
in: NJW 1992, S. 1452 – 1454
Urteil vom 23. März 1992, Az.: II ZR 128/91
in: NJW 1992, S. 1890 – 1892
Urteil vom 15. Juni 1992, Az.: II ZR 18/91
in: NJW 1992, S. 2760 – 2765
Urteil vom 05. November 1992, Az.: IX ZR 200/91
in: NJW 1993, S. 1320 – 1323
Urteil vom 05. April 1993, Az.: II ZR 238/91
in: NJW 1993, S. 1976 – 1983
Beschluss vom 06. März 1997, Az.: II ZB 4/96
in: NJW 1997, S. 1985 – 1988
Beschluss vom 20. Mai 1997, Az.: II ZB 9/96
in: NJW 1997, S. 2242 – 2244
Beschluss vom 04. März 1998, Az.: II ZB 5/97
in: NJW 1998, S. 1866 – 1868
Urteil vom 11. Oktober 1999, Az.: II ZR 120/98
in: GmbHR 1999, S. 1299 – 1301
Urteil vom 18. Dezember 2000, Az.: II ZR 1/99
in: NJW 2001, S. 1425 – 1427
Urteil vom 29. Januar 2001, Az.: II ZR 368/98
in: NJW 2001, S. 1428 – 1430
Urteil vom 05. November 2001, Az.: II ZR 119/00
in: NJW 2002, S. 822 – 824
Urteil vom 24. Juni 2002, Az.: II ZR 300/00
in: NJW 2002, S. 3024 – 3026
Urteil vom 11. November 2002, Az.: II ZR 125/02
in: WM 2003, S. 345 – 348
Urteil vom 13. März 2003, Az.: VII ZR 370/98
in: NJW 2003, S. 1461 – 1462

Urteil vom 21. Juli 2003, Az.: II ZR 109/02
in: AG 2003, S. 625 – 627
Urteil vom 05. Juli 2004, Az.: II ZR 389/02
in: NZG 2004, S. 1001 – 1002
Urteil vom 13. Dezember 2004, Az.: II ZR 256/02
in: ZIP 2005, S. 250 – 253

BayObLG

Beschluss vom 03. Mai 1972, Az.: BReg 2 Z 7/72
in: NJW 1972, S. 1377
Beschluss vom 25. Oktober 1972, Az.: BReg 2 Z 56/72
in: NJW 1973, S. 249
Beschluss vom 22. Dezember 1988, Az.: BReg 3 Z 157/88
in: WM 1989, S. 371 – 375
Beschluss vom 10. Dezember 1992, Az.: 3Z BR 130/92
in: NJW 1993, S. 1804 – 1805
Beschluss vom 23. August 1996, Az.: 3Z BR 130/96
in: ZIP 1996, S. 1743 – 1747
Beschluss vom 29. September 1998, Az.: 3Z BR 159/94
in: ZIP 1998, S. 1872 – 1876
Beschluss vom 14. Juli 1999, Az.: 3Z BR 11/99
in: NZG 1999, S. 1218 – 1219
Beschluss vom 10. März 2000, Az.: 3Z BR 385/99
in: BB 2000, S. 1211 – 1212
Beschluss vom 04. April 2001, Az.: 3Z BR 70/00
in: NZG 2001, S. 608 – 610
Beschluss vom 19. Juni 2001, Az.: 3Z BR 48/01
in: DB 2001, S. 2088 – 2090
Beschluss vom 11. Juli 2001, Az.: 3Z BR 172/99
in: AG 2002, S. 388 – 390
Beschluss vom 15. November 2001, Az.: 3Z BR 175/00
in: ZIP 2002, S. 127 – 129

KG	Urteil vom 15. März 1999, Az.: 8 U 4630/98 in: NZG 1999, S. 1102 – 1108 Urteil vom 30. Juni 2000, Az.: 14 U 8337/98 in: NZG 2000, S. 1132 – 1134 Urteil vom 17. Januar 2002, Az.: 2 U 7288/00 in: NZG 2002, S. 818 – 821 Beschluss vom 02. September 1999, Az.: 2 W 2341/97 in: NZG 2003, S. 644 – 646
OLG Celle	Urteil vom 11. Mai 1983, Az.: 9 U 160/82 in: BB 1983, S. 1450 – 1451 Urteil vom 12. Juli 2000, Az.: 9 U 125/99 in: AG 2001, S. 474 – 476
OLG Dresden	Beschluss vom 01. Dezember 1998, Az.: 7 W 426/98 in: AG 1999, S. 274 – 276
OLG Düsseldorf	Beschluss vom 05. November 1987, Az.: 19 W 6/87 in: NJW 1988, S. 1033 – 1036 Beschluss vom 07. Juni 1990, Az.: 19 W 13/86 in: AG 1990, S. 490 – 494 Beschluss vom 17. Juli 1991, Az.: 19 W 2/91 in: WM 1991, S. 2148 – 2155 Beschluss vom 04. September 1991, Az.: 3 Wx 66/91 in: WM 1991, S. 2103 – 2105 Beschluss vom 02. August 1994, Az.: W 1/93 AktE in: WM 1995, S. 756 – 765 Urteil vom 12. Juli 1996, Az.: 17 U 201/95 in: DB 1996, S. 1862 – 1863 Beschluss vom 28. Juni 1996, Az.: 19 W 3/93 AktE in: ZIP 1996, S. 1610 – 1613 Beschluss vom 22. August 1997, Az.: 3 Wx 302/95 in: ZIP 1997, S. 2084 – 2085

Beschluss vom 15. März 1999, Az.: 17 W 18/99
in: ZIP 1999, S. 793 – 798
Beschluss vom 14. April 2000, Az.: 19 W 6/98 AktE
in: NZG 2000, S. 1079 – 1082
Beschluss vom 21. Dezember 2000, Az.: 19 W 5/00 AktE
in: AG 2001, S. 533 – 534
Beschluss vom 20. November 2001, Az.: 19 W 2/00 AktE
in: AG 2002, S. 398 – 403
Beschluss vom 31. Januar 2003, Az.: 19 W 9/00 AktE
in: NZG 2003, S. 588 – 599
Beschluss vom 14. Januar 2004, Az.: 19 W 1/03 AktE
in: NZG 2004, S. 429 – 432
Beschluss vom 15. Januar 2004, Az.: 19 W 5/03 AktE
in: NZG 2004, S. 622 – 625
Beschluss vom 27. Februar 2004, Az.: 19 W 3/00 AktE
in: ZIP 2004, S. 753 – 760

OLG Frankfurt/Main
Urteil vom 23. März 1988, Az.: 9 U 80/84
in: AG 1988, S. 267 – 275
Beschluss vom 11. November 1993, Az.: 20 W 317/93
in: ZIP 1993, S. 1790 – 1791
Beschluss vom 22. August 2000, Az.: 14 W 23/00
in: ZIP 2000, S. 1928 – 1934

OLG Hamburg
Urteil vom 28. Mai 1975, Az.: 8 U 121/72
in: MDR 1976, S. 402
Urteil vom 24. Juli 1987, Az.: 11 U 182/86
in: WM 1987, S. 1163 – 1172
Urteil vom 29. Oktober 1999, Az.: 11 U 45/99
in: NZG 2000, S. 421 – 423

	Beschluss vom 31. Juli 2001, Az.: 11 W 29/94 in: NZG 2002, S. 189 – 191 Urteil vom 11. Januar 2002, Az.: 11 U 145/01 in: WM 2002, S. 696 – 704 Urteil vom 11. April 2003, Az.: 11 U 215/02 in: NZG 2003, S. 539 – 544
OLG Hamm	Urteil vom 28. September 1992, Az.: 8 U 9/92 in: GmbHR 1993, S. 656 – 659 Beschluss vom 04. März 1999, Az.: 8 W 11/99 in: ZIP 1999, S. 798 – 804 Urteil vom 08. Juni 1999, Az.: 27 U 18/99 in: NJW-RR 2000, S. 482 – 483 Urteil vom 19. Februar 2003, Az.: 8 U 139/02 in: NZG 2003, S. 632 – 634
OLG Karlsruhe	Urteil vom 07. Dezember 1990, Az.: 15 U 256/89 in: AG 1991, S. 144 – 149 Beschluss vom 03. Juni 1994, Az.: 4 W 122/93 in: GmbHR 1994, S. 807 – 809 Beschluss vom 29. August 1994, Az.: 15 W 19/94 in: DB 1994, S. 1917 – 1918 Beschluss vom 28. Februar 1997, Az.: 15 W 35/95 in: ZIP 1997, S. 507 – 511 Beschluss vom 12. April 2001, Az.: 11 Wx 77/00 in: AG 2001, S. 536 – 537
OLG Koblenz	Urteil vom 23. November 2000, Az.: 6 U 143/95 in: ZIP 2001, S. 1095 – 1099 Urteil vom 26. April 2001, Az.: 6 U 746/95 in: ZIP 2001, S. 1093 – 1095
OLG Köln	Urteil vom 27. September 2001, Az.: 18 U 49/01 in: AG 2002, S. 89 – 91

Beschluss vom 06. Oktober 2003, Az.: 18 W 35/03
in: AG 2004, S. 39 – 41

OLG München
Urteil vom 09. Juni 1989, Az.: 23 U 6437/88
in: WM 1990, S. 556 – 559
Urteil vom 14. Juni 1991, Az.: 23 U 4638/90
in: ZIP 1992, S. 327 – 336
Beschluss vom 15. Februar 1995, Az.: 12 WF 524/95
in: FamRZ 1995, S. 737
Urteil vom 26. April 1996, Az.: 23 U 4586/95
in: AG 1996, S. 327 – 328
Urteil vom 15. Mai 2002, Az.: 7 U 2371/01
in: NZG, S. 1113 – 1115

OLG Oldenburg
Urteil vom 23. März 2000, Az.: 1 U 175/99
in: NZG 2000, S. 1138 – 1141

OLG Saarbrücken
Urteil vom 25. August 1999, Az.: 1 U 1004/98
in: NJW-RR 2000, S. 229 – 230
Urteil vom 10. April 2002, Az.: 1 U 740/01
in: NZG 2002, S. 669 – 670

OLG Stuttgart
Urteil vom 15. Februar 1995, Az.: 3 U 118/94
in: WM 1995, S. 617 – 620
Urteil vom 14. Mai 2003, Az.: 20 U 31/02
in: NZG 2003, S. 778 – 785
Urteil vom 28. Januar 2004, Az.: 20 U 3/03
in: AG 2004, S. 271 – 276

OLG Zweibrücken
Beschluss vom 02. August 1994, Az.: 3 W 76/94
in: DB 1994, S. 1918 – 1919
Beschluss vom 02. Dezember 1998, Az.: 3 W 174/98
in: AG 1999, 328 – 329

LG Berlin
Beschluss vom 17. Januar 1990, Az.: 98 AktE 10/89
in: WM 1990, S. 978 – 983

	Urteil vom 14. August 1991, Az.: 94 O 164/91 in: WM 1992, S. 22 – 26 Urteil vom 13. November 1995, Az.: 99 O 126/95 in: AG 1996, S. 230 – 233 Urteil vom 02. Dezember 1996, Az.: 99 O 173/96 in: AG 1997, S. 183 – 185 Beschluss vom 22. September 1999, Az.: 97 AktE 4/91 in: AG 2000, S. 284 – 287 Beschluss vom 19. Juli 2000, Az.: 105 O 32/00 in: AG 2001, S. 95 – 98
LG Bonn	Beschluss vom 30. Januar 1996, Az.: 11 T 1/96 in: GmbHR 1996, S. 774 – 776
LG Braunschweig	Urteil vom 06. April 1990, Az.: 22 O 97/89 in: AG 1991, S. 36 – 38
LG Düsseldorf	Urteil vom 13. Januar 2004, Az.: 35 O 44/03 in: DB 2004, S. 428 – 429 Urteil vom 04. März 2004, Az.: 31 O 144/03 in: ZIP 2004, S. 1755 – 1758
LG Essen	Urteil vom 27. Februar 1998, Az.: 47 O 175/97 in: NZG 1998, S. 860 – 861 Urteil vom 08. Februar 1999, Az.: 44 O 249/98 in: AG 1999, S. 329 – 333
LG Frankenthal	Urteil vom 05. Oktober 1989, Az.: 2 (HK) O 80/89 in: AG 1990, S. 549 – 551
LG Frankfurt/Main	Urteil vom 15. Februar 1989, Az.: 3/8 O 134/88 in: ZIP 1989, S. 1062 – 1064 Beschluss vom 08. August 2001, Az.: 3/8 O 69/97 in: NZG 2002, S. 395 – 396

LG Hamburg	Urteil vom 29. Januar 1991, Az.: 402 O 121/90 in: WM 1991, S. 1081 – 1083
LG Hanau	Urteil vom 02. November 1995, Az.: 5 O 149/95 in: AG 1996, S. 184 – 186
LG Heidelberg	Urteil vom 07. August 1996, Az.: O 4/96 KfH II in: AG 1996, S. 523 – 526
LG Ingolstadt	Urteil vom 07. Januar 1997, Az.: 1 HKO 382/96 in: AG 1997, S. 273 – 274
LG Karlsruhe	Beschluss vom 06. November 1997, Az.: O 43/97 KfH I in: NZG 1998, S. 393 – 397
LG Kassel	Beschluss vom 15. November 1995, Az.: 12 T 10/95 in: AG 1997, S. 239 – 240
LG Konstanz	Beschluss vom 26. November 1992, Az.: 3 HT 1/92 in: WM 1993, S. 953 – 955
LG Mainz	Urteil vom 19. Dezember 2000, Az.: 10 HKO 143/99 in: AG 2002, S. 247 – 248
LG Mannheim	Urteil vom 23. Oktober 1989, Az.: 24 O 84/88, 24 O 88/88 in: ZIP 1990, S. 379 – 384 Beschluss vom 30. Mai 1994, Az.: 23 AktE 1/90 in: ZIP 1994, S. 1024 – 1026 Beschluss vom 09. Dezember 1993, Az.: 24 T 4/93 in: AG 1995, S. 142 – 143
LG München I	Beschluss vom 10. Dezember 1998, Az.: 5 HKO 10806/97 in: NZG 1999, S. 674 – 676

Beschluss vom 05. August 1999, Az.: 5 HKO 11213/99
in: AG 2000, S. 87 – 89
Urteil vom 31. August 1999, Az.: 5 HKO 8188/99
in: AG 2000, S. 86 – 87

LG Nürnberg-Fürth: Urteil vom 14. Juli 1994, Az.: 1 HKO 1/94
in: AG 1995, S. 141 – 142

Kommentare und Lehrbücher

Bamberger, Heinz Georg / Roth, Herbert: Kommentar zum Bürgerlichen Gesetzbuch (BGB), München, 2003

Baumbach, Adolf / Hopt, Klaus J. / Merkt, Hanno: Handelsgesetzbuch (HGB), mit GmbH & Co., Handelsklauseln, Bank- und Börsenrecht, Transportrecht (ohne Seerecht), 31. Auflage, München, 2003

Baumbach, Adolf / Hueck, Alfred: Gesetz betreffend die Gesellschaften mit beschränkter Haftung (GmbHG), 17. Auflage, München, 2000

Beuthien, Volker / Meyer, Emil H. / von Meulenbergh, Gottfried: Genossenschaftsgesetz (GenG), mit Umwandlungs- und Kartellrecht sowie Statut der Europäischen Genossenschaft, 14. Auflage, München, 2004

Ebenroth, Carsten Thomas / Boujong, Karlheinz / Joost, Detlev: Handelsgesetzbuch (HGB), Kommentar, München, 2001 – 2003

Emmerich, Volker / Habersack, Mathias: Aktien- und GmbH-Konzernrecht, Kommentar, 4. Auflage, München, 2005

Emmerich, Volker / Habersack, Mathias	Konzernrecht, das Recht der verbundenen Unternehmen bei Aktiengesellschaft, GmbH, Personengesellschaft, Genossenschaft, Verein und Stiftung, Studienbuch, 8. Auflage, München, 2005
Geßler, Ernst / Hefermehl, Wolfgang Eckardt, Kropff, Bruno	Aktiengesetz, Kommentar, München, 1973 – 1994
Gummert, Hans / Riegger, Bodo / Priester, Hans-Joachim / Hoffmann-Becking, Michael	Münchner Handbuch des Gesellschaftsrechts, 2. Auflage, München, 2003 – 2005
Hachenburg, Max / Ulmer, Peter	Gesetz betreffend die Gesellschaften mit beschränkter Haftung (GmbHG), Großkommentar, 8. Auflage, Berlin u. a., 1991 – 1997
Henze, Hartwig	Konzernrecht, höchst- und obergerichtliche Rechtsprechung, Köln, 2001
Hettrich, Eduard / Pöhlmann, Peter / Gräser, Bernd	Genossenschaftsgesetz (GenG), Kommentar zum Gesetz betreffend die Erwerbs- und Wirtschaftsgenossenschaften und zu umwandlungsrechtlichen Vorschriften für Genossenschaften, 2. Auflage, München, 2001
Heymann, Ernst / Horn, Norbert	Handelsgesetzbuch (ohne Seerecht), Kommentar, 2. Auflage, Berlin u. a., 1995 – 2005
Hüffer, Uwe	Aktiengesetz (AktG), 6. Auflage, München, 2004
Kallmeyer, Harald	Umwandlungsgesetz, Kommentar, Verschmelzung, Spaltung und Formwechsel bei Handelsgesellschaften, 2. Auflage, Köln, 2001
Kropff, Bruno u. a.	Münchner Kommentar zum Aktiengesetz (AktG), 2. Auflage, München, 2000 – 2005

Lang, Johann / Weidmüller, Ludwig / Metz, Egon / Schaffland, Hans-Jürgen — Genossenschaftsgesetz (Gesetz betreffend die Erwerbs- und Wirtschaftsgenossenschaften), Kommentar, 33. Auflage, Berlin u. a. , 1997

Lutter, Marcus / Hommelhoff, Peter — GmbH-Gesetz, Kommentar, 16. Auflage, Köln, 2004

Lutter, Marcus / Winter, Martin — Umwandlungsgesetz (UmwG), Kommentar, 3. Auflage, München, 2005

Michalski, Lutz — Kommentar zum Gesetz betreffend die Gesellschaften mit beschränkter Haftung (GmbHG), München, 2002

Michalski, Lutz / Römermann, Volker — PartGG, Kommentar zum Partnerschaftsgesellschaftsgesetz, 3. Auflage, Köln, 2005

Müller, Klaus — Kommentar zum Gesetz betreffend die Erwerbs- und Wirtschaftsgenossenschaften (GenG), 2. Auflage, Bielefeld, 1991 – 2000

Palandt, Otto — Bürgerliches Gesetzbuch (BGB), mit Einführungsgesetz (Auszug) und Nebengesetzen, 64. Auflage, München, 2005

Prölss, Erich / Kölschbach, Joachim / Kollhosser, Helmut — Versicherungsaufsichtsgesetz (VAG), mit europäischen Gemeinschaftsrecht und Recht der Bundesländer, 12. Auflage, München, 2005

Raiser, Thomas — Recht der Kapitalgesellschaften, ein Handbuch für Praxis und Wissenschaft, 3. Auflage, München, 2001

Rebmann, Kurt u. a. — Münchner Kommentar zum Bürgerlichen Gesetzbuch (BGB), 4. Auflage, München, 1999 – 2005

Reichert, Bernhard — Handbuch des Vereins- und Verbandsrechts, 10. Auflage, Neuwied, 2005

Röhricht, Volker / von Westphalen, Friedrich	Handelsgesetzbuch (HGB), Kommentar zu Handelsstand, Handelsgesellschaften, Handelsgeschäften und besonderen Handelsverträgen (ohne Bilanz-, Transport- und Seerecht), 2. Auflage, Köln, 2001
Roth, Günther H./ Altmeppen, Holger	Gesetz betreffend die Gesellschaften mit beschränkter Haftung (GmbHG), Kommentar, 5. Auflage, München 2005
Rowedder, Heinz / Schmidt-Leithoff, Christian	Gesetz betreffend die Gesellschaften mit beschränkter Haftung (GmbHG), Kommentar, 4. Auflage, München, 2002
Sagasser, Bernd / Buhla, Thomas Brünger, Thomas R.	Umwandlungen, Verschmelzung – Spaltung – Formwechsel – Vermögensübertragung, Zivil-, Handels- und Steuerrecht, 3. Auflage, München, 2002
Schaumburg, Harald / Schulte, Christoph	Die KGaA, Recht und Steuern in der Praxis, Köln, 2000
Schlegelberger, Franz / Geßler, Ernst	Handelsgesetzbuch, Kommentar, 5. Auflage, München, 1973 – 1992
Schmidt, Karsten	Gesellschaftsrecht, 4. Auflage, Köln/München u. a., 2002
Schmidt, Karsten	Münchener Kommentar zum Handelsgesetzbuch (HGB), München, 1997 – 2005
Schmitt, Joachim / Hörtnagl, Robert / Stratz, Rolf-Chrsitian / Dehmer, Hans	Umwandlungsgesetz, Umwandlungssteuergesetz (UmwG, UmwStG), 3. Auflage, München, 2001
Scholz, Franz / Emmerich, Volker / Crezelius, Georg / Priester, Hans-Joachim	Kommentar zum GmbH-Gesetz, Köln, 6. Auflage, 2005

Schütz, Carsten / Bürgers, Tobias / Riotte, Michael	Die Kommanditgesellschaft auf Aktien, München, Handbuch, 2004
Seifart, Werner / von Campenhausen, Axel	Handbuch des Stiftungsrechts, 2. Auflage, München, 1999
Soergel, Hans Theodor / Siebert, Wolfgang	Bürgerliches Gesetzbuch (BGB), mit Einführungsgesetz und Nebengesetzen, 13. Auflage, Stuttgart u. a., 1999 – 2005
Staub, Hermann / Canaris, Claus-Wilhelm	Handelsgesetzbuch (HGB), Großkommentar, 4. Auflage, Berlin u. a., 1995 – 2005
von Staudinger, Julius u. a.	Kommentar zum Bürgerlichen Gesetzbuch mit Einführungsgesetz und Nebengesetzen, 13. Auflage, Berlin, 1993 – 2005
Widmann, Siegfried	Umwandlungsrecht, Umwandlungsgesetz – Umwandlungssteuergesetz, 4. Auflage, Bonn, 1998
Wiedemann, Herbert	Gesellschaftsrecht, ein Lehrbuch des Unternehmens- und Verbandsrechts, München, 1980 – 2004
Zöllner, Wolfgang	Kölner Kommentar zum Aktiengesetz (AktG), 2. Auflage, Köln/ München u. a., 1986 – 2004
Zöllner, Wolfgang / Noack, Ulrich	Kölner Kommentar zum Aktiengesetz (AktG), 3. Auflage, Köln/ München u. a., 2004 – 2005

Dissertationen und Monographien

Baumgartl, Michael	Die konzernbeherrschte Personengesellschaft, Köln/München u. a.,1986
Bayer, Walter	Der grenzüberschreitende Beherrschungsvertrag, ein Beitrag zur Dogmatik des deutschen internationalen Konzernrechts, Heidelberg, 1988

Binnewies, Burkhard — Die Konzerneingangskontrolle in der abhängigen Gesellschaft, Köln/München u. a., 1996

Bitter, Georg — Konzernrechtliche Durchgriffshaftung bei Personengesellschaften, Köln/München u. a., 2000

Bitzer, Klaus — Probleme der Prüfung des Umtauschverhältnisses bei aktienrechtlichen Verschmelzungen, Pfaffenweiler,1987

Born, Felix — Die abhängige Kommanditgesellschaft auf Aktien, Berlin, 2004

Brenzel, Jürgen — Der Versicherungsverein auf Gegenseitigkeit, Unternehmensform und Rechtsstruktur im Wandel, Karlsruhe, 1975

Burbach, Hans-Adolf — Dar Recht der konzernabhängigen Personengesellschaft, Frankfurt am Main u. a., 1989

von Detten, Knut — Die eingetragene Genossenschaft im Recht der verbundenen Unternehmen, Göttingen, 1997

Drüke, Heiner — Die Haftung der Muttergesellschaft für Schulden der Tochtergesellschaft, eine Untersuchung nach deutschem und US-amerikanischem Recht, Köln/München u. a., 1990

Ebenroth, Carsten Thomas — Das Auskunftsrecht des Aktionärs und seine Durchsetzung im Prozess unter besonderer Berücksichtigung des Rechts der verbundenen Unternehmen, Bielefeld, 1970

Ehinger, Nicolaus Johannes — Die juristischen Personen des öffentlichen Rechts als herrschende Unternehmen, Frankfurt am Main, 2000

Ehricke, Ulrich — Das abhängige Konzernunternehmen in der Insolvenz, Wege zur Vergrößerung der Haftungsmasse abhängiger Konzernunternehmen im Konkurs und Verfahrensfragen, eine rechtsvergleichende Analyse, Tübingen, 1998

Eichholz, Rainer — Das Recht konzerninterner Darlehen, Berlin, 1993

Eschenbruch, Klaus — Konzernhaftung, Haftung der Unternehmen und der Manager, Düsseldorf, 1996

Exner, Werner — Beherrschungsvertrag und Vertragsfreiheit, Frankfurt am Main u. a., 1984

Fabian, Susanne — Inhalt und Auswirkungen des Beherrschungsvertrags, eine Untersuchung zur Gestaltung des Beherrschungsvertrags im Aktien-, GmbH- und Personengesellschaftskonzern, Frankfurt am Main u. a., 1997

von Falkenhausen, Bernhard — Verfassungsrechtliche Grenzen der Mehrheitsherrschaft nach dem Recht der Kapitalgesellschaften (AG und GmbH), Karlsruhe, 1967

Flaß, Oliver — Abfindungs- und Ausgleichsansprüche der außenstehenden Gesellschafter im qualifizierten faktischen GmbH-Konzern, Berlin, 2000

Führling, Carsten — Sonstige Unternehmensverträge mit einer abhängigen GmbH, Frankfurt am Main, 1993

Gekeler, Klaus-Christian — Der personengesellschaftliche Konzern im Lichte des aktienrechtlichen Konzernmodells, Tübingen, 1993

Geng, Norbert — Ausgleich und Abfindung der Minderheitsaktionäre der beherrschten Aktiengesellschaft bei Verschmelzung und Spaltung, Frankfurt am Main, 2003

Grauer, Wolfram — Konzernbildungskontrolle im GmbH-Recht, Minderheitenschutz bei der Begründung der Abhängigkeit, der faktischen Konzernierung und dem Abschluss von Beherrschungs- und/oder Gewinnabführungsverträgen im GmbH-Konzernrecht, Konstanz, 1991

Grüner, Michael — Die Beendigung von Gewinnabführungs- und Beherrschungsverträgen, Frankfurt am Main, 2003

Gutheil, Stefan — Die Auswirkungen von Umwandlungen auf Unternehmensverträgen nach §§ 291, 292 AktG und die Rechte außenstehender Aktionäre, Baden-Baden, 2001

Heck, Jan Peter — Personengesellschaften im Konzern, Osnabrück, 1986

Heinzelmann, Jochen — Die Stiftung im Konzern, Baden-Baden, 2003

Hemmerich, Hannelore — Möglichkeiten und Grenzen wirtschaftlicher Betätigung von Idealvereinen, vereinsinterne und vereinsexterne Organisation ihrer Geschäftsbetriebe, Heidelberg, 1982

Hohrmann, Friedrich Martin — Der Staat als Konzernunternehmer, die Bundesrepublik Deutschland als herrschendes Unternehmen im Sinne des Rechts der verbundenen Unternehmen, Köln/München u. a., 1983

Holtkamp, Werner — Die Genossenschaft als herrschendes Unternehmen im Konzern, Frankfurt am Main u. a., 1994

Hommelhoff, Peter — Die Konzernleitungspflicht, zentrale Aspekte eines Konzernverfassungsrechts, Köln/München u. a., 1982

Jung, Axel — Berichterstattung und Prüfung bei Unternehmensverträgen und Eingliederungen, Lohmar/Köln, 1999

Katschinski, Ralf Joachim — Die Verschmelzung von Vereinen, München, 1999

Keil, Tilo — Der Verschmelzungsbericht nach § 340a AktG, Köln, 1990

Kleindiek, Detlef — Strukturvielfalt im Personengesellschafts-Konzern, rechtsformspezifische und rechtsformübergreifende Aspekte des Konzernrechts, Köln/München u. a., 1991

Kley, Karl-Ludwig — Die Rechtsstellung der außenstehenden Aktionäre bei der vorzeitigen Beendigung von Unternehmensverträgen, München, 1986

Kort, Michael — Der Abschluss von Beherrschungs- und Gewinnabführungsverträgen im GmbH-Recht, Übergang vom faktischen zum Vertragskonzern, Köln u. a., 1986

Kurz, Jürgen — Der Gewinnabführungsvertrag im GmbH-Recht aus konzernverfassungsrechtlicher Sicht, Baden-Baden, 1992

Larenz, Karl — Methodenlehre der Rechtswissenschaft, 6. Auflage, Berlin u. a., 1991

Limmer, Peter — Die Haftungsverfassung des faktischen GmbH-Konzerns, haftungsrechtliche Konsequenzen von Konzernleitung und Konzernorganisation, Köln, 1992

Leuering, Dieter — Der Erwerb von Beteiligungen durch Versicherungsunternehmen an Unternehmen anderer Wirtschaftszweige, eine Betrachtung nach dem VAG und dem KWG, Karlsruhe, 1997

Löffler, Joachim — Die abhängige Personengesellschaft, beherrschender Einfluss und Konzernherrschaft bei Personengesellschaften, Heidelberg, 1988

Lutter, Marcus	Mitbestimmung im Konzern, eine Stellungnahme zu den konzernrechtlichen Vorschlägen des Regierungsentwurfes eines Mitbestimmungsgesetzes, Köln, 1975
Menke, Thomas	Die wirtschaftliche Betätigung nichtwirtschaftlicher Vereine, Berlin, 1998
Mülbert, Peter	Aktiengesellschaft, Unternehmensgruppe und Kapitalmarkt, die Aktionärsrechte bei Bildung und Umbildung einer Unternehmensgruppe zwischen Verbands- und Anlegerschutzrecht, München, 1996
Müller-Wiedenhorn, Andreas	Versicherungsvereine auf Gegenseitigkeit im Unternehmensverbund, eine Untersuchung zum Recht und zu konzentrationsrechtlichen Fragen des Versicherungsvereins auf Gegenseitigkeit, Karlsruhe, 1993
Mummenhoff, Winfried	Gründungssysteme und Rechtsfähigkeit, die staatliche Mitwirkung bei der Verselbständigung des bürgerlichrechtlichen Vereins, Köln, 1980
Neun, Josef	Bericht- und Prüfungspflichten bei Abschluss und Änderung von Unternehmensverträgen, Frankfurt am Main u. a., 2000
Pentz, Andreas	Die Rechtsstellung der Enkel-AG in einer mehrstufigen Unternehmensverbindung, Frankfurt am Main u. a., 1994
Reul, Adolf	Das Konzernrecht der Genossenschaften, Baden-Baden, 1997
Sailer, Viola	Aktienrechtliche Minderheitskompetenzen zwischen Missbrauch und unternehmerischer Entscheidungsfreiheit, Frankfurt am Main u. a., 1999

Samer, Michael	Beherrschungs- und Gewinnabführungsverträge gemäß § 291 Abs. 1 AktG in Konkurs und Vergleich der Untergesellschaft, Köln, 1990
Schatz, Stefan	Die Sicherung des Gesellschaftsvermögens und der Gläubigerinteressen im deutschen Konzernrecht, Göttingen, 1980
Schießl, Maximilian	Die beherrschte Personengesellschaft, Köln, 1985
Schmidt, Karsten	Informationsrechte in Gesellschaften und Verbänden, ein Beitrag zur gesellschaftsrechtlichen Institutionenbildung, Heidelberg, 1984
Schmidt, Karsten	Verbandszweck und Rechtsfähigkeit im Vereinsrecht, eine Studie über Erwerb und Verlust der Rechtsfähigkeit nichtwirtschaftlicher und wirtschaftlicher Vereine, Heidelberg, 1984
Schmitz, Joachim-Peter	Die Verschmelzungsprüfung gemäß § 340b AktG, Untersuchung einer neuen Prüfung unter besonderer Berücksichtigung des entscheidungsorientierten Ablaufes des Fusionsprozesses und sonstiger aktienrechtlicher Verschmelzungsprüfungen, Bergisch Gladbach u. a., 1987
Schneider, Manfred	Die Gebietskörperschaft als Konzernspitze, Möglichkeiten und Grenzen einer rechtlich formalisierten Steuerung öffentlicher Unternehmen im Konzernverbund, Frankfurt am Main, 1985
Schöne, Torsten	Die Spaltung unter Beteiligung von GmbH gemäß §§ 123 ff. UmwG, Grundlagen, Anteilsgewährung, Beschlussfassung und Informationspflichten, Köln, 1998
Sonnenberg, Thomas	Die Änderung des Gesellschaftszwecks, Frankfurt am Main, 1990

Sonnenschein, Jürgen	Organschaft und Konzerngesellschaftsrecht, unter Berücksichtigung des Wettbewerbsrechts und des Mitbestimmungsrechts, Baden-Baden, 1976
Sprengel, Henrik	Vereinskonzernrecht, die Beteiligung von Vereinen an Unternehmensverbindungen, Frankfurt am Main u. a., 1998
Stengel, Arndt	Stiftung und Personengesellschaft, die Beteiligung einer Stiftung an einer Personengesellschaft des Handelsrechts, Baden-Baden, 1993
Stolzenberger-Wolters, Irmela	Fehlerhafte Unternehmensverträge im GmbH-Recht, Frankfurt am Main u. a., 1990
Tiebert, Jürgen	Die analoge Anwendbarkeit des aktienrechtlichen Konzernrechts auf den GmbH-Konzern, Göttingen, 1985
Veelken, Winfried	Der Beherrschungsvertrag im deutschen und amerikanischen Aktien- und Konzernrecht, Baden-Baden, 1975
Veil, Rüdiger	Unternehmensverträge, Organisationsautonomie und Vermögensschutz im Recht der Aktiengesellschaft, Tübingen, 2003
Verhoeven, Thomas	GmbH-Konzern-Innenrecht, Grundsatzfragen des geltenden Rechts, Bonn, 1978
Wilhelm, Hermann	Die Beendigung des Beherrschungs- und Gewinnabführungsvertrags, Köln, 1976
Wimmer-Leonhardt, Susanne	Konzernhaftungsrecht, die Haftung der Konzernmuttergesellschaft für die Tochtergesellschaften im deutschen und englischen Recht, Tübingen, 2004
Wohlleben, Hermann Peter	Informationsrechte des Gesellschafters, Köln/München, 1989

Aufsätze und Vorträge

Altmeppen, Holger	Zu Formfragen bei Beherrschungs- und Gewinnabführungsverträgen der GmbH, in: DB 1994, S. 1273 – 1275
Altmeppen, Holger	Zum richtigen Verständnis der neuen §§ 293a – 293g AktG zu Bericht und Prüfung beim Unternehmensvertrag, in: ZIP 1998, S. 1853 – 1866
Altmeppen, Holger	Zur Entstehung, Fälligkeit und Höhe des Verlustausgleichsanspruchs nach § 302 AktG, in: DB 1999, S. 2453 – 2457
Altmeppen, Holger	Der Verlustausgleichsanspruch nach § 302 AktG – Noch ein Kunstfehler im modernen Verjährungsrecht, in: DB 2002, S. 879 – 880
Altmeppen, Holger	Zeitliche und sachliche Begrenzung von Abfindungsansprüchen gegen das herrschende Unternehmen im Spruchstellenverfahren, in: Habersack, Mathias u. a. (Hrsg.), Festschrift für Peter Ulmer zum 70. Geburtstag am 02. Januar 2003, Berlin, 2003, S. 3 – 20
Assmann, Heinz-Dieter	Gläubigerschutz im faktischen GmbH-Konzern durch richterliche Rechtsfortbildung – Teil 2, in: JZ 1986, S. 928 – 938
Bälz, Ulrich	Verbundene Unternehmen, in: AG 1992, S. 277 – 311
Bärwaldt, Roman / Schabacker, Joachim	Wirksamkeitserfordernisse grenzüberschreitender Unternehmensverträge i. S. d. § 291 AktG, in: AG 1998, S. 182 – 189

Basten, Barbara — Beschränkung der Verlustausgleichspflicht im qualifizierten faktischen GmbH-Konzern? in: GmbHR 1990, S. 442 – 448

Baumann, Horst — Unternehmenspolitik und Rechtsstrukturen des Versicherungsvereins auf Gegenseitigkeit Allfinanzkonzeption durch Kooperation und Konzern, in: Förderkreis für die Versicherungslehre an der Johann-Wolfgang-Goethe-Universität Frankfurt am Main e. V. (Hrsg.), Frankfurter Vorträge zum Versicherungswesen, Karlsruhe, 1987, H. 15 S. 5ff.

Baumann, Wolfgang — Die Einmann-Personengesellschaft, in: BB 1998, S. 225 – 232

Bayer, Walter — Informationsrechte bei der Verschmelzung von Aktiengesellschaften, in: AG 1988, S. 323 – 331

Bayer, Walter — Herrschaftsveränderung im Vertragskonzern, in: ZGR 1993, S. 599 – 613

Bayer, Walter — 1000 Tage neues Umwandlungsrecht – eine Zwischenbilanz, in: ZIP 1997, S. 1613 – 1626

Becker, Robert — Die gerichtliche Kontrolle von Maßnahmen bei der Verschmelzung von Aktiengesellschaften, in: AG 1988, S. 223 – 230

Beuthien, Volker — Die eingetragene Genossenschaft als verbundenes Unternehmen, in: Mestmäcker, Ernst-Joachim / Behrens, Peter (Hrsg.), Das Gesellschaftsrecht der Konzerne im internationalen Vergleich, ein Symposium des Max-Planck-Instituts für ausländisches und internationales Privatrecht, Baden-Baden, 1991, S. 133ff.

Beuthien, Volker	Die eingetragene Genossenschaft als Holdinggesellschaft, in: AG 1996, S. 349 – 357
Bezzenberger, Gerold / Schuster, Detlef	Die öffentliche Anstalt als abhängiges Konzernunternehmen, in: ZGR 1996, S. 481 – 499
Bitter, Georg	Das „TBB“-Urteil und das immer noch vergessene GmbH-Vertragskonzernrecht, in: ZIP 2001, S. 265 – 278
Bork, Reinhard	Beschlussverfahren und Beschlusskontrolle nach dem Referentenentwurf eines Gesetzes zur Bereinigung des Umwandlungsrechts, in: ZGR 1993, S. 343 – 365
Brandes, Helmut	Grundsätze der Kapitalerhaltung im Vertragskonzern, in: Goerdeler, Reinhard u. a. (Hrsg.), Festschrift für Alfred Kellermann zum 70. Geburtstag am 29. November 1991, Berlin u. a., 1991, S. 25 ff.
Brandes, Helmut	Die Rechtsprechung des Bundesgerichtshofs zur Aktiengesellschaft, in: WM 1994, S. 2177 – 2189
Bungert, Hartwin	Unternehmensvertragsbericht und Unternehmensvertragsprüfung gemäß §§ 293a ff. AktG (Teil 1), in: DB 1995, S. 1384 – 1392
Bungert, Hartwin	Unternehmensvertragsbericht und Unternehmensvertragsprüfung gemäß §§ 293a ff. AktG (Teil 2), in: DB 1995, S. 1449 – 1456
Bungert, Hartwin	Die Beendigung von Beherrschungs- und Gewinnabführungsverträgen im GmbH-Konzern, in: NJW 1995, S. 1118 – 1121

Cahn, Andreas / Simon, Stefan	Isolierte Gewinnabführungsverträge, in: Der Konzern 2003, S. 1 – 20
Decher, Christian	Information im Konzern und Auskunftsrecht der Aktionäre gem. § 131 Abs. 4 AktG, in: ZHR 1994, S. 473 – 494
Dirrigl, Hans	Die Angemessenheit des Umtauschverhältnisses bei einer Verschmelzung als Problem der Verschmelzungsprüfung der gerichtlichen Überprüfung (Teil 1), in: WPg 1989, S. 413 – 421
Dörrie, Robin	Das neue Umwandlungsgesetz, in: WiB 1995, S. 1 – 9
Dreher, Meinrad	Versicherungskonzernrecht nach der Aufsichtsderegulierung, in: DB 1992, S. 2605 – 2612
Ebenroth, Carsten Thomas	Die Konzentrierung der Personengesellschaft zwischen Vertragsfreiheit und Minderheitenschutz, in: Ebenroth, Carsten Thomas u. a. (Hrsg.), Festschrift für Karlheinz Boujong zum 65. Geburtstag, München, 1996, S. 99 – 122
Ebenroth, Carsten Thomas / Müller, Andreas	Kündigung, Heilung und Mitwirkungspflichten bei fehlerhaften Organschaftsverhältnissen im GmbH-Konzernrecht, in: BB 1991, S. 358 – 364
Ebenroth, Carsten Thomas / Parche, Ulrich	Konzernrechtliche Beschränkungen der Umstrukturierung des Vertragskonzerns, in: BB 1989, S. 637 – 648
Ebenroth, Carsten Thomas / Wilken, Oliver	Zum Auskunftsrecht des Aktionärs im Konzern, in: BB 1993, S. 1818 – 1823

Ehlke, Michael — Aufhebung von Beherrschungsverträgen – eine schlichte Geschäftsführungsmaßnahme?, in: ZIP 1995, S. 355 – 358

Einsele, Dorothee — Kollisionsrechtliche Behandlung des Rechts verbundener Unternehmen, in: ZGR 1996, S. 40 – 54

Emmerich, Volker — Konzernbildungskontrolle, in: AG 1991, S. 303 – 311

Emmerich, Volker — Supermarkt und die Folgen – BGHZ 105, 324, in: JuS 1992, S. 102 – 104

Emmerich, Volker — Zur Organhaftung im Vertragskonzern, in: Jickeli, Joachim u. a. (Hrsg.), Gedächtnisschrift für Jürgen Sonnenschein: 22. Januar 1938 bis 6. Dezember 2000, Berlin, 2003, S. 651 - 660

Fett, Torsten / Preußner, Joachim — Hypothekenbanken als abhängige Konzernunternehmen, in: AG 2001, S. 337 – 343

Fette, Kerstin — Mehrheitserfordernis bei der nachträglichen Vinkulierung von GmbH-Geschäftsanteilen, in: GmbHR 1986, S. 73 – 78

Fleischer, Holger / Rentsch, Klaus — Zur Beendigung eines fehlerhaften Unternehmensvertrages mit einer GmbH, in: NZG 2000, S. 1141

Flume, Werner — Der Gewinn- und Verlustübernahmevertrag im GmbH-Recht, in: DB 1989, S. 665 – 670

Gäbelein, Wolfgang — Unternehmensverträge mit abhängigen GmbH, in: GmbHR 1989, S. 502 – 508

Gäbelein, Wolfgang — Unternehmensverträge mit Einpersonen-GmbH, in: GmbHR 1992, S. 786 – 788

Ganske, Joachim — Änderung des Verschmelzungsrechts, in: DB 1981, S. 1551 – 1559

Ganske Joachim — Reform des Umwandlungsrechts, in: WM 1993, S. 1117 – 1129

Geng, Norbert — Erneute Ausgleichs- und Abfindungsansprüche beim Beitritt zu einem Beherrschungsvertrag, in: NZG 1998, S. 715 – 717

Groß, Wolfgang — Informations- und Auskunftsrecht des Aktionärs, in: AG 1997, S. 97 – 107

Großfeld, Bernhard / Berndt, Joachim — Die eingetragene Genossenschaft im Konzern, in: AG 1998, S. 116 – 123

Grunewald, Barbara — Zum Informationsrecht in der GmbH & Co. KG, in: ZGR 1989, S. 545 – 553

Grunewald, Barbara — Auskunftserteilung und Haftung des Vorstandes im bürgerlichrechtlichen Verein, in: ZIP 1989, S. 962 – 967

Grunewald, Barbara — Rückverlagerung von Entscheidungskompetenzen der Hauptversammlung auf den Vorstand, in: AG 1990, S. 133 – 139

Grunewald, Barbara / Winter, Martin — Die Verschmelzung von Kapitalgesellschaften, Verschmelzungsbericht/-prüfung, in: Lutter, Marcus (Hrsg.), Kölner Umwandlungsrechtstage: Verschmelzung, Spaltung und Formwechsel, nach neuem Umwandlungsrecht und Umwandlungssteuerrecht, Köln, 1998, S. 19 ff.

Gutbrod, Karl — Wirksamkeitsvoraussetzungen für den Ergebnisabführungsvertrag der GmbH, in: BB 1980, S. 288 – 291

Habersack, Mathias	Private public partnership – Gemeinschaftsunternehmen zwischen Privaten und öffentlicher Hand, in: ZGR 1996, S. 544 – 563
Habersack, Mathias	Gesellschaftsrechtliche Fragen der Umwandlung von Sportvereinen, in: Scherrer, Urs (Hrsg.), Sportkapitalgesellschaften, Stuttgart/ München, 1998, S. 45 ff.
Hadding, Walther / Hennrichs, Joachim	Zur Verschmelzung unter Beteiligung rechtsfähiger Vereine nach dem neuen Umwandlungsgesetz, in: Ebenroth, Carsten Thomas u. a. (Hrsg.), Festschrift für Karlheinz Boujong zum 65. Geburtstag, München, 1996, S. 203 – 232
Hahn, Volker	Das Informationsrecht des Kommanditisten, in: BB 1997, S. 741 – 745
Halm, Dirk	Aktuelle Zweifelsfragen bei der Begründung und Beendigung von Unternehmensverträgen mit der GmbH als Untergesellschaft, in: NZG 2001, S. 728 – 738
Hammen, Horst	Beteiligungserwerb eingetragener (Börsen-)Vereine und Gruppenbildung durch Finanzdienstleister, in: Damm, Reinhard (Hrsg.), Festschrift für Thomas Raiser zum 70. Geburtstag am 20. Februar 2005, Berlin, 2005, S. 661 – 669
Hax, Karl	Ist der Versicherungsverein auf Gegenseitigkeit noch eine geeignete Rechtsform für eine Versicherungsunternehmung? in: Farny, Dieter (Hrsg.), Wirtschaft und Recht der Versicherung, Paul Braeß zum 66. Geburtstag, Karlsruhe, 1969, S. 139 – 164

Heckschen, Heribert	Gelöste und ungelöste Fragen des GmbH-Konzernrechts, in: DB 1989, S. 29 – 31
Heermann, Peter	Die Ausgliederung von Vereinen auf Kapitalgesellschaften, in: ZIP 1998, S. 1249 – 1260
Heermann, Peter	Unentziehbare Mitwirkungsrechte der Minderheitsaktionäre bei außergewöhnlichen Geschäften in der GmbH & Co. KGaA, in: ZGR 2000, S. 61 – 85
Hemmerich, Hannelore	Die Ausgliederung bei Idealvereinen, in: BB 1983, S. 26 – 31
Herrmann, Carl / Winter, Willi	Der Gewinnabführungsvertrag einer GmbH als Organgesellschaft in zivil- und steuerrechtlicher Sicht, in: FR 1982, S. 262
Hirte, Heribert	Grenzen der Vertragsfreiheit beim aktienrechtlichen Unternehmensverträgen, in: ZGR 1994, S. 644 – 664
Hirte, Heribert	Informationsmängel und Spruchverfahren, in: ZHR 2003, S. 8 – 34
Hoffmann-Becking, Michael	Das neue Verschmelzungsrecht in der Praxis, in: Goerdeler, Reinhard u. a. (Hrsg.), Festschrift für Hans-Joachim Fleck zum 70. Geburtstag am 30. Januar 1988, Berlin u. a., 1988, S. 105 ff.
Hoffmann-Becking, Michael	Gelöste und ungelöste Fragen zum Unternehmensvertrag der GmbH, in: WiB 1994, S. 57 – 63
Hommelhoff, Peter	Eigenkapital-Ersatz im Konzern und in Beteiligungsverhältnissen, in: WM 1984, S. 1105 – 1118

Hommelhoff, Peter — Der Verlustausgleich im Mehrmütter-Vertragskonzern, in: Havermann, Hans (Hrsg.), Festschrift zum 65. Geburtstag von Dr. Dr. h. c. Reinhard Goerdeler, Düsseldorf, 1987, S. 221 ff.

Hommelhoff, Peter — Minderheitenschutz bei Umstrukturierungen, in: ZGR 1993, S. 452 – 473

Hommelhoff, Peter — Der Beitritt zum Beherrschungsvertrag und seine Auswirkungen auf die Sicherung außenstehender Aktionäre, in: Martens, Klaus-Peter (Hrsg.), Festschrift für Carsten Peter Claussen zum 70. Geburtstag, Köln u. a., 1997, S. 129 – 145

Hommelhoff, Peter / Freytag, Lars — Wechselseitige Einflüsse von GmbH- und Aktienrecht (Teil II), in: DStR 1996, S. 1409 – 1416

Huber, Ulrich — Betriebsführungsverträge zwischen selbständigen Unternehmen, in: ZHR 1988, S. 1 – 37

Huber, Ulrich — Betriebsführungsverträge zwischen konzernverbundenen Unternehmen, in: ZHR 1988, S. 123 – 164

Hüffer, Uwe — Korporationsrechtlicher Charakter von Rechtsgeschäften, eine hilfreiche Kategorie bei der Begrenzung von Stimmverboten im Recht der GmbH? in: Kübler, Friedrich u. a., Festschrift für Theodor Heinsius zum 65. Geburtstag am 25. September 1991, Berlin u. a., 1991, S. 337 ff.

Humbeck, Jochen — Die Prüfung der Unternehmensverträge nach neuem Recht, in: BB 1995, S. 1893 – 1898

Jäger, Axel	Personengesellschaften als abhängige Unternehmen, in: DStR 1997, S. 1813 – 1817
Jula, Rocco / Breitbarth, Carmen	Liquiditätsausgleich im Konzern durch konzerninterne Darlehen, in: AG 1997, S. 256 – 265
Joachim, Willi	Der Managementvertrag (Schluss), in: DWiR 1992, S. 455 – 459
Kallmeyer, Harald	GmbH-Beratung, in: GmbHR 1995, S. 578 – 580
Kanzleiter, Rainer	„Mehrfach-Beteiligung" einer Person an Gesamthand oder Rechtsgemeinschaft? „Einmann-Gesamthand“?! in: Schmitz-Valckenberg, Walter u. a. (Hrsg.), Beiträge zum Gesellschafts- und Notarrecht: Freundesgabe für Willi Weichler zum 70. Geburtstag, Köln u. a., 1997, S. 39 – 52
Kleindiek, Detlef	Fehlerhafte Unternehmensverträge im GmbH-Recht, in: ZIP 1988, S. 613 – 626
Kleindiek, Detlef	Entstehung und Fälligkeit des Verlustausgleichsanspruchs im Vertragskonzern, in: ZGR 2001, S. 479 – 496
Knepper, Karl Heinz	Bedeutung, Anwendungsformen und steuerliche Wirkungen von Unternehmensverträgen, in: BB 1982, S. 2061
Koerfer, Rolf / Selzer, Harald	Minderheitenschutz beim Abschluss von GmbH-Beherrschungsverträgen, in: GmbHR 1997, S. 285 – 292
Kohl, Reinhard	Brauchen wir ein Stiftungskonzernrecht? in: NJW 1992, S. 1922 – 1924

Kort, Michael	Das Informationsrecht des Gesellschafters der Konzernobergesellschaft, in: ZGR 1987, S. 46 – 75
Kort, Michael	Zur Vertragsfreiheit bei Unternehmensverträgen, in: BB 1988, S. 79 – 84
Kort, Michael	Ausgleichs- und Abfindungsrechte (§§ 304, 305 AktG) beim Beitritt eines herrschenden Unternehmens zu einem Beherrschungsvertrag, in: ZGR 1999, S. 402 – 426
Krieger, Gerd	Der Konzern in Fusion und Umwandlung, in: ZGR 1990, S. 517 – 543
Krieger, Gerd / Jannott, Dirk	Änderung und Beendigung von Beherrschungs- und Gewinnabführungsverträgen im Aktien- und GmbH-Recht, in: DStR 1995, S. 1473 – 1479
Kropff, Bruno	Zur Konzernleitungspflicht, in: ZGR 1984, S. 112 – 133
Lettl, Tobias	Wirtschaftliche Betätigung und Umstrukturierung von Ideal-Vereinen, in: DB 2000, S. 1449 – 1454
Lettl, Tobias	Die vermögensrechtliche Zuweisungsgehalt der Mitgliedschaft beim Ideal-Verein, in: AcP 2003, S. 149 – 209
Leuering, Dieter	Die Erteilung von Abschriften an Aktionäre, in: ZIP 2000, S. 2053 – 2059
Lutter, Marcus	Fragerecht und Informationsanspruch des Aktionärs und GmbH-Gesellschafters im Konzern, in: AG 1985, S. 117
Lutter, Marcus	Das System des deutschen GmbH-Konzernrechts, in: ZGR 1986, S. 192 – 218

Luttermann, Claus	Zum Schicksal der Abfindungsansprüche außenstehender Aktionäre bei Beendigung eines Unternehmensvertrages während eines Spruchstellenverfahrens, in: JZ 1997, S. 1183 – 1185
Lüttge, Jörg	Das neue Umwandlungs- und Umsatzsteuerrecht, in: NJW 1995, S. 417 – 424
Lwowski, Hans-Jürgen / Groeschke, Peer	Die Konzernhaftung der §§ 302, 303 AktG als atypische Sicherheit? in: WM 1994, S. 613 – 621
Marsch-Barner, Reinhard	Zum Auskunftsrecht des Aktionärs in der Hauptversammlung, zugleich Anmerkung zum Beschluss des OLG Frankfurt vom 22.7.1983, in: WM 1984, S. 41 – 43
Meilicke, Wienand	Beendigung des Spruchstellenverfahrens durch Beendigung des Unternehmensvertrags? in: AG 1995, S. 181 – 188
Meilicke, Heinz / Heidel, Thomas	Das Auskunftsrecht des Aktionärs in der Hauptversammlung (Teil 1), in: DStR 1992, S. 72 – 75
Merle, Werner	Die eingetragene Genossenschaft als abhängiges Unternehmen, in: AG 1979, S. 265
Mertens, Hans-Joachim	Die Gestaltung von Verschmelzungs- und Verschmelzungsprüfungsbericht, in: AG 1990, S. 20 – 32
Michalski, Lutz / Arends, Gerald	Zum Auskunftsrecht eines Vereinsmitglieds, in: NZG 1999, S. 780

Miederhoff, Markus	Bankaufsichtsrechtliche Beurteilung von Unternehmensverträgen unter vergleichender Berücksichtigung des Versicherungsaufsichtsrechts, in: WM 2001, S. 2041 – 2051
Mohr, Paul Günther,	Der Gleichordnungskonzern bei Versicherungsvereinen auf Gegenseitigkeit, in: VW 1987, S. 560 ff.
Müller, Hans-Peter	Zur Gewinn- und Verlustermittlung bei aktienrechtlichen Gewinnabführungsverträgen, in: Havermann, Hans (Hrsg.), Festschrift zum 65. Geburtstag von Dr. Dr. h. c. Reinhard Goerdeler, Düsseldorf, 1987, S. 375 ff.
Neumann, Manfred / Rux, Johannes	Einbindung öffentlich-rechtlicher Einrichtungen in einen privatrechtlichen Konzern? in: DB 1996, S. 1659 – 1662
Neumayer, Jochen / Schulz, Andreas	Die Verschmelzung von rechtsfähigen Vereinen, in: DStR 1996, S. 872 – 877
Pache, Sven	Spätlese – Die Rechtsentwicklung nach dem „Supermarkt"-Beschluss des BGH, in: GmbHR 1995, S. 90 – 93
Peiner, Wolfgang	Probleme der Konzernbildung bei Versicherungsvereinen auf Gegenseitigkeit in: Peiner, Wolfgang, Grundlagen des Versicherungsvereins auf Gegenseitigkeit, Köln/Göttingen, 1995, S. 185 – 205
Pentz, Andreas	Mitwirkungsrechte und Sicherung außenstehender Aktionäre im Falle der Änderung eines Unternehmensvertrags durch Beitritt eines weiteren Unternehmens, in: Forster, Karl-Heinz u. a. (Hrsg.), Festschrift für Bruno Kropff: Aktien- und Bilanzrecht, Düsseldorf, 1997, S. 225 – 242

Priester, Hans-Joachim — Bestimmungen zum Unternehmensvertrag in der Satzung der GmbH, in: DB 1989, S. 1013 – 1018

Priester, Hans-Joachim — Strukturänderungen – Beschlussvorbereitung und Beschlussfassung, in: ZGR 1990, S. 420 – 446

Priester, Hans-Joachim — Herrschaftswechsel beim Unternehmensvertrag, in: ZIP 1992, S. 293 – 302

Priester, Hans-Joachim — Die Bedeutung der Umwandlungsprüfung – Das Regelungskonzept des Regierungsentwurfes, in: Institut der Wirtschaftsprüfer (Hrsg.), IdW-Umwandlungssymposion: Reform des Umwandlungsrechts, wirtschafts-, gesellschafts-, arbeits- und steuerrechtliche Aspekte unter besonderer Berücksichtigung von Fragen der Bewertung, Rechnungslegung und Prüfung, Düsseldorf, 1993, S. 193 ff.

Priester, Hans-Joachim — Bildung und Auflösung des GmbH-Vertragskonzernrechts, in: ZGR 1986, S. 151 – 186

Raiser, Thomas — Beherrschungsvertrag im Recht der Personengesellschaften, in: ZGR 1980, S. 558 – 566

Raiser, Thomas — Gesamthand und juristische Person im Licht des neuen Umwandlungsrechts, in: AcP 1994, S. 495 – 512

Raiser, Thomas — Konzernverflechtungen unter Einschluss öffentlicher Unternehmen, in: ZGR 1996, S. 458 – 480

Raupach, Arndt — Schuldvertragliche Verpflichtungen anstelle beteiligungsgestützter Beherrschung, in: Westermann, Harm Peter / Mock, Klaus, Fest-

	schrift für Gerold Bezzenberger zum 70. Geburtstag am 13. März 2000, Berlin u. a., 2000, S. 327 – 358
Rehbinder, Eckard	Gesellschaftsrechtliche Probleme mehrstufiger Unternehmensverbindungen, in: ZGR 1977, S. 581 – 649
Reichert, Jochen	Zulässigkeit der nachträglichen Einführung oder Aufhebung von Vinkulierungsklauseln in der Satzung der GmbH, in: BB 1985, S. 1496 – 1502
Reuter, Dieter	Die Personengesellschaft als abhängiges Unternehmen, in: ZHR 1982, S. 1 – 29
Reuter, Dieter	Rechtliche Grenzen ausgegliederter Wirtschaftstätigkeit von Idealvereinen, in: ZIP 1984, S. 1052 – 1064
Reuter, Dieter	Ansätze eines Konzernrechts der Personengesellschaft in der höchstrichterlichen Rechtsprechung, in: AG 1986, S. 130 – 140
Richter, Wolfgang / Stengel, Arndt	Anforderungen an die Zustimmung der Gesellschafter der abhängigen GmbH zum Abschluss eines Beherrschungs- und/oder Gewinnabführungsvertrags – Genügt die satzungsändernde Mehrheit? in: DB 1993, S. 1861 – 1866
Rix, Reinhard	Gesellschaftsrechtliche Probleme von Gewinnabführungsverträgen bei der GmbH, in: MittRhNotK 1986, S. 29 – 44
Röhricht, Volker	Die Rechtsstellung der außenstehenden Aktionäre beim Beitritt zum Beherrschungsvertrag, in: ZHR 1998, S. 249 – 260

Säcker, Franz Jürgen	Die Rechte der Aktionäre bei konzerninternen Umstrukturierungen gemäß §§ 304 f. AktG, in: DB 1988, S. 271 – 277
Samwer, Hans / Mohr, Paul Günther / Frels, Harro / Pophal, Roger	Neue Entwicklungen im Recht des VVaG, eine Dokumentation der Gothaer Lebensversicherung, in: Kalwar, Hans (Hrsg.), Sorgen, Vorsorgen, Versichern: Festschrift für Heinz Gehrhardt zum 70. Geburtstag, Karlsruhe, 1975, S. 349 – 368
Schaub, Bernhard	Das Abfindungsangebot nach § 29 UmwG, in: NZG 1998, S. 626 – 629
Schedlbauer, Hans	Sonderprüfungen im Zusammenhang mit Verschmelzungen (Teil 1), in: WPg 1984, S. 33
Schlögell, Christian	Die Beendigung von Unternehmensverträgen im GmbH-Konzern, in: GmbHR 1995, S. 401 – 412
Schmidt, Karsten	Der bürgerlich-rechtliche Verein mit wirtschaftlicher Tätigkeit, in: AcP 1982, S. 1 – 59
Schmidt, Karsten	Die konzernrechtliche Verlustübernahmepflicht als gesetzliches Dauerschuldverhältnis, in: ZGR 1983, S. 513 – 534
Schmidt, Karsten	Zum Haftungsdurchgriff wegen Sphärenvermischung und zur Haftungsverfassung im GmbH-Konzern, in: BB 1985, S. 2074 – 2079
Schmidt, Karsten	Gläubigerschutz bei Umstrukturierungen, in: ZGR 1993, S. 366 – 395
Schneider, Uwe	Die Personengesellschaft als Konzernunternehmen, in: BB 1980, S. 1057 – 1065

Schneider, Uwe — Konzernbildung, Konzernleitung und Verlustausgleich im Konzernrecht der Personengesellschaften,
in: ZGR 1980, S. 511 – 547

Schneider, Uwe — Konzernleitung als Rechtsproblem,
in: BB 1981, S. 249 – 259

Schneider, Uwe — Das Recht der Konzernfinanzierung,
in: ZGR 1984, S. 497 – 537

Schuster, Detlev — Zur Privatisierung von Anstalten des öffentlichen Rechts: zugleich eine Besprechung der Entscheidung Landesarbeitsgericht Berlin, AG 1996, 140,
in: Westermann, Harm Peter / Mock, Klaus, Festschrift für Gerold Bezzenberger zum 70. Geburtstag am 13. März 2000, Berlin u. a., 2000, S. 757 – 769

Schuster, Detlev — Konzern- und verfassungsrechtliche Probleme der Privatisierung öffentlicher Unternehmen: dargestellt am Fall der Berliner Wasserbetriebe,
in: Hommelhoff, Peter u. a. (Hrsg.), Gesellschaftsrecht, Rechnungslegung, Steuerrecht: Festschrift für Welf Müller zum 65. Geburtstag, München, 2001, S. 135 – 149

Schwarz, Oliver — Beendigung von Organschaftsverträgen anlässlich der Veräußerung der Beteiligung an der hauptverpflichteten Gesellschaft mbH,
in: DNotZ 1996, S. 68 – 84

Schwintowski, Hans-Peter — Die Stiftung als Konzernspitze,
in: NJW 1991, S. 2736 – 2742

Segna, Ulrich — Bundesligaverein und Börse,
in: ZIP 1997, S. 1901 – 1912

Selzner, Harald / Sustmann, Marco — Der grenzüberschreitende Beherrschungsvertrag,
in: Der Konzern 2003, S. 85 – 98

Sina, Peter	Grenzen des Konzern-Weisungsrechts nach § 308 AktG, in: AG 1991, S. 1 – 10
Sonnenschein, Jürgen	Der aktienrechtliche Vertragskonzern im Unternehmensrecht, in: ZGR 1981, S. 429 – 454
Sonnenschein, Jürgen / Holdorf, Britta	Unbegrenzte Haftung eines GmbH-Gesellschafters im Konzern, in: JZ 1992, S. 715 – 724
Spitze, Peter Alexander / Diekmann, Hans	Verbundene Unternehmen als Gegenstand des Interesses von Aktionären, in: ZHR 1994, S. 447 – 472
Steinbeck, Anja Verena / Menke, Thomas	Die Aktiengesellschaft im Profifußball, in: SpuRt 1998, S. 226 – 230
Steuck, Jens-Peter	Die privatisierende Umwandlung, in: NJW 1995, S. 2887 – 2892
Stimpel, Walter	„Durchgriffshaftung bei der GmbH“: Tatbestände, Verlustausgleich, Ausfallhaftung, in: Havermann, Hans (Hrsg.), Festschrift zum 65. Geburtstag von Dr. Dr. h. c. Reinhard Goerdeler, Düsseldorf, 1987, S. 601 ff.
Stimpel, Walter	Haftung im qualifizierten faktischen GmbH-Konzern, in: ZGR 1991, S. 144 – 161
Streck, Michael / Mack, Alexandra / Schwedhelm, Rolf	Verschmelzung und Formwechsel nach dem neuen Umwandlungsgesetz, in: GmbHR 1995, S. 161 – 176
Suppliet, Roland	Ausgliederung aus dem Vermögen von Gebietskörperschaften, in: NotBZ 1997, S. 37 ff.

Timm, Wolfram	Der Abschluss des Ergebnisübernahmevertrags im GmbH-Recht, in: BB 1981, S. 1491 – 1497
Timm, Wolfram	Minderheitenschutz im GmbH-Verschmelzungsrecht, in: AG 1982, S. 93 ff.
Timm, Wolfram	Geklärte und offene Fragen im Vertragskonzernrecht der GmbH, in: GmbHR 1987, S. 8 – 19
Timm, Wolfram	Zur Sachkontrolle von Mehrheitsentscheidungen im Kapitalgesellschaftsrecht, in: ZGR 1987, S. 403 – 442
Timm, Wolfram	Unternehmensverträge im GmbH-Recht, in: GmbHR 1989, S. 11 – 19
Timm, Wolfram	Rechtsfragen der Änderung und Beendigung von Unternehmensverträgen, in: Goerdeler, Reinhard u. a. (Hrsg.), Festschrift für Alfred Kellermann zum 70. Geburtstag am 29. November 1991, Berlin u. a., 1991, S. 461 ff.
Timm, Wolfram	Neuerer Entwicklungen des GmbH-(Vertrags-) Konzernrechts, in: GmbHR 1992, S. 213 – 219
Timm, Wolfram / Geuting, Markus	Gesellschafterbeteiligung bei der Aufhebung von Beherrschungs- und Gewinnabführungsverträgen im „einheitlichen“ GmbH-Konzern, in: GmbHR 1996, S. 229 – 238
Trescher, Karl	Die Auskunftspflicht des Aufsichtsrats in der Hauptversammlung, in: DB 1990, S. 515 – 516

Ulmer, Peter — Verlustübernahmepflicht des herrschenden Unternehmens als konzernspezifischer Kapitalerhaltungsschutz,
in: AG 1986, S. 123 – 130

Ulmer, Peter — Gläubigerschutz im „qualifizierten" faktischen GmbH-Konzern,
in: NJW 1986, S. 1579 – 1586

Ulmer, Peter — Fehlerhafte Unternehmensverträge im GmbH-Recht,
in: BB 1989, S. 10 – 19

Ulrich, Stephan — Gewinnabführungsverträge im GmbH-Konzern,
in: GmbHR 2004, S. 1000 – 1005

van Venrooy, Gerd — Probleme der Gläubigersicherung nach § 303 AktG,
in: BB 1981, S. 1003 – 1006

Vetter, Eberhard — Die Geltung von § 293 Abs. 2 AktG beim Unternehmensvertrag zwischen herrschender AG und abhängiger GmbH,
in: AG 1993, S. 168 – 173

Vetter, Eberhard — Zur Aufhebung eines Beherrschungs- und Gewinnabführungsvertrags im GmbH-Recht,
in: ZIP 1995, S. 345 – 355

Vetter, Jochen — Auslegung der Jahresabschlüsse für das letzte Geschäftsjahr zur Vorbereitung von Strukturbeschlüssen der Gesellschafter,
in: NZG 1999, S. 925 – 929

Weimar, Robert — Einmann-Personengesellschaften – ein neuer Typ des Gesellschaftsrechts?
in: ZIP 1997, S. 1769 – 1778

Weißmüller, Wolfgang — Der Betriebsführungsvertrag – eine Alternative zum Unternehmenskauf?
in: BB 2000, S. 1949 – 1955

Westermann, Harm Peter — Die Zweckmäßigkeit der Verschmelzung als Gegenstand des Verschmelzungsberichts, der Aktionärsentscheidung und der Anfechtungsklage,
in: Bierich, Marcus u. a. (Hrsg.), Festschrift für Johannes Semler zum 70. Geburtstag am 28. April 1993: Unternehmen und Unternehmensführung im Recht, Berlin u. a., 1993, S. 651 ff.

Wichert, Joachim — Die GmbH & Co. KG nach dem Beschluss BGHZ 134, 392,
in: AG 2000, S. 268 – 276

Wilhelm, Jan — Konzernrecht und allgemeines Haftungsrecht,
in: DB 1986, S. 2113 – 2120

Wolfers, Benedikt — Privatisierung unter Wahrung der öffentlich-rechtlichen Rechtsform – Der Modelfall Berliner Wasserbetriebe,
in: NVwZ 2000, S. 765 – 767

Zeidler, Finn — Ausgewählte Probleme des GmbH-Vertragskonzernrechts,
in: NZG 1999, S. 692 – 698

Zöllner, Wolfgang — Der Große Versicherungsverein auf Gegenseitigkeit und die Aktienrechtsreform,
in: ZVersWiss 1964, S. 295 – 310

Schriftenreihe zum Gesellschafts- und Kapitalmarktrecht

Herausgegeben von Lutz Michalski,
Axel Jäger und Klaus-Rudolf Wagner

Band 1 Volker Schulenburg: Bankenhaftung bei geschlossenen Immobilienfonds. Zugleich eine Untersuchung der Wissenszurechnung im Konzern. 2002.

Band 2 Jan Wittenberg: Der Bestandsschutz von Arbeitsverhältnissen im Umwandlungsrecht. 2002.

Band 3 Christian A. Eichner: Management-Buy-Out-Gestaltungen beim Konzern-Spin-Off. Unter besonderer Berücksichtigung der Unternehmenssteuerreform. 2002.

Band 4 Thomas Wunsch: Tracking Stocks - Geschäftsbereichsbezogene Gewinnbeteiligungen bei Aktiengesellschaften. Eine systematische gesellschafts- und steuerrechtliche Betrachtung. 2002.

Band 5 Jan Blumentritt: Die privatrechtlich organisierte Börse. Ein Beitrag zur Diskussion um die Neuordnung des Börsenwesens. 2003.

Band 6 Michael Grüner: Die Beendigung von Gewinnabführungs- und Beherrschungsverträgen. 2003.

Band 7 Holger Pittroff: Die Zurechnung von Stimmrechten gemäß § 30 WpÜG. 2004.

Band 8 Wolfgang Höhn: Ausgewählte Probleme bei Lock-up Agreements. 2004.

Band 9 Gunter Reiff: Gesellschaftsrechtliche Aspekte des regulären Delistings. 2004.

Band 10 Christoph Radke: Die Entsprechenserklärung zum Deutschen Corporate Governance Kodex nach § 161 AktG. Grundlagen und Haftungsfragen. 2004.

Band 11 Gordon Geiser: Gesellschaftsorganisation und Gesellschaftsinnenrecht virtueller Unternehmen. 2004.

Band 12 Gero F. Pfeiffer: Die Kommanditgesellschaft auf Aktien als Beteiligte eines Beherrschungsvertrags und einer Eingliederung. Ein Beitrag zum Konzernrecht einer hybriden Rechtsform. 2005.

Band 13 Markus Rasner: Die Pflichten der Zielgesellschaft bei unfreundlichen Übernahmeangeboten nach dem neuen deutschen WpÜG. Unter besonderer Berücksichtigung europäischer und US-amerikanischer Übernahmeregelungen sowie der Konzeption des Gemeinsamen Entwurfs einer EU-Übernahmerichtlinie. 2005.

Band 14 Julia Kraft: Die Europäisierung der deutschen Mitbestimmung durch das SE-Beteiligungsgesetz. Eine europa- und verfassungsrechtliche Analyse der Richtlinienumsetzung 2001/86/EG zur Ergänzung des Statuts der Europäischen Gesellschaft hinsichtlich der Beteiligung der Arbeitnehmer. 2005.

Band 15 Tobias A. Heinrich: Kapitalmarktrechtliche Transparenzbestimmungen und die Offenlegung von Beteiligungsverhältnissen. Eine rechtsvergleichende Untersuchung des europäischen, deutschen, englischen und US-amerikanischen Rechts. 2006.

Band 16 Hendrik Mielke: Die Rechtsstellung der Verfahrensbeteiligten im gesellschaftsrechtlichen Spruchverfahren. 2006.

Band 17 Florian Mahler: Rechtsgeschäftliche Verfügungen über sonder- und sammelverwahrte Wertpapiere des Kapitalmarktes. 2006.

Band 18 Ines Tauscher: Der Anwendungsbereich der §§ 293a–293g Abs. 1, 2 S. 1, Abs. 3 AktG. In einstufigen vertraglichen Unternehmensverbindungen. 2007.

www.peterlang.de

Michael Gille

Bilanzierung immaterieller Anlagewerte bei Umwandlungen nach HGB und IAS/IFRS

Frankfurt am Main, Berlin, Bern, Bruxelles, New York, Oxford, Wien, 2006.
XXXIII, 353 S.
Europäische Hochschulschriften: Reihe 2, Rechtswissenschaft. Bd. 4367
ISBN 978-3-631-55191-2 · br. € 56.50*

Die Arbeit untersucht die bilanzielle Abbildung immaterieller Vermögenswerte im Zusammenhang mit Verschmelzungen und Spaltungen nach dem UmwG. Im Mittelpunkt stehen die Ansatzvoraussetzungen selbst erstellter immaterieller Anlagewerte bei der Übertragung von Vermögensgesamtheiten. Hierbei wird zunächst der Einzelbewertungsgrundsatz einer eingehenden Analyse unterzogen. Der Autor geht sodann der Frage nach, ob und unter welchen Voraussetzungen Schwierigkeiten der Wertobjektivierung zu einem Ansatzverbot führen können. Zu diesem Zweck werden die unterschiedlichen Antworten, die das HGB-Bilanzrecht und die IFRS auf diese Fragen geben, dargestellt und analysiert. Spezifische Objektivierungsmöglichkeiten und -grenzen, die sich bei Verschmelzung und Spaltung ergeben, werden dabei besonders berücksichtigt. Konzerninterne Umwandlungsvorgänge werden eingehend erörtert.

Diese Arbeit wurde mit dem Wissenschaftsförderpreis 2005 des Siegener Forums für Rechnungslegung, Prüfungswesen und Steuerlehre ausgezeichnet.

Aus dem Inhalt: Bilanzielle Objektivierung und Information · Bilanzierung von Umwandlungen nach IFRS 3 · Business Combinations under Common Control · Bilanzierung bei konzerninternen Unternehmenserwerben nach IFRS · Einzelbewertungsgrundsatz und entgeltlicher Erwerb gem. § 248 Abs. 2 HGB bei Verschmelzung und Spaltung von Unternehmen · Konkrete Aktivierungsfähigkeit immaterieller Vermögensgegenstände bei konzerninternen Umwandlungen · Aktivierungsgebote und -verbote für immaterielle Vermögenswerte nach IAS 38

FSC
www.fsc.org
MIX
Papier | Fördert
gute Waldnutzung
FSC® C083411

Kolibri 360 GmbH
Ferdinand-Jühlke-Straße 7
99095 Erfurt, Deutschland
produktsicherheit@kolibri360.de

Druck:
CPI Druckdienstleistungen GmbH
im Auftrag der
Kolibri 360 GmbH
Ferdinand-Jühlke-Str. 7
99095 Erfurt